U0578144

本书出版
得到国家重点文物保护专项补助经费资助

中国田野考古报告集

考古学专刊

丁种第八十三号

黄梅塞墩

中国社会科学院考古研究所　编著

文物出版社

封面设计：张希广
责任印制：张道奇
责任编辑：王　铮

图书在版编目（CIP）数据

黄梅塞墩／中国社会科学院考古研究所编著．—北京：文物出版社，2010.7
ISBN 978-7-5010-2987-7

Ⅰ．①黄…　Ⅱ．①中…　Ⅲ．①新石器时代墓葬－发掘报告－黄梅县
Ⅳ．①K878.85

中国版本图书馆CIP数据核字（2010）第110906号

黄梅塞墩

中国社会科学院考古研究所　编著

*

文物出版社出版发行

（北京市东直门内北小街2号楼）

http://www.wenwu.com

E-mail:web@wenwu.com

北京君升印刷有限公司印刷

新华书店经销

889×1194　1/16　印张：34　插页：1

2010年7月第1版　2010年7月第1次印刷

ISBN 978-7-5010-2987-7　定价：320.00元

ARCHAEOLOGICAL MONOGRAPH SERIES

TYPE D NO. 83

EXCAVATIONS OF THE SAIDUN SITE IN HUANGMEI COUNTY

(WITH AN ENGLISH ABSTRACT)

Edited by

The Institute of Archaeology
Chinese Academy of Social Sciences

Cultural Relics Publishing House
Beijing · 2010

内 容 提 要

《黄梅塞墩》全面报告了湖北省黄梅县塞墩新石器时代遗址的考古发掘资料和初步研究成果。

塞墩遗址位于鄂、皖交界的龙感湖西南方湖畔，地处大别山东端南麓边缘，长江的九江冲积扇上。1986～1988年三次发掘，揭露新石器时代坑穴18座，墓葬188座，出土整残器物900多件。

依据塞墩新发现的一大批典型资料包括许多墓葬的打破、叠压关系，同时，参照对比潜山薛家岗、宿松黄鳝嘴和太湖王家墩等遗址的发掘材料，现提出将黄鳝嘴类遗存正式独立命名为一种考古学文化——黄鳝嘴文化。塞墩遗址成为第一次在同地揭露出兼具黄鳝嘴文化和薛家岗文化丰富遗存各以墓葬为主的一处典型遗址。主要通过塞墩遗址两种考古学文化墓葬的分期观察，总的透露出前后演变发展的脉络和轨迹。初步认为，黄鳝嘴文化与薛家岗文化之间存在着上下传承发展的文化关系，薛家岗文化的前身和本源就是黄鳝嘴文化。

黄鳝嘴文化器物群中含有的彩陶（包括外彩、内彩）、白陶和薄胎细泥黑陶，既具鲜明文化特征，又显较高工艺水平。这里较早出现了分制两节再以钻孔和刻槽接合成整件的环形璜。发现了一些祭祀坑遗迹，坑中有意埋放一种或数种、数量不等的大件兽骨，有些还兼放陶器（片）。墓葬方面，从墓坑填土成份，特殊的葬具遗迹，流行单人仰直式的二次葬，随葬陶质器皿以实用器为主也有部分系明器，有的在墓坑角或死者身上放置一大石块等，多方面反映了当时的葬制葬俗。

薛家岗文化遗存的内涵因塞墩的发掘而又一次得到充实和丰富，较突出的是明晰了一些墓葬遗迹现象。与黄鳝嘴文化相比，两者葬制葬俗的基本传统一脉相承，同时又在某些方面发生了较大变化。例如，薛家岗文化盛行随葬猪下颌骨个别的甚至用整头乳猪和小狗；特别是出现了大型墓，其中最大的一座墓坑面积达12平方米，使用木椁类大型葬具，随葬有形体较大又极精美的石钺、玉玦、玉璜、三联璧等，其规模和器物均属罕见，鲜明显现了社会分化状况。

塞墩遗址两种考古学文化有些器物上体现的文化特征元素，有的用材来源，以及薛家岗文化发现有3例墓主生前人工拔齿现象等，从中当可探讨与同处新石器时代晚期的长江中下游及海岱地区史前文化之间的关系。

目　　录

第一章　遗址地理环境和工作经过 …… (1)
第一节　地理环境 …… (1)
第二节　考古调查和发掘 …… (3)
第二章　文化层和坑穴 …… (7)
第一节　地层堆积 …… (7)
第二节　坑穴遗迹 …… (8)
第三节　文化层和坑穴出土遗物 …… (12)
一　陶器生活用具 …… (12)
二　石、陶质工具 …… (44)
三　玉石装饰品 …… (54)
四　动物、植物遗存 …… (54)
第四节　探方耕土层和遗址采集遗物 …… (55)
一　陶器生活用具 …… (55)
二　石器工具 …… (56)
三　玉石装饰品 …… (59)
第三章　黄鳝嘴文化墓葬 …… (62)
第一节　墓葬综述和分述 …… (62)
一　墓葬综述 …… (62)
二　墓葬分述 …… (63)
第二节　随葬器物和兽骨 …… (99)
一　陶器生活用具 …… (99)
二　石、陶、骨质工具 …… (142)
三　装饰用品 …… (150)
四　动物骨骼 …… (153)
第四章　薛家岗文化墓葬 …… (154)
第一节　墓葬综述和分述 …… (154)
一　墓葬综述 …… (154)
二　墓葬分述 …… (156)
第二节　随葬器物和兽骨 …… (210)
一　陶器生活用具 …… (210)
二　石、陶质工具 …… (247)
三　装饰用品 …… (260)
四　动物骨骼 …… (266)
第五章　文化性质、墓葬分期及文化关系 …… (267)
第一节　两种考古学文化遗存的认定 …… (267)
第二节　黄鳝嘴文化特征、墓葬分期和分布 …… (269)

一 文化特征 …………………………………………………………………… (269)
二 墓葬分期及其器物类型变化 …………………………………………………… (270)
三 墓葬分期表现的随葬品配置变化 ……………………………………………… (278)
四 墓葬分布 …………………………………………………………………… (279)
第三节 薛家岗文化特征、墓葬分期和分布 …………………………………………… (281)
一 文化特征 …………………………………………………………………… (281)
二 墓葬分期及其器物类型变化 …………………………………………………… (282)
三 墓葬分期表现的随葬品配置变化 ……………………………………………… (289)
四 墓葬分布 …………………………………………………………………… (290)
第四节 考古学文化间的关系 ………………………………………………………… (292)
一 黄鳝嘴文化、薛家岗文化间的关系 …………………………………………… (292)
二 黄鳝嘴文化、薛家岗文化与同时期文化的关系 ………………………………… (295)
第六章 结 语 ……………………………………………………………………… (297)
附表 塞墩墓葬登记表 ……………………………………………………………… (327)
附录一 黄梅塞墩遗址石器鉴定简报 ………………………………………………… (327)
一 关于石器工具类石料的岩石种类 ……………………………………………… (327)
二 岩石产出的地质特征和分布地域 ……………………………………………… (327)
三 石料性状与所制石器类别 ……………………………………………………… (328)
附录二 黄梅县塞墩遗址动物考古学研究 …………………………………………… (329)
一 遗址大环境概况 ……………………………………………………………… (329)
二 遗址附近的地理环境 …………………………………………………………… (329)
三 动物骨骼出土情况 ……………………………………………………………… (330)
四 动物种类及骨骼统计 …………………………………………………………… (331)
五 动物属种描述与讨论 …………………………………………………………… (333)
六 狩猎与饲养动物 ……………………………………………………………… (342)
七 骨器制造与骨骼上的人工痕迹 ………………………………………………… (343)
八 遗址古环境与古气候 …………………………………………………………… (345)
附录三 塞墩遗址碳 14 测定年代报告 ……………………………………………… (347)
英文提要 …………………………………………………………………………… (348)
后 记 ……………………………………………………………………………… (349)

插图目录

遗址地理环境和工作经过
图1－1　塞墩遗址地理位置图 …………………………（2）
图1－2　塞墩遗址发掘坑位图 …………………………（3）
图1－3　塞墩墓葬和坑穴分布图（北工区） …………………………（4）
图1－4　塞墩墓葬和坑穴分布图（南工区） …………………………（5）
文化层和坑穴
图2－1　塞墩遗址T115、T104北壁地层剖面图…………………………（7）
图2－2　H2平面、剖面图…………………………（8）
图2－3　H9平面图和出土象下颌骨图…………………………（9）
图2－4　H101平面图…………………………（9）
图2－5　H105平面图…………………………（10）
图2－6　H3平面、剖视图…………………………（10）
图2－7　H4平面图…………………………（10）
图2－8　H6平面、剖视图…………………………（11）
图2－9　H8平面、剖视图…………………………（11）
图2－10　H104平面、剖面图 …………………………（11）
图2－11　H106平面、剖视图 …………………………（11）
图2－12　H108平面、剖视图 …………………………（12）
图2－13　H109上、下层平面、剖视图 …………………………（12）
图2－14　文化层出土彩陶片…………………………（13）
图2－15　文化层和坑穴出土陶器纹饰拓片…………………………（14）
图2－16　文化层和坑穴出土陶鼎（之一） …………………………（15）
图2－17　文化层和坑穴出土陶鼎（之二） …………………………（17）
图2－18　文化层出土陶器足（之一） …………………………（18）
图2－19　文化层出土陶器足（之二） …………………………（19）
图2－20　文化层和坑穴出土陶器足…………………………（20）
图2－21　文化层出土贴泥饼陶片…………………………（21）
图2－22　文化层出土陶釜…………………………（22）
图2－23　文化层出土陶多孔钵形器…………………………（23）
图2－24　文化层出土陶豆（之一） …………………………（24）
图2－25　文化层出土陶豆（之二） …………………………（25）
图2－26　文化层出土陶豆把、陶圈足…………………………（26）
图2－27　文化层和坑穴出土陶盘…………………………（27）
图2－28　文化层和坑穴出土陶盆…………………………（28）
图2－29　文化层出土陶三足盆…………………………（29）
图2－30　文化层出土陶钵…………………………（29）

图2－31 文化层和坑穴出土陶钵……（31）
图2－32 文化层和坑穴出土陶敞口斜弧腹钵……（32）
图2－33 文化层和坑穴出土陶碗、碗圈足……（33）
图2－34 文化层出土陶杯……（33）
图2－35 文化层和坑穴出土陶单耳罐……（34）
图2－36 文化层出土陶双耳罐……（35）
图2－37 文化层和坑穴出土陶大口斜沿罐（之一）……（36）
图2－38 文化层和坑穴出土陶大口斜沿罐（之二）……（37）
图2－39 文化层和坑穴出土陶大口矮领罐……（38）
图2－40 文化层出土陶小口矮领罐……（39）
图2－41 文化层出土陶小口高领罐（或壶）……（40）
图2－42 文化层和坑穴出土陶圈足罐……（40）
图2－43 文化层和坑穴出土陶瓮……（41）
图2－44 文化层和坑穴出土陶缸……（42）
图2－45 文化层出土陶大口尊……（43）
图2－46 文化层出土陶器盖、器座……（44）
图2－47 文化层出土穿孔石斧、石斧……（45）
图2－48 文化层出土石锛……（47）
图2－49 文化层出土有段石锛……（49）
图2－50 文化层出土石凿、穿孔石刀……（50）
图2－51 文化层出土砺石……（51）
图2－52 文化层和坑穴出土石器……（52）
图2－53 文化层出土陶器……（53）
图2－54 文化层出土玉（石）玦、璜、石珠……（55）
图2－55 耕土层和采集陶器……（56）
图2－56 耕土层和采集石器（之一）……（57）
图2－57 耕土层和采集石器（之二）……（58）
图2－58 耕土层和采集石器（之三）……（59）
图2－59 耕土层和采集玉（石）装饰品……（60）

黄鳝嘴文化墓葬

图3－1 M2平面图和随葬器物图……（64）
图3－2 M4平面图和随葬器物图……（65）
图3－3 M22平面图和随葬器物图……（66）
图3－4 M27平面图和随葬器物图……（67）
图3－5 M33平面图和随葬器物图……（67）
图3－6 M34平面图和随葬器物图……（68）
图3－7 M38平面图和随葬器物图……（68）
图3－8 M35平面图和随葬器物图……（69）
图3－9 M39平面图和随葬器物图……（70）
图3－10 M40平面图和随葬器物图……（71）
图3－11 M43平面、剖视图和随葬器物图……（71）
图3－12 M45平面图和随葬器物图……（72）
图3－13 M49平面、剖视图和随葬器物图……（73）

图 3－14A　M48 平面、剖视图 …………………………（74）
图 3－14B　M48 随葬器物图 …………………………（75）
图 3－15　M50 平面图和随葬器物图…………………………（76）
图 3－16　M116 平面图和随葬器物图 …………………………（76）
图 3－17　M117 平面、剖视图和随葬器物图 …………………………（78）
图 3－18A　M120 平面、剖视图 …………………………（79）
图 3－18B　M120 随葬器物图 …………………………（80）
图 3－19　M121 平面图和随葬器物图 …………………………（80）
图 3－20　M122 平面、剖视图和随葬器物图 …………………………（81）
图 3－21　M124 平面图和随葬器物图 …………………………（82）
图 3－22　M139 平面图和随葬器物图 …………………………（83）
图 3－23　M146 平面图和随葬器物图 …………………………（83）
图 3－24　M144 平面、剖视图和随葬器物图 …………………………（84）
图 3－25　M149 平面、剖视图和随葬器物图 …………………………（85）
图 3－26　M166 平面、剖视图和随葬器物图 …………………………（86）
图 3－27　M168 平面、剖视图和随葬器物图 …………………………（86）
图 3－28　M173 平面、剖视图和随葬器物图 …………………………（88）
图 3－29　M177 平面图和随葬器物图 …………………………（89）
图 3－30　M190 平面图和随葬器物图 …………………………（89）
图 3－31A　M192 平面、剖视图 …………………………（90）
图 3－31B　M192 随葬器物图 …………………………（91）
图 3－32　M198 平面图和随葬器物图 …………………………（91）
图 3－33　M196 平面、剖视图和随葬器物图 …………………………（92）
图 3－34　M201 平面图和随葬器物图 …………………………（92）
图 3－35　M202 平面图和随葬器物图 …………………………（93）
图 3－36　M203 平面、剖视图和随葬器物图 …………………………（94）
图 3－37　M232 平面图和随葬器物图 …………………………（95）
图 3－38　M214 平面图和随葬器物图 …………………………（96）
图 3－39　M236 平面图和随葬器物图 …………………………（97）
图 3－40　M233 平面、剖视图和随葬器物图 …………………………（97）
图 3－41　M237 平面图和随葬器物图 …………………………（98）
图 3－42　M238 平面、剖视图和随葬器物图 …………………………（98）
图 3－43　陶器纹饰拓片（之一） …………………………（102）
图 3－44　陶器纹饰拓片（之二） …………………………（103）
图 3－45　陶罐形鼎（之一） …………………………（107）
图 3－46　陶罐形鼎（之二） …………………………（109）
图 3－47　陶罐形鼎（之三） …………………………（110）
图 3－48　陶盆形鼎、釜形鼎…………………………（111）
图 3－49　陶垂棱钵形豆（之一） …………………………（112）
图 3－50　陶垂棱钵形豆（之二） …………………………（113）
图 3－51　陶高把皿形豆…………………………（114）
图 3－52　陶弧敛口钵形豆（之一） …………………………（116）
图 3－53　陶弧敛口钵形豆（之二） …………………………（117）

图3－54　陶折敛口钵形豆（之一）…………（118）
图3－55　陶折敛口钵形豆（之二）…………（119）
图3－56　陶折敛口钵形豆（之三）…………（121）
图3－57　陶盆形豆（之一）…………（122）
图3－58　陶盆形豆（之二）…………（123）
图3－59　陶盘…………（124）
图3－60　陶盆（之一）…………（125）
图3－61　陶盆（之二）…………（126）
图3－62　陶盆（之三）…………（127）
图3－63　陶钵…………（128）
图3－64　陶碗…………（129）
图3－65　陶竹节筒形圈足杯…………（130）
图3－66　陶鼓腹圈足杯…………（131）
图3－67　陶碗形杯…………（132）
图3－68　陶三曲凹弧腹杯、三足杯…………（133）
图3－69　陶单耳杯…………（134）
图3－70　陶筒形圈足杯、圜底杯…………（135）
图3－71　陶单耳罐（之一）…………（136）
图3－72　陶单耳罐（之二）…………（137）
图3－73　陶大口斜沿罐…………（138）
图3－74　陶小口矮领罐…………（139）
图3－75　陶器…………（140）
图3－76　陶三足罐…………（141）
图3－77　陶大口尊、器盖…………（141）
图3－78　穿孔石斧、石斧…………（142）
图3－79　石锛、有段石锛…………（144）
图3－80　石凿、三孔石刀、角锥…………（146）
图3－81　搓磨石、砺石、石芯…………（147）
图3－82　陶纺轮、圆陶片…………（149）
图3－83　陶纺轮纹饰拓片…………（150）
图3－84　玉（石）玦…………（151）
图3－85　玉（石）璜…………（152）
图3－86　玉簪、骨簪、陶珠…………（153）

薛家岗文化墓葬

图4－1　M1 平面图和随葬器物图…………（156）
图4－2　M5 平面图和随葬器物图…………（157）
图4－3　M6 平面图和随葬器物图…………（158）
图4－4　M8 平面图和随葬器物图…………（158）
图4－5　M13 平面、剖视图和随葬器物图…………（159）
图4－6　M20 平面图和随葬器物图…………（160）
图4－7　M29 平面图和随葬器物图…………（160）
图4－8　M28 平面、剖视图和随葬器物图…………（161）
图4－9　M102 平面、剖视图和随葬器物图…………（162）

图4－10　M103平面、剖视图和随葬器物图 …………（163）
图4－11　M107平面、剖视图和随葬器物图 …………（164）
图4－12　M108平面、剖视图和随葬器物图 …………（165）
图4－13　M109平面图和随葬器物图 …………（165）
图4－14　M110平面、剖视图和随葬器物图 …………（166）
图4－15　M111平面、剖视图和随葬器物图 …………（167）
图4－16　M112平面图和随葬器物图 …………（167）
图4－17　M113平面图和随葬器物图 …………（168）
图4－18　M114平面、剖视图和随葬器物图 …………（169）
图4－19　M115平面、剖视图和随葬器物图 …………（170）
图4－20A　M123平面、剖视图 …………（插页）
图4－20B　M123随葬器物图 …………（插页）
图4－21　M127平面、剖视图和随葬器物图 …………（171）
图4－22　M128平面、剖视图和随葬器物图 …………（172）
图4－23　M135平面、剖视图 …………（172）
图4－24　M140平面图和随葬器物图 …………（173）
图4－25　M141平面图和随葬器物图 …………（174）
图4－26　M143平面图和随葬器物图 …………（174）
图4－27　M148平面图和随葬器物图 …………（175）
图4－28　M151平面、剖视图和随葬器物图 …………（176）
图4－29　M156平面图和随葬器物图 …………（177）
图4－30　M155平面图和随葬器物图 …………（178）
图4－31　M157平面、剖视图和随葬器物图 …………（178）
图4－32　M159平面图和随葬器物图 …………（179）
图4－33　M160平面、剖视图和随葬器物图 …………（180）
图4－34　M162平面图和随葬器物图 …………（181）
图4－35　M164平面图和随葬器物图 …………（182）
图4－36　M165平面图和随葬器物图 …………（183）
图4－37　M169平面图 …………（183）
图4－38　M171平面、剖视图和随葬器物图 …………（184）
图4－39　M170平面、剖视图和随葬器物图 …………（185）
图4－40　M178平面图和随葬器物图 …………（186）
图4－41　M179平面图和随葬器物图 …………（187）
图4－42　M180平面图和随葬器物图 …………（187）
图4－43　M183平面、剖视图和葬具 …………（188）
图4－44　M184平面、剖视图和随葬器物图 …………（188）
图4－45　M185平面图和随葬器物图 …………（189）
图4－46　M189平面、剖视图 …………（189）
图4－47　M187平面图和随葬器物图 …………（190）
图4－48　M191平面图和随葬器物图 …………（191）
图4－49A　M193平面、剖视图 …………（192）
图4－49B　M193随葬器物图 …………（193）
图4－50　M194平面、剖视图和随葬器物图 …………（194）

图4-51 M195平面图和随葬器物图 …… (195)
图4-52 M197平面图和随葬器物图 …… (196)
图4-53 M204平面图和随葬器物图 …… (197)
图4-54 M208平面、剖视图和随葬器物图 …… (198)
图4-55 M209平面图和随葬器物图 …… (199)
图4-56 M211平面、剖视图 …… (199)
图4-57 M213平面、剖视图和随葬器物图 …… (200)
图4-58 M217平面、剖视图和随葬器物图 …… (201)
图4-59 M216平面图和随葬器物图 …… (201)
图4-60 M218平面、剖视图和随葬器物图 …… (202)
图4-61 M221平面、剖视图和随葬器物图 …… (203)
图4-62 M222平面图和随葬器物图 …… (204)
图4-63 M223平面、剖视图和随葬器物图 …… (204)
图4-64 M225平面、剖视图和随葬器物图 …… (205)
图4-65 M227平面、剖视图和随葬器物图 …… (206)
图4-66 M228平面图和随葬器物图 …… (207)
图4-67 M230平面图和随葬器物图 …… (208)
图4-68A M231随葬器物图 …… (208)
图4-68B M231平面、剖视图 …… (209)
图4-69 陶器纹饰拓片（之一） …… (214)
图4-70 陶器纹饰拓片（之二） …… (215)
图4-71 陶罐形鼎（之一） …… (218)
图4-72 陶罐形鼎（之二） …… (219)
图4-73 陶盆形鼎 …… (220)
图4-74 陶釜形鼎 …… (221)
图4-75 陶鬶（之一） …… (222)
图4-76 陶鬶（之二） …… (223)
图4-77 陶釜、甑 …… (224)
图4-78 陶弧敛口钵形豆 …… (224)
图4-79 陶折敛口钵形豆（之一） …… (225)
图4-80 陶折敛口钵形豆（之二） …… (227)
图4-81 陶折敛口钵形豆（之三） …… (228)
图4-82 陶折敛口钵形豆（之四） …… (229)
图4-83 陶折敛口钵形豆（之五） …… (230)
图4-84 陶盆形豆、盘形豆 …… (232)
图4-85 陶盘 …… (232)
图4-86 陶盆 …… (234)
图4-87 陶钵（之一） …… (235)
图4-88 陶钵（之二） …… (236)
图4-89 陶碗、觯 …… (237)
图4-90 陶觚形杯 …… (238)
图4-91 陶觚形杯刻划符号拓片 …… (238)
图4-92 陶杯 …… (239)

图4－93 陶罐 …… （240）
图4－94 陶圈足罐 …… （241）
图4－95 陶三足罐 …… （242）
图4－96 陶圜底壶、平底壶 …… （243）
图4－97 陶圈足壶 …… （245）
图4－98 陶三足壶 …… （246）
图4－99 陶器盖 …… （247）
图4－100 石钺（之一） …… （249）
图4－101 石钺（之二） …… （250）
图4－102 穿孔石斧 …… （251）
图4－103 石斧、镞、刮削器 …… （252）
图4－104 石锛 …… （252）
图4－105 石锛、有段石锛 …… （254）
图4－106 石凿 …… （255）
图4－107 多孔石刀 …… （256）
图4－108 圆石砧、砺石、搓磨石 …… （257）
图4－109 陶纺轮、圆陶片、陶球 …… （258）
图4－110 陶纺轮纹饰拓片 …… （259）
图4－111 玉（石）玦 …… （261）
图4－112 玉（石）璜 …… （262）
图4－113 玉（石）璜、三联玉璧 …… （264）
图4－114 玉、石、陶、骨器 …… （265）
图4－115 陶纺轮、石玦 …… （266）

文化性质、墓葬分期及文化关系

图5－1 黄鳝嘴文化墓葬主要陶器器形变化图（之一） …… （273）
图5－2 黄鳝嘴文化墓葬主要陶器器形变化图（之二） …… （274）
图5－3 黄鳝嘴文化墓葬主要陶器器形变化图（之三） …… （275）
图5－4 黄鳝嘴文化墓葬主要陶器器形变化图（之四） …… （276）
图5－5 塞墩黄鳝嘴文化墓葬分布图（北工区） …… （279）
图5－6 塞墩黄鳝嘴文化墓葬分布图（南工区） …… （280）
图5－7 薛家岗文化墓葬主要陶器器形变化图（之一） …… （285）
图5－8 薛家岗文化墓葬主要陶器器形变化图（之二） …… （286）
图5－9 薛家岗文化墓葬主要陶器器形变化图（之三） …… （287）
图5－10 塞墩薛家岗文化墓葬分布图（北工区） …… （290）
图5－11 塞墩薛家岗文化墓葬分布图（南工区） …… （291）

附录

附图1 H9出土石锤和被砸击兽骨 …… （330）
附图2 文化层和坑穴出土动物骨骼 …… （334）
附图3 遗留人工痕迹的兽骨 …… （344）

彩版目录

彩版一　塞墩遗址发掘初景
彩版二　塞墩墓葬的发掘和墓群局部
1. 1987 年冬季时的发掘　2. T113、114 内墓群
彩版三　坑穴遗迹和出土象骨
1. H9　2. H106　3. H9 出土象下颌骨俯视　4. H9 出土象下颌骨侧视
彩版四　文化层和坑穴出土陶器（片）
1 ~ 7. 彩陶片：1. T117③: 11　2. T107③: 8　3. T111②: 3　4. T117③: 12　5. T117③: 18　6. T109②: 12　7. T104③: 37　8 ~ 17. 白陶、白衣陶：8. 盘 B 型（H5 : 1）　9. 盘 B 型（T22②: 6）　10. 碗圈足（T22②: 8）　11. 大口尊 B 型（T114③: 15）　12. 白衣小口矮领罐 B 型（T14③: 7）　13. 白衣小口矮领罐 B 型（T22②: 11）　14. 白衣小口矮领罐 B 型（T22②: 12）　15. 白衣双耳罐 C 型（T22②: 9）　16. 棕彩白陶片（T114②: 8）　17. 大口尊 B 型（T4②: 6）
彩版五　文化层出土陶器（片）
1. 豆圈足（T104②: 21）　2. 小口高领罐（或壶）（T111②: 1）　3. 敞口斜弧腹钵 B 型（T105②: 9）　4. 小弧敛口钵 B 型（T6②: 6）　5. 碗 A 型（T110②: 14）　6. 单耳罐 B 型（T116③: 16）　7. 瓮 C 型（T117②: 19）　8. 折敛口钵 A 型（T105③: 17）　9. 折敛口钵 A 型（T15③: 20）　10. 单耳罐 A 型（T105④: 21）　11. 鼎 C 型（T105②: 3）　12. 大弧敛口钵（T15③: 35）　13. 鼎 A 型（T6②: 1）　14. 大口斜沿罐 A 型（T104②: 4）　15. 鼎 A 型（T110②: 11）（盖 T111②: 2）
彩版六　地层和采集玉（石）玦、璜、佩、镯
1. 玦（T109①: 3）　2. 玦（T109①: 2）　3. 玦（T5②: 1）　4. 佩（T2①: 5）　5. 璜（T14②: 3）　6. 璜（T109①: 1）　7. 石镯（T14①: 2）　8. 璜（HS : 046）　9. 璜（HS : 030）
彩版七　黄鳝嘴文化墓
M48
彩版八　黄鳝嘴文化墓
1. M232　2. M236　3. M202
彩版九　黄鳝嘴文化墓随葬陶豆（之一）
1. 垂棱钵形豆Ⅰ式（M139 : 4）　2. 垂棱钵形豆Ⅵ式（M50 : 6）
彩版一〇　黄鳝嘴文化墓随葬陶豆（之二）
1. 垂棱钵形豆Ⅰ式（M49 : 11）　2. 高把皿形豆 A 型Ⅱ式（M232 : 12）　3. 弧敛口钵形豆 B 型Ⅵ式（M27 : 10）　4. 弧敛钵形豆 B 型Ⅲ式（M16 : 2）
彩版一一　黄鳝嘴文化墓随葬陶豆（之三）
1. 折敛口钵形豆 A 型Ⅶ式（M39 : 1）　2. 弧敛口钵形豆 A 型Ⅴ式（M33 : 3）
3. 弧敛口钵形豆 A 型Ⅵ式（M117 : 9）　4. 弧敛口钵形豆 A 型Ⅵ式（M203 : 7）
彩版一二　黄鳝嘴文化墓随葬陶盆形豆、盆、钵

1. 盆形豆B型Ⅰ式（M35：5） 2. 盆形豆C型Ⅰ式（M49：10） 3. 盆A型Ⅰ式（M196：9） 4. 钵B型Ⅰ式（M116：2）
彩版一三 黄鳝嘴文化墓随葬陶碗
1. A型Ⅰ式（M50：8） 2. A型Ⅱ式（M45：1） 3. A型Ⅲ式（M124：2）
4. B型Ⅰ式（M38：17） 5. B型Ⅰ式（M40：5） 6. B型Ⅱ式（M232：3）
彩版一四 黄鳝嘴文化墓随葬陶碗、杯
1. 碗C型（M166：2） 2. 竹节筒形圈足杯Ⅰ式（M203：6） 3. 单耳杯A型（M48：35）
4. 碗B型Ⅲ式（M237：4）
彩版一五 黄鳝嘴文化墓随葬陶碗形杯
1. A型（M144：1） 2. A型（M142：5） 3. B型（M22：5） 4. C型（M236：6）
彩版一六 黄鳝嘴文化墓随葬陶罐形鼎、三足罐、大口尊
1. 罐形鼎B型Ⅴ式（M147：1） 2. 三足罐C型（M146：1） 3. 大口尊（M48：15）
4. 三足罐B型（M168：2）
彩版一七 黄鳝嘴文化墓随葬玉（石）玦、簪
1. 玦Ⅱ式（M117：1） 2. 玦Ⅱ式（M117：2） 3. 玦Ⅱ式（M4：9） 4. 玦Ⅱ式（M166：8） 5. 玦Ⅳ式（M48：2） 6. 玦Ⅲ式（M116：1） 7. 玦Ⅵ式（M48：1）
8. 玦Ⅰ式（M116：4） 9. 玦Ⅴ式（M26：1） 10. 簪（M49：1）
彩版一八 黄鳝嘴文化墓随葬玉（石）璜
1. Ⅰ式（M7：6） 2. Ⅱ式（M122：1） 3. Ⅰ式（M124：1） 4. Ⅱ式（M142：2）
5. Ⅲ式（M117：3） 6. Ⅱ式（M49：2） 7. Ⅳ式（M49：3）
彩版一九 薛家岗文化墓
1. M157 2. M159
彩版二〇 薛家岗文化墓
1. M123 全景 2. M123 人架坑
彩版二一 薛家岗文化墓
1. M170 2. M193
彩版二二 薛家岗文化墓
1. M218 2. M221 3. M227 4. M231
彩版二三 薛家岗文化墓随葬陶鼎
1. 釜形鼎Ⅲ式（M185：4） 2. 釜形鼎Ⅱ式（M31：8） 3. 盆形鼎B型Ⅲ式（M194：3）
4. 盆形鼎A型Ⅰ式（M108：7）
彩版二四 薛家岗文化墓随葬陶鬶
1. A型（M225：5） 2. B型Ⅱ式（M170：6） 3. B型Ⅱ式（M218：5） 4. B型Ⅳ式（M231：6）
彩版二五 薛家岗文化墓随葬陶豆
1. 弧敛口钵形豆Ⅰ式（M125：3） 2. 折敛口钵形豆D型Ⅲ式（M227：7） 3. 折敛口钵形豆D型Ⅶ式（M107：5） 4. 折敛口钵形豆C型Ⅰ式（M155：1）
彩版二六 薛家岗文化墓随葬陶鼎、豆
1. 罐形鼎Ⅱ式（M175：2） 2. 盆形鼎B型Ⅰ式（M157：5） 3. 折敛口钵形豆A型Ⅴ式（M115：4） 4. 折敛口钵形豆A型Ⅴ式（M157：4）
彩版二七 薛家岗文化墓随葬陶钵、罐、壶
1. 钵A型Ⅵ式（M123：8） 2. 三足罐Ⅱ式（M213：1） 3. 平底壶B型Ⅱ式（M123：9）
4. 三足壶Ⅱ式（M197：9）

彩版二八　薛家岗文化墓随葬石钺

1. A型Ⅲ式（M31:2）　2. A型Ⅱ式（M123:5）　3. B型Ⅱ式（M20:1）　4. B型Ⅰ式（M113:1）　5. C型Ⅲ式（M107:1）　6. C型Ⅳ式（M206:1）

彩版二九　薛家岗文化墓随葬穿孔石斧

1. Ⅱ式（M135:1）　2. Ⅱ式（M193:1）　3. Ⅴ式（M36:2）　4. Ⅳ式（M164:1）　5. Ⅴ式（M150:3）　6. Ⅲ式（M108:3）

彩版三〇　薛家岗文化墓随葬玉（石）玦

1. Ⅰ式（M28:7）　2. Ⅰ式（M28:8）　3. Ⅰ式（M102:1）　4. Ⅰ式（M199:2）　5. Ⅵ式（M112:2）　6. Ⅰ式（M112:4）　7. Ⅶ式（M112:3）　8. Ⅱ式（M218:1）　9. Ⅱ式（M112:1）　10. Ⅲ式（M231:11）　11. Ⅲ式（M231:10）

彩版三一　薛家岗文化墓随葬玉（石）玦

1. Ⅳ式（M162:9）　2. Ⅳ式（M162:10）　3. Ⅲ式（M231:1）　4. Ⅴ式（M123:1）　5. Ⅴ式（M123:2）

彩版三二　薛家岗文化墓随葬玉（石）璜

1. Ⅴ式（M160:2）　2. Ⅴ式（M21:1）　3. Ⅲ式（M123:3）　4. Ⅱ式（M156:1）

彩版三三　薛家岗文化墓随葬玉（石）璜

1. Ⅶ式（M225:1）　2. Ⅶ式（M227:2）　3. Ⅶ式（M9:1）　4. M225:1加工痕迹放大　5. M9:1加工痕迹放大

彩版三四　薛家岗文化墓随葬玉（石）璜、三联璧

1. 璜Ⅴ式（M108:2）　2. 璜Ⅶ式（M179:1）　3. 璜Ⅴ式（M156:2）　4. 璜Ⅴ式（M29:2）　5. 三联璧（M123:4）

彩版三五　薛家岗文化墓随葬玉（石）璜、坠、管、片饰

1. 璜Ⅰ式（M140:1）　2. 璜Ⅱ式（M227:1）　3. 璜Ⅳ式（M125:1）　4. 璜Ⅵ式（M141:2）　5. 璜Ⅴ式（M109:1）　6. 坠（M29:1）　7. 坠（M158:5）　8. 片饰（M29:11）　9. 管（M222:2）

彩版三六　薛家岗文化墓随葬玉（石）镯、陶镯

1. 玉（石）镯（M108:1）　2. 玉（石）镯（M216:1）　3. 玉（石）镯（M112:5）　4. 玉（石）镯（M216:2）　5. 陶镯（M227:8）　6. 陶镯（M143:1）

图版目录

图版一　塞墩遗址外貌及墓群局部

1. 塞墩遗址外貌　2. T113、114 内墓群　3. T110 内墓群

图版二　田野发掘工作照

1. 登梯俯照大墓 M170　2. 对 M48 进行绘图和记录　3. 细雨中搭棚绘图

图版三　坑穴遗迹

1. H3　2. H6　3. H8　4. H109

图版四　文化层和坑穴出土陶鼎

1. A 型（H105：3）　2. A 型（T106③:15）　3. A 型（T106③:12）　4. A 型（T109②:8）　5. A 型（T109②:4）　6. A 型（T106②:9）

图版五　文化层出土陶鼎

1. C 型（T103②:5）　2. C 型（T106②:16）　3. D 型（T117②:9）　4. A 型（T6②:1）　5. A 型（T110②:11）（盖 T111②:2）

图版六　文化层和坑穴出土陶盆、钵、单耳罐

1. 盆 C 型（T4②:2）　2. 盆 D 型（H1：1）　3. 三足盆（T104②:13）　4. 小弧敛口钵 B 型（T102③:6）　5. 单耳罐 A 型（T114③:7）　6. 单耳罐 C 型（T106②:6）

图版七　文化层和坑穴出土陶双耳罐、圈足罐、盘

1. 圈足罐（H105：1）　2. 圈足罐（T15③:13）　3. 圈足罐（H105：2）　4. 圈足罐（T15③:4）　5. 双耳罐 A 型（T11②:4）　6. 盘片（T22②:6）　7. 盘片(H5：1)

图版八　文化层和坑穴出土陶大口斜沿罐

1. A 型（T104②:4）　2. A 型（T15③:5）　3. A 型（T11②:2）　4. A 型（H9：1）　5. B 型（T107②:1）　6. A 型（T109②:5）　7. A 型（T13②:2）

图版九　文化层和坑穴出土陶罐、缸

1. 大口斜沿罐 B 型（H102：2）　2. 大口斜沿罐 B 型（T107②:3）　3. 大口矮领罐（H9：2）　4. 小口矮领罐 A 型（T104②:7）　5. 缸 A 型（H103：1）　6. 缸 B 型（T112③:5）

图版一〇　文化层和坑穴出土石器

1. 斧 B 型Ⅱ式（T7②:5）　2. 斧 B 型Ⅳ式（T7②:4）　3. 锛 C 型Ⅷ式（T7②:1）　4. 锛 B 型（T7②:3）　5. 有段石锛：V 式（T106②:8）　6. 有段石锛Ⅳ式（T110③:13）　7. 有段石锛Ⅲ式（T115③:1）　8. 锛 C 型Ⅳ式（T114③:4）　9. 锛 C 型Ⅳ式（T31②:1）　10. 穿孔石斧Ⅰ式（T112③:6）　11. 锤（H9：8）　12. 砺石（T117②:20）

图版一一　耕土层和采集石器

1. 穿孔石斧（HS：049）　2. 凿（HS：014）　3. 凿（T6①:4）　4. 凿（T112①:4）　5. 锛（T106①:1）　6. 有段石锛（T105①:1）　7. 锛（HS：010）　8. 有段石锛（HS：029）　9. 有段石锛（HS：013）　10. 有段石锛（HS：08）　11. 双孔石刀

（T1①:1） 12. 凿（HS:039） 13. 镞（HS:03）

图版一二 黄鳝嘴文化墓

1. M22 2. M35 3. M38 4. M39

图版一三 黄鳝嘴文化墓

1. M40 2. M43 3. M45 4. M49

图版一四 黄鳝嘴文化墓

1. M50 2. M117 3. M120 4. M122

图版一五 黄鳝嘴文化墓

1. M124 2. M144 3. M139 4. M146

图版一六 黄鳝嘴文化墓

1. M149 2. M166 3. M168 4. M173

图版一七 黄鳝嘴文化墓

1. M177 2. M190 3. M192 全景 4. M192 人架坑

图版一八 黄鳝嘴文化墓

1. M196 2. M203 3. M214 4. M233

图版一九 黄鳝嘴文化墓随葬陶罐形鼎（之一）

1. A 型Ⅰ式（M50:3） 2. A 型Ⅱ式（M203:2） 3. A 型Ⅱ式（M38:11） 4. A 型Ⅲ式（M35:6） 5. A 型Ⅲ式（M214:1） 6. A 型Ⅳ式（M196:3）

图版二〇 黄鳝嘴文化墓随葬陶罐形鼎（之二）

1. A 型Ⅳ式（M149:2） 2. A 型Ⅳ式（M192:7） 3. A 型Ⅳ式（M4:1） 4. A 型Ⅴ式（M122:8） 5. A 型Ⅴ式（M124:5） 6. A 型Ⅴ式（M33:7）

图版二一 黄鳝嘴文化墓随葬陶罐形鼎（之三）

1. B 型Ⅰ式（M139:3）（A） 2. B 型Ⅰ式（M139:3）（B） 3. B 型Ⅰ式（M35:7）（A） 4. B 型Ⅰ式（M35:7）（B） 5. B 型Ⅰ式（M238:1）（A） 6. B 型Ⅰ式（M238:1）（B）

图版二二 黄鳝嘴文化墓随葬陶罐形鼎（之四）

1. B 型Ⅰ式（M144:2） 2. B 型Ⅰ式（M232:4） 3. B 型Ⅱ式（M43:2） 4. B 型Ⅱ式（M122:11） 5. B 型Ⅱ式（M203:3） 6. B 型Ⅱ式（M117:10）

图版二三 黄鳝嘴文化墓随葬陶罐形鼎（之五）

1. B 型Ⅲ式（M177:6） 2. B 型Ⅲ式（M153:3） 3. B 型Ⅲ式（M163:1） 4. B 型Ⅳ式（M182:5） 5. B 型Ⅴ式（M147:1） 6. C 型Ⅰ式（M139:2）

图版二四 黄鳝嘴文化墓随葬陶罐形鼎（之六）

1. C 型Ⅰ式（M161:3）（A） 2. C 型Ⅰ式（M161:3）（B） 3. C 型Ⅰ式（M168:5） 4. C 型Ⅱ式（M190:4） 5. C 型Ⅲ式（M120:11） 6. C 型Ⅲ式（M27:11）

图版二五 黄鳝嘴文化墓随葬陶鼎

1. 盆形鼎（M39:3） 2. 盆形鼎（M121:1） 3. 釜形鼎（M26:10） 4. 罐形鼎 C 型Ⅳ式（M27:6）

图版二六 黄鳝嘴文化墓随葬陶垂棱钵形豆（之一）

1. Ⅰ式（M49:11） 2. Ⅰ式（M35:2） 3. Ⅰ式（M139:4） 4. Ⅰ式（M43:4）

图版二七 黄鳝嘴文化墓随葬陶垂棱钵形豆（之二）

1. Ⅱ式（M38:9） 2. Ⅱ式（M233:4） 3. Ⅲ式（M124:9）

图版二八 黄鳝嘴文化墓随葬陶垂棱钵形豆（之三）

1. Ⅳ式（M168:3） 2. Ⅴ式（M4:3） 3. Ⅵ式（M50:6） 4. Ⅵ式（M166:3）

图版二九　黄鳝嘴文化墓随葬陶高把皿形豆（之一）
1. A 型Ⅱ式（M232：12）　2. A 型Ⅲ式（M49：8）　3. A 型Ⅴ式（M22：3）
4. B 型Ⅱ式（M144： 3）
图版三〇　黄鳝嘴文化墓随葬陶高把皿形豆（之二）
1. A 型Ⅰ式（M232：8）　2. A 型Ⅲ式（M232：7）　3. A 型Ⅳ式（M38：5）
4. B 型Ⅲ式（M126：1）　5. B 型Ⅰ式（M124：11）　6. A 型Ⅱ式（M144：4）
图版三一　黄鳝嘴文化墓随葬陶弧敛口钵形豆（之一）
1. A 型Ⅰ式（M40：1）　2. A 型Ⅰ式（M43：1）　3. A 型Ⅰ式（M203：9）
4. A 型Ⅱ式（M50：2）　5. A 型Ⅱ式（M43：5）　6. A 型Ⅲ式（M122：10）
图版三二　黄鳝嘴文化墓随葬陶弧敛口钵形豆（之二）
1. A 型Ⅳ式（M117：12）　2. A 型Ⅴ式（M33：3）　3. A 型Ⅵ式（M33：1）
4. A 型Ⅵ式（M117：9）　5. A 型Ⅵ式（M203：7）
图版三三　黄鳝嘴文化墓随葬陶弧敛口钵形豆（之三）
1. B 型Ⅰ式（M38：10）　2. B 型Ⅰ式（M16：3）　3. B 型Ⅱ式（M146：2）
4. B 型Ⅲ式（M16：2）
图版三四　黄鳝嘴文化墓随葬陶弧敛口钵形豆（之四）
1. B 型Ⅳ式（M7：5）　2. B 型Ⅴ式（M192：8）　3. B 型Ⅵ式（M27：10）
4. B 型Ⅵ式（M34：4）
图版三五　黄鳝嘴文化墓随葬陶折敛口钵形豆（之一）
1. A 型Ⅰ式（M196：4）　2. A 型Ⅱ式（M142：3）　3. A 型Ⅲ式（M22：4）
4. A 型Ⅳ式（M146：3）
图版三六　黄鳝嘴文化墓随葬陶折敛口钵形豆（之二）
1. A 型Ⅴ式（M153：12）　2. A 型Ⅶ式（M39：1）　3. A 型Ⅶ式（M26：6）
4. B 型Ⅰ式（M33：8）
图版三七　黄鳝嘴文化墓随葬陶折敛口钵形豆（之三）
1. B 型Ⅰ式（M196：6）　2. B 型Ⅱ式（M121：6）　3. C 型Ⅰ式（M182：2）
4. C 型Ⅱ式（M237：1）　5. C 型Ⅱ式（M177：4）　6. C 型Ⅱ式（M190：5）
图版三八　黄鳝嘴文化墓随葬陶折敛口钵形豆（之四）
1. C 型Ⅲ式（M121：2）　2. C 型Ⅳ式（M201：3）　3. D 型Ⅲ式（M163：2）
4. D 型Ⅲ式（M202：8）　5. D 型Ⅰ式（M236：8）　6. D 型Ⅱ式（M27：9）
图版三九　黄鳝嘴文化墓随葬陶盆形豆（之一）
1. A 型Ⅰ式（M232：6）　2. B 型Ⅲ式（M48：13）　3. A 型Ⅰ式（M203：1）
4. B 型Ⅰ式（M33：4）
图版四〇　黄鳝嘴文化墓随葬陶盆形豆（之二）
1. B 型Ⅲ式（M153：6）　2. B 型Ⅴ式（M45：5）　3. C 型Ⅰ式（M49：10）
4. C 型Ⅴ式（M153：1）
图版四一　黄鳝嘴文化墓随葬陶盆形豆（之三）
1. C 型Ⅱ式（M192：3）　2. C 型Ⅲ式（M26：11）　3. A 型Ⅱ式（M2：3）
4. A 型Ⅱ式（M24：2）　5. C 型Ⅳ式（M2：2）　6. C 型Ⅲ式（M48：33）
7. B 型Ⅳ式（M34：3）
图版四二　黄鳝嘴文化墓随葬陶盘（之一）
1. Ⅰ式（M27：1）　2. Ⅰ式（M2：7）　3. Ⅰ式（M121：10）　4. Ⅰ式（M24：4）
图版四三　黄鳝嘴文化墓随葬陶盘（之二）

1. Ⅲ式（M48：36） 2. Ⅳ式（M177：2） 3. Ⅴ式（M120：16） 4. Ⅱ式（M26：7）
5. Ⅶ式（M27：7）

图版四四 黄鳝嘴文化墓随葬陶盆（之一）
1. A型Ⅰ式（M196：9） 2. A型Ⅱ式（M124：8） 3. A型Ⅲ式（M4：4）
4. A型Ⅲ式（M49：7） 5. A型Ⅲ式（M23：1） 6. A型Ⅳ式（M232：1）

图版四五 黄鳝嘴文化墓随葬陶盆（之二）
1. B型Ⅱ式（M144：5） 2. B型Ⅲ式（M38：13） 3. B型Ⅳ式（M237：2）
4. B型Ⅲ式（M192：5）

图版四六 黄鳝嘴文化墓随葬陶钵
1. A型Ⅰ式（M203：5） 2. A型Ⅱ式（M177：5） 3. B型Ⅱ式（M45：6）
4. B型Ⅰ式（M116：2） 5. C型（M4：2）

图版四七 黄鳝嘴文化墓随葬陶碗（之一）
1. A型Ⅰ式（M50：8） 2. A型Ⅱ式（M45：1） 3. A型Ⅲ式（M124：2）
4. B型Ⅰ式（M38：17） 5. B型Ⅱ式（M122：6） 6. B型Ⅱ式（M232：10）

图版四八 黄鳝嘴文化墓随葬陶碗（之二）
1. B型Ⅲ式（M237：4） 2. B型Ⅲ式（M196：10） 3. B型Ⅲ式（M7：1）
4. C型（M4：6） 5. C型（M166：2） 6. D型（M45：3）

图版四九 黄鳝嘴文化墓随葬陶竹节筒形圈足杯
1. Ⅰ式（M35：1） 2. Ⅰ式（M196：5） 3. Ⅱ式（M161：2） 4. Ⅳ式（M233：3）
5. Ⅰ式（M203：6） 6. Ⅱ式（M139：1） 7. Ⅲ式（M124：6）

图版五〇 黄鳝嘴文化墓随葬陶鼓腹圈足杯
1. Ⅰ式（M38：15） 2. Ⅰ式（M196：2） 3. Ⅱ式（M166：1） 4. Ⅲ式（M168：1）
5. Ⅲ式（M4：7） 6. Ⅳ式（M232：9）

图版五一 黄鳝嘴文化墓随葬陶碗形杯
1. A型（M142：5） 2. A型（M144：1） 3. A型（M49：4） 4. B型（M22：5）
5. C型（M236：6）

图版五二 黄鳝嘴文化墓随葬陶杯
1. 鼓腹圈足杯Ⅰ式（M122：9） 2. 鼓腹圈足杯Ⅳ式（M117：11） 3. 三曲凹弧腹杯（M49：9） 4. 三足杯Ⅱ式（M153：7） 5. 三足杯Ⅰ式（M38：6） 6. 三足杯Ⅲ式（M120：17）

图版五三 黄鳝嘴文化墓随葬陶单耳杯
1. A型（M48：35） 2. A型（M126：2） 3. B型（M198：3） 4. C型Ⅰ式（M121：5） 5. C型Ⅱ式（M26：8） 6. C型Ⅲ式（M27：5）

图版五四 黄鳝嘴文化墓随葬陶单耳杯、筒形圈足杯
1. 单耳杯C型Ⅱ式（M27：8） 2. 单耳杯D型（M202：2） 3. 筒形圈足杯Ⅰ式（M190：3） 4. 筒形圈足杯Ⅰ式（M34：2） 5. 筒形圈足杯Ⅱ式（M202：10）
6. 筒形圈足杯Ⅱ式（M173：2） 7. 筒形圈足杯Ⅱ式（M2：5）

图版五五 黄鳝嘴文化墓随葬陶单耳罐（之一）
1. A型Ⅰ式（M43：7） 2. A型Ⅱ式（M203：4） 3. A型Ⅲ式（M177：3）
4. B型Ⅰ式（M166：6） 5. B型Ⅱ式（M124：7） 6. B型Ⅲ式（M196：7）

图版五六 黄鳝嘴文化墓随葬陶单耳罐（之二）
1. B型Ⅲ式（M237：3） 2. B型Ⅳ式（M117：13） 3. B型Ⅳ式（M23：4）
4. B型Ⅳ式（M153：4） 5. B型Ⅳ式（M48：12） 6. B型Ⅴ式（M120：6）

图版五七　黄鳝嘴文化墓随葬陶单耳罐（之三）
1. B 型Ⅵ式（M202：7）　2. C 型Ⅱ式（M182：3）　3. C 型Ⅲ式（M192：6）
4. C 型Ⅳ式（M190：2）　5. C 型Ⅰ式（M35：4）
图版五八　黄鳝嘴文化墓随葬陶大口斜沿罐
1. A 型Ⅰ式（M236：7）　2. A 型Ⅱ式（M45：4）　3. B 型Ⅰ式（M163：4）
4. B 型Ⅲ式（M39：6）　5. C 型（M49：12）　6. D 型（M129：1）
图版五九　黄鳝嘴文化墓随葬陶罐
1. 弇口矮领罐Ⅱ式（M201：1）　2. 弇口矮领罐Ⅲ式（M48：32）　3. 大口斜沿罐 B 型Ⅱ式（M34：1）　4. 小口矮领罐 A 型（M120：14）
图版六〇　黄鳝嘴文化墓随葬陶三足罐、大口尊
1. 三足罐 B 型（M168：2）　2. 三足罐 C 型（M146：1）　3. 三足罐 A 型（M166：5）
4. 大口尊（M48：15）
图版六一　黄鳝嘴文化墓随葬穿孔石斧、斧、锛
1. 穿孔石斧（M117：4）　2. 穿孔石斧（M120：9）　3. 斧 B 型Ⅲ式（M48：30）
4. 斧 B 型Ⅱ式（M48：6）　5. 斧 C 型Ⅰ式（M38：16）　6. 斧 C 型Ⅱ式（M48：19）
7. 斧 A 型Ⅱ式（M120：12）　8. 斧 A 型Ⅰ式（M48：11）　9. 锛 A 型（M48：8）
图版六二　黄鳝嘴文化墓随葬石锛、有段石锛
1. 锛 B 型Ⅱ式（M38：4）　2. 锛 B 型Ⅰ式（M120：13）　3. 锛 C 型Ⅳ式（M48：31）
4. 锛 B 型Ⅲ式（M48：22）　5. 锛 C 型Ⅰ式（M233：1）　6. 锛 C 型Ⅱ式（M48：17）
7. 锛 C 型Ⅲ式（M48：27）　8. 锛 C 型Ⅳ式（M48：24）　9. 锛 C 型Ⅴ式（M142：7）
10. 锛 C 型Ⅵ式（M120：8）　11. 有段石锛（M142：6）　12. 有段石锛（M38：3）
图版六三　黄鳝嘴文化墓随葬石凿、三孔石刀
1. 凿 B 型Ⅰ式（M48：23）　2. 凿 B 型Ⅲ式（M48：21）　3. 凿 C 型Ⅱ式（M48：26）
4. 凿 C 型Ⅰ式（M48：20）　5. 凿 C 型Ⅰ式（M48：9）　6. 凿 B 型Ⅲ式（M48：10）
7. 凿 B 型Ⅱ式（M48：25）　8. 三孔石刀（M48：3）
图版六四　黄鳝嘴文化墓随葬搓磨石、砺石
1. 搓磨石Ⅰ式（M153：5）　2. 搓磨石Ⅲ式（M190：1）　3. 搓磨石Ⅰ式（M48：5）
4. 搓磨石Ⅲ式（M48：40）　5. 搓磨石Ⅱ式（M120：2）　6. 搓磨石Ⅱ式（M34：7）
7. 搓磨石Ⅳ式（M39：4）　8. 搓磨石Ⅳ式（M173：4）　9. 搓磨石Ⅳ式（M120：15）
10. 搓磨石Ⅳ式（M40：2）　11. 搓磨石Ⅱ式（M2：1）　12. 搓磨石Ⅲ式（M196：13）
13. 砺石（M34：5）
图版六五　黄鳝嘴文化墓随葬陶纺轮
1. A 型Ⅰ式（M26：5）　2. A 型Ⅱ式（M49：13）　3. A 型Ⅲ式（M7：4）　4. A 型Ⅲ式（M39：8）　5. A 型Ⅳ式（M49：14）　6. A 型Ⅳ式（M153：2）　7. A 型Ⅳ式（M153：8）　8. B 型Ⅰ式（M45：2）　9. B 型Ⅰ式（M122：2）　10. B 型Ⅲ式（M49：15）　11. B 型Ⅳ式（M7：3）　12. B 型Ⅳ式（M202：4）
图版六六　薛家岗文化墓
1. M5　2. M13　3. M29　4. M103
图版六七　薛家岗文化墓
1. M108　2. M110　3. M111　4. M112
图版六八　薛家岗文化墓
1. M113　2. M114　3. M115　4. M127
图版六九　薛家岗文化墓

1. M135　2. M140　3. M151　4. M155

图版七〇　薛家岗文化墓

1. M159　2. M160　3. M162　4. M165

图版七一　薛家岗文化墓

1. M170　2. M171　3. M178　4. M180

图版七二　薛家岗文化墓

1. M183　2. M184　3. M185　4. M187

图版七三　薛家岗文化墓

1. M191　2. M194　3. M195　4. M197

图版七四　薛家岗文化墓

1. M208　2. M209　3. M211　4. M213

图版七五　薛家岗文化墓

1. M216　2. M216 局部　3. M217　4. M222

图版七六　薛家岗文化墓

1. M223　2. M225　3. M228　4. M230

图版七七　薛家岗文化墓随葬陶罐形鼎（之一）

1. Ⅰ式（M159 : 6）　2. Ⅱ式（M164 : 3）

3. Ⅲ式（M231 : 7）　4. Ⅴ式（M123 : 7）

图版七八　薛家岗文化墓随葬陶罐形鼎（之二）

1. Ⅱ式（M209 : 5）　2. Ⅰ式（M28 : 4）　3. Ⅱ式（M213 : 3）　4. Ⅱ式（M175 : 2）

5. Ⅵ式（M111 : 2）　6. Ⅲ式（M227 : 3）

图版七九　薛家岗文化墓随葬陶盆形鼎（之一）

1. A 型Ⅰ式（M228 : 3）　2. A 型Ⅱ式（M212 : 4）

3. B 型Ⅰ式（M5 : 3）　4. B 型Ⅱ式（M19 : 2）

图版八〇　薛家岗文化墓随葬陶盆形鼎（之二）

1. A 型Ⅰ式（M197 : 1）　2. A 型Ⅰ式（M108 : 7）　3. B 型Ⅰ式（M157 : 5）

4. B 型Ⅲ式（M194 : 3）　5. B 型Ⅳ式（M148 : 8）　6. B 型Ⅴ式（M162 : 1）

图版八一　薛家岗文化墓随葬陶釜形鼎

1. Ⅰ式（M221 : 3）　2. Ⅱ式（M1 : 6）　3. Ⅱ式（M31 : 8）　4. Ⅳ式（M178 : 3）

5. Ⅲ式（M185 : 4）　6. Ⅲ式（M207 : 3）

图版八二　薛家岗文化墓随葬陶鬶（之一）

1. A 型（M225 : 5）　2. B 型Ⅱ式（M218 : 5）　3. B 型Ⅰ式（M113 : 2）

4. B 型Ⅱ式（M170 : 6）

图版八三　薛家岗文化墓随葬陶鬶（之二）

1. B 型Ⅲ式（M217 : 4）　2. B 型Ⅳ式（M231 : 6）　3. B 型Ⅵ式（M148 : 7）

4. B 型Ⅴ式（M197 : 3）

图版八四　薛家岗文化墓随葬陶鬶（之三）

1. B 型Ⅵ式（M209 : 7）　2. B 型Ⅶ式（M123 : 10）　3. B 型Ⅶ式（M123 : 12）

4. B 型Ⅷ式（M29 : 3）

图版八五　薛家岗文化墓随葬陶折敛口钵形豆（之一）

1. A 型Ⅰ式（M140 : 3）　2. A 型Ⅱ式（M231 : 5）　3. A 型Ⅱ式（M148 : 6）

4. A 型Ⅱ式（M193 : 3）

图版八六　薛家岗文化墓随葬陶折敛口钵形豆（之二）

1. A 型Ⅲ式（M111:1） 2. A 型Ⅳ式（M170:1） 3. A 型Ⅳ式（M225:6）
4. A 型Ⅴ式（M157:4）
图版八七 薛家岗文化墓随葬陶折敛口钵形豆（之三）
1. A 型Ⅴ式（M115:4） 2. A 型Ⅴ式（M118:3） 3. A 型Ⅵ式（M108:5）
4. A 型Ⅵ式（M197:2）
图版八八 薛家岗文化墓随葬陶折敛口钵形豆（之四）
1. B 型Ⅰ式（M19:3） 2. B 型Ⅰ式（M5:1） 3. B 型Ⅱ式（M29:6）
4. B 型Ⅲ式（M156:3）
图版八九 薛家岗文化墓随葬陶折敛口钵形豆（之五）
1. B 型Ⅳ式（M155:2） 2. B 型Ⅳ式（M154:5） 3. B 型Ⅴ式（M209:6）
4. B 型Ⅴ式（M29:9）
图版九〇 薛家岗文化墓随葬陶折敛口钵形豆（之六）
1. C 型Ⅰ式（M155:1） 2. C 型Ⅱ式（M156:4） 3. D 型Ⅰ式（M17:1）
4. D 型Ⅶ式（M107:5）
图版九一 薛家岗文化墓随葬陶折敛口钵形豆（之七）
1. D 型Ⅱ式（M221:2） 2. D 型Ⅲ式（M165:3） 3. D 型Ⅳ式（M151:4）
4. D 型Ⅳ式（M213:2） 5. D 型Ⅳ式（M218:6） 6. D 型Ⅴ式（M13:3）
图版九二 薛家岗文化墓随葬陶折敛口钵形豆（之八）
1. D 型Ⅵ式（M28:5） 2. D 型Ⅵ式（M31:6） 3. D 型Ⅷ式（M112:7）
4. D 型Ⅸ式（M179:4） 5. D 型Ⅸ式（M187:2） 6. D 型Ⅹ式（M102:2）
图版九三 薛家岗文化墓随葬陶盆形豆、盘形豆
1. 盆形豆Ⅰ式（M15:2） 2. 盆形豆Ⅲ式（M29:12） 3. 盆形豆Ⅳ式（M154:4）
4. 盆形豆Ⅴ式（M148:3） 5. 盘形豆Ⅰ式（M159:2） 6. 盘形豆Ⅰ式（M162:2）
图版九四 薛家岗文化墓随葬陶豆
1. 弧敛口钵形豆Ⅰ式（M125:3） 2. 弧敛口钵形豆Ⅲ式（M123:13） 3. 盆形豆Ⅱ式（M162:7） 4. 盘形豆Ⅱ式（M148:5）
图版九五 薛家岗文化墓随葬陶釜、甑、盘、盆
1. 釜（M227:4） 2. 甑（M197:7） 3. 盘（M209:1） 4. 盘（M31:4）
5. 盆 A 型Ⅱ式（M159:3） 6. 盆 B 型Ⅰ式（M17:6）
图版九六 薛家岗文化墓随葬陶盆
1. A 型Ⅰ式（M157:2） 2. A 型Ⅲ式（M197:5） 3. B 型Ⅱ式（M123:18）
4. C 型（M231:8） 5. C 型（M141:3） 6. D 型Ⅱ式（M208:2）
图版九七 薛家岗文化墓随葬陶钵（之一）
1. A 型Ⅰ式（M223:4） 2. A 型Ⅰ式（M5:2） 3. A 型Ⅰ式（M218:4）
4. A 型Ⅱ式（M213:5） 5. A 型Ⅲ式（M31:7） 6. A 型Ⅳ式（M231:9）
图版九八 薛家岗文化墓随葬陶钵（之二）
1. A 型Ⅳ式（M225:3） 2. A 型Ⅴ式（M29:5） 3. A 型Ⅵ式（M123:8）
4. A 型Ⅵ式（M197:8） 5. B 型Ⅰ式（M217:7） 6. B 型Ⅱ式（M108:6）
图版九九 薛家岗文化墓随葬陶钵（之三）
1. C 型Ⅰ式（M180:1） 2. C 型Ⅱ式（M123:19） 3. D 型（M230:4）
4. E 型（M151:6）
图版一〇〇 薛家岗文化墓随葬陶碗、觯
1. 觯Ⅰ式（M225:8） 2. 觯Ⅰ式（M134:4） 3. 觯Ⅰ式（M112:8） 4. 觯Ⅱ式

（M20：2） 5. 碗（M197：11）

图版一〇一 薛家岗文化墓随葬陶觚形杯（之一）

1. A型Ⅰ式（M193：2） 2. B型Ⅰ式（M8：1） 3. A型Ⅲ式（M13：2） 4. B型Ⅱ式（M208：4）

图版一〇二 薛家岗文化墓随葬陶觚形杯（之二）

1. A型Ⅰ式（M114：1） 2. A型Ⅰ式（M231：3） 3. A型Ⅱ式（M148：4） 4. A型Ⅲ式（M164：2） 5. A型Ⅲ式（M197：10）

图版一〇三 薛家岗文化墓随葬陶杯

1. Ⅲ式（M1：5） 2. Ⅲ式（M18：1） 3. Ⅳ式（M157：3） 4. Ⅱ式（M31：5） 5. Ⅰ式（M109：2）

图版一〇四 薛家岗文化墓随葬陶大口斜沿罐、大口矮领罐

1. 大口斜沿罐（M158：2） 2. 大口矮领罐Ⅰ式（M25：3） 3. 大口矮领罐Ⅱ式（M157：6） 4. 大口矮领罐Ⅲ式（M29：8）

图版一〇五 薛家岗文化墓随葬陶小口矮领罐

1. Ⅰ式（M162：3） 2. Ⅰ式（M212：1） 3. Ⅰ式（M223：2） 4. Ⅱ式（M179：2） 5. Ⅱ式（M175：1） 6. Ⅲ式（M183：1）

图版一〇六 薛家岗文化墓随葬陶圈足罐（之一）

1. Ⅰ式（M231：4） 2. Ⅱ式（M191：1） 3. Ⅲ式（M17：4） 4. Ⅳ式（M218：7）

图版一〇七 薛家岗文化墓随葬陶圈足罐（之二）

1. Ⅱ式（M151：5） 2. Ⅲ式（M103：2） 3. Ⅴ式（M205：1） 4. Ⅵ式（M171：1） 5. Ⅵ式（M225：4） 6. Ⅷ式（M123：17）

图版一〇八 薛家岗文化墓随葬陶圈足罐、三足罐

1. 三足罐Ⅰ式（M197：4） 2. 三足罐Ⅱ式（M227：5） 3. 三足罐Ⅱ式（M213：1） 4. 圈足罐Ⅶ式（M188：1）

图版一〇九 薛家岗文化墓随葬陶平底壶（之一）

1. A型Ⅰ式（M194：5） 2. A型Ⅰ式（M218：3） 3. A型Ⅱ式（M167：4） 4. A型Ⅲ式（M167：3） 5. A型Ⅲ式（M140：2） 6. A型Ⅲ式（M125：2）

图版一一〇 薛家岗文化墓随葬陶平底壶（之二）

1. A型Ⅳ式（M197：12） 2. A型Ⅴ式（M128：2） 3. A型Ⅵ式（M154：2） 4. A型Ⅶ式（M28：3） 5. B型Ⅰ式（M123：11） 6. B型Ⅱ式（M123：9）

图版一一一 薛家岗文化墓随葬陶圈足壶（之一）

1. Ⅱ式（M17：2） 2. Ⅲ式（M1：4） 3. Ⅴ式（M185：3） 4. Ⅸ式（M217：10）

图版一一二 薛家岗文化墓随葬陶圈足壶（之二）

1. Ⅱ式（M208：3） 2. Ⅲ式（M18：2） 3. Ⅳ式（M30：2） 4. Ⅵ式（M215：1） 5. Ⅶ式（M225：7） 6. Ⅷ式（M159：4）

图版一一三 薛家岗文化墓随葬陶三足壶

1. Ⅰ式（M159：1） 2. Ⅱ式（M197：9） 3. Ⅲ式（M19：1） 4. Ⅳ式（M160：3）

图版一一四 薛家岗文化墓随葬陶壶、器盖

1. 圜底壶Ⅰ式（M199：1） 2. 平底壶B型Ⅱ式（M29：7） 3. 平底壶B型Ⅲ式（M195：1） 4. 圈足壶Ⅷ式（M170：3） 5. 器盖Ⅲ式（M9：4） 6. 器盖Ⅳ式（M159：5）

图版一一五 薛家岗文化墓随葬石钺（之一）

1. A型Ⅱ式（M123：5）（A） 2. A型Ⅱ式（M123：5）（B） 3. A型Ⅰ式（M118：1）

4. A型Ⅲ式（M31∶2） 5. A型Ⅰ式（M210∶1） 6. C型Ⅰ式（M231∶2）
图版一一六 薛家岗文化墓随葬石钺（之二）
1. B型Ⅰ式（M143∶2） 2. B型Ⅲ式（M178∶1） 3. C型Ⅲ式（M184∶1）
4. C型Ⅲ式（M107∶1） 5. C型Ⅱ式（M181∶1） 6. C型Ⅳ式（M206∶1）
图版一一七 薛家岗文化墓随葬石钺（之三）
1. B型Ⅰ式（M3∶1） 2. B型Ⅰ式（M151∶1） 3. B型Ⅰ式（M113∶1）
4. B型Ⅱ式（M20∶1）
图版一一八 薛家岗文化墓随葬穿孔石斧
1. Ⅰ式（M104∶1） 2. Ⅱ式（M135∶1） 3. Ⅱ式（M193∶1）
4. Ⅳ式（M164∶1） 5. Ⅴ式（M36∶2） 6. Ⅴ式（M25∶2）
7. Ⅴ式（M150∶3） 8. Ⅲ式（M108∶3） 9. Ⅳ式（M189∶1）
图版一一九 薛家岗文化墓随葬石锛
1. B型Ⅰ式（M170∶2） 2. B型Ⅱ式（M193∶5） 3. A型（M228∶1） 4. B型Ⅳ式（M213∶4） 5. C型Ⅷ式（M1∶3） 6. C型Ⅳ式（M134∶3） 7. C型Ⅳ式（M171∶2） 8. B型Ⅲ式（M25∶1） 9. B型Ⅱ式（M36∶1） 10. B型Ⅱ式（M212∶5） 11. B型Ⅲ式（M15∶7）
图版一二〇 薛家岗文化墓随葬石锛、有段石锛
1. 锛C型Ⅰ式（M223∶5） 2. 锛C型Ⅱ式（M20∶3） 3. 锛C型Ⅴ式（M217∶3）
4. 锛C型Ⅴ式（M221∶1） 5. 锛C型Ⅱ式（M9∶3） 6. 锛C型Ⅲ式（M222∶1）
7. 锛C型Ⅵ式（M230∶2） 8. 锛C型Ⅵ式（M151∶2） 9. 锛C型Ⅶ式（M123∶20）
10. 锛C型Ⅶ式（M123∶6） 11. 锛C型Ⅷ式（M3∶2） 12. 有段石锛（M157∶9）
图版一二一 薛家岗文化墓随葬石凿、多孔石刀
1. 凿C型Ⅳ式（M5∶4） 2. 凿C型Ⅲ式（M148∶1） 3. 凿B型Ⅰ式（M8∶2）
4. 凿B型Ⅱ式（M15∶1） 5. 凿C型Ⅰ式（M217∶1） 6. 凿C型Ⅱ式（M157∶8）
7. 凿A型（M31∶1） 8. 多孔石刀（M134∶2） 9. 多孔石刀（M9∶2）
图版一二二 薛家岗文化墓随葬圆石砧、砺石、搓磨石
1. 圆石砧（M28∶6） 2. 砺石（M148∶10） 3. 砺石（M137∶2） 4. 砺石（M107∶3） 5. 搓磨石Ⅰ式（M176∶1） 6. 搓磨石Ⅲ式（M138∶6） 7. 搓磨石Ⅱ式（M6∶2）
图版一二三 薛家岗文化墓随葬陶纺轮、陶球
1～11 陶纺轮：1. A型Ⅱ式（M197∶6） 2. A型Ⅱ式（M141∶4） 3. A型Ⅲ式（M115∶2） 4. A型Ⅲ式（M112∶6） 5. A型Ⅳ式（M162∶8） 6. A型Ⅳ式（M138∶5） 7. A型Ⅴ式（M227∶9） 8. B型Ⅱ式（M155∶4） 9. B型Ⅱ式（M30∶3） 10. B型Ⅲ式（M29∶4） 11. B型Ⅲ式（M209∶2） 12. 空心陶球（M175∶3）
图版一二四 塞墩遗址出土家猪骨骼
1、2. 标本T15③∶256 右下颌骨，咬合面、舌面 3、4. 标本M2∶444 左下颌骨，咬合面、唇面 5、6. 标本T13②∶80 左肱骨远端，后视、前视 7、8、9. 标本H9∶339 头骨，顶视、侧视、颚视 10. 标本T15③∶254 左下颌骨唇面
图版一二五 塞墩遗址出土水牛骨骼
1、2. 标本15③∶246 趾骨1～3节，前视、后视 3. 标本T13②∶16 左跟骨
4. 标本T113④∶390 右下颌骨唇面视 5. 标本T13③∶420 右侧股骨远端前面视
6. 标本T15③∶243 右侧股骨近端侧面视 7. 标本H9∶336 左下颌骨

8. 标本 T15②: 158　左侧肱骨远端后面视　9. 标本 T13②: 29　右掌骨远端前面视

图版一二六　塞墩遗址出土亚洲象、狗骨骼

1. 标本 H9 : 346　亚洲象下颌骨右侧俯视　2、3. 标本 T15②: 219　亚洲象下第二臼齿，舌面、咬合面　4. 标本 H9 : 329　狗右上颌骨唇面　5. 标本 T13②: 133　亚洲象右侧肩胛骨外侧面视　6. 标本 H9 : 332　亚洲象右胫骨内侧视　7. 标本 T15③: 308　亚洲象右桡骨近端　8. 标本 H9 : 331　亚洲象左尺骨近端外侧视　9、10. 标本 T13②: 55　狗头骨，顶视、侧视　11. 标本 T15③: 273　狗左下颌骨唇面

图版一二七　塞墩遗址出土梅花鹿、龟、鱼骨骼

1、2. 标本 T15③: 297　梅花鹿左下颌骨，咬合面、唇面视　3. 标本 T23②: 416　梅花鹿左角侧面视　4、5. 标本 T15②: 192　梅花鹿左肱骨远端，后面视、前面视　6. 标本 T13②: 93　梅花鹿头骨前面视　7. 标本 T15③: 326　鲤鱼喉齿　8. 标本 T13②: 129　乌龟腹板 腹面视　9. 标本 H9 : 327　青鱼喉齿前面视　10. 标本 T15③: 325　青鱼喉齿前面视

图版一二八　塞墩遗址出土兽骨上的人工痕迹

1. 标本 T13②: 126　锤击法修理的骨片　2. 标本 T13②: 19　任意性砸击牛骨痕迹断口
3. 标本 T15③: 276　梅花鹿角被锯切的痕迹　4. 标本 T15③: 278　锯折法加工鹿角的痕迹
5. 标本 T15③: 275　砍锯法加工鹿角的痕迹　6. 标本 T13②: 84　梅花鹿角被锯切的痕迹
7、8. 标本 T13②: 53　水牛股骨远端残留的劈裂痕迹及其放大

第一章　遗址地理环境和工作经过

第一节　地理环境

湖北省黄梅县塞墩新石器时代遗址，位于县治东南（直线距，下同）约25公里的龙感湖畔，南距长江8公里，西南距小池镇14公里，与北边湖中的陆墩新石器时代遗址①相距约8.5公里。东经116°04′，北纬29°53′。地处国营龙感湖农场塞湖分场（又名第五分场）的北端界外，八一港北口——湖口闸的西侧，遗址所在地名为后湖，现属黄梅县王埠乡的农田（图1－1；图版一，1）。

黄梅地处大别山东端南麓，全县地形北高南低呈倾斜坡形。北部为山区，最高海拔1244米；中部除县城附近有较大的平畈外，均为丘陵地带；南部系湖区平原，小池镇清江口海拔为15米。东与安徽省宿松县水陆相连，南隔长江与江西省九江市为邻。黄梅—九江一带，正处长江中、下游之交，历史上为控扼荆州、扬州和楚、吴咽喉之地，后素有“楚尾吴头”之称。自武穴以东至黄梅县南半部，在古代历史上原是九派江流之域，《禹贡》所载“九江纳锡大龟”即在这一带地方。据谭其骧、张修桂的研究，长江出武穴后，摆脱两岸山地约束，滔滔江水在冲积扇上以分汊水系形式，东流至扇前洼地潴汇而成彭蠡泽（江北彭蠡古泽）。由于扇状水系汊道众多，《禹贡》概谓之“九江”。彭蠡古泽具体范围，包括九江市至望江县拓宽了的长江河段及其以北今龙感湖、大官湖和泊湖等，相连成片的斜宽带状湖泽。西汉后期彭蠡古泽面积萎缩，江北彭蠡泽之名日渐湮没，代之而起的是著称于六朝时代的雷池、雷水。现在的龙感湖、大官湖等就是在雷池和雷水的基础上发育形成的。至于把今鄱阳湖说成是彭蠡古泽，谭、张两先生认为那是不确切的。究其起因是始于班固《汉书·地理志》附会《禹贡》彭蠡之说，这种附会又被后人所接受，江北彭蠡泽之名遂被迁用于江南的湖口断陷水域，其所指范围直到隋唐以前仅局限于今鄱阳北湖区，这乃是江南新的彭蠡泽（彭蠡新泽）。唐末五代至宋初形成今鄱阳南湖。鄱阳湖之名首次见于文献者为《太平寰宇记》。历史上鄱阳湖曾有彭蠡泽、彭蠡湖、彭泽、彭湖等数种称谓②。

由新石器时代塞墩、陆墩、窑墩等遗址的存在可知，大约最迟在距今6000多年以前，上述九江冲积扇已经基本形成，新石器时代的先民就在冲积扇的前沿、彭蠡古泽的西岸生息活动。据黄梅县地方志书记载③，长江自广济龙坪进入黄梅界，原来是绕蔡山而流的。蔡山在黄梅县治西南35公里，海拔59米，曾位于大江中心并建有江心寺，唐代李白《夜宿江心寺》、《赠蔡山人》所言即此地。长期以来，黄梅南部至宿松一带的地段，经过不断冲积变迁，平原土地日趋扩大；特别是明代在龙感湖与长江间修建了挡江干堤后，从此结束了龙感湖与长江水域相连的历史，大量沙质物沉积的结果，湖泊面

---

① 中国社会科学院考古研究所湖北工作队：《湖北黄梅陆墩新石器时代墓葬》，《考古》1991年第6期。

② 谭其骧、张修桂：《鄱阳湖演变的历史过程》，《复旦学报》（社会科学版）1982年第2期。

③ A. 黄梅县人民政府编：《黄梅县志》上卷，湖北人民出版社，1985年；

B. 黄梅县地名领导小组办公室编：《湖北省黄梅县地名志》，1985年；

C. 龙感湖农场志编纂委员会编：《龙感湖农场志》，1989年。

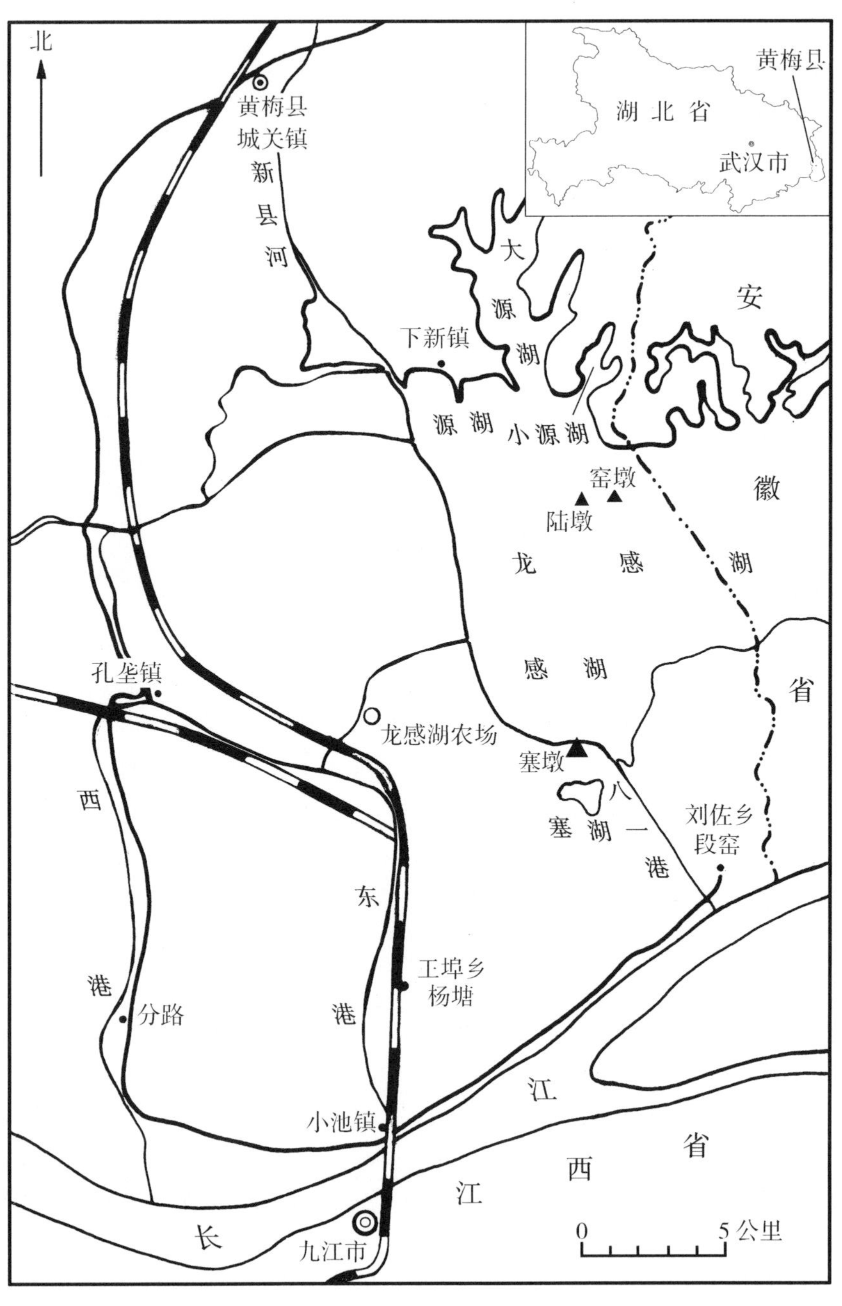

图 1－1　塞墩遗址地理位置图

积不断缩小。但也有局部地方是陆地下沉，如龙感湖农场地域内在明代之前尚建有村落，到清末人烟殆尽，成为湖沼泽地和湖区。围垦龙感湖农场芦柴湖分场（又称第一分场）时，曾在湖中发现明初望族於姓、邢姓祖茔，足见是后来下沉无疑。其地东距今龙感湖岸约 9 公里。而位于今龙感湖畔的塞墩和现仍居湖中的陆墩、窑墩遗址所在地，可能是先于芦柴湖分场处而下沉淹没在湖水之中的。枯水季节，塞墩稍隆起的局部地方露出水面，为来往渔船登临栖息之地。至 20 世纪 50 年代前期，龙感湖边沼泽低地，芦苇丛生，獾、獐、野猪等时有出没；湖区多野鸭、野乌鸡、鹭鸶、雁、雉、水鸽子、荷叶鸟等飞禽；鱼类丰富，甚至当偶遇湖水急速退潮之时，即可在浅滩上捡拾到较多鲜鱼活虾；其他还在大面积的浅水域生长有菱、茭白、莲藕、薏苡等野生可食植物。

新中国建立后不久，在龙感湖（于 1955 年将宿松的龙湖、黄梅的感湖正式合并定名）、大官湖、黄湖的整个南岸和东西两侧，以黄梅县境内的龙感湖农场和宿松县境内的华阳河农场为主体，大规模围湖造田。1956 年 1 月，隶属湖北省农垦厅的国营龙感湖农场正式建置，开始在龙感湖西岸围湖造田，农场属地围绕湖边呈“L”形，这时塞墩正处在圩堤的外侧，尚在湖内。70 年代，黄梅县地方公社又在龙感湖农场的外围继续围湖造田，1978 年塞墩遗址及其周围成陆，从此处在新垦农田之中，其地势相当低洼，海拔 12.8～13.7 米，湖水暴涨季节水面高出堤内稻田可达 2 米左右。

第二节　考古调查和发掘

长江在鄂东地区横穿而过，临江地带鄂皖赣三省三叉形接壤，自然地理上正处于长江中、下游之交。在新石器时代文化分区上，鄂东介于江汉文化区与江淮文化区之间，在进一步探明鄂东新石器文化遗存面貌的基础上，这里，对研究长江中下游新石器文化的关系方面占有重要位置。我们经过调查摸底，根据遗址已显露的一些可靠线索，重点瞩目并最终选定了塞墩遗址。

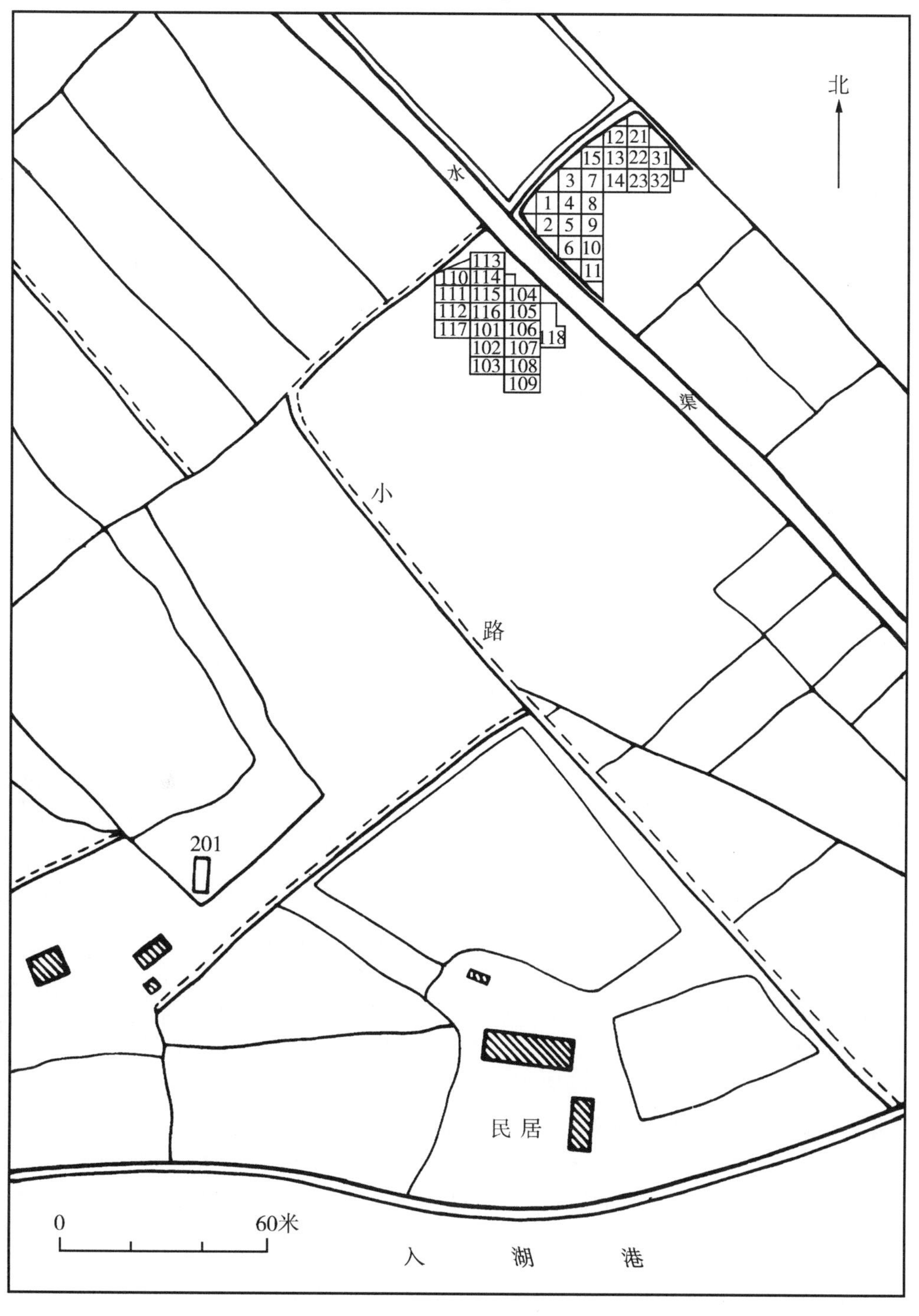

图1－2　塞墩遗址发掘坑位图

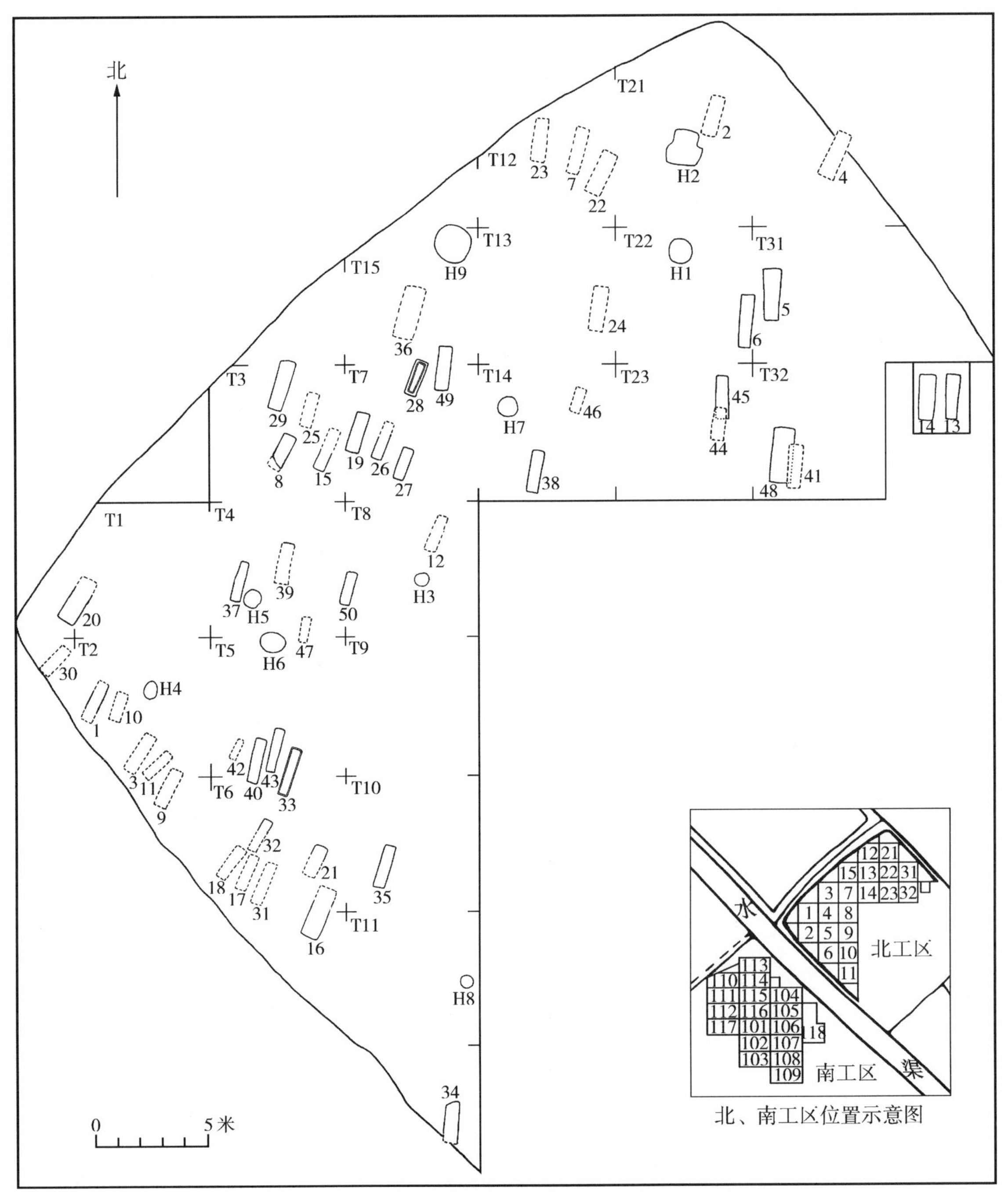

图1－3 塞墩墓葬和坑穴分布图（北工区）

当塞墩遗址尚孤立存在于湖水中时，最初于1958年黄梅县文物普查中发现，定为新石器时代遗址。后来，地方文物博物馆单位进行过多次调查①。1981年10月，中国社会科学院考古研究所湖北工作队曾作调查。遗址范围，东西约250米，南北约450米。南以圩堤和港河与塞湖分农场为界，东边约600米外即为龙感湖。遗址南部即王埠乡水利指挥部平房周围处稍有隆起，这里地表散布有小面积的红烧土渣，还有较多的碎螺壳，伴见少量的陶片；遗址大部分地方平坦低洼，辟为稻田和鱼塘，地表也绝少暴露遗物。1983年后因开挖主水渠和鱼塘，主要在遗址东边陆续出土了较完整陶器、石器和一些兽骨、人骨残骸，

① 黄冈地区文物普查队：《黄梅龙感湖三处遗址调查》，《江汉考古》1983年第4期。

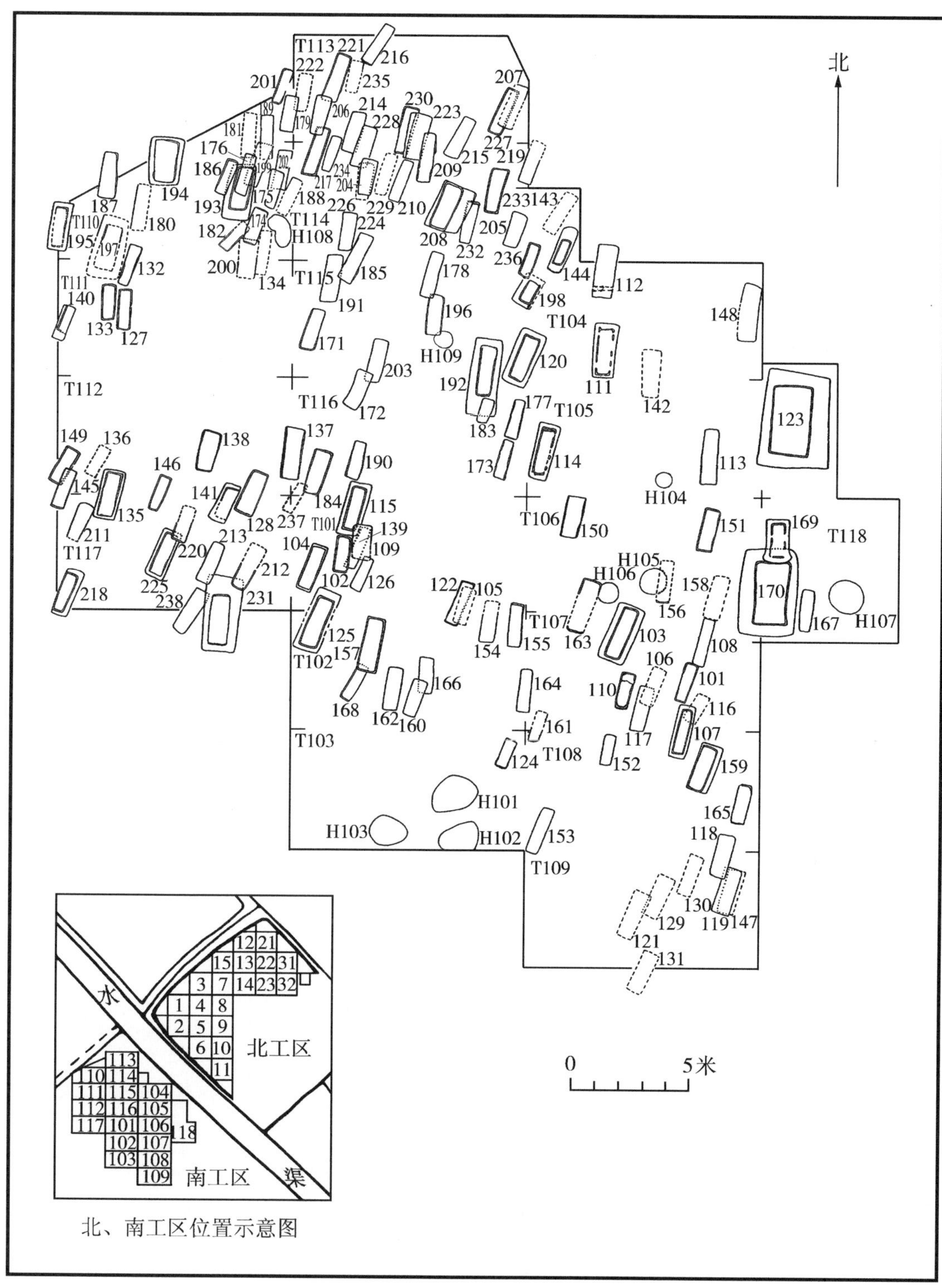

图1－4　塞墩墓葬和坑穴分布图（南工区）

其中文化遗物多由黄梅县博物馆收存。我队即据此线索，在遗址东北部的墓区范围，先后在水渠的北、南侧开方，主要发掘了一批墓葬。发掘过程中，为了留出地方便于就近堆土，故在同次发掘时并未完全连片开方，等下次发掘时再填补开方，最后使揭露范围连成整片。另外，曾在西南部稍隆起处开一条探沟T201，文化遗物很贫乏，在有的层内包含一些烧土渣、陶片渣、螺壳末等，未发现新石器时代原生堆积。

中国社会科学院考古研究所湖北队在此共进行三次发掘，第一次1986年12月18日～1987年1月5

日，在北工区以 6×6 米布方，开挖探方 T1、2、3、6～9、12、13、21、22、31，又加扩方，发掘面积 470 平方米，发现墓葬 33 座。第二次 1987 年 10 月 25 日～12 月 13 日，继续在北工区开挖探方 T4、5、10、11、14、15、23、32，又在南工区以 10×5 米布方，开挖 T101、103、104、105、107、109、111、112，另在一处开 3×10 米的探沟 T201，连同扩方范围，发掘面积 720 平方米，发现墓葬 66 座。第三次 1988 年 11 月 2 日～12 月 27 日，开挖探方 T102、106、108、110、113～118，又加扩方，发掘面积 490 平方米，发现墓葬 89 座。三次合计发掘面积 1680 平方米（图 1－2），发现墓葬 188 座，坑穴 18 座（图 1－3、4；彩版一、二；图版一，2、3；图版二）。发掘业务人员主要是中国社会科学院考古研究所任式楠和陈超，王仁湘曾参加了第二次发掘中的一段工作；潘其风在第二、三次发掘的后期到工地现场鉴定了人骨。本所湖北队技工朱高权、李亚舟、柳贵滨长期参与协助。参加短期发掘的还有武汉市博物馆雷兴军、李永康，黄梅县博物馆聂习国、石甗。筹备、田野发掘和室内整理工作得到湖北省文化局、黄冈地区文化局和黄梅县文化局等各级文物主管部门的支持，黄梅县博物馆予以具体协助，发掘期间还得到王埠乡水利指挥部的帮助，我们在此一并致谢。

第二章　文化层和坑穴

第一节　地层堆积

遗址原浸没在水中，长期受到冲刷侵蚀，围垦成稻田后虽并未经过大面积的移土平整，但普遍曾用小型拖拉机翻耕和耙田，致使一部分墓葬受到不同程度的扰乱。发掘过程中，在揭去一般厚约0.2米的农耕土后，即有一些墓坑或人骨、随葬器物露出，有的在未完全挖尽耕土时即见残存的少量人骨和随葬品残件。这样，在第2层面上散布的遗物中，有些可能原来就是属于墓葬内的随葬品。局部地方因开挖水渠，也有扰动到个别较深墓葬的情况。

地层堆积南区比北区较厚些，两区的层次堆积基本相同。南工区自地表以下，总厚度一般为1.25米左右。

现举T115、104北壁地层剖面为例（图2－1）：

第1层　耕土层。黑灰色，为质地黏重的静湖沉淀土。厚度一般0.22米。

第2层　深灰褐色杂土。质地疏松，颜色偏灰暗。夹较多炭末和烧土渣。含有少量陶片，主要有鼎足、斜沿窄堆纹鼎片、豆、敛口或敞口钵、带领罐等，还偶见带鋬多孔钵形器、盆、单耳罐、弇口瓮等。深0.22～0.65米，厚0.25～0.35米。

M191、185、178、144、112打破第2层。其中，M144大体保存了原墓口；M185、178、112已近墓底，其原墓口层位应在上部；M191与M144的文化性质不属同一类型，而与M185、178、112等3座属同一类型，M191墓坑原开口层位可能也不在第2层层面。现今的第2层是已被不同程度破坏了其上部原生堆积后的遗存。

第3层　浅灰褐色杂土。比第2层颜色稍浅，带一些灰黄色，质地也较疏松。包含的炭末、烧土渣和陶片等都较少。陶片器类和各类所占比重，与第2层的基本接近，其中陶钵口部饰红彩宽带纹者似略有增加。本层底面局部处有圆形、椭圆形或不规则形的小洼坑，有的深入到生土层。一般深0.5～1.05米，厚0.3～0.55米。

M236打破第3层直至生土层。

第4层　棕灰色土。质致密，很硬，胶黏性强。相当纯净，不含炭末，偶见个别陶片，有的地方夹几块兽骨或有极少的烧土块。深0.85～1.25米，厚0.15～0.3米。本探方和发掘区内的第4层均未见文化遗迹。

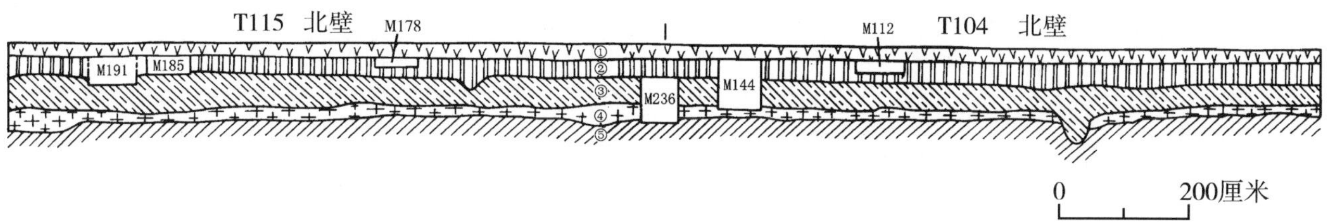

图2－1　塞墩遗址T115、T104北壁地层剖面图

以下为生土层，姜黄色，质很硬。

共发现墓葬188座，依据地层和29组73座墓葬打破、叠压关系，参照潜山薛家岗、宿松黄鳝嘴和太湖王家墩遗址的发掘资料，可把塞墩墓葬的约90%区分为早晚两类，分属于黄鳝嘴文化（也有意见称黄鳝嘴类遗存）和薛家岗文化，对两者的文化性质、关系等问题的讨论详见第五章。此外，还有20座新石器时代墓葬暂未予以归类。

在发掘区北端的局部地层堆积比较特殊，具体位置是在T15的东边大部与T12、13的西半部，相连一起的范围东西约9米、南北约6~7米，处在第2层的下半部，部分地方下延至第3层。堆积厚度一般在15厘米左右，散乱分布很多兽骨、蚌壳痕，并夹有很少的陶片和个别砺石等。兽骨包括鹿角、鹿下颌骨、带角的鹿头盖骨、牛牙、牛椎骨、猪下颌骨、象臼齿，以及各类动物的肩胛骨、肋骨、肢骨等，骨块大小不一，大多数较为残破，长骨类普遍被敲断，有些下颌骨尚存完整的半副，有的肩胛骨保存了大部分。蚌壳分布在南边，都已朽酥，贴附在泥上而不能单独捡取，个体之间重叠不多。从平面上看，明显以竖行分成三大片，东片的范围大、遗物多，中片其次，西片面积最小，遗物也少些，三片之间约有1米多的空当没有遗物。上述文化遗物和动物遗骸，多掩埋在黑灰色脏杂土中，有的地方伴出黑色草木灰烬、炭末和少量烧土渣。此处当属集中扔置废弃物的地方。

第二节　坑穴遗迹

在已揭露的文化层中还散布有少数坑穴，共18座。北工区H1~8均第2层遗迹，北工区H9和南工区的H101~109均第3层遗迹。平面形状多呈圆形或椭圆形，长径0.6~2.2米，其中长径不到1米的7座。一般为口大底较小。自深0.3~1.1米，其中深度超过1米的仅1座，多数在0.5米左右。遗存情况可分三类：第一类就是通常的“灰坑”，灰土中夹有碎陶片和其他杂物，所含碎陶片都不丰富，有的坑还有残兽骨。这类灰坑有H1、2、5、7和107共5座。第二类，以兽骨为主，内至少有一两件是大块的兽骨，或还有些碎骨，同时共存少量大块的陶片或可复原或基本完整的陶器。这类坑穴有H9、101、102、103和105共5座。第三类，规则地埋放完整的大件兽骨，常见为下颌骨，也有肩胛骨、头骨等，仅个别坑在兽骨旁还放置大石块，此外别无他遗物。这类坑穴有H3、4、6、8、104、106、108和109共8座。推测第二、三类坑穴可能属祭祀遗迹。

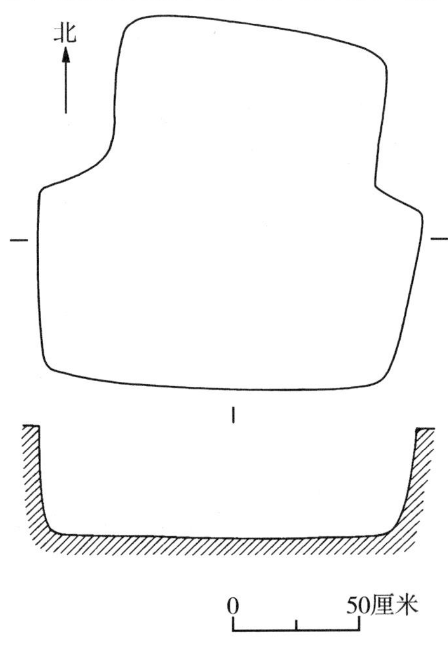

图2－2　H2平面、剖面图

第一类坑穴5座，举H2、5为例：

H2　唯一的圆角“凸”字形坑，形状规整对称，以南北中轴线为准方向5°。东西1.1~1.55米，南北最长1.5米。坑壁竖直，平底。T21第2层底发现，坑自深0.45米。填土为灰土。上部有薄层的杂质灰土，土色较深。出土陶片很少，其中有压小窝双道堆纹折沿鼎、大窝纹鼎足、口部胎厚的微敛口钵等。夹杂一些动物骨骸，有梅花鹿（前掌骨、距骨、股骨）、鹿（胫骨）、牛（趾骨）、家猪（下颌骨）、鳖（背甲）、鱼（脊椎、牙）共6种约10块左右，大都残断，有的梅花鹿骨上留有烧烤或砸击痕迹（图2－2）。

H5　略呈圆形，口径0.75米，坑壁里斜，底径0.4米。T4第2层上部发现，坑自深0.4米。填土黑灰色，质松。陶片很少，内有鼎口沿、大窝纹鼎足、宽凹面鼎足、两根泥条拧成的麻花式

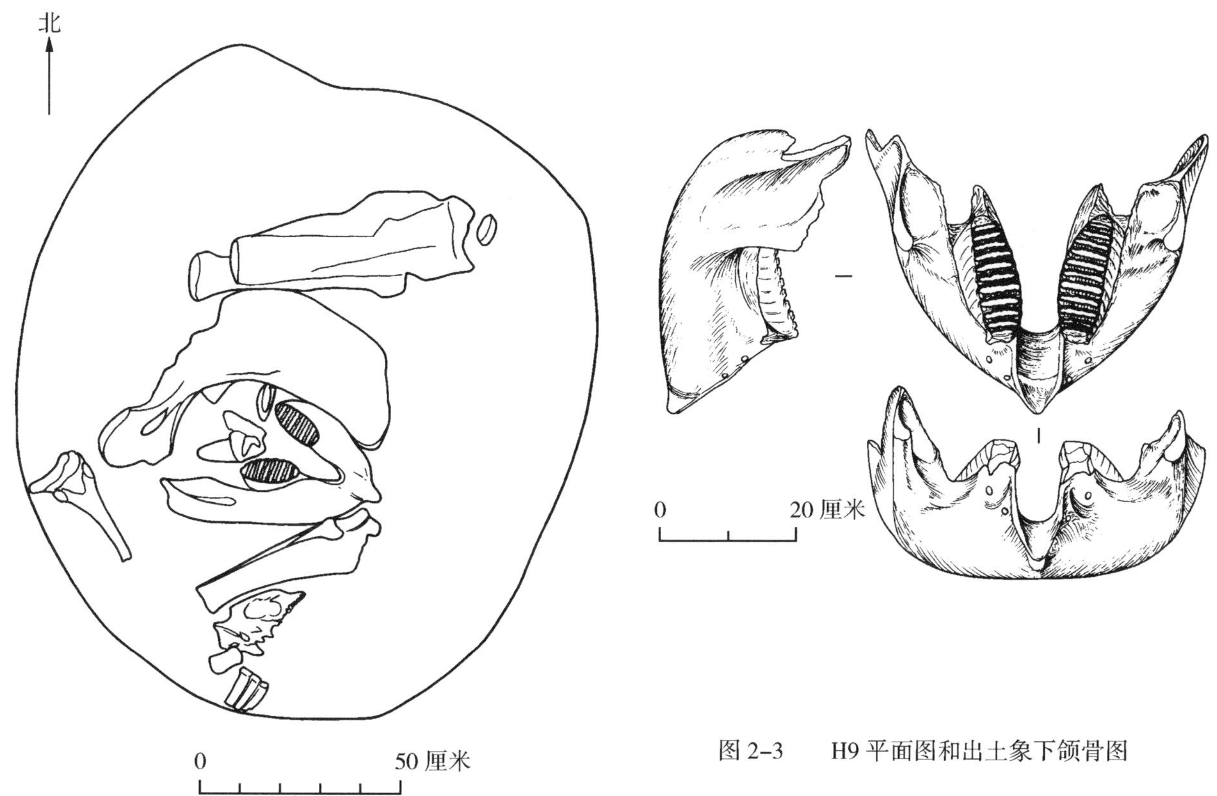

图 2-3　H9 平面图和出土象下颌骨图

鼎足、敞口盆、微敛口钵、篦点戳印纹夹细砂白陶圈足盘片等。

第二类坑穴 5 座，举 H9、101、105 为例：

H9　呈椭圆形，口径东西 1.45 米，南北 1.62 米，坑壁竖直，底平。T15 第 3 层下部发现，坑自深 1.1 米。填土浅灰，比较纯净，不含红烧土等杂质。陶片很少，内有刻短条的堆纹折沿鼎、双窝纹鼎足、上粗下细圆柱体无纹鼎足、子母口状斜弧腹红彩宽带纹钵、口部胎厚弧敛口钵、口部凹弧腹壁凸弧红彩宽带纹碗、夹砂厚胎小平底罐等。特别在近下部有一堆大型陶鼎片和可复原的大小两件夹砂罐（H9：2、1）。还发现一件留有砸击使用痕迹的石锤。坑中出土一些动物骨骼，包括牛（下颌骨、左趾骨）、狗（右上颌骨）、家猪（缺下颌骨的较完整头骨、颞骨、脊椎、肋骨）、亚洲象（左右齐全的完整下颌骨、左肩胛骨、脊椎、右髋骨、右胫骨、左尺骨）和青鱼（牙整 4、残 1）。绝大多数经不同程度烧烤，有的还留砸击、切割痕迹。这些兽骨中，特别明显的是在坑底摆放着的几件，象下颌骨正放，吻部朝东；其北边平放象髋骨和叠放胫骨、尺骨；南边靠近坑壁处，侧放一个家猪头骨。坑底还有成人的一根完整右股骨，也经火烧。骨骼底下积有 7～8 厘米厚的灰色淤泥，下为生土坑底面（图 2－3；彩版三，1、3、4）。

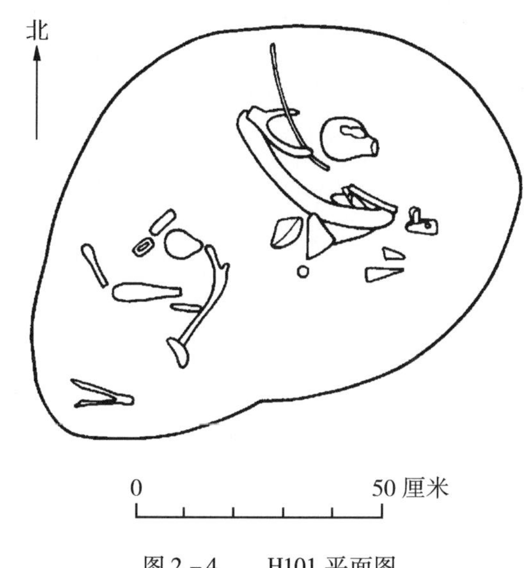

图 2－4　H101 平面图

H101　平面近椭圆形，长径 2.2 米，短径 1.5 米。坑壁坡形，坑底东高西低很不平整。T103 第 3 层面发现，坑内最深处约 0.45 米。填土微灰，少杂质。坑内出土陶片很少，其中在肋骨下压有红陶钵片数片。坑底集中分布一些大块兽骨，主要有象肋骨一条、左胫骨一根，梅花鹿长角二根（均有主枝和眉枝）、残颅骨二个，猪左肩胛骨一块、下颌骨一整副（图 2－4）。

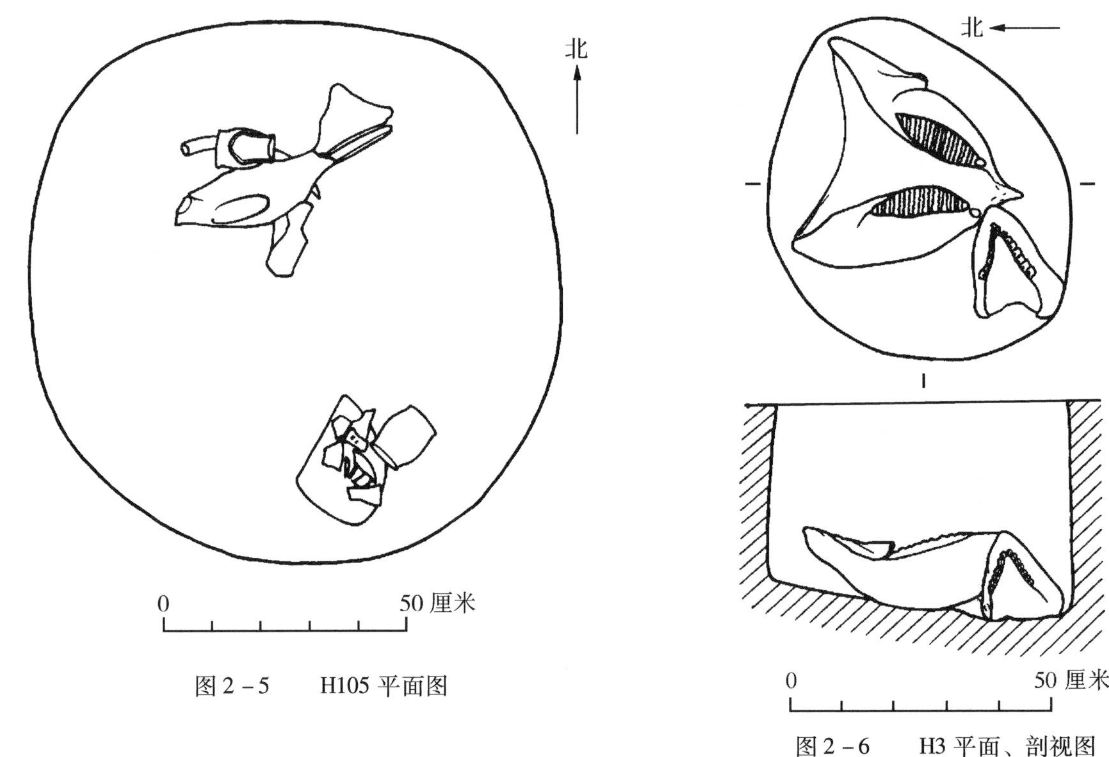

图 2-5　H105 平面图

图 2-6　H3 平面、剖视图

H105　为直径 1.1 米左右的圆坑，底平。T106 第 3 层下部发现，被压在 M156 之下，坑自深 0.5 米。填土深灰，上部包含烧土渣较多。坑内碎陶片很少。坑底南部平卧一件稍大的夹砂圈足罐（H105∶1），口朝西南，旁边有一较平整、大半圆形（20×19 厘米）的大石块。北部一件小型夹砂圈足罐（H105∶2），平卧口朝西，紧靠罐的南边放着象的残下颌骨和股骨各一块并都经火烧过，罐下压一长条梅花鹿角（图 2-5）。

第三类坑穴共 8 座，分述如下：

H3　近椭圆形，长径 0.7 米，短径 0.55 米，坑壁竖直，底平，自深 0.8 米。T8 第 2 层上部发现，坑上铺有一片比坑范围稍大的薄层黄土，其下为坑内浅灰色较松的填土。坑底正放一小象的完整下颌骨，齿面朝上，吻部向南；西南角斜立家猪完整下颌骨一副，吻部靠上居东（图 2-6；图版三，1）。

H4　椭圆坑，坑口东西 0.58 米，南北 0.8 米，坑壁竖直，平底。T2 第 2 层下部发现，坑自深 0.34 米。填土灰色。坑底平放一块长 0.34 米的象肩胛骨，骨臼向南，其东侧平行并靠一段大肢骨（图 2-7）。

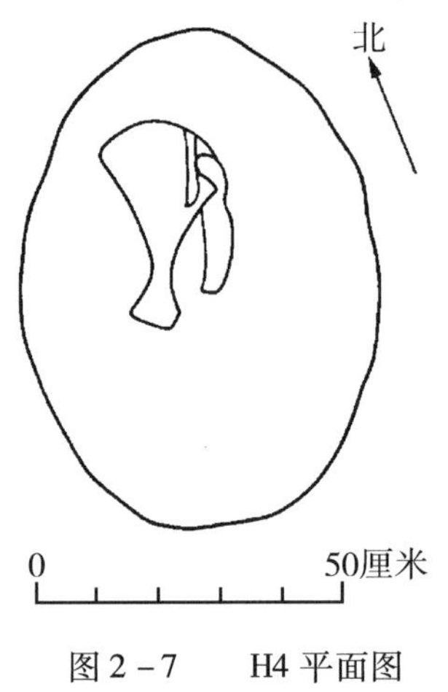

图 2-7　H4 平面图

H6　椭圆形坑，长径 1.15 米，短径 0.9 米。坑壁较直，底平，底径 0.8～1.13 米。T5 第 2 层面发现，坑自深 0.45 米。填土灰色。坑内置水牛头骨，均连有粗的双角，上面横置的一具吻部朝西，下部竖放四具吻部朝下。还有残段肢骨。另在西坑边单独竖放一副完整猪下颌骨，吻部朝下。此坑内的牛、猪骨均酥软，多不成整形，更不能整件提取（图 2-8；图版三，2）。

H8　平面圆形，口径 0.6 米，坑壁较斜直，坑底略平。T11 第 2 层上部发现，自深 0.7 米。填土黄灰色。坑上部靠西边竖立一块基本完整的象肩胛骨，骨臼向南，一根象肱骨残段，旁边还有自然石块（图 2-9；图版三，3）。

H104　直径约 0.65 米左右的圆坑，底平。T105 第 3 层上部发现，坑自深约 0.5 米。坑底反扣平放一个完整的小象下颌骨，吻部朝正西（图 2-10）。

H106　约为直径 0.8 米左右圆坑。T106 第 3 层下部发现，坑自深 0.5 米。西部被上层的 M163 稍打破。坑底反扣平放一个完整的象下颌骨，吻部朝正东（图 2-11；彩版三，2）。

H108　平面形状呈肾形，西边的中间向里凹进，其他三边呈圆弧走向，东西 0.6～1 米，南北 1.4 米。

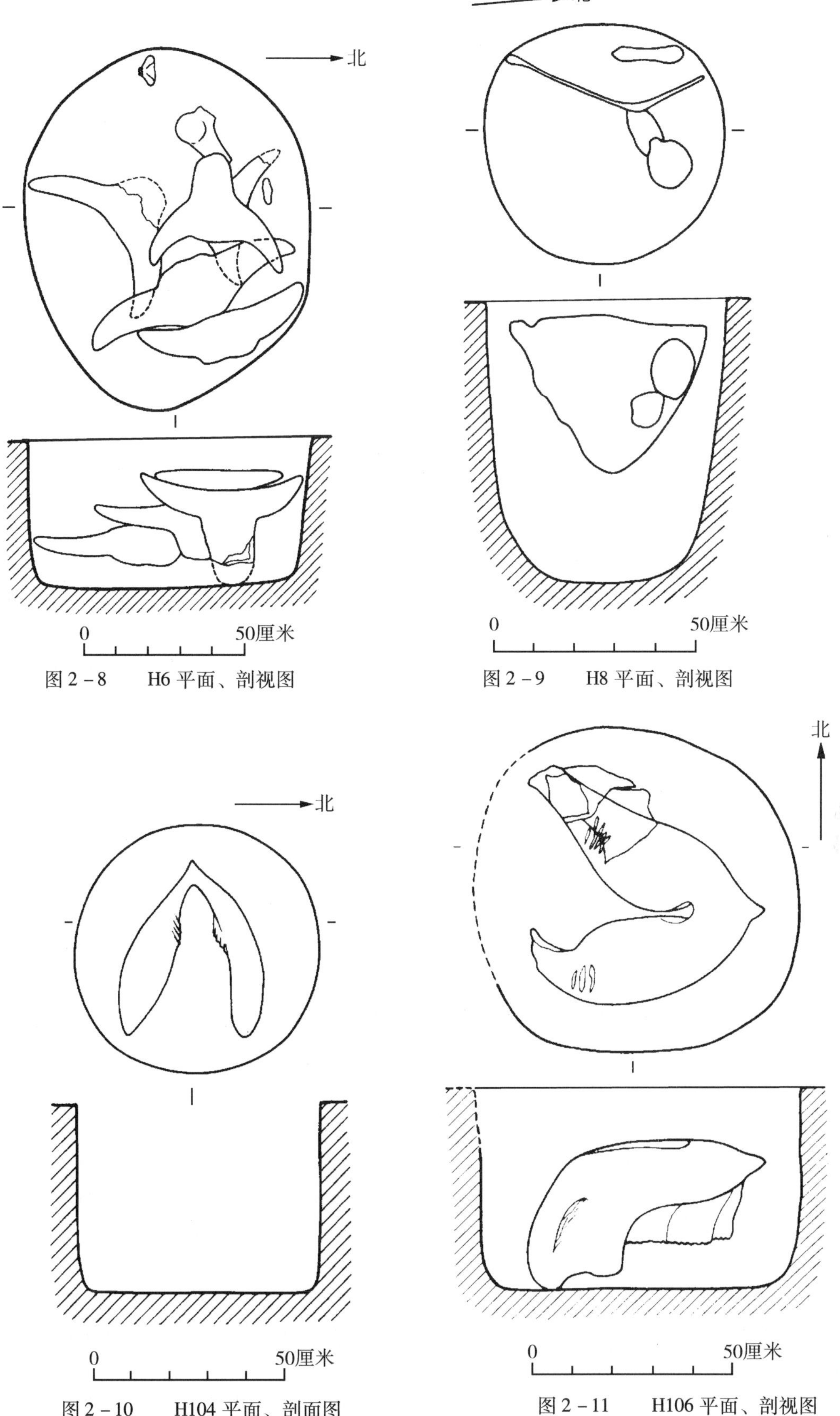

图2-8　H6平面、剖视图

图2-9　H8平面、剖视图

图2-10　H104平面、剖面图

图2-11　H106平面、剖视图

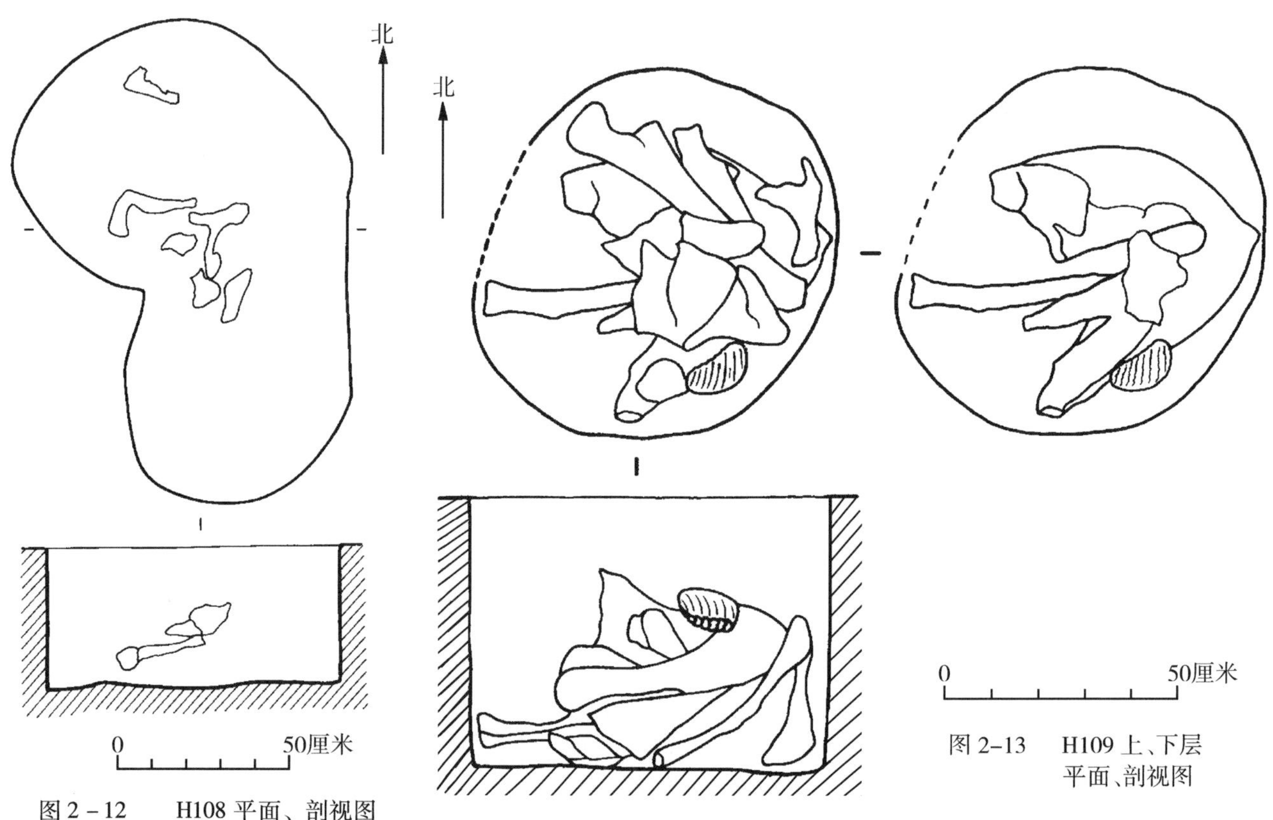

图 2－12　H108 平面、剖视图

图 2–13　H109 上、下层平面、剖视图

坑壁竖直，坑底平。T110 第 3 层面发现，自深 0.4 米。在中央位置集中放有五块较大兽骨，最高的兽骨居于坑的中层部位，最下方的兽骨距坑底隔有 5 ~ 8 厘米的垫土。另在北部坑底单平放半副猪下颌骨（图 2－12）。

H109　椭圆形坑，长径 0.84 米，短径 0.72 米，自深 0.55 米。坑壁较直，底近平，底距地面深 1.5 米。填土土质稍松软，上部浅灰土，下部灰色土。坑上、中部有象的左股骨、左肩胛骨，牛的上下颌骨、脊椎骨，互相叠压放置。底部有象的下颌骨、右尺骨，下颌骨基本完整，正放，吻部朝东，右侧臼齿脱落置于下颌骨南侧。无陶片。H109 的西北角坑边被 M196 的东南角打破（图 2－13；图版三，4）。

第三节　文化层和坑穴出土遗物

一　陶器生活用具

1. 陶系

地层陶系以 T114、115、116 的统计为代表，第 4、3、2 层共有陶片 4033 片，三层合计的陶系比例为：泥质陶占 48%，其中红陶 26%，灰陶 5%，深灰陶 14%，黑陶 3%；夹砂陶占 49.1%，其中红陶 11%，红褐陶 21%，灰褐陶 16%，深灰陶 1%，白陶 0.1%；夹植物红陶 2.9%。还有极少的一些陶片，在以砂粒或植物末为主的羼和料中混合少量蚌末。其他探方中还见个别的泥质夹炭或夹砂夹炭陶。T114 ~ 116 的第 4、3、2 层分层统计主要陶系，各有所变化：泥质红陶分别为 25%、28%、17%，泥质灰陶分别为 8%、4%、7%，泥质深灰陶分别为 7%、16%、3%，泥质黑陶分别为 0.2%、2%、7%，夹砂红陶分别为 31%、7%、24%，夹砂红褐陶分别为 2%、25%、13%，夹砂灰褐陶分别为 26%、15%、

14%。无论三层合计还是分层统计，红陶、红褐陶占陶片总量的54%～60%，都构成陶系中的主体。许多红陶的颜色较浅并稍泛黄色。大部分陶器外表和胎色是不一致的。陶器制法普遍采用手制轮修，器形一般都较规整，外表一般多经压磨光平。

2. 纹饰

素面陶片数量远多于纹饰陶片，以T114～116为例，三层合计和分层统计结果，都是素面占86%，纹饰占14%。泥质红陶、夹砂红陶、红褐陶和夹植物红陶中，有些施红陶衣，其中如夹砂鼎施红衣者都只在上腹部分，有极少的豆盘、敞口盆、钵等的内表也涂红衣。偶见有泥质红陶、夹砂红陶上专施白衣的。纹饰种类主要的有凹弦纹、划纹、凸弦纹、窝点连线纹、小窝纹、窝纹、平底（或带泥心）浅圆窝纹、戳印纹（如小三角、新月形）、镂孔、附加堆纹（包括附饰泥突、盲鼻等）、彩陶等，还有极少的锥刻纹、粗线纹、绳纹、篦点戳印纹和个别的涂朱等。窝纹大量见于鼎足。彩陶基本上都在红陶器上，绝大

图2－14　文化层出土彩陶片

1. T109②:12　2. T104③:38　3. T117③:18　4. T107③:8　5. T117③:11　6. T104③:37　7. T111③:3　8. T117③:12　9. T114②:8（加拓片）

多数为红彩（深红、紫红），偶见棕、棕黑、黑和白彩，纹样以条带纹为大宗，另有很少的网格纹、折波纹、三角纹、菱形纹，主要施于钵、碗、罐等器形。红地红彩的如T117③: 11、12、18，T107③: 8，T111②: 3，T109②: 12，多属泥质红陶罐的肩部碎片，其胎心为灰色。T104③: 37，泥质红陶罐片，内表浅灰，胎深灰色，先施浅红衣为地，再绘条带、折波和菱形纹黑彩。T104③: 38，细砂红陶，外施深红衣，存三条白彩带纹。T114②: 8，泥质白陶，在圆圈纹、窝点连线纹之间填以棕彩，是印痕和敷色两类不同风格装饰结合于一体的孤例。其他彩陶还可见于器形分类标本中。红彩与红衣的外观色泽基本一致，附着力都很差，容易掉落和褪色。篦点戳印纹只见于白陶或细砂红陶涂白衣的圈足盘、小口矮领罐等有限几件陶器上。粗线纹、绳纹数量极少，施于大口尊、缸等大型器上（图2－14、15；彩版四）。

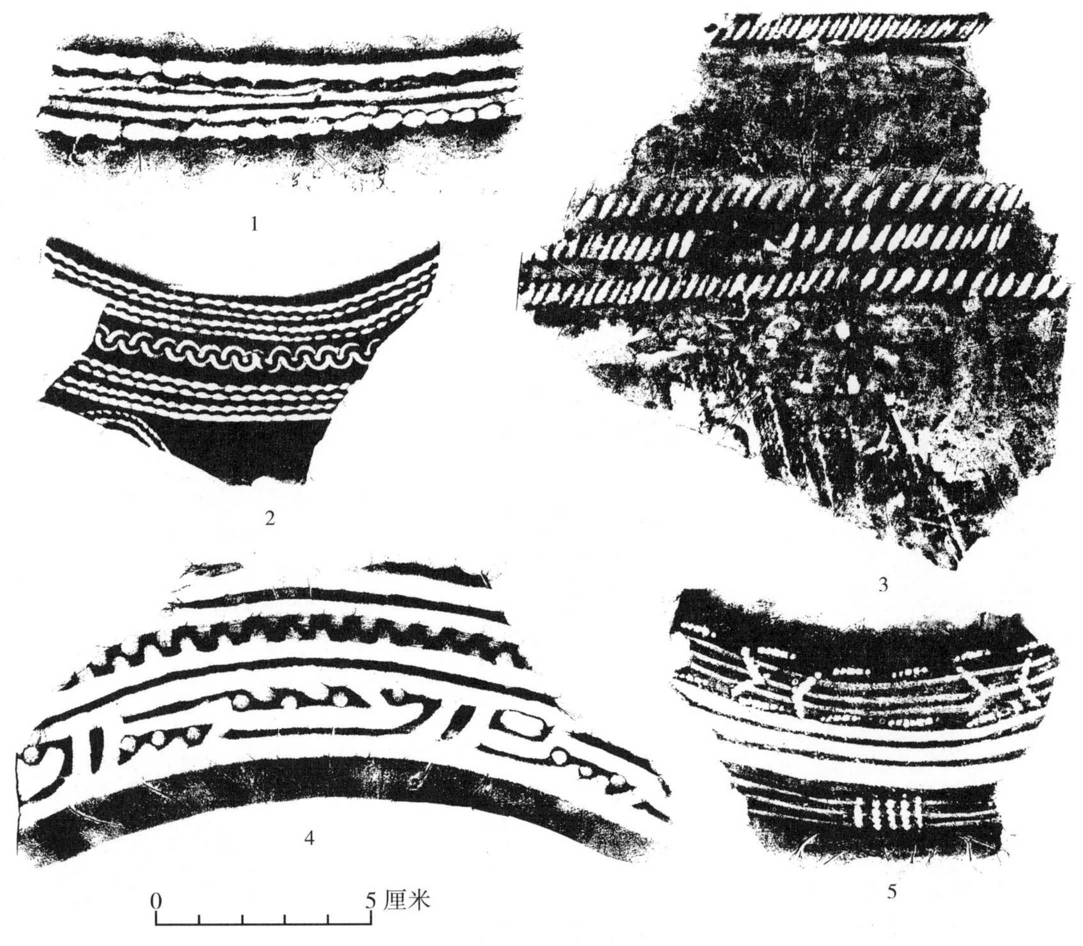

图2－15　文化层和坑穴出土陶器纹饰拓片

1. 凹弦纹、小窝纹（鼎T104②: 4）　2. 窝点连线纹、戳印纹（瓮T117②: 19）　3. 篦点戳印纹、线纹（大口尊T4②: 6）　4. 篦点戳印纹（白陶盘H5: 1）　5. 凹弦纹、窝点纹（鼎T105②: 3）

3. 器类和器形

器形大类有鼎、釜、多孔钵形器、豆、盘、盆、三足盆、钵、碗、杯、单耳罐、双耳罐、罐、瓮、缸、大口尊、器盖等。其中有些依主要特征再另予起名以便区分小类。因标本多属口沿碎片，只按型归纳而不再细分式别。

鼎　除个别的为泥质小鼎外绝大多数属夹砂陶，羼和料以粗砂、细砂为主，极少的是用植物碎末，很少数的还在主羼和料中兼含些蚌末或炭末。形体多数较大。在全部陶片中，鼎片（包括鼎足）数量最多。分为四型。

A型　一般为外表红色或红褐色，内表黑色或深灰色并延及沿面里侧。斜折或斜翻沿，沿面凸弧，圆唇，鼓腹，圜底。上腹常见有单条或双条并靠的堆纹，上压印长圆形小窝纹或划出短竖条，并靠堆纹上所

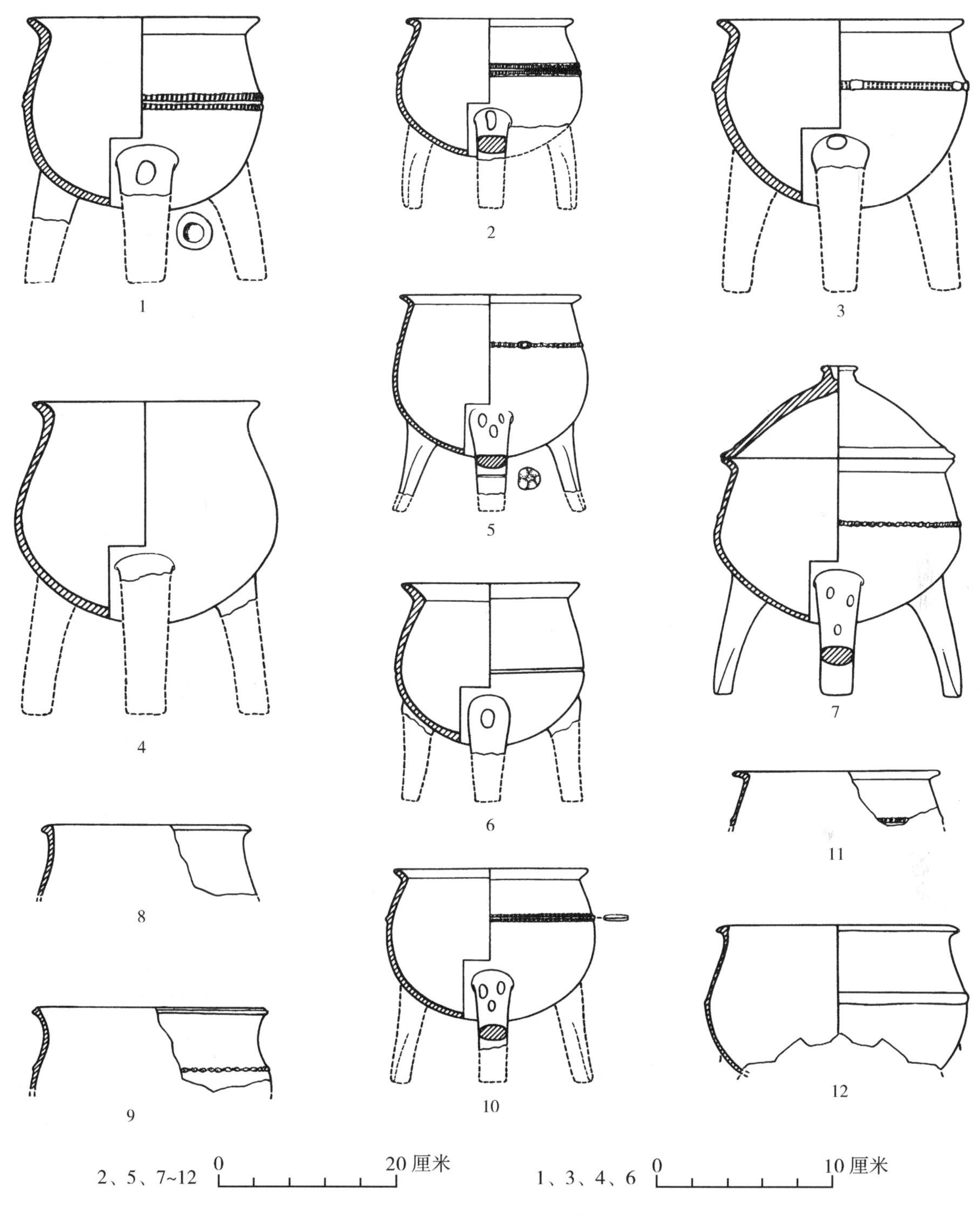

图 2－16　文化层和坑穴出土陶鼎（之一）

1. A 型（T109②: 4）　2. A 型（H105: 3）　3. A 型（T106③: 12）　4. A 型（T109②: 8）　5. A 型（T6②: 1）　6. A 型（T106②: 9）　7. A 型（T110②: 11）、盖（T111②: 2）　8. B 型（T117②: 22）　9. B 型（T112③: 15）　10. A 型（T106③: 15）　11. A 型（T114④: 16）　12. B 型（T110③: 17）

施纹饰上下完全排齐，是一次做成的，也有的是原单条宽平的堆纹上压纹后又在中间平划出凹槽分成两条；有的还贴附盲鼻、泥突或小横耳。堆纹以上打磨光平，或再施红衣延及口沿部分，堆纹以下腹壁稍粗糙。在鼎类中主要是这一型。T114④: 16，夹砂红陶，内表、胎深灰色。上腹施红衣。斜折沿。一条较细堆纹。口径 24 厘米（图 2－16，11）。T106③: 15，夹砂红陶，内表黑色，胎红色。上腹施红衣。折沿，鼓腹，大圜底。并靠双条附加堆纹上压出小长圆窝纹，又贴附长2.8厘米对称的小横耳。足略外撇，足根处三个深窝纹。复原高约24.3、口径22、腹径23.3厘米（图2-16，10；图版四，2）。H105∶3，夹砂黑陶，又夹植物末，胎壁孔隙较多，足红褐色。翻沿。饰双条附加堆纹。足稍拱弧里弯，根部一长窝纹。复原高约21.8、口径19.3、腹径21.1厘米（图2-16，2；图版四，1）。T106③∶12，夹砂红褐陶，内表黑色，胎灰色。上腹红衣。翻沿，下腹稍瘦收成小圜底。竖划短条的堆纹中间又划一周凹槽，还附横盲鼻和泥突各一对，足根一窝纹。复原高约15.7、口径14.2、腹径14.8厘米（图2-16，3；图版四，3）。T110②∶11、附盖T111②∶2，出土在相邻探方的同层，陶质、口径一致，现将其相配。均夹砂红褐陶。鼎内表黑色，胎红褐。上腹残存极少红衣。斜翻沿，鼓凸腹，足下端稍向里弯。腹部一条捺圆窝的附加堆纹，足面上散捺三个椭圆形窝纹。盖钮顶边平折窄沿，盖面凸弧，口部一周凸弦纹。通高38、鼎高27.2、口径27、腹径28.4厘米，盖口径27.2、高10.5厘米（图2-16，7；彩版五，15；图版五，5）。T6②∶1，夹砂红褐陶，内表黑色，胎灰色。上腹红衣。折沿。器底外面中央有一直径约2.7厘米的泥饼，其上捺满五个浅窝。腹部一周附加堆纹不很齐平上下稍有扭斜，还贴附中间捺一浅窝的小泥突四个。足略外撇，足根三个窝纹。一足正面中部有横条割槽。复原高约24.4、口径20.8、腹径22.4厘米（图2-16，5；彩版五，13；图版五，4）。T109②∶4，夹砂红陶，内表、胎灰褐色。斜翻沿。上腹红衣。底外部中央贴附一个直径2厘米、捺成一浅窝的泥饼。两条堆纹并靠，足根一较深较大窝纹。复原高约15.2、口径13.4、腹径13.8厘米（图2-16，1；图版四，5）。T109②∶8，夹砂灰褐陶，胎灰色。斜翻沿。素面。复原高约18、口径13、腹径15厘米（图2-16，4；图版四，4）。T106②∶9，泥质红陶。斜折沿。腹部一周不很连续的凹弦纹，足根一窝纹。复原高约12.5、口径10.2、腹径11厘米（图2-16，6；图版四，6）。

B型　很窄的平折沿，有小段竖立的宽颈部。T110③∶17，夹砂灰褐陶，内表深灰，胎灰褐。下腹已露安足处痕迹。饰低薄的附加堆纹一周，有的地方中断不连接。口径28厘米（图2-16，12）。T112③∶15，夹砂红陶。小圆唇，窄沿面上有条浅槽。堆纹上捺稀疏的长圆小窝。口径26厘米（图2-16，9）。T117②∶22，夹砂深灰陶。口径24.5厘米（图2-16，8）。

C型　外折或外翻宽沿，上腹较斜直，最大腹径多偏下。H9∶3，夹砂夹炭红褐陶，内表和胎黑色。折沿，圆唇。在六周凹弦纹间加刻三角形窝点连线纹。口径13厘米（图2-17，7）。T15③∶28，夹砂深灰陶，胎灰色。折沿。饰凹弦纹。口径15厘米（图2-17，8）。T15③∶43，夹砂灰褐陶。堆纹以上颈部施红陶衣。外表颜色上下截然不同。斜翻沿，圆唇。一周较低的堆纹，其上密划短竖条，中间一细凹弦纹又把竖条划断，还附有小泥突。口径18厘米（图2-17，11）。T105②∶3，夹砂灰褐陶，胎红褐。折沿。饰较深凹弦纹和窝点纹，后者一排4～5个，排列整齐，当是成排戳出的。口径11厘米（图2-17，9；彩版五，11）。T104②∶14，泥质灰陶。折沿，方唇。饰凹弦纹、圆圈纹、窝点连线纹。口径13厘米（图2-17，4）。T103②∶5，夹砂灰陶。平折沿，沿面凸弧。饰细凹弦纹八周。复原高13.7、口径13.3、腹径14.1厘米（图2-17，1；图版五，1）。T106②∶16，夹砂红褐陶，胎灰色。平折沿，已显较竖直的颈部。鼎足正面捺成宽浅的凹槽，根部凸起于腹壁。复原高13.4、口径12.9、腹径13.6厘米（图2-17，2；图版五，2）。

D型　外翻窄沿，圆唇，有较长颈部，圆鼓腹，腹径大于口径较多。T110④∶20，夹砂红褐陶，胎灰色。有宽凹弦纹。口径13厘米（图2-17，6）。T110③∶18，夹砂红陶（泛黄），内表和胎红褐色。饰三周宽凹弦纹。口径11.5厘米（图2-17，10）。T117②∶9，夹砂黑陶，胎红褐色。颈部四周宽凹弦纹，足根三个窝纹。复原高约16.8、口径11.2、腹径14.2厘米（图2-17，3；图版五，3）。T101②∶4，夹砂红陶（泛黄）。颈部有很浅的凹弦纹二周。口径11厘米（图2-17，5）。

器足　绝大部分为鼎足，另有很少的泥质或夹细砂陶，一般较矮者当属于其他三足器，都在这里一起分类叙述。分为十种。

第一种　凿形鼎足，在全部鼎足中占绝对优势，约占90%以上。除极少数的夹植物末外都是夹砂陶，基本上都是红褐色或红色。普遍在根部正面捺出圆形、椭圆形、近半圆形、新月形等窝纹，后两者可能直接用指尖、指甲按成的，大都按捺较深。单件上窝的数量1～10个，以2～4个较为常见。其排列方式，

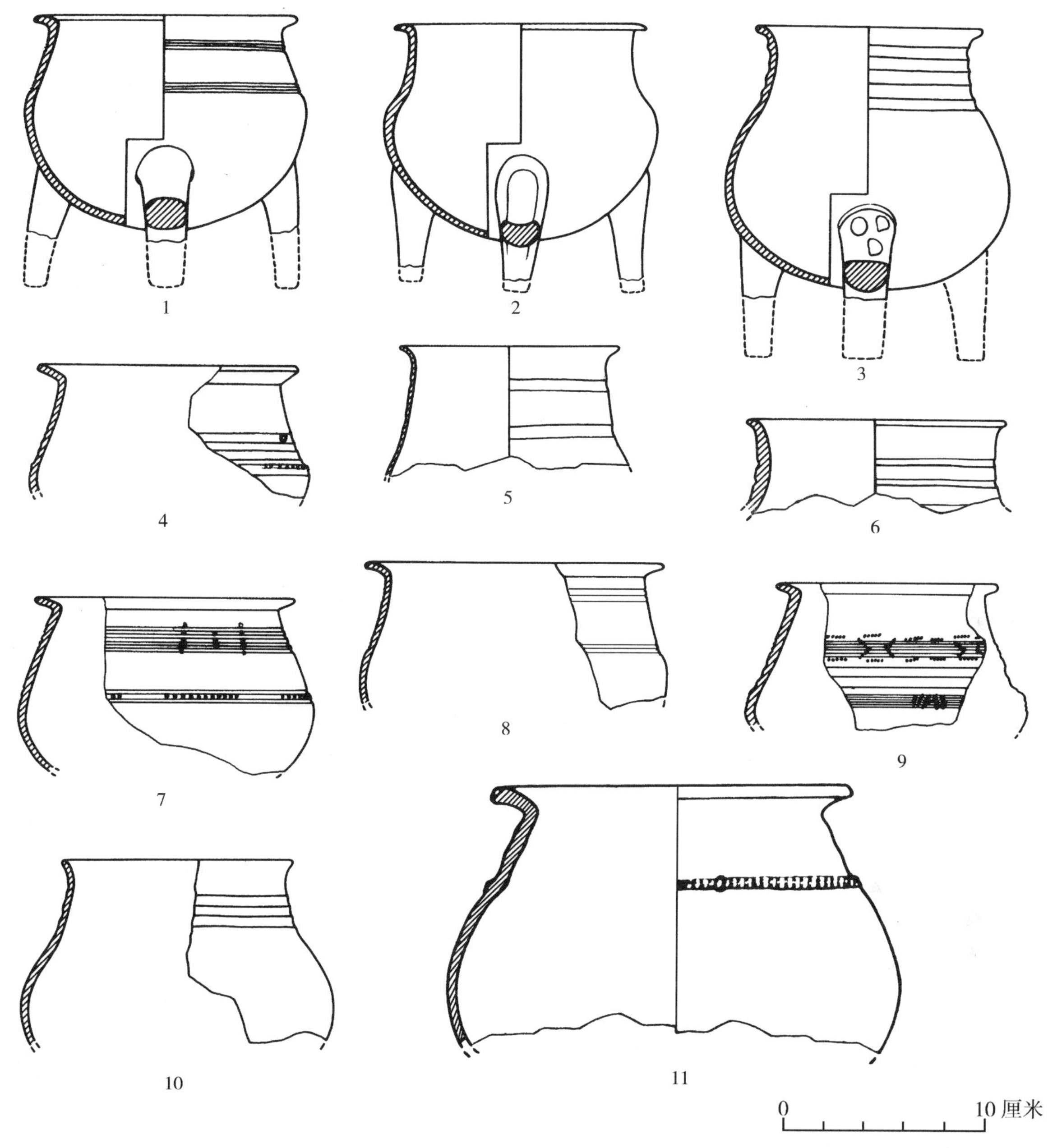

图2－17　文化层和坑穴出土陶鼎（之二）

1. C型（T103②:5）　2. C型（T106②:16）　3. D型（T117②:9）　4. C型（T104②:14）　5. D型（T101②:4）　6. D型（T110④:20）　7. C型（H9:3）　8. C型（T15③:28）　9. C型（T105②:3）　10. D型（T110③:18）　11. C型（T15③:43）

横一排或上下两排的都有，采用两排者大都是上排窝多、下排窝少，甚至有些上下窝数目相差较大；只有极少量多窝鼎足的两排窝数相等。上下两排窝纹一般比较靠近，另有极少数的下排窝纹位置降低较多甚至已接近在鼎足中部。足体上宽下窄、上厚下薄，主要根据足根部的厚度及其横剖面形状，细分为五类。第一类，根部很厚，其横剖面圆形，中、下段横剖面为由厚渐薄的椭圆形。T104③:41，无窝纹（图2－18，1）。T116③:27，完整，足尖向里稍弯（图2－18，2）。第二类，根部厚，三面宽度接近，其横剖面近乎圆角等边三角形，中、下段横剖面椭圆形。T117④:36，完整，足下部稍向里弯（图2－18，－3）。T115③:25，使用中正面切割一条横槽（图2－18，5）。T114②:17，窝纹上排较深下排较浅（图2－18，6）。T5②:2，窝纹用指尖指甲按成，另有许多细的指甲纹（图2－18，7）。T110②:23，上排九个窝纹用指尖指甲按成（图2－18，4）。第三类，根部较厚，背面从上到下起纵脊，横剖面似扇面形。T115③:26，完

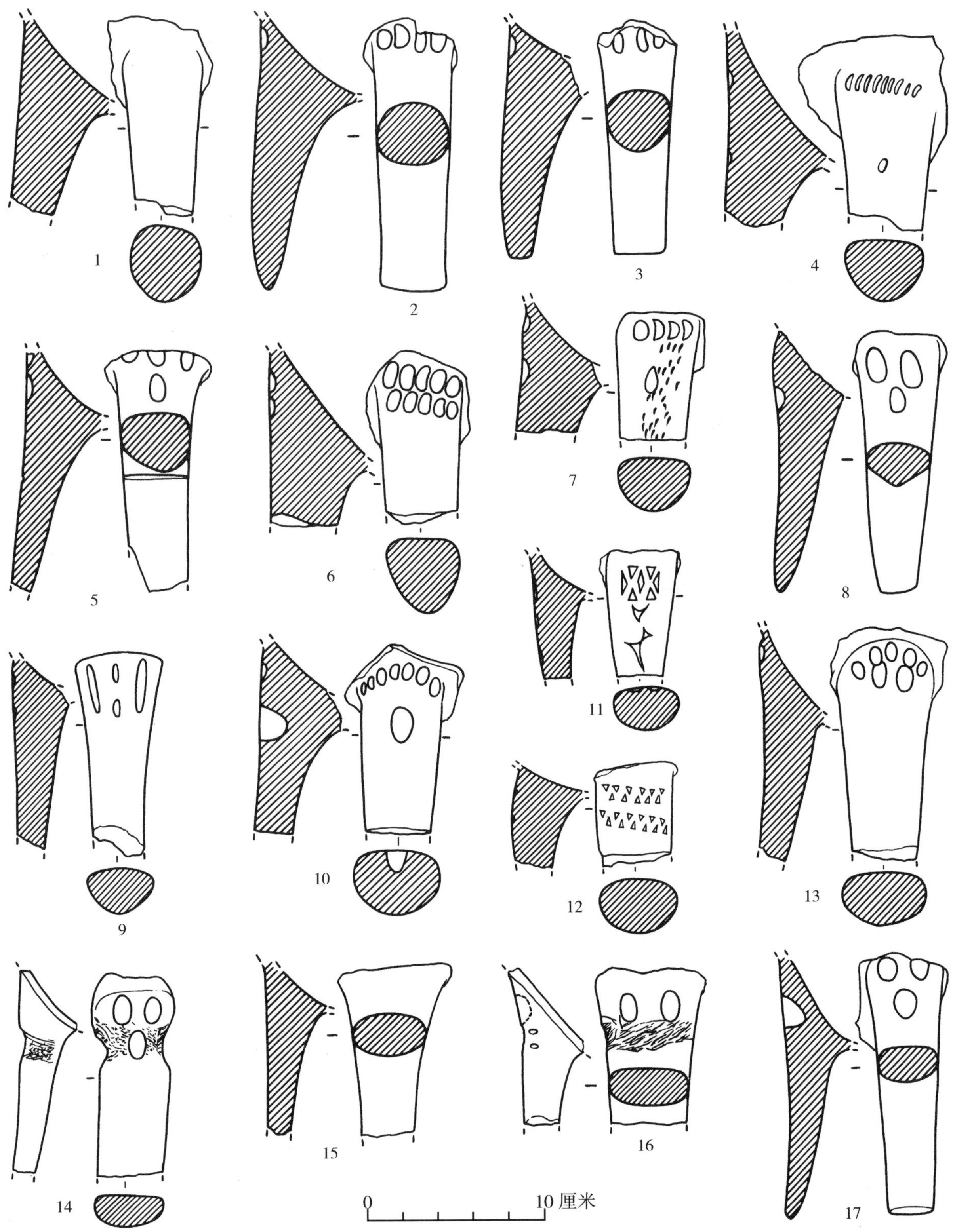

图2－18　文化层出土陶器足（之一）

1. T104③: 41　2. T116③: 27　3. T117④: 36　4. T110②: 23　5. T115③: 25　6. T114②: 17　7. T5②: 2　8. T115③: 26　9. T106②: 22　10. T116③: 28　11. T111②: 7　12. T4②: 7　13. T15②: 44　14. T8②: 3　15. T110④: 24　16. T114④: 20　17. T116③: 29

整，三个椭圆形深窝（图2－18，8）。T106②:22，饰长条浅窝纹，仅属个别（图2－18，9）。第四类，根部较厚，横剖面似包子形，中、下部横剖面椭圆形。T116③:28，上排窝较深，单窝很深（图2－18，10）。T111②:7，原由三根泥条拧合而成，正面尚留窝缝，背面全刮光，根部雕刻成三角、菱形窝纹（图2－18，11）。T4②:7，雕刻成对顶三角形窝纹（图2－18，12）。T15②:44，夹蚌末红陶，孔隙多（图2－18，13）。第五类，足根厚度比上述四类的为薄，为扁凿形体，横剖面多为扁椭圆形。T110④:24，无纹（图2－18，15）。T114④:20，根部正面琢成宽浅槽，左侧处成凹口，右侧有二小凹坑，背面未加工。类似加工的鼎足发现多件，足根外围腹片都已打去并略经磨钝棱角，推测可能捆扎绳带后作为坠物或有其他一定用途（图2－18，16）。T116③:29，完整，略作外撇（图2－18，17）。T8②:3，足根处正面琢出宽凹槽，两侧琢成凹口（图2－18，14）。

第二种　夹植物夹蚌末红陶大扁宽鼎足。胎多孔隙，残存红陶衣。T115③:27，扁薄体，正面凸弧，背面略凹。正面居中有捺小窝的一竖条附加堆纹（图2－19，1）。T114②:18，横剖面近橄榄形。正面有三条捺窝的附加堆纹（图2－19，2）。

第三种　泥突鼎足。T15②:45，夹砂灰褐陶，完整。钝足尖圆柱体。根部正面有一圆形大尖突（图2－19，5）。T15②:46，夹砂红褐陶。根部下面有短横条泥突，上捺有两窝（图2－19，3）。T22②:15，夹砂红陶。有一短横条泥突（图2－19，4）。

第四种　辫形鼎足。用二、三根泥条拧合一起作成，根部有纹。T5②:3，夹砂浅灰陶。三根泥条拧成。根部雕有对顶三角形窝纹（图2－19，7）。T13②:8，夹砂红陶。完整，两根泥条拧成。饰二个椭圆形窝纹（图2－19，6）。

第五种　宽凹槽面鼎足。正面为上深下浅的较宽凹槽，根部有纹或无纹。T15③:48，夹砂红褐陶。完整。根部为带泥心浅圆窝纹，上排八个，下排五个。腹壁为泥质深灰陶（图2－20，2）。H5:3，夹植物红褐陶。体较薄。无纹（图2－20，1）。

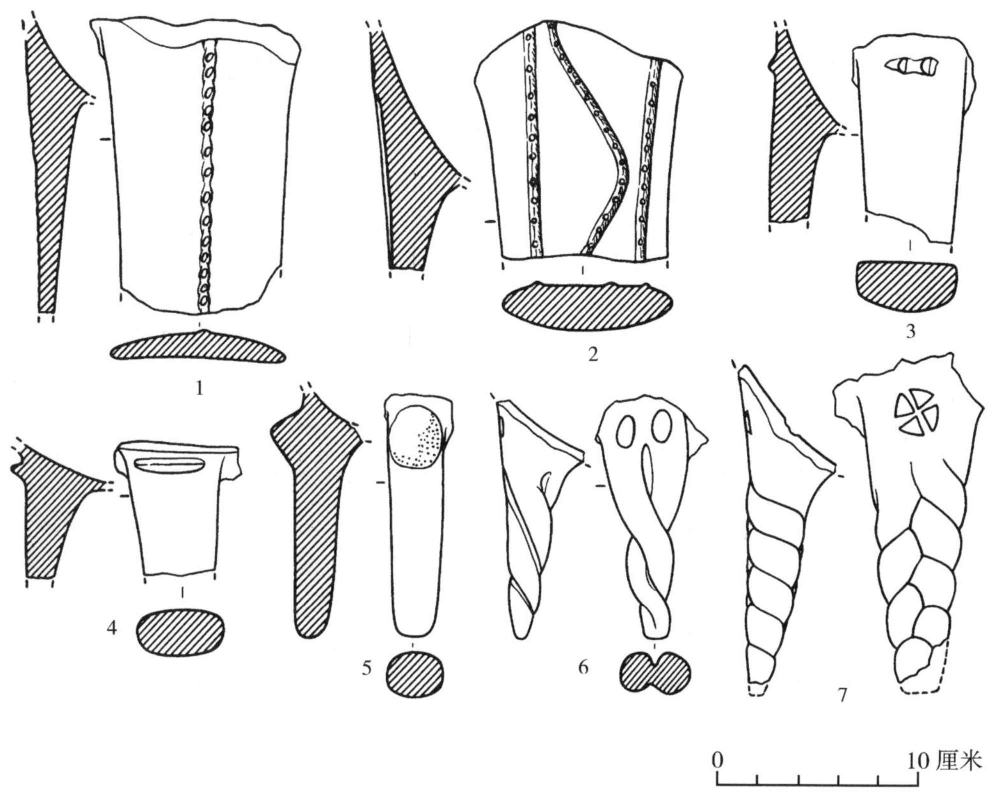

图2－19　文化层出土陶器足（之二）

1. T115③:27　2. T114②:18　3. T15②:46　4. T22②:15　5. T15②:45　6. T13②:8　7. T5②:3

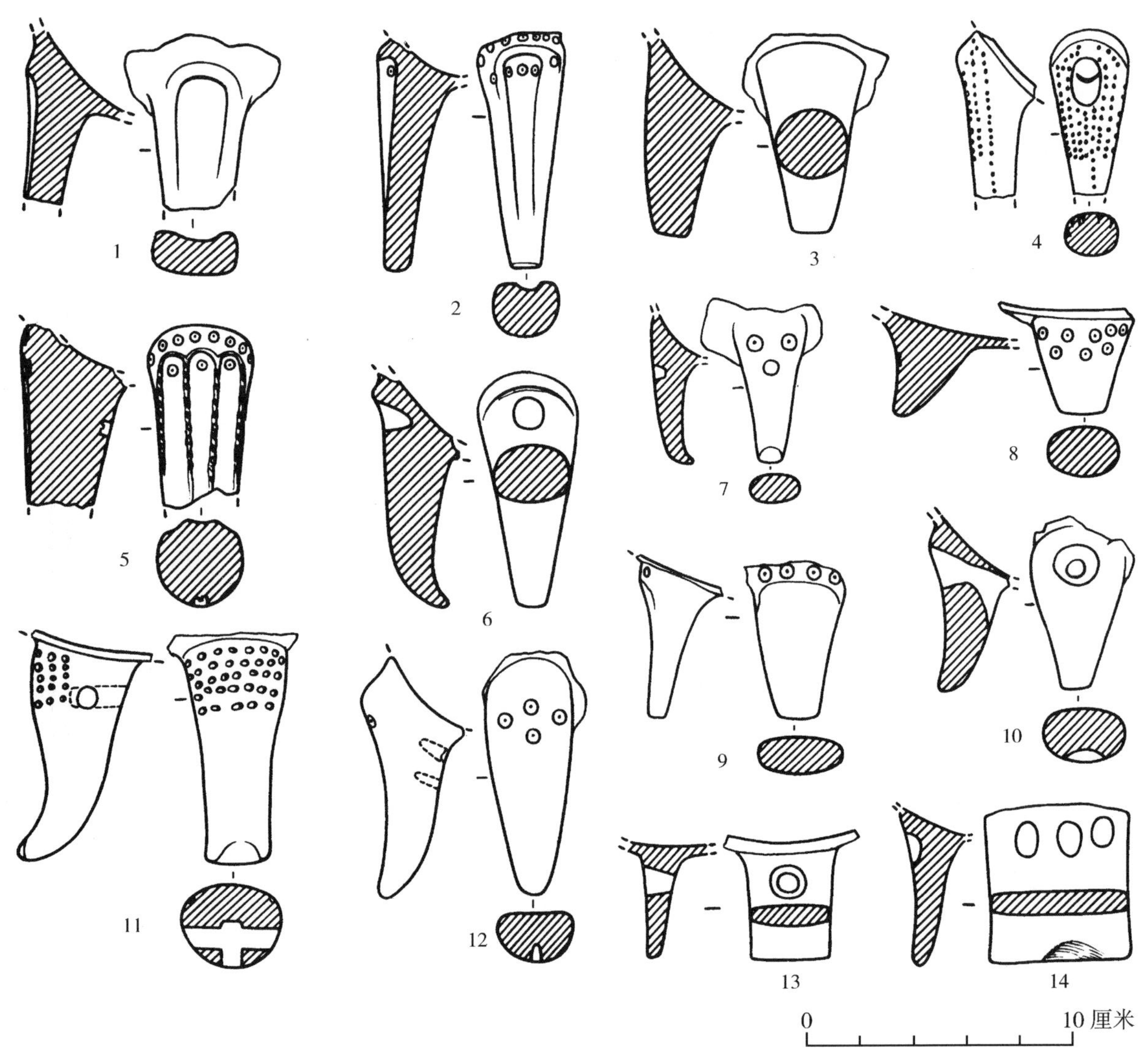

图 2－20　文化层和坑穴出土陶器足

1. H5：3　2. T15③：48　3. T116③：30　4. T4②：8　5. T112③：21　6. T116③：31　7. T116③：32　8. T115③：28　9. T15②：47　10. T108②：9　11. T4②：9　12. T102③：9　13. T116③：33　14. T114②：19

第六种　上粗下细圆柱体足。T112③：21，夹砂深灰陶。正面凸脊上有窝点连线纹，根部正面带泥心圆窝纹十一个，背面一个（图 2－20，5）。T116③：30，夹砂深灰陶，完整，无纹。腹壁为泥质深灰陶（图 2－20，3）。T4②：8，泥质灰陶。饰一个椭圆形大窝纹和许多较深窝点纹（图 2－20，4）。

第七种　里弯鼎足。锥形体，足尖内钩。T116③：31，泥质灰陶。完整。正面足根处突起于腹壁。饰一深窝纹（图 2－20，6）。T116③：32，泥质深灰陶。完整。饰二个带泥心的浅圆窝纹和一个深窝纹（图 2－20，7）。

第八种　外弯足。T102③：9，泥质深灰陶。完整。足根处正面四个带泥心浅圆窝纹，背面二个深窝纹（图 2－20，12）。T4②：9，泥质灰陶。完整。根部正面五排小窝纹，背面和左右两侧面各一孔，至中心形成三通（图 2－20，11）。

第九种　角形矮足。T115③：28，夹砂灰陶。完整。带泥心浅圆窝纹八个。腹壁泥质灰陶（图 2－20，8）。T15②：47，夹砂黑陶。完整。带泥心浅圆窝纹四个。腹壁泥质深灰陶（图 2－20，9）。T108②：9，夹砂灰陶。完整。根部两面对钻透一孔。腹壁泥质灰陶（图 2－20，10）。

第十种　宽扁矮足。T116③：33，泥质红陶。完整。镂一圆孔（图 2－20，13）。T114②：19，夹砂红陶。完整。饰三个窝纹（图2－20，14）。

另有少量的夹砂陶片上贴附泥饼，多为圆形，也有的近椭圆形，直径约二、三厘米。在泥饼上还都捺窝一至七个，以一个和七个窝较为常见，多窝者的排列大体整齐。残片如T115④:29、T117③:37、T104③:42（图2－21）。根据在复原陶器上所见，是专粘在实用陶鼎外表底部中央的。它只施于很少部分陶鼎上，并不广泛。

双耳釜　半圆形宽耳的一种较为常见，另一种附横耳者仅属偶见。分为三型。

A型　T15③:29，夹砂红陶，兼有少量蚌末。无斜沿，稍弧敛口，圆唇，齐口边安接半圆形宽耳。口径15厘米（图2－22，1）。

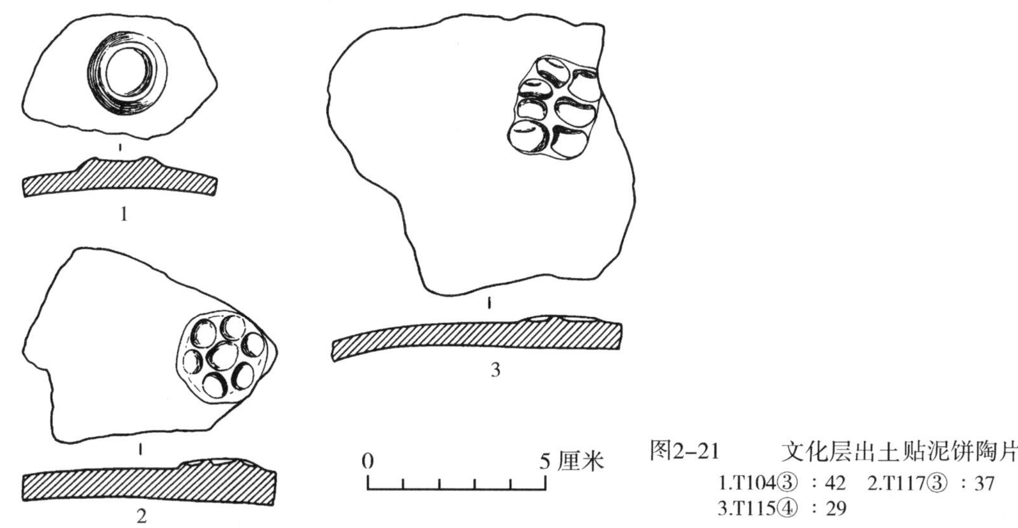

图2–21　文化层出土贴泥饼陶片
1.T104③：42　2.T117③：37
3.T115④：29

B型　有斜沿，附半圆形宽耳。T15③:30，夹砂红褐陶，胎灰褐色。斜折沿，圆唇。有掉落器耳痕。饰凹弦纹。口径20厘米（图2－22，2）。T15②:9，夹砂红陶，胎浅灰。外折平沿。口径20厘米（图2－22，4）。T109②:9，夹砂浅灰陶，胎深灰色。斜翻沿。耳上镂孔。口径19厘米（图2－22，3）。

C型　浅红色，夹植物末兼有很少的蚌末，陶质较轻。外翻沿，附较宽的长横耳。全形不明，可能属釜类。T112③:16，外、内表浅红，胎灰褐色。外表和沿面上施红陶衣。斜折窄沿，圆唇，颈下部折壁斜收。口径24厘米（图2－22，5）。T112②:8，内表和胎心均灰色，外表残存红衣。斜翻沿，方唇，唇面上有条凹槽。横耳上有竖条小堆纹。口径26厘米（图2－22，6）。

带檐釜　均夹砂。窄沿者数量很少，弇口肩部宽檐者仅见一件。分为三型。

A型　敞口，斜折宽沿，圆唇。均附窄檐。从有的较大陶片看，为浅腹，窄檐已至中腹，属腰檐釜。T14③:5，夹砂红陶。宽沿面凸弧。口径24厘米（图2－22，7）。T22②:3，夹砂红褐陶。宽沿面凸弧。器内和外表窄檐以上均磨光，外表的檐下部粗糙。系浅腹腰檐釜。口径30厘米（图2－22，8）。T22②:4，夹砂红褐陶。宽沿面凸弧，上有四周凹弦纹，颈下二周凹弦纹，檐脊上捺出椭圆形小浅窝。口径36厘米（图2－22，12）。T31②:2，夹砂黑陶。沿面凹弧，戳印新月形纹，檐脊上刻三角形凹口。口径32厘米（图2－22，11）。

B型　口部微侈，似深腹，颈部附窄檐。T32②:1，夹砂灰褐陶。窄檐上刻出近三角形凹口。口径24厘米（图2－22，9）。T31②:3，夹砂红褐陶。窄檐上捺出椭圆形斜浅窝。口径32厘米（图2－22，10）。

C型　T112②:9，夹砂夹炭红陶，内表红，胎黑色。唇面、肩部施较厚紫红衣，檐脊及以下腰部无陶衣。弇口，外卷厚圆唇，斜肩下附宽檐。肩上两周宽凹弦纹。口径约30厘米（图2－22，13）。

多孔钵形器　为常见器形之一。均夹砂。绝大多数为敞口，圆唇或方唇，斜弧浅腹，当圜底。腹底镂满圆孔，孔眼由里向外一面钻透，或是从里向外的孔壁深、从外向里的孔壁浅加以两面钻透，排列并不一概很整齐，孔径一般1.3～2厘米左右，同器的圆孔大小也不尽严格一致。口边附较大鋬手，末端上翘，

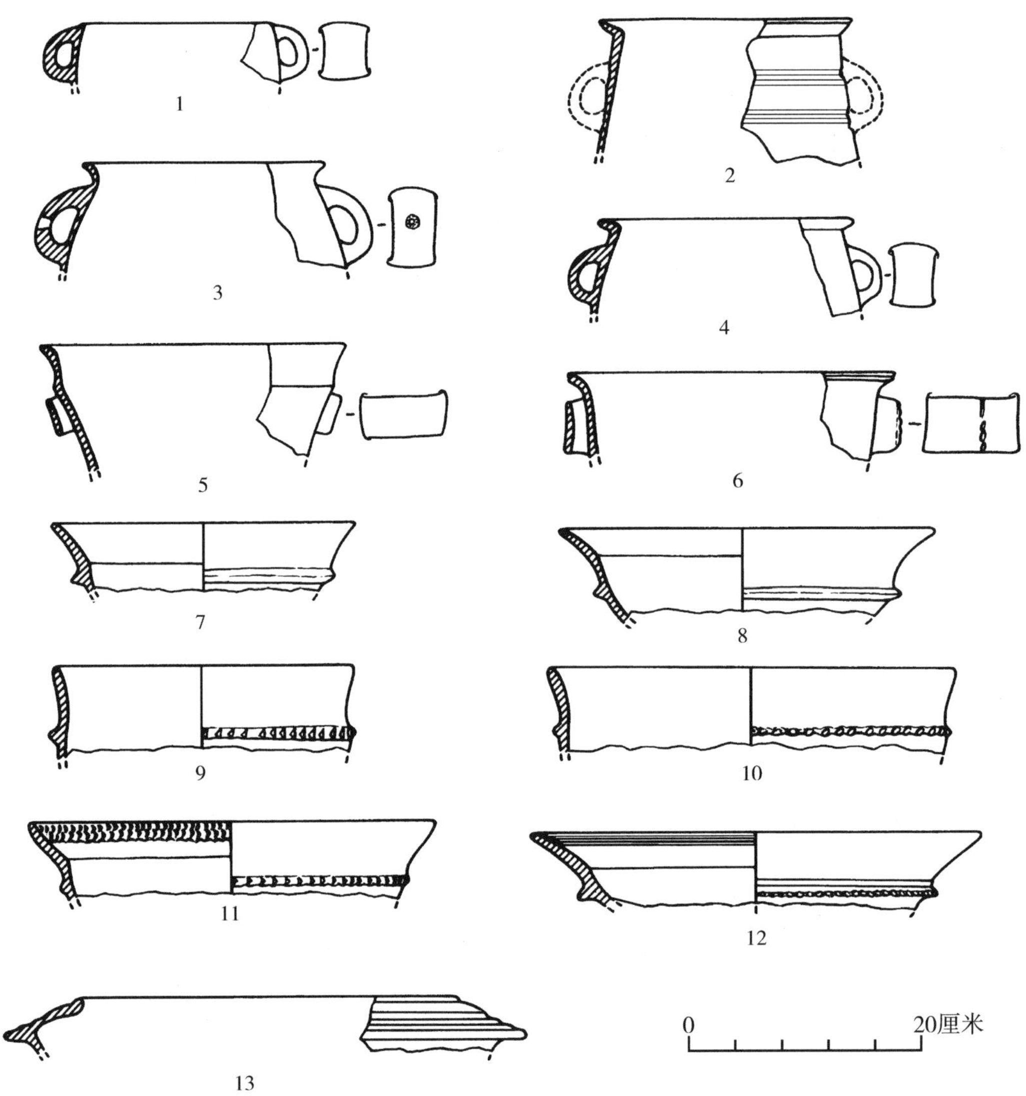

图2－22　文化层出土陶釜

1～6. 双耳釜：1. A型（T15③:29）　2. B型（T15③:30）　3. B型（T109②:9）　4. B型（T15②:9）　5. C型（T112③:16）　6. C型（T112②:8）　7～13. 带檐釜：7. A型（T14③:5）　8. A型（T22②:3）　9. B型（T32②:1）　10. B型（T31②:3）　11. A型（T31②:2）　12. A型（T22②:4）　13. C型（T112②:9）

均只见单个残片。从安徽安庆夫子城遗址的一件完整器可知原有四个对称的扁鋬手。可能是为过水滤物用的漏器，或可称之漏钵。T110③:19，夹砂红陶，胎心红褐。敞口，圆唇外凸。鋬手长梯形，与器口齐平接合。口径26厘米（图2－23，1）。T105②:4，夹砂红褐陶，胎灰褐。圆唇。鋬手宽梯形，戳窝点连线纹。口径20厘米（图2－23，2）。T13②:3，夹砂红褐陶。敞口，方唇。鋬手低于器口外接合，末端刻成齿状边缘。口径26厘米（图2－23，4）。T112②:10，夹砂红陶，胎浅灰。方唇，微敛口。鋬手与器口齐接，末端最宽。口径22厘米（图2－23，5）。T105②:5，夹砂红褐陶。圆唇，敛口。鋬手低于器口处接合。口径22厘米（图2－23，6）。T117③:30，夹砂红陶。圆唇，敞口。附长方形扁鋬手。口径26厘米（图2－23，3）。

弧敛口钵形豆　圆唇或斜面近方唇，弧壁深腹或浅腹。T113③:2，泥质灰陶。圈足上部有四个小圆孔。口径14.5、残高7.8厘米（图2－24，1）。T115③:5，泥质深灰陶，胎灰色。圆唇较厚。口径20厘米（图2－24，2）。T15②:10，泥质红陶（泛黄），胎浅灰。内、外表均涂白衣。口径15厘米（图2－

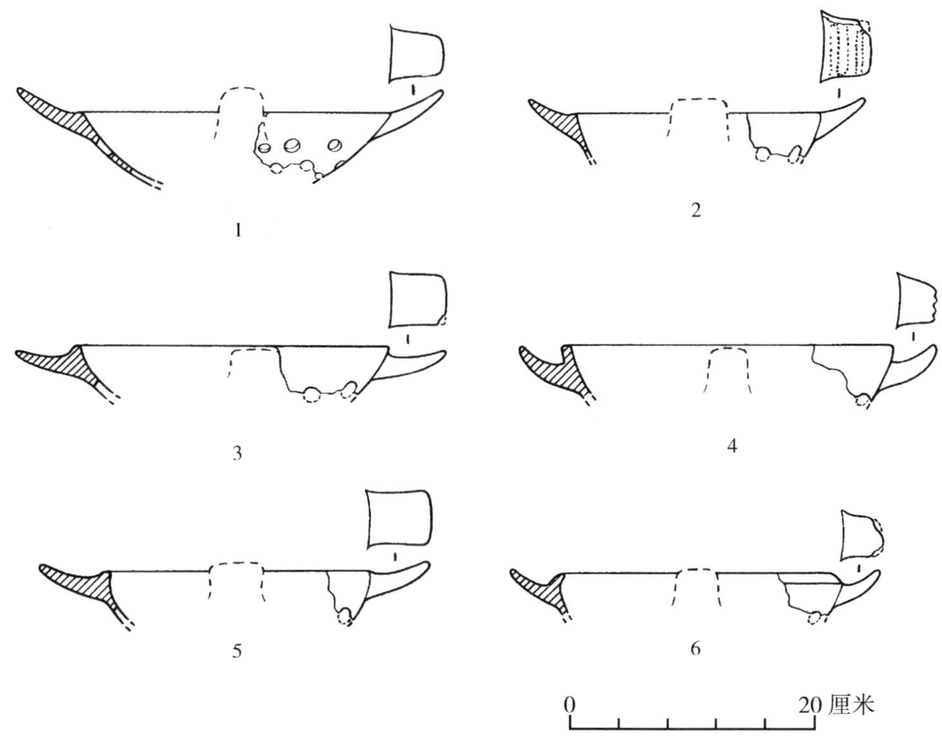

图 2－23　文化层出土陶多孔钵形器

1. T110③:19　2. T105②:4　3. T117③:30　4. T13②:3　5. T112②:10　6. T105②:5

24，3）。T104②:17，泥质黑陶，胎深灰。口部一周浅宽凹弦纹。口径 16 厘米（图 2－24，4）。

折敛口豆　数量较多，在豆类中以其为主。分为二型。

A 型　宽折敛口，圆唇。T105④:20，泥质黑陶，胎灰色。棱脊不甚明显。口径 18 厘米（图 2－24，5）。T117③:31，泥质黑陶，胎灰色。口部窝点连线纹和浅宽凹弦纹各二周。口径 19 厘米（图 2－24，8）。T15③:31，泥质红陶，胎浅灰。浅腹。器内全部和外表腹壁涂较厚白衣，口外红彩宽带纹。深红彩、白衣之间夹一窄条为浅红陶本色。口径 14 厘米（图 2－24，6）。T105②:6，泥质深灰陶。深腹。饰宽浅凹弦纹、窝点连线纹。口径 15 厘米。可能为垂棱钵形豆（图 2－24，7）。

B 型　窄折敛口，圆唇。T104④:39，泥质灰陶。内折的沿面凸弧。口径 16 厘米（图 2－24，9）。T116③:7，泥质深灰陶。内折的沿面凹弧，上有一周凸弦纹。口径 21 厘米（图 2－24，14）。T117③:14，泥质黑陶，胎深灰。内折的沿面凹弧，斜弧腹。圈足上端残存小窝纹。口径 21、残高 8 厘米（图 2－24，13）。T104②:18，泥质深灰陶，胎灰色。内折的沿面凸弧，折棱处有条很窄的台面。口径 18 厘米（图 2－24，15）。T104②:5，泥质深灰陶，胎心红色。细把。凹弧沿面上有浅宽凹弦纹三周，成组的窝点纹上下各三组。口径 20.8、残高 8.5 厘米（图 2－24，12）。T104②:19，泥质黑陶，胎深灰。凹弧沿面上有圆圈纹和窝点纹。口径 16 厘米（图 2－24，11）。T113②:7，泥质白陶。薄圆唇，唇下内侧略呈斜面。口径 16 厘米（图 2－24，10）。

直口折腹豆　口部一段器壁基本竖直，以下折壁后斜弧收底。都系残片，其中有的可能就是垂棱钵形豆。T116③:8，泥质深灰陶。圆唇。口径 19 厘米（图 2－25，2）。T15②:15，泥质黑陶，胎灰色。饰凹弦纹、窝点连线纹。口径 16 厘米（图 2－25，1）。T15②:14，泥质黑陶，胎灰色。厚方唇。饰浅宽凹弦纹、窝点连线纹和小窝纹。口径 24 厘米（图 2－25，4）。T117②:23，泥质白陶。厚方唇。口径 18 厘米（图 2－25，3）。

敞口钵形豆　T15③:32，泥质红陶（泛黄），胎浅灰。圆唇，器壁较厚。口径 15 厘米（图 2－25，7）。T15②:16，泥质黑陶，胎深灰。方唇，斜弧壁浅腹。饰凹弦纹二周。口径 20 厘米（图 2－25，5）。

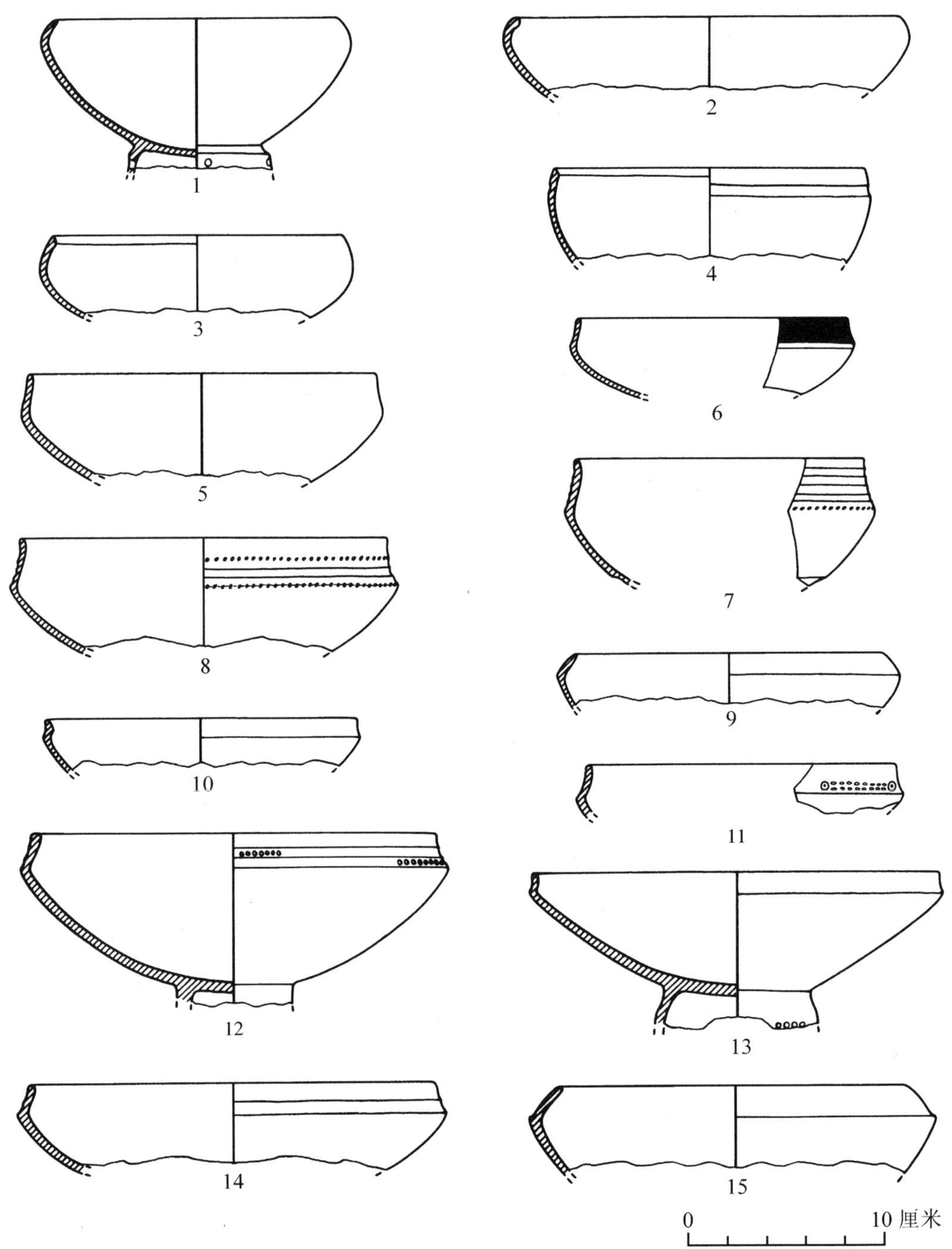

图 2－24　文化层出土陶豆（之一）

1～4. 弧敛口钵形豆：1. T113③：2　2. T115③：5　3. T15②：10　4. T104②：17　5～15. 折敛口豆：5. A 型（T105④：20）　6. A 型（T15③：31）　7. A 型（T105②：6）　8. A 型（T117③：31）　9. B 型（T104④：39）　10. B 型（T113②：7）　11. B 型（T104②：19）　12. B 型（T104②：5）　13. B 型（T117③：14）　14. B 型（T116③：7）　15. B 型（T104②：18）

T116②：4，泥质红陶，胎浅灰。豆盘内、外表和唇面均有深红陶衣，在口外部可能呈宽带。口径 23 厘米（图 2－25，6）。

盆形豆　敞口无沿或斜沿，器腹较浅。T115③：7，泥质深灰陶，胎灰色。敞口，中部折腹处有窄斜台面。饰一周凹弦纹。口径 18 厘米（图 2－25，12）。T105②：7，泥质黑陶，胎深灰。敞口，下部折腹。饰多条凸弦纹。口径 18 厘米（图 2－25，10）。T114②：2，泥质深灰陶，内表黑色，胎灰色。中部折腹，

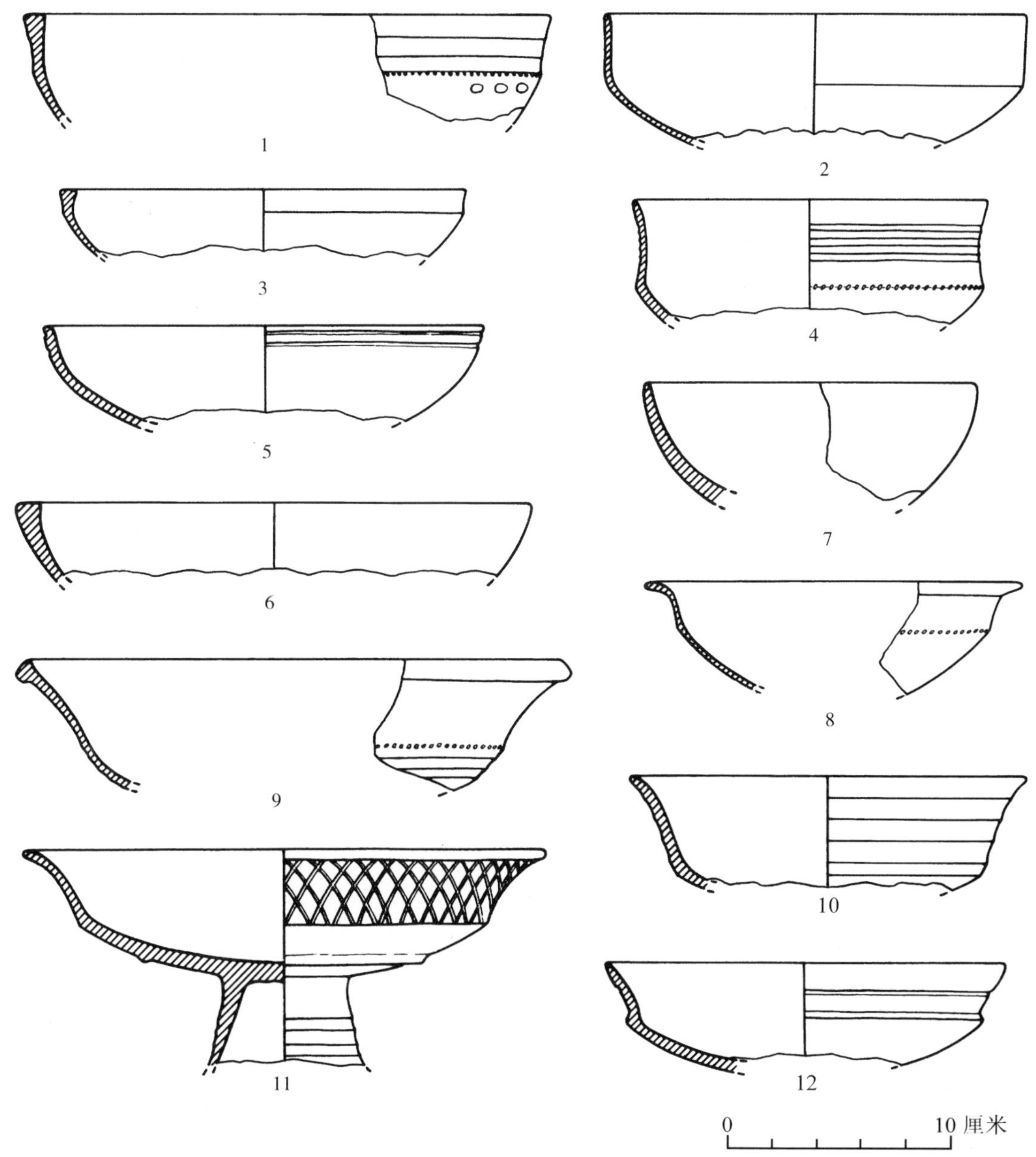

图 2－25　文化层出土陶豆（之二）

1～4. 直口折腹豆：1. T15②：15　2. T116③：8　3. T117②：23　4. T15②：14　5～7. 敞口钵形豆：5. T15②：16　6. T116②：4　7. T15③：32　8～12. 盆形豆：8. T15②：17　9. T22②：5　10. T105②：7　11. T114②：2　12. T115③：7

近底部有凸棱，圈足上端细。上腹压划浅显的交叉斜弧线组成菱形网格纹。圈足有浅宽凹弦纹。盘有内外壁均涂朱，今绝大部已掉落。口径 23.7、残高 9.6 厘米（图 2－25，11）。T15②：17，泥质浅灰陶。胎厚 0.3 厘米。斜翻宽沿，圆唇，上部折腹。饰窝点连线纹。口径 17 厘米（图 2－25，8）。T22②：5，泥质黑陶，胎深灰。外突厚方唇，上腹凹弧壁，下腹凸弧壁。折腹处凸棱上饰窝点连线纹，以下有宽凹弦纹。口径 24 厘米（图 2－25，9）。

豆把、圈足　有细高把、粗高把、较矮圈足等。T101③：8，泥质红陶（泛黄），盘内表深灰色，胎灰色。盘下腹有高凸棱，上压出窝点连线纹，侧视如波浪形花边。豆盘残宽 13 厘米（图 2－26，4）。T101③：9，泥质红陶（泛黄），胎灰。此豆把与上件豆盘为同类器形。细高把，中部有凸棱。下段饰浅宽凹弦纹。残高 7.3 厘米（图 2－26，3）。T15③：33，泥质红陶，夹很少炭末，胎灰褐。外表和器腹内涂深红陶

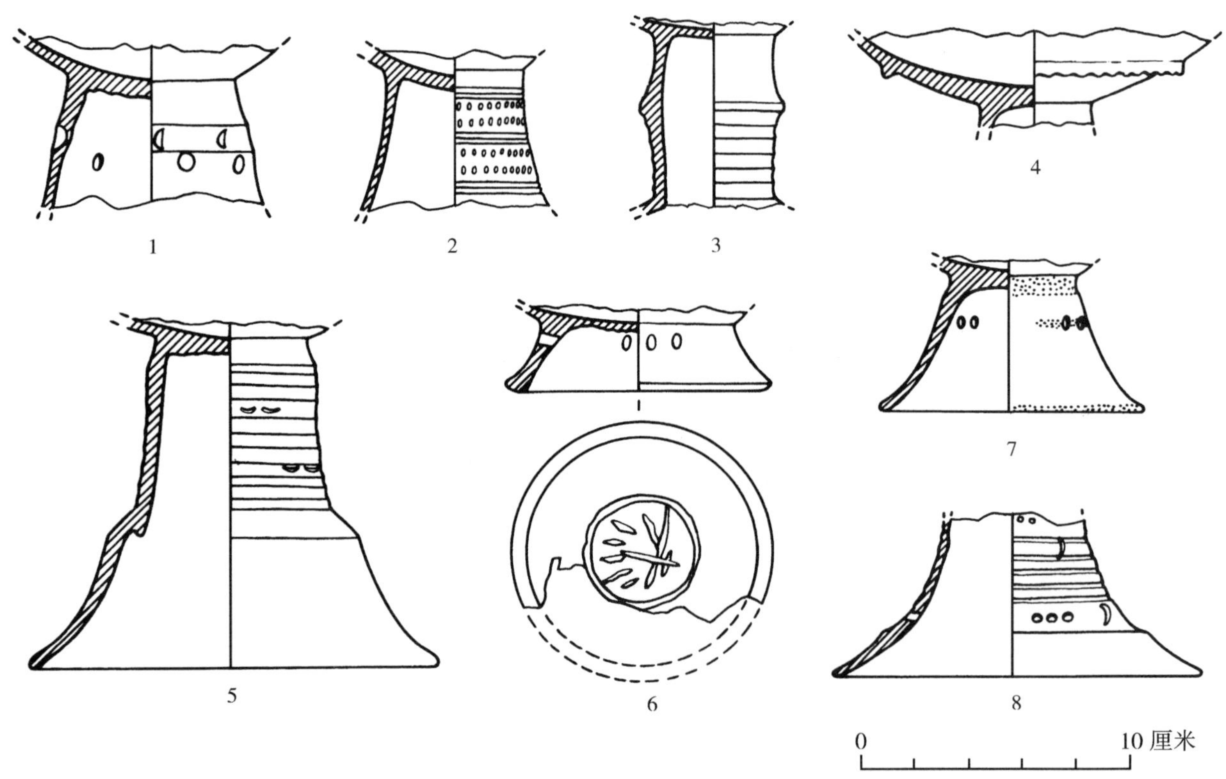

图 2－26 文化层出土陶豆把、陶圈足

1. T104②：20 2. T15③：33 3. T101③：9 4. T101③：8 5. T117③：15 6. T13②：5 7. T104②：21 8. T13②：4

衣。粗高把上残存小窝纹和九周细凹弦纹。残高 5.6 厘米（图 2－26，2）。T104②：20，泥质灰陶。粗高把上饰圆孔和半圆形窝纹。残高 6.3 厘米（图 2－26，1）。T117③：15，泥质深灰陶，胎浅灰。粗高把下连凹弧壁高台座。饰宽凹弦纹和上、中、下各二对新月形戳印纹。底缘磨损。底径 15.3 厘米（图 2－26，5）。T13②：4，泥质浅红陶（泛黄）。粗高把下连凹弧壁低台座。饰凹弦纹、圆孔、小窝纹和新月形戳印纹。底径 14 厘米（图 2－26，8）。T104②：21，泥质红陶。外表和器腹内壁均施红衣。饰四对椭圆形孔，在红衣上涂三周白彩条带纹。底径 9.6 厘米（图 2－26，7；彩版五，1）。T13②：5，泥质浅灰陶。矮圈足。镂四对小圆孔，有的未穿透。底部在制作时刻划有符号。底径 10.2 厘米（图 2－26，6）。

盘 数量很少。分二型。

A 型 泥质。浅盘，宽粗的高圈足。纹饰较浅。T105③：16，泥质黑陶，胎浅灰。圆唇，中部折腹。口径 18 厘米（图 2－27，1）。T116③：9，泥质灰黑陶。饰宽凹弦纹、带泥心浅圆窝纹、窝点连线纹和镂孔。底缘有磨损。底经 16 厘米（图 2－27，2）。

B 型 器表白色，以槽深、繁缛、细密的篦点戳印纹为特点，形成浅浮雕样的图案。H5：1，泥质（微带砂性）白陶，胎心为粉红色。现存纹饰图案，以阳纹审视，从上到下依次为波状纹、横条凸棱、两排小窝上下交错成箭墙形纹，还有以两侧斜条分隔成的三组图案。后者每组内有带小窝的正倒“山”字形、带小窝长条似蛇形纹、平行四边形方框等。戳印的槽深 0.2 厘米左右。上层波状槽用弧条片状工具戳印；横条凹槽用长约 0.6 厘米左右的直条片状工具戳印，横条凹槽宽窄不一，可能采用不同宽度的直条片状工具；小圆窝用细小竿类工具戳印。以上几种工具端面还都刻有很细纹道，所以在戳印的凹槽内，下部圆窝内印出的是小十字凸纹，其他图案形式的凹槽内均留有细密整齐的凸短条（即方形篦点），其一般间距约 0.1 厘米。圈足径 13.5、残高 5.5 厘米（图 2－27，5；彩版四，8；图版七，7）。T22②：6，夹细砂红陶，胎心红色。内外表涂厚层白衣。凹槽深约 0.2 厘米。凹槽系由长约 0.7 厘米的戳具依次连接，每个单元内有一个小“卄”形凸纹；还配有长方形镂孔。圈足径 13、残高 5.2 厘米（图 2－27，4；彩版四，

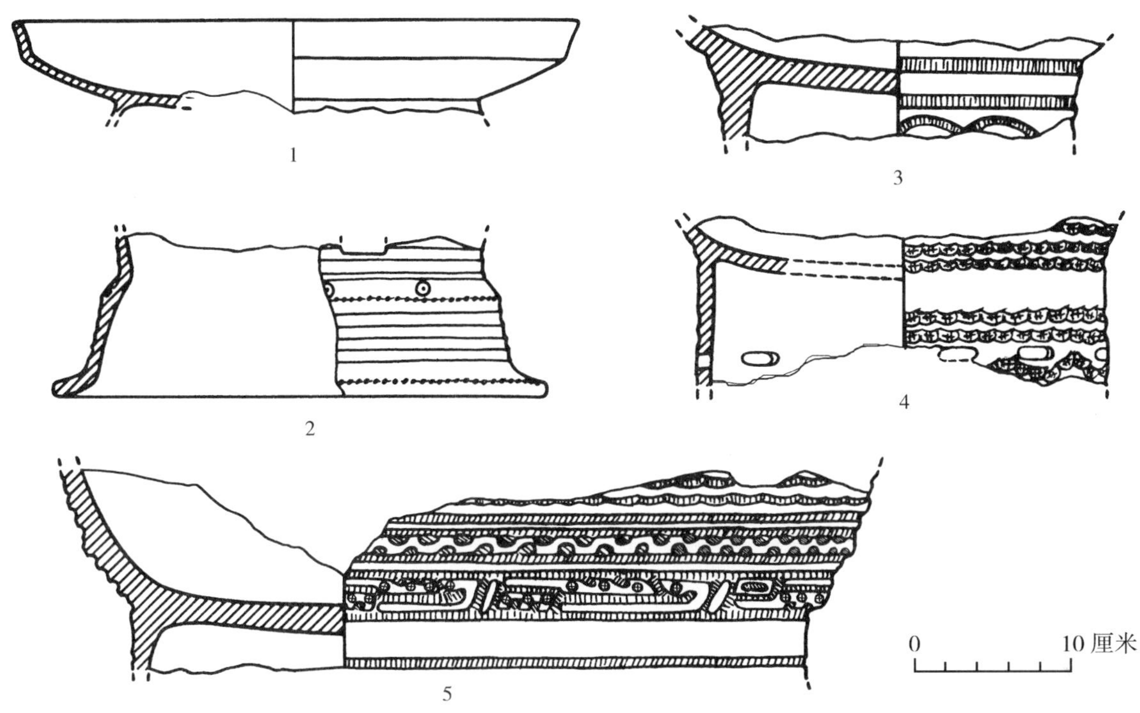

图2-27　文化层和坑穴出土陶盘

1. A型（T105③:16）　2. A型（T116③:9）　3. B型（T22②:7）　4. B型（T22②:6）　5. B型（H5:1）

9；图版七，6）。T22②:7，夹细砂红陶，胎红色。内、外表均涂白衣。凹槽内戳印小长方块粗篦点，阴纹图案为横条纹、连续圆弧纹。圈足径11.4、残高3.5厘米（图2-27，3）。

盆　斜沿类的数量较多，其中以斜弧腹者为主。内卷沿大盆极少。分为五型。

A型　斜折宽沿，沿面凹弧，斜弧壁，腹体较浅。T115④:19，泥质红陶，胎浅灰。内外表均施红衣。口径20厘米（图2-28，1）。T112③:17，泥质黑陶，胎浅红。方唇。沿面上四周宽凹弦纹。口径23厘米（图2-28，3）。T112②:11，泥质黑陶。圆唇。沿面上有宽凹弦纹、小圆圈纹。口径27厘米（图2-28，2）。

B型　斜沿外折或外翻，沿面凸弧或较平，斜弧腹。T116③:10，泥质浅灰陶。圆唇，沿面微凸弧。颈、腹部有宽凹弦纹，上腹浅划斜直线交叉成菱形网格纹。口径24厘米（图2-28，7）。T116③:11，泥质深灰陶。方唇，沿面凸弧。外腹和沿面施锥刻纹，由整齐的小三角形连线组成纹样。口径28厘米（图2-28，5）。T104③:28，泥质红陶（泛黄），胎灰。窄折沿，沿面凸弧。口径25厘米（图2-28，4）。T116②:5，泥质红陶，胎浅灰。整个内表和外表的上部一段施深红衣。圆唇，折沿，沿面平。口径21厘米（图2-28，8）。H5:2，泥质红陶（泛黄）。斜翻沿。口径18厘米（图2-28，6）。

C型　上部多折腹。T15③:34，泥质红陶，胎浅灰。整个内壁及外表上半段（外部自唇面以下，延至折棱下侧1.5厘米处）涂深红陶衣。斜折窄沿，沿面凸弧。口径28厘米（图2-28，9）。T105②:8，泥质红陶，胎浅灰。器内上半部和外表至折棱处均涂深红陶衣。沿面平。口径20厘米（图2-28，11）。T4②:2，泥质黑陶，胎心红褐。斜宽沿，外凸三角形唇，上部小段腹壁竖直，圆拐为斜弧腹，平底。底缘稍磨损。高9.1、口径25.6、底径7.4厘米（图2-28，10；图版六，1）。

D型　腹壁较斜直。T102③:7，泥质红陶（泛黄），胎浅灰。残存少许红衣痕迹。薄圆唇，平底。口径约20厘米（图2-28，14）。H1:1，夹细砂红陶，又夹少量植物末，胎心红色，留有一些孔隙。器腹内外残存很少红衣。平折窄沿，薄圆唇，平底稍凸。高10、口径23厘米（图2-28，13；图版六，2）。

E型　T117③:32，泥质红陶，胎浅灰。口外部及唇上残存红衣。内卷沿，圆唇，斜弧腹壁。饰宽深凹弦纹四周，上压椭圆形窝纹，参考其他碎片，可能是上周四窝、下周五窝为一组。口径约28厘米（图2-28，12）。

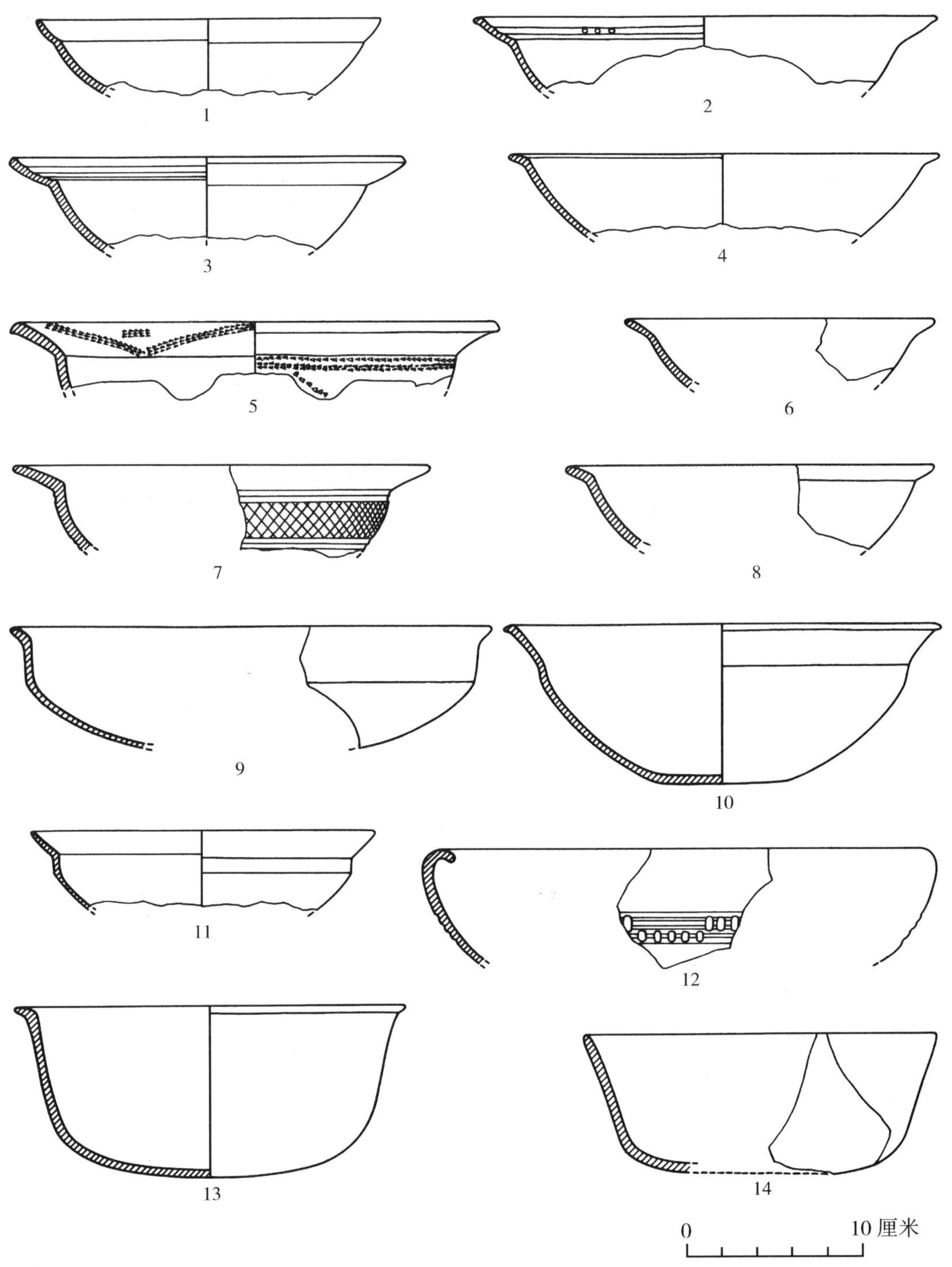

图2－28　文化层和坑穴出土陶盆

1. A型（T115④:19）　2. A型（T112②:11）　3. A型（T112③:17）　4. B型（T104③:28）　5. B型（T116③:11）　6. B型（H5:2）　7. B型（T116③:10）　8. B型（T116②:5）　9. C型（T15③:34）　10. C型（T4②:2）　11. C型（T105②:8）　12. E型（T117③:32）　13. D型（H1:1）　14. D型（T102③:7）

三足盆　仅见两件标本。T115③:8，泥质深灰陶。平折窄沿，沿面稍凸弧。留有掉足痕迹。上腹凸棱上有窝点连线纹。口径18厘米（图2－29，2）。T104②:13，泥质红陶，胎灰色。整个器内有红衣，外部口沿一周残存少许红衣。斜沿，颈下有折棱，弧腹，安扁平矮足。器形较小。高6.3、口径12厘米（图2－29，1；图版六，3）。

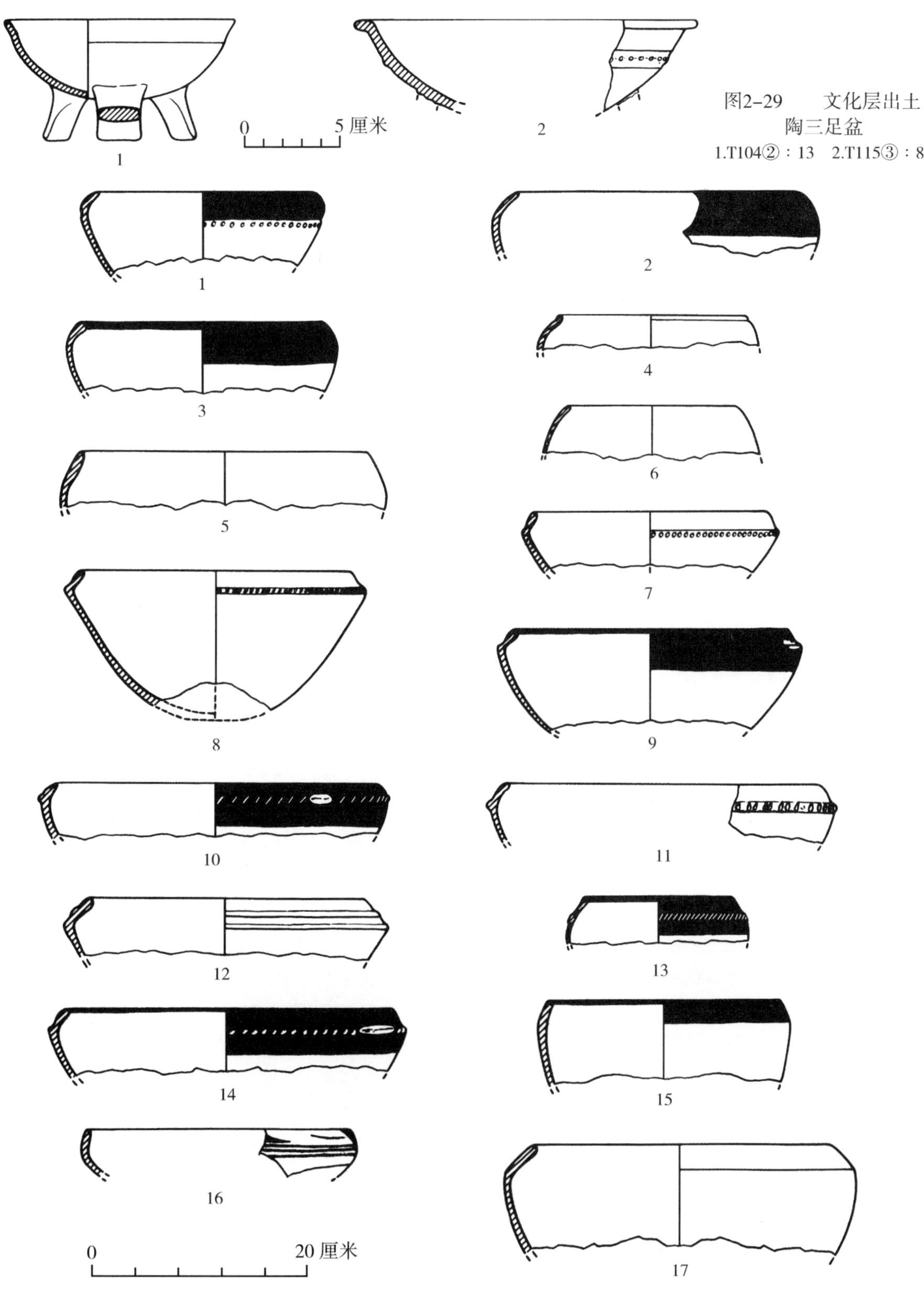

图2-29　文化层出土陶三足盆

1.T104②：13　2.T115③：8

图2-30　文化层出土陶钵

1~6. 大弧敛口钵：1. T15③:35　2. T115③:9　3. T106③:17　4. T101②:5　5. T15②:18　6. T116③:12
7~17. 折敛口钵：7. A型（T115④:20）　8. A型（T104③:30）　9. A型（T15③:20）　10. A型（T2②:6）　11. A型（T114③:12）　12. A型（T107②:6）　13. A型（T105③:17）　14. A型（T113③:11）　15. B型（T15②:19）　16. B型（T15③:36）　17. B型（T104③:29）

大弧敛口钵 数量较多。口部器壁明显圆弧，圆唇。有些施红彩宽带纹。T115③:9，夹细砂红陶，胎浅灰。口外饰红彩宽带纹。口径26厘米（图2-30，2）。T106③:17，泥质红陶，胎灰色。厚圆唇。口外施红彩宽带纹，唇面上也有红彩。口径23.5厘米（图2-30，3）。T15③:35，泥质红陶，胎浅灰。饰紫红彩宽带纹和小窝纹，红彩、小窝之间有条浅槽。口径21厘米（图2-30，1；彩版五，12）。T116③:12，泥质红陶（泛黄），胎灰色。口外存少量红彩，似成宽带状，唇面也有红彩。口径16厘米（图2-30，6）。T15②:18，泥质红陶，胎浅灰。口下方器壁较厚。口径26厘米（图2-30，5）。T101②:5，泥质红陶。口外侧有一浅槽。残存很少红彩，可能成宽带状，唇面也有。口径18厘米（图2-30，4）。

折敛口钵 数量较多。敛口，口部器壁形成明显折棱，一部分施红彩宽带纹。另有些在折棱上还有刻纹或作成凸脊后刻纹。分为二型。

A型 折棱处外突，形成如子母口状，折棱上方沿面凹弧或凸弧。T115④:20，泥质红陶，胎灰。折棱上压出椭圆形小窝纹，沿面残存零星红彩。口径22厘米（图2-30，7）。T104③:30，泥质红陶（泛黄），胎浅灰。折棱上压出椭圆形小窝纹。复原高约14.2、口径26厘米（图2-30，8）。T113③:11，泥质红陶，内表和胎灰色。凸棱上斜压长圆形小窝纹，存一横盲鼻；口外施红彩宽带纹，唇面也有红彩。口径30.5厘米（图2-30，14）。T15③:20，泥质红陶（泛黄），胎浅灰。口部施红彩宽带纹。口径26厘米（图2-30，9；彩版五，9）。T114③:12，泥质红陶，胎深灰。折棱处作成较高凸脊，刻出枣核状小长窝纹，有的小窝间距不等。口径29.5厘米（图2-30，11）。T105③:17，泥质红陶，胎浅灰。方唇，沿面稍凹弧。折棱处作成凸棱，上斜划短条；施深红彩宽带纹。口径14厘米（图2-30，13；彩版五，8）。T2②:6，泥质红陶，胎浅灰。薄圆唇，沿面凸弧。凸脊上斜划短条，附盲鼻；口外施红彩宽带纹。口径30厘米（图2-30，10）。T107②:6，泥质红陶，胎浅灰。厚圆唇，沿面上有一较宽凸棱。口径25厘米（图2-30，12）。

B型 口部折壁处无外突的棱脊。T104③:29，夹细砂红陶（泛黄），胎灰色。沿面及唇面残存很少的红彩。口径28厘米（图2-30，17）。T15③:36，泥质红陶，胎浅灰。残存红彩，似成图案，现多剥落。口径25厘米（图2-30，16）。T15②:19，夹细砂红陶（泛黄），胎灰色。方唇，斜腹壁，腹体似较深。施红彩宽带纹。口径22厘米（图2-30，15）。

小弧敛口钵 数量较多。口部稍作弧曲收敛，圆唇、厚圆唇、钝尖薄唇或方唇。常见施红彩宽带纹。以其上部弧曲程度细分为二型。

A型 陶器上部最大直径比口径大出1厘米许，圆弧尚较明显。T117④:35，泥质红陶，胎灰色。口部器壁最厚。口径25厘米（图2-31，1）。T116④:26，泥质红陶，胎浅灰。饰红彩宽带纹，唇面也有红彩。口径19.5厘米（图2-31，2）。T102③:8，泥质红陶，胎灰色。饰红彩宽带纹。口径22.5厘米（图2-31，5）。T15③:37，泥质红陶（泛黄），胎浅红。厚方唇。饰红彩宽带纹。口径20厘米（图2-31，3）。T104②:22，泥质红陶（泛黄），胎浅灰。饰红彩宽带纹。口径22厘米（图2-31，4）。

B型 微弧敛口，陶器上部最大直径比口径仅大出约0.5厘米许。T116④:25，泥质红陶，胎红色。饰红彩带纹。口径16厘米（图2-31，8）。T102③:6，泥质红陶，外表上部及内表口部为红色，余为灰色，胎灰色。钝尖薄唇，圜底。口外有红彩宽带纹。高8.8、口径17.7厘米（图2-31，6；图版六，4）。T107③:7，泥质红陶，胎浅灰。厚圆唇。饰红彩宽带纹。口径19厘米（图2-31，7）。T116③:13，泥质红陶，胎灰色。方唇。残存零星红彩。口径16厘米（图2-31，10）。T6②:6，泥质红陶，胎深灰。圆唇，浅腹。施紫红彩带纹。口径22厘米（图2-31，9；彩版五，4）。

直口钵 数量稀少。H9:4，泥质浅灰陶，胎深灰。圆唇，浅腹。饰红彩宽带纹。口径17厘米（图2-31，11）。T11②:3，泥质红陶，胎灰色。方唇，深腹。口外较高棱上刻出缺口。口径27厘米（图2-31，12）。

敞口斜弧腹钵 数量稍多。敞口，多为齐口厚方唇或厚圆唇，绝大部分浅腹。常见有红彩宽带纹。分为二型。

A型 腹体较浅。T110④:21，泥质红陶，胎灰色。厚圆唇。口外和唇面残存极少红彩。口径23.5厘

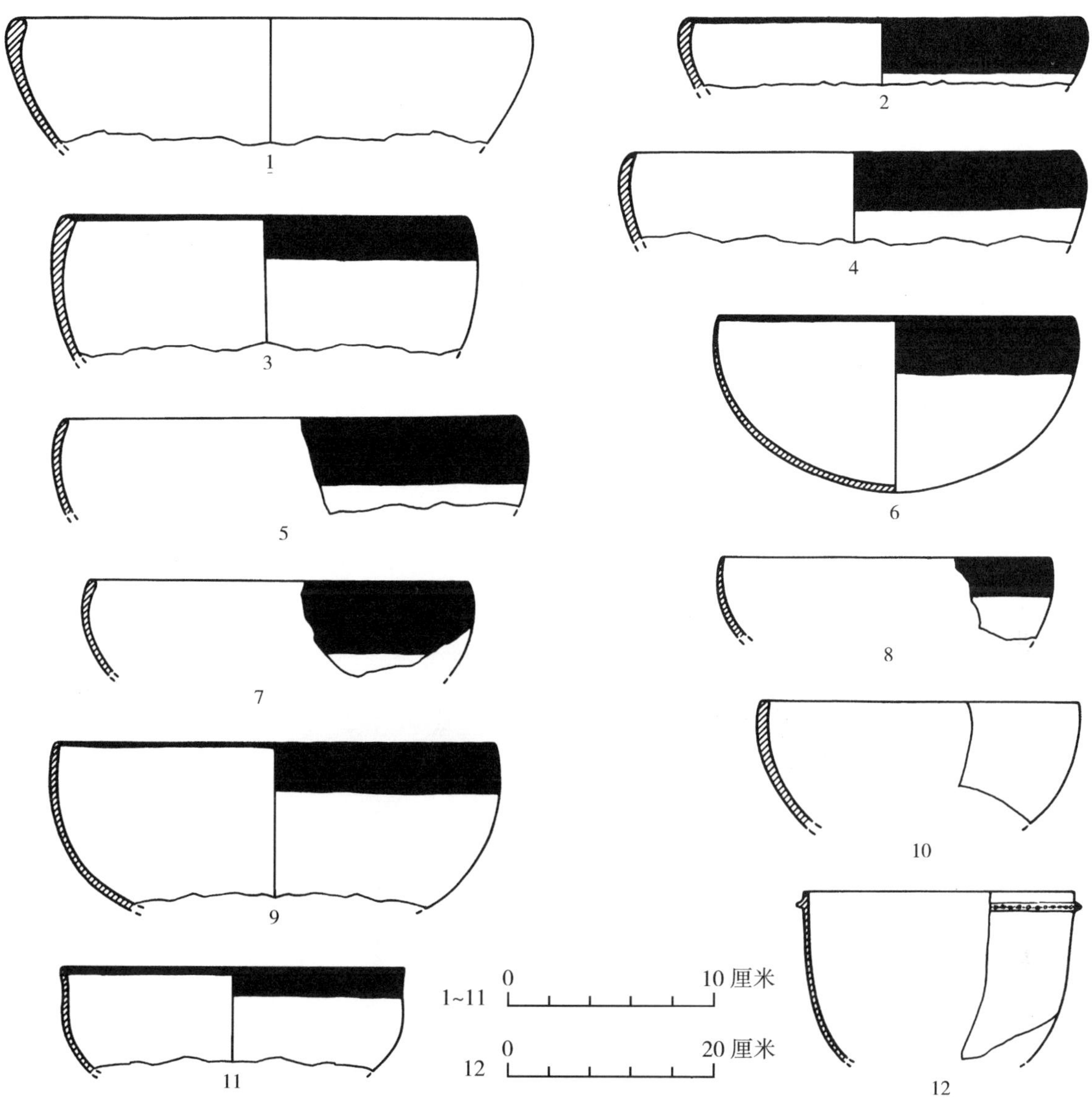

图 2－31　文化层和坑穴出土陶钵

1～10. 小弧敛口钵：1. A 型（T117④:35）　2. A 型（T116④:26）　3. A 型（T15③:37）　4. A 型（T104②:22）　5. A 型（T102③:8）　6. B 型（T102③:6）　7. B 型（T107③:7）　8. B 型（T116④:25）　9. B 型（T6②:6）　10. B 型（T116③:13）　11、12. 直口钵：11. H9:4　12. T11②:3

米（图 2－32，2）。T104③:31，泥质红陶（泛黄），胎灰色。饰红彩宽带纹。口径 20 厘米（图 2－32，3）。T115③:10，泥质红陶，胎灰色。齐口厚方唇。唇面和口外饰红彩条带纹。口径 21 厘米（图 2－32，1）。T2②:7，泥质红陶，胎灰色。厚方唇。唇面和口外饰红彩条带纹。口径 26 厘米（图 2－32，4）。T15②:21，泥质红陶，胎浅灰。内斜方唇。唇面和口外饰红彩条带纹。口径 20 厘米（图 2－32，5）。T104②:23，泥质红陶（泛黄），胎浅灰。厚圆唇。唇面和口外饰红彩条带纹。口径 23 厘米（图 2－32，6）。

B 型　腹体稍深。H9:5，泥质红陶（泛黄），胎浅灰。齐口小方唇，唇外侧斜削。口外有红彩大部掉落，略呈宽带状。口径 20 厘米（图 2－32，9）。T105②:9，泥质红陶，胎浅灰。外斜厚方唇。施棕红彩宽带纹。口径 20 厘米（图 2－32，8；彩版五，3）。H2:1，泥质红陶（泛黄），胎浅灰。小圆唇。口外残存零星红彩，可能呈带状。口径 19 厘米（图 2－32，7）。

碗　形制与弧敛口钵、直口钵等相近似，唯口径较小（分类时限定以 15 厘米为界），器壁也薄些。

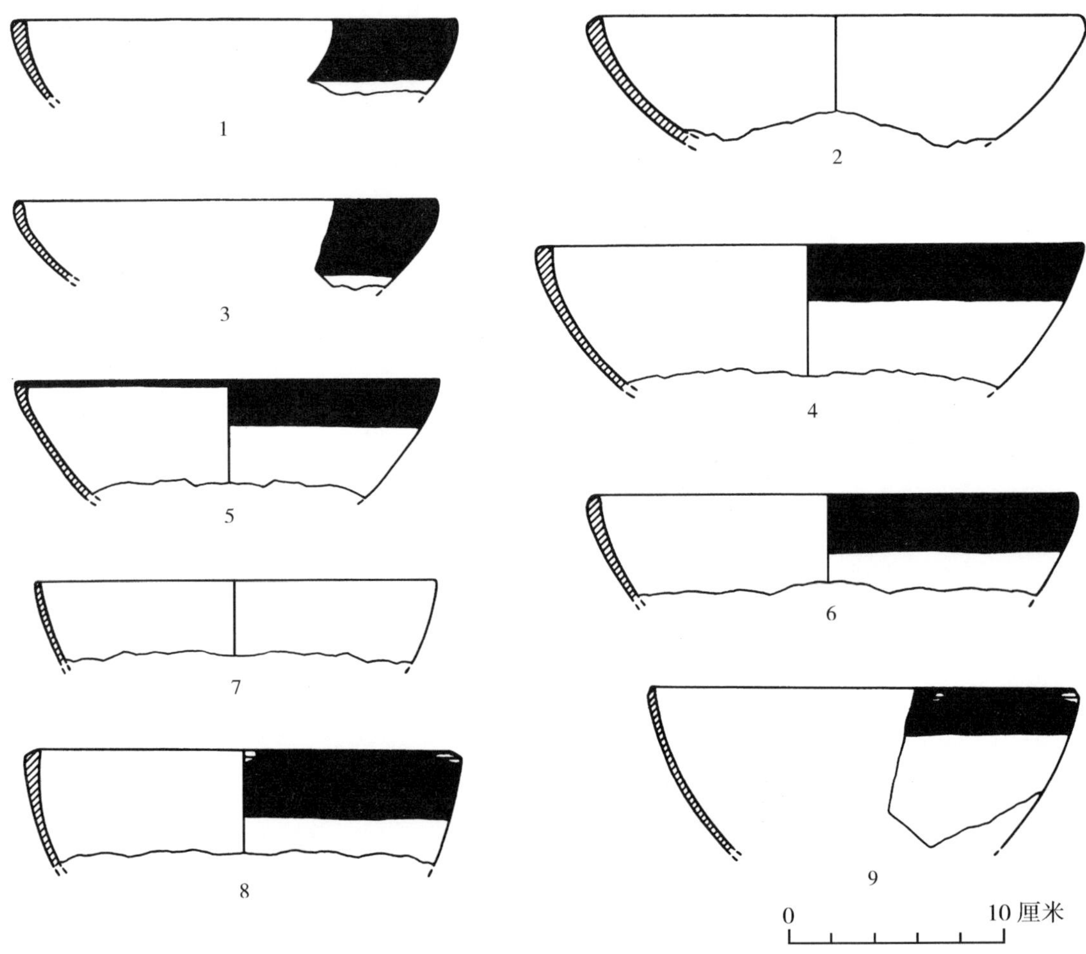

图 2－32　文化层和坑穴出土陶敞口斜弧腹钵

1. A 型（T115③:10）　2. A 型（T110④:21）　3. A 型（T104③:31）　4. A 型（T2②:7）　5. A 型（T15②:21）　6. A 型（T104②:23）　7. B 型（H2:1）　8. B 型（T105②:9）　9. B 型（H9:5）

分为四型。

A 型　微敛口。T116③:14，泥质红陶，外表下部、内表及胎心均灰色。口部外、内残存很少紫红彩，可能为条带纹。口径 12、胎厚 0.2 厘米（图 2－33，1）。T104②:24，泥质红陶，胎浅灰。口内、外饰红彩条带纹。口径 12 厘米（图 2－33，3）。T110②:14，泥质红陶，外表下腹、内表和胎心均灰色。饰红彩条带纹。口径 14 厘米（图 2－33，2；彩版五，5）。

B 型　直口，浅腹。T115③:11，泥质红陶，内表红色，外表下腹和胎心为灰色。口外有红彩条带纹。口径 12 厘米（图 2－33，4）。H1:3，泥质红陶（泛黄），内壁和胎心浅灰。口径 14 厘米（图 2－33，5）。

C 型　直口，深腹。T105②:10，泥质红陶，内表和胎灰色。窄小方唇。口外有少量红彩，可能原为宽带纹。口径 13 厘米（图 2－33，6）。T105②:11，泥质红陶（泛黄），胎浅灰。钝尖薄唇，外侧有窄斜面。口内、外饰紫红彩条带纹。口径 15 厘米（图 2－33，7）。

D 型　腹壁起折棱。T105③:18，泥质红陶，胎浅灰。直口，上部器壁微凹弧，中部折腹。口径 12 厘米（图 2－33，9）。T13②:6，泥质红陶，胎浅灰。内、外表涂白衣，口外施红彩带纹。口径 15 厘米（图 2－33，8）。T110②:15，泥质红陶。微敛口，钝尖薄唇，折腹。口外上下两条黑彩带，中间尚存极少黑彩，其原貌不明。碎片过小。口径约 10 厘米（图 2－33，10）。

碗圈足　T116③:15，泥质红陶，胎浅灰。器腹内表涂白衣。圈足中段浅宽凹槽内施白彩，其上下为红彩。底径 9 厘米（图 2－33，12）。T13②:7，泥质红陶，胎浅灰。器内和外腹壁涂白衣，圈足上下两红

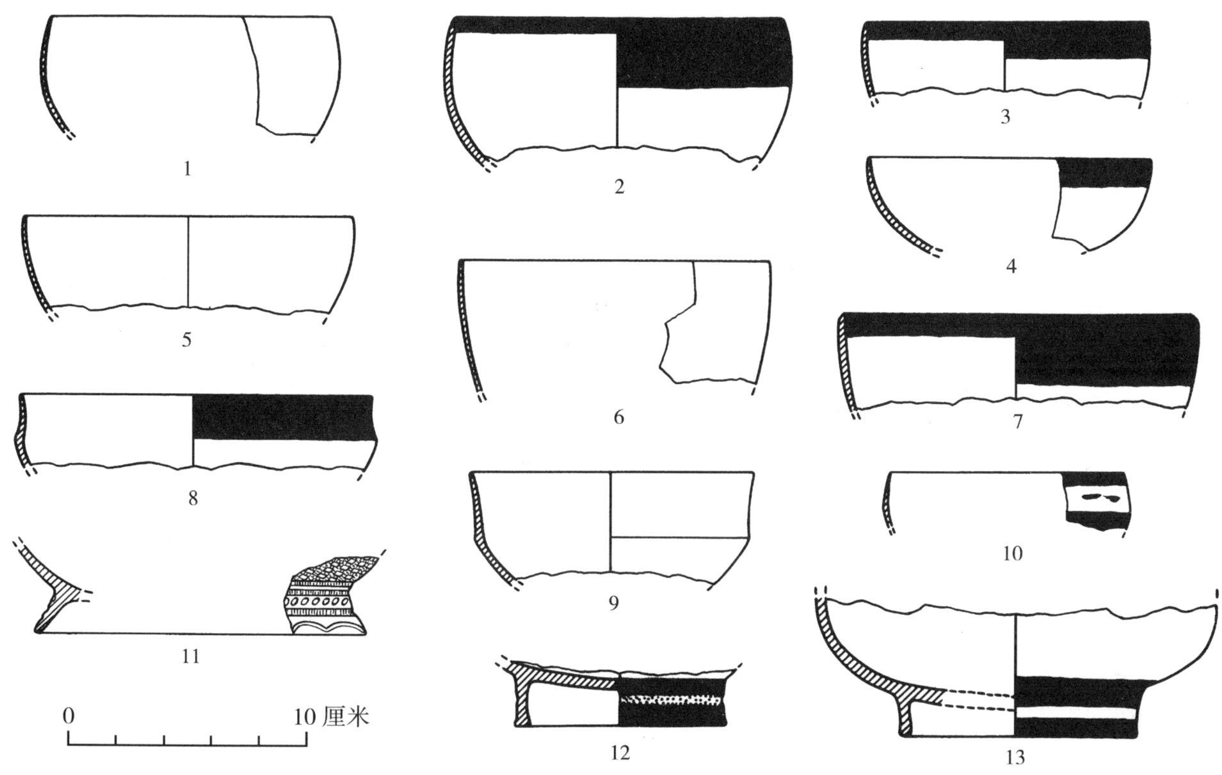

图 2－33　文化层和坑穴出土陶碗、碗圈足

1～10. 碗：1. A 型（T116③:14） 2. A 型（T110②:14） 3. A 型（T104②:24） 4. B 型（T115③:11） 5. B 型（H1:3） 6. C 型（T105②:10） 7. C 型（T105②:11） 8. D 型（T13②:6） 9. D 型（T105③:18） 10. D 型（T110②:15） 11～13. 碗圈足：11. T22②:8 12. T116③:15 13. T13②:7

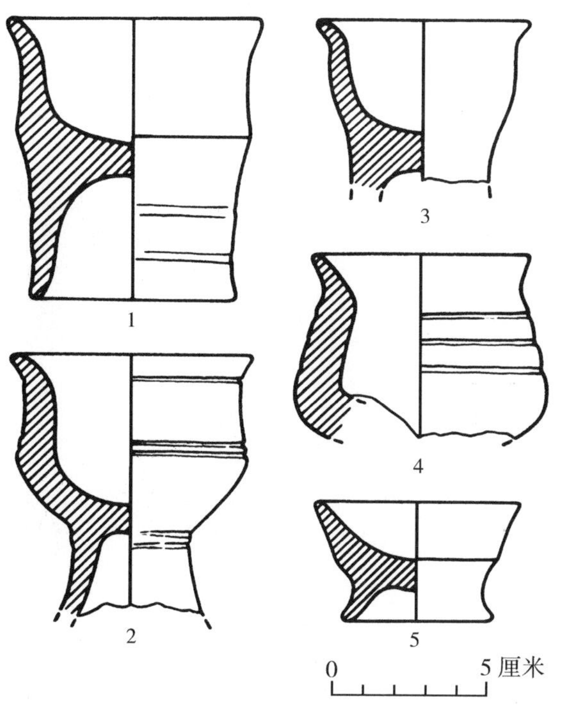

图 2－34　文化层出土陶杯

1. T112③:18 2. T104②:25 3. T112③:19 4. T112③:20 5. T106②:18

彩带中间为红陶本色。底径 10 厘米（图 2－33，13）。T22②:8，泥质白陶，胎白色。饰篦点戳印纹，组成菱形网格、凹弦和弧波纹。其凹槽内部均有间距为 1 毫米的凸起短条；还有斜行椭圆形小窝纹。底径 14 厘米（图 2－33，11；彩版四，10）。

杯　现所见标本均为夹砂厚胎陶，都附圈足。T112③:18，夹砂红陶，胎灰褐。侈口，直腹，宽高竖直的圈足。有二周宽凹弦纹。高 9.3、口径 8.2、底径 6.7 厘米（图 2－34，1）。T112③:19，夹砂红陶，胎灰褐。翻沿，里斜弧腹。口径 7 厘米（图 2－34，3）。T112③:20，夹砂红褐陶。翻沿，外斜腹壁。饰凹弦纹。口径 7 厘米（图 2－34，4）。T104②:25，夹砂红褐陶。圈足较高。饰凹弦纹。口径 8 厘米（图 2－34，2）。T106②:18，夹砂红褐陶。敞口，圆唇，折腹，圈足外撇。底缘有磨损。高 3.9、口径 6.8、底径 5 厘米（图 2－34，5）。

单耳罐　数量较多。分为五型。

A 型　直口，腹壁较竖直。T105④:21，泥质红陶，内表和胎灰色。方唇。口外一周红彩带纹，

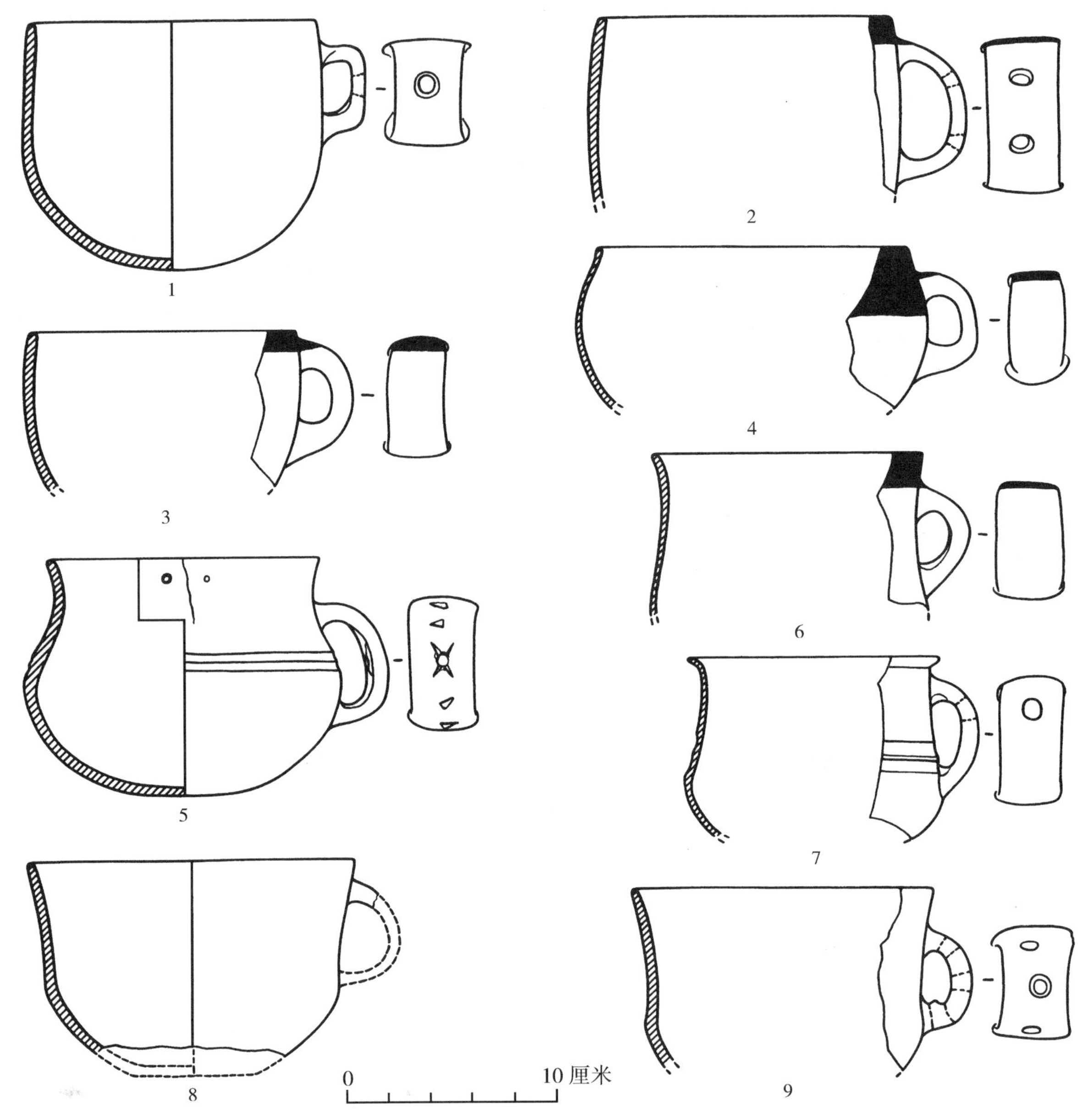

图 2－35　文化层和坑穴出土陶单耳罐

1. A 型（T114③:7）　2. A 型（T105④:21）　3. A 型（T15②:22）　4. B 型（T116③:16）　5. C 型（T106②:6）
6. D 型（T15②:23）　7. D 型（T15②:24）　8. E 型（H1:2）　9. E 型（T114③:13）

耳上镂圆孔。口径 14 厘米（图 2－35，2；彩版五，10）。T114③:7，泥质红陶。圜底。器内壁粘附极少薄层白色物，近似水垢。高 12、口径 13.9 厘米（图 2－35，1；图版六，5）。T15②:22，泥质红陶，胎灰色。口部红彩带纹，唇面也有。口径 13 厘米（图 2－35，3）。

B 型　T116③:16，泥质红陶。弧敛口，鼓腹。口外施红彩宽带纹。口径 15 厘米（图 2－35，4；彩版五，6）。

C 型　T106②:6，泥质深灰陶。稍侈口，圆唇，束颈，扁鼓腹，平底稍凸。上腹饰宽凹弦纹二周。耳上窝纹五个，里壁起泥突。口部钻二小孔，因器壁有裂缝为了捆扎。底面稍有磨损。器内壁粘附很多薄层白色物，近似水垢。高 11.5、口径 13.3、腹径 15.3 厘米（图 2－35，5；图版六，6）。

D 型　上腹外斜凹弧壁，口径稍小于腹径。T15②:23，夹砂红陶（泛黄）。稍侈口，圆唇。口部里外

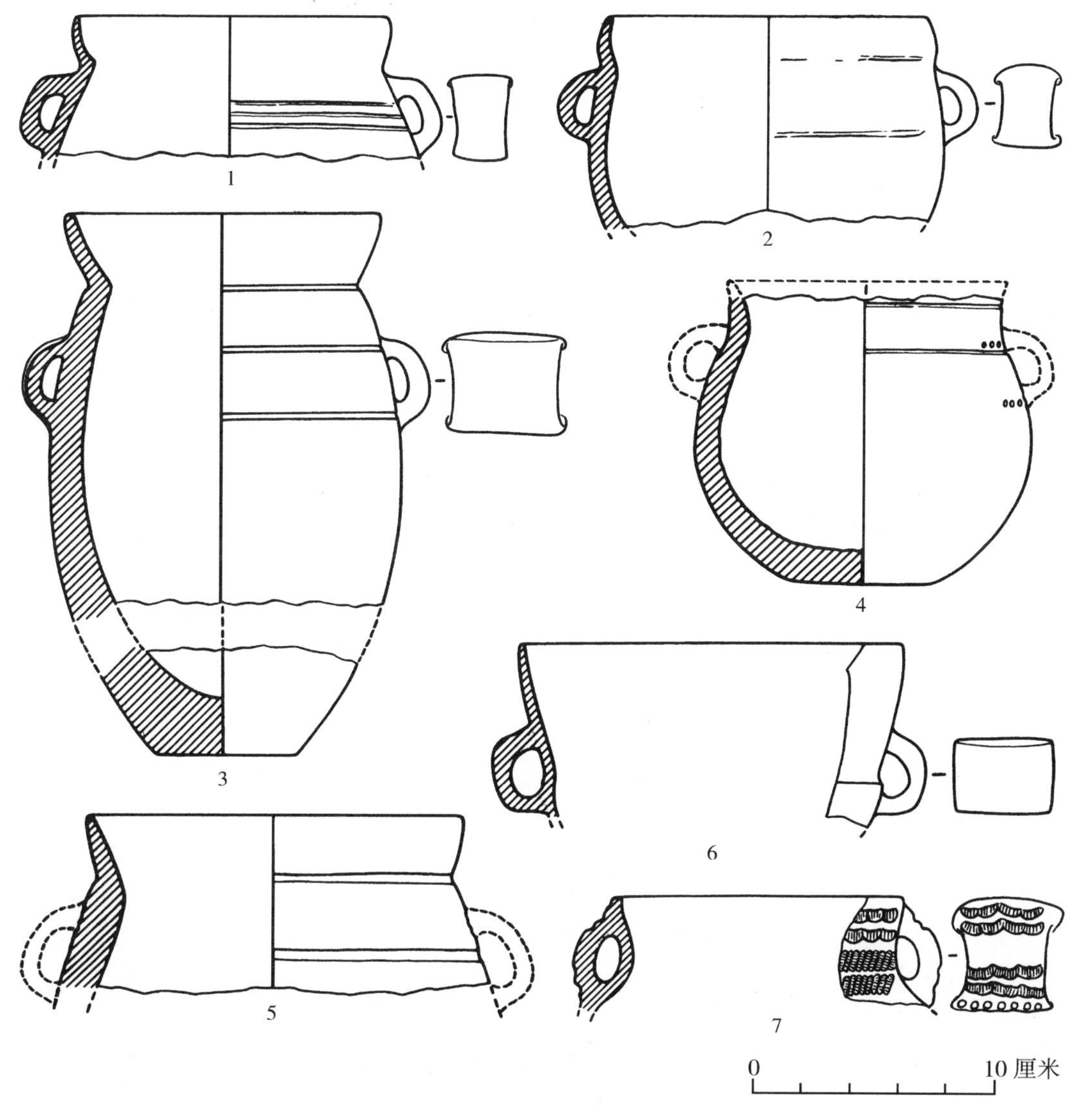

图 2－36　文化层出土陶双耳罐

1. A 型（T115④: 21）　2. A 型（T113②: 8）　3. A 型（T11②: 4）　4. A 型（T106②: 13）
5. A 型（T106②: 19）　6. B 型（T15②: 25）　7. C 型（T22②: 9）

侧有红彩条带纹。口径 13 厘米（图 2－35，6）。T15②: 24，泥质灰陶。外翻窄沿。饰二周宽凹弦纹。内壁下部粘附薄层白色物，近似水垢。口径 12 厘米（图 2－35，7）。

E 型　敞口，上腹里斜，口径大于腹径。T114③: 13，泥质红陶，胎灰色。口腹外表和耳上残存极少红衣。口径 14.5 厘米（图 2－35，9）。H1 : 2，夹砂红陶。器内壁有少量薄层白色物，近似水垢。复原高 10.5、口径 15.8，腹径 14.2 厘米（图 2－35，8）。

双耳罐　以肩部双耳的砂质罐稍多，其他两种偶见。分为三型。

A 型　矮领，领内面凹弧或斜直，圆唇，肩部附耳。T115④: 21，夹砂红褐陶，内表红色，胎红褐。领部似盘口。饰凹弦纹。口径 13.2 厘米（图 2－36，1）。T113②: 8，夹砂夹蚌红褐陶。有断续凹弦纹。口径 13 厘米（图 2－36，2）。T11②: 4，夹砂红陶。外表打磨，内表粗糙。火候低。领面稍凹弧，蛋圆形深腹，小平底。宽面半圆形器耳两侧缘稍突，耳面稍凹弧。上腹部有凹弦纹。高约 22.6、口径 13、腹径 14.6、底径 6、腹和底胎厚 1.2～2.5 厘米（图 2－36，3；图版七，5）。T106②: 19，夹砂红陶，胎红褐。斜直领。有掉落器耳的痕迹。饰宽凹弦纹。口径 16、腹胎厚 1.7 厘米（图 2－36，5）。T106②: 13，夹砂红褐陶，内表和胎心灰褐。有掉落器耳的痕迹。领部有两周坡形棱脊，耳边左右各有六个小圆窝纹。复原高12.6、腹径14、底径5.8厘米（图2－36，4）。

B型 T15②∶25，泥质黑陶，内表黑色，胎为里外浅红层夹心深灰色。敞口直连斜直器壁，中部折腹，附半圆形宽耳。口径16厘米（图2－36，6）。

C型 T22②∶9，夹细砂红陶，外表和领内涂厚白衣。斜翻矮领，口部附耳。施篦点戳印纹，纹道凹槽深2～3毫米，系用斜直条和扇面形的小戳具依次压出，每个单元内还有纤细凸起的短条；耳下边有一排小窝纹。口径12厘米（图2－36，7；彩版四，15）。

大口斜沿罐 大部为夹砂陶，泥质陶略少。总数很多，其中主要是厚胎斜沿平底罐、斜翻沿圜底或平底罐、斜折宽沿罐等。分为四型。

A型 均夹砂，厚胎，小型器的厚度都超过1厘米。斜沿，平底。H9∶1，夹砂红褐陶。腹体较矮肥。高7、口径6.5、腹径7.2、底径3.4厘米（图2－37，2；图版八，4）。T11②∶2，夹砂红陶。肩部凹弦纹。高8.6、口径7、腹径8.8、底径5厘米（图2－37，1；图版八，3）。T104②∶4，夹砂红陶。斜直宽沿。沿外侧和整个腹壁施深红陶衣。上部有凹弦纹和椭圆形小窝纹，等距离竖盲鼻三个。高16、口径12.4、腹径15.2、底径7.6厘米（图2－37，3；彩版五，14；图版八，1）。T15③∶5，夹砂灰褐陶。体型较瘦长，最大腹径在上部。一周不连续的凸弦纹。高12.8、口径9、腹径10、底径5厘米（图2－37，5；图版八，2）。T109②∶5，夹砂红陶。口较小，最大腹径偏上部，平底微内凹。高12.2、口径6.8、腹径10.8、底径6厘米（图2－37，4；图版八，6）。T13②∶2，夹砂红褐陶。斜折沿，腹体较瘦长，最大腹径偏下，可能平底。三周凹弦纹。复原高约14.6、口径9.8、腹径12.4厘米（图2－37，8；图版八，7）。T109②∶10，夹砂深灰陶。斜翻沿。六周凹弦纹。残高17、口径14.5、腹径17厘米（图2－37，6）。T15③∶40，夹砂红褐陶。口径17厘米（图2－37，7）。

B型 斜翻沿，圆鼓腹，圜底或平底。H9∶6，夹砂红陶，又含少量蚌末，内表和胎红褐色。外表满是较厚红陶衣。颈部钻有一孔，原当为修补连缀用。口径22厘米（图2－38，4）。T15③∶38，夹砂黑陶，

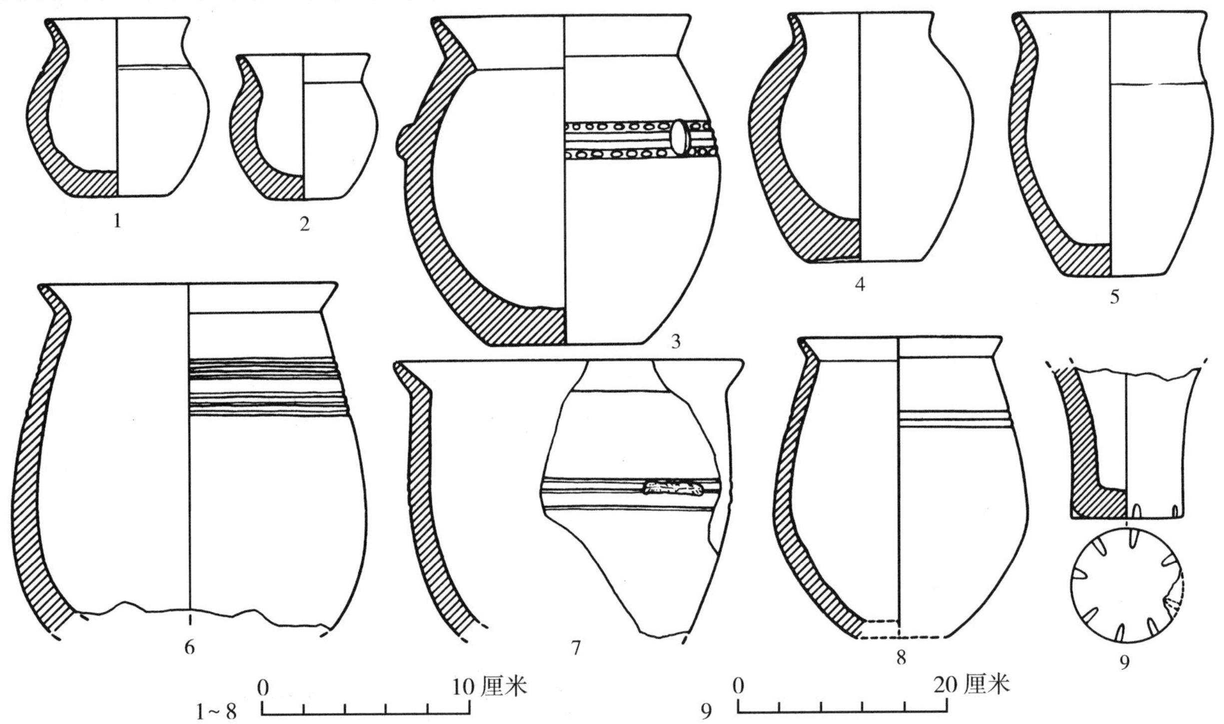

图2－37 文化层和坑穴出土陶大口斜沿罐（之一）

1. A型（T11②∶2） 2. A型（H9∶1） 3. A型（T104②∶4） 4. A型（T109②∶5） 5. A型（T15③∶5） 6. A型（T109②∶10） 7. A型（T15③∶40） 8. A型（T13②∶2） 9. 陶器底（T118②∶1）

又含少量蚌末。口径 15 厘米（图 2－38，5）。T107②：1，夹砂灰褐陶。斜翻沿，圜底。高 11、口径 11.6、腹径 12.3 厘米（图 2－38，3；图版八，5）。T104③：32，泥质红陶（泛黄），胎浅灰。上腹施红陶衣，沿面也有窄条。口径 12 厘米（图 2－38，6）。H102：2，泥质黑陶。斜翻宽沿，腹体矮肥，圜底。饰两组不很整齐的细凹弦纹。高 11.4、口径 12.6、腹径 13.8 厘米（图 2－38，1；图版九，1）。T107②：3，泥质灰陶。六周细凹弦纹，三组各四个长圆形小窝纹。高 10.8、口径 13.2、腹径 14.7 厘米（图 2－38，2；图版九，2）。与之同式的 T23②：1，自颈部至近底处饰三组各二周凹弦纹而无小窝纹。T112②：12，泥质深灰陶，胎灰色。二周凹弦纹间的局部还戳小窝纹。口径 12 厘米（图 2－38，7）。

C 型　斜折宽沿，鼓腹。T15③：39，泥质红陶（泛黄），胎浅灰。斜折沿，圆唇，沿面稍凸弧。口径 13 厘米（图 2－38，8）。T117②：24，夹砂灰褐陶，胎灰色。方唇，唇面有一周浅凹槽，斜直折沿。口径 22 厘米（图 2－38，9）。

D 型　斜翻沿，折肩。T116③：17，泥质灰陶。折腹。口径 13 厘米（图 2－38，11）。T22②：10，泥质红陶，胎浅灰。折肩。口径 14 厘米（图 2－38，10）。T31②：4，夹植物末红陶。在肩部宽凹槽内压印横"人"字形纹，高凸脊上压刻长圆形窝纹。肩部直径约 17.5 厘米（图 2－38，12）。

陶罐平底碎片中，除常规厚度平底、夹粗砂厚胎小平底外，另在第 3、2 层中发现数件夹粗砂厚胎平

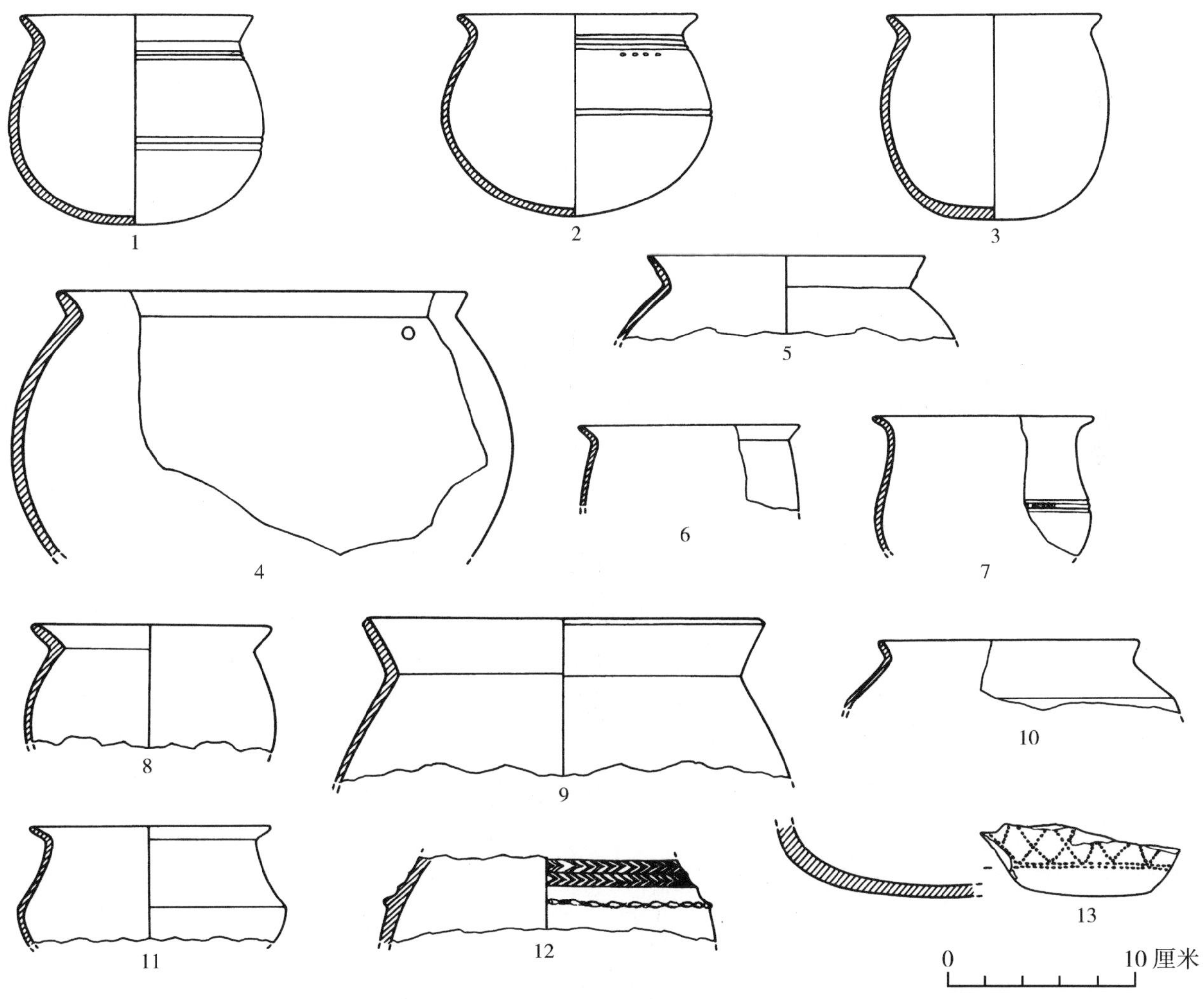

图 2－38　文化层和坑穴出土陶大口斜沿罐（之二）

1. B 型（H102：2）　2. B 型（T107②：3）　3. B 型（T107②：1）　4. B 型（H9：6）　5. B 型（T15③：38）　6. B 型（T104③：32）　7. B 型（T112②：12）　8. C 型（T15③：39）　9. C 型（T117②：24）　10. D 型（T22②：10）　11. D 型（T116③：17）　12. D 型（T31②：4）　13. 圜底（T117④：40）

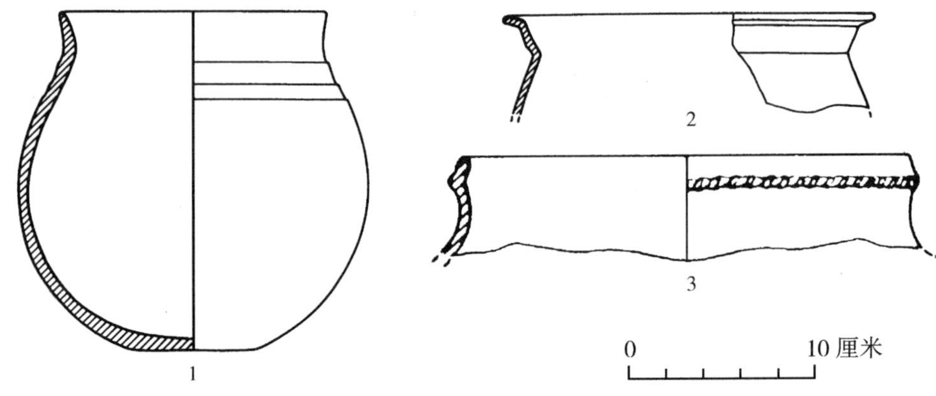

图2－39　文化层和坑穴出土陶大口矮领罐
1. H9：2　2. T115④：22　3. T111③：5

底，底缘压出或剔刻6～8个凹口。如T118②：1，夹砂灰褐陶，内表、胎深灰。底缘有八个大凹口。残高14.6、底径11厘米（图2－37，9）。一件泥质灰陶罐圜底片（T117④：40），近底处戳刻窝点连线纹（图2－38，13）。

大口矮领罐　陶片口沿中可辨认者仅得二片，另有一件基本完整器。T115④：22，夹砂深灰陶。斜凹弧矮领，窄折沿，圆唇。口径20厘米（图2－39，2）。T111③：5，泥质红陶，胎灰色。矮领上部外凸里凹，近似盘口状。凸棱上刻长圆形小窝纹。口径24厘米（图2－39，3）。H9：2，夹炭夹砂灰褐陶，内表黑色，胎灰色。胎壁多孔隙。矮直领，鼓腹，平底。肩部有呈斜阶状的凸棱三周。底缘稍磨损。高18.2、口径14.4、腹径18.8、底径6.6厘米（图2－39，1；图版九，3）。

小口矮领罐　泥质陶略多，另有夹细砂的。小口，矮领稍斜或竖直，下连宽肩。数量很多，其中以矮领斜翻的为主。分为三型。

A型　矮领斜翻，领里侧面稍凸弧。T104④：40，夹砂红陶（泛黄）。口径13厘米（图2－40，4）。T15③：41，夹砂夹蚌红陶，内表红褐，胎灰褐。外表和领面里侧有很少红衣。口径12厘米（图2－40，1）。T106②：20，泥质红陶，胎灰色。外表和领面里侧残存很少红衣。领部有一白彩带纹。口径15厘米（图2－40，3）。T104②：26，夹砂红陶。外表和领面里侧有深红陶衣。领部有白彩带纹。口径16厘米（图2－40，6）。T105②：12，泥质红陶（泛黄），胎浅灰。仅此件为里斜方唇。口径10厘米（图2－40，2）。T104②：7，泥质灰陶。扁鼓腹，圜底。高7.3、口径5.4、腹径10.2厘米（图2－40，5；图版九，4）。

B型　矮领竖直或略外斜。T115③：14，泥质灰陶。口径11厘米（图2－40，11）。T104③：34，泥质红陶，胎灰色。外表和领里面施红陶衣。肩部残存白彩波折纹和条带纹。口径12厘米（图2－40，9）。T15②：26，泥质灰陶。竖直领很矮，广肩。口径14厘米（图2－40，16）。T14③：7，夹细砂红陶，外表和领里面涂白陶衣。施篦点戳印纹，领部为椭圆形（长0.9厘米，内有二横排篦点）夹小圆形窝，颈部为上下交错的小三角形纹，圆唇面上斜捺椭圆形窝侧视如锯齿状。口径13厘米（图2－40，8；彩版四，12）。T22②：11，夹细砂红陶，外表和领里面涂白陶衣。施篦点戳印纹，领部凹槽是由带篦点的近方形单元依次排成的波折纹；肩部是带篦点（约三行）的平行四边形单元依次斜压成一宽深凹槽。方唇上为小圆窝纹。口径13厘米（图2－40，7；彩版四，13）。T22②：12，泥质白陶。施篦点戳印纹，组成波浪形、凹弦、长方形等纹样。口径14厘米（图2－40，13；彩版四，14）。

C型　矮领竖直、外斜或里斜，续有小沿，肩部宽窄不一。T104③：35，夹砂黑陶，又夹少量炭末。竖直矮领，小翻沿。口径13厘米（图2－40，14）。T117②：25，泥质红陶，胎深灰色。沿面及外表堆纹上下均施红陶衣。竖直矮领，大翻沿。肩部堆纹上压划短竖条，局部处捺出窝纹。口径15厘米（图2－40，17）。T104②：27，泥质黑陶，胎深灰。领部上端外斜，翻沿。领部一周凹弦纹。口径15厘米（图2－40，15）。T114②：9，泥质灰陶，胎浅灰。外斜领，平折窄沿，圆唇。口径15厘米（图2－40，12）。

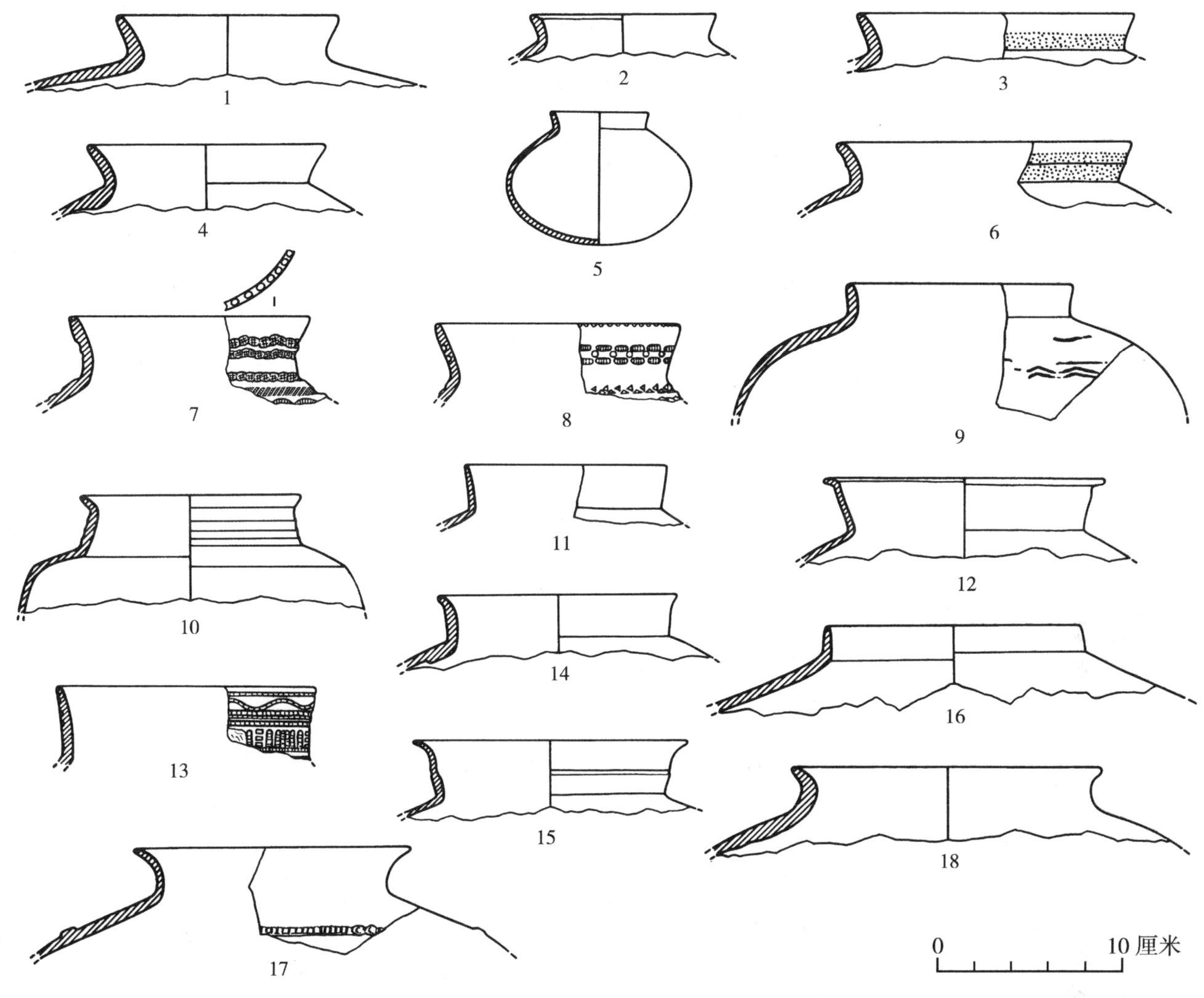

图 2－40　文化层出土陶小口矮领罐

1. A 型（T15③:41）　2. A 型（T105②:12）　3. A 型（T106②:20）　4. A 型（T104④:40）　5. A 型（T104②:7）　6. A 型（T104②:26）　7. B 型（T22②:11）　8. B 型（T14③:7）　9. B 型（T104③:34）　10. C 型（T105②:13）　11. B 型（T115③:14）　12. C 型（T114②:9）　13. B 型（T22②:12）　14. C 型（T104③:35）　15. C 型（T104②:27）　16. B 型（T15②:26）　17. C 型（T117②:25）　18. C 型（T105③:19）

T105③:19，夹砂红陶，胎红褐。矮领上端里斜，翻沿。外表和沿面有红衣。口径 17 厘米（图 2－40，18）。T105②:13，泥质黑陶，胎红褐。领部上端里斜，窄翻沿，折肩。领部宽凹弦纹。口径 12 厘米（图 2－40，10）。

小口高领罐（或壶）　均泥质。高领上或续有翻沿。数量很少。T116③:18，泥质深灰陶，胎浅灰。饰宽凹弦纹、平底带泥心浅圆窝纹。口径 13 厘米（图 2－41，5）。T115③:15，泥质黑陶，内表黑色，胎里外层红色夹心灰色。圆唇面上有条凹槽。饰宽凹弦纹。口径 13.5 厘米（图 2－41，4）。T15②:27，泥质黑陶，胎灰色。宽凹弦纹。口径 17 厘米（图 2－41，3）T101②:6，泥质红陶，胎灰色。外表和沿面施紫红陶衣。折肩。一周凸弦纹。口径 11 厘米（图 2－41，1）。T111②:1，泥质橙黄陶。高直领，折肩，上部折腹。施黑彩，现存宽窄不一的条带纹六周，领部条带间的纹饰已剥落，斜行圆点纹排列整齐、清楚，折肩以下似为曲线网格纹。口径 9、残高 9.8、胎厚 0.15～0.3 厘米（图 2－41，2；彩版五，2）。

圈足罐　今见标本均为砂质、厚胎、小型器。斜沿，鼓腹，外撇圈足。T15③:13，夹砂灰褐陶，胎红褐。腹体宽肥。附实心小横耳一对，小耳中部捺低。高 9.9、口径 11、腹径 11.1、底径 8.8 厘米（图

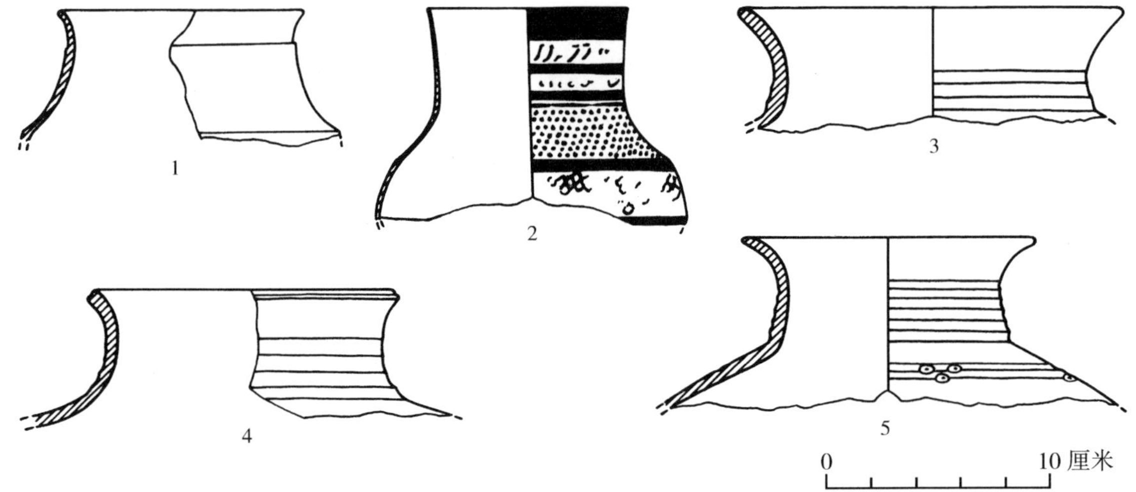

图2-41　文化层出土陶小口高领罐（或壶）

1. T101②: 6　2. T111②: 1　3. T15②: 27　4. T115③: 15　5. T116③: 18

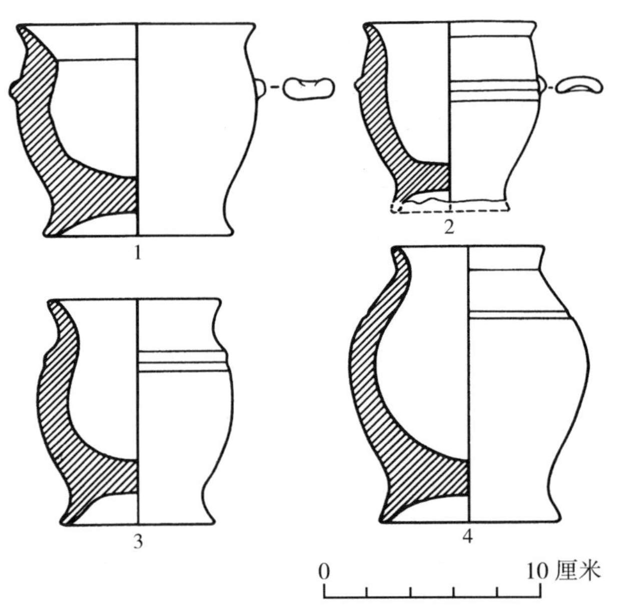

图2-42　文化层和坑穴出土陶圈足罐

1. T15③: 13　2. T15③: 4　3. H105 : 2　4. H105 : 1

2-42，1；图版七，2）。T15③: 4，夹砂灰褐陶。附拱形小横耳一对。饰凹弦纹。复原高8.6、口径7.9、腹径8.4厘米（图2-42，2；图版七，4）。H105 : 2，夹砂红褐陶。折肩，肩下方一周宽凹弦纹。高10.6、口径8.1、腹径9.2、底径7.2厘米（图2-42，3；图版七，3）。与此同式者还有复原的二件T15③: 7、T15②: 11。H105 : 1，夹砂红陶。口较小，鼓腹。肩部有宽凹弦纹。高13、口径7.1、腹径11、底径8厘米（图2-42，4；图版七，1）。

瓮　数量较多。分为四型。

A型　斜矮领，领下端有凸棱或折成台阶状。T116③: 19，泥质红陶，胎浅灰。外表和唇面上施紫红陶衣。唇面内斜，领下部起凸棱。口径16厘米（图2-43，1）。T15③: 42，泥质红陶，胎浅灰。残存极少红衣。方唇。口径16厘米（图2-43，3）。T106②: 21，泥质红陶，胎深灰。外表施红衣。口径18厘米（图2-43，2）。

B型　很矮的竖直领，圆唇。T115③: 16，泥质红陶，胎灰色。外表和领里面施红陶衣。口径20厘米（图2-43，4）。T114②: 10，泥质黑陶，胎灰色。口径18厘米（图2-43，5）。

C型　很矮的斜直领，领下端即连宽肩。T116③: 20，泥质红陶，胎浅灰。外表及领里侧有红陶衣。口径17厘米（图2-43，6）。T110②: 16，泥质黑陶，胎灰色。厚圆唇。口径18.5厘米（图2-43，8）。T117②: 19，泥质红褐陶，胎灰色。里斜方唇。肩部戳印纹，用半圆形管状物（如竹、芦苇竿之类）上下戳印，形成套环状纹；八周连续窝点连线纹，上下相邻的窝点整齐地交错排列，中间形成凸起的波浪纹。口径15厘米（图2-43，7；彩版五，7）。

D型　弇口，圆唇或厚圆唇。T117③: 33，泥质红陶，胎深灰。外表和唇面施紫红衣。口径30厘米（图2-43，10）。T114③: 14，泥质红陶，胎深灰。外表及唇面有红陶衣。外凸厚圆唇。口径26厘米（图2-43，9）。H1 : 4，泥质红陶（泛黄），胎浅灰。外表残存很少红衣。口径约20厘米（图2-43，11）。

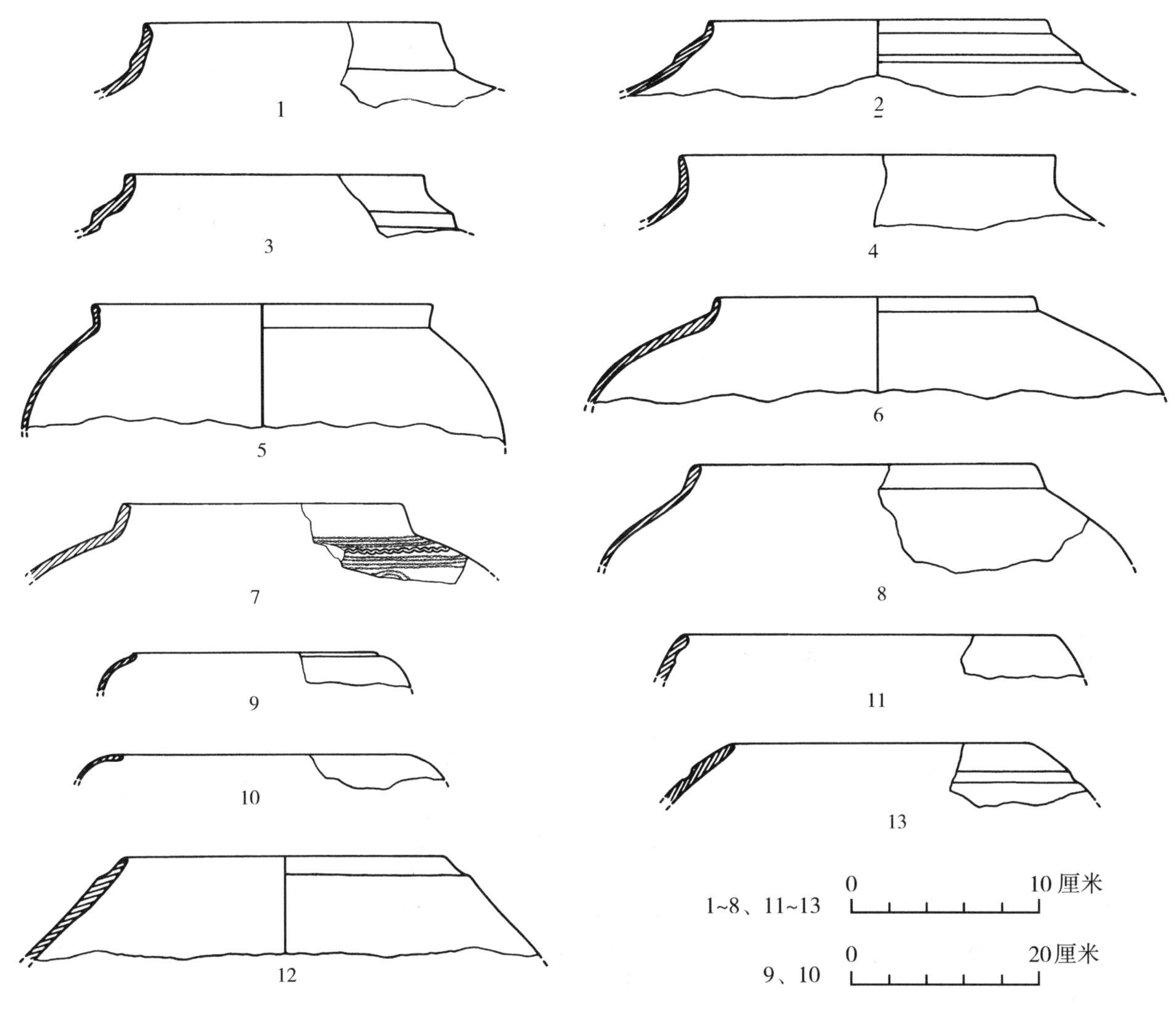

图 2－43　文化层和坑穴出土陶瓮

1. A 型（T116③:19）　2. A 型（T106②:21）　3. A 型（T15③:42）　4. B 型（T115③:16）　5. B 型（T114②:10）　6. C 型（T116③:20）　7. C 型（T117②:19）　8. C 型（T110②:16）　9. D 型（T114③:14）　10. D 型（T117③:33）　11. D 型（H1:4）　12. D 型（T115③:17）　13. D 型（T104③:36）

T115③:17，泥质红陶，胎灰色。口外有窄斜台面，似子母口。口径 17 厘米（图 2－43，12）。T104③:36，泥质灰陶。口外有条宽凹槽。口径 16 厘米（图 2－43，13）。

缸　均夹砂陶。数量多。分为四型。

A 型　大口，翻沿窄小稍竖立，上部器壁微凸弧或略竖直，以下的器壁斜收，深腹。H103:1，夹砂灰陶。小平底中心微凹。高 31.5、口径 22.8、底径 5.8 厘米（图 2－44，1；图版九，5）。H9:7，夹砂红褐陶，胎红褐色。口径 26 厘米（图 2－44，2）。T108②:7，夹砂红陶，胎灰色。上部附半月形、长 3.5 厘米的器鋬。口径 22.5 厘米（图 2－44，3）。

B 型　大口，翻沿或折沿较宽稍竖立，上部的器壁稍凸弧或略竖直。T112③:5，夹砂红陶。外表打磨光平。翻沿，圆唇，深腹，小圜底。束颈处有一周坡形棱脊。高 33.8、口径 30.2、腹径 31.2 厘米（图 2－44，7；图版九，6）。T103②:4，夹砂红褐陶。外表经打磨较光平，内表稍粗糙。方唇，宽翻沿，斜弧深腹，小圜底。附半月形双鋬。饰浅显的宽凹弦纹。高约 40.5、口径 36 厘米（图 2－44，4）。T114②:11，夹砂红陶，胎灰色。圆唇，沿面稍凸弧。饰整齐竖绳纹。口径 30 厘米（图 2－44，9）。T108②:8，夹砂红陶。饰凹弦纹。口径 37 厘米（图 2－44，8）。T22②:13，夹砂红褐陶。圆唇，沿面凹弧。口径 20

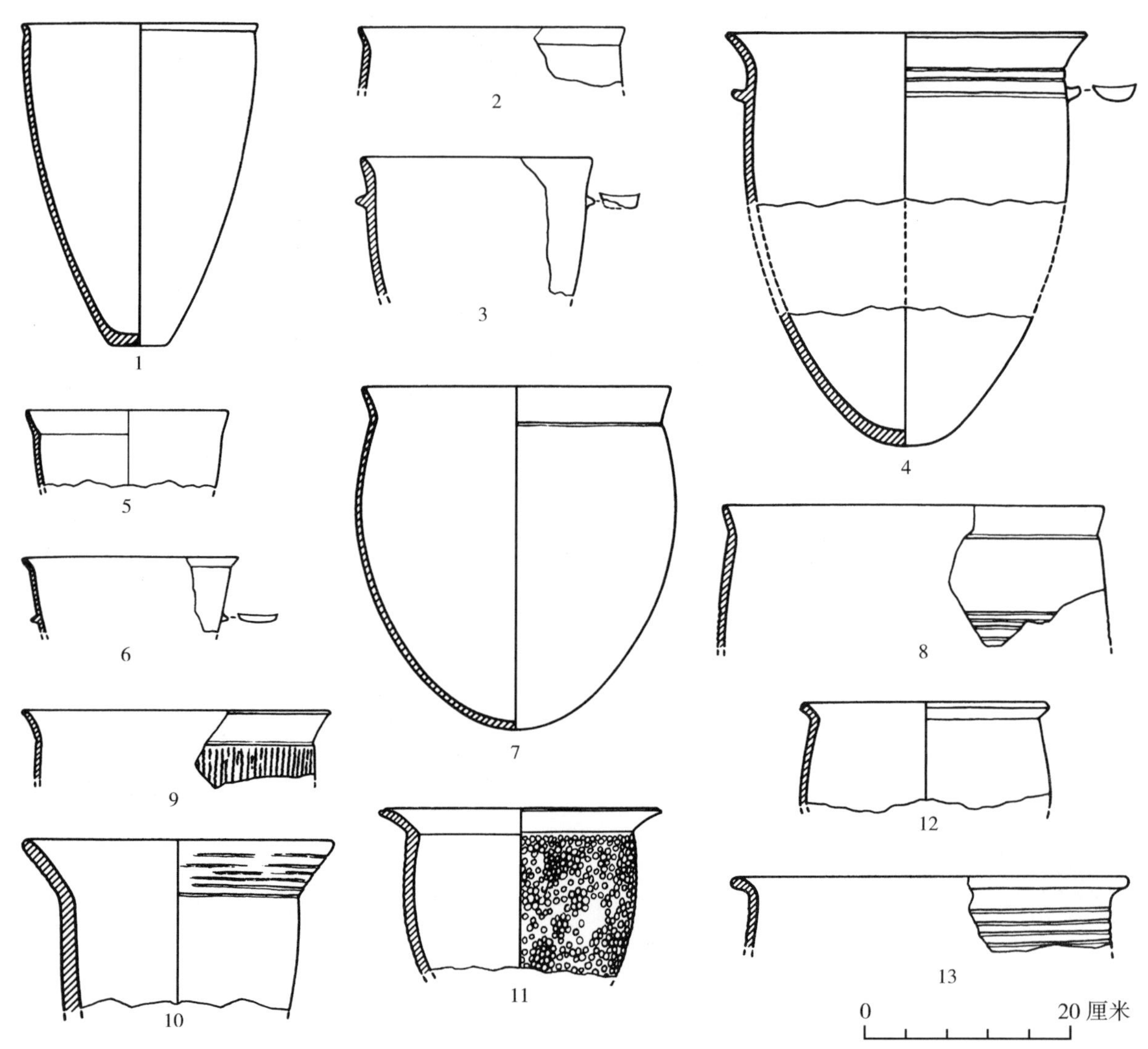

图 2-44　文化层和坑穴出土陶缸

1. A 型（H103：1）　2. A 型（H9：7）　3. A 型（T108②：7）　4. B 型（T103②：4）　5. B 型（T22②：13）　6. C 型（T116③：21）　7. B 型（T112③：5）　8. B 型（T108②：8）　9. B 型（T114②：11）　10. C 型（T112②：13）　11. C 型（T101②：7）　12. D 型（T116③：22）　13. D 型（T112②：14）

厘米（图 2-44，5）。

C 型　斜沿较窄或较宽，颈部以下器壁基本即斜收。T116③：21，夹砂红陶，胎灰色。窄翻沿，圆唇，深腹。上腹附长 4 厘米的新月形双鋬。口径 21 厘米（图 2-44，6）。T112②：13，夹砂红陶。外表有红陶衣。斜沿很宽，沿面微凸弧。沿外部有不整齐的凹弦纹。口径 30、胎厚 1.5 厘米（图 2-44，10）T101②：7，夹砂红陶，胎灰色。斜折宽沿，沿面微凸弧，圆唇上有两条凹槽。腹表满布由不规则浅槽形成的绿豆粒状凸纹。口径 27 厘米（图 2-44，11）。

D 型　大口，斜翻窄沿，上部器壁较竖直。T116③：22，夹砂红褐陶，内表红，胎灰色。方唇，沿面略凹弧。口径 24 厘米（图 2-44，12）。T112②：14，夹砂红陶。厚圆唇。有凹弦纹。口径 39 厘米（图 2-44，13）。

大口尊　数量较少。分为三型。

A 型　方唇，斜直矮领，窄折肩。T116③：2，夹粗砂白陶，胎白色。折肩以下腹壁斜直。有横竖行交叉、稀疏的粗线纹。口径 31.7、胎厚 1.5 厘米（图 2-45，1）。T111③：6，夹砂红陶（泛黄），胎浅灰。

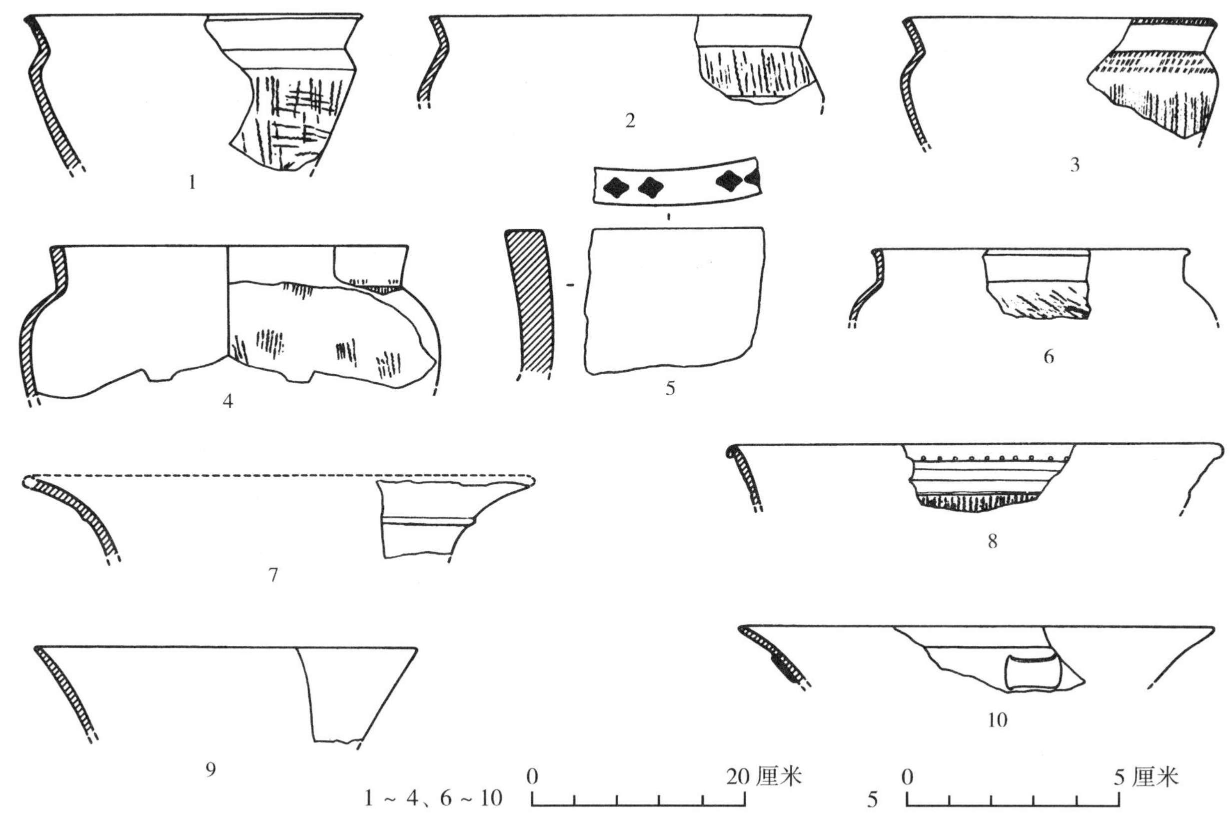

图2-45　文化层出土陶大口尊

1. A型（T116③:2）　2. A型（T111③:6）　3. B型（T4②:6）　4. B型（T117③:34）　5. B型（T114③:15）　6. B型（T117②:26）　7. C型（T116③:23）　8. C型（T117②:28）　9. C型（T22②:14）　10. C型（T117②:27）

肩部有模糊线纹。口径36厘米（图2-45，2）。

B型　方唇，斜直或竖直矮领，窄弧肩。T117③:34，夹粗砂白陶，胎白色。饰粗线纹，成块状散布，大部已经抹平，纹道浅显。口径34厘米（图2-45，4）。T114③:15，泥质白陶。仅有领部碎块，在宽0.9厘米的方唇面上饰棕黑彩圆角凹边菱形纹，现存两组四个。口径约25厘米（图2-45，5；彩版四，11）。T4②:6，夹砂白陶，胎白色。唇面和肩部施短条篦点戳印纹，斜行凹条整齐密排，条长0.7厘米，内有小凸线构成的一行方形篦点；上腹为稀疏、很浅的线纹。口径30.5厘米（图2-45，3；彩版四，17）。T117②:26，夹砂白陶，胎白色。外折窄平沿，圆唇。饰稀疏、浅显、斜行的粗线纹。口径30厘米（图2-45，6）。

C型　喇叭状口，圆唇。T116③:23，夹植物末红陶，胎灰褐。孔隙多。外表和口内侧涂较厚紫红衣。颈部器壁凹弧形。颈部有一凸脊。口径约48厘米（图2-45，7）。T117②:27，泥质红陶，内表红，胎灰白。外表施深红陶衣。现碎片附一扁宽桥形横耳，原当为双耳。口径46厘米（图2-45，10）。T22②:14，夹砂黑陶。颈部器壁略呈凹弧斜收。口径36厘米（图2-45，9）。T117②:28，夹砂红陶。外卷厚圆唇。饰小圆窝纹、凸弦纹、竖行较密细绳纹。口径46厘米（图2-45，8）。

器盖　现存标本多为盖钮部分。钮顶部敞口都有或深或浅的容积，未见封顶全实心钮或封顶空心钮。T110④:22，夹砂灰褐陶，胎红褐。钮颈有一周小窝纹。钮径3.8厘米（图2-46，3）。T116③:24，泥质红陶。钮顶边沿压出小窝纹。钮径4.8厘米（图2-46，2）。T115③:18，泥质灰陶。钮顶边沿压出椭圆形小窝纹，钮顶中心戳印一圆圈纹。钮径3.8厘米（图2-46，1）。T105②:15，泥质灰陶。钮顶边唇面上有小窝纹，侧视不显。钮径5厘米（图2-46，5）。T21②:2，泥质灰陶。盖面上部有一台阶状窄斜面。钮径5厘米（图2-46，6）。T113②:10，泥质深灰陶。钮顶边沿压小窝纹，钮颈对穿圆孔四个在中心相

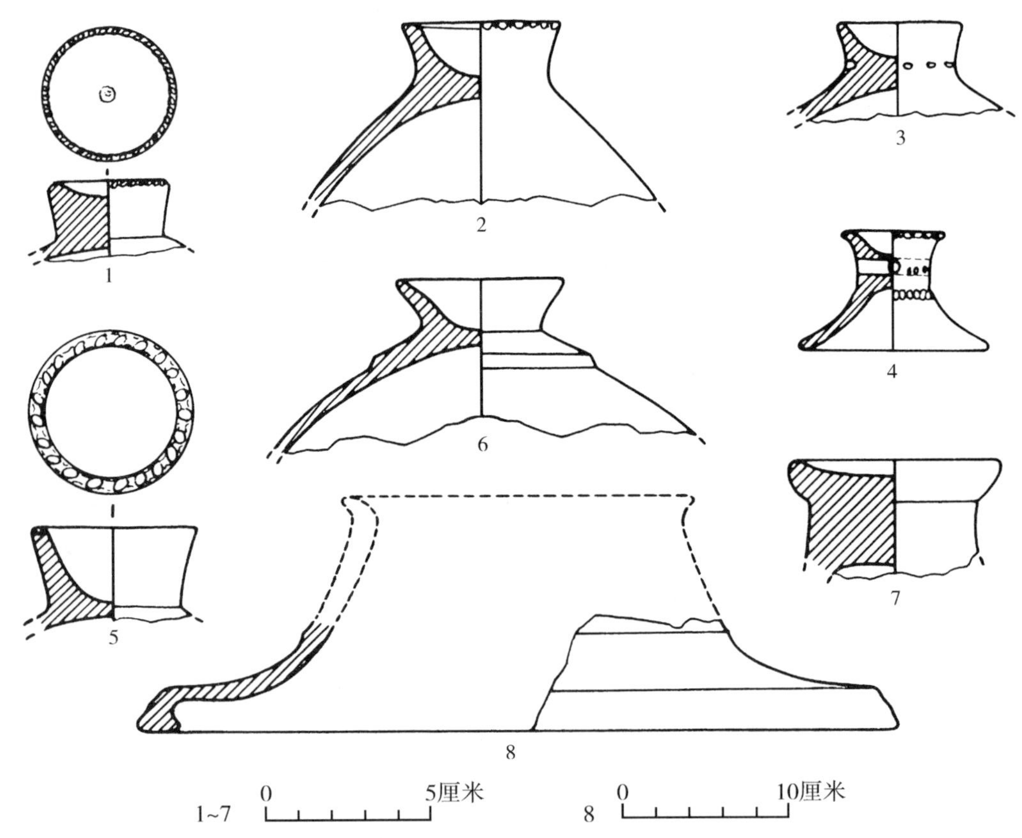

图2－46　文化层出土陶器盖、器座

1～7. 器盖：1. T115③:18　2. T116③:24　3. T110④:22　4. T113②:10　5. T105②:15　6. T21②:2　7. T111②:4　8. 器座（T117②:29）

通，孔间有小窝纹，盖面上部有椭圆形小窝纹。高3.6、口径5.8厘米（图2－46，4）。T111②:4，夹砂红褐陶。钮顶面浅凹，周边翘突，下连一段实心钮柱，似螺钉头状。钮径6.4厘米（图2－46，7）。

大器座（?）　T117②:29，可能为大型器座。夹植物红陶。外表及口部里侧施红衣。胎多孔隙，质较轻。凹弧壁，下部外撇斜折形成台座，底缘较宽并内钩。有一周凸弦纹。口径46、胎厚1.5厘米（图2－46，8）。

二　石、陶质工具

（一）石器

残破的较多。其中有刃类工具47件，均经不同程度磨制而成，很少数的穿孔，器形有穿孔斧、斧、锛、有段锛、凿和穿孔刀。其他还有砺石、搓磨石、圆石饼、棒形器和石锤。

穿孔石斧　5件。内仅第3层的1件完整，余者残破都属第2层。分为三式。

Ⅰ式：1件（T112③:6）。灰黑色变凝灰岩，摩氏硬度4°～5°。磨光。小型宽梯形，体较厚，两侧面圆弧，刃缘钝厚经使用。孔大偏居下部，可能是较大穿孔石斧残断后的改制品。长5.9、宽6、厚0.9厘米（图2－47，1；图版一〇，10）。

Ⅱ式：2件。均残。宽梯形，两侧面圆弧。T110②:6，暗绿色角闪片岩，硬度6°。两面有对称刃脊，孔偏左边。宽7.7、厚1.2厘米（图2－47，2）。

Ⅲ式：2件。均残。近长方形，两侧面齐平。T108②:3，灰黑色变质凝灰岩，硬度4°～5°。背面较弧，正面平，孔居中部。宽6.2、厚1.3厘米（图2－47，3）。

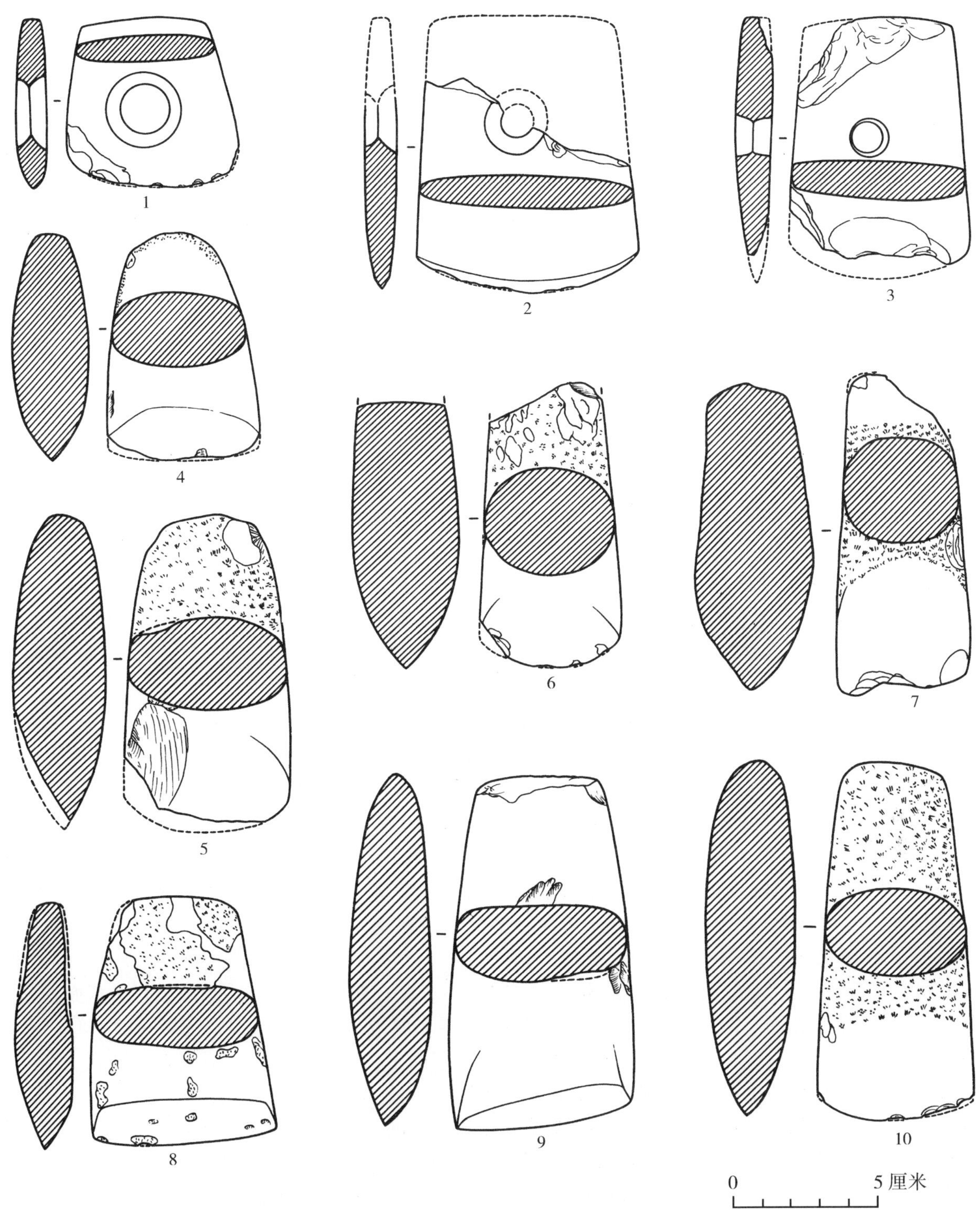

图2-47　文化层出土穿孔石斧、石斧

1～3. 穿孔石斧：1. Ⅰ式（T112③:6）　2. Ⅱ式（T110②:6）　3. Ⅲ式（T108②:3）
4～10. 石斧：4. B型Ⅲ式（T104②:1）　5. B型Ⅲ式（T116②:1）　6. B型Ⅰ式（T108②:1）　7. B型Ⅰ式（T21②:1）　8. B型Ⅳ式（T4②:3）　9. B型Ⅳ式（T7②:4）　10. B型Ⅱ式（T7②:5）

石斧 14件（内9件残）。均出于第2层。以长7.6～15厘米定为中型B，小于和大于此标准者分别为小型C和大型A。石锛也同此。现石斧标本全系B型。分为四式。

BⅠ式：2件。均残。灰黑色辉长岩，硬度6°～7°。近圆柱体。器身一段存密集的琢制痕，重点磨光刃面。T108②:1，两面左右侧磨出小段刃脊，刃缘多残损。残长10、宽5、厚3.7厘米（图2－47，6）。T21②:1，器身中部以上横剖面近圆形，刃部上段加宽变厚其两侧有宽的平面，两面无刃脊，刃缘全缺损。中腰向里微凹弧，密布琢制痕，当与安柄有关。残长11.2、宽4.7、厚4.1厘米（图2－47，7）。

BⅡ式：1件（T7②:5）。深灰色细碧岩，硬度6°～7°。仅在刃部磨光，余者器身全留琢痕。长梯形，弧顶，横剖面椭圆形，两面刃部对称缓收，刃缘稍缺损。长12.6、宽5.5、厚3.2厘米（图2－47，10；图版一〇，1）。

BⅢ式：5件（内4件残）。梯形，横剖面椭圆形。T104②:1，深灰绿色细碧岩，硬度6°～7°。两面略显刃脊，刃缘多缺损。长8、宽5.3、厚2.7厘米（图2－47，4）。T116②:1，灰绿色细碧岩，硬度6°～7°。上半段正背面、两侧面和顶面满是琢痕。两面刃角处有小段刃脊，刃缘缺损。残长10.7、宽6、厚3.2厘米（图2－47，5）。

BⅣ式：6件（内3件残）。梯形，背面拱弧，正面略平，两侧面圆弧，两面刃部不对称。T7②:4，深灰色细碧岩，硬度6°～7°。正面有横刃脊。两面顶边剥落碎片。长12.4、宽6.4、厚2.8厘米（图2－47，9；图版一〇，2）T4②:3，灰黑色辉长岩，硬度6°～7°。正面有横刃脊，刃缘较锋利。两面上部蚀变剥落碎片较多。长8.6、宽6.4、厚2.1厘米（图2－47，8）。

石锛 14件（内3件残）。出于第3层1件（CⅣ式），余皆第2层。分为中（B）、小（C）二型。

B型　2件（内1件残）。T7②:3，深灰色细碧岩，硬度6°～7°。梯形，体较薄，背面稍弧，正面平，两侧面略弧，正面有横刃脊，刃缘稍磨损，长12.6、宽6.7、厚1.7厘米（图2－48，1；图版一〇，4）。

C型　12件。分八式。

CⅠ式：1件（T118②:3）。灰绿色细碧岩，硬度6°～7°。宽梯形，背面凸弧，正面较平，背面刃部缓收，正面刃部陡收无刃脊。两面局部有剥落。长4.4、宽4.8、厚1.3厘米（图2－48，7）。

CⅡ式：1件（T102②:1）。残。灰黑色板岩夹凝灰质砂岩，硬度3°～4°。梯形，较薄，背面弧，正面较平，正面有刃脊。两顶角和刃缘均缺损。残长7、宽5.1、厚1.3厘米（图2－48，6）。

CⅢ式：2件。长方形，扁薄。T118②:2，灰黑色凝灰岩，硬度4°～5°。背面弧，正面平，未磨光较粗糙，两侧面齐平，背面有半圆弧形刃脊，正面为横条刃脊。长4.3、宽3.3、厚0.9厘米（图2－48，5）。T1②:2，灰绿色细碧岩，硬度6～7°。正面未磨光平较粗糙，局部剥落碎屑，有横条刃脊。长4.1、宽3.1、厚0.8厘米（图2－48，4）。

CⅣ式：3件（内1件残）。长方形，体厚。T114③:4，灰白色细晶岩，硬度5°～6°。背面拱弧，正面平，两侧面齐平，正面有凹弧刃脊。长6.6、宽4.5、厚2厘米（图2－48，2；图版一〇，8）。T31②:1，灰绿色硅化凝灰砂质板岩，硬度6°～7°。背面拱弧，正面平，一面有刃脊，斜直刃缘锋利。左下方有短竖条浅槽，为剖割石材的痕迹。长6.9、宽4.8、厚2.1厘米（图2－48，3；图版一〇，9）。

CⅤ式：1件（T102②:2）。灰绿色千枚状凝灰质砂岩，硬度4°～5°。磨制光滑。宽长方形，体厚，背面隆起无脊，正面较平，一面有横刃脊，刃缘锋利。长3.6、宽2.5、厚1.5厘米（图2－48，8）。

CⅥ式：2件。长方形，体厚，背面稍弧，正面平，一面有横刃脊。T1②:4，灰白色石英岩（蚀变硅质岩?），硬度7°。磨制滑润。右半部比左半部为厚，斜刃缘。长4.9、宽3、1.6厘米（图2－48，10）。T7②:2，长4.2、宽2.3、厚1厘米（图2－48，9）。

CⅦ式：1件（T104②:8）。灰白色变凝灰质砂岩，硬度4°。窄长方形，厚体，背面稍弧，正面平，有一横刃脊，刃缘略磨损。长5.4、宽2.4、厚1.6厘米（图2－48，11）。

CⅧ式：1件（T7②:1）。深灰绿色细碧岩，硬度7°，磨光，唯顶面未磨平存留敲击糙面。近方形，扁平，上部两侧有凹弧口形成窄斜肩，正面有横刃脊，刃缘钝厚。长6.9、宽7、厚1.6厘米（图2－48，12；图版一〇，3）。

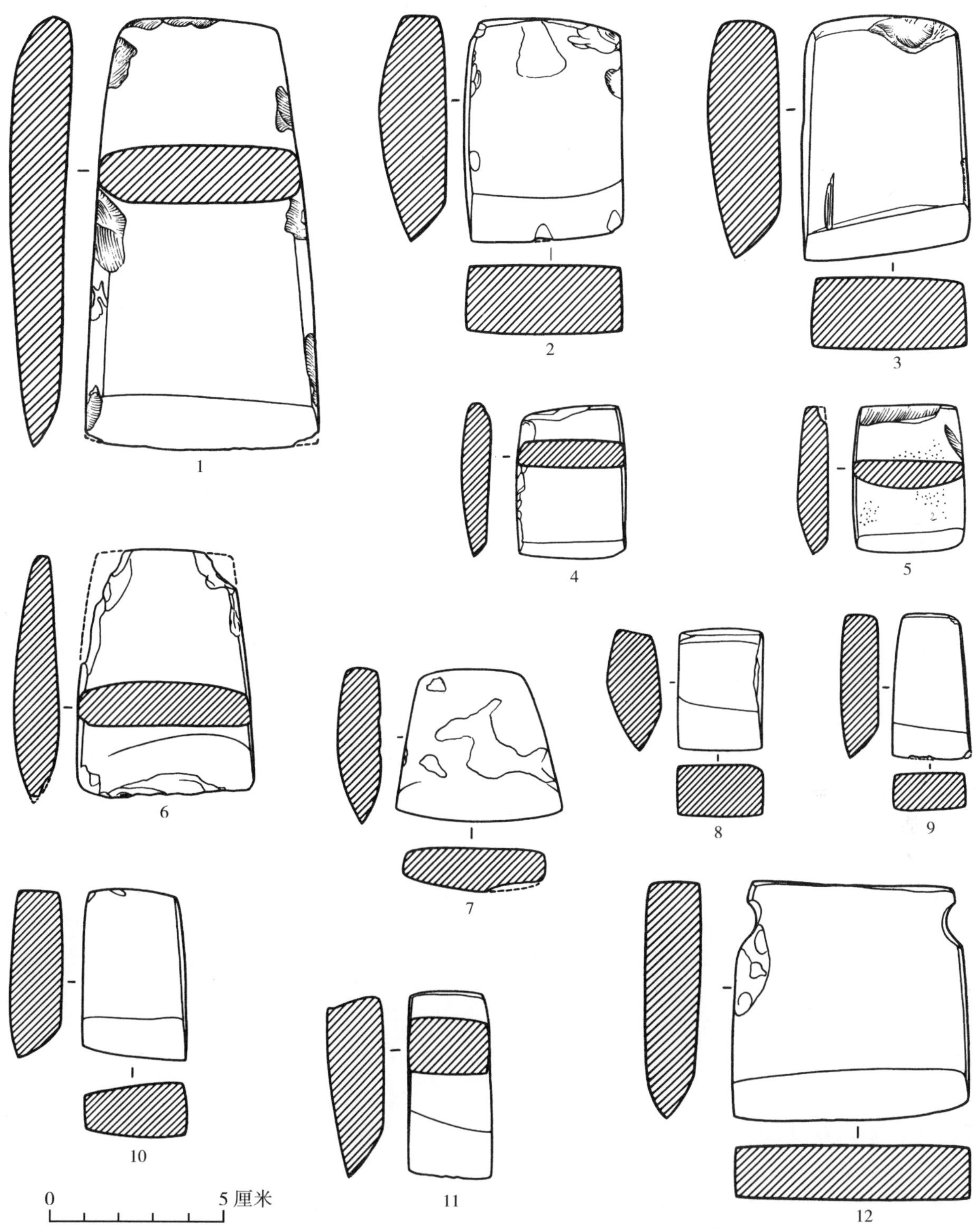

图2－48　文化层出土石锛

1. B型（T7②:3）　2. C型Ⅳ式（T114③:4）　3. C型Ⅳ式（T31②:1）　4. C型Ⅲ式（T1②:2）　5. C型Ⅲ式（T118②:2）　6. C型Ⅱ式（T102②:1）　7. C型Ⅰ式（T118②:3）　8. C型Ⅴ式（T102②:2）　9. C型Ⅵ式（T7②:2）　10. C型Ⅵ式（T1②:4）　11. C型Ⅶ式（T104②:8）　12. C型Ⅷ式（T7②:1）

有段石锛 7件（内3件残）。出于第4层1件，第3层2件，余者第2层。分为五式。

Ⅰ式：2件。均残。窄长方形，形体较大。T117④:16，灰绿色板岩，硬度3°~4°。器形特大。背面中部有一横脊，正面齐平，正面比背面稍窄，一面刃部有双刃脊。左顶角和刃缘均缺损。背面右侧缘横脊下方，刻有一大凹口，似原拟割断残锛再作利用。残长20.6、宽8.9、厚2.3厘米（图2-49，1）。T104②:12，灰紫色灰绿色板岩，硬度3°。磨光，棱角分明。背面偏下部隆起并有一横脊，正面刃部已无存估计原当有横刃脊。背面中部有三条竖刻道。此残锛已破为两段，颜色上段深、下段浅相差很大，现两段能相拼接合缝。残长14.8、宽5.6、厚2.1厘米（图2-49，2）。

Ⅱ式：1件（T104②:10）。残。灰绿色板岩，硬度3°。长方形，一面中部偏下隆起并有横脊，两面均有凹弧形刃脊。长8.4、宽5.1、厚1.8厘米（图2-49，6）。

Ⅲ式：2件。磨制光滑。近方形，背面隆起并有一横脊。T115③:1，灰黑色变凝灰质砂岩，硬度4°。背面横脊偏在下部，正面平整有横刃脊，刃缘锋利。长3.9、宽4、厚1.2厘米（图2-49，3；图版一〇，7）。T15②:3，灰绿或灰白色条带状硅质岩，硬度7°。背面中部有一横脊，正面有刃脊，刃缘较锋利。长3、宽3.2、厚0.9厘米（图2-49，4）。

Ⅳ式：1件（T110③:13）。灰绿色变凝灰质砂岩，硬度4°~5°。长梯形，体较厚，背面上部隆起并有一横脊，正面微弧，刃部有刃脊，刃缘多缺损。残长6.5、宽3.7、厚2厘米（图2-49，7；图版一〇，6）。

Ⅴ式：1件（T106②:8）。灰黑色板岩，硬度3°。窄长方形，背面上部隆起并有一横脊，正面平下部有斜直刃脊，刃缘锋利。正面右边上下有浅槽，为原来剖割痕迹。右侧面有条长约4.5、宽0.6厘米的自然凹槽，槽中为石皮糙面。长6.4、宽3、厚1.5厘米（图2-49，5；图版一〇，5）。

石凿 5件。皆残。均第2层。分三型。

A型 1件（T117②:4）。灰绿色变凝灰质砂岩，硬度5°~6°。大型，粗厚方柱体。上部和刃部均缺损，仅在左刃角处微损已接近原刃缘。残长10.2、宽4.3、厚3.9厘米（图2-50，3）。

B型 2件。中型。横剖面呈宽长方形。T4②:4，灰黑色变凝灰质砂岩，硬度4°。在平整的三面和顶面密布长、短条浅细道，一面平整仍为破裂面。可能是残破石凿的旧料，已进行粗磨，拟再改制成器。残长13.4、宽3.1、厚2.6厘米（图2-50，1）。

C型 2件。小型。T110②:5，灰黑色石英岩，硬度7°。背面拱弧，其一侧为坡面，与另一侧不对称，正面齐平，略显凹弧形的刃脊。左顶角缺失。长6.6、宽2.6、厚2.2厘米（图2-50，2）。

穿孔石刀 2件。均残。窄身厚体。T117②:17，深灰绿色细碧岩，硬度6°~7°。顶缘平直，侧缘微凸弧，侧面有齐平面，中部残存三孔，右刃角缺，刃缘全磨损变得钝厚。残长8.4、宽5.3、厚1.2厘米（图2-50，4）。T110②:4，灰绿色细碧岩，硬度6°~7°。顶缘凸弧，侧缘稍凹弧，侧面中间起尖棱，残存一孔。残长5.1、宽5、宽1.1厘米（图2-50，5）。

砺石 发现小型的或碎块较多，现记述器形大、使用痕迹多的5件。T15②:12，紫红色变凝灰质砂岩，硬度6°。两面磨成较深凹面，正面尤甚，一凹弧形边缘的侧面也经长期使用磨平。斜长25.6、厚5.2厘米（图2-51，4）。T105②:24，平面近长梯形，正背两面均磨成浅盘状凹面，正面三边有少量浅显的小磨槽，其中沿直长边处有三小块略凹弧的磨面，另一凹弧长边缘的一端小段侧面也经磨光成凹弧面。长18.4、厚6.5厘米（图2-51，5）。T14②:4，平面近方形，一面砥磨的面积较大较完整，局部还有砸击东西后留下的麻点状小凹坑；另一面的砥磨面分成数块，其中一块上有较多浅显细条的砥磨沟槽。还有一竖直侧面和相邻的一较宽斜坡侧面也经使用磨光。斜长23、厚8.6厘米（图2-51，1）。T105②:23，两面都经使用，主要使用正面，其表面和三边基本都磨光，沿边有较多长短不一的砥磨沟槽，在边缘形成凹弧口，大部很浅较细，两条长槽较为宽深。长17.4、厚4.5厘米（图2-51，2）。T117②:20，全形如熨斗状，下部有一台座，其底面平整不作砥磨面使用；台座的一边较光平，余者为破裂面。上部有二十余条深浅、长短不一的砥磨沟槽，槽口宽底窄，槽底凹弧或钝尖的都有，沟槽多数深1厘米左右，沟槽间都是磨光面。主要可能用于磨光小型石器的边缘连同侧面，也可磨制玉玦、璜等。长15、底座宽7、高8.5厘米（图2-51，3；图版一〇，12）。

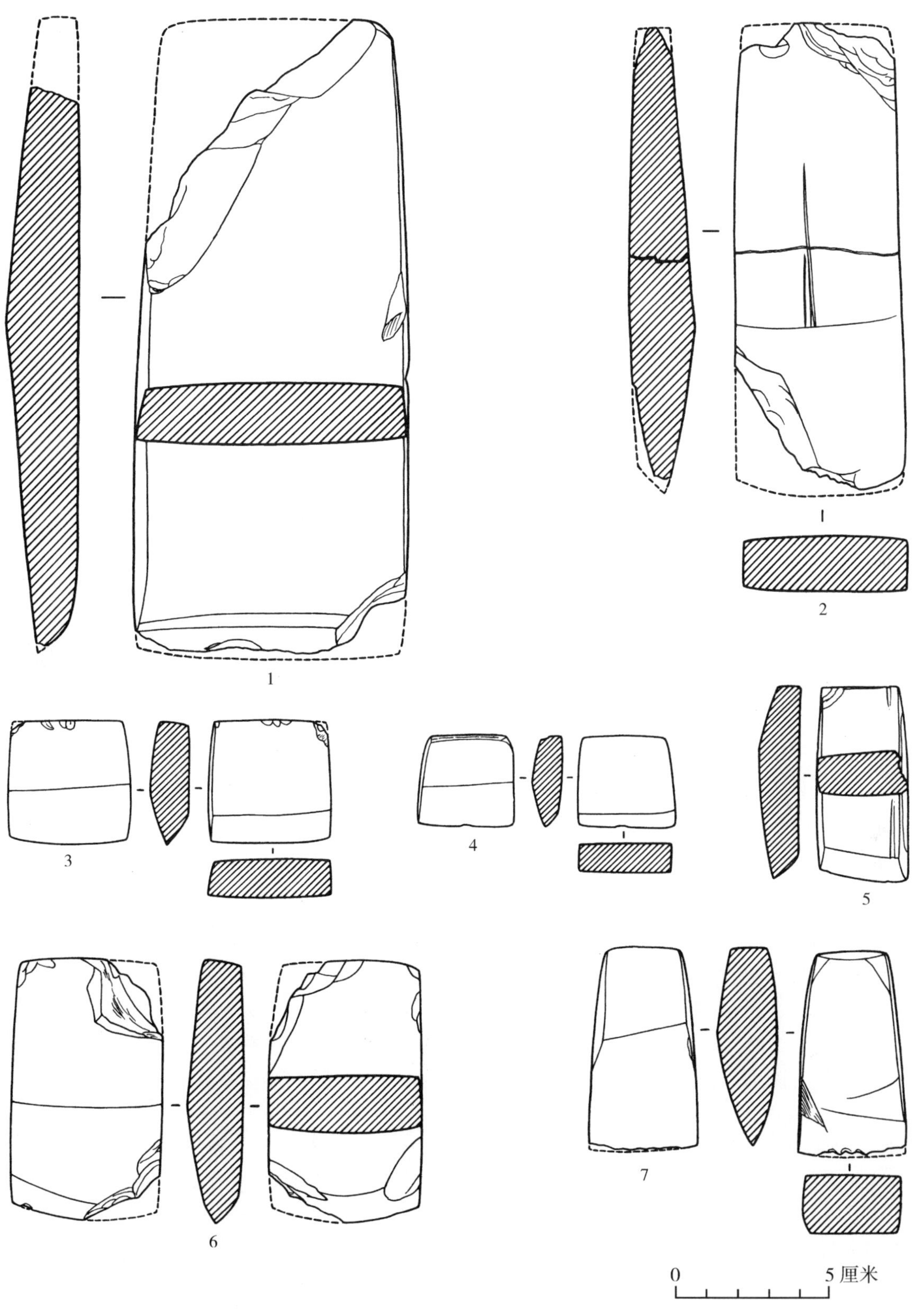

图2－49　文化层出土有段石锛

1. Ⅰ式（T117④：16）　2. Ⅰ式（T104②：12）　3. Ⅲ式（T115③：1）　4. Ⅲ式（T15②：3）
5. Ⅴ式（T106②：8）　6. Ⅱ式（T104②：10）　7. Ⅳ式（T110③：13）

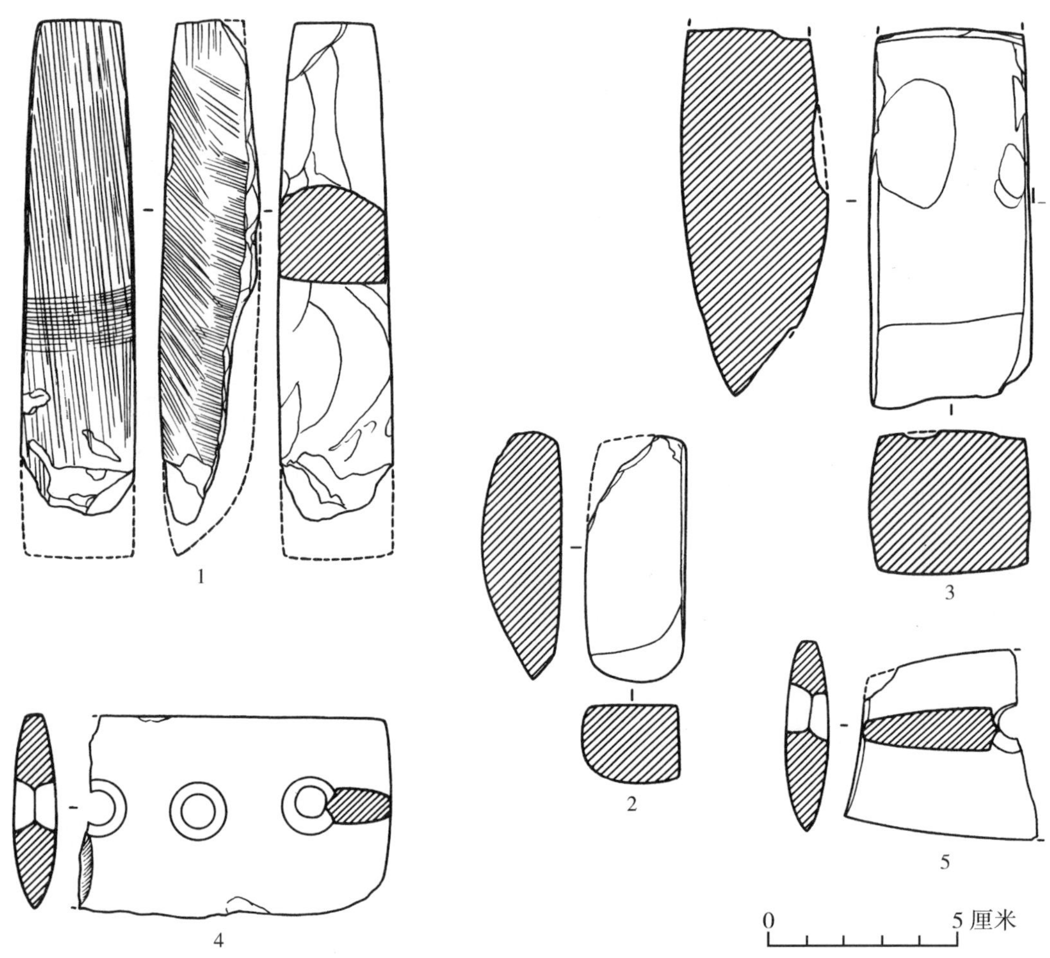

图 2－50　文化层出土石凿、穿孔石刀

1～3. 石凿：1. B 型（T4②:4）　2. C 型（T110②:5）　3. A 型（T117②:4）

4、5. 穿孔石刀：4. T117②:17　5. T110②:4

搓磨石　石质硬，含很多大小孔隙，表面一般无尖锐棱角，周边经磨过比较圆钝，有的即磨成圆弧侧面，形状规则或不规则的都有。在墓葬中屡有发现。地层中有少量出土。T117②:39，扁薄窄长方形，周边都圆钝。长 7.5、宽 3.6、厚 0.8 厘米（图 2－52，2）。T104②:43，扁平椭圆形，周边为圆弧面。长 10.5、宽 5.1、厚 1.5 厘米（图 2－52，1）。T106②:23，孔隙较大，体较厚，上边断缺，另三边侧面圆弧。残长 6.3、宽 6.1、厚 2.3 厘米（图 2－52，4）。T105②:22，上部断缺，其他三边磨成圆弧。残长 7.2、宽 5.6、厚 2.1 厘米（图 2－52，3）。

圆石饼　2 件。T117③:8，灰黑色变凝灰质石英砂岩，硬度 5°～6°。两面和周边均磨平整。直径 6.5、厚 1 厘米（图 2－52，8）。T15②:49，磨制。石质稍轻，内含细小孔隙。一面钻一个圆窝。直径 6.7、厚 1.4 厘米（图 2－52，9）。

石棒形器　1 件（T104③:6）。灰绿色板岩，硬度 3°。近长方柱体。正面为磨光凸弧面，刻出斜行凹槽，两边缘起凸棱并刻有小凹口；背面和一侧面为不规整的破裂面和留有麻点的粗糙面，另一侧面为齐平面，上满布麻点状小凹坑；两端为齐平的破裂面。长 15、宽 3.8、厚 3 厘米（图 2－52，5）。

石锤　2 件。均利用自然卵石。H9:8，灰绿色砂岩。近三角形，两尖端经砸击使用，掉落碎屑成麻点状，下端较多。长 10.5、宽 6.5、厚 3.4 厘米（图 2－52，7；图版一○，11）。T104②:44，圆头端面有敲击东西后留下的小麻点。残长 8、宽 4.2、厚 3.8 厘米（图 2－52，6）。

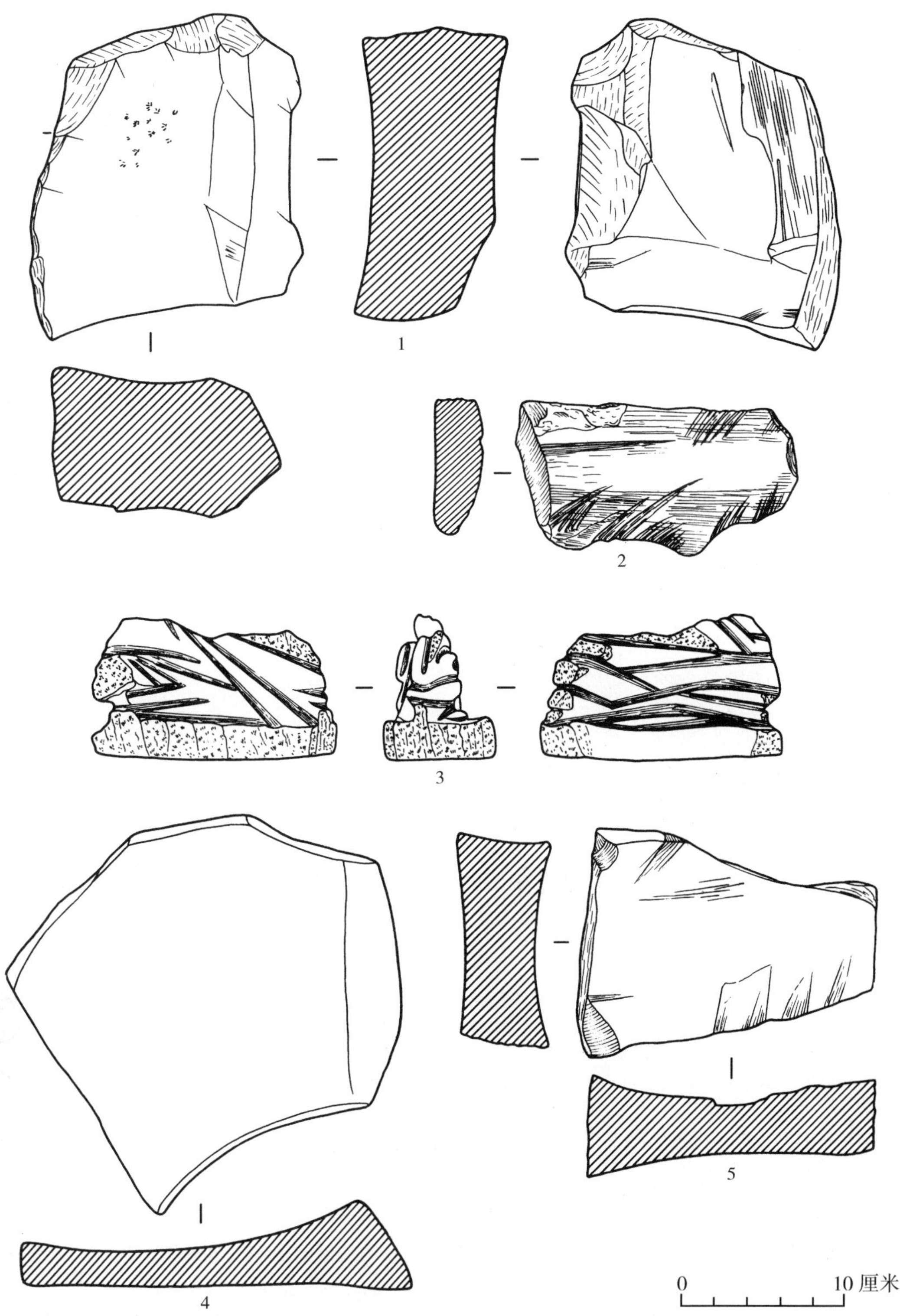

图 2－51　文化层出土砺石

1. T14②: 4　2. T105②23　3. T117②: 20　4. T15②: 12　5. T105②: 24

（二）陶器

主要是纺轮，另包括有暂不明用途的个别器类。

陶纺轮　15 件（内 4 件残）。7 件的一面有纹。出于第 3 层的 2 件，余皆第 2 层。直径 5 厘米以上者

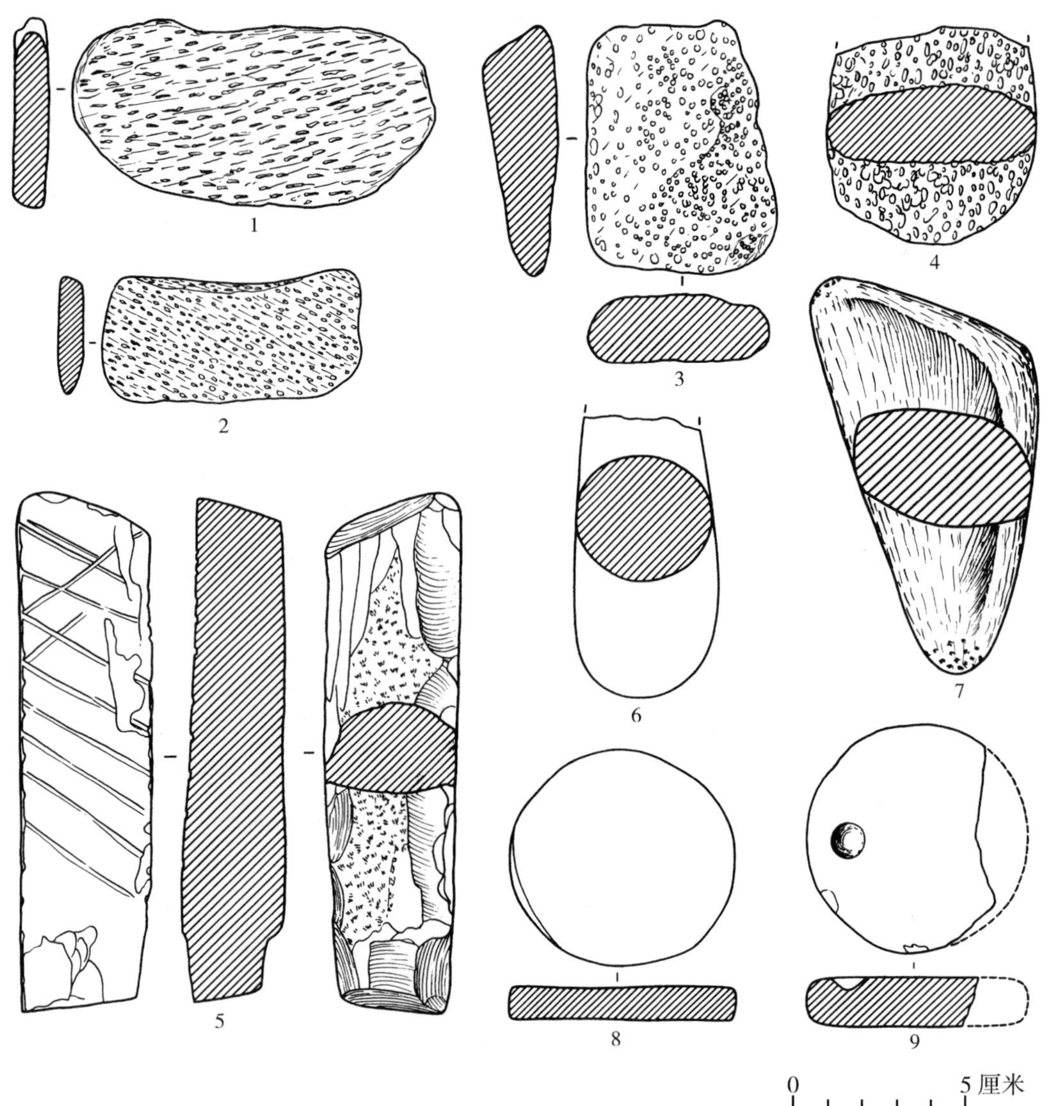

图 2－52 文化层和坑穴出土石器

1～4. 搓磨石：1. T104②：43 2. T117②：39 3. T105②：22 4. T106②：23 5. 棒形器（T104③：6）
6、7. 石锤：6. T104②：44 7. H9：8 8、9. 圆石饼：8. T117③：8 9. T15②：49

为较大型 A，4.9 厘米及以下者为较小型 B。两型内以周边特征统一分式。

A 型 8 件。较大型。分四式。

AⅠ式：3 件。周边齐直。2 件有纹。T22②：1，泥质红陶。中心刻划一周宽道圆圈连接花瓣纹（刻纹有破损），外围又刻划两周不甚规整的细道圆圈。直径 5.3、厚 1.3 厘米（图 2－53，2）。T108②：6，夹细砂红褐陶。戳印窝点连线排成"十"字形。直径 5、厚 1.2 厘米（图 2－53，1）。

AⅡ式：2 件（内 1 件残）。周边斜坡，两面直径分大小。T2②：3，夹细砂红褐陶。直径 5.1、厚 1.3 厘米（图 2－53，3）。

AⅣ式：2 件。周边居中有条脊棱，两面直径等大。均有螺旋划纹。T110②：8，泥质红陶。一面刻划螺旋纹。直径 5.5、厚 1.6 厘米（图 2－53，4）。

AⅤ式：1 件（T2②：1）。夹细砂灰陶。周边有脊棱，两面直径分大小。小径的一面明显凹弧。直径 5.1、厚 1.7 厘米（图 2－53，5）。

B 型 7 件。较小型。分三式。

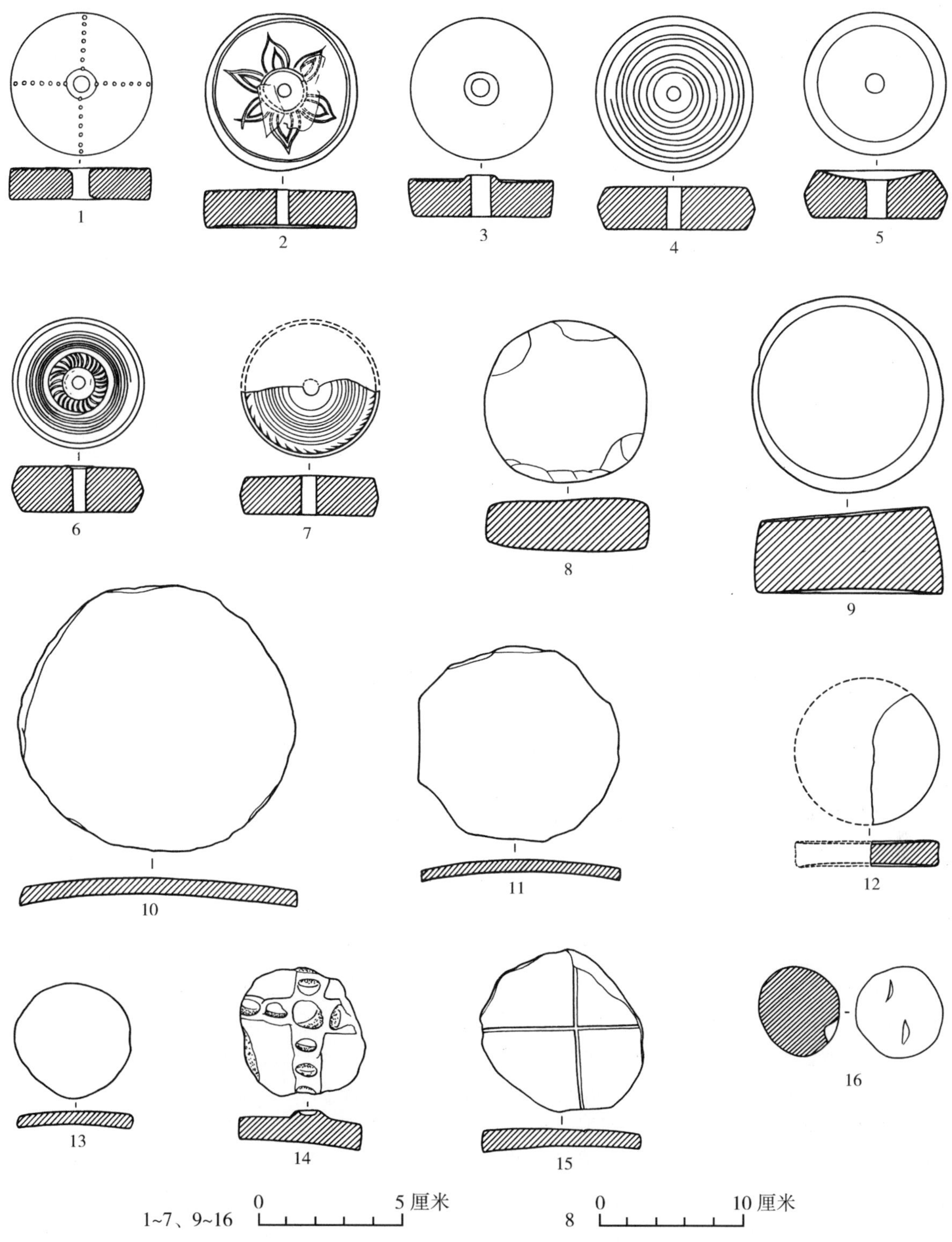

图 2－53　文化层出土陶器

1～7. 陶纺轮：1. A 型Ⅰ式（T108②:6）　2. A 型Ⅰ式（T22②:1）　3. A 型Ⅱ式（T2②:3）　4. A 型Ⅳ式（T110②:8）　5. A 型Ⅴ式（T2②:1）　6. B 型Ⅲ式（T103②:6）　7. B 型Ⅳ式（T111③:8）　8. 烧土饼（T13②:9）　9、12. 圆陶饼：9. T115③:3　12. T112③:23　10、11、13～15. 圆陶片：10. T109②13　11. T105③:25　13. T101③:11　14. T22②:16　15. T116③:34　16. 陶球（T15③:6）

BⅠ式：3件（内2件残）。周边竖直。均素面。H103∶3，残。泥质灰陶。直径4、厚1.3厘米。

BⅢ式：2件。周边圆弧。均有纹。T103②∶6，夹细砂灰陶。沿孔边一周压印短弧线成涡轮状回旋。外围细密螺旋划纹。直径4.6、厚1.5厘米（图2－53，6）。另一件刻划螺旋纹。

BⅣ式：2件（内1件残）。周边居中有脊棱。一件有纹。T111③∶8，泥质红陶。一面有螺旋划纹和斜行短划纹。直径4.7、厚1.3厘米（图2－53，7）。

圆陶饼和烧土饼 3件。T112②∶23，残。细砂红陶。复原直径10.2、厚1.7厘米（图2－53，12）。T115③∶3，泥质红陶，火候稍低。表面较粗糙，两面直径不等大，半边较厚，半边较薄。直径6.8、厚3厘米（图2－53，9）。T13②∶9，泥质红烧土饼，尚未烧成陶质。表面较粗糙，边缘剥落碎块。直径11.5、厚3.6厘米（图2－53，8）。

圆陶片 50多片。利用泥质或夹砂陶片，打成圆形，大部分周边经不同程度磨过，很少数的将一周全磨成圆弧边使形状较规整。直径最大9.7厘米、最小3.4厘米，多数在4～5厘米。T109②∶13，夹砂红陶。周边稍经磨过。直径9.7厘米（图2－53，10）。T105③∶25，泥质红陶。周边仅打全未磨。直径7.1厘米（图2－53，11）。T116③∶34，泥质红陶。周边稍磨，背面划“十”字形沟槽。直径6.2厘米（图2－53，15）。T101③∶11，夹砂红褐陶。周边全磨成整齐弧边。直径4厘米（图2－53，13）。T22②∶16，夹砂红陶。周边局部磨过。“十”字形泥条上用手指捺窝，窝内尚留指甲印痕。直径4.9厘米（图2－53，14）。

陶球 1件（T15③∶6）。泥质灰红陶。实心，不甚整圆，有两个长约0.9厘米的长条形戳窝。直径3.2厘米（图2－53，16）。

三 玉石装饰品

玉玦 2件。T5②∶1，暗黄色，冻石，硬度3°。直径小，体厚，不甚整圆。直径1.7～1.8、厚0.7厘米，重3.3克（图2－54，2；彩版六，3）。T4②∶1，残半。雪白色，石英，硬度6°。中等径，较厚。残断后两端均经磨齐直，在一角斜对钻出两小窝尚未成孔，可能为改制成坠饰。直径3.8、厚0.55厘米，重6.1克（图2－54，1）。

玉璜 3件。T114②∶1，残。雪白色，石英，硬度6°。长环形，体中厚略窄，剖面椭圆形，端部较薄略宽。残长7.1、宽1.4、厚0.8厘米，重13克（图2－54，5）。T106②∶7，残。灰色带黑色斑纹，冻石，硬度3°。分做两节，中间以线类穿孔绑接，合成整件小型半圆形璜。类似做工详见M142∶1、M49∶3等璜的细部。此件为半成品，尖端处在平面与顶面间斜向钻孔，未透；方端处在上下缘刻暗槽，旁再钻暗孔未透。一节长3.8、宽1.2、厚0.55厘米，重6克（图2－54，3）。T14②∶3，绿色稍泛灰，冻石，硬度3°。先分做两节，在相衔接的两端，分别在上下缘刻暗槽，又在旁钻暗孔；左右端两面对钻透孔；一端的顶面还有一个未透的小眼，原来可能拟在一面与顶面间斜向钻孔，后改变作法，以两面透孔完成。中部对接处以线绳穿连后，整体玉璜呈双凹弧折波形。内缘（上缘）凸弧面较薄，外缘（下缘）为较厚齐平面。整长7.8、宽0.8～1.4、厚0.5厘米，重14.5克（图2－54，4；彩版六，5）。

扁石珠 1件（T108②∶5）。灰白色夹灰色斑纹，冻石，硬度3°。扁平圆角长方形，由两端对钻小圆孔。长2.1、宽1.6、厚0.7厘米，重4.5克（图2－54，6）。

四 动物、植物遗存

探方地层出土的兽骨，主要是牛、梅花鹿，其次是亚洲象和家猪，其他还有很少或属个别的麂、狗、獐、龟、鳖、鱼。均集中出于相邻三个探方T12、13、15的第2、3层，它们占探方地层兽骨总量的近94%。其他若干探方诸层次中分散分布着少量兽骨，仅占探方地层兽骨总量的6%强。

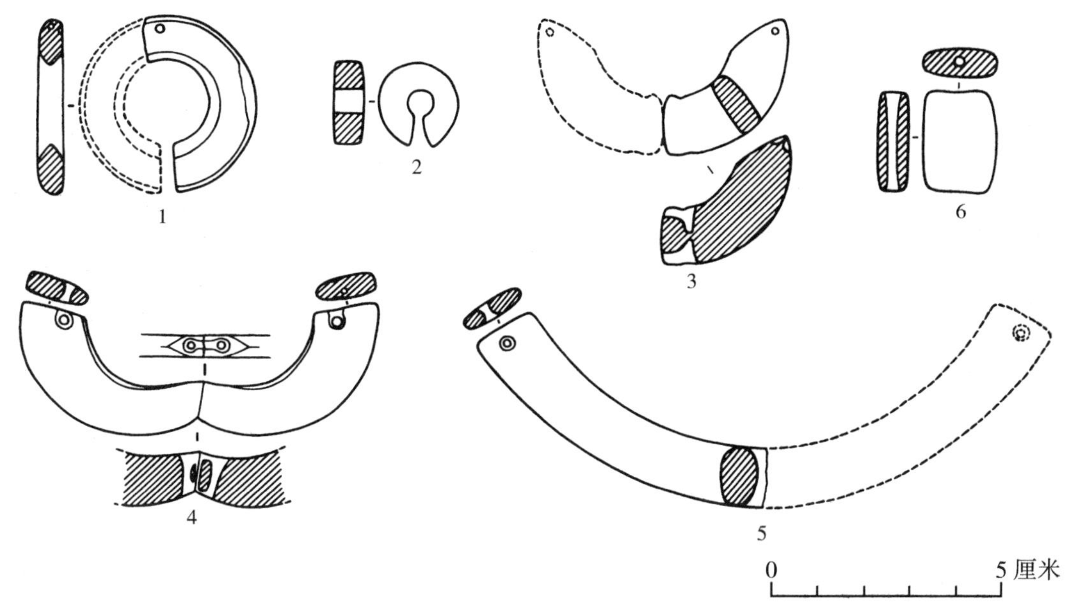

图2－54　文化层出土玉（石）玦、璜、石珠

1、2. 玦：1. T4②:1　2. T5②:1　3～5. 璜：3. T106②:7　4. T14②:3　5. T114②:1　6. 石珠（T108②:5）

坑穴中普遍出土兽骨，总量并不很多，主要有亚洲象、梅花鹿、牛、家猪，其他还有极少的狗、麂、龟、鳖和鱼。除较残碎的外，突出的现象是在一些坑穴中出有较完整的大件骨骼，例如象下颌骨、牛头骨、猪头骨、梅花鹿主枝和眉枝相连的长角等等，系有意埋放动物骨骼的一类遗存。

桃核　1枚，出于T15第2层，在与T12、13相连的陶片、兽骨和蚌壳形成的小层集中分布范围之内。

第四节　探方耕土层和遗址采集遗物

现从探方耕土层遗物和采集品中，选择较新颖的标本，按类不分式叙述，以作遗址内涵的补充。

一　陶器生活用具

小碟　1件（T8①:2）。夹砂红褐陶。胎壁厚。敞口，斜弧腹，圜底。底部压划六条浅宽短道，各长约1.8厘米。高5、口径9.1、胎厚0.9厘米（图2－55，2）。

簋形器　1件（采集HS:052）。泥质黑陶，胎红色。斜折沿，沿面凹弧，折腹，矮圈足外撇。腹壁饰宽凹弦纹、椭圆形小窝纹，沿面有斜划短条纹。底缘稍磨损。高9、口径17.2、底径10.7厘米（图2－55，3）。

豆　1件（T8①:1）。泥质灰陶。窄折敛口，斜弧腹。直筒状圈足上共镂孔九个，二圆孔与一椭圆孔相间排列。高7.5、口径12.5、底径7.8厘米（图2－55，1）。

觚形杯　1件（T114①:21）。残底。泥质黑陶。横戳五个圆圈，以圆圈为基点，四边刻出填以窝点的旋转状叶形纹，还有凹弦纹和窝点连线纹。底面浅刻一个五角星形符号。底缘磨损较重。底径8.7厘米（图2－55，4）。

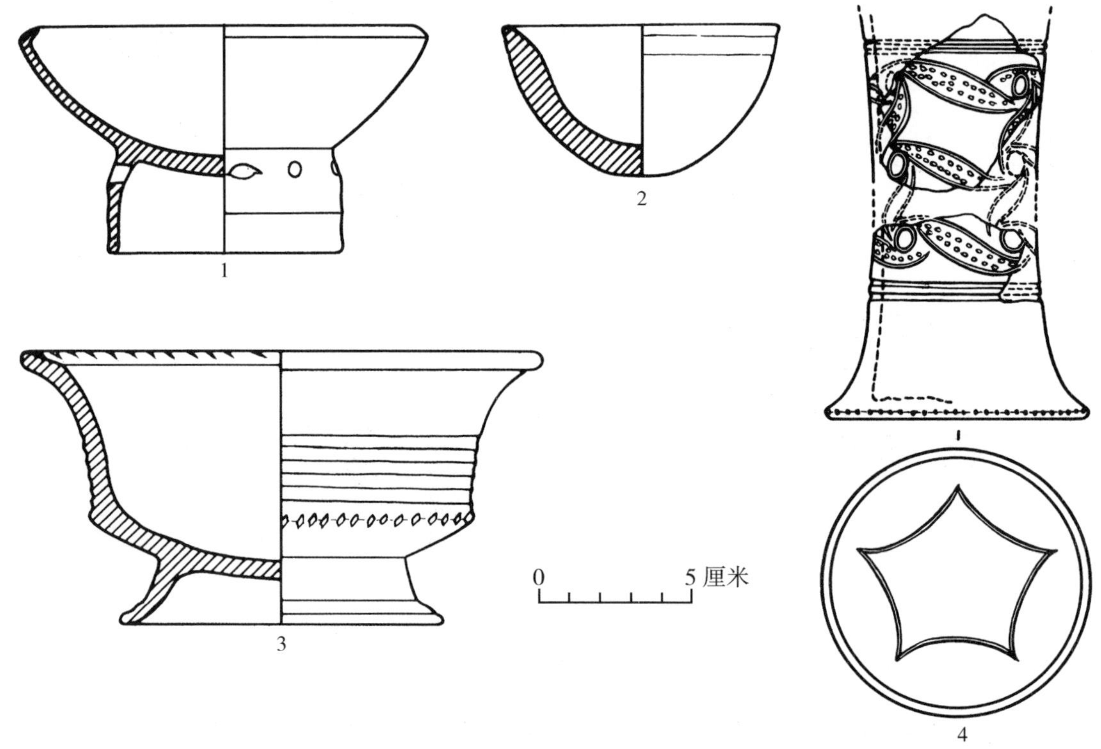

图2－55　耕土层和采集陶器

1. 豆（T8①:1）　2. 小碟（T8①:2）　3. 簋形器（HS:052）　4. 觚形杯（T114①:21）

二　石器工具

钺　2件。T6①:3，残。灰绿色硅化凝灰质板岩，硬度5°～6°。近长方形，扁薄面平，两侧很薄成圆钝脊棱，侧缘中部稍凹弧里收近2毫米。顶面有条凸脊，是两面剖割石材至中间掰断留下的痕迹，脊背经磨过已无毛茬。右顶部断缺，刃缘残损。残长18、宽12.6、厚0.7厘米（图2－56，2）。HS:038，灰黑色变凝灰质砂岩，硬度3°～4°。扁薄，刃宽大于身长。平顶，两面顶边磨成坡面并显棱脊，两侧面成圆弧钝脊。侧缘中段稍向里收各有七个浅凹口，近似扉棱。圆孔很大。绝大部分刃缘缺损。长17.4、宽15.5～18.6、厚0.9、孔径4.2厘米（图2－56，1）。

穿孔石斧　1件（HS:049）。灰绿色蛇纹石化绢石化橄榄岩，硬度6°～7°。磨光滑润。两侧面齐平，刃缘锋利。长11.7、宽7.8、厚1.4厘米（图2－56，3；图版一一，1）。

斧　1件（T9①:1）。深灰绿色细碧岩（角斑岩?），硬度6°～7°。窄长，体厚，横剖面椭圆形，弧顶，两面刃部不对称，一面有凸弧刃脊。长9.3、宽4、厚2.2厘米（图2－57，1）。

锛　4件。T112①:1，灰白色细晶岩，硬度5°～6°。长条形，正、背面微弧，两侧面齐平，正面刃部磨出小段刃脊，刃缘较锋利。长10.2、宽3、厚1.8厘米（图2－57，4）。T106①:1，灰黑色硅质岩（硅质板岩），硬度7°。近长方形，体厚，背面拱弧，正面平，左半部比右半部稍厚。顶面稍残损。长5.9、宽3.4、厚1.8厘米（图2－57，3；图版一一，5）。T103①:2，深灰绿色辉长岩，硬度6°～7°。宽梯形，弧顶，两侧面圆弧。长6.1、宽5.6、厚1.6厘米（图2－57，2）。HS:010，灰黑色石英岩，硬度7°很小的扁平长方形，正面刃部陡斜。右下方遗留有一段孔壁，当是利用穿孔石器残片制成的。长2.9、宽2.5、厚0.7厘米（图2－57，5；图版一一，7）。

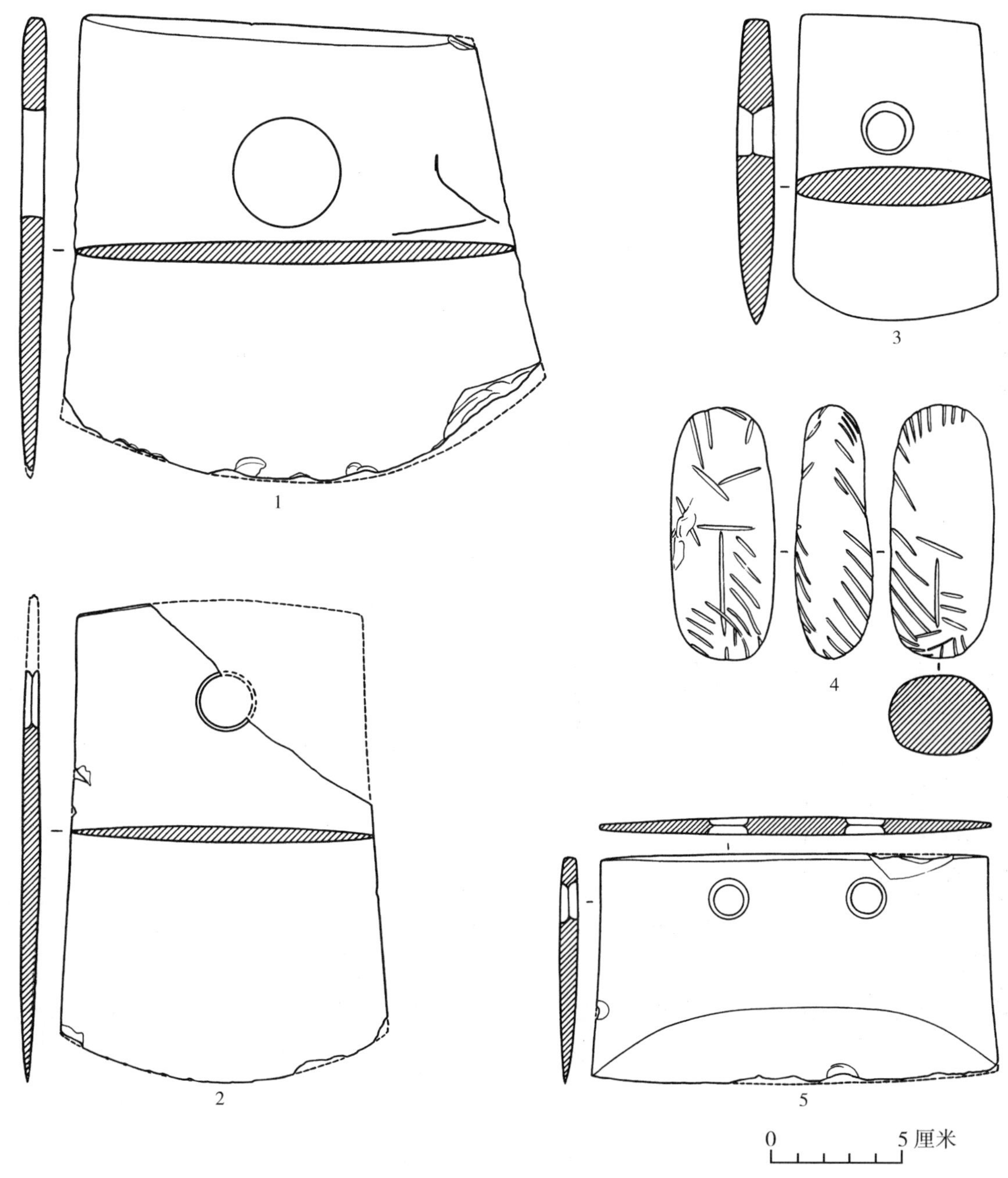

图 2－56　耕土层和采集石器（之一）

1. 石钺（HS：038）　2. 石钺（T6①：3）　3. 穿孔石斧（HS：049）
4. 刻槽石（T117①：38）　5. 双孔石刀（T1①：1）

有段石锛　5 件。T105①：1，灰绿色细碧岩，硬度 6°～7°。磨制光滑。近方形，体厚，背面中部有横脊，正面刃部缓收。长 4.5、宽 4.3、厚 1.7 厘米（图 2－57，7；图版一一，6）。HS：029，灰绿色变凝灰质砂岩，硬度 4°～5°。长方形，背面中部有横脊，正面有刃脊刃部陡斜，刃缘锋利。长 5.2、宽 3.3、厚 1.5 厘米（图 2－57，8；图版一一，8）。HS：07，灰黑色硅质岩，硬度 7°。弧顶，背面下部有台阶状段脊，右侧面有剥落，刃缘略损。长 5.1、宽 3.2、厚 1.2 厘米（图 2－57，9）。HS：013，灰黑色石英岩，硬度 7°。长方形，扁薄体小，平顶，背面有台阶状段脊，刃缘较锋利。长 3.6、宽 2.5、厚 0.7 厘米（图 2－57，6；图版一一，9）。HS：08，灰白色板岩，硬度 3°～4°。长条形扁薄体，背面上部有台阶状段脊，刃缘略损。长 5.6、宽 2、厚 0.7 厘米（图 2－57，10；图版一一，10）。

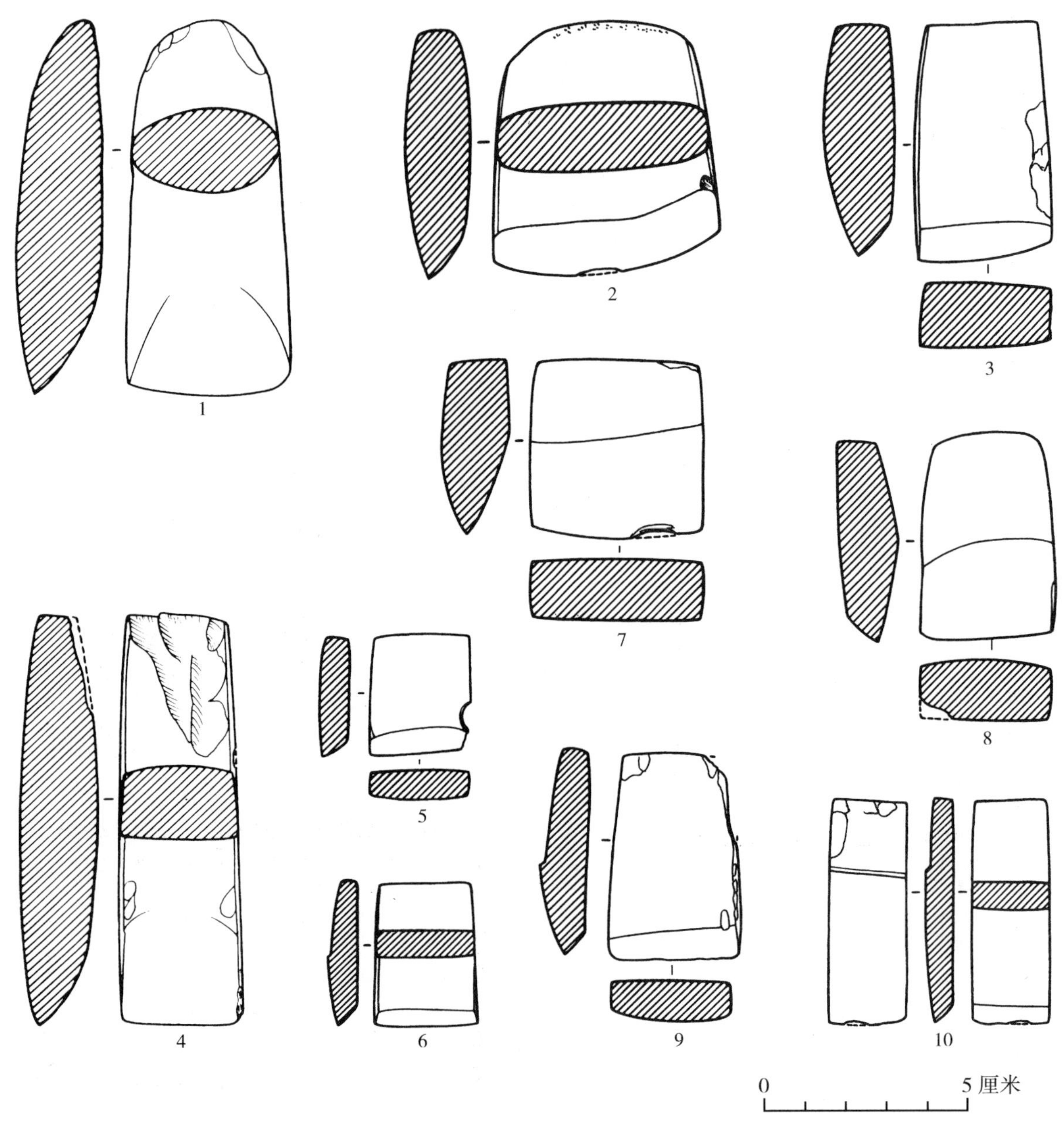

图2－57 耕土层和采集石器（之二）

1. 石斧（T9①:1） 2～5. 石锛：2. T103①:2 3. T106①:1 4. T112①:1 5. HS:010
6～10. 有段石锛：6. HS:013 7. T105①:1 8. HS:029 9. HS:07 10. HS:08

凿 5件。HS:015，灰色变凝灰质粉砂岩，硬度5°～6°。长条近方柱体，横剖面近方形，背面有刃脊，刃缘窄较锋利。顶角缺损。长11.2、宽3.3、厚2.8厘米（图2－58，1）。HS:039，灰黑色辉长岩，硬度6°～7°。利用一圆柱体石料，正、背面已磨出齐平面，顶面也经磨过，其他器身绝大部分仍存砾石皮，此件系半成品。长7.9、宽2.8、厚2.9厘米（图2－58，2；图版一一，12）。T6①:4，灰黑色石英岩，硬度7°。磨制光滑。背面拱弧，正面平，刃部处最宽，刃缘锋利。长5.8、宽2、厚1.5厘米（图2－58，3；图版一一，3）。HS:014，灰白色变凝灰质砂岩，硬度5°～6°。正、背面都齐平，两面有刃脊不对称，刃缘较锋利。左刃角略损。长6.2、宽1.5、厚1.8厘米（图2－58，4；图版一一，2）。T112①:4，灰色石英岩，硬度7°。磨光滑润。形体很小，细长条方柱体，横剖面正方形，背面拱弧，正面平有刃脊，刃缘锋利。长4.4、宽1.1、厚1.1厘米（图2－58，5；图版一一，4）。

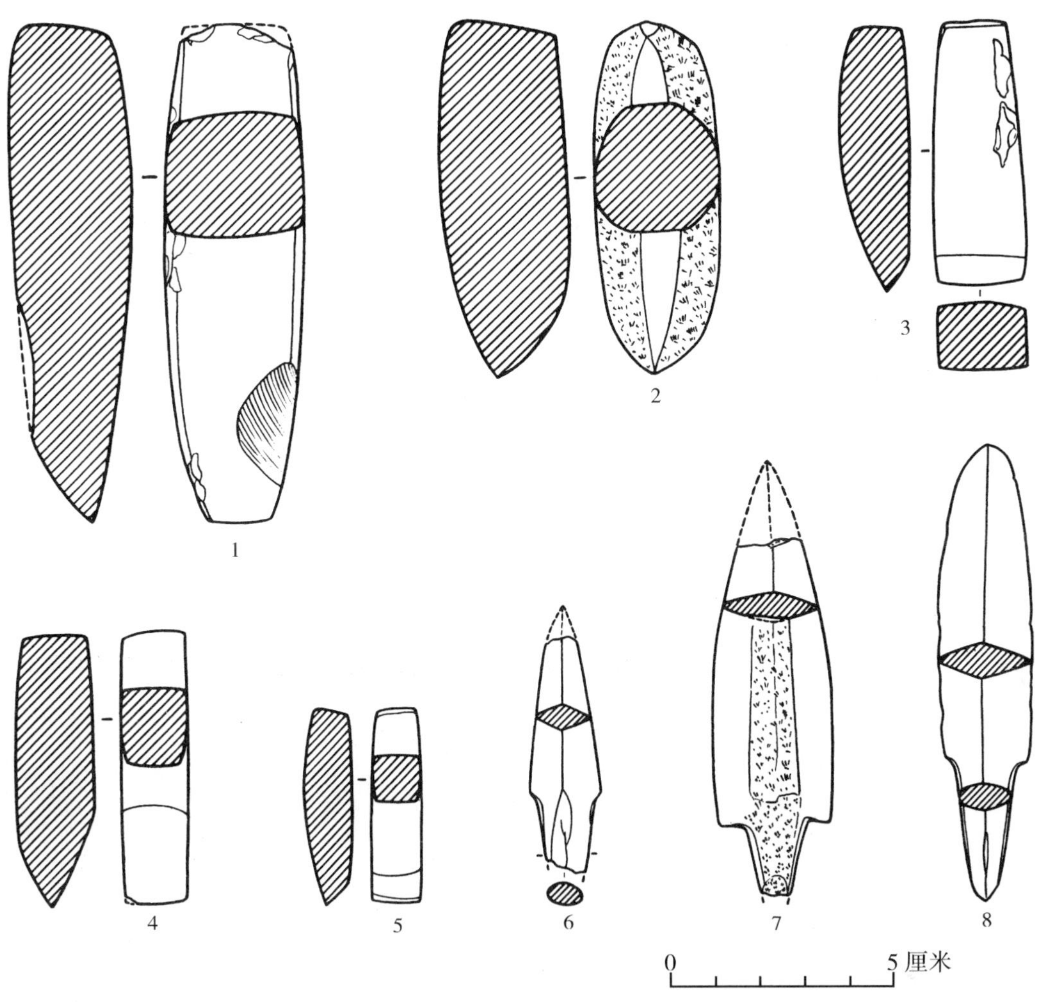

图 2－58　耕土层和采集石器（之三）

1～5. 石凿：1. HS：015　2. HS：039　3. T6①：4　4. HS：014
5. T112①：4　6～8. 石镞：6. HS：02　7. HS：04　8. HS：03

双孔石刀　1 件（T1①：1）。灰绿色变凝灰质砂岩，硬度 5°。磨制光滑。扁薄横长方形，两侧缘中部微凹弧向里收 1.5 毫米，均有窄条齐平的侧面，仅一面略显凸弧形刃脊，刃缘多缺损。长 15.8、宽 8.7、厚 0.75 厘米（图 2－56，5；图版一一，11）。

镞　3 件。均灰黑色板岩，硬度 3°～4°。HS：04，镞身横剖呈菱形，今两面中脊多缺损，铤部横剖近椭圆形。尖锋和铤端都断缺。残长 8、宽 2.7 厘米（图 2－58，7）。HS：03，镞身较窄，平面近柳叶形，尖锋稍残缺。残长 10.3、宽 2 厘米（图 2－58，8；图版一一，13）。HS：02，铤部较粗长横剖近圆角菱形。残长 5.3、宽 1.5 厘米（图 2－58，6）。

刻槽石　1 件（T117①：38）。砂石。椭圆柱体，两面、两端和一侧面均有直条磨刻槽，长短不一，多作斜行，共约四十条左右。长 9.7、宽 4、厚 3 厘米（图 2－56，4）。

三　玉石装饰品

玉玦　2 件。T109①：3，淡黄色微泛灰，玛瑙，硬度 7°。大径，中厚，孔边处较厚向外渐薄，缺口稍不齐直。直径 5.5、厚 0.7 厘米，重 28 克（图 2－59，2；彩版六，1）。T109①：2，白色微泛浅黄夹少量黑色斑点，石英，硬度 6°。中等径，薄体。缺口不齐直，缺口侧面部分磨光，部分较粗糙，缺口的侧缘

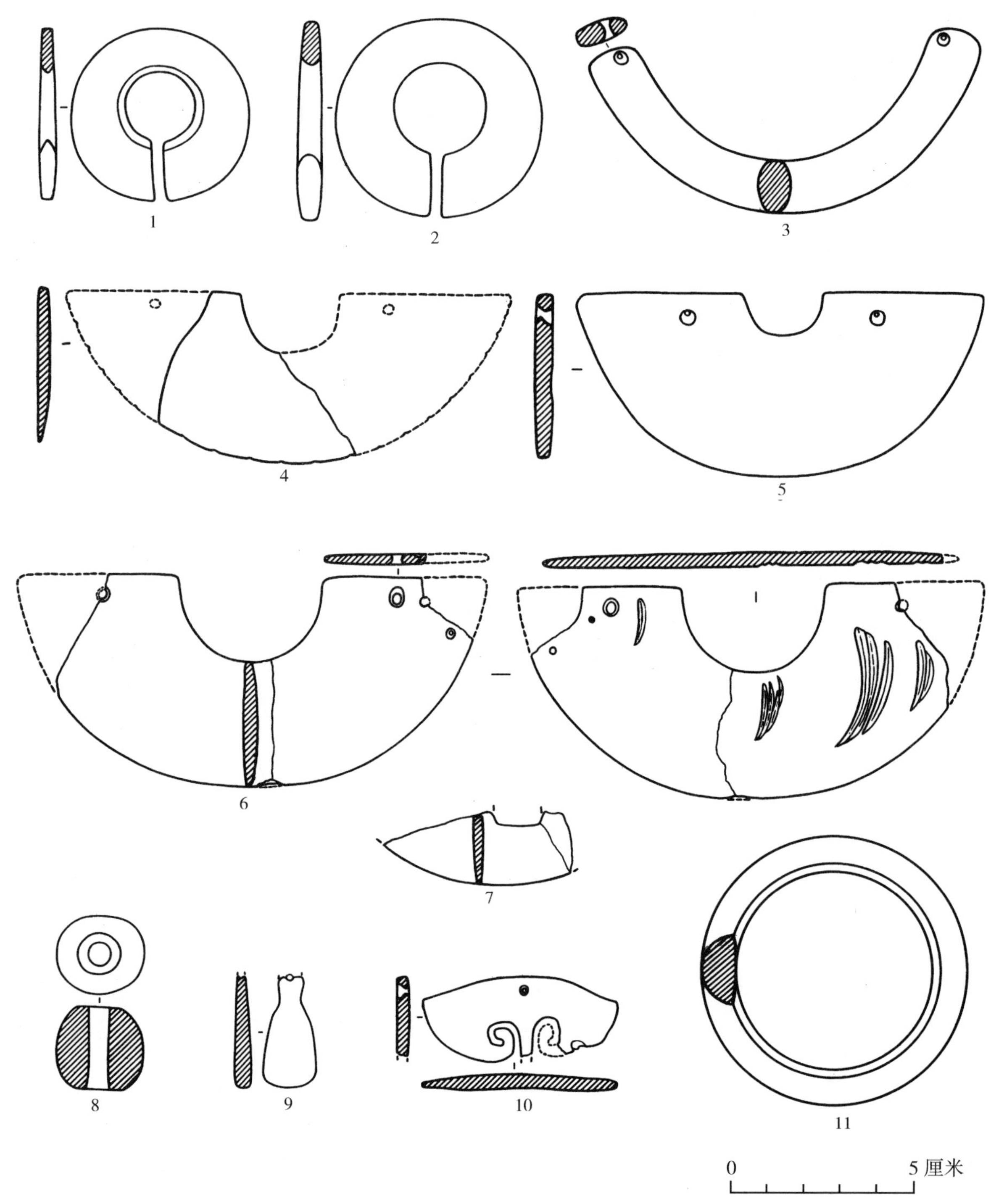

图2－59　耕土层和采集玉（石）装饰品

1、2. 玦：1. T109①:2　2. T109①:3　3～7. 璜：3. T109①:1　4. T11①:1　5. HS:046　6. HS:030　7. T6①:5　8. 珠（HS:055）　9. 坠（HS:054）　10. 佩（T2①:5）　11. 镯（T14①:2）

棱角分明。直径4.8、厚0.4厘米，重15.3克（图2－59，1；彩版六，2）。

玉璜　5件。T109①:1，纯乳白色，玛瑙，硬度7°。中部体厚略窄，剖面椭圆形，两端较薄略宽。长10.8、宽1.5、厚0.9厘米，重31克（图2－59，3；彩版六，6）。T6①:5，淡绿色夹有白色浅黄色斑块，透闪石，硬度5°～6°。残片小，可能似“凹”字形。残长5.1厘米，重5.2克（图2－59，7）。HS:030，绿色夹白色和黄色斑纹，透闪石，硬度5°～6°。半璧形，正面微凸弧，背面平。背面留存成弧形浅凹槽的剖材痕迹四组，凹槽均上下段较浅，中段较深，槽底呈凹弧形，大槽最深处比平面低1.5毫米。左右边外角均缺失，一边角处有一个小孔和另一个两面下钻未穿透的孔窝，当原拟为了系结碎落的角片。中部已断，正背面破裂线走向不一。复原长12.9、残宽4.2、厚0.4厘米，含所补石膏重43.5克（图2－59，6；彩版六，9）。HS∶046，白色夹少量淡灰绿色斑纹，局部微泛浅黄，透闪石，硬度5°～6°。正面微凸弧，唯在左侧孔下方有一宽浅横条凹槽，从左边缘起长约3.5厘米；背面较平，在中部下方有一宽浅斜条凹槽，长约2厘米，以上两浅凹槽与器面均已无明显分界。长11.3、宽4.6、厚0.55厘米，重58克（图2－59，5；彩版六，8）。T11①∶1，白色泛黄，接近透闪石，硬度5°～6°。仅剩残片，正面微凸弧，背面平。外缘刻有小凹弧口成小齿形边。背面有弧形浅槽切割痕迹。残横长4.7厘米，重12克（图2－59，4）。

玉佩　1件（T2①∶5）。白色夹有少部分淡绿色，透闪石，硬度5°～6°。正面中部微凸弧，背面的中部和宽面角端微凹弧并留有弧线形切割痕；上缘中部钻一孔，孔径正面小背面大；下缘镂雕对称的弯钩形花纹，局部残缺，右下方遗留半个孔眼。长5.2、宽2.2、厚0.4厘米，重7.6克（图2－59，10；彩版六，4）。

石坠　1件（HS∶054）。棕黄色含银色晶莹闪点，冻石，硬度3°。扁平，上部窄并有束颈状凹口，下部较宽，两侧较中部稍薄，顶端残存半孔。残长3、宽0.7～1.5、厚0.45厘米，重2.4克（图2－59，9）。

玉珠　1件（HS∶055）。白色夹较多土黄色斑纹，接近透闪石，硬度5°～6°。上下面平，直径不整圆，略呈较高的鼓形。高2.3、直径2.2～2.4厘米，重10.2克（图2－59，8）。

石镯　1件（T14①∶2）。浅绿色稍泛灰，含银色晶莹闪点，氟石，硬度4°～5°。环体厚硕，外壁圆弧，内壁微凸弧，剖面近半圆形。直径7.3、宽0.9、厚2厘米，重83.7克（图2－59，11；彩版六，7）。

第三章　黄鳝嘴文化墓葬

第一节　墓葬综述和分述

一　墓葬综述

黄鳝嘴文化墓葬60座。墓坑基本上都属长方形竖穴，个别的形状稍不规整，普遍较窄。墓向，以通过人骨的中轴线为准，除一座为200°，系墓群中唯一的逆向墓外，余者为0°～50°，72%的墓在9°～22°之间。填土有深灰色杂土、浅灰色杂土、灰黄色杂土、偏黄色杂土等数种，一般是墓坑底距地表愈深，土色则变浅。约五分之一的墓坑、“人架坑”填土内还夹有少量红烧土渣和炭末或其中的一种，个别墓填土夹烧土渣较多，当都是有意掺加的。

墓坑、“人架坑”及葬具遗迹现象可细分为七类：

第一类22座，有M16、26、27、34、35、38、40、43、45、47～50、117、119、126、139、153、161、202、214、238，为单一的长方形竖穴。本类墓葬和其他类墓葬的现存墓口距地面深度，许多已非原始墓口。

第二类2座，为M166、203，有长方形墓坑，在墓底人架底下发现一二毫米厚已炭化的木质纤维薄层，粘附在坑底略呈凹弧形面，有的在人骨上方还见有同样粘附物的凸弧形面，可能属独木棺之类葬具遗迹。

第三类13座，有M33、122、124、146、163、168、173、177、182、190、201、233、236，在长方形坑口部沿壁粘附有青膏泥或黄胶泥，土色土质都很醒目特殊，保存完整者四边都有，形成一个清晰的边框样，泥宽一般2厘米左右，向下延伸，现存深度数厘米或一二十厘米，有的在中段呈凹弧线状塌陷，很少数的泥面直延续到近坑底处。参考第五类墓葬的现象，这附泥边框应属一种葬具遗迹，该薄层泥面并不是直接敷抹在坑壁土上的。

第四类3座，为M149、196、232，坑壁粘附青膏泥或黄胶泥情况与第三类的相同，凹弧形面的墓底还发现有薄层炭化木质纤维物葬具遗迹。

第五类3座，为M120、144、198，在较大的长方形墓坑填土中，与坑口齐平或低于坑口露出青膏泥或黄胶泥围成的窄长方形边框，边框里外的填土相同，边框里即有人架和随葬器物，发掘中为保留附泥边框四周而形成熟土二层台，将这种居于大墓坑内的附泥边框部位称为“人架坑”。发掘清理中所见青膏泥或黄胶泥粘附在人架坑壁上，其实它原本并无现成坑壁可供直接敷抹，况且有的还呈凹弧形下陷或略作波状断续弯曲，当初青膏泥或黄胶泥的附着物应就是棺椁类葬具，正是由于敷抹有泥面的葬具朽塌变形随之也使泥面形状变化。

第六类仅M192一例，是在大墓坑内至一定深度形成附泥边框“人架坑”，还有凹弧底的炭化木质葬具遗迹。

第七类16座，有M2、4、7、22～24、39、46、105、116、121、129、130、142、147、237，因墓中人骨和器物距地面浅，或因填土与地层土的界限难以分辨，发掘中未找见墓坑边，很可能实际是同属于第一类的。

此外，M50、116、173 三座墓坑人骨底下残存一二毫米厚的黑色软质草木灰烬，当属挖成墓坑后、入葬之前稍加烧燎的遗存。还在 M147、192、236 三座墓坑内的东北角或东南方近口部，各摆放一块较大的自然石块；M182 中则把一大石块直接压在人胫骨腓骨上。

均单人葬。因土层长期受水浸泡致使骨殖普遍酥软，不能翻动单独提取，有的已压扁碎，有的因随贴附的湿黏土而变形。少数墓因人骨保存过少而不明葬式。M39、182 二座可确认为仰身直肢一次葬，骨骼保持原来部位，特别是脊椎骨和肋骨比较整齐。绝大多数为仰直式的二次葬，这种葬式的现象特征较强，其若干主要骨骼大致接近原属部位，似乎仿照仰身直肢的姿势，同时很突出的是存在着骨骼的关键性部位错位、明显离移、严重凌乱、主骨缺失等现象。另有一座 M203 属屈肢式二次葬。无论仰直式二次葬还是屈肢式二次葬，都是与堆聚式二次葬明显有别的另一种二次葬形式。推测其形成的过程，主要情况是在第二次埋葬时，人们将收集到的死者遗骨作了一番大致的摆放；也有可能另一种情况是连同原葬具一起迁葬时，已非齐全的遗骸在棺内又略有翻动所致。另有数座墓葬主要因现存人骨较少，难作细致判定，分别笼统称之为仰身直肢、直肢、二次葬。

每墓随葬有数量不等的文化遗物，总数 448 件。45 座墓（占总墓数 75%）每墓随葬遗物 1～9 件共 230 件（占总遗物数 51%），平均 5.1 件；15 座墓（占总墓数 25%）每墓随葬遗物 10～17 件和最多一座有 40 件共 218 件（占总遗物数 49%），平均 14.5 件。以陶质器皿为大宗（75%），普遍置于胫骨、腓骨和脚部，陶器中常见的是豆、鼎、杯三类。磨刃石器工具共 35 件，分属于 5 座男性墓有 32 件，M43 女性墓有 1 件，不明性别的 M142 有 2 件；主要则出土于 3 座墓中，M38 的多在头骨左侧，M120 的在下肢部位，M48 的数量最多集中置于右股骨外侧和脚下方两处。穿孔石斧仅有 2 件，M117 的位于右肱骨下端，M120 的位于右股骨下端，都是刃口朝里（东）横放。搓磨石主要位于胸腹一带或下肢至脚下方处。陶纺轮共 24 件分属于 14 座墓，已知性别者女性墓 7 座，男性墓 2 座；多数为每墓 1 件，5 座墓分别为 2～4 件。陶纺轮出土位置，10 座墓的在下肢骨及脚下方部位与陶容器混放，其他在胸腹部一带，同墓有数件陶纺轮者常集中一起。玉簪、骨簪分属两墓都压在人头顶骨下。一件陶珠在人头骨之下。玉石璜均在颌骨下方至上胸部位，有的墓同出 2 件者则小件在前大件在后。玉石玦除残墓 M26 的一件发现在脚部位置外，余均在头部，3 座墓各出 2 件分别位于头骨左、右耳的部位，2 座各出 1 件都在头骨左边。佩戴璜、玦者成年男女和儿童都有。

随葬动物骨头的墓 11 座，包括家猪下颌骨、鹿下颌骨、象臼齿、獐牙、动物残肩胛骨、脊椎骨等，以猪下颌骨为主，其他都属个别现象。

所有随葬品的埋放，个别的在近底填土中发现，如 M238 附盖陶鼎；其他普遍的与人骨架在同一平面上或直接压在人骨之上；也有少数器物被紧压在单件人骨之下；个别较特殊的如 M48 的猪下颌骨是先放在墓坑底，与其上部的人骨之间有厚 12～19 厘米的垫土层相隔。

二　墓葬分述

现选取 42 座墓葬分述如下。

M2　估计为长方形竖穴土坑。农耕土层底下即露出人骨和器物，坑边未找出。局部被扰。坑底距地面深 40 厘米。方向 10°。填土深灰色杂土。人头骨在北已破碎不成形，胸部及上肢骨骼仅存少量且凌乱，有左、右的股骨、胫骨和腓骨，骶骨在右胫骨腓骨的外侧。系仰直式二次葬。成年。随葬器物 8 件：自北而南依次为Ⅱ式搓磨石、Ⅰ式盘、Ⅰ式残弇口矮领罐、C 型Ⅳ式和 A 型Ⅱ式盆形豆、附盖残盆形鼎、Ⅱ式筒形圈足杯、A 型Ⅲ式单耳罐。脚后有猪下颌骨 3 整副（图 3－1）。

M4　估计长方形竖穴土坑，四周坑边不清。坑底距地面深 60 厘米。方向 18°。填土灰黄色杂土夹红烧土渣。人头骨在北已压扁，下颌骨下移。墓坑中部因现代开水沟被挖去。系仰身直肢。成年。随葬器物 9 件：人头骨左侧Ⅱ式玉玦、C 型碗、Ⅲ式鼓腹圈足杯，下肢骨处有 A 型Ⅵ式残弧敛口钵形豆、A 型Ⅳ式罐形鼎、C 型钵、B 型Ⅲ式单耳罐（在钵之下）、A 型Ⅲ式盆、Ⅴ式垂棱钵形豆（图 3－2）。

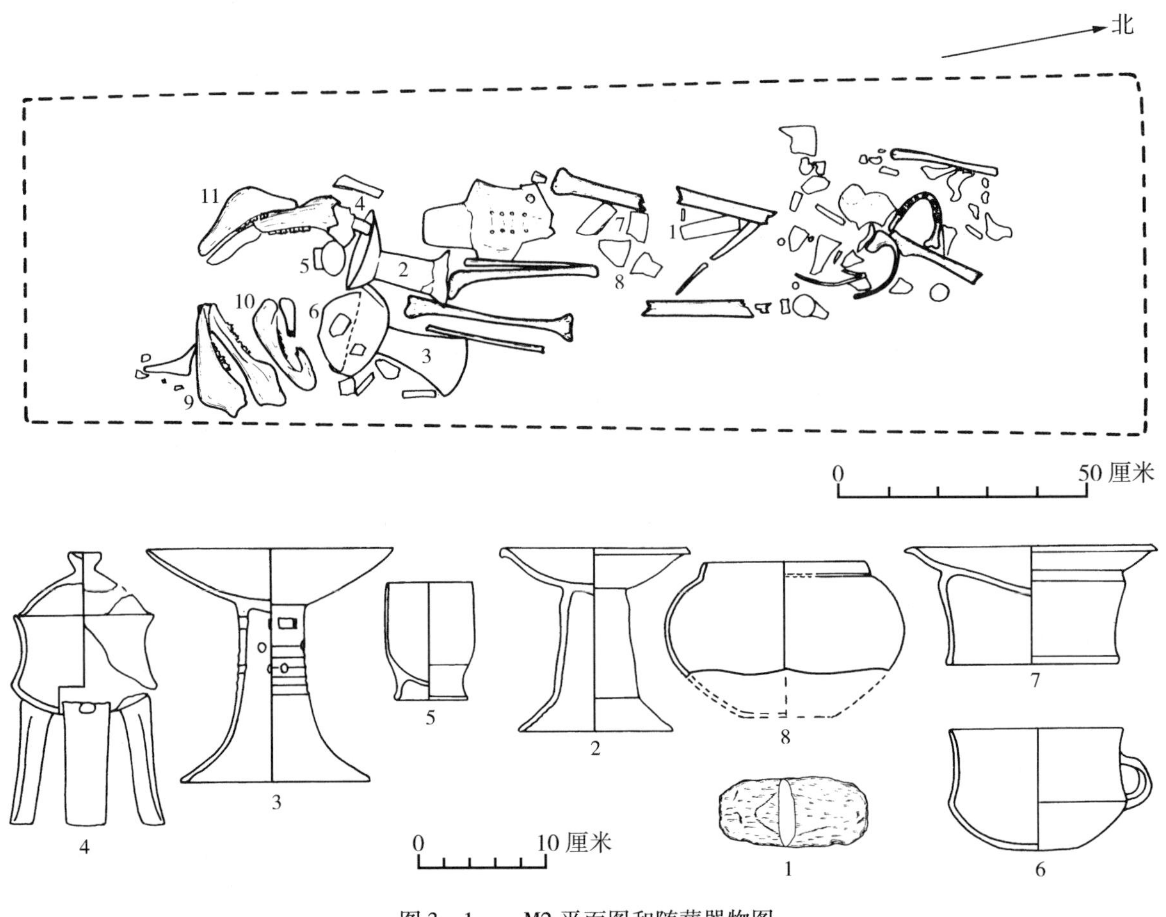

图 3－1　M2 平面图和随葬器物图

1. Ⅱ式搓磨石　2. CⅣ式盆形豆　3. AⅡ式盆形豆　4. 附盖残盆形鼎　5. Ⅱ式筒形圈足杯　6. AⅢ式单耳罐　7. Ⅰ式盘　8. Ⅰ式残弇口矮领罐　9～11. 猪下颌骨 3 副

M22　墓坑四边不清，估计长方形竖穴土坑。坑底距地面深 35 厘米。方向 25°。填土深灰色杂土。人头骨在北已压扁，脊椎骨肋骨凌乱，骶骨上移，右股骨头朝外侧，胫骨腓骨和脚骨全缺。肢骨较细。系仰直式二次葬。成年。随葬陶器 6 件：有 A 型Ⅳ式（残）和 B 型Ⅰ式罐形鼎、A 型Ⅴ式高把皿形豆、A 型Ⅲ式折敛口钵形豆、B 型碗形杯、B 型Ⅲ式单耳罐（图 3－3；图版一二，1）。

M27　长方形竖穴土坑。墓坑长 155 厘米，宽 56 厘米，口距地面深 30 厘米，底距地面深 45 厘米。方向 16°。填土灰黄色杂土。人头骨在北已压扁，面向西，下肢骨基本无存。系仰身直肢。成年。随葬陶器 11 件：有Ⅰ式和Ⅶ式盘、A 型残小口矮领罐、器盖 2 件、C 型Ⅳ式和 C 型Ⅲ式附盖罐形鼎、C 型Ⅱ式和 C 型Ⅲ式单耳杯、D 型Ⅱ式附盖折敛口钵形豆、B 型Ⅵ式弧敛口钵形豆（图 3－4）。

M33　长方形竖穴土坑。附泥边框坑长 210 厘米，宽 61 厘米，口距地面深 30 厘米，底距地面深 94 厘米。坑四边一周粘附有黄胶泥，宽 1～2 厘米，自坑口以下保存好的延续深度约 30 厘米。方向 15°。填土灰黄色杂土。主要存留人头骨和两根肢骨，头骨在北已压扁，面向上。葬式不明。成年。随葬陶器 8 件：有 A 型Ⅴ式和 B 型Ⅰ式罐形鼎（两鼎上下相压）、A 型Ⅴ式和 A 型Ⅵ式弧敛口钵形豆、B 型Ⅰ式附盖折敛口钵形豆（下压 AⅥ式豆）、B 型Ⅰ式附盖盆形豆、B 型Ⅳ式单耳罐、Ⅰ式残鼓腹圈足杯（图 3－5）。

M34　不规则长方形竖穴土坑，南部因现代挖水沟被扰。墓坑残长 173 厘米，宽 75 厘米，口距地面深 32 厘米，底距地面深 52 厘米。方向 15°。填土深灰色杂土。人头骨在北已压扁，下肢骨在胸部位置，盆骨偏下方，较多骨骼缺失。二次葬。成年。随葬器物 8 件均置南部，有 B 型Ⅱ式大口斜沿罐、Ⅰ式筒形圈足杯、B 型Ⅳ式盆形豆、Ⅱ式搓磨石、B 型Ⅲ式（附盖）和 B 型Ⅵ式残罐形鼎、B 型Ⅵ式弧敛口钵形豆、砺石（图 3－6）。

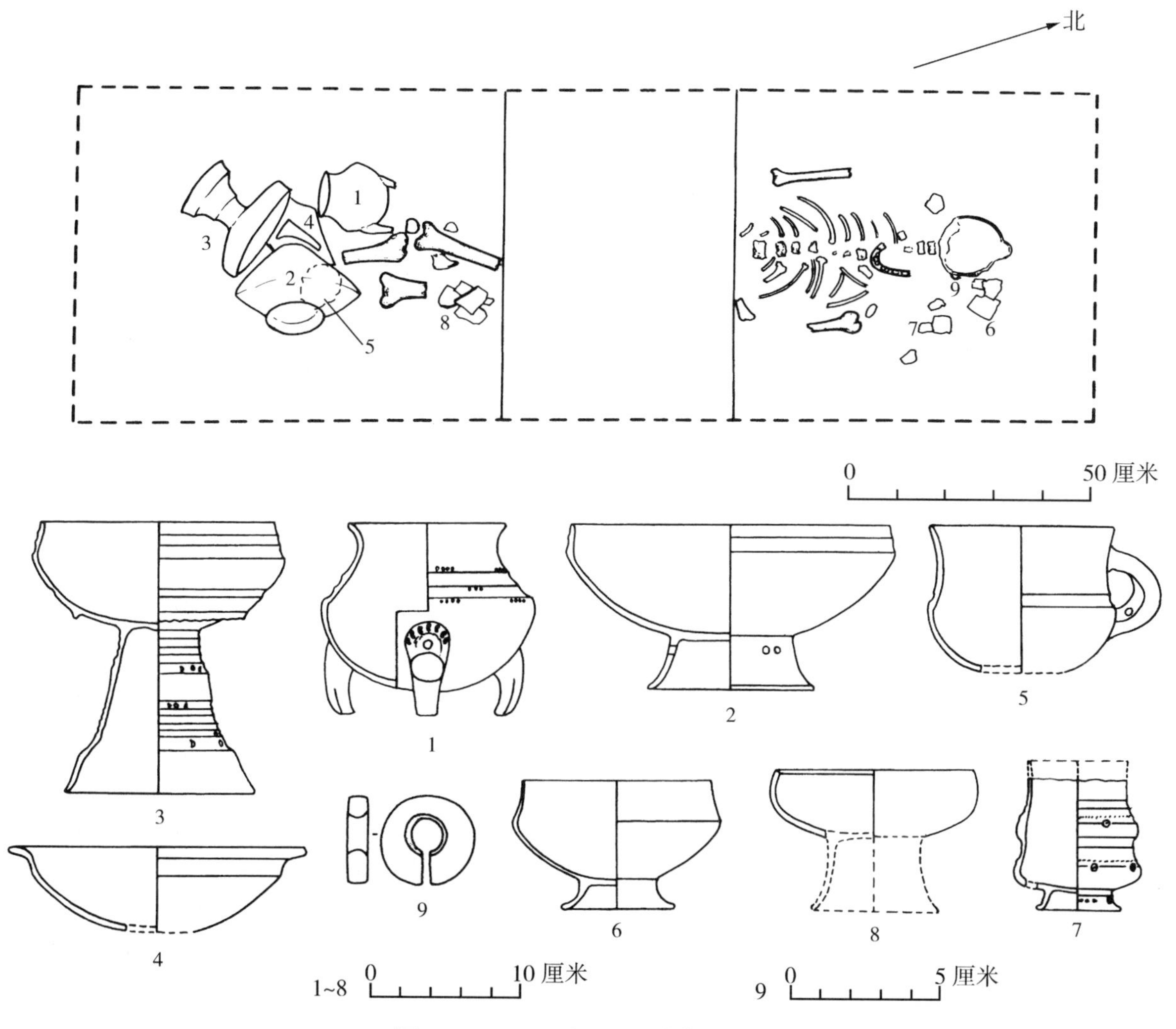

图 3－2　M4 平面图和随葬器物图

1. AⅣ式罐形鼎　2. C 型钵　3. Ⅴ式垂棱钵形豆　4. AⅢ式盆　5. BⅢ式单耳罐　6. C 型碗　7. Ⅲ式鼓腹圈足杯　8. AⅥ式残弧敛口钵形豆　9. Ⅱ式玦

M35　近长方梯形竖穴土坑。墓坑长 190 厘米，宽 55（北）～70（南）厘米，口距地面深 30 厘米，底距地面深 45 厘米。方向 18°。填土浅灰色杂土。人头骨在北已压扁，尺骨桡骨已离开原位，其中一根移到头骨右侧，盆骨左半边上移，两股骨不平行上下错动较大，两股骨头方向相反都朝向外侧，脊椎骨凌乱，肋骨缺失很多。系仰直式二次葬。成年。随葬陶器 7 件：盆骨处Ⅰ式竹节筒形杯，下肢骨及足部左侧依次放 A 型Ⅲ式和 B 型Ⅰ式（附盖）罐形鼎、A 型Ⅱ式弧敛口钵形豆、C 型Ⅰ式单耳罐，右侧有Ⅰ式附盖垂棱钵形豆、B 型Ⅰ式附盖盆形豆（图 3－8；图版一二，2）。

M38　长方形竖穴土坑。墓坑长 190 厘米，宽 60 厘米，口距地面深 25 厘米，底距地面深 68 厘米。方向 17°。填土偏黄色杂土。人头骨在北已压扁，面部全损原向上，存留的一块盆骨上移离开原部位，脊椎骨有移动。系仰直式二次葬。男，45 岁左右。随葬器物 17 件：头部有 B 型Ⅱ式和 B 型Ⅰ式碗、B 型Ⅱ式罐形鼎、C 型Ⅰ式残斧、有段锛、B 型Ⅱ式锛、C 型Ⅰ式斧，下肢部位有Ⅰ式三足杯、A 型Ⅳ式高把皿形豆、Ⅰ式鼓腹圈足杯、B 型Ⅰ式斧、A 型Ⅰ式残盆形豆、Ⅱ式垂棱钵形豆、B 型Ⅰ式弧敛口钵形豆、A 型Ⅱ式罐形鼎、B 型Ⅳ式残单耳罐、B 型Ⅲ式盆（图 3－7；图版一二，3）。

M39　估计长方形竖穴土坑，仅北边坑边清楚，其他三边不清。墓坑底距地面深 35 厘米。方向 11°。填土偏黄色杂土。人头骨在北，面向东南。因土壤水分大，骨质酥软，但骨架仍原样保存。系仰身直肢一次葬。男，35～40 岁。随葬器物 12 件：人架中部呈“品”字形散开摆放 3 件Ⅳ式搓磨石，左尺骨旁有 A

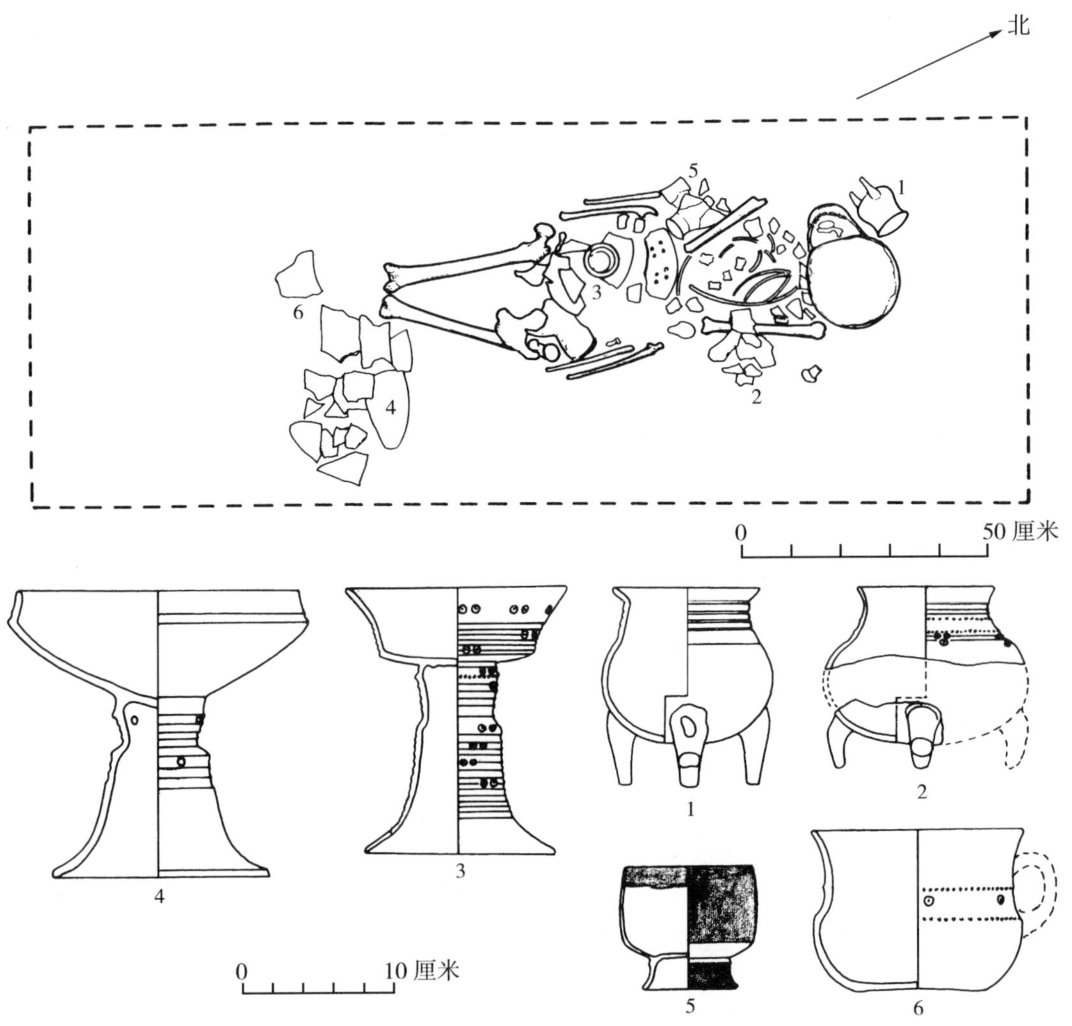

图3-3 M22平面图和随葬器物图

1. BⅠ式罐形鼎 2. AⅣ式残罐形鼎 3. AⅤ式高把皿形豆 4. AⅢ式折敛口钵形豆 5. B型碗形杯 6. BⅢ式单耳罐

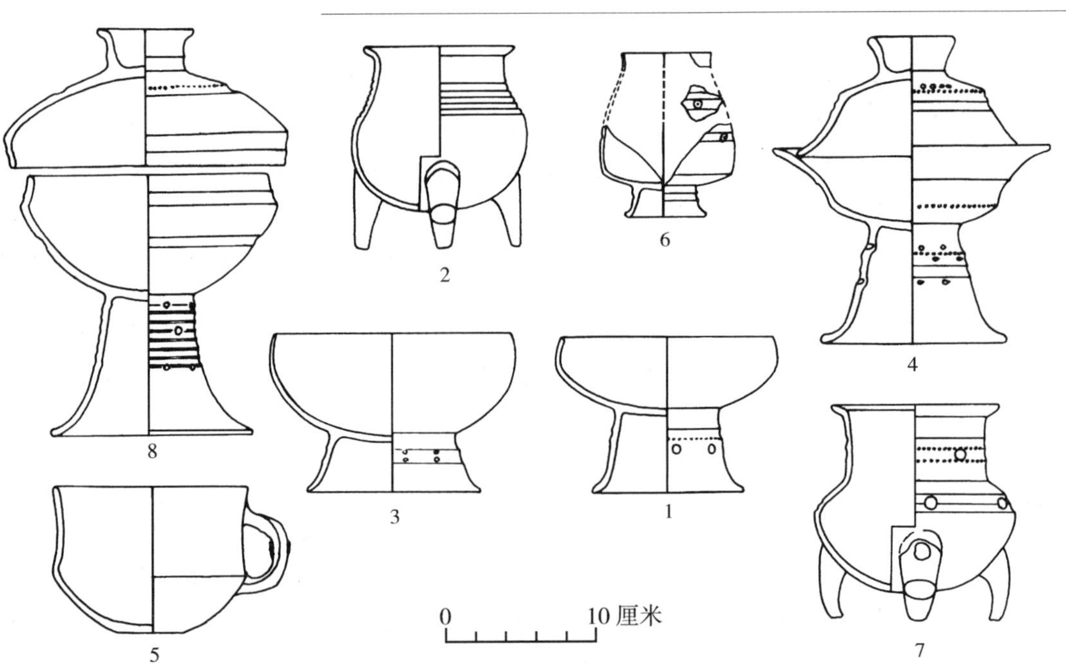

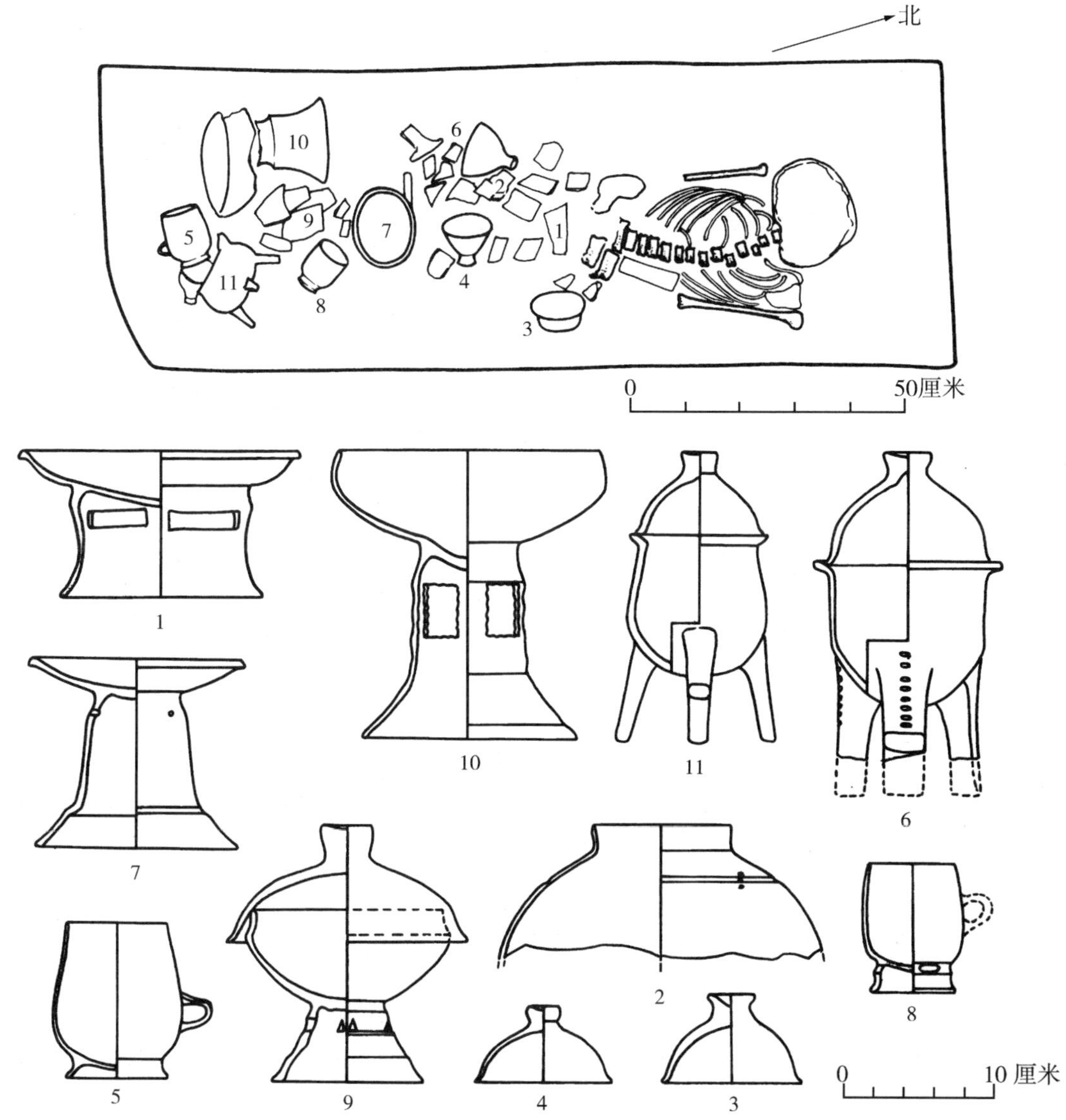

图 3－4　M27 平面图和随葬器物图

1. Ⅰ式盘　2. A 型残小口矮领罐　3. 器盖　4. 器盖　5. CⅢ式单耳杯　6. CⅣ式附盖罐形鼎　7. Ⅶ式盘　8. CⅡ式单耳杯　9. DⅡ式附盖折敛口钵形豆　10. BⅥ式弧敛口钵形豆　11. CⅢ式附盖罐形鼎

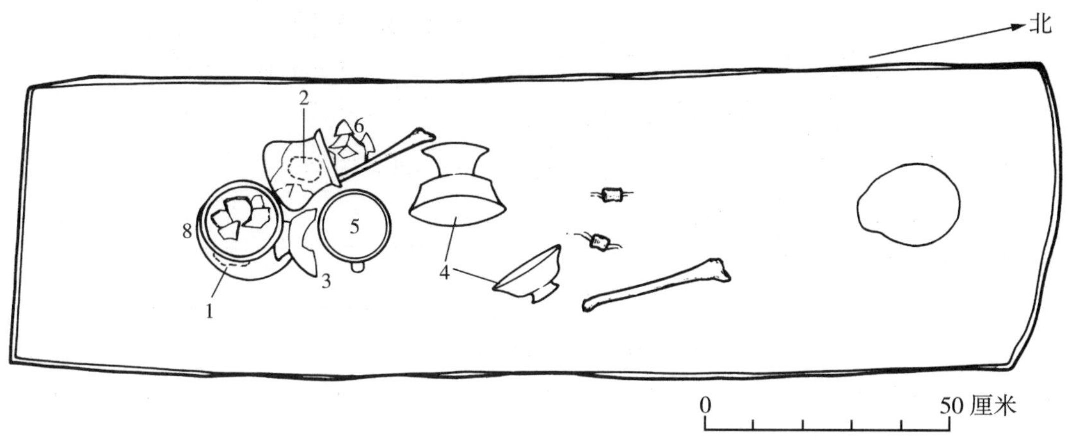

图 3－5　M33 平面图和随葬器物图（见左）

1. AⅥ式弧敛口钵形豆　2. BⅠ式罐形鼎　3. AV 式弧敛口钵形豆　4. BⅠ式附盖盆形豆　5. BⅣ式单耳罐　6. Ⅰ式残鼓腹圈足杯　7. AV 式罐形鼎　8. BⅠ式附盖折敛口钵形豆

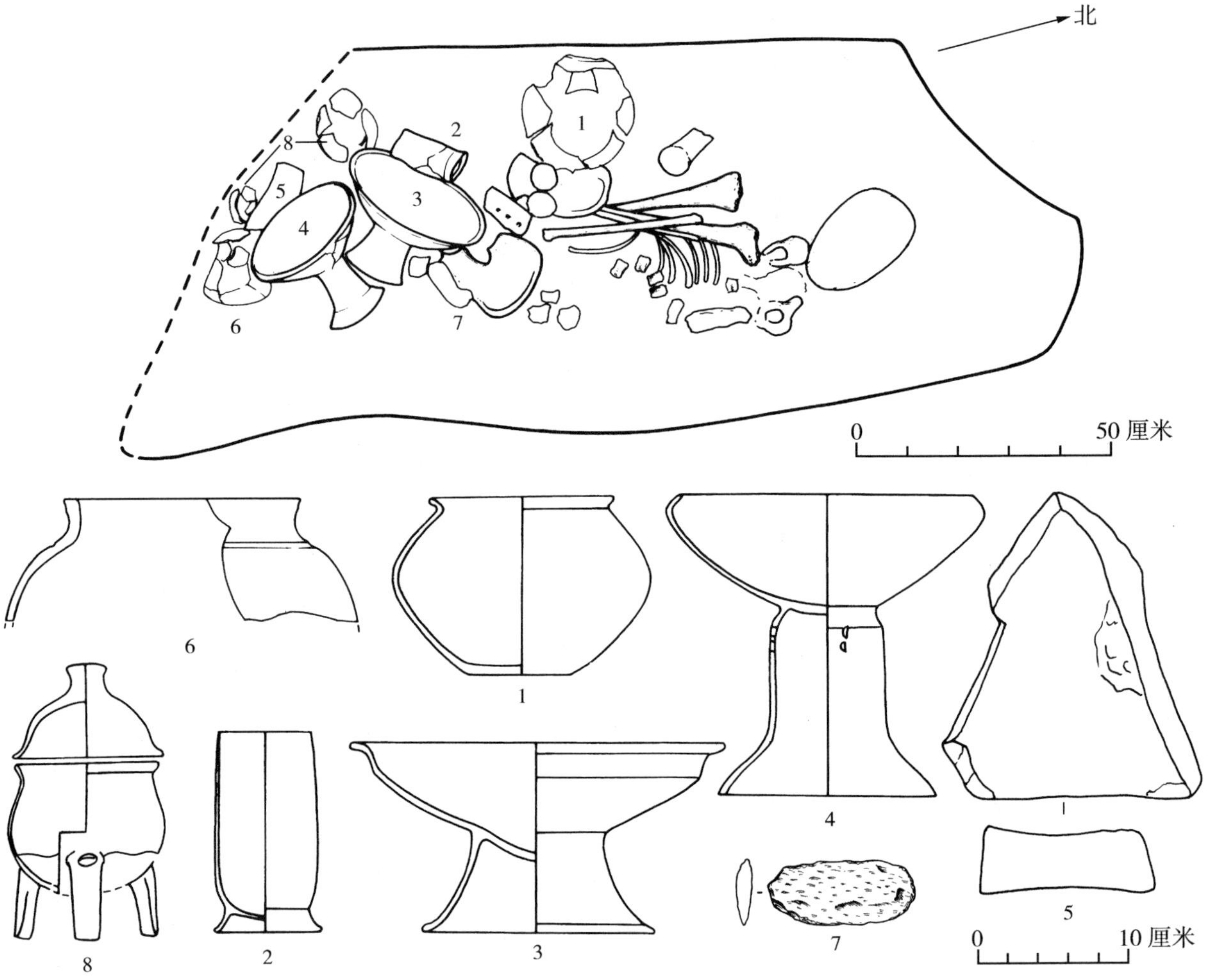

图3－6　M34平面图和随葬器物图

1. BⅡ式大口斜沿罐　2. Ⅰ式筒形圈足杯　3. BⅣ式盆形豆　4. BⅥ式弧敛口钵形豆　5. 砺石　6. BⅥ式残罐形鼎　7. Ⅱ式搓磨石　8. BⅢ式附盖残罐形鼎

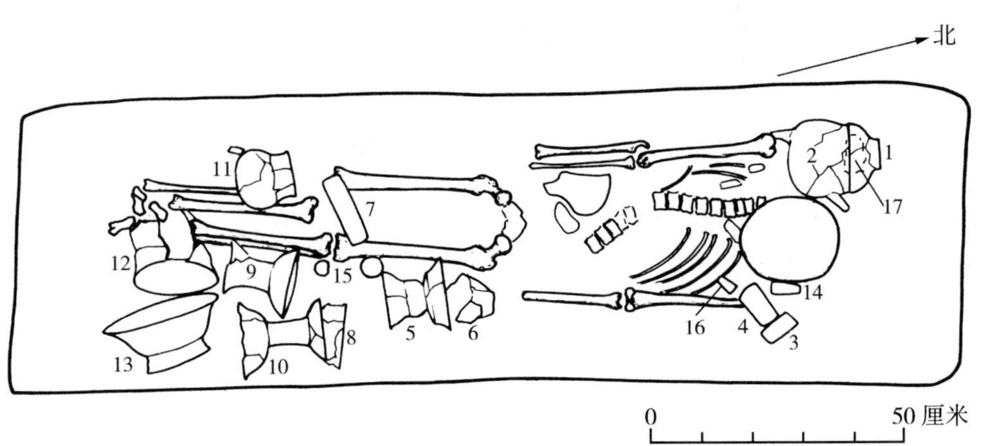

图3－7　M38平面图和随葬器物图（见右）

1. BⅡ式碗　2. BⅡ式罐形鼎　3. 有段锛　4. BⅡ式锛　5. AⅣ式高把皿形豆　6. Ⅰ式三足杯　7. BⅠ式斧　8. AⅠ式残盆形豆　9. Ⅱ式垂棱钵形豆　10. BⅠ式弧敛口钵形豆　11. AⅡ式罐形鼎　12. BⅣ式残单耳罐　13. BⅢ式盆　14. CⅠ式残斧　15. Ⅰ式鼓腹圈足杯　16. CⅠ式斧　17. BⅠ碗

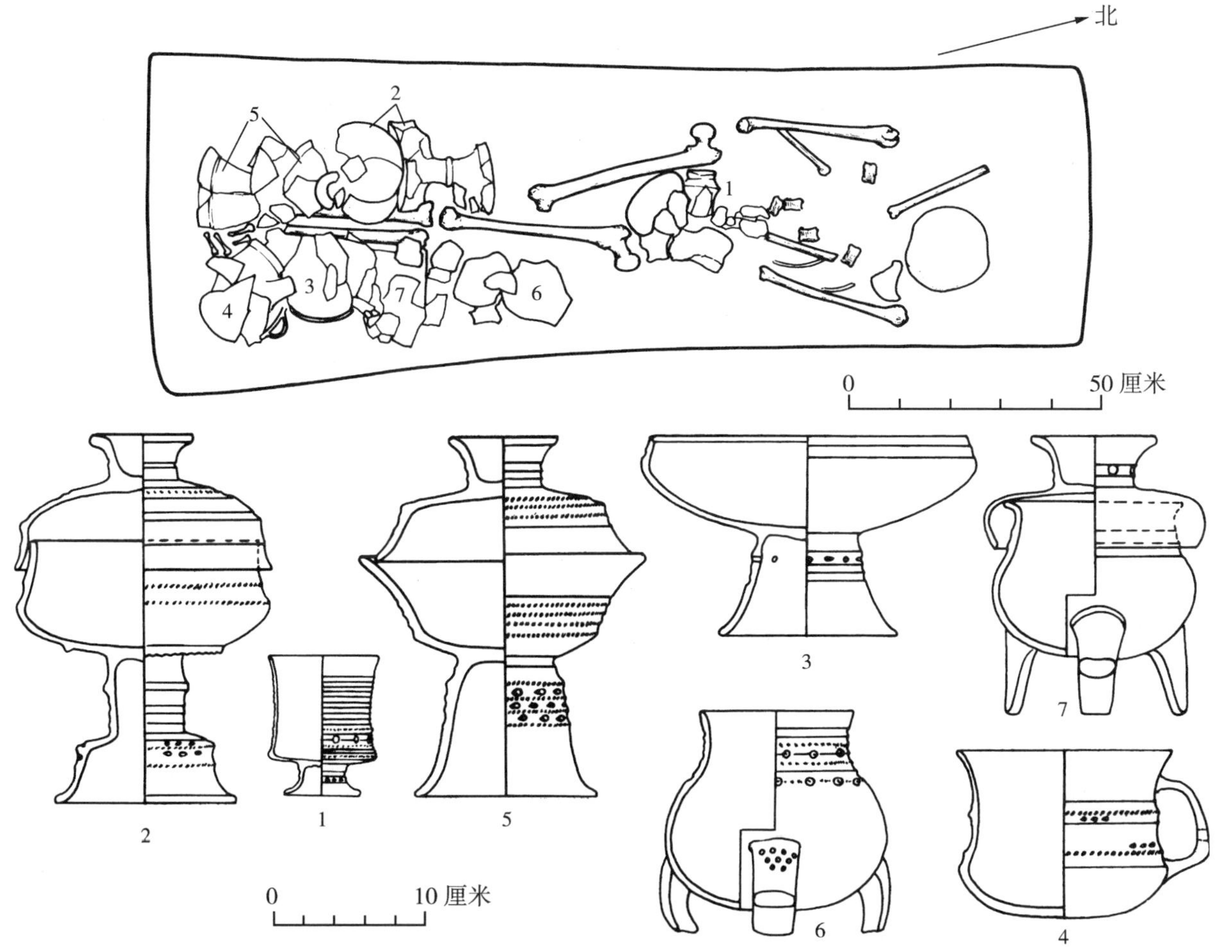

图 3－8　M35 平面图和随葬器物图

1. Ⅰ式竹节筒形杯　2. Ⅰ式附盖垂棱钵形豆　3. AⅡ式弧敛口钵形豆　4. CⅠ式单耳罐　5. BⅠ式附盖盆形豆　6. AⅢ式罐形鼎　7. BⅠ式附盖罐形鼎

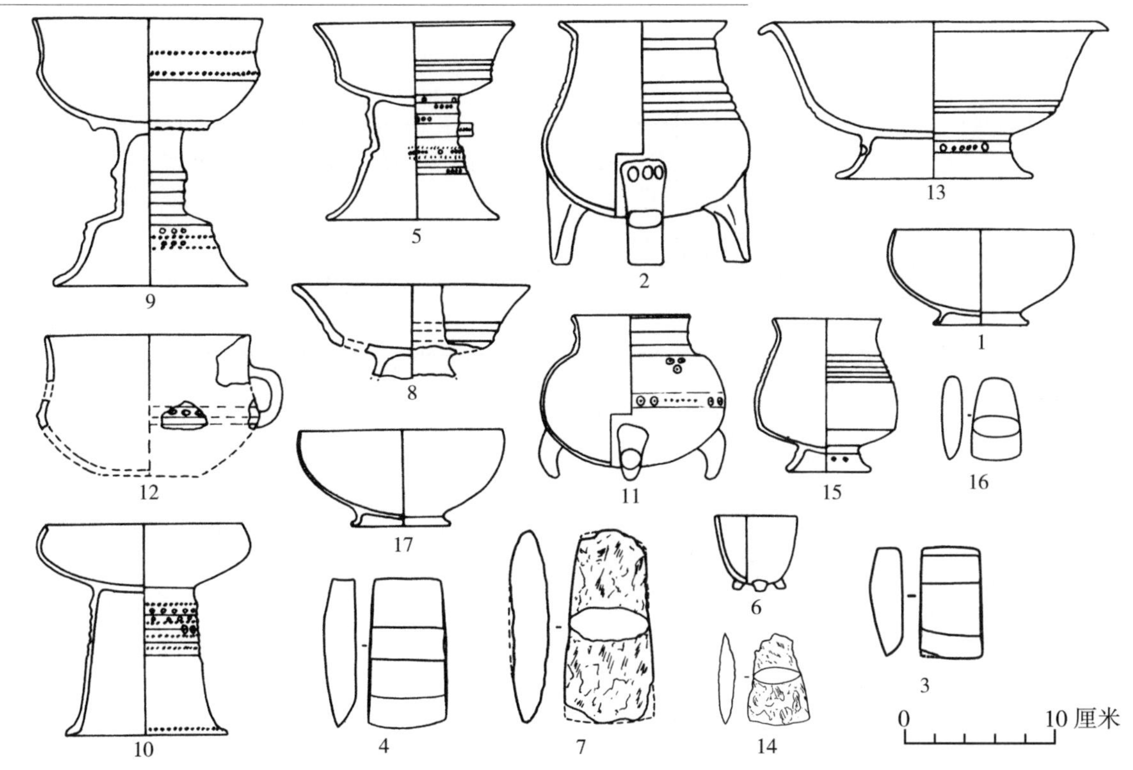

型Ⅶ式折敛口钵形豆，下肢骨处有Ⅵ式残盘、C型Ⅲ式残折敛口钵形豆、附盖盆形鼎、A型Ⅲ式陶纺轮，脚下处放B型Ⅲ式大口斜沿罐、A型Ⅲ式（残）和B型Ⅲ式陶纺轮、器盖。另在左肱骨外侧有猪下颌骨1片（图3-9；图版一二，4）。

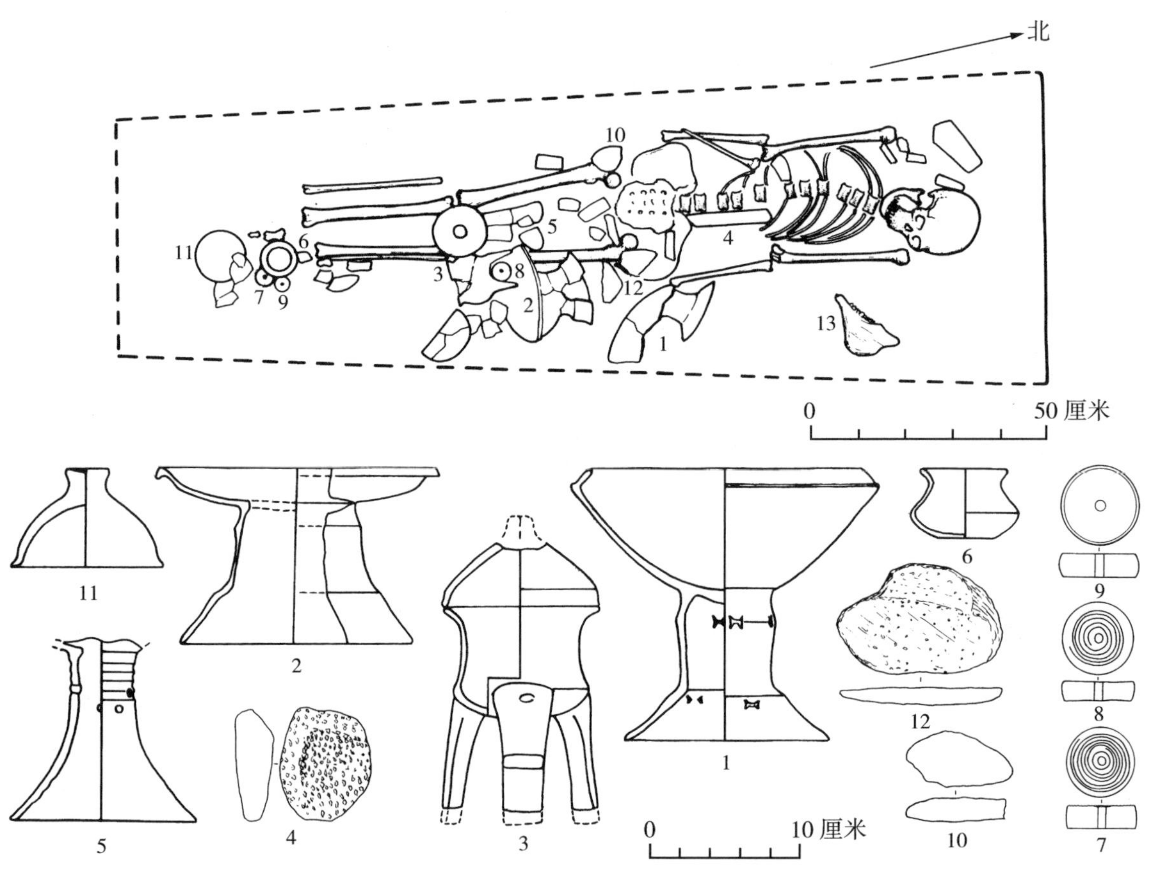

图3-9　M39平面图和随葬器物图

1. AⅦ式折敛口钵形豆　2. Ⅵ式残盘　3. 附盖盆形鼎　4. Ⅳ式搓磨石　5. CⅢ式残折敛口钵形豆　6. BⅢ式大口斜沿罐　7. BⅢ式残陶纺轮　8. AⅢ式陶纺轮　9. AⅢ式残陶纺轮　10. Ⅳ式搓磨石　11. 器盖　12. Ⅳ式搓磨石　13. 猪下颌骨1片

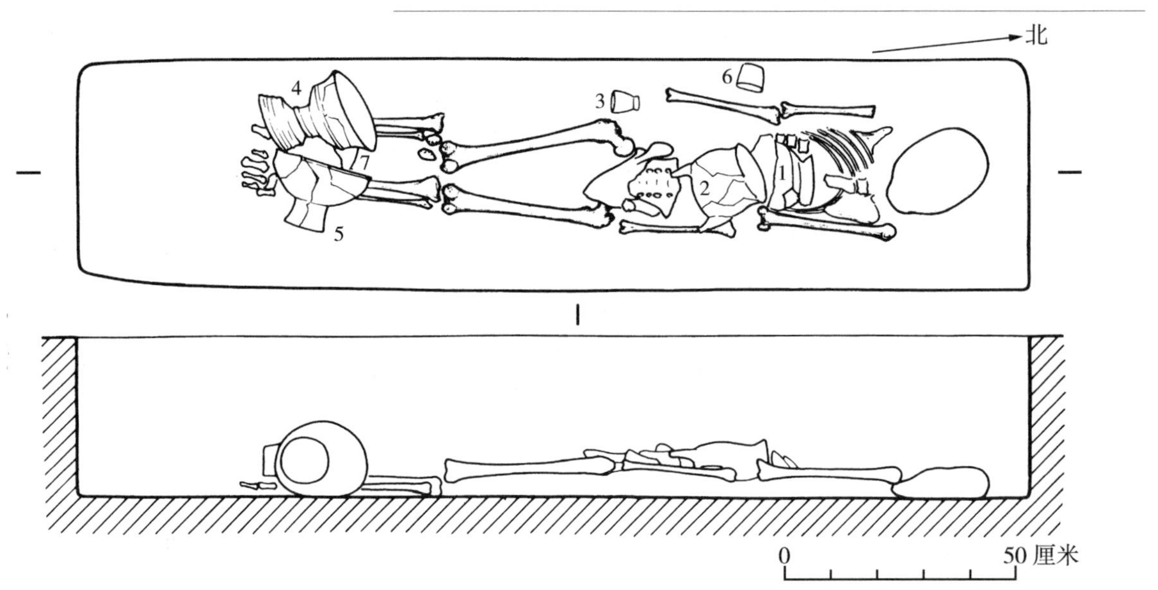

M40　窄长方形竖穴土坑。墓坑长200厘米，宽55厘米，口距地面深45厘米，底距地面深65厘米。方向9°。填土浅灰色杂土。人头骨在北已压扁，脊椎骨盆骨无存，上肢骨移位。系仰直式二次葬。成年。随葬器物7件：头骨下压Ⅳ式搓磨石、C型Ⅰ式残单耳罐，胫骨腓骨上依次放有B型Ⅰ式残罐形鼎、A型Ⅰ式弧敛口钵形豆、B型Ⅰ式碗、Ⅰ式附盖残垂棱钵形豆、B型Ⅱ式罐形鼎。墓坑西北角、高于坑底约12厘米的填土中，有猪下颌骨1副（图3－10；图版一三，1）。

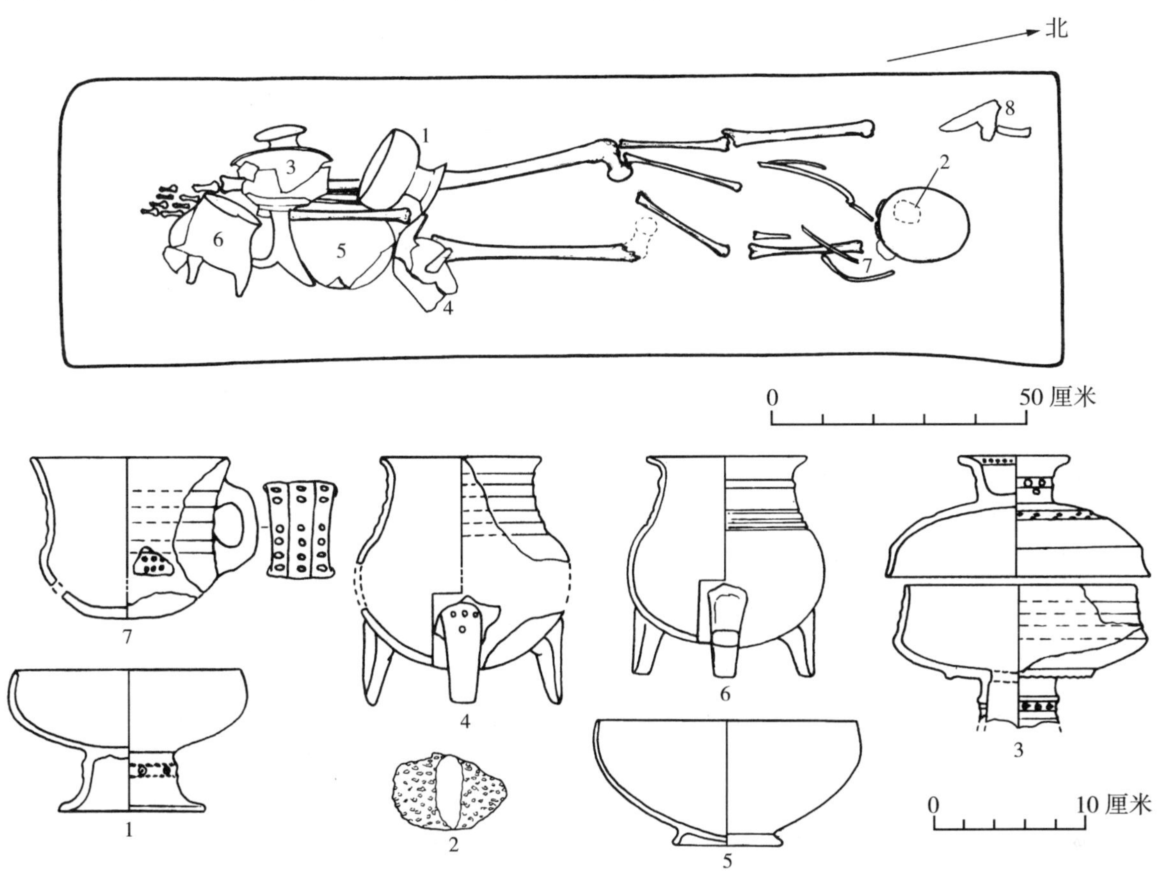

图3－10　M40平面图和随葬器物图

1. AⅠ式弧敛口钵形豆　2. Ⅳ式搓磨石　3. Ⅰ式附盖残垂棱钵形豆　4. BⅠ式残罐形鼎　5. BⅠ式碗　6. BⅡ式罐形鼎　7. CⅠ式残单耳罐　8. 猪下颌骨1副

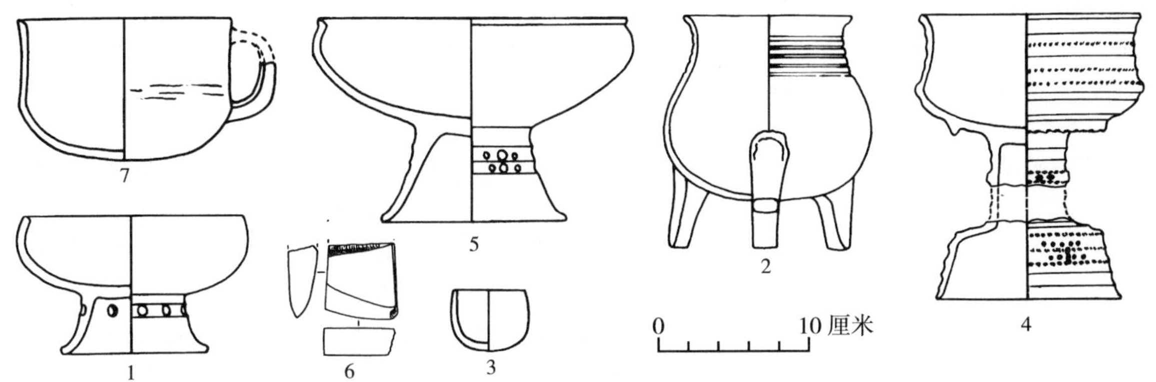

图3－11　M43平面、剖视图（见左）和随葬器物图

1. AⅠ式弧敛口钵形豆　2. BⅡ式罐形鼎　3. 圜底杯　4. Ⅰ式垂棱钵形豆　5. AⅡ式弧敛口钵形豆　6. BⅠ式残锛　7. AⅠ式单耳罐

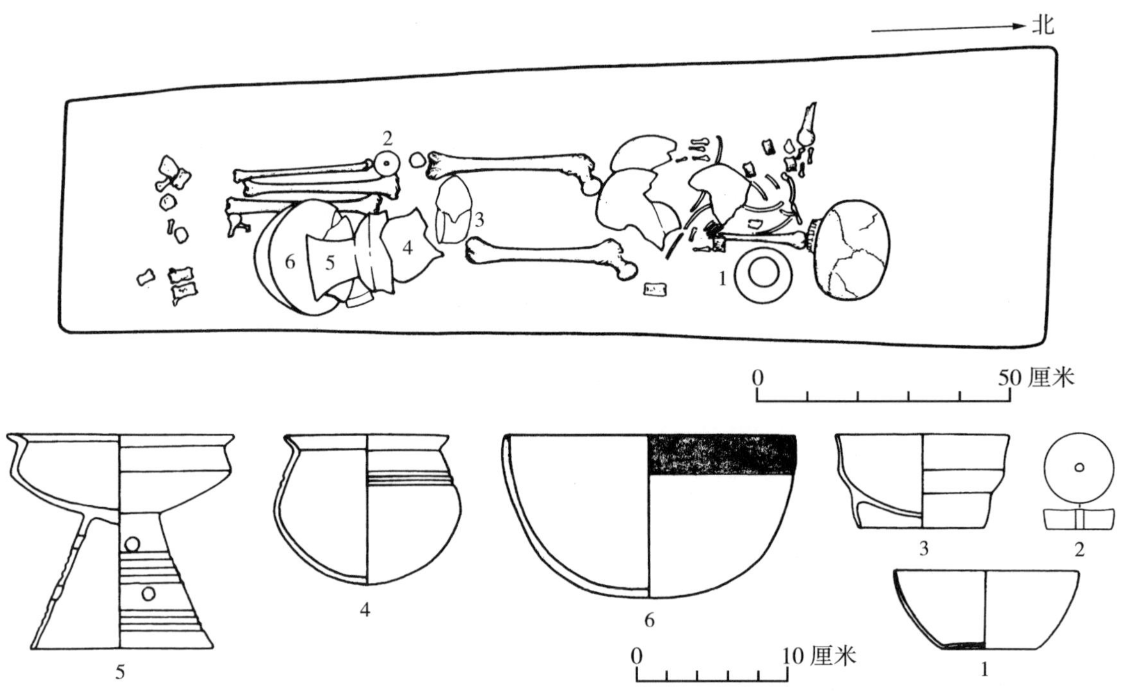

图 3－12　M45 平面图和随葬器物图

1. AⅡ式碗　2. BⅠ式陶纺轮　3. D 型碗　4. AⅡ式大口斜沿罐　5. BV 式盆形豆　6. BⅡ式钵

M43　窄长方形竖穴土坑。墓坑长 210 厘米，宽 51 厘米，口距地面深 42 厘米，底距地面深 77 厘米。方向 5°。填土偏黄色杂土。人头骨在北已压扁，面向东南，骶骨髋骨位置紊乱。系仰直式二次葬。女，30～35 岁。随葬器物 7 件：胸部有 A 型Ⅰ式弧敛口钵形豆、B 型Ⅱ式罐形鼎，右臂及手部分别放 B 型Ⅰ式残石锛、圜底杯，脚部有Ⅰ式垂棱钵形豆、A 型Ⅱ式弧敛口钵形豆、A 型Ⅰ式单耳罐（图 3－11；图版一三，2）。

M45　窄长方形竖穴土坑。墓坑长 195 厘米，宽 57（北）～48（南）厘米，口距地面深 22 厘米，底距地面深 72 厘米。方向 30°。填土偏黄色杂土。人头骨在北已压碎，面向南（颈下方），上颌骨直顶一根肱骨，两块髋骨都倒转位置并稍叠压，两股骨头都朝向左方，两胫骨併靠一起，肋骨脊椎骨凌乱，有的脊椎骨散落在南端。系仰直式二次葬。女，40～45 岁。随葬器物 6 件：有 A 型Ⅱ式和 D 型碗、A 型Ⅱ式大口斜沿罐、B 型Ⅴ式盆形豆、B 型Ⅱ式钵、B 型Ⅱ式陶纺轮（图 3－12；图版一三，3）。

M48　长方形竖穴土坑。墓坑长 250 厘米，宽 105 厘米，口距地面深 22 厘米，底距地面深 60 厘米。方向 7°。填土浅灰色杂土，夹有红烧土细粒和炭末。人头骨在北已歪转，颌骨向西，面向上，右肱骨上移斜放触及颌骨，两股骨错位很大不相平行，两股骨头方向互变更，右髋骨和骶骨倒放，脊椎骨凌乱。系仰直式二次葬。男，40～50 岁。共随葬石器工具五种 26 件，陶容器八种 11 件，陶纺轮 1 件，玉玦 2 件，猪下颌骨 8 副。具体位置如下：Ⅳ式Ⅵ式玉玦分置人头骨下方的左、右两边；三孔石刀、A 型大石锛、B 型Ⅱ式残斧、A 型Ⅳ式残陶纺轮，与Ⅰ式Ⅲ式Ⅳ式和已碎未分式搓磨石一起放在人架上身右侧；其他石器工具 A 型Ⅰ式、B 型Ⅲ式、C 型Ⅱ式斧，A 型（残）、B 型Ⅲ式、C 型Ⅱ式、C 型Ⅲ式（整 1、残 1）、C 型Ⅳ式（2 件）、无式（已碎 2 件）锛，B 型Ⅰ式、B 型Ⅱ式、B 型Ⅲ式（2 件）、C 型Ⅰ式（2 件）、C 型Ⅱ式凿，合计 19 件主要放在脚后部；大口尊居中压在胫骨腓骨上，其左右边和南侧放置 B 型Ⅲ式和 C 型Ⅲ式盆形豆、A 型Ⅵ式折敛口钵形豆、Ⅲ式盘、A 型彩陶单耳杯、B 型Ⅳ式单耳罐、Ⅲ式弇口矮领罐；还有 B 型Ⅳ式（附盖、残）、B 型Ⅵ式（残）和 B 型Ⅲ式（附盖）罐形鼎都在人骨左侧分放上、中、下三处。猪下颌骨位置均低于人骨架，先把猪下颌骨分成 2、2、4 副按三处摆放坑底，然后全坑普遍垫土厚 12～19 厘米，再埋葬人骨，随葬器物与人骨基本在同一平面或压在体骨之上（图 3－14A、B；彩版七）。

M49　窄长方形竖穴土坑。墓坑长 220 厘米，宽 67 厘米，口距地面深 41 厘米，底距地面深 85 厘米。方

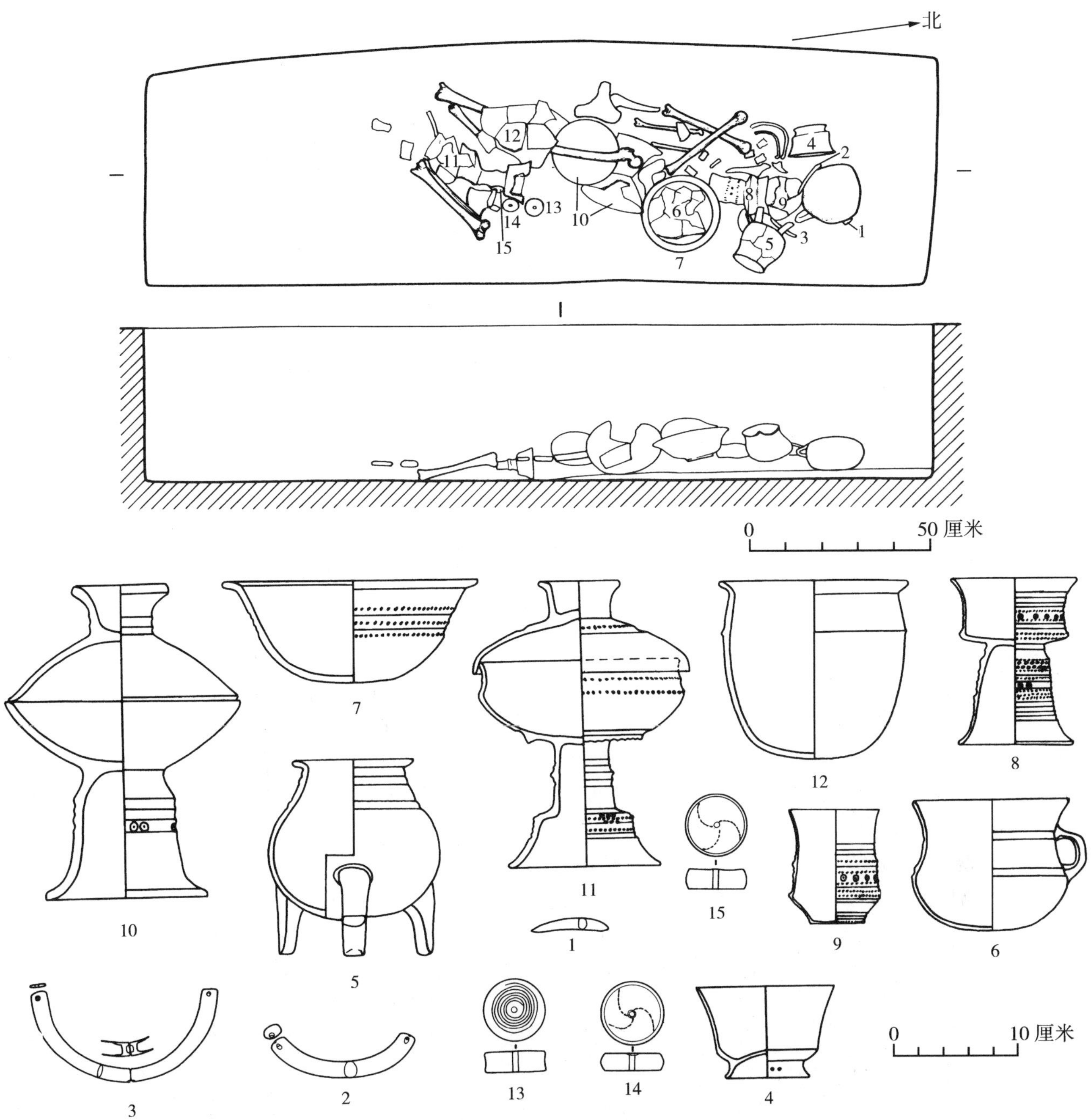

图 3－13　M49 平面、剖视图和随葬器物图

1. 玉簪　2. Ⅱ式璜　3. Ⅳ式璜　4. A 型碗形杯　5. BⅡ式罐形鼎　6. CⅠ式单耳罐　7. AⅢ式盆　8. AⅢ式高把皿形豆　9. 三曲凹弧腹杯　10. CⅠ式附盖盆形豆　11. Ⅰ式附盖垂棱钵形豆　12. C 型大口斜沿罐　13. AⅡ式陶纺轮　14. AⅣ式陶纺轮　15. BⅢ式陶纺轮

向 15°。填土深灰色杂土。人头骨在北已朽，仅剩粘附土上的痕迹，下颌骨偏向东边，两肱骨相交叉放置在右侧，被压的一根肱骨倒放，一块盆骨在盆形豆附盖的西侧，骶骨侧立在单耳罐与盆形豆空隙间，一段股骨压在附盖盆形豆上，左右胫骨腓骨斜放，右胫骨腓骨被压在平底罐之下。系仰直式二次葬。成年。随葬器物 15 件：人头顶骨下压一件玉簪，颈下方两侧有Ⅱ式玉璜、Ⅳ式石璜，陶器依次放有 A 型碗形杯、三曲凹弧腹杯、B 型Ⅱ式罐形鼎、A 型Ⅲ式高把皿形豆、C 型Ⅰ式单耳罐、A 型Ⅲ式盆、C 型Ⅰ式附盖盆形豆、C 型大口斜沿罐、Ⅰ式附盖垂棱钵形豆、A 型Ⅱ式 A 型Ⅳ式和 B 型Ⅲ式陶纺轮（图 3－13；图版一三，4）。

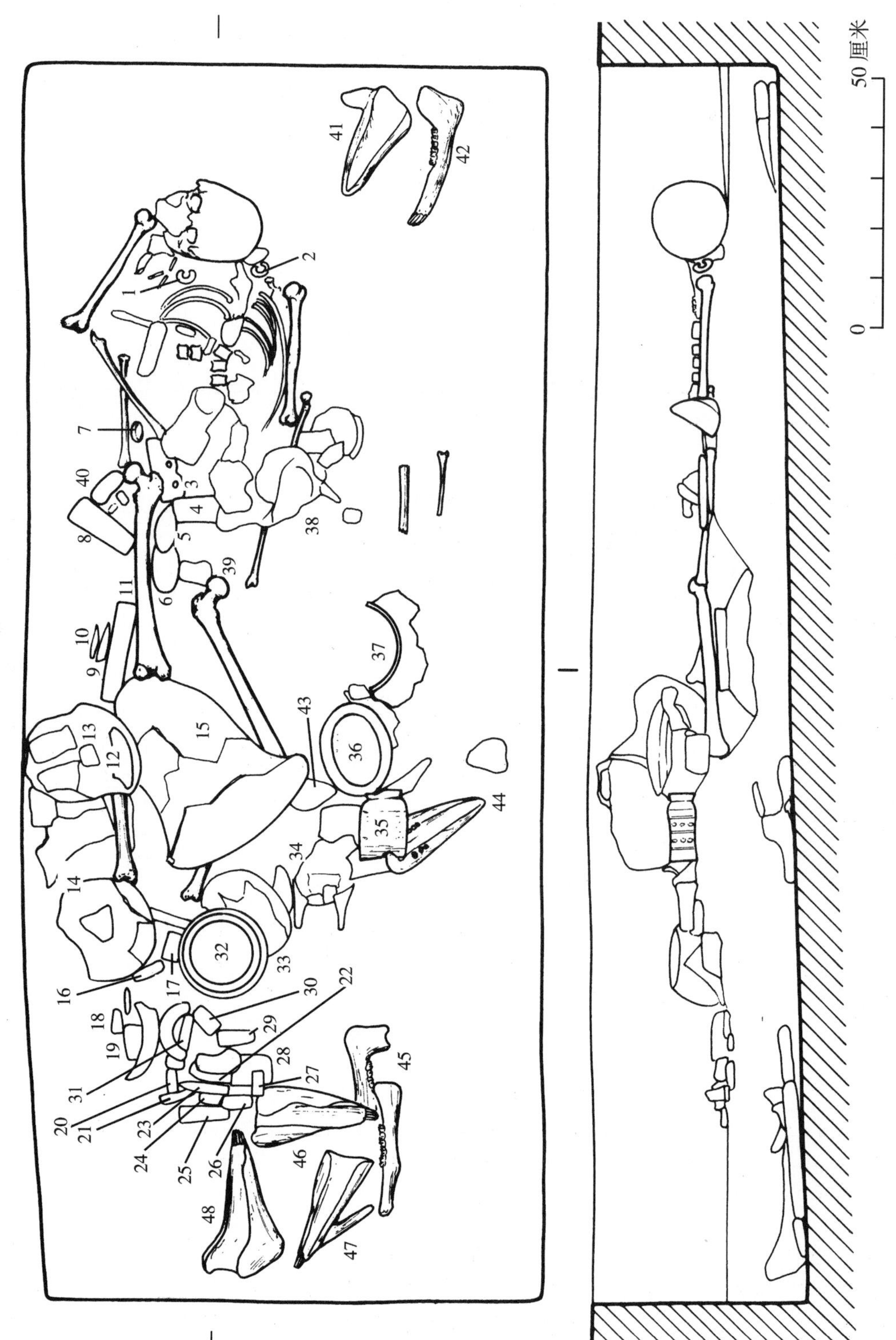

图3-14A　M48平面、剖视图

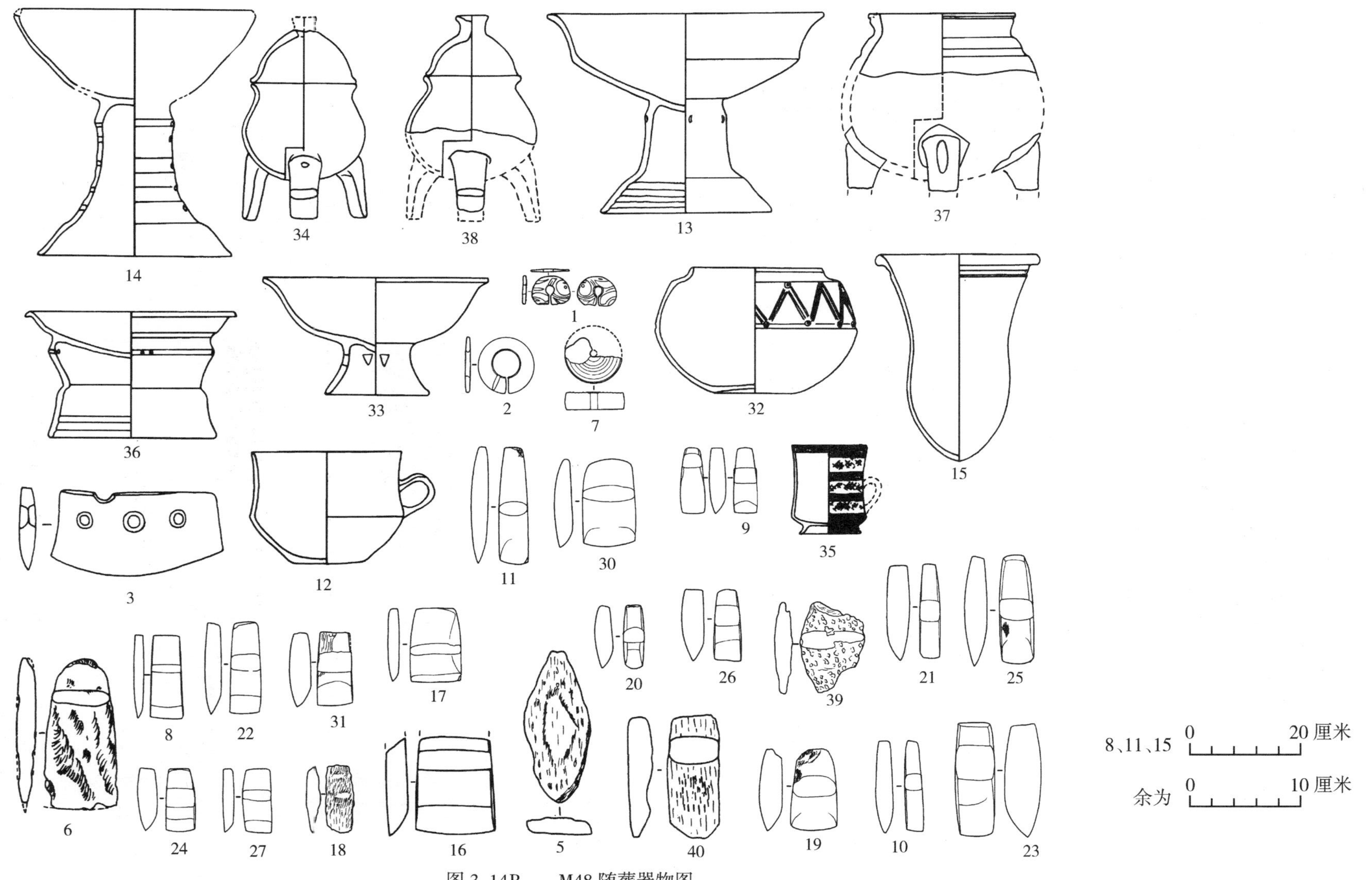

图 3-14B M48 随葬器物图

1.Ⅵ式玦 2.Ⅳ式玦 3.三孔石刀 4.残猝搓磨石 5.Ⅰ式搓磨石 6.BⅡ式残斧 7.AⅣ式残陶纺轮 8.A型锛 9.CⅠ式凿 10.BⅢ式凿 11.AⅠ式斧 12.BⅣ式单耳罐 13.BⅢ式盆形豆 14.AⅥ式折敛口体形豆 15.大口尊 16.A型残锛 17.CⅡ式锛 18.CⅢ式残锛 19.CⅡ式斧 20.CⅠ式凿 21.BⅢ式凿 22.BⅢ式锛 23.BⅠ式凿 24.CⅣ式锛 25.BⅡ式凿 26.CⅡ式凿 27.CⅢ式锛 28.残碎锛 29.残碎锛 30.BⅢ式斧 31.CⅣ式锛 32.Ⅲ式弇口矮领罐 33.CⅢ式盆形豆 34.BⅢ式附盖罐形鼎 35.A型单耳杯 36.Ⅲ式盘 37.BⅥ式残罐形鼎 38.BⅣ式附盖残罐形鼎 39.Ⅳ式搓磨石 40.Ⅲ式搓磨石 41~48.猪下颌骨 8 副

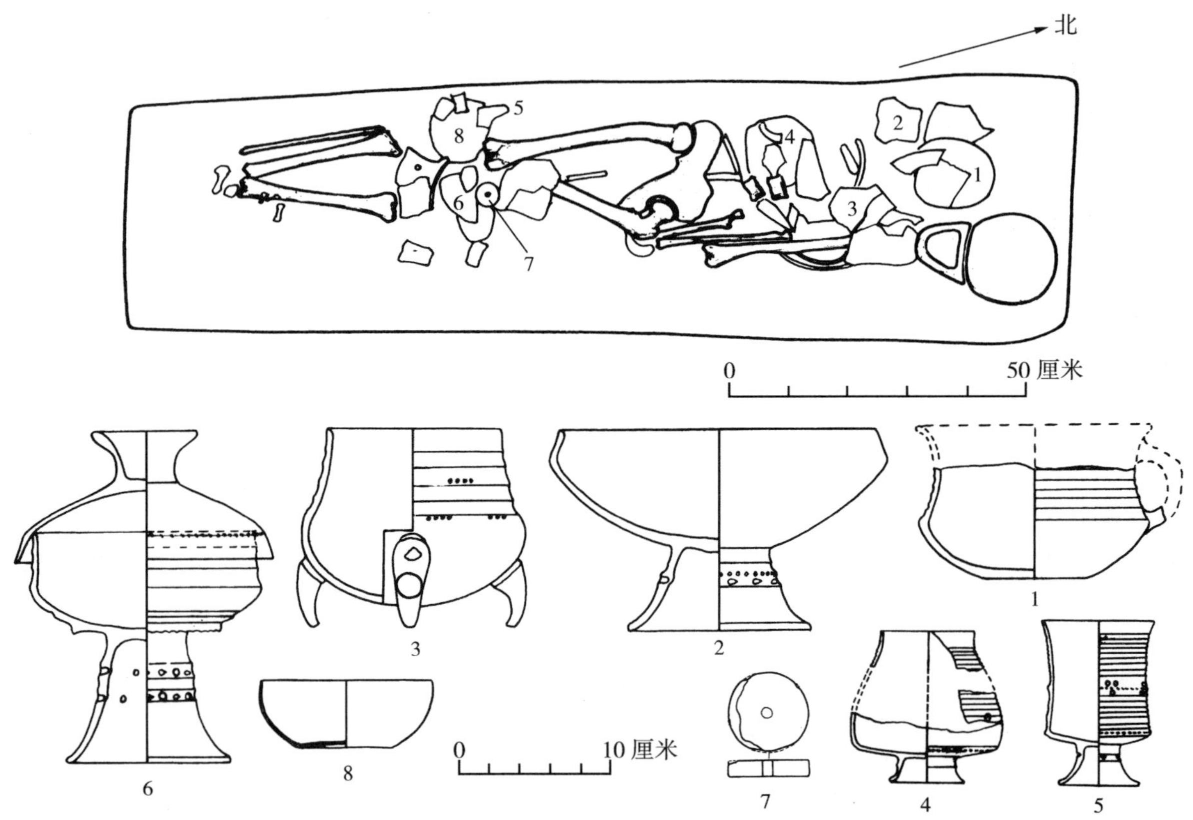

图 3－15　M50 平面图和随葬器物图

1. CⅡ式单耳罐　2. AⅡ式弧敛口钵形豆　3. AⅠ式罐形鼎　4. Ⅰ式残鼓腹圈足杯　5. Ⅰ式竹节筒形杯　6. Ⅵ式附盖垂棱钵形豆　7. AⅠ式残陶纺轮　8. AⅠ式碗

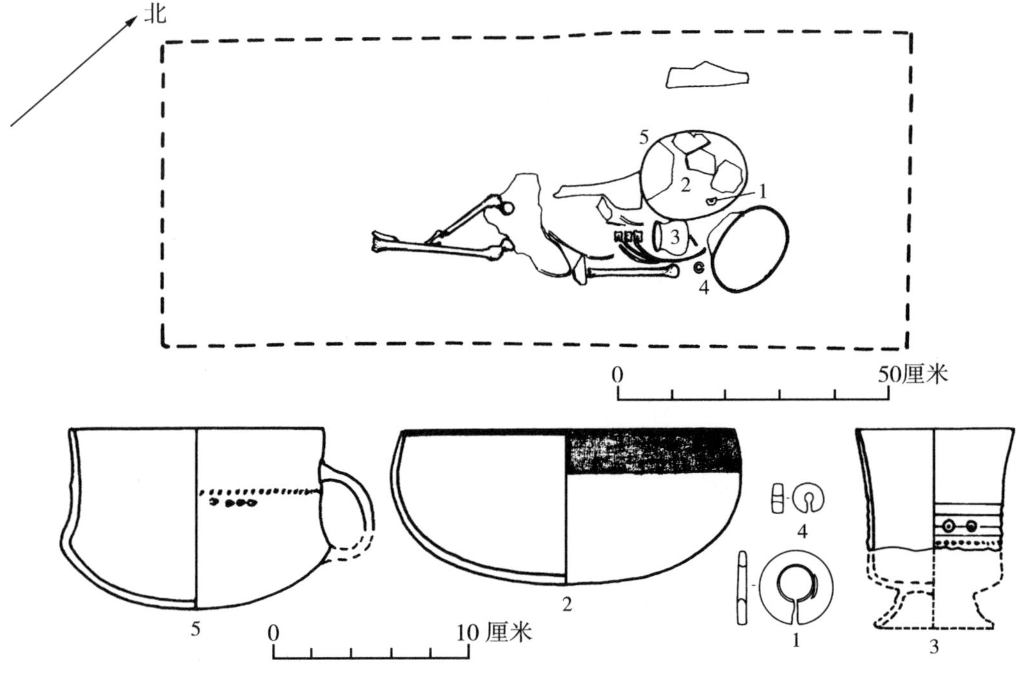

图 3－16　M116 平面图和随葬器物图

1. Ⅲ式玦　2. BⅠ式钵　3. Ⅳ式竹节筒形杯　4. Ⅰ式玦　5. BⅠ式单耳罐

M50 窄长方形竖穴土坑。墓坑长160厘米，宽45厘米，口距地面深63厘米，底距地面深80（北端）~90（南端）厘米，坑底略有斜度。方向19°。填土灰黄色杂土。骨架下北半部底面垫有一层很薄的草木灰。人头骨在北已压扁，面向上，盆骨肢骨等移位。系仰直式二次葬。女，40~45岁。随葬器物8件：头、胸部位放C型Ⅱ式单耳罐、A型Ⅱ式弧敛口钵形豆、A型Ⅰ式罐形鼎、Ⅰ式残鼓腹圈足杯，下肢部位有Ⅰ式竹节筒形杯、A型Ⅰ式碗、Ⅵ式附盖垂棱钵形豆、A型Ⅰ式陶纺轮（图3-15，图版一四，1）。

M116 可能长方形竖穴土坑，四边未找出。发现时距地面深38厘米，底距地面深48厘米。坑底有很少量草木灰烬。方向42°。填土灰黄色杂土夹少量炭末。人头骨在北，仰身直肢，胫骨以下被M107打掉。儿童。随葬器物5件：有Ⅰ式和Ⅲ式玉玦、B型Ⅰ式钵、B型Ⅰ式单耳罐、Ⅳ式竹节筒形杯（图3-16）。

M117 窄长方形竖穴土坑。墓坑长191厘米，宽58厘米，口距地面深37厘米，底距地面兴57厘米。方向200°。填土灰黄色杂土。人头骨在南，已发掘的全部墓葬中仅此一座头向与其他众墓相反。人头骨侧放，顶部朝东，面部向南，小部分脊椎骨已移到盆骨处，胫骨上移至股骨旁侧。系仰直式二次葬。男，成年。随葬器物13件：人头骨左右侧各有一件Ⅱ式玉玦，上胸部Ⅲ式玉璜，右肱骨上压着一件斜放的穿孔石斧，左肱骨上端局部压着一件Ⅲ式搓磨石，下肢部位有Ⅰ式残竹节筒形杯、Ⅰ式附盖残垂棱钵形豆、Ⅳ式鼓腹圈足杯、A型Ⅴ式和B型Ⅱ式罐形鼎、A型Ⅳ式和A型Ⅵ式弧敛口钵形豆、B型Ⅳ式单耳罐。还在人胸部位置有一块动物（牛）脊椎骨（图3-17；图版一四，2）。

M120 长方形竖穴土坑。墓坑长250厘米，宽113（北）~108（南）厘米，口距地面深37厘米，底距地面深62厘米。以黄胶泥边框为标志的人架坑，长200厘米，宽67厘米。东边黄胶泥与墓坑口齐平，同时显露，宽1.5~4厘米，多数宽为2.5厘米，自深多为2.5~4厘米。西边黄胶泥不与墓坑口齐平，大部分低于坑口约10厘米才露出，宽2厘米，自深2.5~4厘米，多数为2.5厘米。南、北两边黄胶泥剖面成中间低下的凹弧形，中间处低于墓坑口水平线之下13厘米，宽、自深多数在2~2.5厘米。分析此现象，黄胶泥原当是涂敷在木质葬具口部外面的，因葬具朽烂下陷，此泥条也随之下降成弧形。方向20°。填土，墓坑、人架坑均填浅灰色杂土。人头骨在北，面向西，左肱骨东高西低横斜摆放，左股骨错位不与胫骨腓骨竖直连接，骶骨髋骨均非正常位置，脊椎骨肋骨凌乱。系仰直式二次葬。男，40岁左右。人架坑内随葬器物17件，多数压在人骨之上，少数的被压在人骨之下。头部有C型残小口矮领罐，中部有Ⅱ式搓磨石、附盖残釜形鼎，下部有B型Ⅰ式残石凿、石凿半成品、B型Ⅴ式单耳罐（局部被两股骨压住）、圜底小罐（倒扣放置，下压住小锛）、C型Ⅵ式小锛、穿孔石斧（平放，刃向里侧，被单耳罐和右股骨所压）、砺石（在右胫骨之下）、C型Ⅲ式附盖罐形鼎、Ⅲ式三足杯、A型Ⅱ式大石斧（在罐形鼎之下、胫骨腓骨之上）、B型Ⅰ式石锛、A型小口矮领罐、Ⅳ式搓磨石（被压在小口矮领罐之下）、Ⅴ式盘（图3-18A、B；图版一四，3）。

M121 可能长方形竖穴土坑，四边不清，发现时距地面深仅15厘米，底距地面深28厘米。方向20°。填土浅灰色杂土。骨殖酥软，人头骨在北，肱骨位置错动，肋骨凌乱。系仰直式二次葬。成年。随葬器物10件：胸部处有Ⅱ式搓磨石，下肢骨处有附盖盆形鼎、B型Ⅳ式附盖残罐形鼎、B型Ⅱ式和C型Ⅲ式折敛口钵形豆、Ⅰ式和Ⅴ式盘、C型Ⅰ式单耳杯、器盖、A型Ⅳ式陶纺轮（图3-19）。

M122 长方形竖穴土坑。附泥边框坑长191厘米，宽56厘米，口距地面深70厘米，底距地面深92厘米。坑四边粘附薄层青膏泥，宽1~2厘米，下延最深6~7厘米。方向22°。填土灰黄色杂土。人头骨在北已压扁，面向上，左肱骨部位并列两根，左尺骨桡骨部位无骨。系仰直式二次葬。可能女性，40岁左右。随葬器物11件：颈下处有Ⅱ式玉璜，胸部有Ⅲ式搓磨石、B型Ⅰ式陶纺轮、A型Ⅰ式碗，下肢骨处B型Ⅳ式残单耳罐、B型Ⅱ式碗、Ⅰ式附盖垂棱钵形豆、A型Ⅴ式和B型Ⅱ式罐形鼎、Ⅰ式鼓腹圈足杯、A型Ⅲ式弧敛口钵形豆（图3-20；图版一四，4）。

M124 长方形竖穴土坑。附泥边框坑长135厘米，宽59厘米，口距地面深37厘米，底距地面深55厘米。东、南、西三坑边粘附青膏泥，宽1~1.5厘米，北边未见。方向21°。填土灰黄色杂土。头骨缺失，存留少量肋骨椎骨和部分肢骨。系二次葬。儿童。随葬器物12件：头部有Ⅰ式玉璜，中部有A型Ⅲ式碗、B型Ⅰ式弧敛口钵形豆、A型Ⅴ式和C型Ⅰ式罐形鼎、Ⅲ式竹节筒形杯，下部有Ⅲ式附盖垂棱钵形

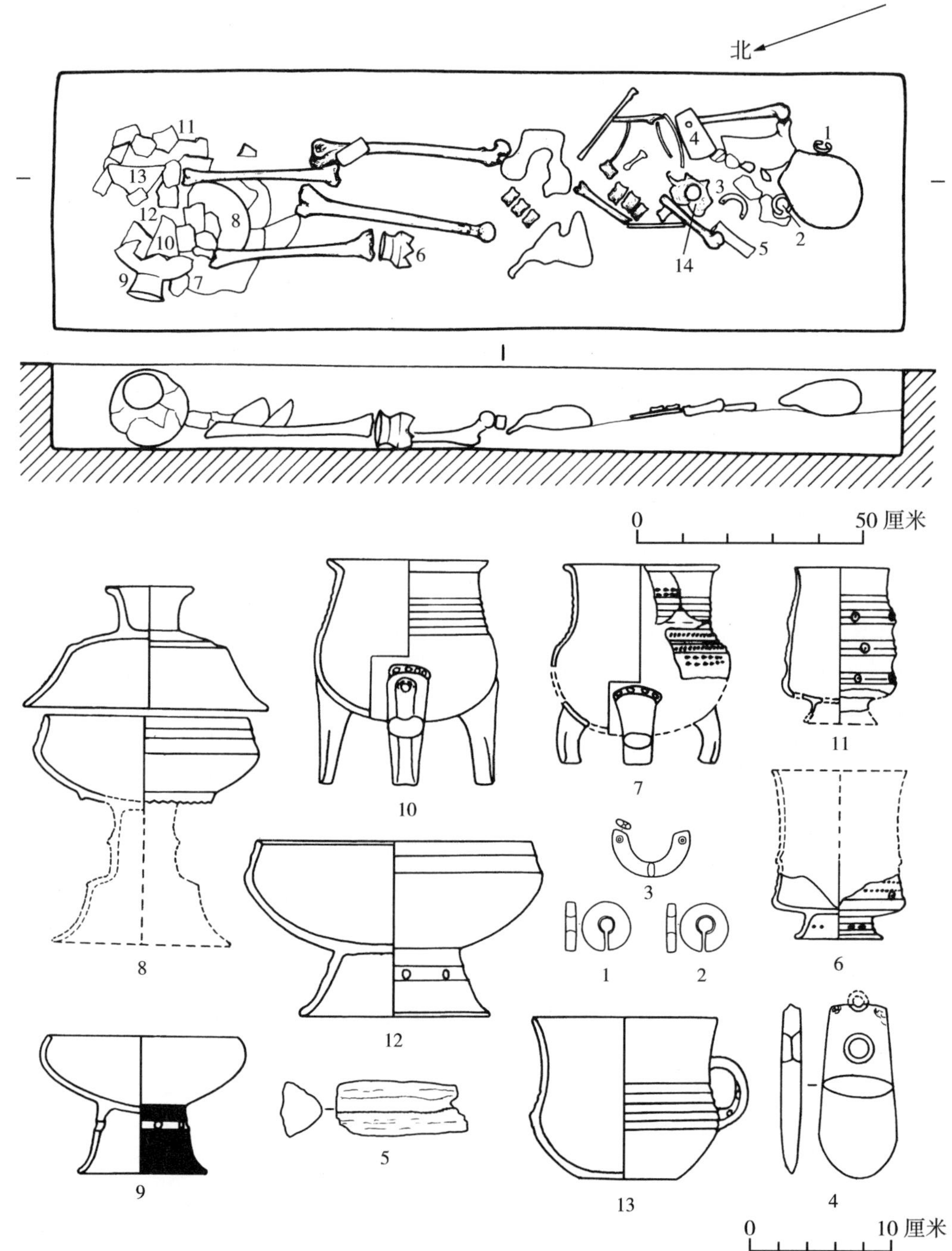

图 3－17　M117 平面、剖视图和随葬器物图

1. Ⅱ式玦　2. Ⅱ式玦　3. Ⅲ式璜　4. 穿孔石斧　5. Ⅲ式搓磨石　6. Ⅰ式残竹节筒形杯　7. AⅤ式残罐形鼎　8. Ⅰ式附盖残垂棱钵形豆　9. AⅥ式弧敛口钵形豆　10. BⅡ式罐形鼎　11. Ⅳ式鼓腹圈足杯　12. AⅣ式弧敛口钵形豆　13. BⅣ式单耳罐　14. 动物脊椎骨

豆、C 型残三足罐、B 型Ⅱ式单耳罐、A 型Ⅱ式盆、B 型Ⅰ式附盖高把皿形豆、A 型Ⅰ式残弧敛口钵形豆（图 3－21；图版一五，1）。

M139　窄长方形竖穴土坑。墓坑长 181 厘米，宽 44（北）～40（南）厘米，口距地面深 90 厘米，底距地面深 106 厘米。方向 19°。填土灰黄色杂土。人头骨在北，面向东（左），脊椎骨盆骨无存，肢骨移位。系仰直式二次葬。儿童，9～10 岁。随葬陶器 4 件：有Ⅱ式竹节筒形杯、C 型Ⅰ式和 B 型Ⅰ式（附

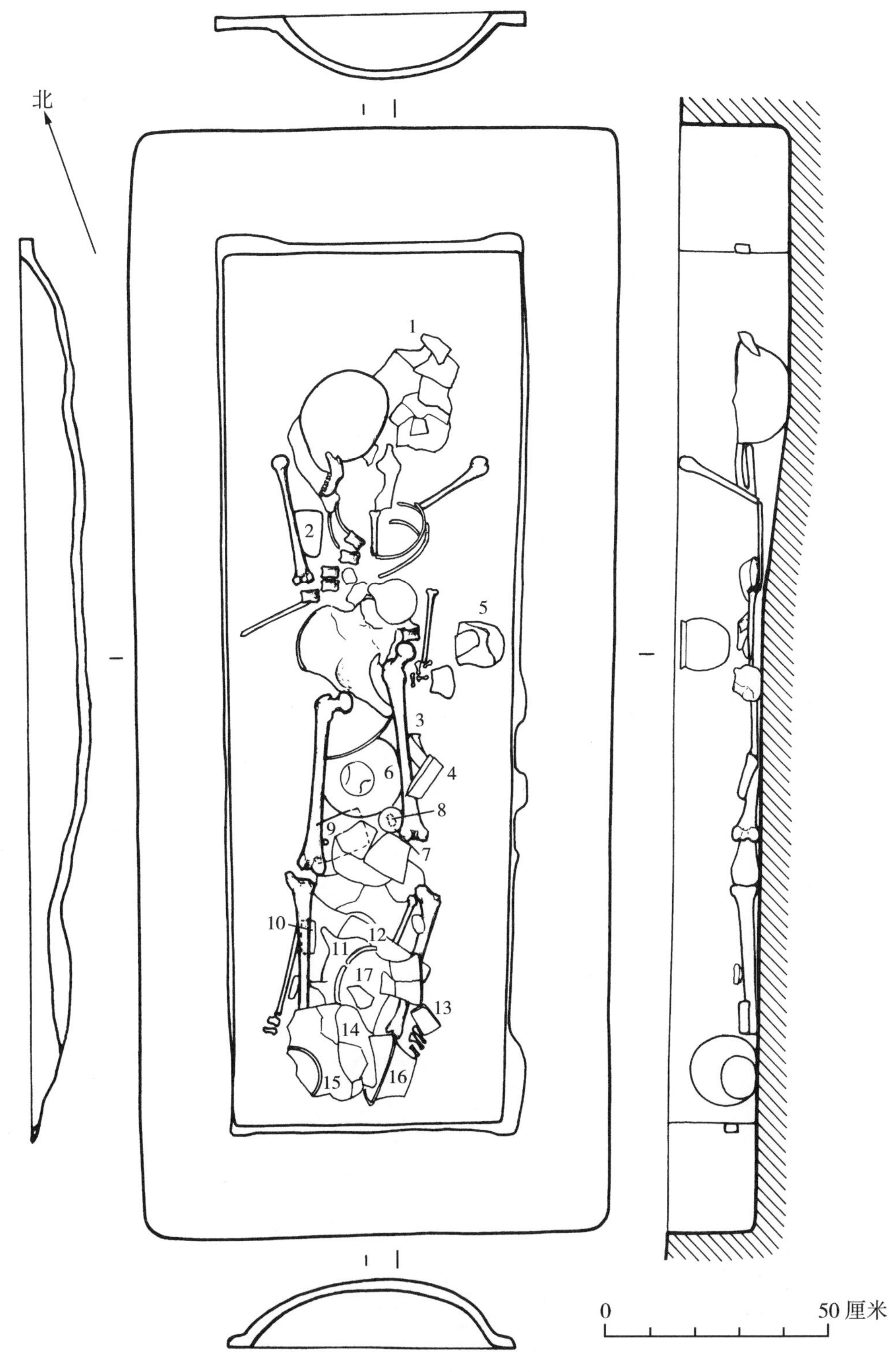

图3-18A　M120平面、剖视图

盖）罐形鼎、Ⅰ式附盖垂棱钵形豆（图3-22；图版一五，2）。

M144　窄长方形竖穴土坑。墓坑长197厘米，宽74（北）~64（南）厘米，口距地面深25厘米，底距地面深92厘米。墓坑里距地面深72厘米露出人架坑口，人架坑长121厘米，宽59~55厘米，人架坑外侧与墓坑间形成宽60~4厘米的熟土二层台。人架坑整个北坑边，与其坑口齐平即有宽1.5厘米的黄

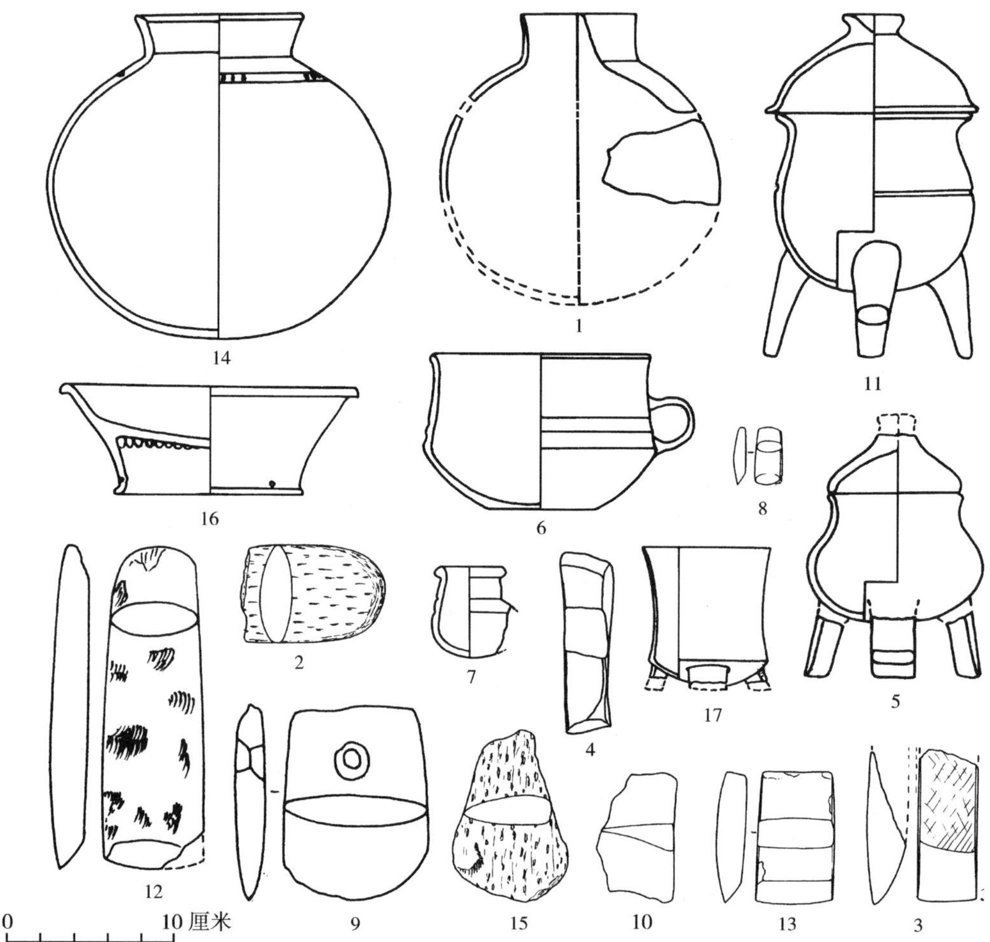

图 3－18B　M120 随葬器物图

1. C 型残小口矮领罐　2. Ⅱ式搓磨石　3. BⅠ式残凿　4. 石凿半成品　5. 附盖残釜形鼎　6. BⅤ式单耳罐　7. 圜底小杯形器　8. CⅥ式锛　9. 穿孔石斧　10. 砺石　11. CⅢ式附盖罐形鼎　12. AⅡ式斧　13. BⅠ式锛　14. A 型小口矮领罐　15. Ⅳ式搓磨石　16. Ⅴ式盘　17. Ⅲ式三足杯

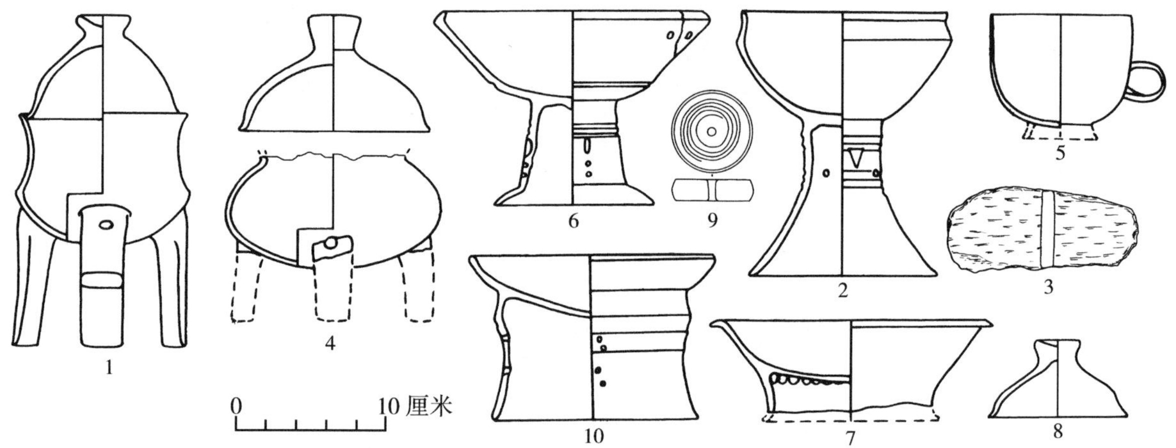

图 3－19　M121 平面图（见右）和随葬器物图

1. 附盖盆形鼎　2. CⅢ式折敛口钵形豆　3. Ⅱ式搓磨石　4. BⅣ式附盖残罐形鼎　5. CⅠ式单耳杯　6. BⅡ式折敛口钵形豆　7. Ⅴ式盘　8. 器盖　9. AⅣ式陶纺轮　10. Ⅰ式盘

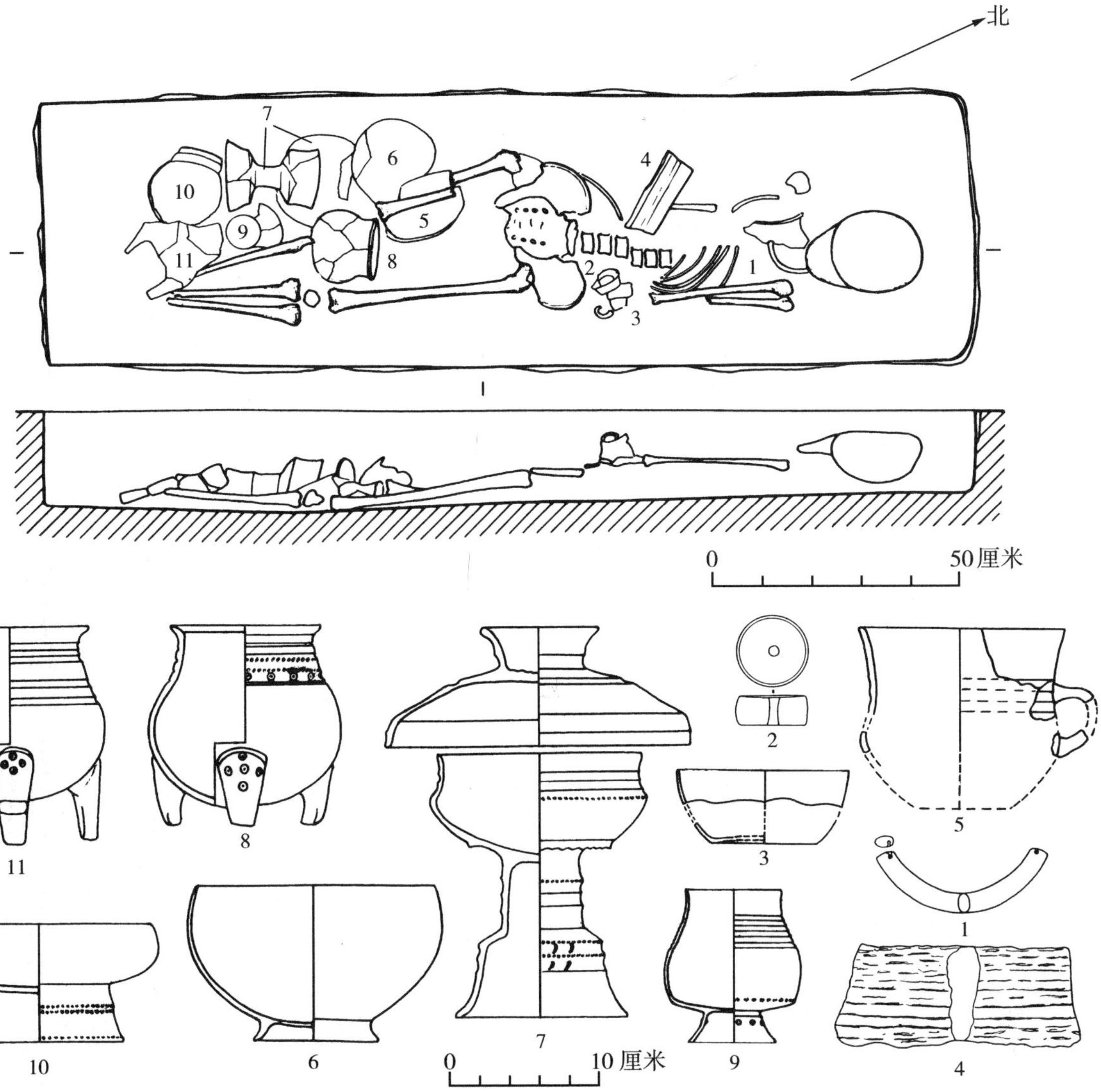

图 3－20　M122 平面、剖视图和随葬器物图

1. Ⅱ式璜　2. BⅠ式陶纺轮　3. AⅠ式碗　4. Ⅲ式搓磨石　5. BⅣ式残单耳罐　6. BⅡ式碗　7. Ⅰ式附盖垂棱钵形豆　8. AⅤ式罐形鼎　9. Ⅰ式鼓腹圈足杯　10. AⅢ式弧敛口钵形豆　11. BⅡ式罐形鼎

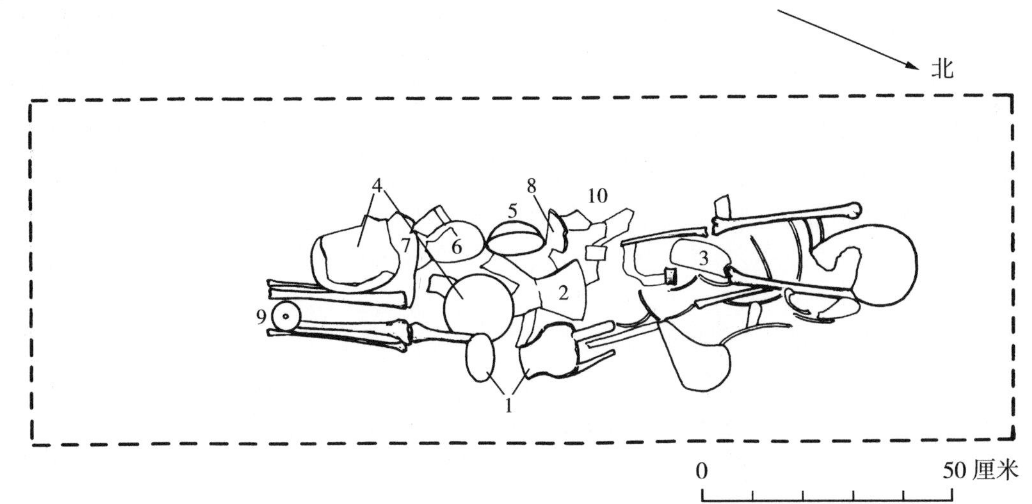

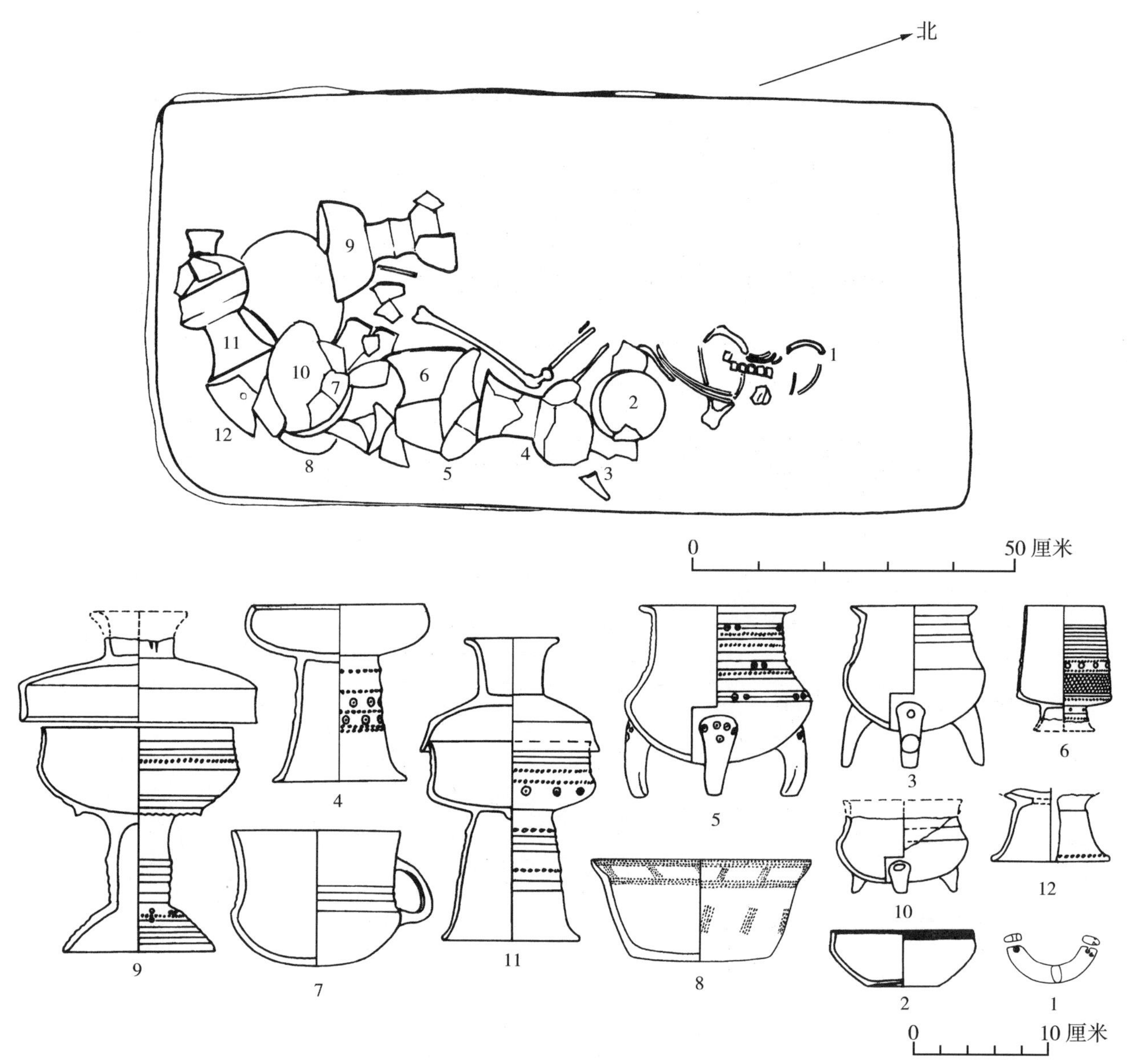

图3－21　M124平面图和随葬器物图

1. Ⅰ式璜　2. AⅢ式碗　3. CⅠ式罐形鼎　4. BⅠ式弧敛口钵形豆　5. AⅤ式罐形鼎　6. Ⅲ式竹节筒形杯　7. BⅡ式单耳罐　8. AⅡ式盆　9. Ⅲ式附盖垂棱钵形豆　10. C型残三足罐　11. BⅠ式附盖高把皿形豆　12. AⅠ式残弧敛口钵形豆

胶泥条，自深11厘米。人架坑口以下11厘米处，四边都是青膏泥边框，宽1.5厘米，自深绝大部分在2.5厘米，北边的青膏泥即与其上部的黄胶泥相连接，西北角处的青膏泥为最深有7厘米。人架坑口、壁上粘附的黄胶泥青膏泥所围起的长方形边框，应就是敷抹了黄胶泥青膏泥的木质葬具遗迹。方向24°。填土深灰色杂土。人头骨在北已压扁，面向北，下颌骨在南，肋骨散乱。系仰直式二次葬。6岁儿童。随葬陶器8件，多压在腹部以下人骨上，有A型碗形杯、Ⅰ式残鼓腹圈足杯、A型Ⅱ式和B型Ⅱ式高把皿形豆、B型Ⅰ式罐形鼎、Ⅱ式附盖垂棱钵形豆、B型Ⅳ式单耳罐、B型Ⅱ式盆（图3－24；图版一五，3）。

M146　近长梯形竖穴土坑。附泥边框坑长150厘米，宽48（北）～30（南）厘米，口距地面深72厘米。底距地面深134厘米。四边有青膏泥，宽1～2厘米，自口部下延5～10厘米即消失。方向22°。填土灰黄色杂土。人头骨在北已碎，肋骨脊椎骨凌乱，上肢骨断损或缺失，下肢骨基本正常。系仰直式二次葬。男，30～35岁。随葬陶器3件均压在人骨上，为C型三足罐、B型Ⅱ式弧敛口钵形豆、A型Ⅳ式折敛口钵形豆（图3－23；图版一五，4）。

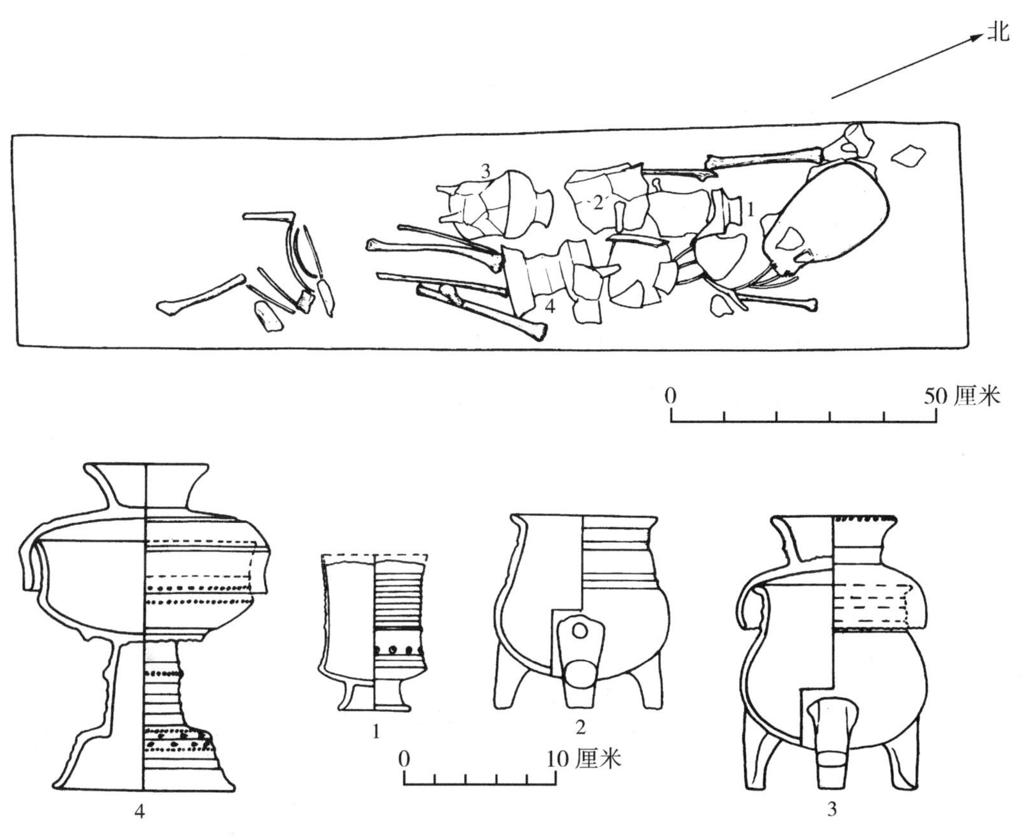

图3-22　M139平面图和随葬器物图

1. Ⅱ式竹节筒形杯　2. CⅠ式罐形鼎　3. BⅠ式附盖罐形鼎　4. Ⅰ式附盖垂棱钵形豆

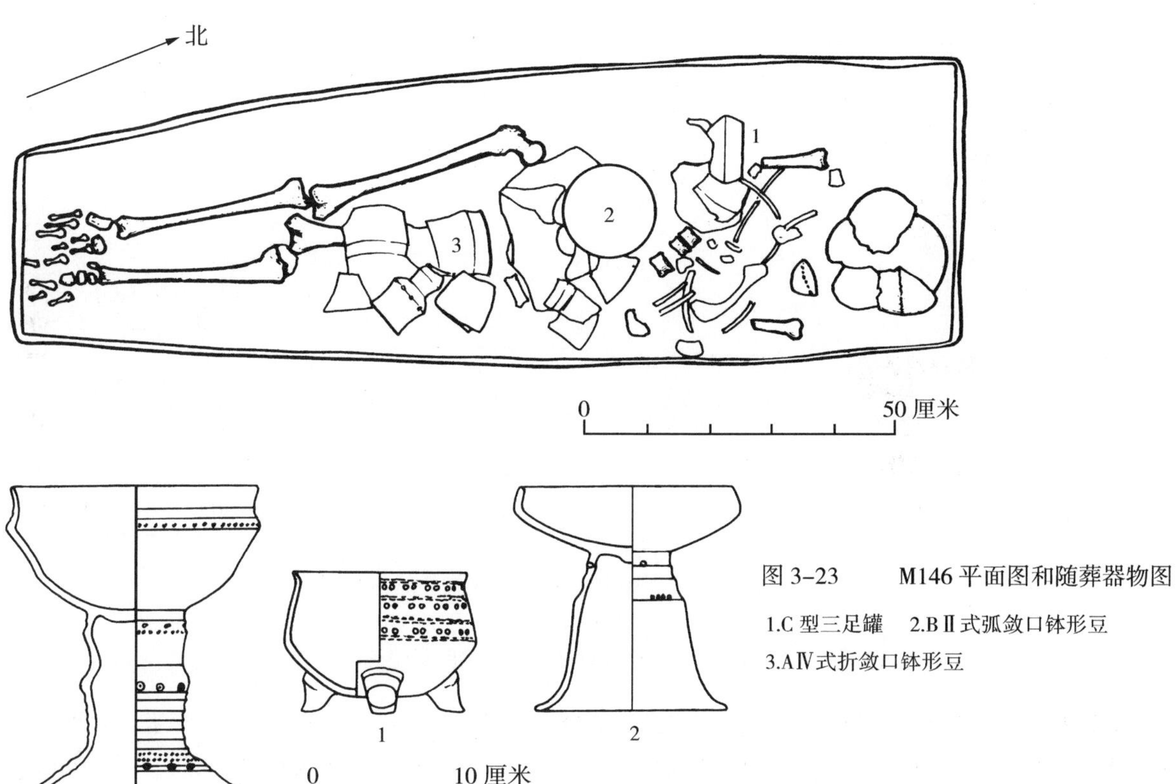

图3-23　M146平面图和随葬器物图

1.C型三足罐　2.BⅡ式弧敛口钵形豆

3.AⅣ式折敛口钵形豆

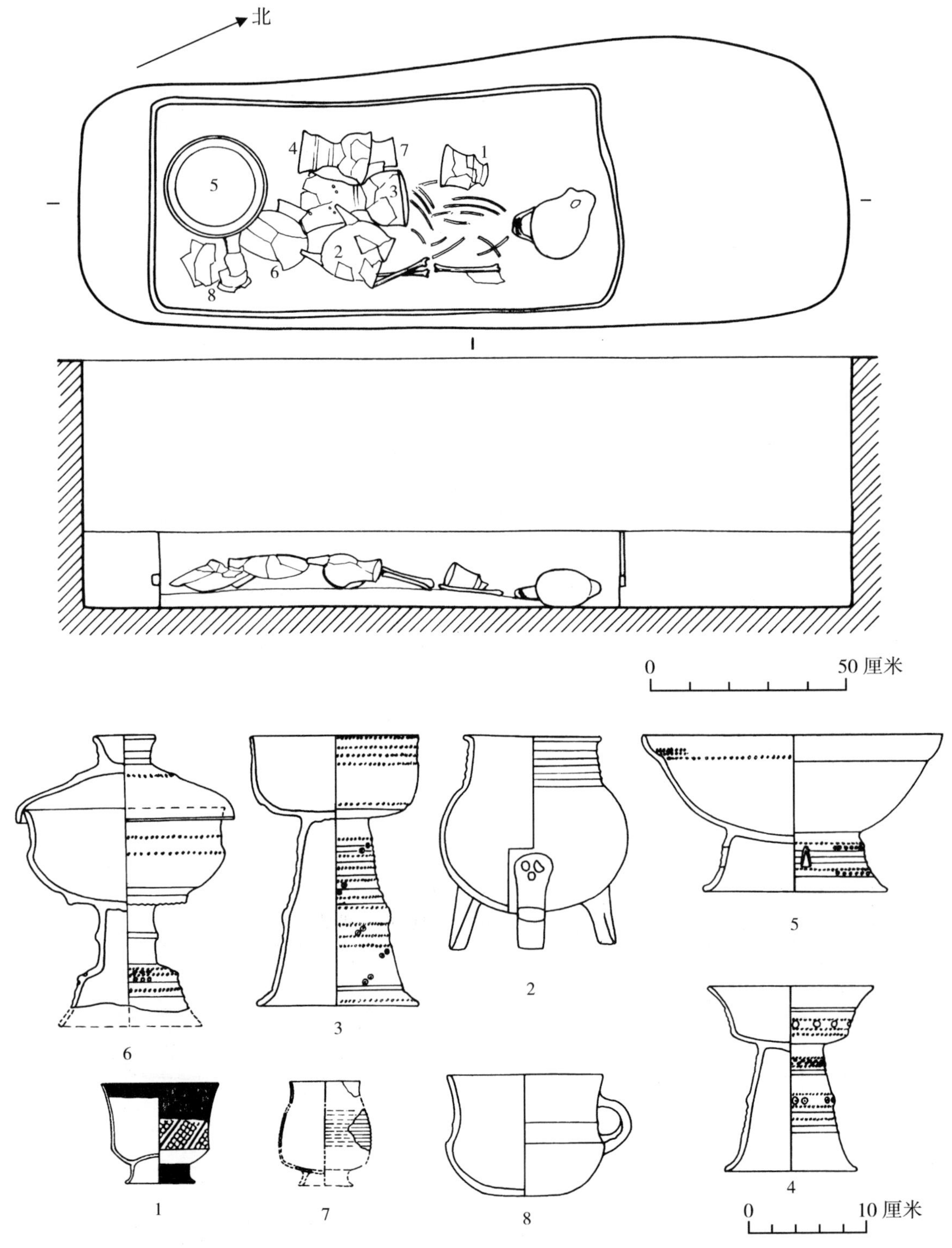

图3-24　M144平面、剖视图和随葬器物图

1. A型碗形杯　2. BⅠ式罐形鼎　3. BⅡ式高把皿形豆　4. AⅡ式高把皿形豆　5. BⅡ式盆　6. Ⅱ式附盖垂棱钵形豆　7. Ⅰ式残鼓腹圈足杯　8. BⅣ式单耳罐

M149　长方形竖穴土坑。附泥边框坑长168厘米，宽65（北）~61（南）厘米，口距地面深87厘米，底距地面深158厘米。坑口四边有青膏泥围绕，宽2~3厘米，自深6~9厘米。坑底横剖面呈凹弧形，粘附有薄层黑色（炭化）物，人骨架之上积厚约10余厘米的填土中，局部残存有粘附薄层黑色物的

凸弧形面，上下黑色物均厚约1～2毫米，略显木质纤维纹理，当属于葬具遗迹，可能是用剖开大原木刳空做成相扣合的独木棺形制，北端比南端宽约4厘米。方向22°。填土灰黄色杂土。人头骨在北，面向西，下颌骨压在颅骨东侧，右肱骨上移至头西边，盆骨仅见一块，右股骨断开，左股骨斜放，胫骨腓骨交叉，肋骨脊椎骨凌乱，缺少一些骨骼。系仰直式二次葬。女，20～22岁。随葬器物3件：头顶部斜放一件骨簪，胸侧有A型Ⅳ式附盖罐形鼎，脚后B型Ⅱ式罐形鼎（图3－25；图版一六，1）。

M166　长方形竖穴土坑。墓坑长155厘米，宽68厘米，口距地面深57厘米，底距地面深75厘米。墓底横剖面呈凹弧形，并粘附有薄层炭化木质纤维物，可能是葬具。方向12°。填土灰黄色杂土。人头骨在北已压扁，面向上，脊椎骨凌乱，两股骨并靠斜放，胫骨腓骨被器物所压。系仰直式二次葬。少年。随葬器物8件：有Ⅱ式玉玦、Ⅱ式鼓腹圈足杯、C型碗、B型Ⅱ式罐形鼎、残豆圈足、Ⅵ式垂棱钵形豆、A型附盖三足罐、B型Ⅰ式单耳罐（被压在三足罐之下）（图3－26；图版一六，2）。

M168　窄长方形竖穴土坑。附泥边框坑长166厘米，宽52厘米，口距地面深70厘米，底距地面深100厘米。四边粘附青膏泥，宽1～2厘米，自深16～21厘米。方向30°。填土灰黄色杂土，夹少量红烧土渣和炭末。人头骨在北，面向西，左尺骨桡骨无存，盆骨移位，两股骨并靠一起相交叉置于右侧，一根胫骨压在陶器上。系仰直式二次葬。男，18～20岁。随葬陶器5件：从头部至脚部依次为Ⅲ式鼓腹圈足杯、B型三足罐、Ⅳ式和Ⅵ式（附盖）垂棱钵形豆、C型Ⅰ式罐形鼎（图3－27；图版一六，3）。

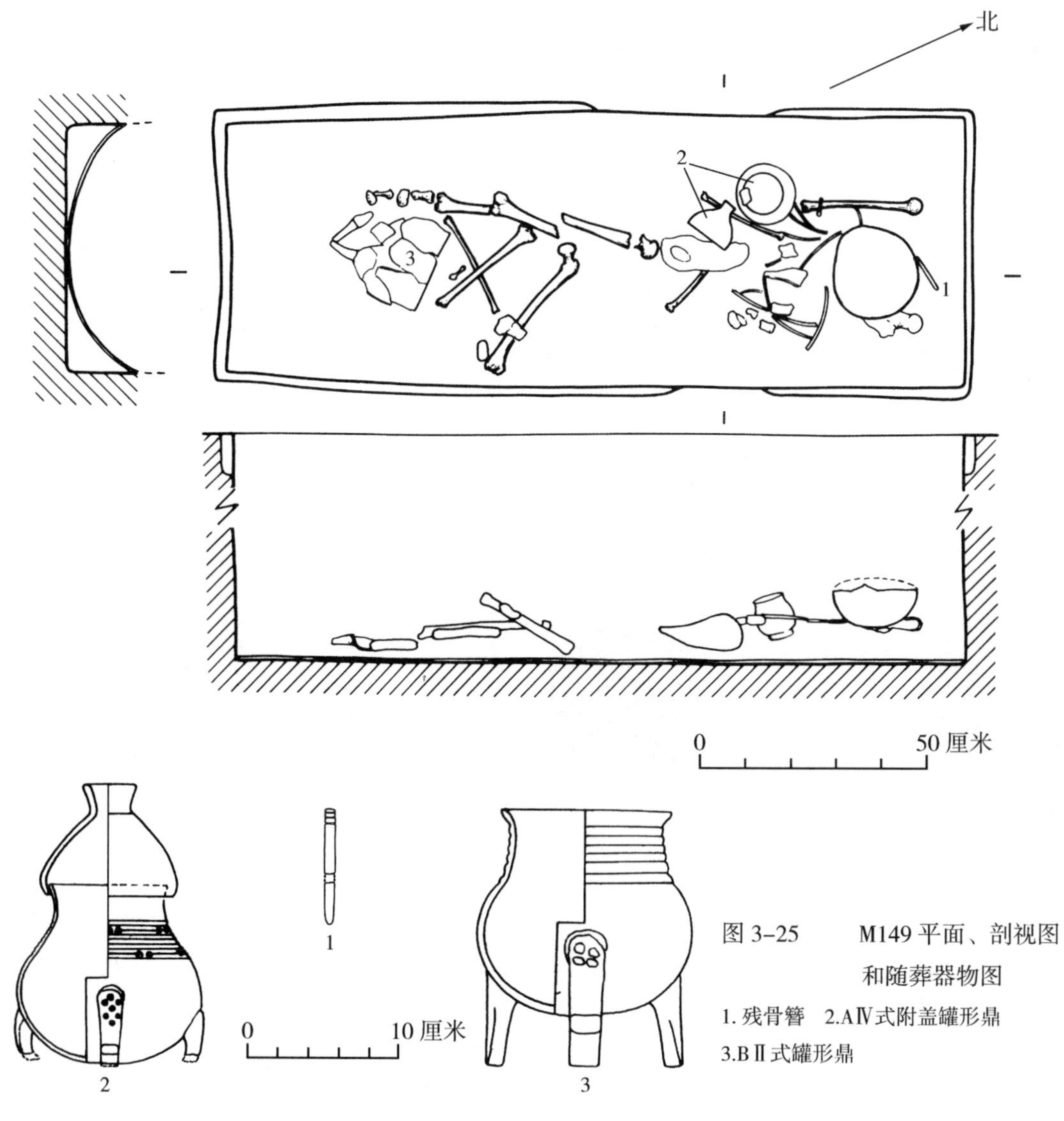

图3-25　M149平面、剖视图和随葬器物图

1.残骨簪　2.AⅣ式附盖罐形鼎　3.BⅡ式罐形鼎

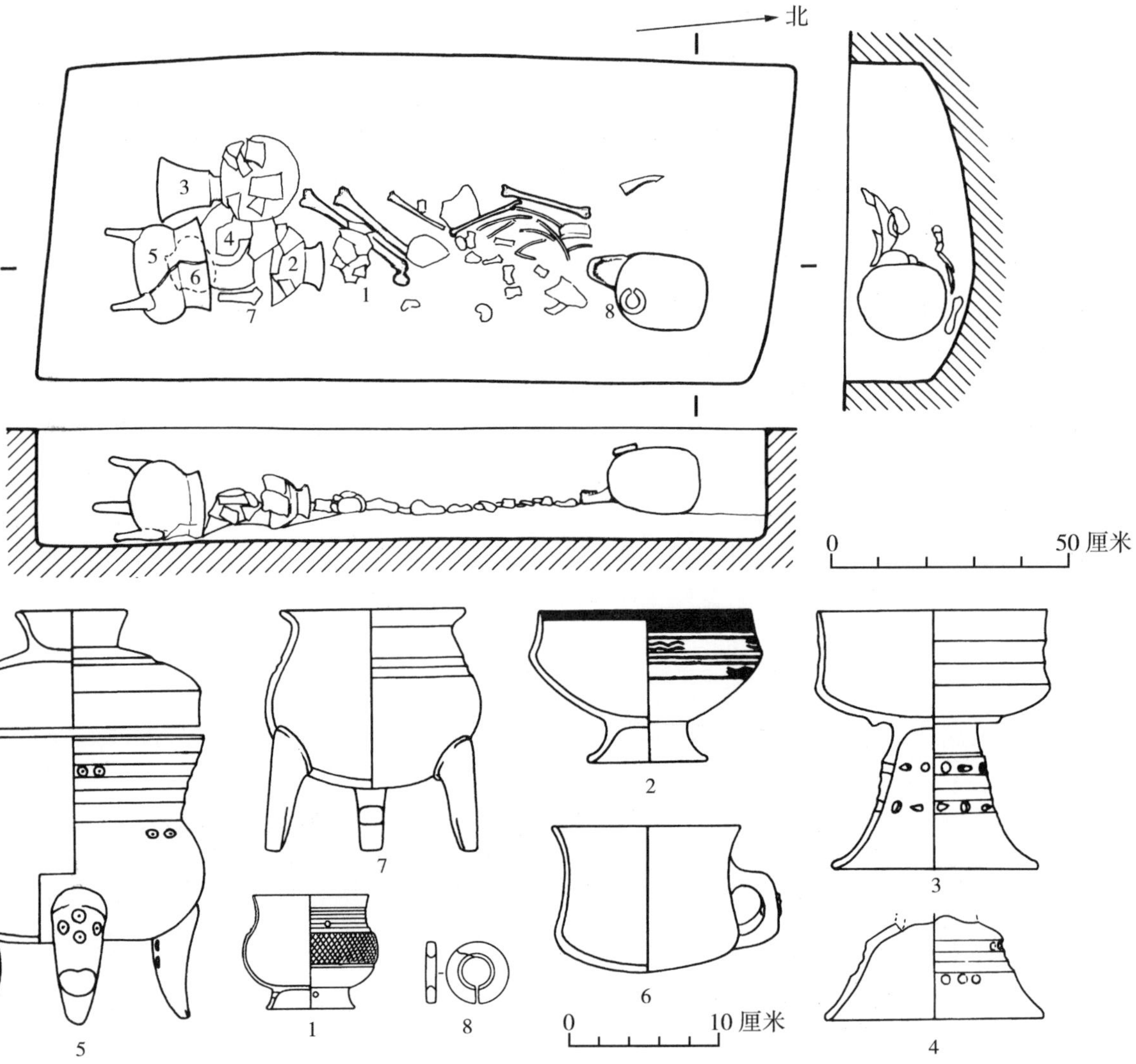

图 3－26　M166 平面、剖视图和随葬器物图

1. Ⅱ式鼓腹圈足杯　2. C 型碗　3. Ⅵ式垂棱钵形豆　4. 残豆圈足　5. A 型附盖三足罐　6. BⅠ式单耳罐　7. BⅡ式罐形鼎　8. Ⅱ式玦

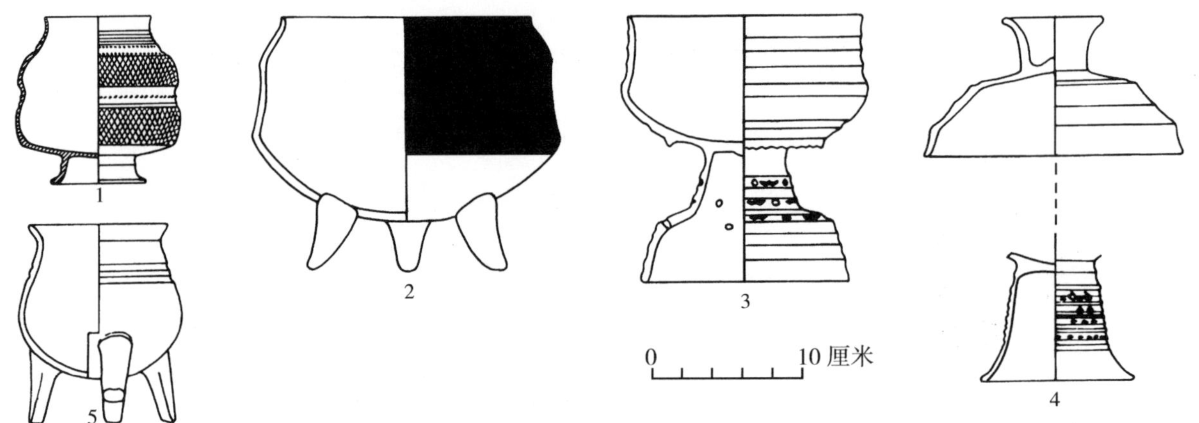

图 3－27　M168 平面、剖视图和随葬器物图（见右）

1. Ⅲ式鼓腹圈足杯　2. B 型三足罐　3. Ⅳ式垂棱钵形豆　4. Ⅵ式附盖残垂棱钵形豆　5. CⅠ式罐形鼎

M173　长方形竖穴土坑。附泥边框坑长172厘米，宽50厘米，口距地面深23厘米，底距地面深36厘米。四边有青膏泥，宽1~2厘米。坑底垫有很薄的草木灰。方向20°。填土灰黄色杂土。人头骨在北，面向东（左），肋骨凌乱，缺失部分肢骨。系仰直式二次葬。女，40~45岁。随葬器物4件：有B型Ⅲ式附盖罐形鼎、Ⅱ式筒形圈足杯、Ⅳ式搓磨石2件（内1件为浮水石）（图3-28；图版一六，4）。

M177　窄长梯形竖穴土坑。附泥边框坑长160厘米，宽46（北）~63（南）厘米，口距地面深21厘米，底距地面深54厘米。四边有黄胶泥，宽1厘米左右，南、北边的黄胶泥极少，东、西边壁上断续粘附黄胶泥均未到坑底。方向21°。填土灰黄色杂土。人头骨在北，面向上，两股骨上下错落。系仰直式二次葬。可能女性，成年。随葬器物7件：有Ⅰ式筒形圈足杯、Ⅳ式盘、A型Ⅲ式单耳罐、A型Ⅱ式钵、C型Ⅱ式折敛口钵形豆、B型Ⅲ式附盖罐形鼎、B型Ⅲ式残陶纺轮（图3-29；图版一七，1）。

M190　窄长梯形竖穴土坑。附泥边框坑长167厘米，宽45（北）~66（南）厘米，口距地面深33厘米，底距地面深56厘米。东、西两边有黄胶泥，宽度2~9厘米，下延7厘米左右。方向19°。填土灰黄色杂土夹少量红烧土渣。人头骨在北，面向上，颅底朝右侧，脊椎骨肋骨凌乱，有的肋骨置于上肢骨之上，股骨头翻转。系仰直式二次葬。男，成年。随葬器物6件：有Ⅲ式搓磨石、Ⅰ式筒形圈足杯、C型Ⅳ式单耳罐、C型Ⅱ式罐形鼎、C型Ⅱ式折敛口钵形豆，残圈足（图3-30；图版一七，2）。

M192　长方形竖穴土坑。墓坑长346厘米，宽146（北）~140（南）厘米，口距地面深57厘米，底距地面深127厘米。人架坑长212厘米，宽70~60厘米，口距地面深81厘米，四周为宽35~100厘米的熟土二层台。人架坑东、北、西三边有青膏泥，宽2~8厘米，下延最深的达40余厘米接近坑底。人架坑内东边人骨侧面，残存一长条带状黑色（炭化）物薄层，向里侧倾斜；坑底横剖面稍呈凹弧形，人骨下也压有同样的黑色物薄层，厚约1毫米，略显木质纤维状纹理，当属葬具遗迹。方向12°。填土灰黄色杂土夹有红烧土渣和炭末。人头骨在北，面向东，下颌骨搭压颅骨，右尺骨桡骨错位上移至右肱骨中部，盆骨上下分离，两股骨头都转向，左右胫骨腓骨并靠移至两股骨间下方，肋骨脊椎骨凌乱。系仰直式二次葬。男，40岁左右。随葬陶器8件，多置于人架坑南端，有A型Ⅲ式高把皿形豆、B型Ⅰ式和A型Ⅳ式罐形鼎、C型Ⅱ式盆形豆、B型单耳杯、B型Ⅲ式附盖盆、C型Ⅲ式单耳罐、B型Ⅴ式弧敛口钵形豆。另在大墓坑东南角墓口以下约12厘米处，埋放一自然大石块，长·宽·厚约28×19×17厘米（图3-31A、B；图版一七，3、4）。

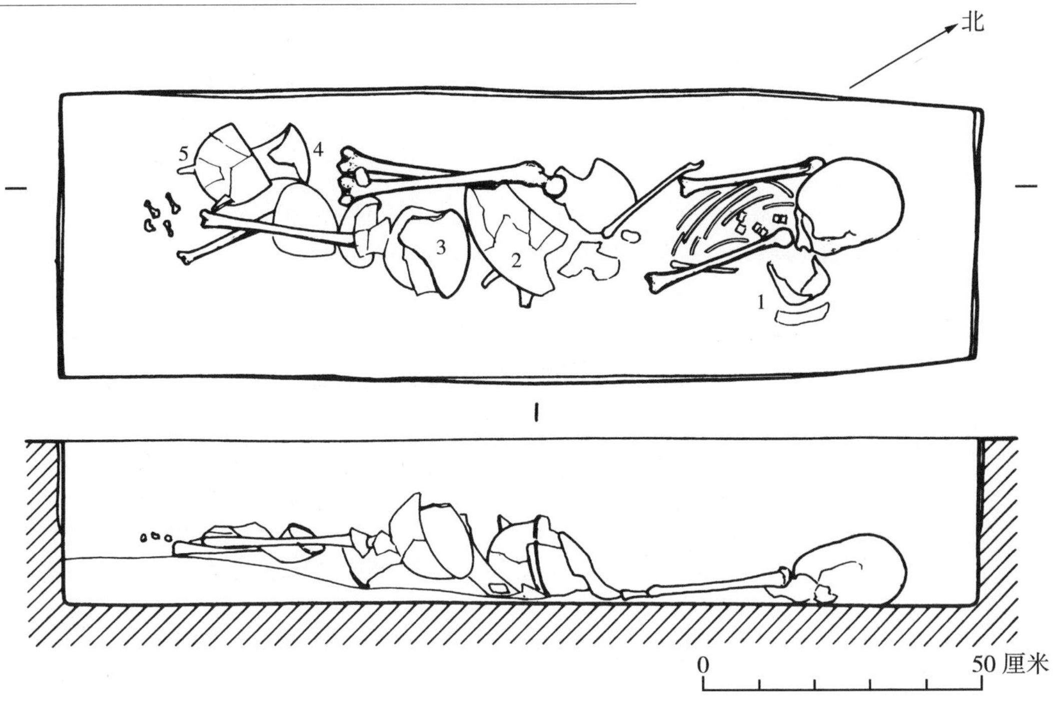

M196 长方形竖穴土坑。附泥边框坑长177厘米，宽62厘米，口距地面深75厘米，南端坑底距地面深145厘米。东、西两边有黄胶泥，宽2～4厘米，自坑口下延至近坑底。坑底北高南低，高差约14厘米，坑底横断面呈凹弧形，底面上普遍分布有厚1～2毫米的黑色（炭化）物薄层，隐约可见木质纤维纹理，南部还有条宽4厘米左右的黑色物横带。以上青膏泥和炭化物等都当属葬具遗迹。方向13°。填土灰黄色杂土夹有少量红烧土渣和炭末。人头骨在北已压扁，面向东，左尺骨桡骨交叉位置上移，右胫骨压在左胫骨腓骨之上，肋骨稍乱，有些骨骼缺少。系仰直式二次葬。男，30～35岁。坑底随葬器物12件：有

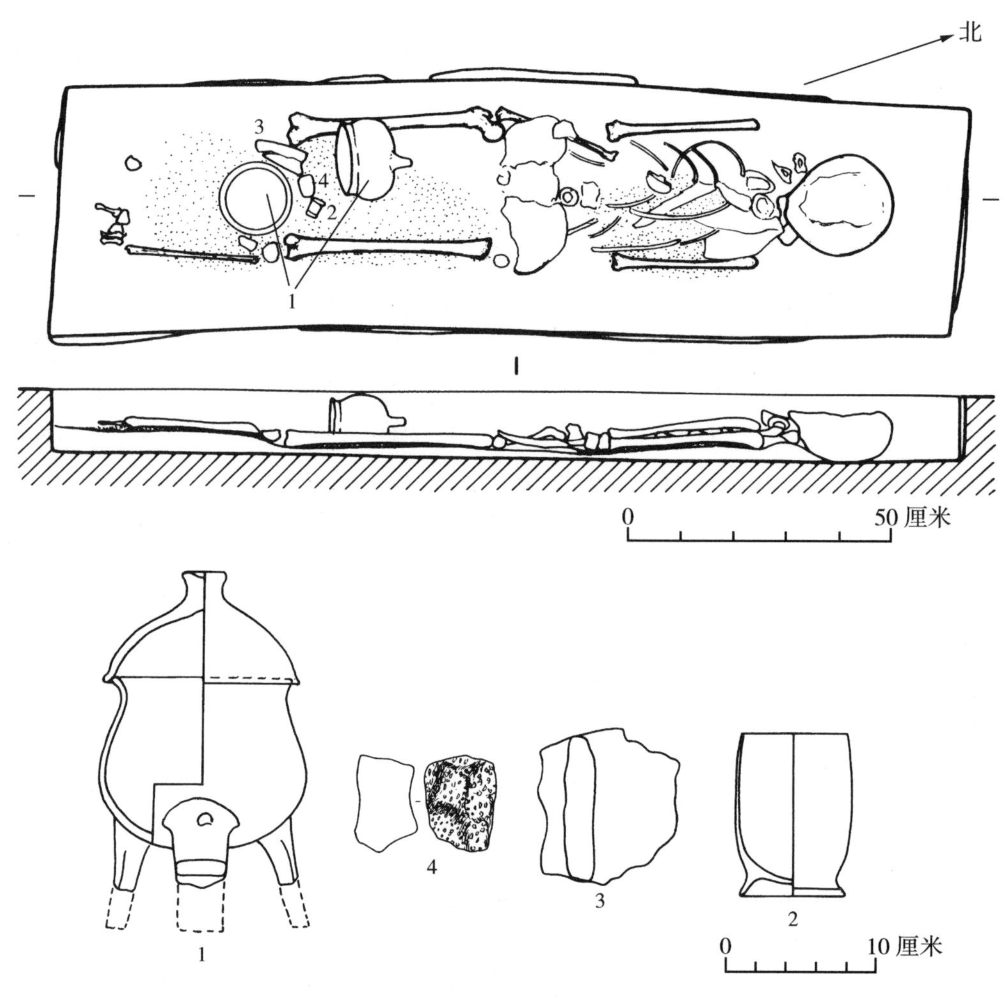

图3-28　M173平面、剖视图和随葬器物图

1. BⅢ式附盖罐形鼎　2. Ⅱ式筒形圈足杯　3. Ⅳ式搓磨石　4. Ⅳ式搓磨石（浮石）

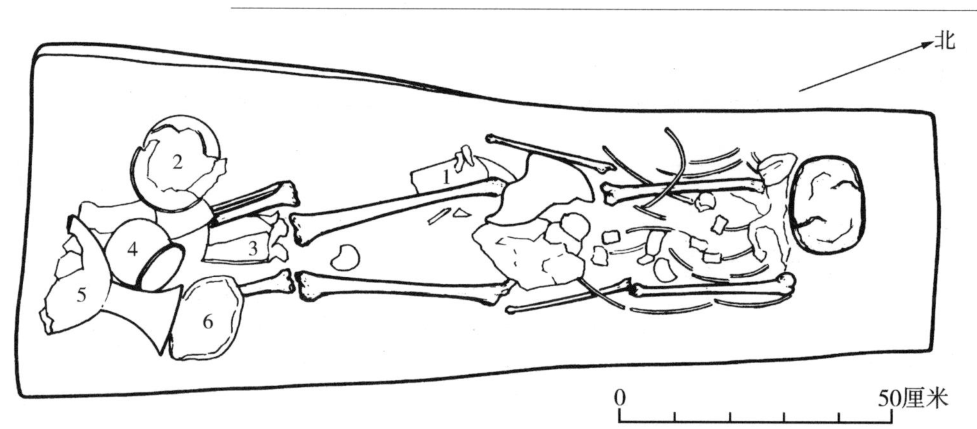

A 型Ⅰ式折敛口钵形豆（2 件）、Ⅰ式鼓腹圈足杯、Ⅰ式竹节筒形杯（两豆盘里分别放着两种杯）、A 型Ⅳ式罐形鼎、B 型Ⅰ式附盖折敛口钵形豆、B 型Ⅲ式单耳罐、B 型Ⅰ式和 A 型Ⅰ式盆、Ⅲ式搓磨石（单耳罐倒扣在 BⅠ盆内，BⅠ盆套放在 AⅠ盆中，后者底下压着搓磨石）、B 型Ⅲ式碗、B 型Ⅰ式罐形鼎。坑南头还有幼年亚洲象下臼齿（乳齿）1 枚和小块兽骨。填土中出捏制的圜底小扁罐（M196：01）（图 3－33；图版一八，1）。

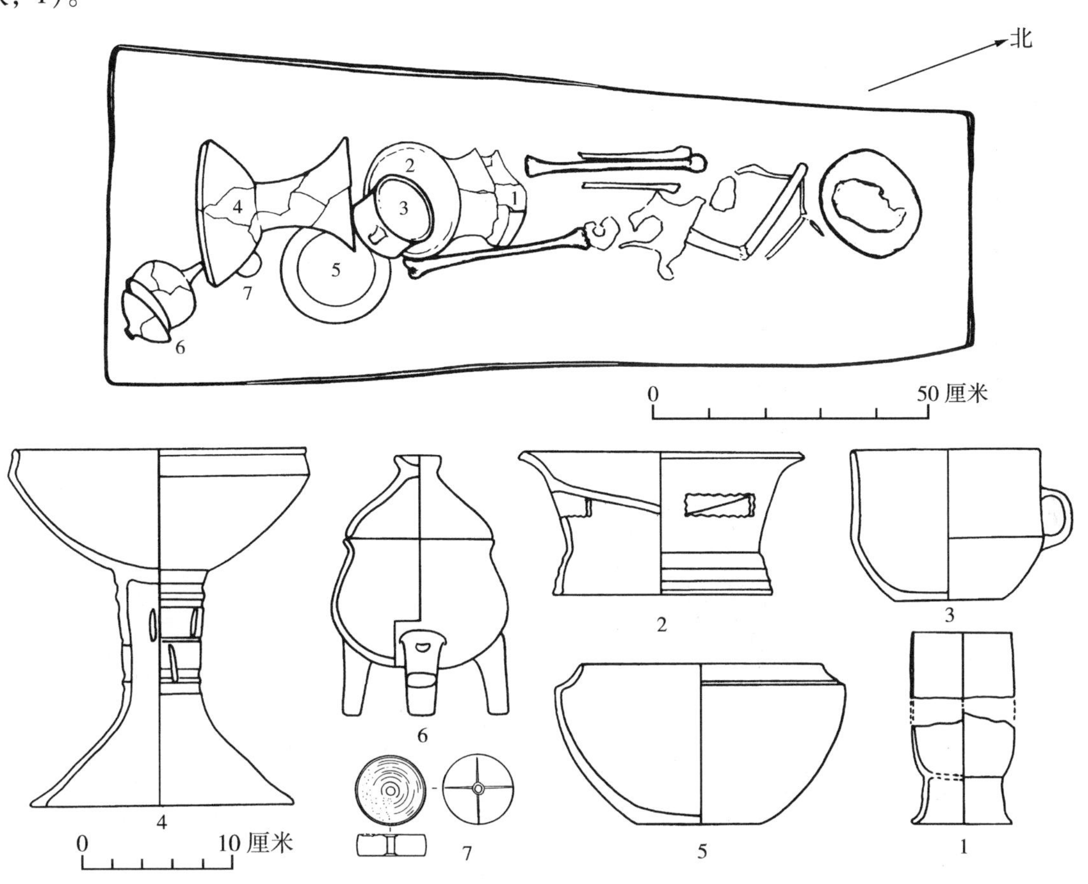

图 3－29　M177 平面图和随葬器物图

1. Ⅰ式筒形圈足杯　2. Ⅳ式盘　3. AⅢ式单耳罐　4. CⅡ式折敛口钵形豆　5. AⅡ式钵
6. BⅢ式附盖罐形鼎　7. BⅢ式残陶纺轮

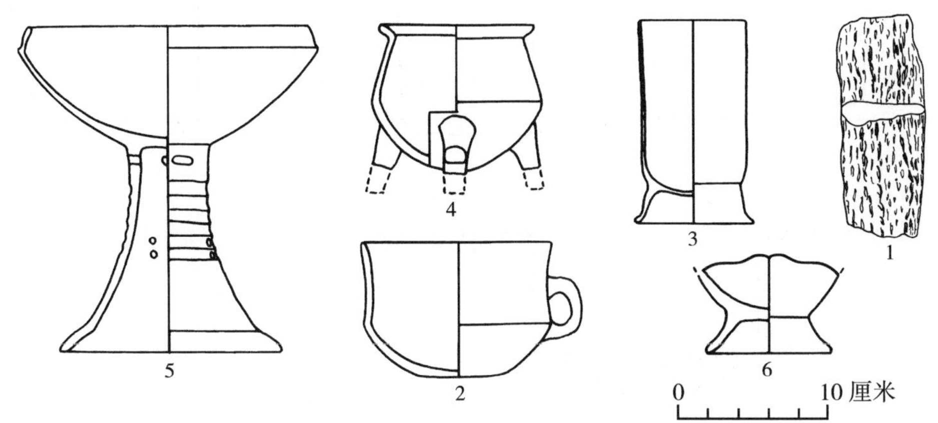

图 3－30　M190 平面图（见左）和随葬器物图

1. Ⅲ式搓磨石　2. CⅣ式单耳罐　3. Ⅰ式筒形圈足杯　4. CⅡ式罐形鼎　5. CⅡ折敛口钵形豆　6. 残圈足

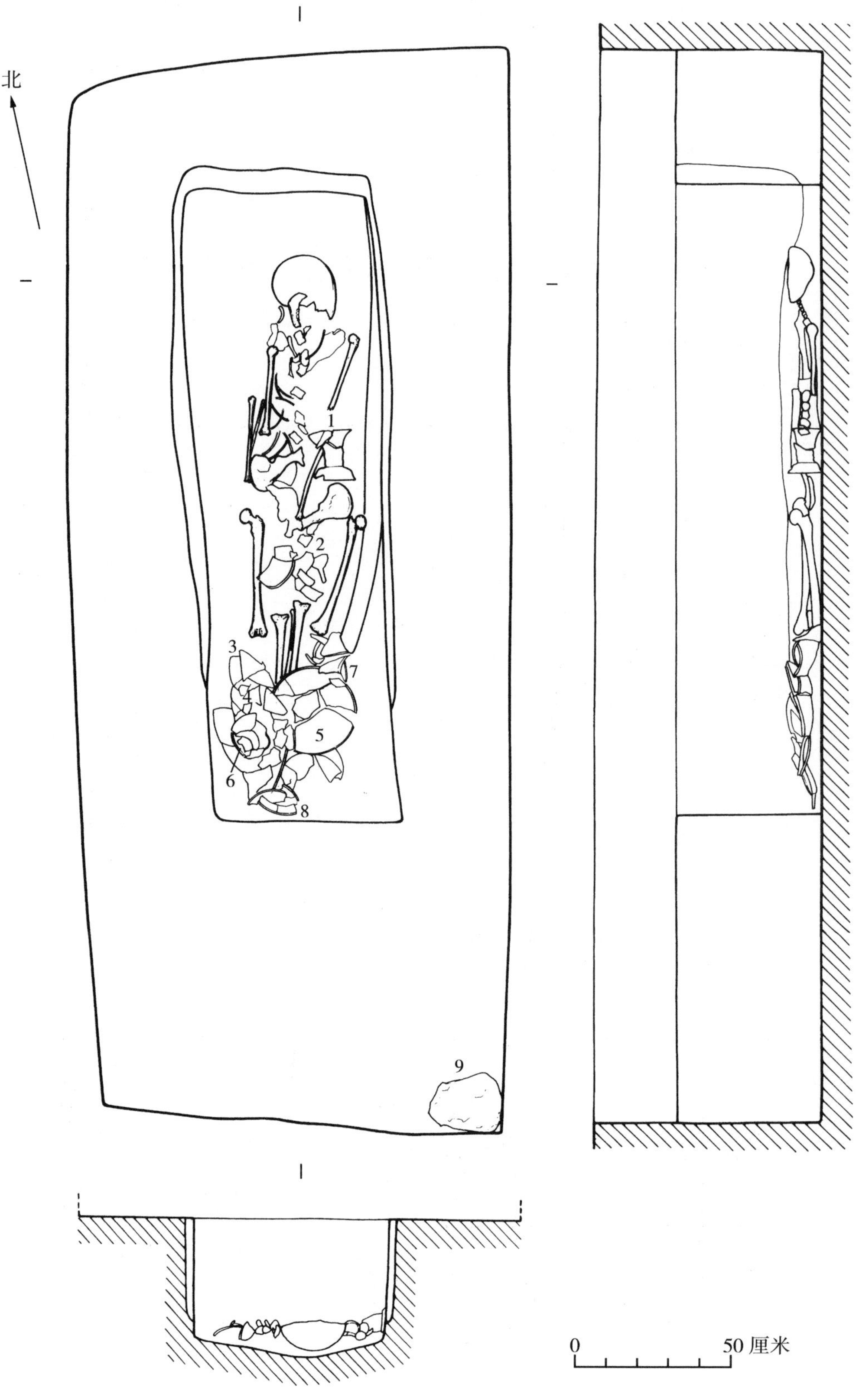

图 3－31A　M192 平面、剖视图

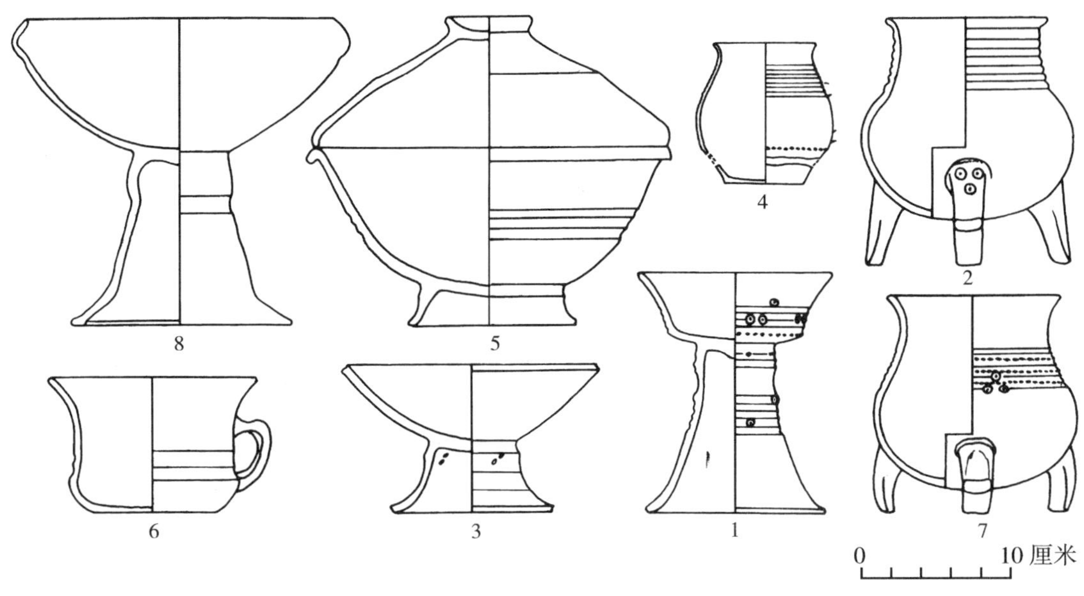

图3－31B　M192随葬器物图

1. AⅢ式高把皿形豆　2. BⅠ式罐形鼎　3. CⅡ式盆形豆　4. B型单耳杯　5. BⅢ式附盖盆　6. CⅢ式单耳罐　7. AⅣ式罐形鼎　8. BV式弧敛口钵形豆　9. 自然石块

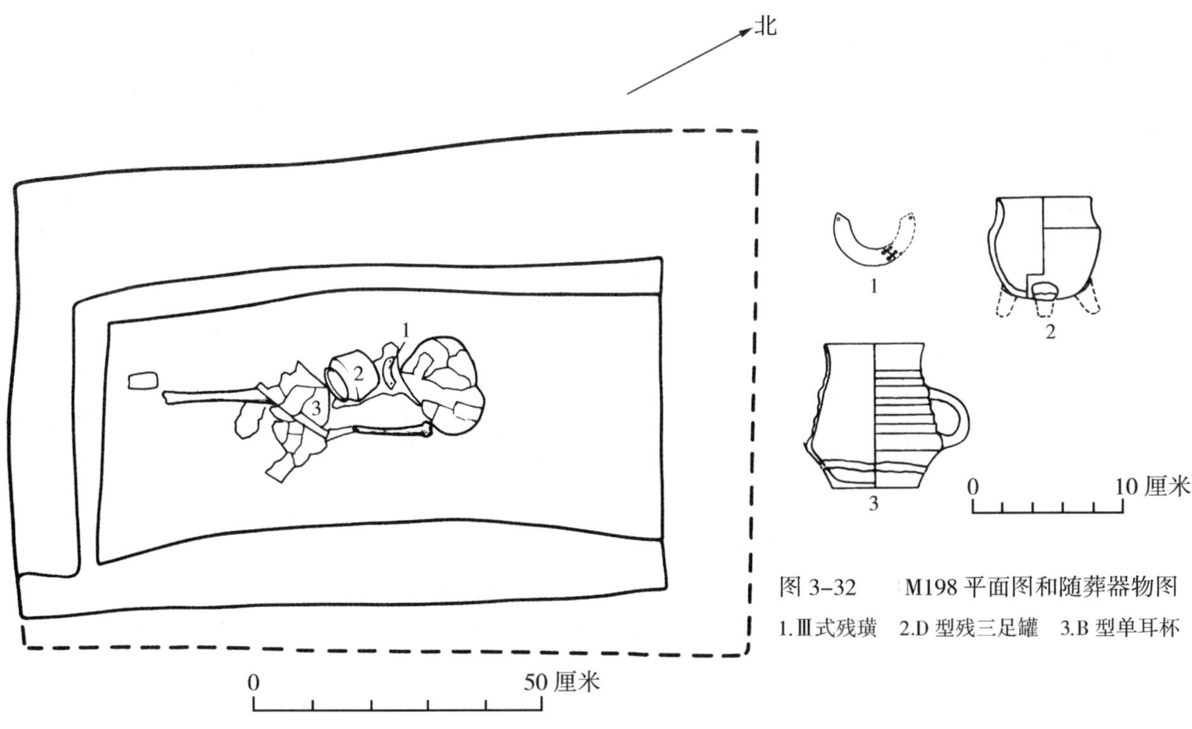

图3-32　M198平面图和随葬器物图

1.Ⅲ式残璜　2.D型残三足罐　3.B型单耳杯

M198　长方形竖穴土坑。墓坑仅找出西、南两边，东、北两边不明，墓坑长、宽不清，现口距地面深49厘米，底距地面深90厘米。人架坑长104厘米，宽60厘米，口、底深度同墓坑的，东、南、西三边有黄胶泥，宽5～14厘米，下延深度断续约40厘米至坑底。方向28°。填土深灰色杂土。人头骨在北已压扁碎，两肱骨仅留痕迹，右股骨尚存，其余朽没。系仰身直肢。幼儿，6个月～1岁。随葬器物3件：为Ⅲ式残石璜、D型残三足罐、B型单耳杯（图3－32）。

M201　窄长方形竖穴土坑。附泥边框坑长145厘米，宽45（北）～40（南）厘米，口距地面深37厘米，底距地面深64厘米。东、南、西三边有长短不等的黄胶泥窄条，宽1～2厘米，下深4～5厘米。方向25°。填土深灰色杂土。人头骨在北已破，下颌骨在离颅骨较远的南边，盆骨移位，脊椎骨散在东侧，肋骨较少且乱，右上肢骨已朽未见。系仰直式二次葬。儿童。随葬陶器3件：为Ⅱ式弇口矮领罐、B型Ⅲ式附盖罐形鼎、C型Ⅳ式折敛口钵形豆（图3－34）。

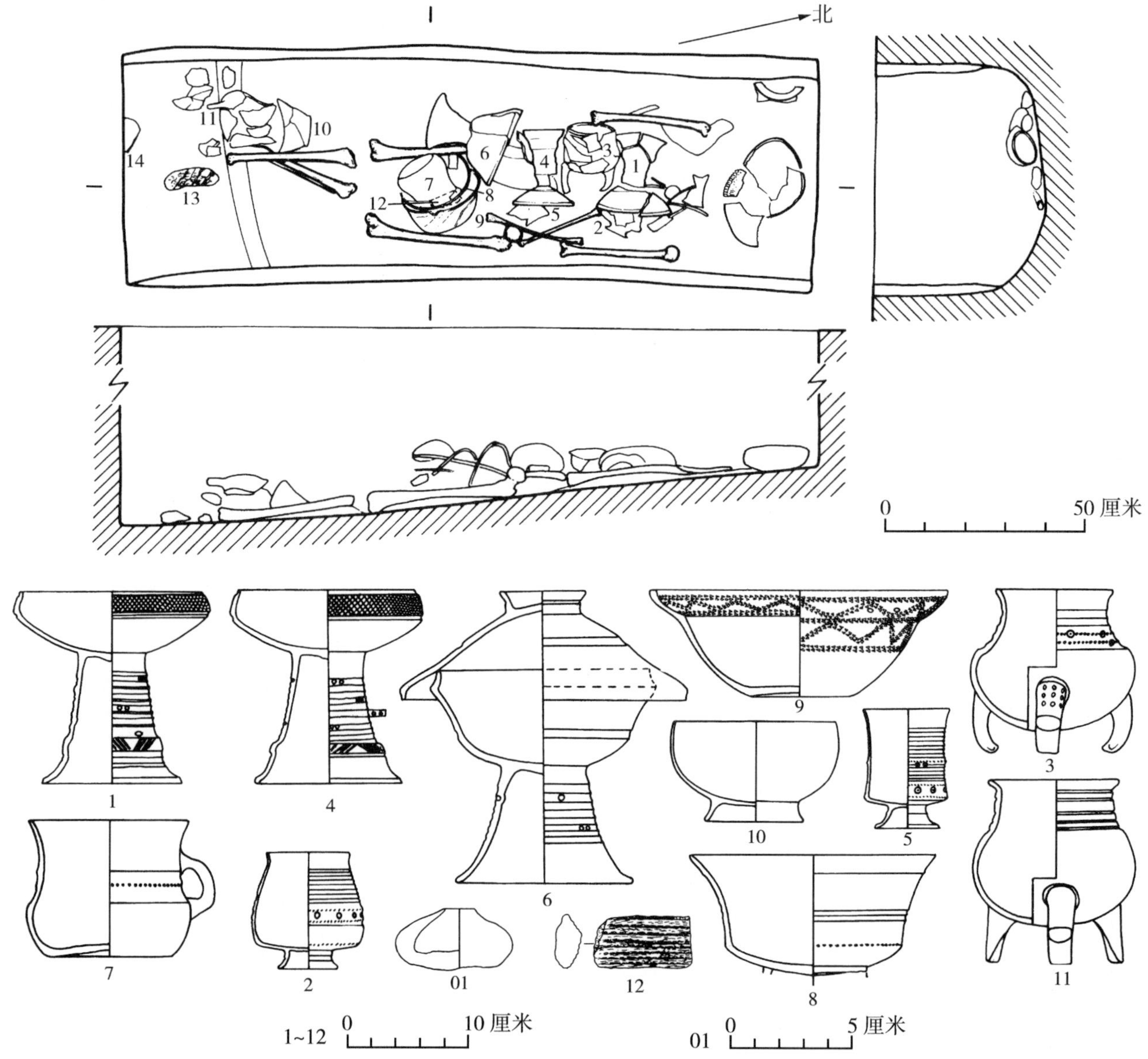

图3－33　M196平面、剖视图和随葬器物图

1. AⅠ式折敛口钵形豆　2. Ⅰ式鼓腹圈足杯　3. AⅣ式罐形鼎　4. AⅠ式折敛口钵形豆　5. Ⅰ式竹节筒形杯　6. BⅠ式附盖折敛口钵形豆　7. BⅢ式单耳罐　8. BⅠ式盆　9. AⅠ式盆　10. BⅢ式碗　11. BⅠ式罐形鼎　12. Ⅲ式搓磨石　13. 象下臼齿　14. 小块兽骨　01. 圜底小扁罐（填土中）

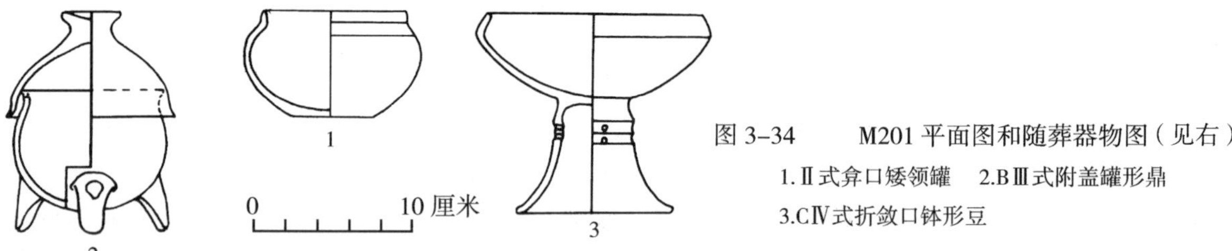

图3–34　M201平面图和随葬器物图（见右）

1.Ⅱ式弇口矮领罐　2.BⅢ式附盖罐形鼎　3.CⅣ式折敛口钵形豆

M202　长方形竖穴土坑。墓坑长175厘米，宽60厘米，口距地面深53厘米，底距地面深73厘米。方向16°。填土深灰色杂土。人头骨在北已破，面向东（左），肋骨脊椎骨凌乱，有的脊椎骨移到头顶处，盆骨上移，两股骨併靠一起偏居东边，两股骨头同方向，两胫骨分别横竖摆放。系仰直式二次葬。女，25～30岁。随葬陶器10件：有A型残小口矮领罐、D型单耳杯、B型Ⅲ式附盖罐形鼎、B型Ⅳ式陶纺轮（在鼎之下）、Ⅴ式盘、Ⅱ式筒形圈足杯（在盘之下）、B型Ⅵ式残弧敛口钵形豆、B型Ⅵ式单耳罐、C型Ⅱ式（残）和D型Ⅲ式折敛口钵形豆（图3－35；彩版八，3）。

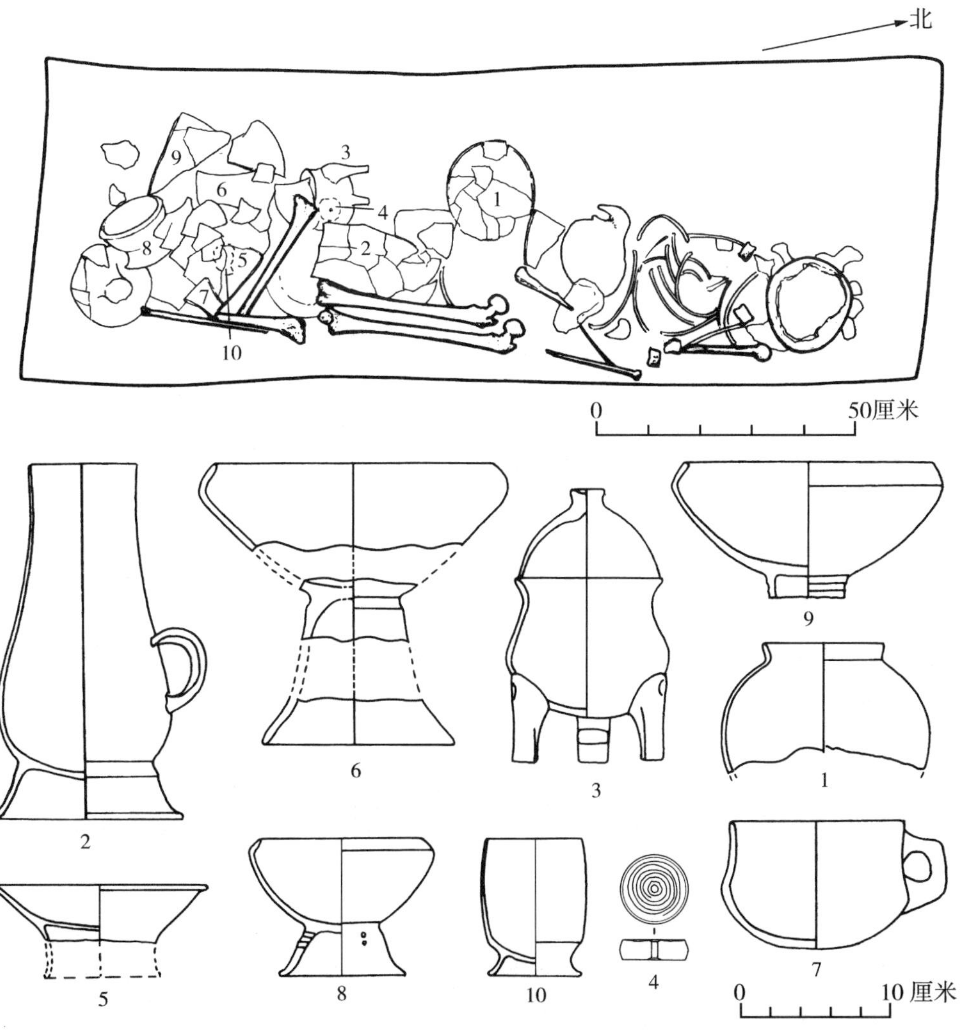

图3－35　M202平面图和随葬器物图

1. A型残小口矮领罐　2. D型单耳杯　3. BⅢ式附盖罐形鼎　4. BⅣ式陶纺轮　5. Ⅴ式盘　6. BⅥ式残弧敛口钵形豆　7. BⅥ式单耳罐　8. DⅢ式折敛口钵形豆　9. CⅡ式残折敛口钵形豆　10. Ⅱ式筒形圈足杯

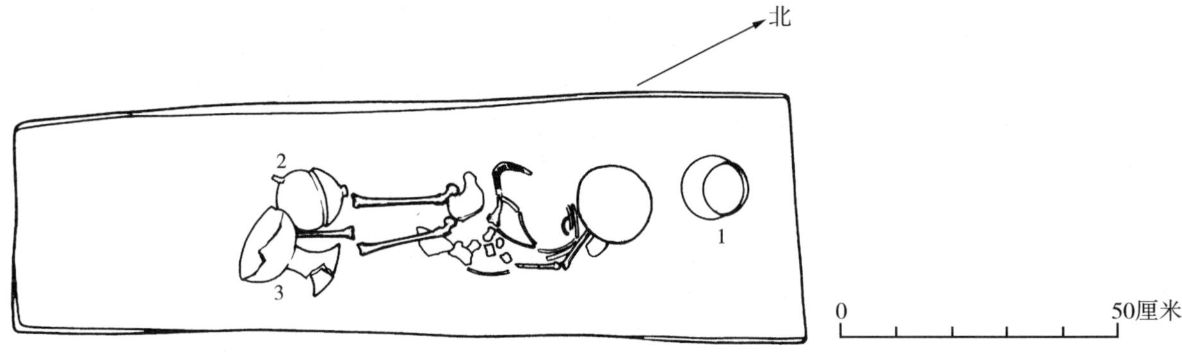

M203 长方形竖穴土坑。墓坑长178厘米，宽61厘米，口距地面深70厘米，底距地面深135厘米。坑底横断面呈凹弧形粘附很薄层的炭化物，骨架和随葬物上局部也有炭化物，可能属木质葬具痕迹。方向12°。填土浅灰色杂土夹少量灰烬。人头骨在北，面向东，肱骨尺骨桡骨模糊，只存的一根股骨与两组胫骨腓骨成90°斜向放置。系屈肢式二次葬。女，成年。随葬陶器9件：由头部至脚部依次为A型Ⅰ式附盖盆形豆、A型Ⅱ式和B型Ⅱ式罐形鼎、A型Ⅱ式单耳罐、A型Ⅰ式弧敛口钵形豆、A型Ⅰ式钵、Ⅰ式竹节筒形杯、A型Ⅵ式弧敛口钵形豆、Ⅰ式附盖垂棱钵形豆（图3－36；图版一八，2）。

M214 长方形竖穴土坑。墓坑长170厘米，宽64厘米，口距地面深24厘米，底距地面深46厘米。方向14°。填土灰黄色杂土夹烧土渣和炭末。人头骨在北已压扁，面向左侧，肋骨脊椎骨凌乱，盆骨上移，股骨头朝同一方向，股骨下端与胫骨上端相距14厘米。系仰直式二次葬。男，35～40岁。脚部随葬A型Ⅲ式罐形鼎。在人头骨东侧有猪下颌骨1副（图3－38；图版一八，3）。

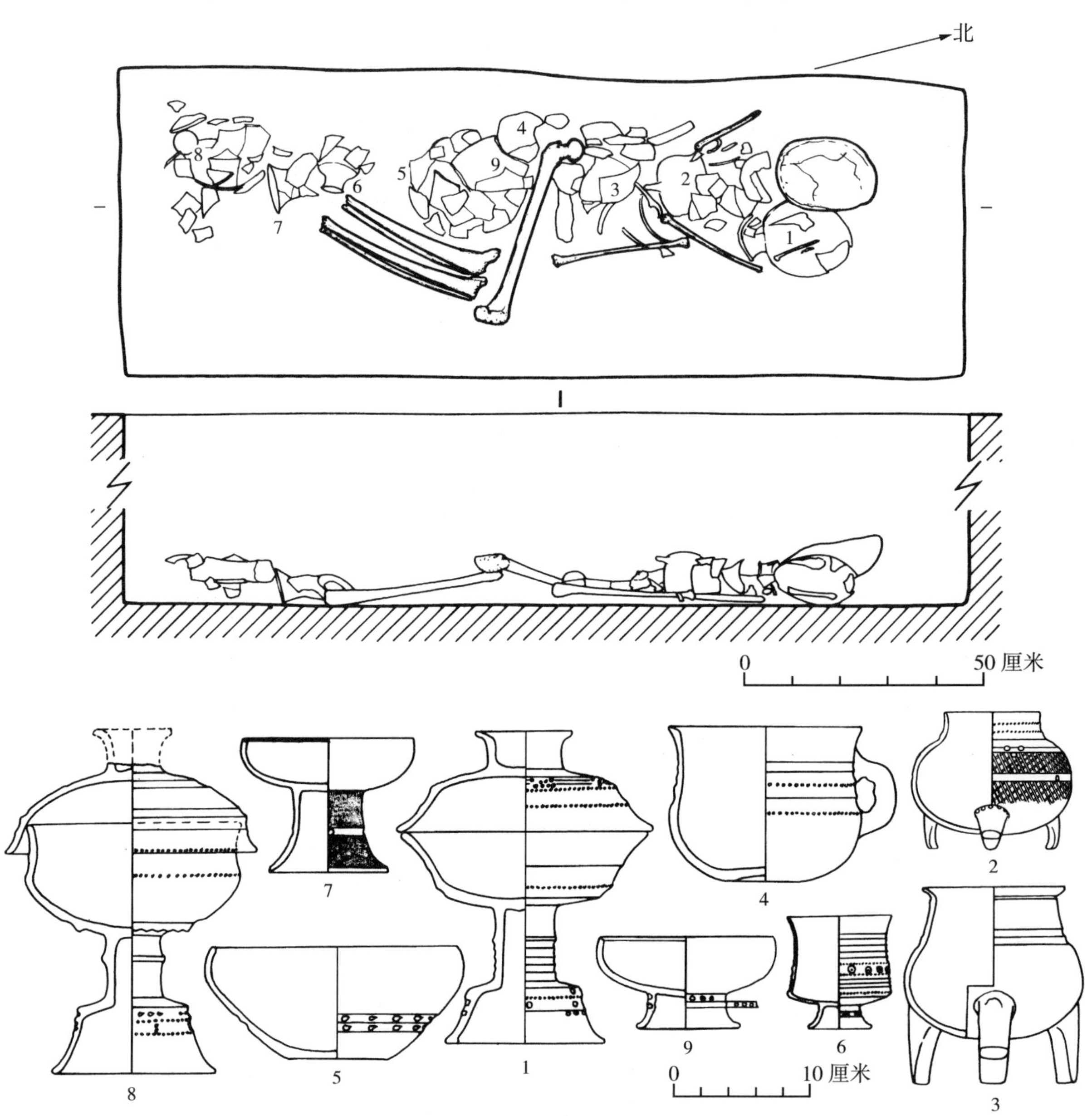

图3－36 M203平面、剖视图和随葬器物图

1. AⅠ式附盖盆形豆 2. AⅡ式罐形鼎 3. BⅡ式罐形鼎 4. AⅡ式单耳罐 5. AⅠ式钵 6. Ⅰ式竹节筒形杯 7. AⅥ式弧敛口钵形豆 8. Ⅰ式附盖垂棱钵形豆 9. AⅠ式弧敛口钵形豆

M232　窄长方形竖穴土坑。附泥边框坑长184厘米，宽58厘米，口距地面深47厘米，底距地面深136厘米。北边有宽14厘米、深及坑底的黄胶泥。骨架两侧坑壁至坑底为弧形拐角，南北两端坑壁至坑底为直角拐角。东、西坑壁下部的弧面上，南坑壁和北黄胶泥壁下部的直壁上，均见有纤维状木质炭化物，厚1～2毫米，可能为原木刳空而成的棺木类葬具痕迹。方向16°。填土偏黄色杂土。人头骨在北已压碎，面向西南，脊椎骨肋骨凌乱，残存部分盆骨，右股骨转向并斜放，左右胫骨腓骨均被器物所压。系仰直式二次葬。女，30岁左右。随葬器物14件：胸部有B型Ⅳ式陶纺轮，下肢及脚部有A型Ⅳ式盆、B型Ⅰ式罐形鼎（2件）、Ⅰ式附盖残垂棱钵形豆、A型Ⅰ式盆形豆、A型Ⅰ式A型Ⅱ式和A型Ⅲ式高把皿形豆、B型Ⅱ式碗（2件）、Ⅳ式鼓腹圈足杯、Ⅱ式竹节筒形杯、Ⅳ式搓磨石（图3－37；彩版八，1）。

M233　近长梯形竖穴土坑。附泥边框坑长191厘米，宽71（北）～65（南）厘米，口距地面深38厘米，底距地面深115厘米。四边有青膏泥，宽2～6厘米，下延深普遍有25厘米左右。方向18°。填土

图3－37　M232平面图和随葬器物图

1. AⅣ式盆　2. Ⅳ式搓磨石　3. BⅡ式碗　4. BⅠ式罐形鼎　5. Ⅰ式附盖残垂棱钵形豆　6. AⅠ式盆形豆　7. AⅢ式高把皿形豆　8. AⅠ式高把皿形豆　9. Ⅳ式鼓腹圈足杯　10. BⅡ式碗　11. BⅠ式罐形鼎　12. AⅡ式高把皿形豆　13. BⅣ式陶纺轮　14. Ⅱ式残竹节筒形杯

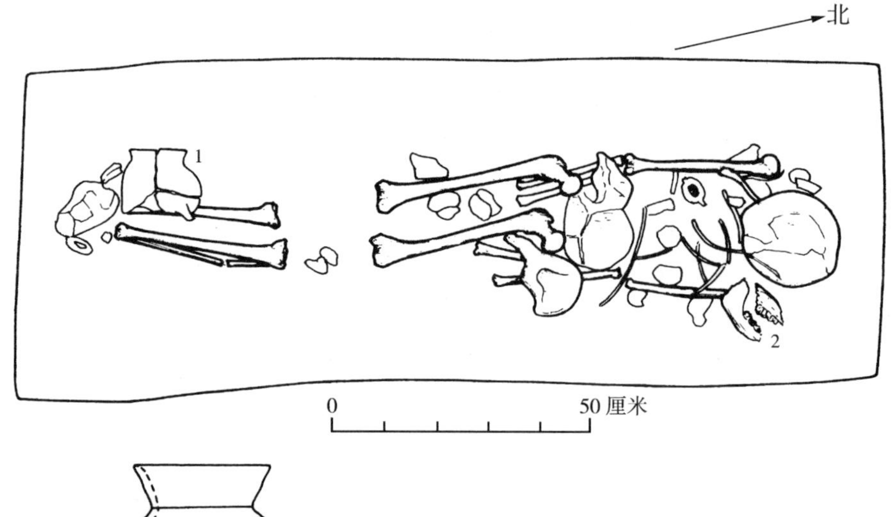

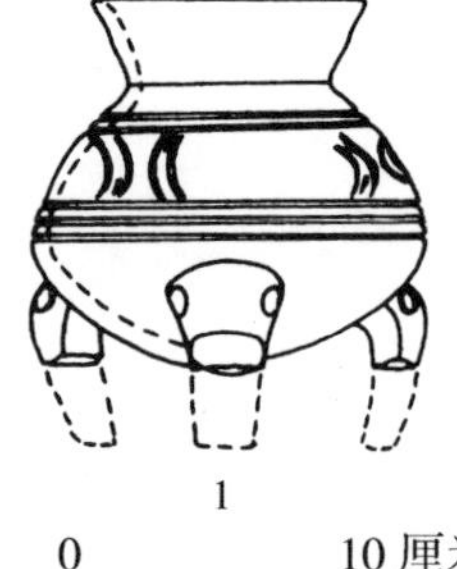

图 3-38　M214 平面图和随葬器物图
1.AⅢ式罐形鼎　2. 猪下颌骨 1 副

灰黄色杂土。人头骨在北已压碎，面向西，右肩胛骨在胸部，脊椎骨肋骨凌乱，左右盆骨分开相距20多厘米，右股骨压在陶器之上。系仰直式二次葬。男，25～30岁。随葬器物4件：有C型Ⅰ式石锛（高于坑底24厘米的填土中）、B型Ⅱ式盆形豆、Ⅳ式竹节筒形杯、Ⅱ式垂棱钵形豆（图3-40；图版一八，4）。

M236　长方形竖穴土坑。附泥边框坑长138厘米，宽54（北）～50（南），口距地面深50厘米，底距地面深112厘米。四边有青膏泥，宽2～3厘米，局部处向下断续延至坑底。方向19°。填土灰黄色杂土。人头骨在北已碎，面向东（左），肋骨凌乱，个别肋骨压在小鼎上，残存部分盆骨，两股骨位置呈"V"形，左胫骨腓骨压在右胫骨腓骨之上相交叉。系仰直式二次葬。7～8岁儿童。随葬器物8件：有Ⅰ式鼓腹圈足杯（整1、残1）、B型残碗（2件）、A型Ⅳ式罐形鼎、C型碗形杯、A型Ⅰ式大口斜沿罐、D型Ⅰ式附盖折敛口钵形豆。另在坑口东边南段放置长19厘米的自然大石块（图3-39；彩版八，2）。

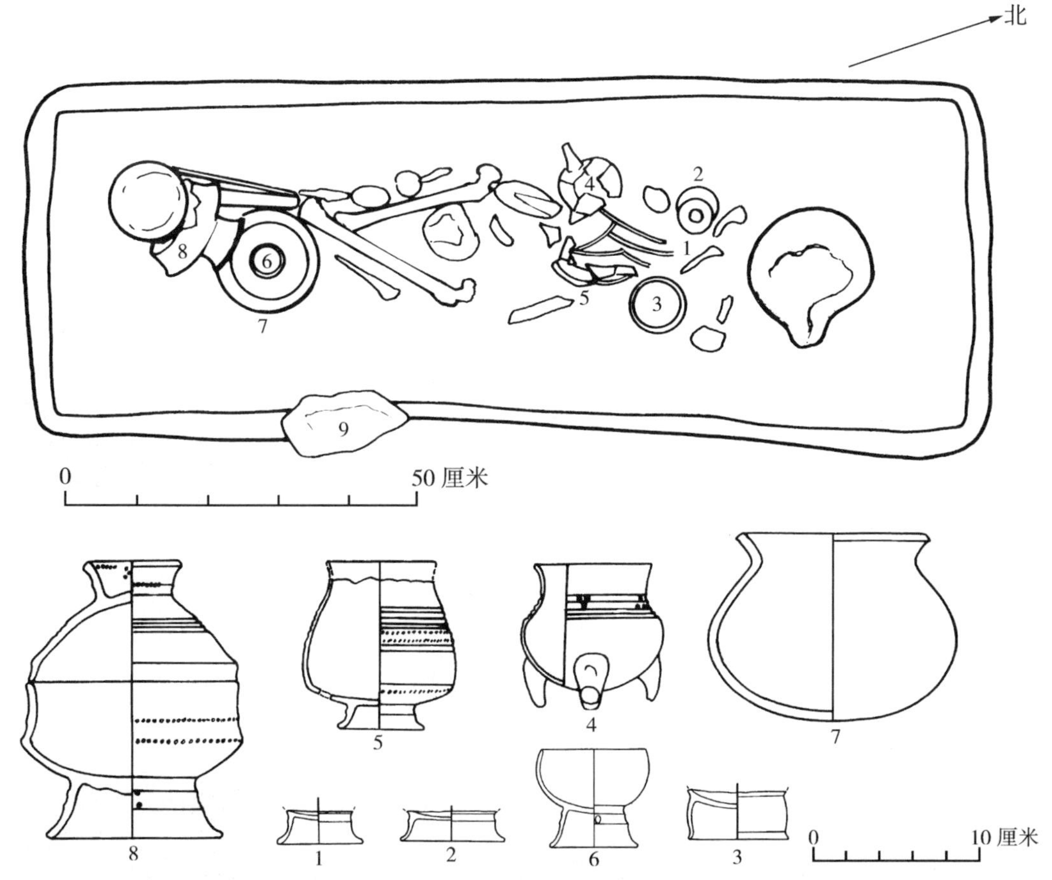

图3-39　M236平面图和随葬器物图

1. Ⅰ式残鼓腹圈足杯圈足　2. B型残碗圈足　3. B型残碗圈足　4. AⅣ式罐形鼎　5. Ⅰ式鼓腹圈足杯　6. C型碗形杯　7. AⅠ大口斜沿罐　8. DⅠ式附盖折敛口钵形豆　9. 自然石块

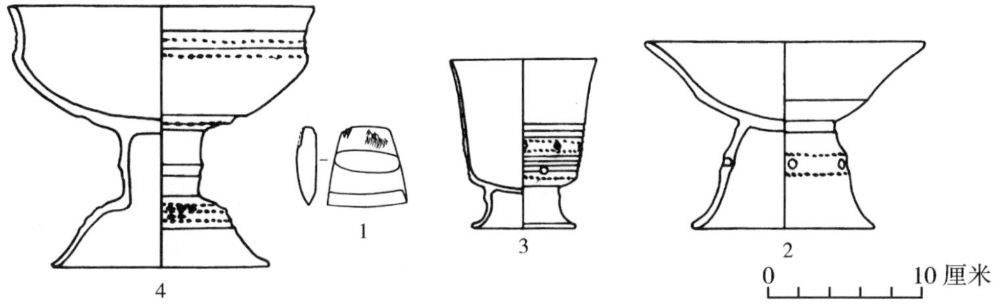

图3-40　M233平面、剖视图（见左）和随葬器物图

1. CⅠ式锛　2. BⅡ式盆形豆　3. Ⅳ式竹节筒形杯　4. Ⅱ式垂棱钵形豆

北
1
2
3
4
5
6
0
50厘米

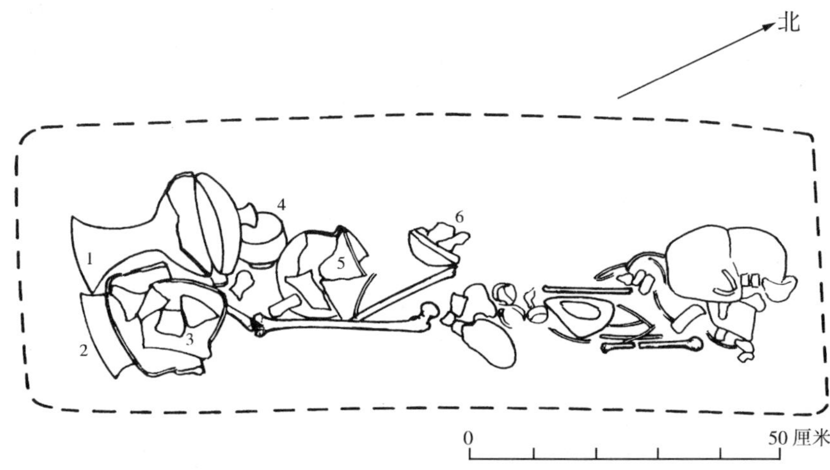

图3－41　M237平面图和随葬器物图（见右）

1. CⅡ式附盖折敛口钵形豆　2. BⅣ式盆　3. BⅢ式单耳罐　4. BⅢ式碗　5. BⅠ式罐形鼎　6. 残三曲凹弧腹杯

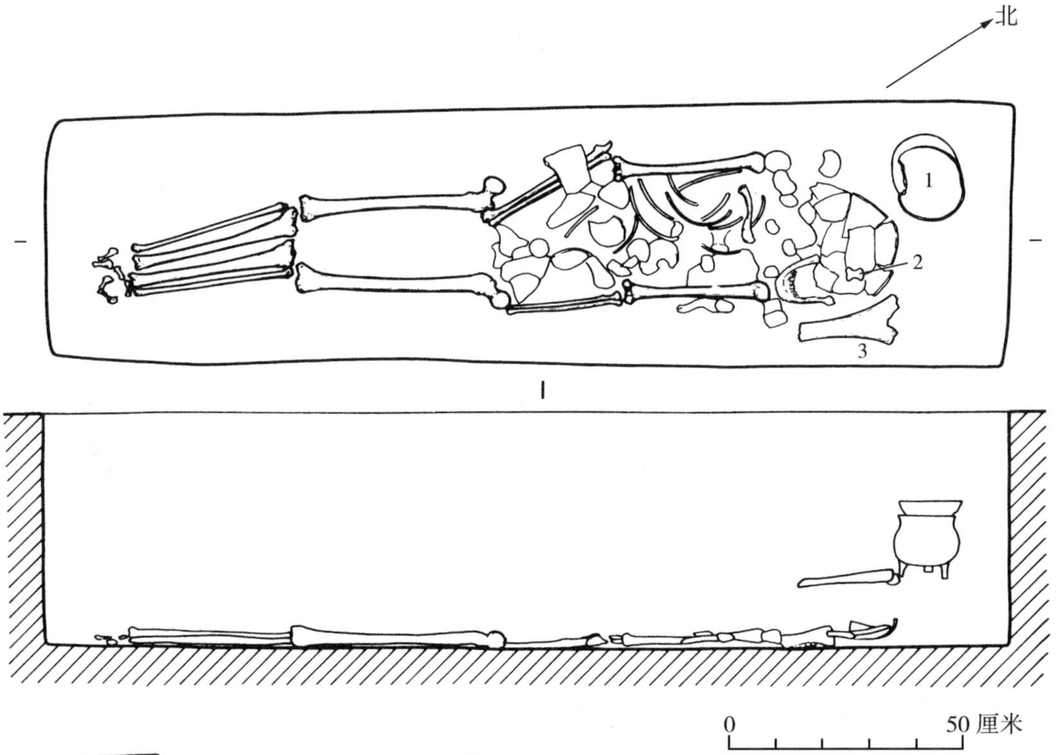

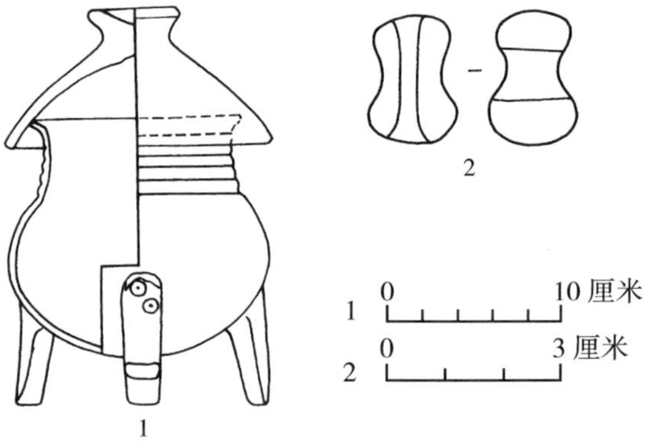

北
1
2
3
0
50厘米

2
1
1 0 10厘米
2 0 3厘米

图3–42　M238平面、剖视图和随葬物图

1.BⅠ式附盖罐形鼎　2. 陶珠　3. 兽肩胛骨

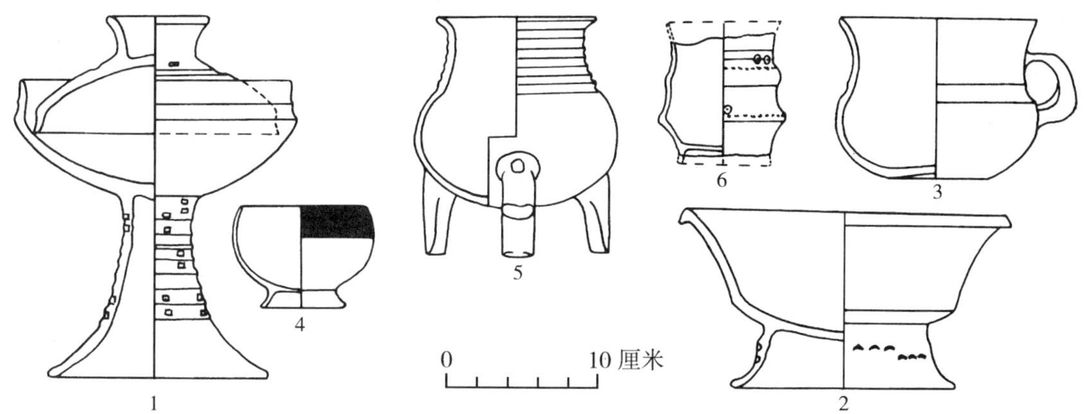

M237　坑边不清，发现器物和人骨时已距地面深约100厘米，墓底距地面深120厘米。方向23°。填土深灰色杂土。人头骨在北已碎，残存少量牙床，肋骨凌乱。系仰直式二次葬。7～8岁儿童。随葬陶器6件：有残三曲凹弧腹杯、B型Ⅰ式罐形鼎、B型Ⅲ式碗、C型Ⅱ式附盖折敛口钵形豆、B型Ⅲ式单耳罐、B型Ⅳ式盆（图3－41）。

M238　窄长方形竖穴土坑。墓坑长208厘米，宽58（北）～55（南）厘米，口距地面深82厘米，底距地面深132厘米。方向31°。填土灰黄色杂土。人头骨在北已压碎（头骨壁比一般头骨的要厚），下牙床反转齿朝下，脊椎骨肋骨凌乱，左右盆骨错开了距离，两股骨圆头方向朝外侧。系仰直式二次葬。男，30～35岁。随葬器物2件：人头骨左侧有一件陶珠；坑西北角高于墓底15厘米的填土中，出土B型Ⅰ式附盖罐形鼎，盖口比鼎口大得多，器盖反置于鼎口上。还在坑东北角高于墓底14厘米的填土中，出土一块兽类残肩胛骨（图3－42）。

第二节　随葬器物和兽骨

一　陶器生活用具

1. 陶系

陶质器皿336件，内55件系残片或主要部分残缺不能复原者。泥质陶占83%强，夹砂陶占17%弱（表3－1）。

泥质陶中，按外表颜色区分为黑、深灰、灰、红和白陶五种陶系。前三种的颜色依次减浅，其中少部分陶器是因表色附着力不很牢固，往往由原出土时的黑色渐褪成深灰色。大部分器物颜色不很纯正，少数的外表还因受侵蚀而产生浅色的似植物根须状乱纹道。红陶一般不很鲜红，有些作橙红、浅红、灰红色。白陶仅一件三足罐。五种陶系中主要是泥质深灰陶，泥质灰陶、泥质黑陶次之。表色与胎色一致的只占少数，大多数是表面颜色较深而胎质颜色较浅；另有些内、外表色为黑、深灰和灰色而胎色一律都呈红色（包括浅红、灰红、暗红等），或者表色红、胎色灰；还有少量陶器胎色不单一，例如表黑、胎浅红、夹心灰色，就是胎质的里外层为浅红色，中心还夹一层灰色，这在统计时按浅红胎色归类计数。很少的泥质红陶类的内表、外表各自并不是单一种颜色，最突出者为“红顶碗”，其外表上部和内表口沿下窄条为橙红色，外表下部和器内表大部分为灰色，现仍把这种“红顶碗”归入泥质红陶。泥质中以薄胎的杯、碗类，质地最为细腻致密。有很少量泥质陶器的局部构件（主要属于鼎足，还偶见于把手）是掺和有细砂的。

夹砂陶普遍掺和细砂或较细砂，夹粗砂的极少。按外表颜色区分为黑、深灰、灰、灰褐、红褐和红陶六种陶系。主要是夹砂红褐陶，夹砂灰褐陶次之。表色与胎色基本一致的居多，少数的有差别。有些陶器

表3－1

黄鳝嘴文化墓随葬陶器陶系统计

器形＼陶系／胎色／数量		泥质														夹砂														夹植物红
		黑				深灰			灰			红			白	黑		深灰			灰	灰褐				红褐		红		
器形	数量	黑	深灰	灰	红	深灰	灰	红	深灰	灰	红	深灰	灰	红	白	黑	红	黑	深灰	红	灰	深灰	灰	灰褐	红	红褐	红	灰	红	红
罐形鼎	67		1		1	4	9	2		8						3	3	1	5	3	2	3	2	5	2	9	1	2	1	
盆形鼎	3																1			1						1				
釜形鼎	2																									1	1			
垂棱钵形豆	21			1		3	10	1		6																				
高把皿形豆	13			1	1	3	5	1		2																				
弧敛口钵形豆	25			2	1	3	8	2		2		1	4	2																
折敛口钵形豆	25			1	1	3	7	3		6	3			1																
盆形豆	20				3	3	8	1	1	4																				
盘	12		1	1	2		2	4		2																				
盆	12		1			2	5	1		2			1																	
钵	5					1		1		1			2																	
碗	18						1						12	5																
竹节筒形圈足杯	11		2	2	1	2	3	1																						
鼓腹圈足杯	16	1	3	1	1	3	3	2		2																				
碗形杯	6												1	5																

续表

器形 \ 数量 \ 胎色 \ 陶系		泥质														夹砂														夹植物红
		黑				深灰			灰			红			白	黑		深灰			灰	灰褐				红褐		红		
		黑	深灰	灰	红	深灰	灰	红	深灰	灰	红	深灰	灰	红	白	黑	红	黑	深灰	红	灰	深灰	灰	灰褐	红	红褐	红	灰	红	红
三曲凹弧腹杯	2				1				1																					
三足杯	3		1		1		1																							
单耳杯	9			2	4			2						1																
筒形圈足杯	6				5				1																					
圜底杯	1						1																							
单耳罐	29			5	1	5	8	4		5																1				
大口斜沿罐	8						2			1				1														1	2	1
小口矮领罐	5						2	1		1	1																			
弇口矮领罐	3						2			1																				
圜底小陶器	2			1		1																								
三足罐	5					1		1					1	1	1															
大口尊	1																												1	
器盖	6				1																			1		1	2		1	
合计件	336	51				138			50			38			1	7		10			2	13				17		8		1
比例 %	100	15.2				41.1			14.9			11.3			0.3	2.1		2.9			0.6	3.9				5		2.4		0.3

图 3-43　陶器纹饰拓片（之一）

纹饰包括：①凹弦纹　②划纹　③凸弦纹　④窝点连线纹　⑤小窝纹　⑥窝纹　⑦平底浅圆窝纹（或带泥心）　⑧锥刻纹　⑨戳印纹　⑩镂孔

1～7. 罐形鼎：1. 纹①⑦（M149∶2）　2. 纹①④⑦（M192∶7）　3. 纹①②⑤（M147∶1）　4. 纹①⑦（M124∶5）　5. 纹①⑤⑥⑨（M4∶1）　6. 纹①②（M214∶1）　7. 纹①②⑦（M203∶2）　8、11. 弧敛口钵形豆：8. 纹①④⑤⑦（M16∶3）　11. 纹①④⑥（M38∶10）　9. 高把皿形豆：纹①④⑤⑦（M49∶8）　10、12、13. 垂棱钵形豆：10. 纹①④⑦（M38∶9）　12. 纹①④⑤（M43∶4）　13. 纹①⑩（M166∶3）　14. 盆形豆纹④⑧（M35∶5）

全身外表并不是单一种颜色，这不包括器身上夹有的小片变色和斑驳杂色者，常见的以夹砂陶鼎最为显著，其口、腹部颜色较深，三足或连及外底的颜色较浅，极少数的器身与其附盖的颜色甚至陶质都不相同，这种情况在统计中概以主体颜色和器身（不按附盖）为准归类。另外发现一件粗泥红陶大口罐，胎质中孔隙明显，以植物碎末为羼和料。

2. 纹饰

全部陶器，素面陶占18%，纹饰陶占82%强。纹饰有凹弦纹、划纹、凸弦纹、窝点连线纹、小窝纹、窝纹、平底浅圆窝纹、锥刻纹、戳印纹、镂孔、绘彩（即彩陶）等十一种（图3－43、44。表3－2）。其中以凹弦纹最多，其他较常见的依次有窝点连线纹、小窝纹、平底浅圆窝纹、窝纹和镂孔。凹弦纹绝大多数为单条封闭平行围绕的较宽弧凹底，有的多条并排，间距规则，整齐不歪，当系在轮旋的情况下才能得心应手地制成；如果在多条平行的凹弦中单条的宽度超过8毫米，则以其上下相应的低凸棱为准归属凸弦

图3－44　陶器纹饰拓片（之二）

1～4. 折敛口钵形豆：1. 纹①②⑤（M196：4）　2. 纹③⑨（M237：7）　3. 纹①⑩（M182：2）　4. 纹①⑩（M33：8）　5～8 盆：5. 纹⑨（M237：2）　6. 纹⑧（M23：1）　7. 纹⑧（M196：9）　8. 纹⑧（M124：8）　9. 竹节筒形杯：纹①④⑦（M196：5）　10. 三足罐：纹④⑤（M146：1）　11. 弇口矮领罐：纹①②⑦（M48：32）

表3－2　　黄鳝嘴文化墓随葬陶器纹饰统计

器形 \ 数量 \ 纹饰陶（素面陶）数量		素面陶器（件）	纹饰陶器（件）	凹弦纹	划纹	凸弦纹	窝点连线纹	小窝纹	窝纹	平底浅圆窝纹	锥刻纹	戳印纹	镂孔	彩陶	纹饰种类合计（例）
罐形鼎	67	3	64	49	4	3	12	7	32	13		1	1		122
盆形鼎	3		3						3						3
釜形鼎	2	1	1						1						1
垂棱钵形豆	21		21	21			18	15	1	2		4	5		66
高把皿形豆	13		13	13			12	8		10					43
弧敛口钵形豆	25	3	22	10		5	8	9	4	6		1	8	2	53
折敛口钵形豆	25	1	24	15	3	5	4	10	1	1		2	13		54
盆形豆	20	4	16	9		4	5	5	3	1	1	1	6		35
盘	12	4	8	2				2					5		9
盆	12	1	11	5			3	2			3	1	1	1	16
钵	5	1	4	1				1					1	2	5
碗	18	7	11											11	11
竹节筒形圈足杯	11		11	11	1		10	3		11		2	1		39
鼓腹圈足杯	16		16	16	2	2	8	5		7			1		41
碗形杯	6		6					1					1	6	8

续表

器形 \ 数量	纹饰陶（素面陶）数量	素面陶器（件）	纹饰陶器（件）	凹弦纹	划纹	凸弦纹	窝点连线纹	小窝纹	窝纹	平底浅圆窝纹	锥刻纹	戳印纹	镂孔	彩陶	纹饰种类合计（例）
三曲凹弧腹杯	2		2	2			2			2					6
三足杯	3	3													
单耳杯	9	4	5	3			2	1		1			1	1	9
筒形圈足杯	6	6													
圜底杯	1	1													
单耳罐	29	6	23	12		7	5	6	5	1			5		41
大口斜沿罐	8	6	2	2											2
小口矮领罐	5	3	2	2				2							4
弇口矮领罐	3	2	1		1					1					2
圜底小陶器	2	2													
三足罐	5	1	4	1	1	1		2	1	1				1	8
大口尊	1		1	1											1
器盖	6	4	2	1	1			2							4
合计	336	63	273	176	13	27	89	81	51	57	4	12	49	24	583
比例%	100	18.8	81.2	30.2	2.2	4.6	15.3	13.9	8.7	9.8	0.7	2.1	8.4	4.1	100%

纹。划纹分较深的刻划和浅显的压划两类，划成直道、弧线、网格、大小三角波折、短条连线纹样等。凸弦纹除上述的一种外，另一种是比较粗厚的单独凸起于器面。窝点连线纹都是在整条凸棱或凸弦纹上，连续压出整齐划一、细密不乱的小窝点，连成一线，做工十分精致。小窝纹有圆形、椭圆、芝麻等形状，长度一般不超过3毫米。窝纹则是较大稍深斜壁的近圆形、椭圆形捺窝，绝大多数见于鼎足上。平底浅圆窝纹的圆形十分规整，圆径一般4~5毫米左右。细分为两种形式，第一种为浅平底垂直壁的规整圆窝，口、底的直径同样大小；第二种为浅平底垂直壁的规整圆窝还在中央凸起一个小泥心，专称平底带泥心浅圆窝纹，它们可能使用诸如天竹一类植物细空心枝竿戳出的。锥刻纹所见标本中，一种是在陶盆上，小锥刻点单个大体呈三角形，在同向线条上三角形刻点的方向基本一致。经试验，用带尖小工具在陶胎上斜向轻轻揿压，为求既规则又迅速，以及看清走向掌握间距，采用依次后退的方法为宜，工具尖锋在两刻点之间还需略有拖连。这样试验作出的刻点与实物上的相似，而不是使用挑刻的方法，也不属于篦状排齿压出的纹样。另一种见于盆形豆上，单体左侧尖深，右侧宽浅。戳印纹个体都小，专指如新月形、圆弧形、短波浪形、小方形、小三角形等几何图形，常以成组规则地分布。镂孔有圆孔、半圆孔、椭圆孔、葵籽形孔、方孔、长方孔、梯形孔、三角孔、镞形孔等形状，其中个别的方孔、长方孔甚大。绘彩都在烧前绘制的，亦即彩陶，使用黑、灰黑、红彩，画出条带、曲线网格、花瓣尖叶、短水波等纹样。除上述纹饰外，包括彩陶在内的极少泥质红陶杯、豆、罐等施有红、白陶衣。

3. 制法和使用痕迹

陶器制法方面，普遍熟练掌握手制轮修技术。除个别的器身歪扭、口径不圆整的外，造型都较规整匀称，胎壁厚度适中，质地一般都较硬。有的器物显然分段制作后再粘接一起，例如在豆盘和圈足内壁接合处留存有手工按捺的成排小浅窝。一些陶器内壁留有修刮痕迹。在有的小口深腹器内，尚保存因手抹胎泥形成的不整齐的凸棱。大小陶器口部，都经常可见到如蛛丝样细密规则的平行旋纹。在有的陶器（如三曲凹弧腹杯）内表较长一段，保留规则的波状样泥条盘旋纹理。广泛装饰的多条凹弦纹都水平排列有序。个别平底底面还有陶胎拉割痕迹。从这些迹象观察，肯定在制陶过程中已广泛使用轮旋技术，一般为手制轮修，未发现从器底直至口部都留有规则旋纹可确认为快轮一次成形的典型标本。陶胎普遍经过不同程度打磨，有些泥质陶外表磨光度很好。

随葬陶器包括明器和实用器，以后者为主。少量陶器遗留使用痕迹，有的是在底缘明显磨损，露出了胎色；有的盖钮沿也磨损，当翻转后可作碗、豆类使用；有的陶器圈足残断后又加磨齐继续使用；也有的在陶器破裂缝边钻孔，捆扎补缀后再用。

4. 器类和器形

器类有鼎（罐形鼎、盆形鼎、釜形鼎）、豆（垂棱钵形豆、高把皿形豆、弧敛口钵形豆、折敛口钵形豆、盆形豆）、盘、盆、钵、碗、杯（竹节筒形圈足杯、鼓腹圈足杯、碗形杯、三曲凹弧腹杯、三足杯、单耳杯、筒形圈足杯、圜底杯）、罐（单耳罐、大口斜沿罐、小口矮领罐、弇口矮领罐、圜底小扁罐、三足罐）、大口尊等。各类选用标本共240件。

罐形鼎 67件（内13件残）。分为三型。

A型 15件（内2件残）。鼎足向里侧钩弯。1件附盖。分为五式。

AⅠ式：1件（M50:3）。泥质深灰陶，胎灰色，足夹细砂。直口，领腹斜连无界限，圆鼓腹，圜底，锥形足里弯，足尖内钩。饰凸弦纹、上周七组每组四个下周十组每组三四个小窝纹，足根窝纹。高13.2、口径11.6、腹径15厘米（图3-45，1；图版一九，1）。

AⅡ式：2件。直口，矮直领，领腹分界。M203:2，泥质深灰陶。饰宽凹弦纹、窝点连线纹、浅压细密网格划纹、上层四组各三个下层共四个平底浅圆窝纹，足根平底浅小圆窝纹。高10.7、口径7.2、腹径12.1厘米（图3-45，3；图版一九，2）。M38:11，泥质深灰陶，胎灰色。颈腹部饰凸凹弦纹、上周五组各三个下周五对平底带泥心浅圆窝纹和一周不很完整的窝点连线纹，三足根里侧各有一小窝纹。高10.6、口径8.2、腹径11.7厘米（图3-45，2；图版一九，3）。

AⅢ式：2件。直口或斜直口，高领。M35:6，泥质深灰陶，胎灰色。楔形里弯足夹细砂。饰九周凹

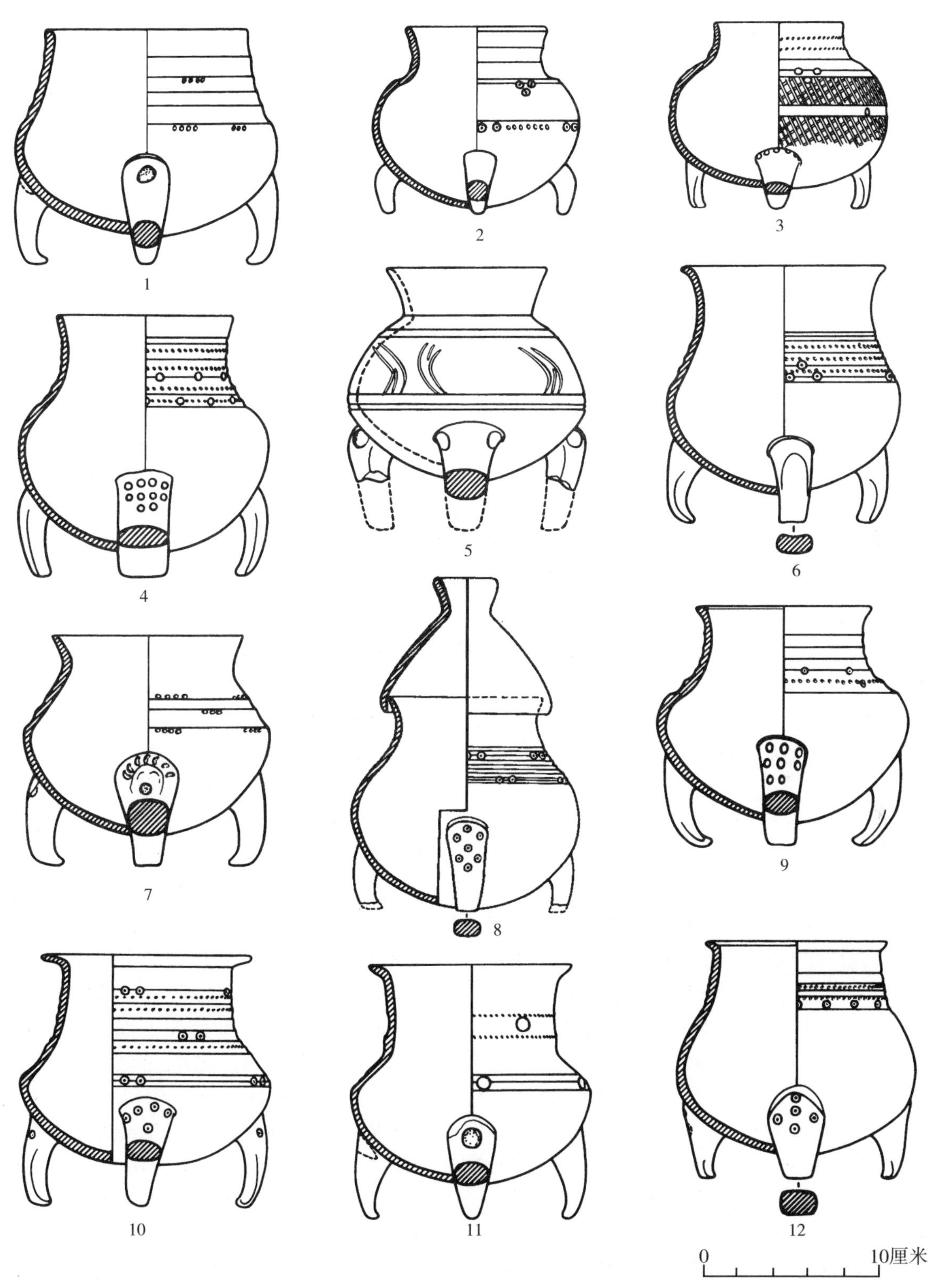

图3－45　陶罐形鼎（之一）

1. A型Ⅰ式（M50：3）　2. A型Ⅱ式（M38：11）　3. A型Ⅱ式（M203：2）　4. A型Ⅲ式（M35：6）　5. A型Ⅲ式（M214：1）　6. A型Ⅳ式（M192：7）　7. A型Ⅳ式（M4：1）　8. A型Ⅳ式（M149：2）　9. A型Ⅳ式（M196：3）　10. A型Ⅴ式（M124：5）　11. A型Ⅴ式（M33：7）　12. A型Ⅴ式（M122：8）

弦纹、四周窝点连线纹、上部二周各十二个和足根为平底浅圆窝纹。高14.8、口径10、腹径14厘米（图3-45，4；图版一九，4）。M214:1，夹砂灰褐陶。饰五周凹弦纹、四组双道相对弧线划纹，足根窝纹。复原高15、口径9.1、腹径13.4厘米（图3-45，5；图版一九，5）。

AⅣ式：6件（内1件残）。侈口，斜翻沿，多有领，圆鼓腹。1件附盖。M196:3，泥质深灰陶，胎灰色。有五周凹弦纹、一周窝点连线纹、上周七个下周四个平底（有的带泥心）浅圆窝纹，足根小窝纹。高13.6、口径9.9、腹径14.2厘米（图3-45，9；图版一九，6）。M149:2，泥质深灰陶，胎灰红色。足尖稍残缺。附漏斗形通钮小盖。饰十周凹弦纹、上腹二周各七对和足根为平底带泥心浅圆窝纹。复原通高19、复原鼎高12、口径8.7、腹径12.8厘米（图3-45，8；图版二〇，1）。M192:7，泥质灰陶。足根隆起，正面中下部刮凹。饰八周凹弦纹、三周窝点连线纹、五组各三个平底带泥心浅圆窝纹。高14.6、口径11.5、腹径13.1厘米（图3-45，6；图版二〇，2）。M4:1，泥质灰陶，足夹细砂。仅此件束颈不显领部。饰凹弦纹、三周各六组上下周每组四个中周每组三个小窝纹，足根有窝纹和新月形戳印纹。高13、口径10.6、腹径14厘米（图3-45，7；图版二〇，3）。

AⅤ式：4件（内1件残）。斜折窄沿，高领，领腹有分界，圆腹或较扁鼓腹。M122:8，泥质灰陶，足夹细砂。饰五周凹弦纹、二周窝点连线、颈部一周十二个和足根为平底带泥心浅圆窝纹。高13.6、口径10.2、腹径13.4厘米（图3-45，12；图版二〇，4）。M124:5，泥质深灰陶，胎灰色。饰十周凹弦纹、二周窝点连线纹、颈腹部三周各四对和足根为平底带泥心浅圆窝纹。高14.3、口径12、腹径14.4厘米（图3-45，10；图版二〇，5）。M33:7，泥质灰陶。饰二周凹弦纹、二周窝点连线纹、二周各五个平底浅圆窝纹，足根有深窝纹。高14.4、口径11.6、腹径13.6厘米（图3-45，11；图版二〇，6）。

B型 43件（内11件残）。肥圆腹。14件附盖。分为六式。

BⅠ式：14件（内1件残）。小翻沿，斜高领，领腹有分界，圜底，多为扁凿形足。3件附盖。M238:1，鼎夹砂深灰陶，足红色；盖夹砂红褐陶。饰七周凹弦纹，每足二个平底带泥心浅圆窝纹。通高23、鼎高16.6、口径12、腹径14.6厘米（图3-46，5；图版二一，5、6）。M144:2，夹砂深灰陶，足红褐色。外底中心部位有掉落一块泥饼的痕迹，现成直径约2.5厘米的规则圆凹坑。饰六周凹弦纹，足有窝纹。高18.2、口径11.6、腹径16.2厘米（图3-46，1；图版二二，1）。M35:7，鼎夹砂灰陶，底和足灰红色；盖泥质灰陶。饰凹凸弦纹和一周横列两对共4个圆孔。钮唇缘有磨损。通高19.2、鼎高14.8、口径11.8、腹径13.2厘米（图3-46，4；图版二一，3、4）。M139:3，鼎夹砂红褐陶，足浅红色；盖泥质深灰陶。鼎饰五周凹弦纹，盖口沿和钮沿有窝点连线纹。盖钮沿磨损当翻置后兼作容器使用。出土时盖即扣在鼎口上。通高18.4、鼎高13.5、口径10.2、腹径12.3厘米（图3-46，3；图版二一，1、2）。M232:4，鼎泥质灰陶，足夹砂灰陶。仅此件扁凿形足尖向两侧外撇。底面中心抹小块不规则形薄层细砂灰陶。饰凹弦纹、窝点连线纹，足根刻竖条划纹。高12.3、口径10.6、腹径12.1厘米（图3-46，2；图版二二，2）。

BⅡ式：13件（内3件残）。小翻沿或外折沿，上部斜直壁，最大腹径偏下部，多为扁凿形足。M43:2，夹砂灰褐陶，胎深灰，足浅红色。饰六周凹弦纹。高15.4、口径11.4、腹径14厘米（图3-46，6；图版二二，3）。M203:3，夹砂灰褐陶，胎深灰，足浅红色。饰凹弦纹。高14.7、口径10.5、腹径12.9厘米（图3-46，9；图版二二，5）。M117:10，泥质深灰陶，胎灰色，三足夹细砂。足根部突出腹壁较多。饰五周凹弦纹，足根五个窝纹。高16.5、口径11.9、腹径13.5厘米（图3-46，8；图版二二，6）。M122:11，泥质黑陶，胎深灰，三足细砂浅红陶。饰凹弦纹、平底带泥心浅圆窝纹。高14.3、口径10.8、腹径12.8厘米（图3-46，7；图版二二，4）。

BⅢ式：9件（内2件残）。小翻沿。球圆腹，最大腹径在中部，多扁凿形足。7件附夹砂盖。M177:6，夹砂红褐陶，胎浅红。足根有窝纹。通高17.3、鼎高11.8、口径10.2、腹径11.8厘米（图3-46，10；图版二三，1）。M153:3，鼎夹砂黑陶，胎、足和盖夹砂红褐陶。足根有七个窝纹。通高17、鼎高11.8、口径9.6、腹径11.9厘米（图3-46，11；图版二三，2）。M48:34，夹砂红陶。足根窝纹。复原通高约18.5、鼎高12.4、口径9.5、腹径11.8厘米（图3-46，12）。M163:1，泥质灰陶，足夹砂。仅此件为近扁锥形足。饰凹弦纹、窝纹。高9.6、口径7.9、腹径9厘米（图3-47，1；图版二三，3）。

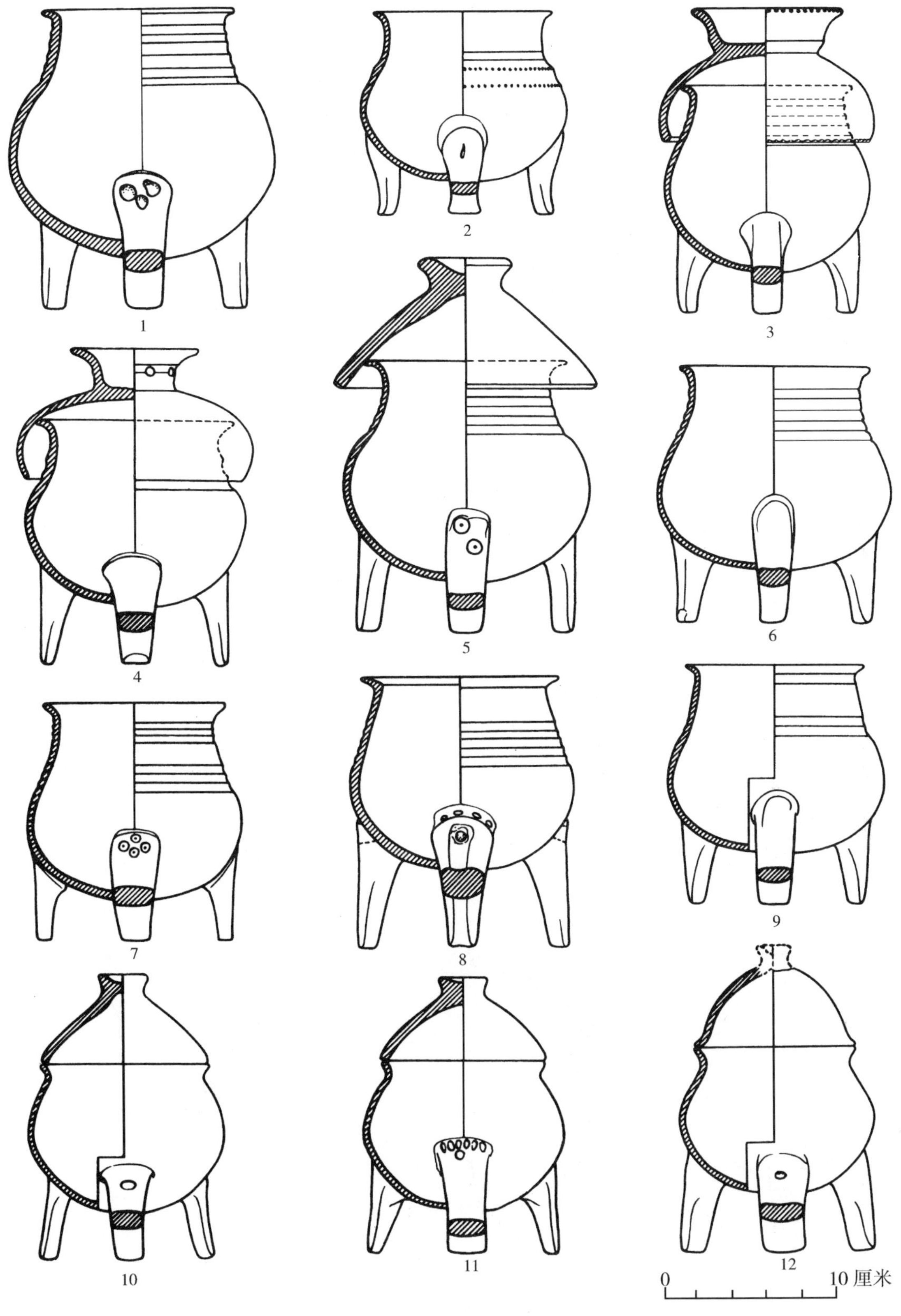

图3－46　陶罐形鼎（之二）

1. B型Ⅰ式（M144：2）　2. B型Ⅰ式（M232：4）　3. B型Ⅰ式（M139：3）　4. B型Ⅰ式（M35：7）
5. B型Ⅰ式（M238：1）　6. B型Ⅱ式（M43：2）　7. B型Ⅱ式（M122：11）　8. B型Ⅱ式（M117：10）
9. B型Ⅱ式（M203：3）　10. B型Ⅲ式（M177：6）　11. B型Ⅲ式（M153：3）　12. B型Ⅲ式（M48：34）

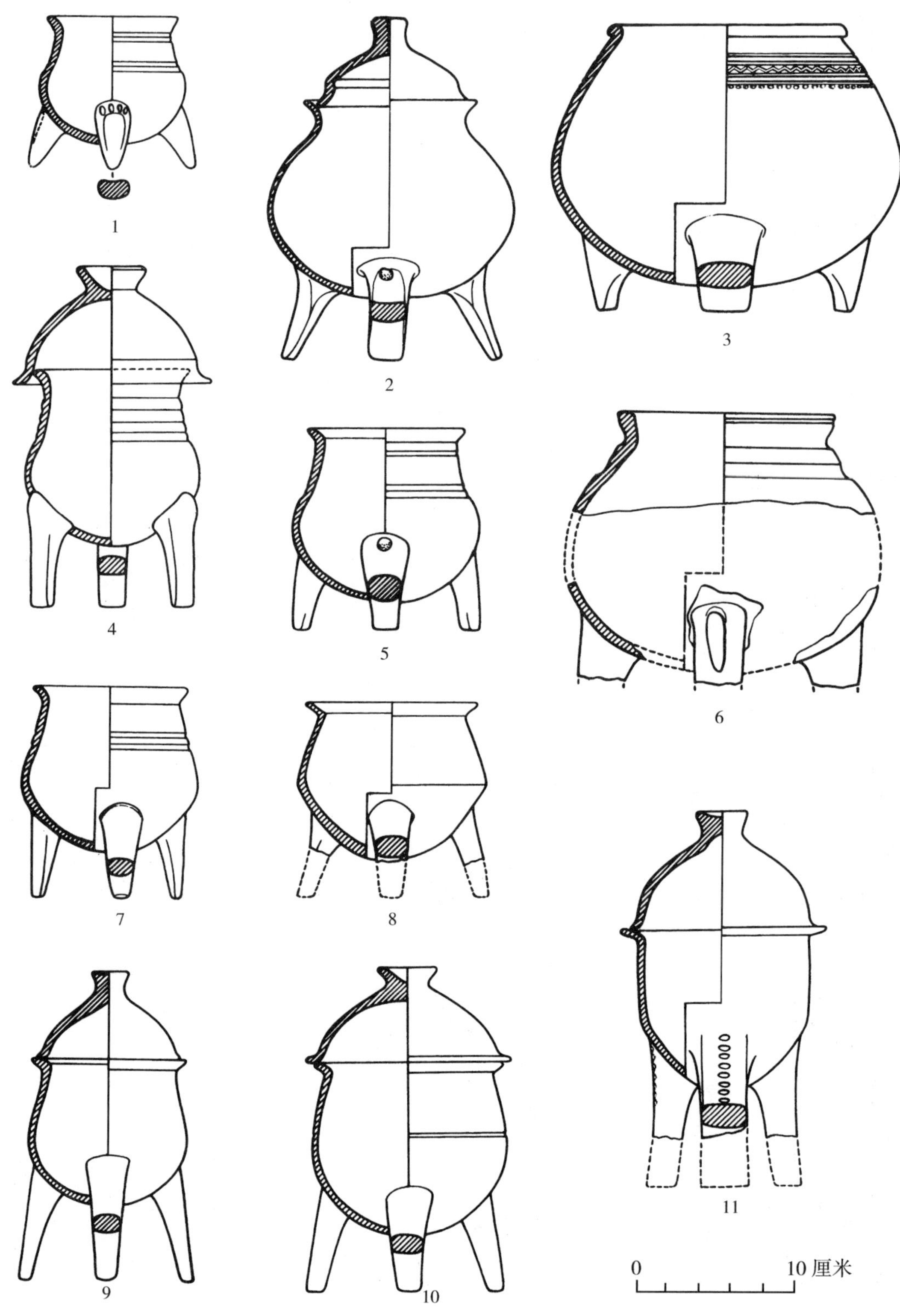

图3－47　陶罐形鼎（之三）

1. B型Ⅲ式（M163∶1）　2. B型Ⅳ式（M182∶5）　3. B型Ⅴ式（M147∶1）　4. C型Ⅰ式（M161∶3）
5. C型Ⅰ式（M139∶2）　6. B型Ⅵ式（M48∶37）　7. C型Ⅰ式（M168∶5）　8. C型Ⅱ式（M190∶4）
9. C型Ⅲ式（M27∶11）　10. C型Ⅲ式（M120∶11）　11. C型Ⅳ式（M27∶6）

BⅣ式：4件（内3件残）。翻沿，圆鼓腹，最大腹径在中部，扁凿形足。均附夹砂盖。M182∶5，鼎夹砂灰褐陶，胎红色，三足和盖夹砂红褐陶。足根有窝纹。通高21.6、鼎高16.4、口径10.9、腹径15.4厘米（图3-47，2；图版二三，4）。

BⅤ式：1件（M147∶1）。夹砂红陶，胎灰色。圆卷沿，扁鼓腹，宽圜底，扁凿形矮足。外表打磨较光。饰四周凹弦纹、一周锯齿状刻划纹、一周椭圆形小窝纹。高18、口径15.2、腹径22.2厘米（图3-47，3；彩版一六，1；图版二三，5）。

BⅥ式：2件。均残片。夹粗砂黑陶。短斜直领，方唇，圆腹。M48∶37，足根饰大长窝纹。口径13.7厘米（图3-47，6）。

C型　9件。斜沿，深腹，腹体偏瘦。4件附盖。分为四式。

CⅠ式：5件。翻沿或斜折沿，圆腹体偏瘦，多凿形足。1件附盖。M161∶3，鼎夹砂深灰陶，胎灰红，足红色，盖泥质深灰陶。仅此件的翻沿短小。饰凹弦纹。通高21.6、鼎高15、口径10.1、腹径10.9厘米（图3-47，4；图版二四，1、2）。M168∶5，夹砂红褐陶，足红色。饰二周凹弦纹。高13.3、口径9.5、腹径10.9厘米（图3-47，7；图版二四，3）。M139∶2，泥质深灰陶，三足夹砂。饰凹弦纹、窝纹。高12.7、口径9.9、腹径11.6厘米（图3-47，5；图版二三，6）。

CⅡ式：1件（M190∶4）。夹砂红褐陶，内表黑色。斜折沿。腹中部起折棱，小圜底。复原高约12.3、口径10.8、腹径11.9厘米（图3-47，8；图版二四，4）。

CⅢ式：2件。斜折沿，长圆形腹，均附夹砂盖。M120∶11，鼎和盖夹砂黑陶，胎和足浅红。饰一周凹弦纹。通高20.4、鼎高14.4、口径11.6、腹径12.3厘米（图3-47，10；图版二四，5）。M27∶11，鼎夹砂黑陶，足和胎红褐色，盖夹砂红褐陶。通高19.6、鼎高14、口径9.8、腹径10厘米（图3-47，9；图版二四，6）。

CⅣ式：1件（M27∶6）。鼎夹砂红褐陶，盖夹砂红陶。折沿，深腹，腹壁竖直，小圜底，长扁凿形三足紧靠。足根窝纹。残存通高20.6、鼎口径12.9、腹径10.7厘米（图3-47，11；图版二五，4）。

盆形鼎　3件（内1件残片）。侈口，凹弧壁，折收为宽圜底，高扁凿形足。均附夹砂盖。M121∶1，夹砂深灰陶，胎红褐，三足和盖夹砂红褐陶。足根有窝纹。通高22、鼎高15.4、口径11.2、腹径11.6厘米（图3-48，2；图版二五，2）。M39∶3，夹砂黑陶，胎和足红褐色，盖夹砂红陶。足根有窝纹。复原通高约20.6、鼎残高14.2、口径11、腹径9.6厘米（图3-48，1；图版二五，1）。

釜形鼎　2件（内1件残）。夹砂红褐陶。小翻沿，腹鼓凸较扁，扁凿形足。均附夹砂陶盖。M26∶10，足根饰窝纹。通高16.3、鼎高11.5、口径8.8、腹径12厘米（图3-48，3；图版二五，3）。

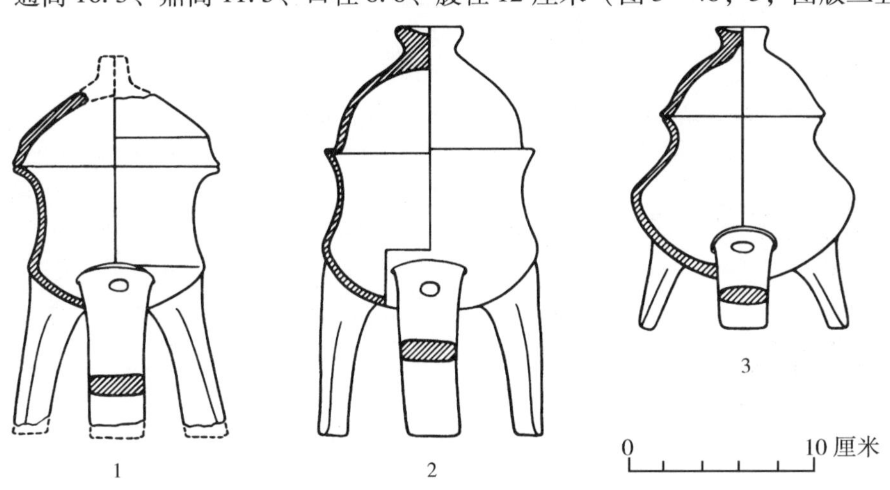

图3-48　陶盆形鼎、釜形鼎

1、2. 盆形鼎：1. M39∶3　2. M121∶1　3. 釜形鼎（M26∶10）

垂棱钵形豆　21 件（内 7 件残，包括 1 件不能分式者）。分为六式。

Ⅰ式：11 件（内 5 件残）。口稍外侈，口下器壁凹弧，中部折腹后斜收，腹径大于口径，底部有高凸垂棱似矮圈足状，垂棱上施窝点连线纹侧视如锯齿样花边，细把中部高凸棱似竹节，下连宽面台座。9 件附盖。M35∶2，泥质黑陶，胎灰色。豆上有四周凹弦纹、五周窝点连线纹、四组各六个小窝纹。附折壁侈口盖，有四周凹弦纹、一周窝点连线纹。钮缘经磨损，当翻置后作容器使用所致。通高 24.9、豆高 17.4、口径 15.1、底径 12.1 厘米（图 3－49，3；图版二六，2）。M139∶4，泥质深灰陶，胎灰色。豆饰十一周

图 3－49　陶垂棱钵形豆（之一）

1. Ⅰ式（M49∶11）　2. Ⅰ式（M139∶4）　3. Ⅰ式（M35∶2）　4. Ⅰ式（M43∶4）　5. Ⅱ式（M38∶9）　6. Ⅱ式（M233∶4）　7. Ⅲ式（M124∶9）　8. Ⅳ式（M168∶3）　9. Ⅴ式（M4∶3）

凹弦纹、六周窝点连线纹、二周各十二个谷粒状小窝纹。附折壁直口盖，有一周凹弦纹。盖钮缘磨损。通高21.2、豆高16、口径13.8、底径12厘米（图3－49，2；彩版九，1；图版二六，3）。M49：11，泥质深灰陶，胎灰色。豆饰九周凹弦纹、五周窝点连线纹，豆座折棱处有二组各六个和二组各五个小窝纹相间排列。附折壁微敛口盖，有一周凹弦纹、一周窝点连线纹、一周四组小窝纹。通高23.4、豆高17.1、口径16.7、底径12.8厘米（图3－49，1；彩版一〇，1；图版二六，1）。M43：4，泥质灰陶。台座式圈足壁斜直不成喇叭口状（本式内M232：5同此）。约十五周凹弦纹、九周窝点连线纹，豆把上五组各二个、圈足上四组各十一个近三角形小窝纹。高约18.6、口径13.9、底径11.9厘米（图3－49，4；图版二六，4）。

Ⅱ式：3件。侈口，折腹，口径稍大于腹径。1件附盖。M38：9，泥质灰陶。饰凹弦纹、窝点连线纹。四组各六个平底浅圆窝纹。高17.8、口径15.6、底径13.2厘米（图3－49，5；图版二七，1）。M233：4，泥质深灰陶，胎灰色。仅此件口径较大。饰七周凹弦纹、六周窝点连线纹、四组各五个小窝纹。高17.1、口径20.2、底径14.3厘米（图3－49，6；图版二七，2）。

Ⅲ式：1件（M124：9）。豆泥质深灰陶，胎灰色；盖泥质灰陶，胎浅红。口下器壁斜直不显凹弧，豆把下台座略呈球面状。饰十五周凹弦纹、三周窝点连线纹、七对竖横排相间的小窝纹。复原通高约22.2、豆高17.1、口径13.2、底径11.2厘米（图3－49，7；图版二七，3）。

Ⅳ式：1件（M168：3）。泥质灰陶。器腹肥大，豆把低矮上细下粗，台座式圈足壁凸弧不外撇。饰十二周凹弦纹、一周窝点连线纹、一周小圆窝纹和波形戳印纹各六个相间、二周小圆镂孔和波形戳印纹各六个相间。高18、口径16、底径13.5厘米（图3－49，8；图版二八，1）。

Ⅴ式：1件（M4：3）。泥质灰陶。折腹，斜弧内收，竹节状豆把粗长，下连窄斜面台座。有十周凹弦纹、一周窝点连线纹、四周各二组小圆窝纹和新月形戳印纹。底缘稍磨损。高18.3、口径16、底径13厘米（图3－49，9；图版二八，2）。

Ⅵ式：3件（内1件残）。折腹，斜弧内收，豆把粗长直连喇叭口圈足。2件附盖。M50：6，泥质灰陶。饰凹弦纹、窝点连线纹、二周各为一圆孔和二瓜籽形小窝纹相间。通高22、豆高15.4、口径15.1、底径11.8厘米（图3－50，1；彩版九，2；图版二八，3）。M166：3，泥质深灰陶，胎灰色。仅此件豆盘底缘垂棱上未施窝点连线纹。有凹弦纹、二周分别为圆形和瓜籽形镂孔各七个相间排列。高17.5、口径15.2、底径13.8厘米（图3－50，2；图版二八，4）。

高把皿形豆　13件（内2件残）。分为二型。

A型　9件（内1件残）。敞口，凹弧壁折腹。主要在高把部分有变化。分为五式。

AⅠ式：1件（M232：8）。泥质深灰陶，胎灰色。圈足内壁有较整齐的横条修刮痕。高把呈斜直筒形喇叭口，无高凸棱。饰十四周宽凹弦纹，三周小窝纹上、中层各六个、下层五个。底缘稍磨损。高15.3、口径13、底径11.8厘米（图3－51，1；图版三〇，1）。

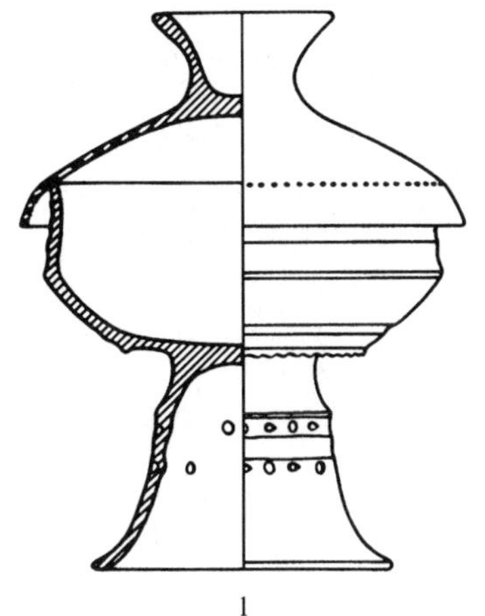

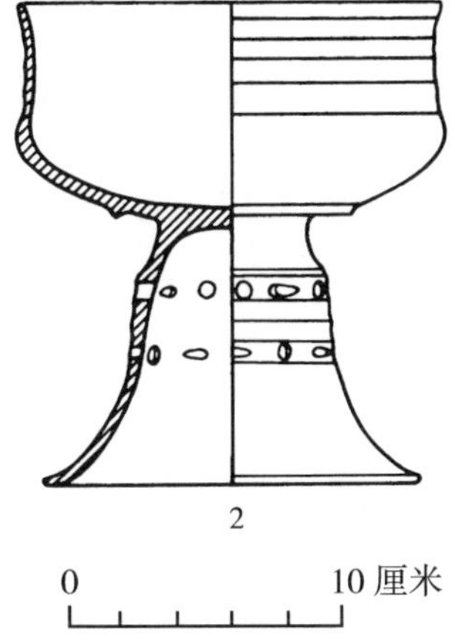

图3-50　陶垂棱钵形豆（之二）
1 Ⅵ式（M50：6）　2 Ⅵ式（M166：3）

图 3－51　陶高把皿形豆

1. A 型Ⅰ式（M232：8）　2. A 型Ⅲ式（M232：7）　3. A 型Ⅲ式（M49：8）　4. A 型Ⅱ式（M144：4）
5. A 型Ⅱ式（M232：12）　6. A 型Ⅳ式（M38：5）　7. A 型Ⅴ式（M22：3）　8. B 型Ⅰ式（M124：11）
9. B 型Ⅱ式（M144：3）　10. B 型Ⅲ式（M126：1）

AⅡ式：2 件。泥质深灰陶。豆把中部有一高凸棱。底缘都稍磨损。M232：12，饰九周凹弦纹、十一周窝点连线纹、一周小窝纹、二周各五对平底带泥心浅圆窝纹。高 15.4、口径 13、底径 11.2 厘米（图 3－51，5；彩版一〇，2；图版二九，1）。M144：4，饰十一周凹弦纹、八周窝点连线纹、二周小窝纹、二周分别为十三个和五对平底（有的带泥心）浅圆窝纹。高 15.9、口径 14.8、底径 11.8 厘米（图 3－51，4；图版三〇，6）。

AⅢ式：4件（内1件残）。豆把上下有二周稍高凸棱。M232∶7，泥质深灰陶，胎灰红。饰约十一周凹弦纹、一周窝点连线纹、上下五周分别为六对、四对、四对、五对和五个平底带泥心浅圆窝纹。高14.9、口径11.5、底径11厘米（图3－51，2；图版三〇，2）。M49∶8，泥质灰陶。饰十六周凹弦纹、九周窝点连线纹、三周小窝纹、二周平底带泥心浅圆窝纹。高13.7、口径10.3、底径9.5厘米（图3－51，3；图版二九，2）。

AⅣ式：1件（M38∶5）。泥质深灰陶，胎灰色。豆把较矮，上端一凸棱，中部台阶状，下部外撇呈喇叭口。饰约十周凹弦纹、二周窝点连线纹、六周小窝纹，自上而下各周小窝纹分别为四个、四组各四个、四组各二个、四组各二个、三组各五个（另有较大的二个相对称）、三组各五个。高13.2、口径13.6、底径11.6（图3－51，6；图版三〇，3）。

AⅤ式：1件（M22∶3）。泥质深灰陶，胎灰色。盘底较平，豆把上部形状与Ⅳ式接近，下部加高。有大约二十二周凹弦纹、一周窝点连线纹，八周平底带泥心浅圆窝纹自上而下第一周八对、第四周五对、余均四对。底缘有磨损。高17.8、口径15、底径13.2厘米（图3－51，7；图版二九，3）。

B型 4件（内1件残）。直口，上部腹壁竖直或略凹。1件附盖。分为三式。

BⅠ式：1件（M124∶11）。泥质灰陶。上腹略凹，下部圆拐斜收，豆把斜直壁筒形。饰十周凹弦纹、二周窝点连线纹、二周芝麻形小窝纹、一周十二个平底带泥心浅圆窝纹。底缘稍磨损。附喇叭形高钮盖。通高22.5、豆高14.8、口径12、底径10.4厘米（图3－51，8；图版三〇，5）。

BⅡ式：2件（内1件残）。竖直腹，平底，豆把有二周高凸棱，底部喇叭口。M144∶3，泥质黑陶，胎灰色。饰多周凹弦纹、十五周窝点连线纹、五周各四对平底带泥心浅圆窝纹。高23.1、口径14.8、底径14厘米（图3－51，9；图版二九，4）。

BⅢ式：1件（M126∶1）。泥质黑陶，胎浅红。盘腹中部折角后圆弧内收，豆把较矮上部一周凸棱、中部呈窄斜台阶状。饰八周凹弦纹、八周窝点连线纹、四周各三对平底带泥心浅圆窝纹。高11.6、口径12.2、底径9.5厘米（图3－51，10；图版三〇，4）。

弧敛口钵形豆 25件（内4件残）。分为二型。

A型 15件（内3件残）。矮体。分为六式。

AⅠ式：5件（内2件残）。圆弧敛口，斜弧壁，浅腹，喇叭口矮圈足。M203∶9，泥质深灰陶，胎浅红。圈足饰二周每周三组各三个小窝纹。高6.9、口径12.9、底径7.5厘米（图3－52，2；图版三一，3）。M43∶1，泥质深灰陶。饰二周凸弦纹、一周平底带泥心浅圆窝纹和圆形镂孔各四个。底缘磨损。高9.2、口径15、底径9.6厘米（图3－52，3；图版三一，2）。M40∶1，泥质深灰陶。仅此件圈足上有凸棱。饰二周小窝纹、一周七个平底带泥心浅圆窝纹。高9.8、口径15.6、底径10.6厘米（图3－52，1；图版三一，1）。

AⅡ式：3件。弧敛口，口部较鼓凸，腹较深，外撇圈足稍高。M50∶2，泥质深灰陶。饰凹弦纹、窝点连线纹和十个椭圆形窝纹。高13.7、口径20.8、底径12.8厘米（图3－52，4；图版三一，4）。M43∶5，泥质深灰陶，胎灰色。仅此件圈足壁较斜直。饰凸弦纹、五组每组居中二个平底浅圆窝纹左右各二个窝纹。高13.2、口径20.2、底径12.6厘米（图3－52，5；图版三一，5）。

AⅢ式：1件（M122∶10）。泥质深灰陶，胎灰色。腹很浅，圈足宽矮。饰上下二周窝点连线纹、中间一周小窝纹。高7.6、口径14.4、底径10.5厘米（图3－52，6；图版三一，6）。

AⅣ式：1件（M117∶12）。泥质灰陶。深腹，圈足较矮。口部二周凹弦纹，圈足六个圆形镂孔。高12.7、口径20、底径13.4厘米（图3－52，9；图版三二，1）。

AⅤ式：1件（M33∶3）。泥质红陶，胎浅灰。微敛口，腹宽肥近半球体。口外残存紫红色斑点。圈足饰二周凸弦纹、六对小窝纹。高10.8、口径15.8、底径11.6厘米（图3－52，7；彩版一一，2；图版三二，2）。

AⅥ式：4件（内1件残）。圆弧敛口，浅腹，喇叭形口圈足较高。M203∶7，泥质红陶。盘内壁残存黄衣。口内和圈足面施紫红彩，圈足底边沿和宽凹弦纹内黄彩，镂四个圆孔。高9.9、口径12.7、底径

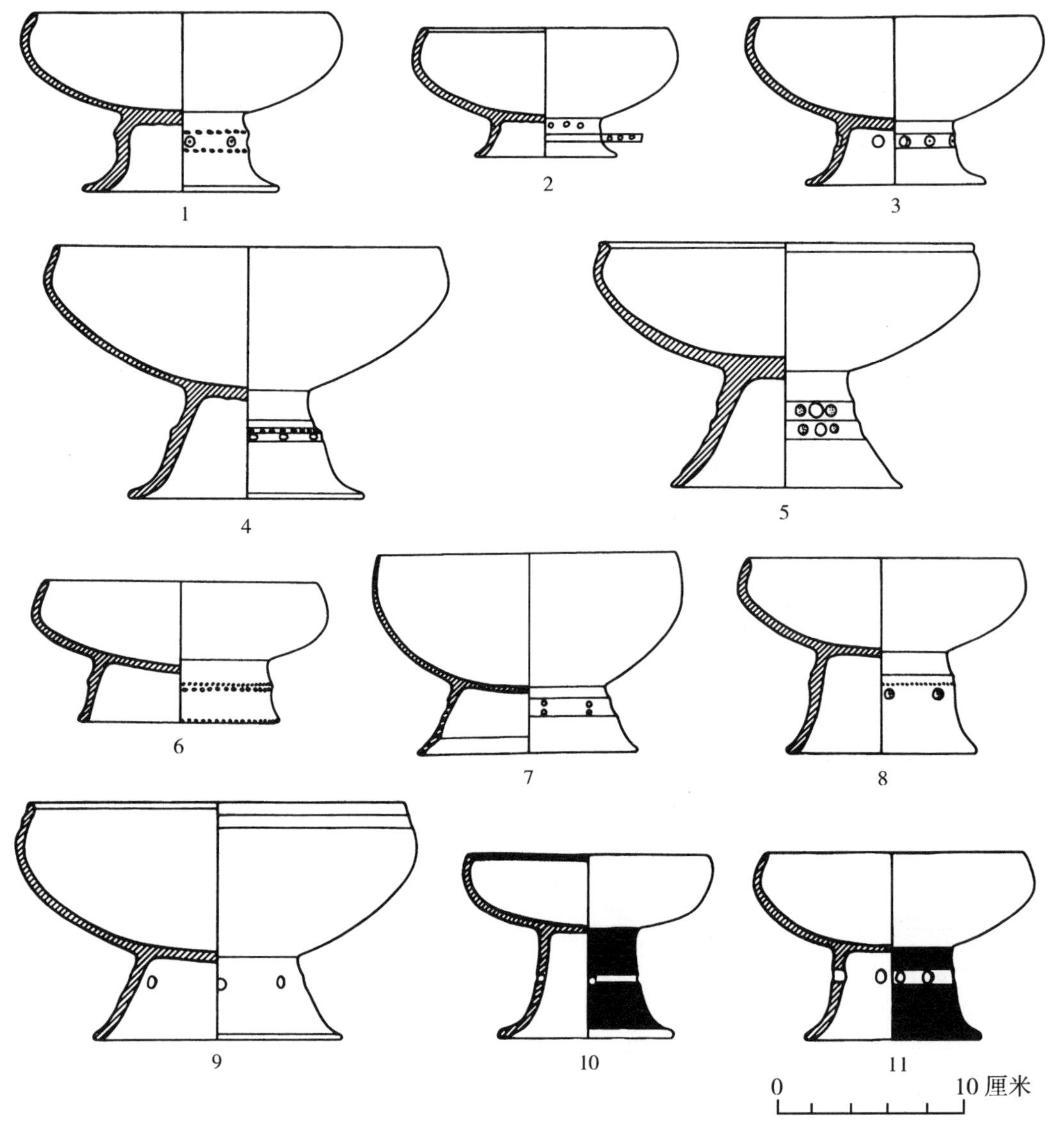

图 3－52　陶弧敛口钵形豆（之一）

1. A 型Ⅰ式（M40:1）　2. A 型Ⅰ式（M203:9）　3. A 型Ⅰ式（M43:1）　4. A 型Ⅱ式（M50:2）
5. A 型Ⅱ式（M43:5）　6. A 型Ⅲ式（M122:10）　7. A 型Ⅴ式（M33:3）　8. A 型Ⅵ式（M33:1）
9. A 型Ⅳ式（M117:12）　10. A 型Ⅵ式（M203:7）　11. A 型Ⅵ式（M117:9）

9.2 厘米（图 3－52，10；彩版一一，4；图版三二，5）。M117:9，泥质红陶，胎灰色。器腹里外涂白陶衣，今绝大多数已剥落。口内和圈足面施红彩，圈足浅宽凹槽内白彩并镂五个圆孔一个未穿透的圆窝。高 10、口径 14、底径 9.6 厘米（图 3－52，11；彩版一一，3；图版三二，4）。同式 M4:8 泥质红陶豆腹壁里外也残存有白衣，圈足缺失。M33:1，泥质深灰陶，胎灰色。饰凹弦纹、窝点连线纹和七个圆窝纹。高 10.7、口径 14.6、底径 10 厘米（图 3－52，8；图版三二，3）。

B 型　10 件（内 1 件残）。高体。分为六式。

BⅠ式：3 件。弧敛口，斜腹，宽粗把无很高起的主凸棱，喇叭口圈足。M38:10，泥质深灰陶，胎灰色。饰八周凹弦纹、五周窝点连线纹、三周圆窝纹。高 14、口径 13.6、底径 11 厘米（图 3－53，1；图版三三，1）。M16:3，泥质黑陶，胎灰色。饰多周凹弦纹、五周窝点连线纹、五周小窝纹、一周十四个平底带泥心浅圆窝纹。底缘磨损。高 15.9、口径 14.9、底径 13.6 厘米（图 3－53，2；图版三三，2）。

BⅡ式：1 件（M146:2）。泥质深灰陶，胎红色。腹壁斜弧，豆把上部有一高凸棱。饰凸弦纹、小窝

图3－53　陶弧敛口钵形豆（之二）

1. B型Ⅰ式（M38：10）　2. B型Ⅰ式（M16：3）　3. B型Ⅱ式（M146：2）　4. B型Ⅳ式（M7：5）　5. B型Ⅲ式（M16：2）
6. B型Ⅵ式（M27：10）　7. B型Ⅵ式（M34：4）　8. B型Ⅴ式（M192：8）

纹，后者上层共五个、下层五组各四个。底缘磨损。高15、口径14.8、底径12.8厘米（图3－53，3；图版三三，3）。

BⅢ式：1件（M16：2）。泥质黑陶，胎灰色。敛口，下腹鼓凸，腹很浅，豆把中部有高宽凸棱。饰约十三周凹弦纹、七周窝点连线纹、七周小窝纹、三周分别为二十二个、十个、十个平底带泥心浅圆窝纹。底缘磨损。高15.5、口径11.5、底径11.8厘米（图3－53，5；彩版一〇，4；图版三三，4）。

BⅣ式：1件（M7：5）。泥质红陶（泛黄），胎灰色。腹深宽肥，下连凹弧面喇叭口座。腹壁内外及圈足外表涂白衣，今绝大多数已剥落。圈足浅宽槽内有五对圆弧形戳印纹。高16.8、口径15、底径12.6厘米（图3－53，4；图版三四，1）。

BⅤ式：1件（M192：8）。泥质深灰陶，胎灰色。敛口，腹壁斜弧，豆把上部以凹槽为界上端成箍状宽凸棱。底缘磨损甚重。高20.4、口径20.4、底径15.4厘米（图3－53，8；图版三四，2）。

BⅥ式：3件（内1件残）。敛口，腹壁斜弧，直筒形高豆把上端略显箍状弧凸宽棱，下连微凸弧面敞口座。M27∶10，泥质黑陶，胎灰红。有凹弦纹和二个大长方形镂孔。孔壁成整齐的凹弧底锯齿状，左右边各约七齿，上下边各约五六齿；由痕迹观察，当先按大长方孔范围在四边依次钻镂小圆孔，然后剔除中间泥片即成大长方孔，有的孔边稍抹去尖齿，有的孔边未修。高19.7、口径18、底径14.8厘米（图3-53，6；彩版一〇，3；图版三四，3）。M34∶4，泥质灰陶。器身歪扭，口不整圆。有三对近半圆形镂孔。高20.2、口径20.6、底径15.4厘米（图3-53，7；图版三四，4）。

折敛口钵形豆 25件（内3件残）。分为四型。

A型：9件。高体。豆把上均有较高的主凸棱。分为七式。

图3-54 陶折敛口钵形豆（之一）

1. A型Ⅰ式（M196∶4） 2. A型Ⅴ式（M153∶12） 3. A型Ⅳ式（M146∶3） 4. A型Ⅶ式（M39∶1） 5. A型Ⅱ式（M142∶3） 6. A型Ⅶ式（M26∶6） 7. A型Ⅵ式（M48∶14） 8. A型Ⅲ式（M22∶4）

AⅠ式：2件。泥质深灰陶，胎浅红。折敛口，斜弧壁收底，高把下部有宽凸棱。M196∶4，口部浅压整齐细密的网格划纹，网线间隔2毫米左右；豆把五周小窝纹，上四周各二对，末周分布四个；凸棱上左右斜行相间的短条划纹六组，每组并列五至八条斜线；还有多周凹弦纹。高15.6、口径14.2、底径11.7厘米（图3－54，1；图版三五，1）。M196∶1与之雷同。

AⅡ式：1件（M142∶3）。泥质深灰陶，胎浅红夹心浅灰色。高粗豆把上有两凸棱。有五周凹弦纹、一周窝点连线纹，小窝纹上层五个、下层五组各三个。高12.8、口径11.6、底径10.8厘米（图3－54，5；图版三五，2）。

AⅢ式：1件（M22∶4）。泥质灰陶。腹壁斜收略凸弧，豆把上端有一高凸棱近似竹节状，中部向里折收，下部渐加宽连接凹弧面圈足。有六周凹弦纹、二周各三个圆镂孔。高19.6、口径19.5、底径15厘米（图3－54，8；图版三五，3）。

AⅣ式：1件（M146∶3）。泥质灰陶，胎浅红。腹壁上部稍凹弧，折腹后稍凸弧，高豆把双凹折呈两高凸棱竹节状，下连窄斜面台座。有九周宽凹弦纹、四周窝点连线纹、一周六个小窝纹、二周各八个平底带泥心浅圆窝纹。高20.8、口径16.8、底径16厘米（图3－54，3；图版三五，4）。

AⅤ式：1件（M153∶12）。泥质黑陶，胎灰色。口径较小，深腹，高豆把上端一凸棱，上部细直，中下部外斜渐加宽并有两个窄斜台面。饰凸弦纹、小窝纹和小圆孔。高23.6、口径14.3、底径15.4厘米（图3－54，2；图版三六，1）。

AⅥ式：1件（M48∶14）。泥质深灰陶，胎红色。内折窄沿已断缺，腹壁略作上凹下凸弧曲，高把上端有宽凸棱，下连窄斜台面座。饰六周凸弦纹和四周各二个、末周两对圆孔。复原高约22.8、口径约22、底径18.3厘米（图3－54，7）。

AⅦ式：2件。腹壁斜弧，豆把上端一凸棱，下连台座。M26∶6，泥质灰陶。一周凹弦纹、二个半圆形孔。高18.8、口径18、底径15厘米（图3－54，6；图版三六，3）。M39∶1，泥质黑陶，胎浅红。上周有短刻线横连对尖镞形孔和单列的镞形孔各二个，下周有短刻线横连对尖镞形孔三个。高18.4、口径18.8、底径14.4厘米（图3－54，4；彩版一一，1；图版三六，2）。

B型　3件。豆把较粗，无较高的主凸棱。2件附盖。分为二式。

BⅠ式：2件。腹较深，粗把下连喇叭口圈足。M33∶8，泥质灰陶。豆有十周凹弦纹，自上而下为一周四个小窝纹、一周四个圆形镂孔、一周小窝纹圆孔各二个。盖面饰一周窝点连线纹。盖钮唇缘磨损。通高23.1、豆高17.6、口径16、底径13.6厘米（图3－55，2；图版三六，4）。M196∶6，泥质深灰陶，胎灰色。折腹上部稍凹弧下部稍凸弧。饰九周凹弦纹、上周四个和下周四对小窝纹。附大盖，饰一周宽凹弦纹。通高23.7、豆高17.6、口径16.8、底径13.9厘米（图3－55，1；图版三七，1）。

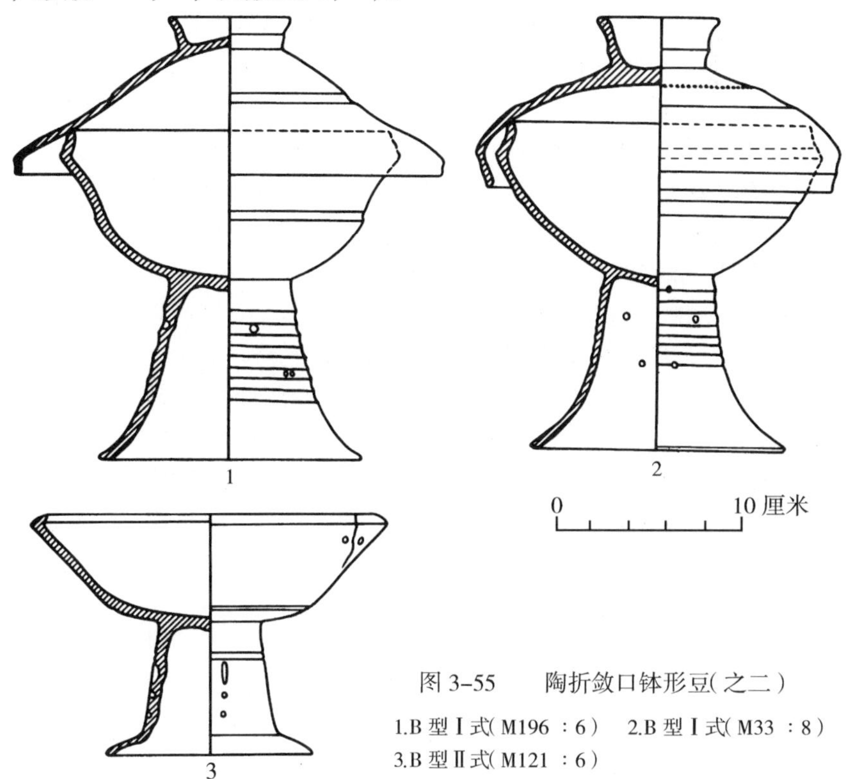

图3-55　陶折敛口钵形豆(之二)

1.B型Ⅰ式(M196∶6)　2.B型Ⅰ式(M33∶8)　3.B型Ⅱ式(M121∶6)

BⅡ式：1件（M121∶6）。泥质灰陶，胎灰红色。器身稍歪斜。内折窄沿，腹壁斜直较浅，豆把下端外折成弧坡状台座。有三周凹弦纹，戳刻四组每组一粗竖道和二小窝纹。口部裂缝处钻两孔为补缀加固。高12.9、口径17.7、底径11厘米（图3-55，3；图版三七，2）。

C型 8件（内2件残）。高体或较高体，细豆把，多不显较高的主凸棱。1件附盖。分为四式。

CⅠ式：1件（M182∶2）。泥质深灰陶，胎浅红夹心灰色。口不整圆，盘身高低有差。口部小段圆弧折为内斜腹壁，长细把。有四周凹弦纹、二周各三个圆角长方孔。高25、口径21.6、底径17厘米（图3-56，1；图版三七，3）。

CⅡ式：4件（内1件残）。折敛口，腹壁不同程度凸弧，长细把。1件附盖。M190∶5，泥质灰陶。饰七周凸弧纹、上层三个圆角长方孔下层竖列四对圆孔。高21.8、口径19、底径15.3厘米（图3-56，6；图版三七，6）。M177∶4，泥质深灰陶，胎灰色。饰六周凹弦纹、上下层各三个圆角长方孔。底缘磨损。高23.8、口径20.2、底径17.5厘米（图3-56，3；图版三七，5）。M237∶1，泥质灰陶，胎浅红夹心灰色。豆饰八周凸弦纹，上两周各竖列六对、下两周各竖列七对方形戳印纹。附较小器盖，钮缘磨损。通高24、豆高19.8、口径18.2、底径14.6厘米（图3-56，4；图版三七，4）。M202∶9，系残件，豆把断缺后又把茬口磨齐，当作小圈足碗之类继续使用。

CⅢ式：2件（内1件残）。M121∶2，泥质深灰陶，胎灰色。折敛口，厚圆唇，细把稍短。五周凹弦纹、镂大三角形孔和小圆孔各三个。底缘稍磨损。高17.7、口径14、底径12.6厘米（图3-56，2；图版三八，1）。

CⅣ式：1件（M201∶3）。泥质深灰陶。腹壁凸弧，豆把上部略显一凸棱。饰一周凹弦纹、镂四对小圆孔个别未穿透。高12.6、口径13.7、底径9.8厘米（图3-56，5；图版三八，2）。

D型 5件（内1件残）。矮体，个体较矮小。2件附盖。分为三式。

DⅠ式：1件（M236∶8）。泥质深灰陶，胎浅红夹心灰色。微侈口，折腹，上部凹弧，下部凸弧，矮圈足。豆身饰二周窝点连线纹，圈足上二周凸弦纹和四对竖列小窝纹。底缘磨损。附盖，盖面饰二周凹弦纹，钮里外都有小窝纹。通高17、豆高9.7、口径12.8、底径10.6厘米（图3-56，7；图版三八，5）。

DⅡ式：1件（M27∶9）。豆泥质深灰陶，胎灰色；盖夹砂灰褐陶。短把接斜面台座。饰四个三角形孔。通高17.8、豆高12、口径13.2、底径10.8厘米（图3-56，10；图版三八，6）。

DⅢ式：3件（内1件残）。坡形矮圈足。M163∶2，泥质浅红陶。内折窄沿，近子母口状。饰小窝纹每组四个、新月形戳印纹每组二个，各三组相间排列。底缘稍磨损。高7.5、口径10.3、底径8.7厘米（图3-56，8；图版三八，3）。M202∶8，泥质灰陶。圈足上竖列小圆孔五对。底缘稍磨损。高9.3、口径11.2、底径9.2厘米（图3-56，9；图版三八，4）。

盆形豆 20件（内3件残）。分为三型。

A型 5件（内1件残）。敞口无沿，细把。1件附盖。分为二式。

AⅠ式：3件（内1件残）。敞口，凹弧壁，下部折收，细把，接阶状台座。1件附盖。M203∶1，泥质深灰陶。细把中部有一凸棱似竹节状，台座侧面略凹弧。附杯形钮盖。豆和盖都饰凹弦纹、窝点连线纹，豆还有圆窝纹二组各五个、二组各六个相间排列，盖还有瓜籽形小窝纹七组各八个。通高23.3、豆高15.9、口径18.6、底径12.1厘米（图3-57，1；图版三九，3）。M232∶6，泥质深灰陶，胎灰色。豆盘平底，台座侧面斜直。饰凹、凸弦纹，五周窝点连线纹，自上而下第一、三、四周为圆孔和瓜籽形小窝纹各五个相间排列，第二周为五个瓜籽形小窝纹。底缘磨损。高14.9、口径20.2、底径12.8厘米（图3-57，2；图版三九，1）。

AⅡ式：2件。敞口，浅腹斜壁或斜弧壁，细高把，喇叭口圈足。M24∶2，泥质深灰陶，胎灰色。豆把上有浅槽和近长方形镂孔。底缘磨损明显。高16.9、口径19.9、底径15厘米（图3-57，3；图版四一，4）。M2∶3，泥质深灰陶。圈足内壁有较规则的多条横条修刮痕。饰五周宽浅凹弦纹，三周镂孔各三个上层为长方孔、中下层为圆孔。高18.6、口径19.7、底径15.5厘米（图3-57，4；图版四一，3）。

B型 8件（内1件残）。折腹，多粗把。2件附盖。分为五式。

图3-56　陶折敛口钵形豆（之三）

1. C型Ⅰ式（M182∶2）　2. C型Ⅲ式（M121∶2）　3. C型Ⅱ式（M177∶4）　4. C型Ⅱ式（M237∶1）　5. C型Ⅳ式（M201∶3）
6. C型Ⅱ式（M190∶5）　7. D型Ⅰ式（M236∶8）　8. D型Ⅲ式（M163∶2）　9. D型Ⅲ式（M202∶8）　10. D型Ⅱ式（M27∶9）

BⅠ式：2件。敞口，斜壁或凹弧壁折腹，粗把，喇叭口圈足。均附盖。M35∶5，泥质深灰陶，胎灰色。器口不很整圆。有凹凸弦纹、十一周窝点连线纹（连盖）、三周锥刻纹。圈足底缘和钮缘均有磨损。通高24.4、豆高16.3、口径19.6、底径12.5厘米（图3-57，6；彩版一二，1）。M33∶4，泥质灰陶。圈足内有较细密的横条刮痕。有凹凸弦纹、三周窝点连线纹（连盖）和在盖面一周四组各四个、豆把三周各六个小窝纹。底缘磨损。通高20.7、豆高13.4、口径18.6、底径13厘米（图3-57，5；图版三九，4）。

BⅡ式：1件（M233∶2）。泥质深灰陶，胎浅红夹心灰色。敞口，腹间略显折棱，豆把有凸棱。饰二周窝点连线纹、一周七个窝纹。底缘磨损。高12.1、口径19.2、底径12.8厘米（图3－58，1）。

BⅢ式：2件。泥质黑陶，胎灰红色。侈口或斜翻沿，上部折腹，豆把较竖直上部有高凸棱，接斜坡台座。M48∶13，口径不整圆。台座里壁有轮旋的规则泥条痕。饰四个新月形戳印纹。底缘磨损。高18.2、口径25.2、底径16厘米（图3－57，8；图版三九，2）。M153∶6，饰三个小窝纹。高15.9、口径25、底径15.1厘米（图3－57，7；图版四〇，1）。

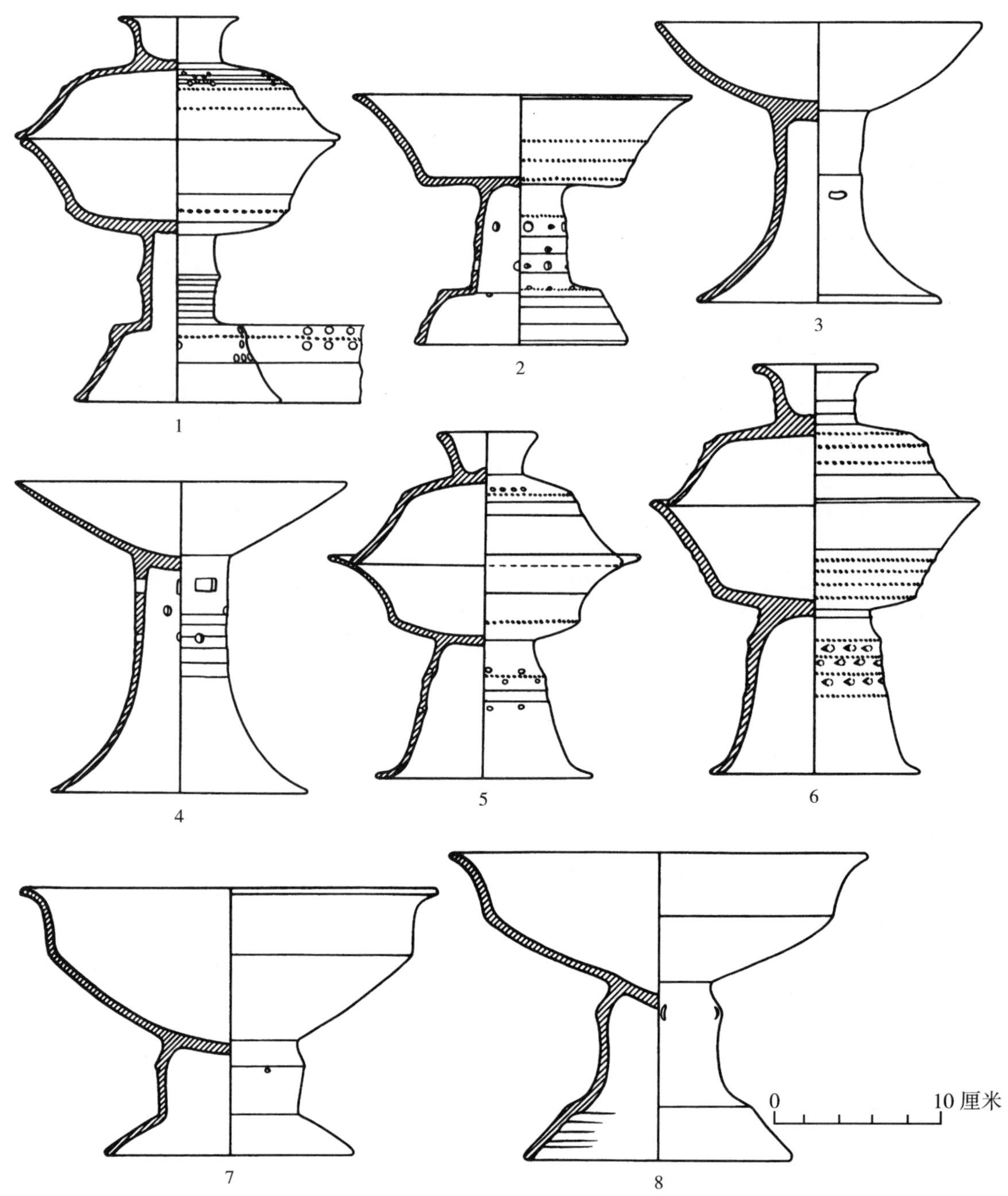

图3－57　陶盆形豆（之一）

1. A型Ⅰ式（M203∶1）　2. A型Ⅰ式（M232∶6）　3. A型Ⅱ式（M24∶2）　4. A型Ⅱ式（M2∶3）　5. B型Ⅰ式（M33∶4）　6. B型Ⅰ式（M35∶5）　7. B型Ⅲ式（M153∶6）　8. B型Ⅲ式（M48∶13）

BⅣ式：2 件（内 1 件残）。M34：3，泥质深灰陶。斜翻沿，上部折腹，斜直收成钝尖底，矮粗把喇叭口足座。高 13、口径 25.6、底径 16 厘米（图 3－58，3；图版四一，7）。M119：1，豆盘残片，似安接上端为较细的一种豆把。

BⅤ式：1 件（M45：5）。泥质灰陶。器身稍有歪斜。斜折沿，折腹，高豆把和圈足斜直壁通连无分界线。有七周凹弦纹、二周各三个圆孔。底缘稍磨损。高 14.6、口径 15.6、底径 12.8 厘米（图 3－58，2；图版四〇，2）。

C 型　7 件（内 1 件残）。敞口，斜弧腹无折棱，粗把或把部较粗。1 件附盖。分为五式。

CⅠ式：2 件（内 1 件残）。豆把高粗。1 件附盖。M49：10，泥质深灰陶。豆口不整圆稍歪扭。饰凸弦纹、一周横列七对平底带泥心浅圆窝纹。通高 25.4、豆高 15.9、口径 19.1、底径 13.1 厘米（图 3－58，4；彩版一二，2；图版四〇，3）。

图 3－58　陶盆形豆（之二）

1. B 型Ⅱ式（M233：2）　2. B 型Ⅴ式（M45：5）　3. B 型Ⅳ式（M34：3）　4. C 型Ⅰ式（M49：10）　5. C 型Ⅳ式（M2：2）　6. C 型Ⅱ式（M192：3）　7. C 型Ⅲ式（M48：33）　8. C 型Ⅴ式（M153：1）　9. C 型Ⅲ式（M26：11）

CⅡ式：1件（M192∶3）。泥质深灰陶，胎灰色。方唇，斜壁，矮体。一周四对斜列瓜籽形小窝纹。高10、口径17.8、底径10.6厘米（图3－58，6；图版四一，1）。

CⅢ式：2件。口部器壁稍凹弧或翻沿，斜弧腹，矮体。M48∶33，泥质灰陶。器口不整圆，盘身稍歪斜。镂四个三角孔。底缘稍磨损。高10.6、口径20.8、底径9.8厘米（图3－58，7；图版四一，6）。M26∶11，泥质深灰陶，胎灰色。口不整圆。有二周凹弦纹、一周三个方孔。高11、口径22.3、底径12.4厘米（图3－58，9；图版四一，2）。

CⅣ式：1件（M2∶2）。泥质深灰陶，胎浅红。厚圆唇，高粗把接斜面台座。高14.7、口径15、底径12.8厘米（图3－58，5；图版四一，5）。

CⅤ式：1件（M153∶1）。泥质黑陶，胎红色。敞口，厚圆唇，口部器壁斜直，斜弧腹，豆把有高凸棱。饰凹弦纹、圆窝纹。复原高约14.4、口径19、底径14.厘米（图3－58，8；图版四〇，4）。

盘 12件（内1件残）。分为七式。

Ⅰ式：4件。敞口，短斜腹，坦底，附接上凸中凹底缘外撇的宽大圈足似同凹腰器座。M2∶7，泥质深灰陶，胎灰红。窄翻沿。底缘磨损明显。高9.2、口径20.4、底径14.1厘米（图3－59，4；图版四二，2）。M24∶4，泥质深灰陶，胎灰红。外卷厚圆唇。二周宽凹弦纹。底缘磨损。高11、口径19.6、底径14.6厘米（图3－59，3；图版四二，4）。M27∶1，泥质黑陶，胎灰色。二个大长方形镂孔。高10.1、口径19.4、底径13.6厘米（图3－59，1；图版四二，1）。M121∶10，泥质深灰陶，胎浅红。二周上下各五

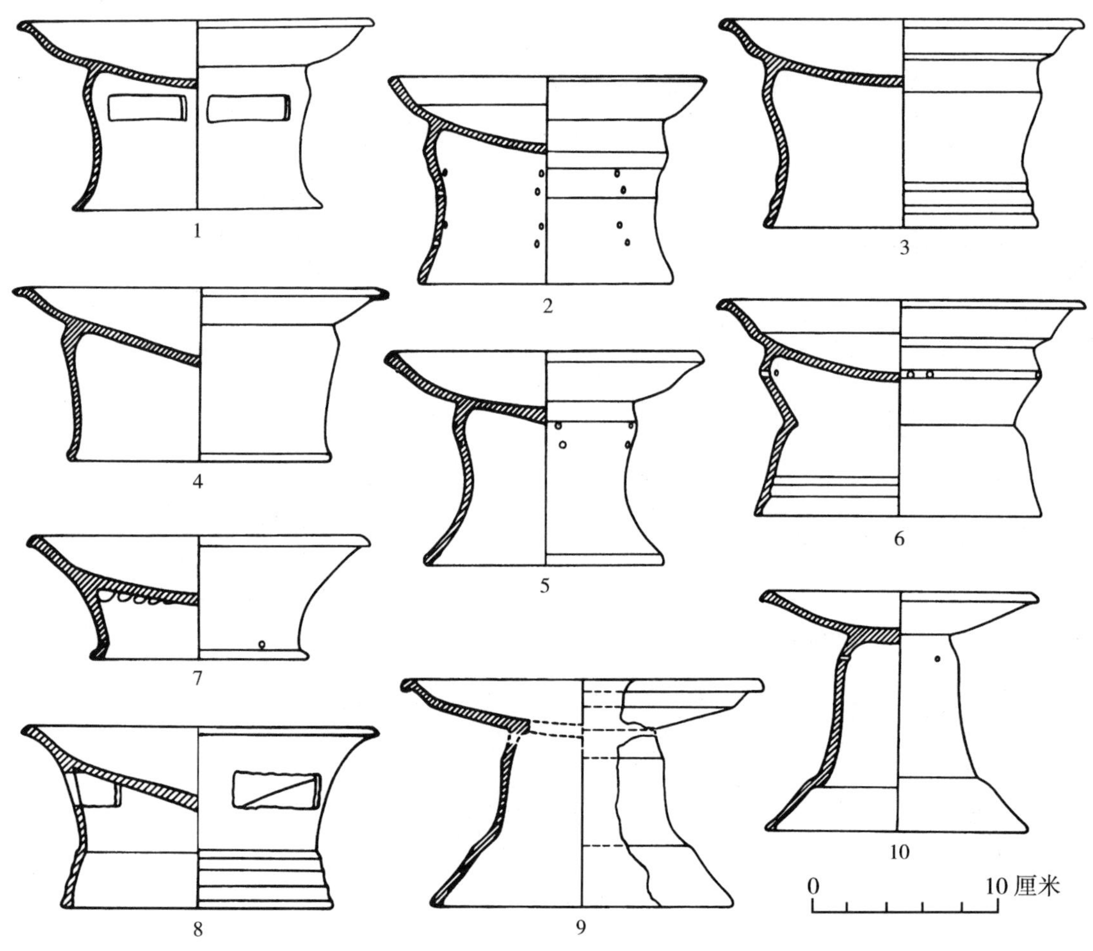

图3－59 陶盘

1.Ⅰ式（M27∶1） 2.Ⅰ式（M121∶10） 3.Ⅰ式（M24∶4） 4.Ⅰ式（M2∶7） 5.Ⅱ式（M26∶7） 6.Ⅲ式（M48∶36） 7.Ⅴ式（M120∶16） 8.Ⅳ式（M177∶2） 9.Ⅵ式（M39∶2） 10.Ⅶ式（M27∶7）

对小圆形镂孔。底缘稍磨损。高 11、口径 17.1、底径 13.8 厘米（图 3－59，2；图版四二，3）。

Ⅱ式：1 件（M26∶7）。泥质灰陶。敞口，方唇，浅腹，圈足凹弧度大。一周六对小窝纹。底缘稍磨损。高 11.4、口径 17.2、底径 12.8 厘米（图 3－59，5；图版四三，4）。

Ⅲ式：1 件（M48∶36）。泥质深灰陶，胎浅红。圈足下部内壁有规则泥条盘旋纹理。敞口，外翻窄沿，折腹，圈足中部内折。一周四对小圆形镂孔。底缘稍磨损。高 11.4、口径 19.8、底径 15.6 厘米（图 3－59，6；图版四三，1）。

Ⅳ式：1 件（M177∶2）。泥质灰陶。敞口，浅腹壁与圈足凹弧相连无分界线，圈足下部成窄台座状。饰二个大长方形镂孔、三周宽凹弦纹。镂刻成孔后未加修整，孔边成锯齿状。高 9.7、口径 19.5、底径 14.9 厘米（图 3－59，8；图版四三，2）。

Ⅴ式：3 件。浅腹壁与圈足凹弧相连无分界线，圈足较低矮。M120∶16，泥质黑陶，胎深灰色。盘底与圈足连接处内壁有加工按捺的半圆形窝。饰等距三个小窝纹。因使用底缘磨损甚显。高 6.6、口径 18.4、底径 11.8 厘米（图 3－59，7；图版四三，3）。

Ⅵ式：1 件（M39∶2）。残。泥质深灰陶，胎浅灰色。外折窄沿，折腹，高圈足上部较细，下部粗大

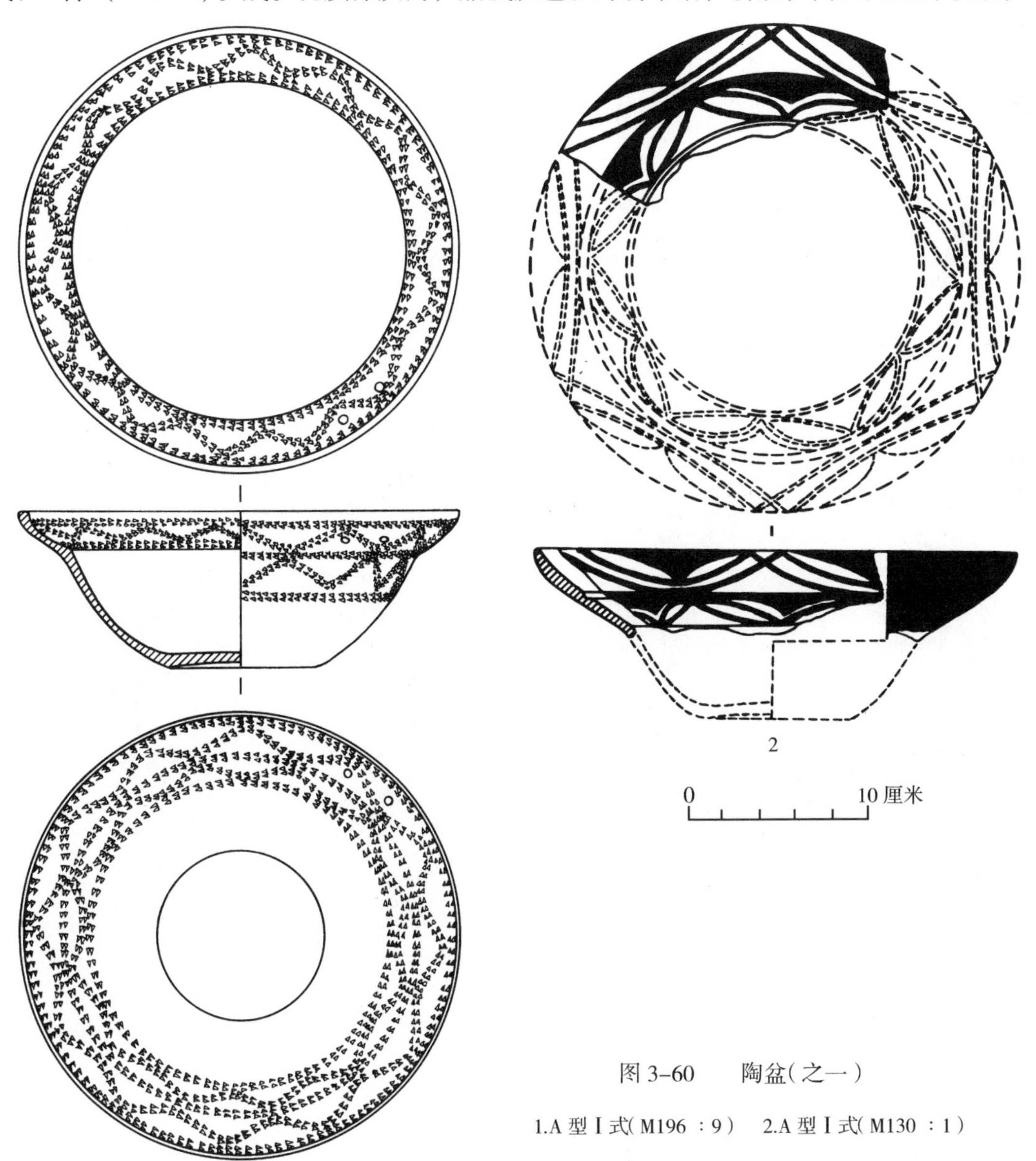

图 3–60　陶盆（之一）

1.A 型Ⅰ式（M196∶9）　2.A 型Ⅰ式（M130∶1）

成台座状。复原高约12、口径19.4、底径16.2厘米（图3－59，9）。

Ⅶ式：1件（M27∶7）。泥质黑陶，胎灰红。盘口较小，斜直浅腹，高圈足上细下粗，下部台座状。有小圆形镂孔三个。高12.8、口径15、底径14厘米（图3－59，10；图版四三，5）。

盆 12件（内1件残）。分为二型。

A型 7件。敞口，斜壁浅腹，不附圈足。分为四式。

AⅠ式：2件（内1件残）。仰折凹弧面宽沿，斜弧腹，凹底。M196∶9，泥质黑陶，胎深灰。内外壁锥刻双道圆环纹样和由曲折三角组成的十四角（内）、十二角（外）星形纹样。锥刻点单个呈三角形，长2毫米左右，在同向线条上三角形刻点的方向基本一致。经试验，用带尖小工具斜向轻轻揿压，依次后退，为求规则和迅速，工具尖锋在两刻点之间略有拖连，这样作出的刻点与上述器物上的相似。而不是使用挑刻的方法，也不属于用篦状排齿压出的篦点纹。烧成后在沿面上钻一组二个圆孔，相距2.5厘米，双孔间并无裂痕，显然不是为了补缀之故。底缘略有磨损。高8.5、口径24.4、底径8厘米（图3－60，1；彩版一二，3；图版四四1）。相近的星形纹并特意穿双孔的陶盆，也见于宿松黄鳝嘴。M130∶1，残片，泥质红陶，胎灰色。宽沿面上有凹槽。里外施紫红彩，外壁为宽带纹，内彩据现存单元复原为三个重叠的六角星形纹和四片一组的花瓣尖叶纹。口径27厘米（图3－60，2）。

AⅡ式：1件（M124∶8）。泥质灰陶。斜折沿，沿面略凹，斜直腹，平底微凸，底径较大。里外有锥刻纹，一般为三道并行，少数为四道，口沿里外有十组、腹部有九组斜行短锥刻纹。高7.8、口径16.8、底径10.6厘米（图3－61，5；图版四四，2）。

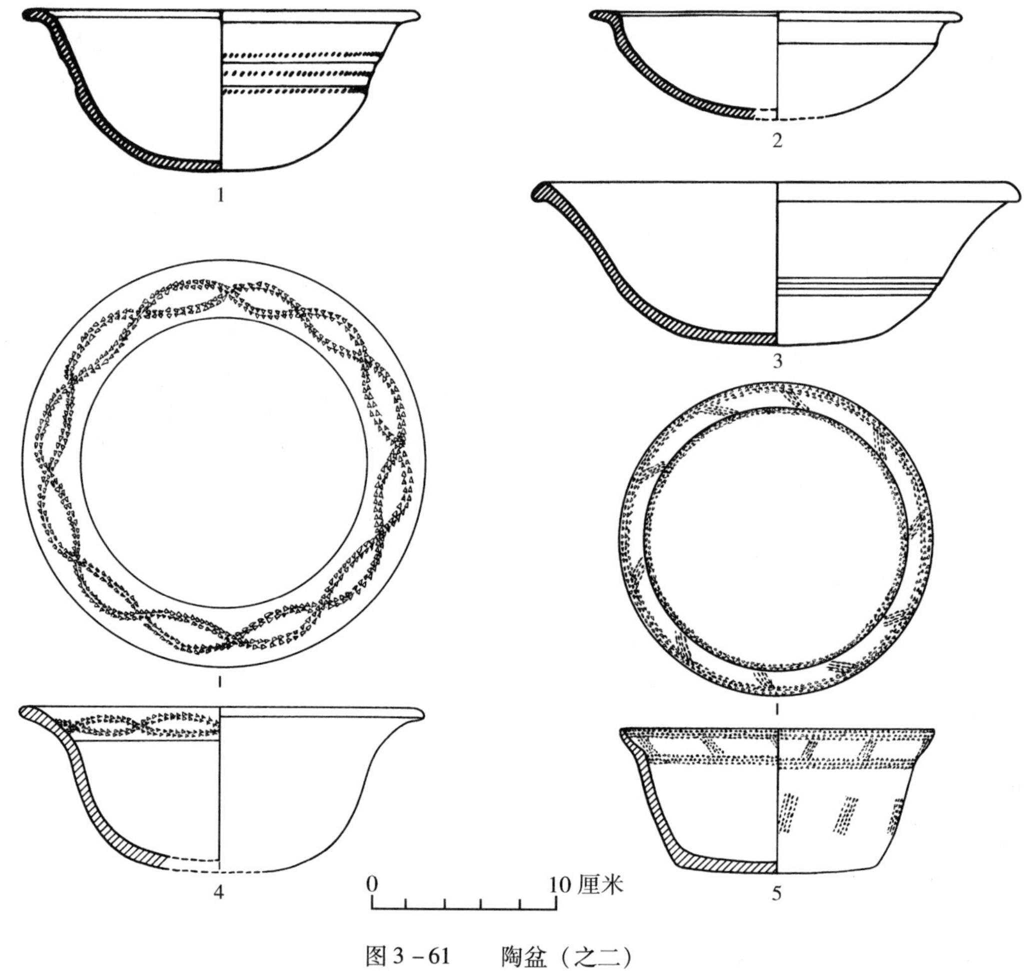

图3－61 陶盆（之二）

1. A型Ⅲ式（M49∶7） 2. A型Ⅲ式（M4∶4） 3. A型Ⅳ式（M232∶1） 4. A型Ⅲ式（M23∶1） 5. A型Ⅱ式（M124∶8）

AⅢ式：3件。泥质深灰陶，胎灰色。敞口，外翻沿，沿面微凸弧或平，斜弧腹。M23：1，底残，可能平底略凸。沿面锥刻纹，双道成连续的横“8”字形环绕。锥刻点组成的椭圆形图案实物保存九个，今按口径复原为十二个。高约8.8、口径21.6厘米（图3-61，4；图版四四，5）。M49：7，口不整圆，平底微凸。上腹饰二周凹弦纹、三周窝点连线纹。底部稍磨损。高8.5、口径21.4、底径6.9厘米（图3-61，1；图版四四，4）。M4：4，上腹有折棱，可能圜底。高约5.8、口径20厘米（图3-61，2；图版四四，3）。

AⅣ式：1件（M232：1）。泥质深灰陶。敞口，外突圆厚唇，平底微凸。饰三周凹弦纹。高8.8、口径26.4、底径10.5厘米（图3-61，3；图版四四，6）。

B型　5件。均附圈足。1件附盖。分为四式。

BⅠ式：1件（M196：8）。泥质深灰陶，胎灰红。敞口，凹弧壁，下腹折收。饰凸、凹弦纹和窝点连线纹。残高9.7、口径19.6厘米（图3-62，1）。

BⅡ式：1件（M144：5）。泥质深灰陶，胎灰色。敞口，仰折凹弧面宽沿，斜弧腹，圈足较高。沿面上有窝点连线纹，在折棱上环绕一周，与圈足镂孔相对应处为平行八九个窝点连成短条的三组；圈足有三个长梯形孔，两周窝点连线纹，三组小窝纹上下各两排，每排六个，居首一个较大。底缘磨损。高13.4、口径26.8、底径16.2厘米（图3-62，2；图版四五，1）。

BⅢ式：2件。敞口，外折垂沿。M192：5，泥质深灰陶，胎浅红夹心深灰色。腹部三周凹弦纹。附微敛口、碟形钮器盖。豆底缘和盖钮缘经磨损。通高20.4、盆高11.6、口径25.1、底径11.5厘米（图3-62，5；图版四五，4）。M38：13，泥质深灰陶，胎灰色。折腹。腹部二周凹弦纹，圈足宽槽内四组每组六个小窝纹，个别圆窝已戳透。高10.4、口径24、底径13.2厘米（图3-62，3；图版四五，2）。

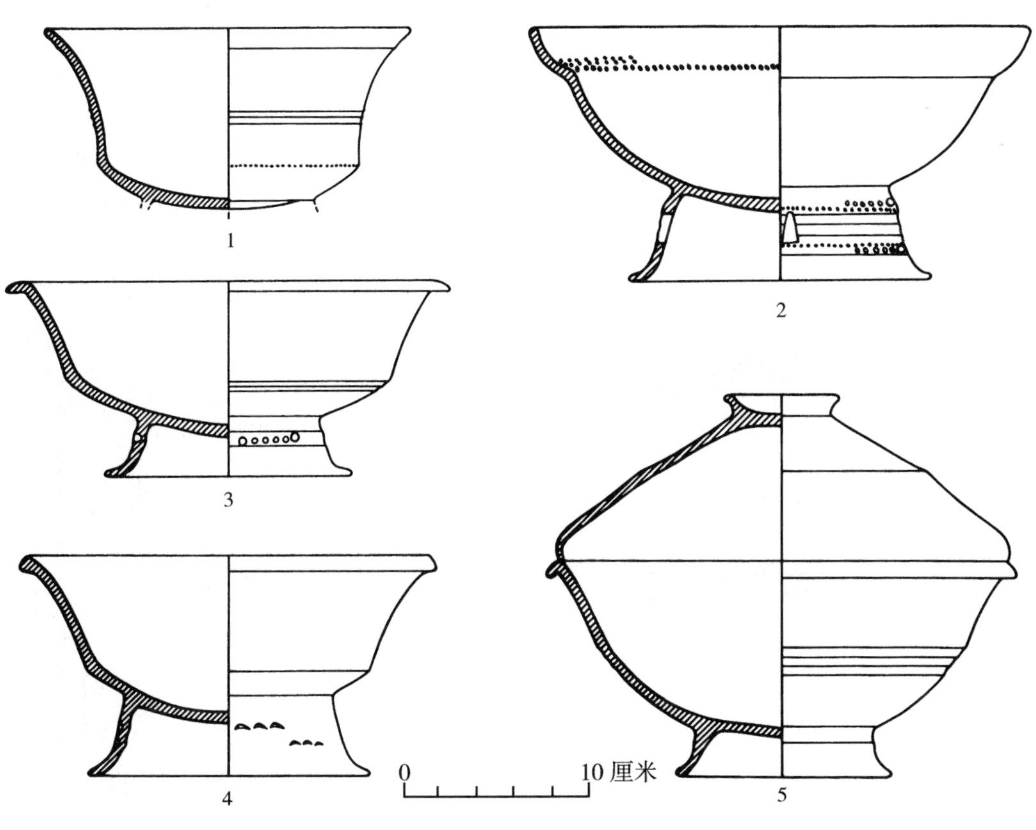

图3-62　陶盆（之三）

1. B型Ⅰ式（M196：8）　2. B型Ⅱ式（M144：5）　3. B型Ⅲ式（M38：13）　4. B型Ⅳ式（M237：2）　5. B型Ⅲ式（M192：5）

BⅣ式：1件（M237∶2）。泥质灰陶。口不很整圆齐平。敞口，外翻厚圆唇，折腹。两周新月形戳印纹，每周四组各三个。高11.8、口径22.6、底径15.1厘米（图3－62，4；图版四五，3）。

钵　5件。分三型。

A型　2件。敛口，斜弧腹，小平底。分为二式。

AⅠ式：1件（M203∶5）。泥质深灰陶，胎灰红。弧敛口。宽凹弦纹内有椭圆形小窝纹二十对。底缘稍磨损。高8.5、口径18.3、底径7.9厘米（图3－63，1；图版四六，1）。

AⅡ式：1件（M177∶5）。泥质深灰陶。折敛口似母口状。高10.8、口径16.1、底径7.8厘米（图3－63，2；图版四六，2）。

B型　2件。微敛口或直口，球状腹。分为二式。

BⅠ式　1件（M116∶2）。泥质红陶，胎灰色。稍弧敛口，弧壁，浅腹，圜底。残存红彩，口里为窄条，口外为宽约2.6厘米的宽带纹。高8.1、口径17.8厘米（图3－63，3；彩版一二，4；图版四六，4）。

BⅡ式：1件（M45∶6）。泥质浅红陶，胎浅灰。直口，腹较深，平底。残存红彩宽带纹。高10.8、口径21.7、底径8厘米（图3－63，4；图版四六，3）。

C型　1件（M4∶2）。泥质灰陶。折敛口，方唇，斜弧腹。附圈足，有圆形镂孔三对。高11.1、口径22、底径11.4厘米（图3－63，5；图版四六，5）。

碗　18件（内2件残片）。分为四型。

A型　4件。浅腹，平底内凹。分为三式。

AⅠ式：2件。泥质红陶，外表口沿下呈宽带状或其上半部以及内表口沿下的窄条都为橙红色，其余内外表部位及胎为灰色。内外表上红下灰的两种陶色无水平齐直的分界线，简称“红顶碗”。尖唇，凸弧腹，平底内凹。M50∶8，高4.8、口径11.8、底径6.6、胎厚0.16～0.2厘米（图3－64，1；彩版一三，1；图版四七，1）。

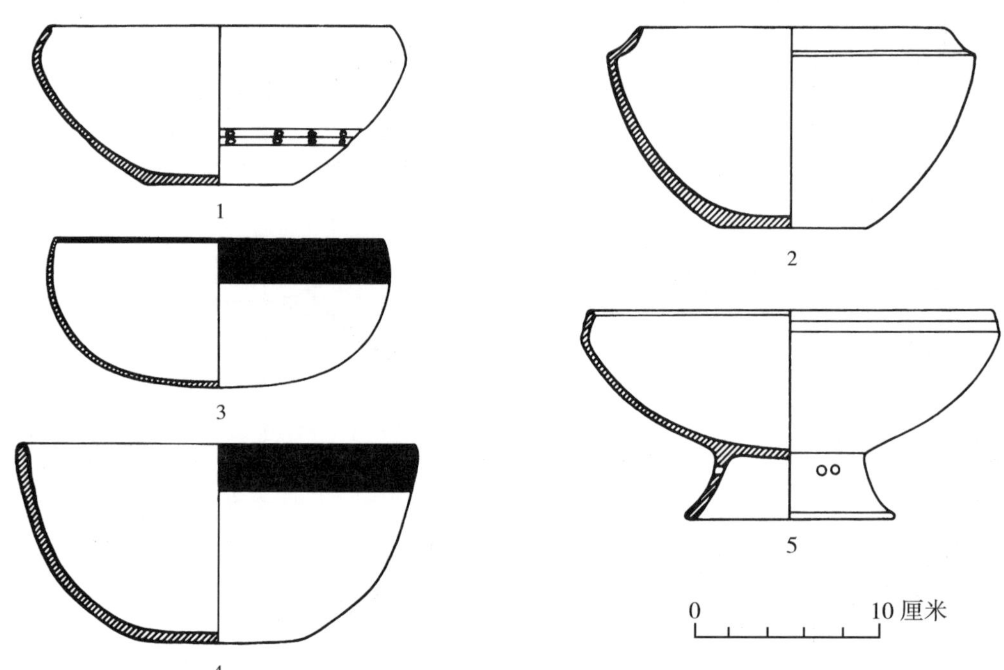

图3－63　陶钵

1. A型Ⅰ式（M203∶5）　2. A型Ⅱ式（M177∶5）　3. B型Ⅰ式（M116∶2）　4. B型Ⅱ式（M45∶6）　5. C型（M4∶2）

AⅡ式：1件（M45∶1）。泥质红陶，胎灰色，系“红顶碗”。腹壁斜行稍弧。高5.4、口径12.8、底径6.4厘米（图3-64，2；彩版一三，2；图版四七，2）。

AⅢ式：1件（M124∶2）。泥质红陶。圆唇，直口，内收弧壁，平底微内凹。口部内外红彩条带纹，彩带宽分别为0.3、1.2厘米。高4.1、口径10.8、底径5.2厘米（图3-64，3；彩版一三，3；图版四七，3）。

B型　11件，内2件圈足碗片不能分式。敛口，弧腹，矮圈足。分为三式。

BⅠ式：2件。泥质红陶，胎灰色，器腹的中下部内外表及圈足全为灰色，系“红顶碗”。斜弧壁，浅腹。口部外残存零星紫红色斑点，可能为红彩宽带纹。M40∶5，高8、口径16.7、底径7.2厘米（图3-64，6；彩版一三，5）。M38∶17，高6.2、口径13.6、底径6.4、胎厚0.25厘米（图3-64，5；彩版一三，4；图版四七，4）。

BⅡ式：4件。泥质红陶，胎灰色，内3件系“红顶碗”。斜弧壁，腹较深。在口内、外部，2件可确定施红彩条带纹，2件仅残存零星红色斑点可能原也是红条带纹。M232∶3，仅此件内表深灰外表下部不灰，不属红顶碗。残存红彩条带纹。高7、口径12.1、底径5.8、胎厚0.2~0.3厘米（图3-64，8；彩版一三，6）。M232∶10，凸底稍突出在圈足外，放置不平稳。残存红彩条带纹。高6.3、口径10.6、底径5.9厘米（图3-64，4；图版四七，6）。M122∶6，口外残存红色斑点。高9.8、口径15.5、底径8.3厘米（图3-64，12；图版四七，5）。

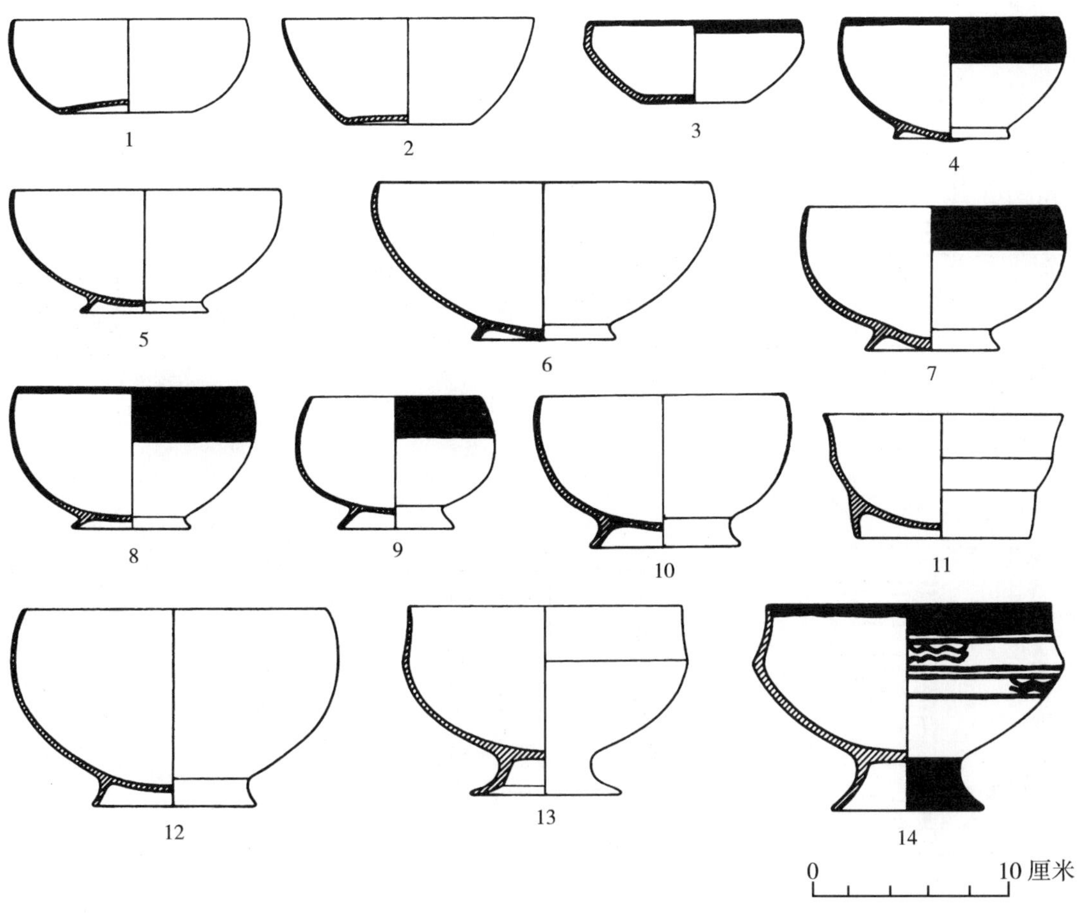

图3-64　陶碗

1. A型Ⅰ式（M50∶8）　2. A型Ⅱ式（M45∶1）　3. A型Ⅲ式（M124∶2）　4. B型Ⅱ式（M232∶10）　5. B型Ⅰ式（M38∶17）　6. B型Ⅰ式（M40∶5）　7. B型Ⅲ式（M7∶1）　8. B型Ⅱ式（M232∶3）　9. B型Ⅲ式（M237∶4）　10. B型Ⅲ式（M196∶10）　11. D型（M45∶3）　12. B型Ⅱ式（M122∶6）　13. C型（M4∶6）　14. C型（M166∶2）

BⅢ式：3件。圆腹凸弧，下腹部较宽肥。M7∶1，泥质红陶（泛黄）。器底与圈足缘持平。口外残存红色斑点，可能为红条带纹。高7.2、口径12.8、底径6.8厘米（图3－64，7；图版四八，3）。M196∶10，泥质深灰陶，胎灰色。高7.7、口径12.3、底径7.5厘米（图3－64，10；图版四八，2）。M237∶4，泥质红陶（泛黄）。口较内敛，施红色宽带纹。高6.7、口径8.4、底径5.8厘米（图3－64，9；彩版一四，4；图版四八，1）。

C型　2件。泥质红陶（泛黄）。口部器壁凹弧，折腹后器壁凸弧内收，较高的小圈足。M166∶2，内外表及胎呈红黄色，施紫红彩，外表上腹、圈足和口内侧有宽窄不一的条带纹，并夹有两周各四组双道短水波纹。高10.3、口径14.5、底径7.8厘米（图3－64，14；彩版一四，1；图版四八，5）。M4∶6，底缘磨损。高9.5、口径13.8、底径7.6厘米（图3－64，13；图版四八，4）。

D型　1件（M45∶3）。泥质红陶，内表和胎为灰色。敞口，中部折腹，宽大圈足。底缘磨损。高6.2、口径12、底径8.7厘米（图3－64，11；图版四八，6）。

竹节筒形圈足杯　11件（内2件残片）。分为四式。

Ⅰ式：5件（内1件残）。侈口，凹弧腹，口、腹径基本等宽，下部折棱急内收，折棱与器底中心高差很小。M203∶6，泥质深灰陶。仅此件器身较矮。饰十周凹弦纹、二周窝点连线纹、一周十三个平底带泥心浅圆窝纹和五对新月形戳印纹。高8.3、口径7.9、底径4.9厘米（图3－65，3；彩版一四，2；图版四九，5）。M35∶1，泥质黑陶，胎深灰。饰多周凹弦纹、三周窝点连线纹、一周十三个平底带泥心浅圆窝纹和三组每组三个小窝纹。高9.3、口径7.6、底径5.1厘米（图3－65，2；图版四九，1）。M196∶5，泥质深灰陶，胎浅红。饰十周凹弦纹、三周窝点连线纹、一周四组每组两个和一周十个平底带泥心浅圆窝纹。高9.9、口径7.4、底径5.3厘米（图3－65，1；图版四九，2）。

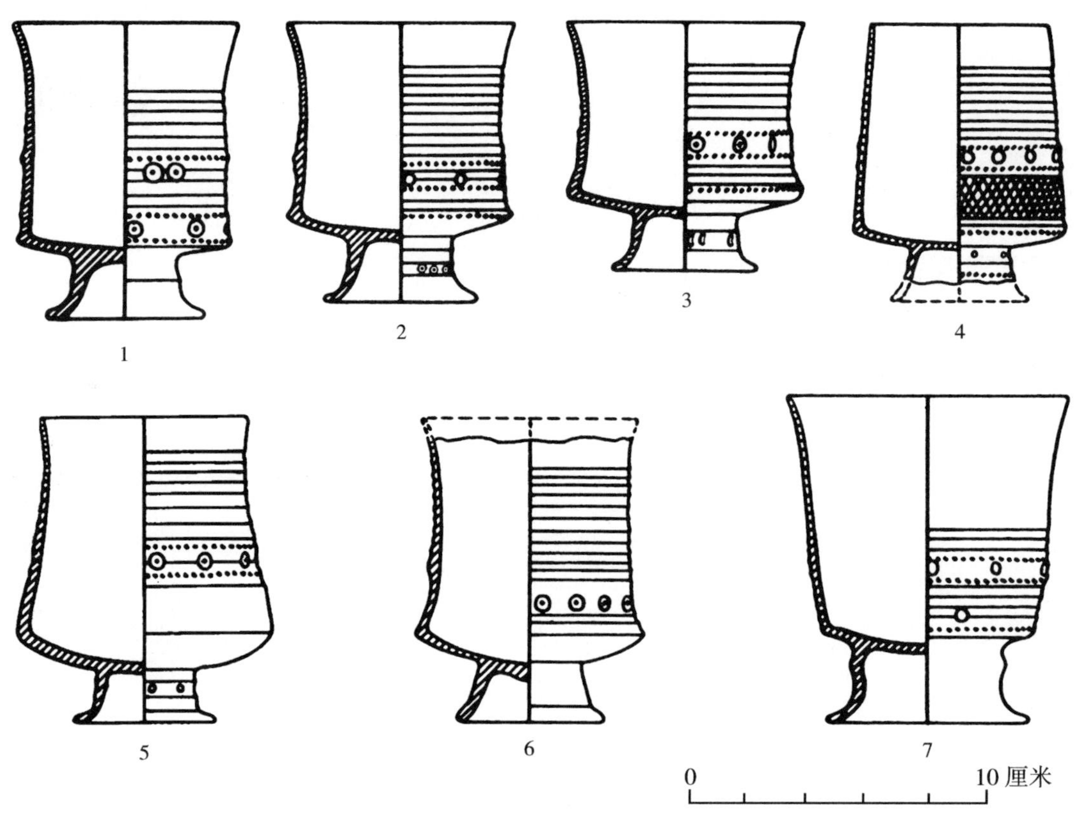

图3－65　陶竹节筒形圈足杯

1. Ⅰ式（M196∶5）　2. Ⅰ式（M35∶1）　3. Ⅰ式（M203∶6）　4. Ⅲ式（M124∶6）　5. Ⅱ式（M161∶2）　6. Ⅱ式（M139∶1）　7. Ⅳ式（M233∶3）

Ⅱ式：3件（内1件残）。侈口，凹弧腹，腹径大于口径，下部折腹斜弧收。M161：2，泥质深灰陶，胎灰色。饰十二周凹弦纹、二周窝点连线纹、一周十三个平底带泥心浅圆窝纹、六个小窝纹。高10.3、口径6.9、底径4.7厘米（图3－65，5；图版四九，3）。M139：1，泥质深灰陶，胎灰色。饰十三周凹弦纹、一周十六个平底带泥心浅圆窝纹。复原高约10.3、底径4.8厘米（图3－65，6；图版四九，6）。

Ⅲ式：1件（M124：6）。泥质黑陶，胎灰色。口较小，腹壁向外斜直。饰十二周凹弦纹、四周窝点连线纹、一周十五个平底浅圆窝纹、一周小窝纹和网格状浅划纹。复原高约9.3、口径6厘米（图3－65，4；图版四九，7）。

Ⅳ式：2件。口大，腹壁里斜，圈足较宽。M233：3，泥质黑陶，胎浅红。饰十周凹弦纹、三周窝点连线纹、二周分别为九个和五个平底浅圆窝纹。高11.1、口径9.3、底径6.7、胎厚0.15～0.3厘米（图3－65，7；图版四九，4）。

鼓腹圈足杯　16件（内6件残片）。分为四式。

Ⅰ式：11件（内6件残）。侈口，束颈，下部鼓腹，折棱内收。M196：2，泥质灰陶。饰多周凹弦纹、三周窝点连线纹、一周十四个平底浅圆窝纹。高9.8、口径6.8、腹径9.4、底径5.1厘米（图3－66，2；图版五〇，2）。M122：9，泥质黑陶，胎浅红。饰八周凹弦纹、一周窝点连线纹、一周九个小窝纹。高10.6、口径6.8、腹径9.6、底径5.6厘米（图3－66，1；图版五二，1）。M38：15，泥质深灰陶，胎灰色。饰六周凹弦纹、一周凸弦纹、一周四组每组二个小窝纹。高10.2、口径6.8、腹径9.8、底径5.6厘米（图3－66，3；图版五〇，1）。

Ⅱ式：1件（M166：1）。泥质黑陶，胎深灰。口大，圆腹肥宽，体矮。饰七周凹弦纹、上层三个下层五个平底浅圆窝纹、浅显的菱形网格划纹和三个圆镂孔。圈足底缘磨损。高8、口径8、腹径9.4、底径6.2厘米（图3－66，4；图版五〇，3）。

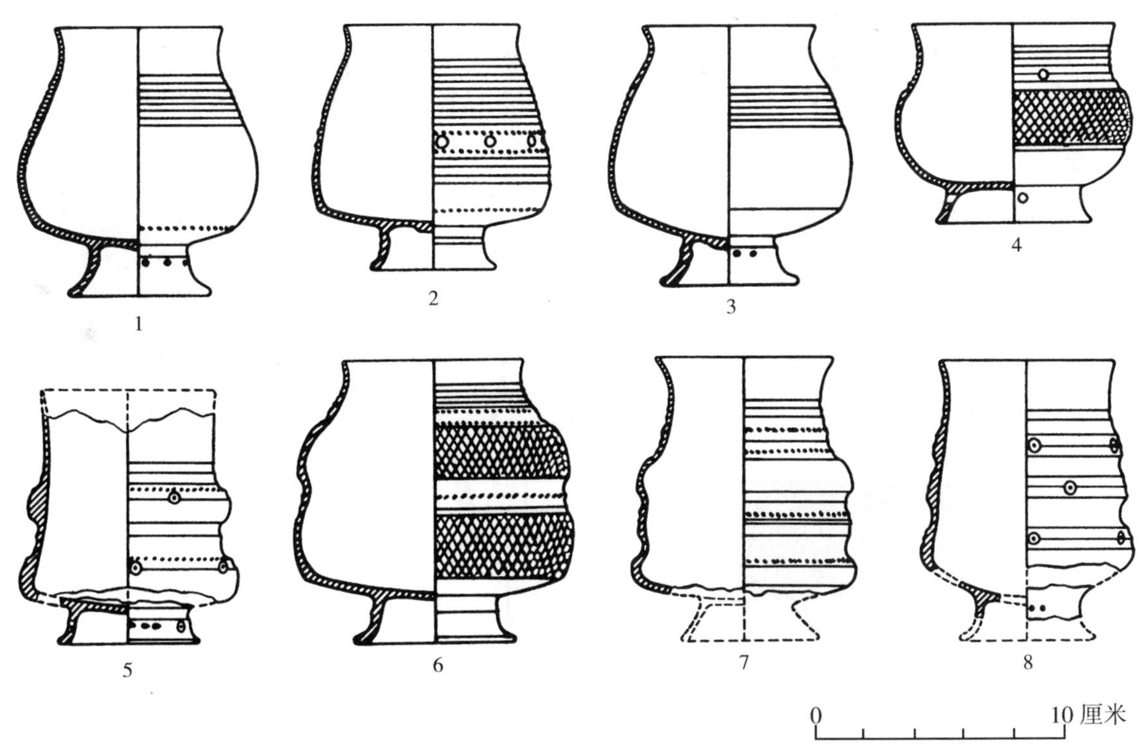

图3－66　陶鼓腹圈足杯

1. Ⅰ式（M122：9）　2. Ⅰ式（M196：2）　3. Ⅰ式（M38：15）　4. Ⅱ式（M166：1）　5. Ⅲ式（M4：7）　6. Ⅲ式（M168：1）　7. Ⅳ式（M232：9）　8. Ⅳ式（M117：11）

纹，上下层各四对和中层四组各三个平底带泥心浅圆窝纹，圈足上小窝纹。复原高约12.1、口径9、底径8.7厘米（图3－69，2；图版五三，2）。

B型 2件。均残缺部分腹片。侈口，深腹平底罐形。M198：3，泥质深灰陶，胎灰红。饰六周宽凹弦纹。因使用底缘有磨损。复原高约9.5、口径7、底径5.8厘米（图3－69，3；图版五三，3）。M192：4，泥质黑陶，胎灰色。疑原有器耳，但因陶片少，未见其耳和脱落耳痕的腹片。饰凹弦纹、窝点连线纹。复原高约9.4、口径6.7、底径5.6厘米（图3－69，4）。

C型 4件。分三式。

CⅠ式：1件（M121：5）。泥质黑陶，胎红色。直口，下腹弧收，圈足脱落，体较矮。复原高约8.3、口径9.6厘米（图3－69，5；图版五三，4）。

CⅡ式：2件。泥质黑陶，胎灰红。直腹或稍外弧，圈足较高。M26：8，底缘有磨损。高11.1、口径8、底径8厘米（图3－69，7；图版五三，5）。M27：8，腹壁有脱落器耳痕迹。圈足有近长方形镂孔三个。高8.8、口径6、底径6厘米（图3－69，6；图版五四，1）。

CⅢ式：1件（M27：5）。泥质黑陶，胎灰红。口部斜直内收，鼓腹，器身近蛋形。高10.4、口径6.8、底径6.8厘米（图3－69，8；图版五三，6）。

D型 1件（M202：2）。泥质黑陶，胎灰色。直口，长颈，深腹下部鼓，外撇宽圈足较高。器形高大。高24.1、口径7.5、底径12.8厘米（图3－69，9；图版五四，2）。

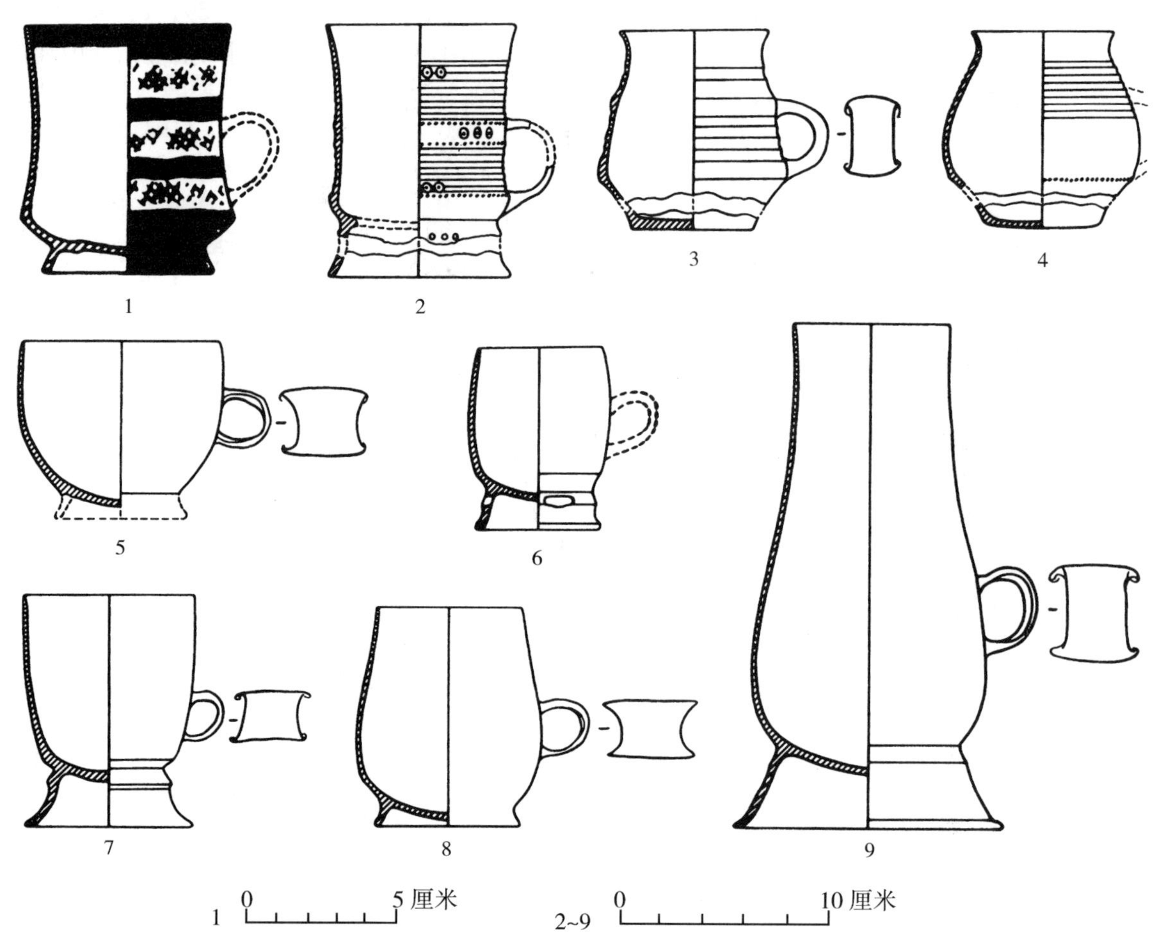

图3－69 陶单耳杯

1. A型（M48：35） 2. A型（M126：2） 3. B型（M198：3） 4. B型（M192：4） 5. C型Ⅰ式（M121：5） 6. C型Ⅱ式（M27：8） 7. C型Ⅱ式（M26：8） 8. C型Ⅲ式（M27：5） 9. D型（M202：2）

筒形圈足杯　6 件。分为二式。

Ⅰ式：3 件。泥质黑陶，胎红色。直口，直筒深腹，外撇宽圈足。M190∶3，高 13.5、口径 6.9、底径 7.9 厘米（图 3－70，2；图版五四，3）。M34∶2，高 13.6、口径 6.4、底径 7.4 厘米（图 3－70，1；图版五四，4）。

Ⅱ式：3 件。直口稍内收，筒腹较矮。M173∶2，泥质黑陶，胎暗红。高 11、口径 7.1、底径 7.1 厘米（图 3－70，3；图版五四，6）。M2∶5，泥质灰陶，胎深灰。高 9.2、口径 6.6、底径 6.1 厘米（图 3－70，5；图版五四，7）。M202∶10，泥质黑陶，胎红色。腹底接合处有折棱。高 9.3、口径 6.7、底径 6.8 厘米（图 3－70，4；图版五四，5）。

圜底杯　1 件（M43∶3）。泥质深灰陶，胎灰色。近半圆形，胎较厚。高 4.2、口径 5.2 厘米（图 3－70，6）。

单耳罐　29 件（内 3 件残）。分为三型。

A 型　4 件。直口或近直口，上腹壁较竖直，口、腹径基本等大。分为三式。

AⅠ式　1 件（M43∶7）。泥质深灰陶，胎灰色。腹壁不折，下腹圆弧收，圜底。附扁宽环形单耳。有浅显凹弦纹和小窝纹。高 9.5、口径 13.5、腹径 13.2 厘米（图 3－71，1；图版五五，1）。

AⅡ式：1 件（M203∶4）。泥质深灰陶，耳夹细砂。外折窄沿，腹壁不折，平底微内凹。饰宽凹弦纹、窝点连线纹、窝纹。器内底部粘满薄层白色物，近似水垢。高 11.5、口径 14.6、腹径 14 厘米（图 3－71，2；图版五五，2）。

AⅢ式：2 件。折腹，下腹斜弧收，平底。M177∶3，泥质灰陶。底内粘附少量薄层白色物，近似水垢。底外稍经磨损。高 10、口径 13.2、腹径 14 厘米（图 3－71，3；图版五五，3）。

B 型　18 件（内 2 件残）。口径小于腹径，上腹壁不同程度凹弧。分为六式。

BⅠ式：2 件。泥质深灰陶，胎灰色。扁鼓腹，不起折棱，圜底。M116∶5，腹饰窝点连线纹和五组、每组四个小窝纹，器耳有窝纹。底内粘附少量薄层白色物，近似水垢。高 9.1、口径 13.4、腹径 14 厘米（图 3－71，4）。M166∶6，器耳镂孔。高 9.8、口径 12.6、腹径 13.1 厘米（图 3－71，5；图版五五，4）。

BⅡ式：1 件（M124∶7）。泥质灰陶。圆弧腹，无折棱，圜底。饰三周宽凹弦纹。底内粘附很少的薄层白色物，近似水垢。高 10、口径 12.8、腹径 13.2 厘米（图 3－71，6；图版五五，5）。

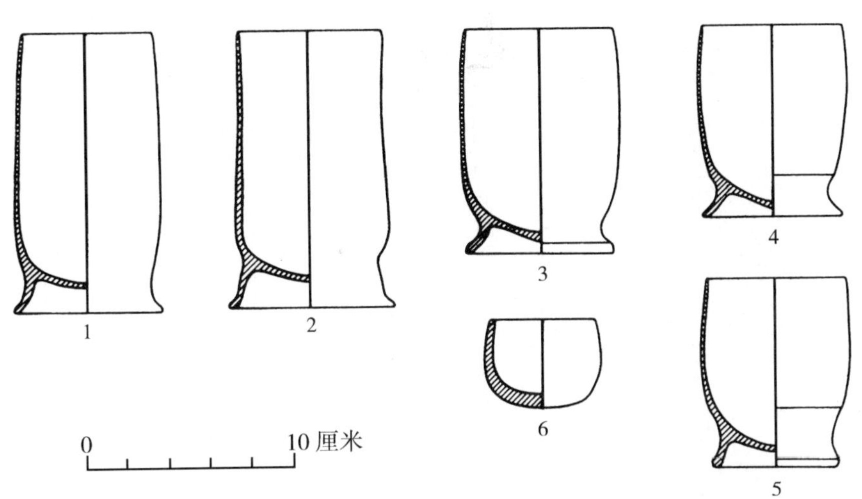

图 3－70　陶筒形圈足杯、圜底杯

1～5. 筒形圈足杯：1. Ⅰ式（M34∶2）　2. Ⅰ式（M190∶3）　3. Ⅱ式（M173∶2）　4. Ⅱ式（M202∶10）　5. Ⅱ式（M2∶5）　6. 圜底杯（M43∶3）

BⅢ式：4件。圆弧腹，平底或中心微内凹。M196∶7，泥质黑陶，胎浅红夹心灰色。饰宽凸弦纹、窝点连线纹。底内粘附较多薄层白色物，近似水垢。高10.8、口径12.2、腹径13厘米（图3－71，7；图版五五，6）。M237∶3，泥质深灰陶，胎灰色。饰凸弦纹。底内有薄层白色物，近似水垢。底缘磨损。高11、口径13.8、腹径14.1厘米（图3－71，8；图版五六，1）。

BⅣ式：8件（内2件残）。折腹，平底或中部微凹。M117∶13，泥质深灰陶，胎浅红。腹有五周宽凹

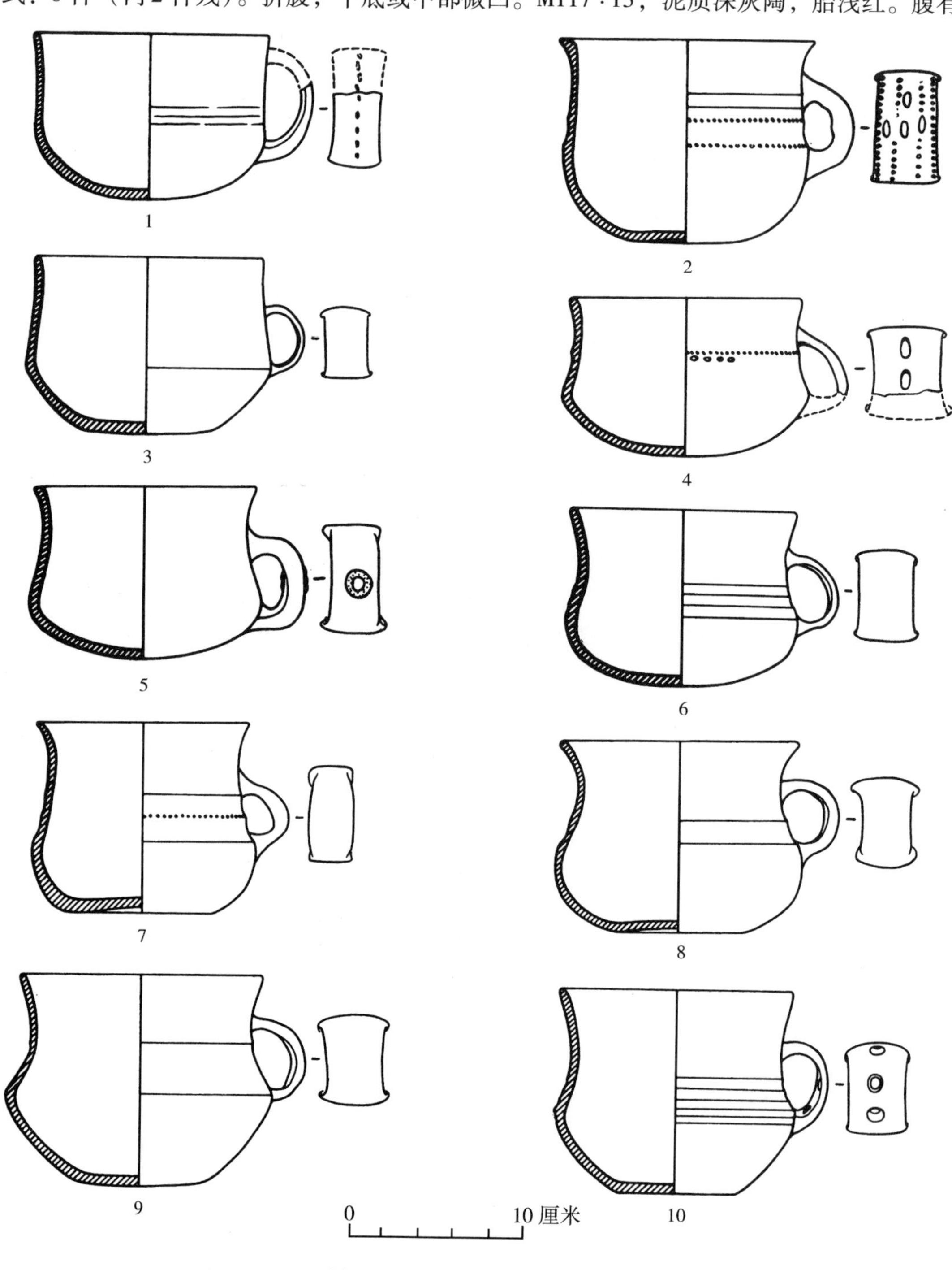

图3－71　陶单耳罐（之一）

1. A型Ⅰ式（M43∶7）　2. A型Ⅱ式（M203∶4）　3. A型Ⅲ式（M177∶3）　4. B型Ⅰ式（M116∶5）　5. B型Ⅰ式（M166∶6）　6. B型Ⅱ式（M124∶7）　7. B型Ⅲ式（M196∶7）　8. B型Ⅲ式（M237∶3）　9. B型Ⅳ式（M23∶4）　10. B型Ⅳ式（M117∶13）

弦纹，耳镂孔。底缘稍磨损。高 11.6、口径 13.2、腹径 13.9 厘米（图 3－71，10；图版五六，2）。M23∶4，泥质黑陶，胎灰色。饰一周凸弦纹。底内粘附薄层白色物，近似水垢。底缘有磨损。高 12、口径 13.8、腹径 14.9 厘米（图 3－71，9；图版五六，3）。M153∶4，泥质黑陶，胎灰色。饰三周凹弦纹。底内粘附很少薄层白色物，近似水垢。高 11.3、口径 13.9、腹径 15.5 厘米（图 3－72，2；图版五六，4）。M48∶12，泥质黑陶，胎灰色。高 10.3、口径 13.8、腹径 14.4 厘米（图 3－72，1；图版五六，5）。

BⅤ式：1 件（M120∶6）。泥质黑陶，胎浅红夹心灰色。上腹微凹弧近乎斜直，腹间有折棱。饰三周宽凹弦纹。底内粘附少量薄层白色物，近似水垢。底外边缘稍磨损。高 9.6、口径 13.2、腹径 14 厘米（图 3－72，3；图版五六，6）。

BⅥ式 2 件。上腹略凹弧，腹间无折棱，小平底或中部稍凸。M202∶7，夹砂红褐陶。高 8.5、口径 12、腹径 12.5 厘米（图 3－72，4；图版五七，1）。

C 型　7 件（内 1 件残）。口径大于腹径，上腹壁不同程度凹弧。分为四式。

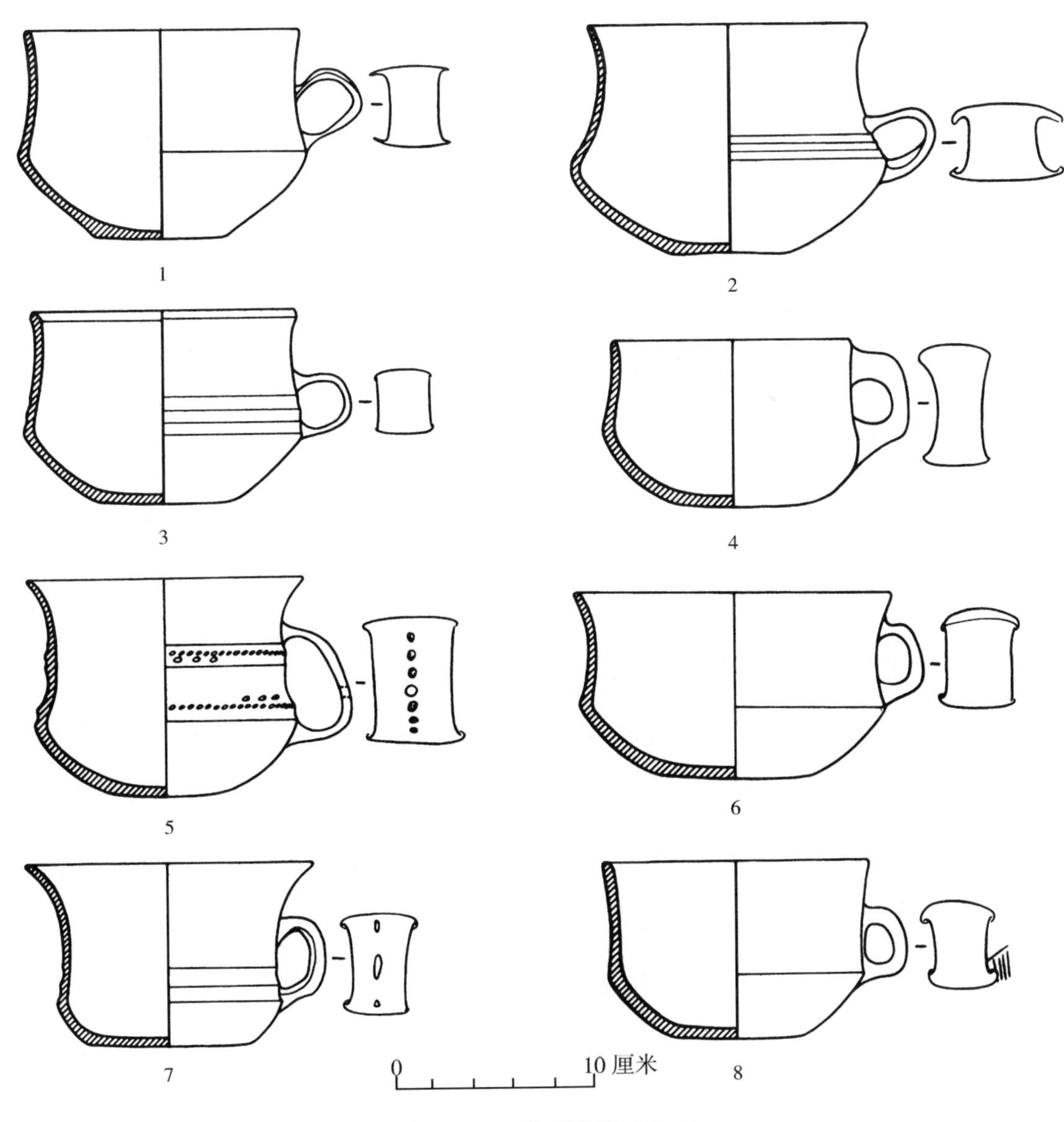

图 3－72　陶单耳罐（之二）

1. B 型Ⅳ式（M48∶12）　2. B 型Ⅳ式（M153∶4）　3. B 型Ⅴ式（M120∶6）　4. B 型Ⅵ式（M202∶7）
5. C 型Ⅰ式（M35∶4）　6. C 型Ⅱ式（M182∶3）　7. C 型Ⅲ式（M192∶6）　8. C 型Ⅳ式（M190∶2）

CⅠ式：3件（内1件残）。侈口，上腹壁甚凹弧，扁鼓腹，腹间有折棱，小平底微凸。M35：4，泥质灰陶。腹饰宽凹弦纹、窝点连线纹和上五组、下六组、每组均三个小窝纹；耳有一圆孔和六个小窝纹。高10.9、口径13.8、腹径13.4厘米（图3-72，5；图版五七，5）。

CⅡ式：2件。折腹，平底。M182：3，泥质黑陶，胎红色。底部稍磨损。高9.2、口径15.8、腹径15.4厘米（图3-72，6；图版五七，2）。

CⅢ式：1件（M192：6）。泥质灰陶。敞口，折腹，折棱很偏下。饰凸弦纹和窝纹。底部稍磨损。高9.1、口径14.3、腹径11厘米（图3-72，7；图版五七，3）。

CⅣ式：1件（M190：2）。泥质深灰陶，胎浅红。上腹向里斜直略凹弧，折腹，平底微凸。内壁粘满薄层灰白色硬皮近似水垢。烧制前器耳右下方划有五条划道，长1.2、间距约0.2厘米。高8.8、口径13.4、腹径13厘米（图3-72，8；图版五七，4）。

大口斜沿罐 8件（内1件残）。分为四型。

A型 2件。扁鼓腹，圜底。分为二式。

AⅠ式：1件（M236：7）。泥质红陶（泛黄）。上腹残存很少红衣。方唇内侧有一浅凹槽，斜翻沿。高11.2、口径11.6、腹径14.9厘米（图3-73，3；图版五八，1）。

AⅡ式：1件（M45：4）。泥质深灰陶，胎灰色。圆唇，斜折沿。二周凹弦纹。高9.9、口径11.6、腹径13.1厘米（图3-73，4；图版五八，2）。

B型 3件。斜翻沿，圆腹或扁腹，平底。分为三式。

BⅠ式：1件（M163：4）。夹砂红陶。圆腹。高8、口径7.4、底径4.3厘米（图3-73，1；图版五八，3）。

BⅡ式：1件（M34：1）。泥质深灰陶，胎灰色。扁鼓腹，最大腹径偏上部。底缘稍磨损。高12.4、口径12.6、底径7.2厘米（图3-73，5；图版五九，3）。

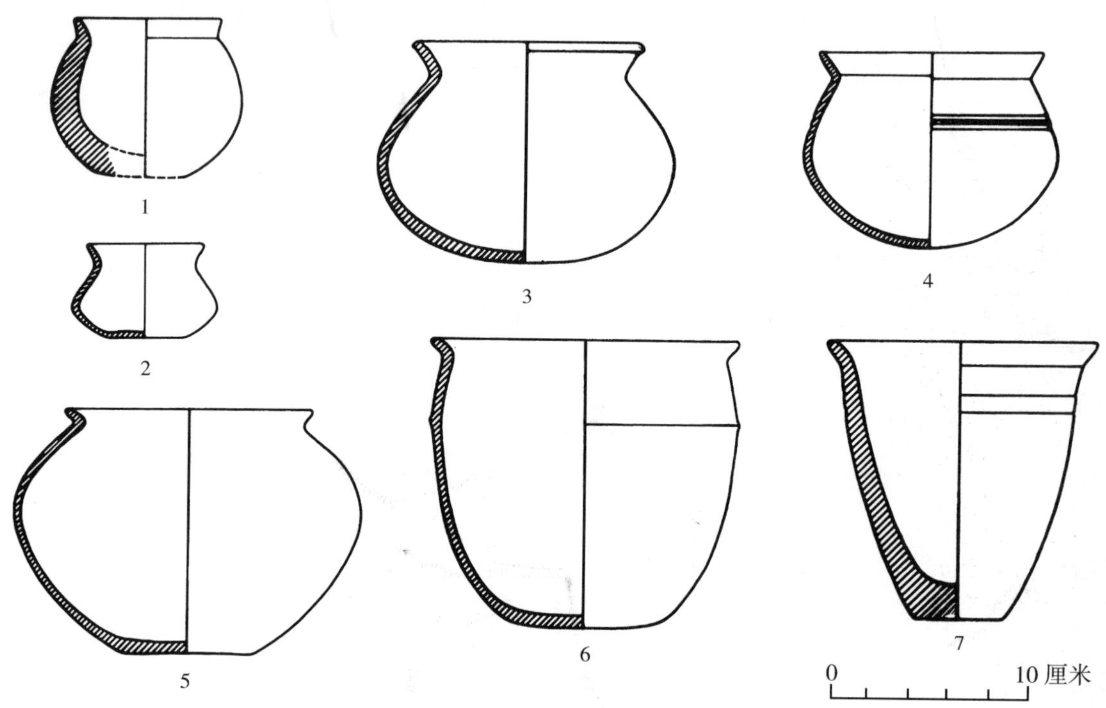

图3-73 陶大口斜沿罐

1. B型Ⅰ式（M163：4） 2. B型Ⅲ式（M39：6） 3. A型Ⅰ式（M236：7） 4. A型Ⅱ式（M45：4） 5. B型Ⅱ式（M34：1） 6. C型（M49：12） 7. D型（M129：1）

BⅢ式：1件（M39：6）。泥质灰陶。矮腹鼓凸，最大腹径在中部。高4.8、口径6、底径4厘米（图3－73，2；图版五八，4）。

C型　1件（M49：12）。夹植物红陶，胎红色。外表全部和内壁近口部涂红衣。斜翻沿，弧壁深腹，平底微凸。一周凸弦纹。高14.5、口径15.6、底径7.4厘米（图3－73，6；彩版一四，　；图版五八，5）。

D型　2件（内1件残片）。M129：1，夹砂红陶，胎红褐。斜壁深腹，小平底内凹。二周细凹弦纹。底部磨损。高14、口径13.6、底径4.5、胎厚0.8～1.8厘米（图3－73，7；图版五八，6）。同墓另一件为同陶质平底片。

小口矮领罐　5件（内4件残）。分为三型。

A型　3件（内2件残）。矮领斜直或竖直，大圆球腹，完整器所见为圜底。M120：14，泥质深灰陶，胎灰红。唇内侧有一窄斜面。一周凹弦纹内横列四组各四个小窝纹。高19.5、口径10.2、腹径20.6厘米（图3－74，1；图版五九，4）。M27：2，泥质灰陶，内表和胎浅红。肩部有一周凹弦纹和竖列小窝纹。口径9.2厘米（图3－74，2）。M202：1，泥质深灰陶，胎灰色。口径8厘米（图3－74，3）。

B型　1件（M24：1）。残。泥质灰陶。平折窄沿，窄折肩，深弧腹，平底。复原高约15.8、口径10、底径7厘米（图3－74，4）。

C型　1件（M120：1）。残。泥质深灰陶，胎灰色。口径甚小。口径7.4厘米（图3－74，5）。

弇口矮领罐　3件（内1件残）。分为三式。

Ⅰ式：1件（M2：8）。残。泥质深灰陶，胎灰色。圆唇，口较大内弇，斜矮领，扁圆鼓腹。口径13厘米（图3－75，1）。

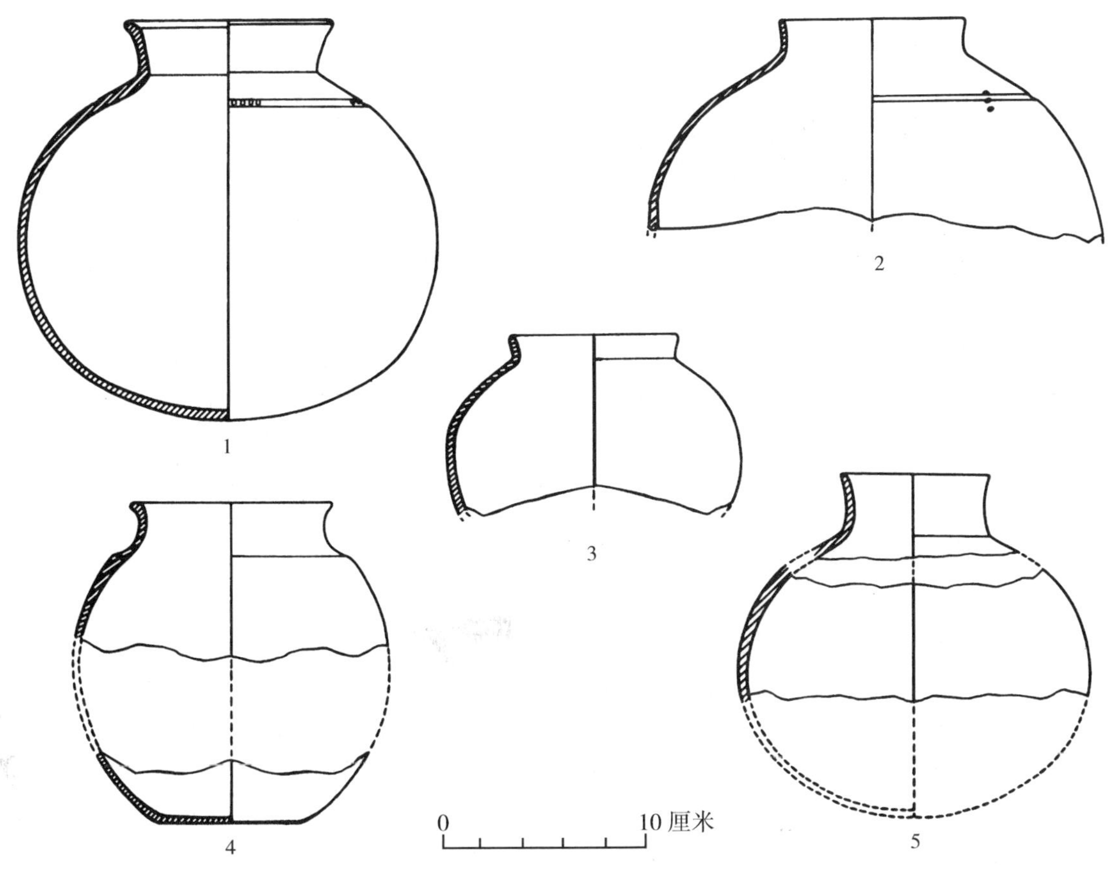

图3－74　陶小口矮领罐

1. A型（M120：14）　2. A型（M27：2）　3. A型（M202：1）　4. B型（M24：1）　5. C型（M120：1）

胎浅红夹心灰色。斜弧壁，瓶口形钮。饰二周凹弦纹、二周各七组每组三个小窝纹，斜向连以双股直线划纹，侧视为三角波折纹，俯视为七角星形纹。高 8、口径 17.6 厘米（图 3－77，3）。其他 4 件为夹砂小盖，均为凸弧壁浅皿形钮。

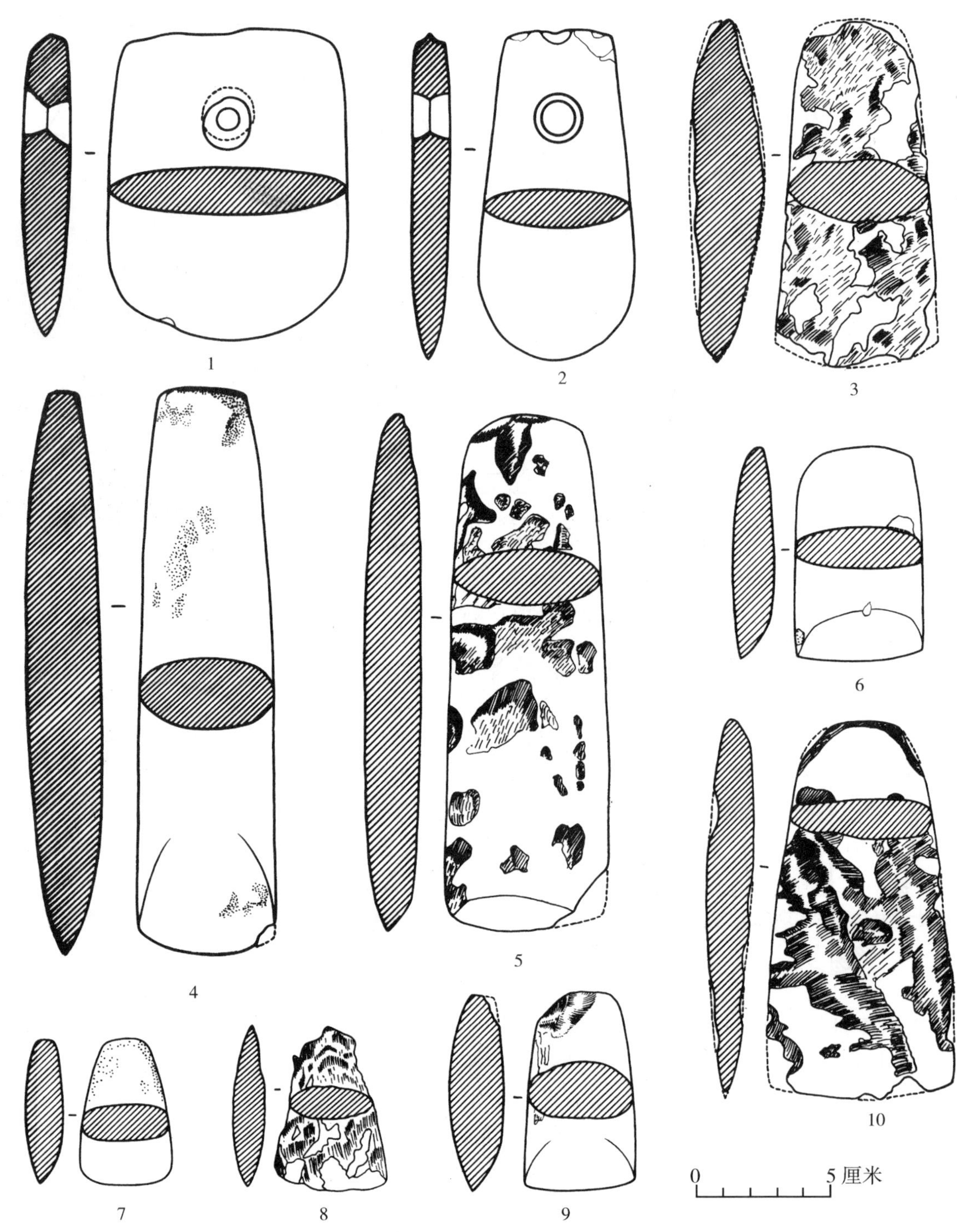

图 3－78　穿孔石斧、石斧

1. 穿孔石斧（M120∶9）　2. 穿孔石斧（M117∶4）　3～10. 石斧：3. B 型Ⅰ式（M38∶7）　4. A 型Ⅰ式（M48∶11）　5. A 型Ⅱ式（M120∶12）　6. B 型Ⅲ式（M48∶30）　7. C 型Ⅰ式（M38∶16）　8. C 型Ⅰ式（M38∶14）　9. C 型Ⅱ式（M48∶19）　10. B 型Ⅱ式（M48∶6）

二　石、陶、骨质工具

(一) 石器

共65件（含凿半成品和石芯各1件）。其中，有刃石器37件，内7件残破。除砺石、搓磨石两类外，均系磨制，普遍磨得较光滑，形状规整，有些尚存锋利刃缘。器形包括穿孔斧、斧、锛、有段锛、凿、三孔刀、砺石和搓磨石，以搓磨石为最多，锛次之。

穿孔石斧　2件。M117:4，灰黑色硅质岩，摩氏硬度7°。上窄下宽长舌形，两面弧，刃缘圆弧锋利。横剖面近梭形。顶端有磨损。残存半孔，可能是大件器断损后的改制品。长12.6、宽6、厚1.6厘米（图3-78，2；图版六一，1）。M120:9，暗绿色变质砂砾岩，硬度6°。宽舌形，平顶有磨损，两面弧，两侧较尖薄，刃缘圆弧较钝厚，有使用掉落碎屑痕。对钻漏斗形孔稍有偏离。长11.9、宽9、厚1.9厘米（图3-78，1；图版六一，2）。

斧　8件（内3件残）。以大、中、小分为三型，再以各件的差别分式。

A型　2件。大型。分二式。

AⅠ式：1件（M48:11）。灰黑色辉长岩，硬度6°~7°。窄长条形，厚硕，两面圆弧，一面有凸弧形刃脊，刃缘较锋利，右刃角缺损。横剖面椭圆形。长21.6、宽5.3、厚2.8厘米（图3-78，4；图版六一，8）。

AⅡ式：1件（M120:12）。灰黑色辉长岩，硬度7°。长条形，两面圆弧，一面有刃脊，右刃角缺损。原磨制表面经蚀变，剥落较多，形成许多坑洼。长19.6、宽6.1、厚2.3厘米（图3-78，5；图版六一，7）。

B型　3件（内2件残）。中型。分三式。

BⅠ式：1件（M38:7）。残。灰黑色辉长岩，硬度6°~7°。长梯形，较厚硕，两面弧拱。因发生严重蚀变，现仅存很少部分的原磨制光面，全身布满坑洼，顶端和刃缘也多剥落。长13.1、残宽5.9、厚2.6厘米（图3-78，3）。

BⅡ式：1件（M48:6）。残。灰黑色辉长岩，硬度6°~7°。长梯形，较薄，弧顶磨损，两侧面圆弧，两面无刃脊。原系磨制，经严重蚀变，现仅存少许原磨光面。长14.3、残宽7、厚1.8厘米（图3-78，10；图版六一，4）。

BⅢ式：1件（M48:30）。灰黑色辉长岩，硬度6°~7°。平面长方形，较薄，两面略弧，两侧面圆弧，一面有刃脊，刃缘锋利。长8、宽4.8、厚1.6厘米（图3-78，6；图版六一，3）。

C型　3件（内1件残）。小型。分二式。

CⅠ式：2件（内1件残）。M38:16，灰色石英岩，硬度7°。圆角梯形，两侧面圆弧，两面刃部缓收无脊。横剖面长圆形。长5.6、宽3.5、厚1.5厘米（图3-78，7；图版六一，5）。M38:14，灰黑色辉长岩，硬度6°~7°。圆角梯形。经严重蚀变，现仅存少量原磨光面。残长6.1、宽4.3、厚1.3厘米（图3-78，8）。

CⅡ式：1件（M48:19）。灰黑色橄辉岩？（橄榄岩？），硬度6°~7°。梯形，厚硕，左顶角缺损，两侧面圆弧，一面有不相连的部分刃脊，刃缘锋利。长7.5、宽4.2、厚2.1厘米（图3-78，9；图版六一，6）。

锛　16件（内3件残可分式，又有M48的2件破碎不能分式）。分为三型。

A型　2件（内1件残）。大型。M48:8，灰黑色变凝灰质砂岩，硬度4°。磨制光滑，棱角分明。长梯形，两侧面齐平，刃面微凸弧并有刃脊，刃缘锋利。长15.2、宽6.1、厚1.6厘米（图3-79，1；图版六一，9）。M48:16，灰绿灰白色条带状硅质岩，硬度7°。残存下半段，磨制光滑。两侧面齐平，刃面微凸弧，刃缘锋利。残长8.8、宽7.4、厚1.9厘米（图3-79，2）。

B型　4件（内1件残）。中型。分三式。

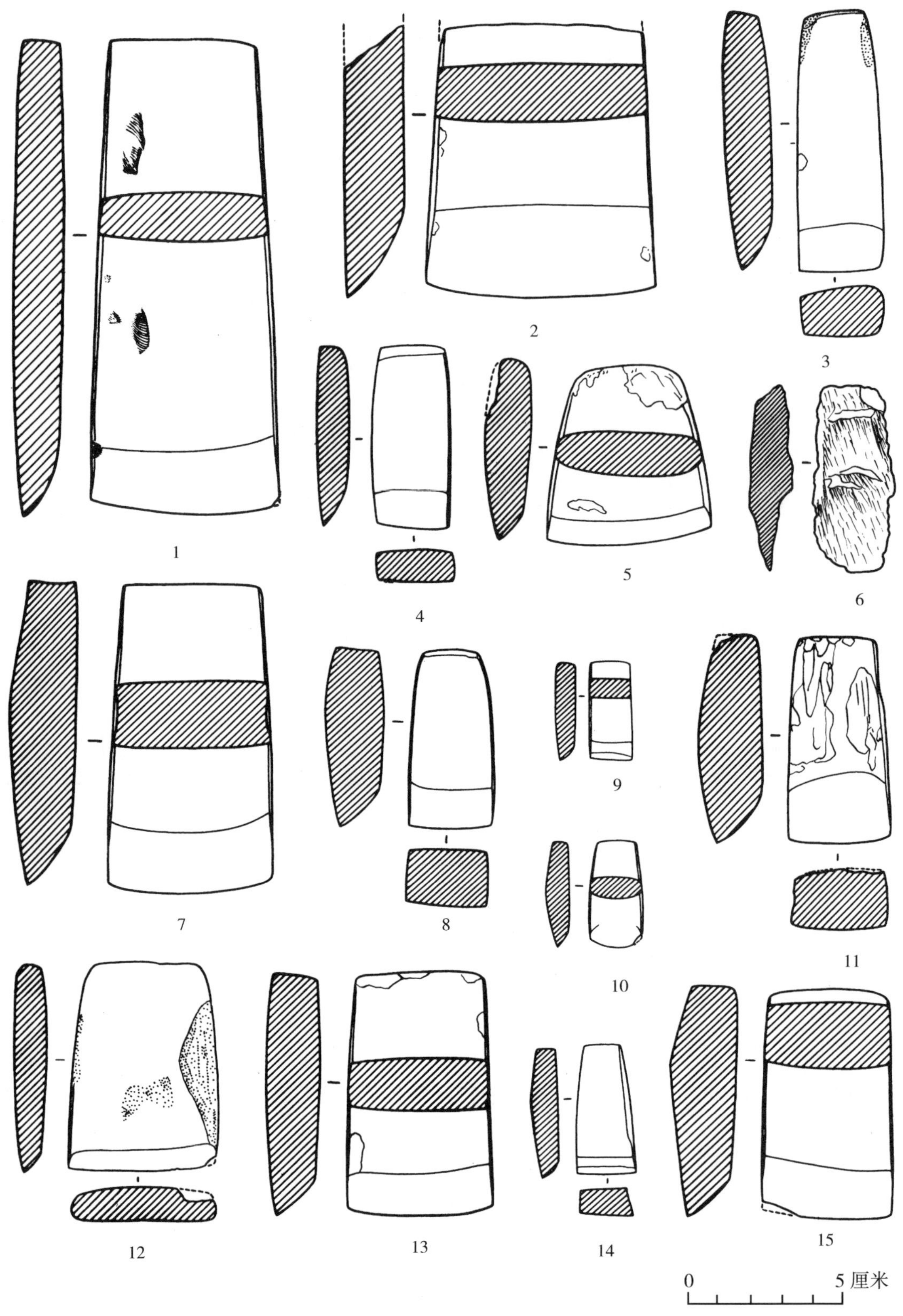

图 3－79 石锛、有段石锛

1～13. 石锛：1. A 型（M48：8） 2. A 型（M48：16） 3. B 型Ⅲ式（M48：22） 4. C 型Ⅲ式（M48：27） 5. C 型Ⅰ式（M233：1） 6. C 型Ⅲ式（M48：18） 7. B 型Ⅱ式（M38：4） 8. C 型Ⅳ式（M48：24） 9. C 型Ⅴ式（M142：7） 10. C 型Ⅵ式（M120：8） 11. C 型Ⅳ式（M48：31） 12. C 型Ⅱ式（M48：17） 13. B 型Ⅰ式（M120：13） 14. 有段石锛（M142：6） 15. 有段石锛（M38：3）

B Ⅰ式：2 件（内 1 件残）。近长方形。M120 :13，灰绿色硅质板岩，硬度 7°。磨制光滑。背面稍弧，正面较平，刃缘锋利。顶面及顶边稍残损。长 7.8、宽 4.7、厚 1.7 厘米（图 3 – 79，13；图版六二，2）。

B Ⅱ式：1 件（M38 :4）。灰黑色硅质岩，硬度 7°。磨制光滑，棱角分明。背面隆起，正面平，两侧面的上下都微内凹，刃缘锋利。长 9.9、宽 5.3、厚 2.1 厘米（图 3 – 79，7；图版六二，1）。

B Ⅲ式：1 件（M48 :22）。灰绿色石英岩，硬度 7°。磨制光滑。长条梯形，左侧面齐平，右侧面微弧，刃面稍凸弧，刃缘平直锋利。长 8.4、宽 2.7、厚 1.5 厘米（图 3 – 79，3；图版六二，4）。

C 型　8 件（内 1 件残）。小型。分为六式。

C Ⅰ式：1 件（M233 :1）。灰黑色辉长岩，硬度 6° ~ 7°。宽梯形，背面拱弧，正面较平，两侧面圆弧，刃缘锋利。两面均有局部缺损和剥落。长 5.7、宽 5.2、厚 1.5 厘米（图 3 – 79，5；图版六二，5）。

C Ⅱ式：1 件（M48 :17），灰黑色细碧岩，硬度 6° ~ 7°。扁平梯形，两侧面稍弧，侧边有棱，窄刃面较斜直。正面的左右侧均有不同程度残损。长 6.7、宽 4.8、厚 1.1 厘米（图 3 – 79，12；图版六二，6）。

C Ⅲ式：2 件（内 1 件残）。薄长条形。M48 :27，灰绿色凝灰质砂岩，硬度 5°。磨制光滑。横剖面扁长方形。长 5.8、宽 2.6、厚 1.1 厘米（图 3 – 79，4；图版六二，7）。M48 :18，灰黑色条带状石英岩，硬度 6° ~ 7°。现仅在正面顶边一横条及中段少许为原磨光面，余均经蚀变已不存原貌。残长 6.1、残宽 2.6、厚 1.4 厘米（图 3 – 79，6）。

C Ⅳ式：2 件。厚长梯形。M48 :31，灰白色粉砂质板岩，硬度 3°。正面较平，背面拱弧，两侧面齐平，宽刃面凸弧。背面顶边处和正面大部均稍有缺损。长 6.7、宽 3.2、厚 2 厘米（图 3 – 79，11；图版六二，3）。M48 :24，灰绿色石英岩（硅化?），硬度 7°。磨制光滑。背面拱弧，正面略平，刃缘平直锋利。横剖面呈厚长方形。长 5.7、宽 2.7、厚 1.9 厘米（图 3 – 79，8；图版六二，8）。

C Ⅴ式：1 件（M142 :7）。灰绿色条带状硅质板岩或硅质岩，硬度 7°。磨制光滑，棱角分明。背面微弧，正面平，刃面略凸弧并有双条平行刃脊，直刃缘锋利。长 3.2、宽 1.3、厚 0.65 厘米（图 3 – 79，9；图版六二，9）。

C Ⅵ式：1 件（M120 :8）。灰色粉砂岩（?），硬度 3° ~ 4°。背面高隆但无棱脊，正面平，正面有陡斜刃面但无完整刃脊，刃缘锋利。右刃角稍缺损。长 3.4、宽 1.7、厚 0.8 厘米（图 3 – 79，10；图版六二，10）。

有段石锛　2 件。M38 :3，灰黄色硅质岩，硬度 7°。磨制光滑。厚长方形，背面隆起有棱脊，正面平，两侧面齐平。左刃角缺损。长 7.3、宽 4.2、厚 2.1 厘米（图 3 – 79，15；图版六二，12）。M142 :6，灰绿色硅质板岩，硬度 7。磨制光滑。扁长梯形，背面隆起有棱脊，正面平，左侧面齐平，右侧面上段有凹坑，弧刃面并有双条平行横刃脊。长 4.2、宽 1.9、厚 0.9 厘米（图 3 – 79，14；图版六二，11）。

凿　8 件（内 1 件残）。无大型，分中、小型为 B、C 二型。

B Ⅰ式：2 件（内 1 件残）。宽厚长条形。M48 :23，灰白色细晶岩，硬度 5° ~ 6°。磨制光滑。背面弧，正面较平，宽刃面稍弧并有刃脊。横剖面呈厚长方形。长 10.3、宽 3.6、厚 3.3 厘米（图 3 – 80，4；图版六三，1）。M120 :3，灰白色细晶岩（长英），硬度 6° ~ 7°。残长 9.1 厘米。

B Ⅱ式：1 件（M48 :25）。灰白色细晶岩，硬度 4° ~ 5°。磨制光滑。长条梯形，两面稍拱弧，两侧面呈弧形，正背面侧边均有棱脊，正面有宽刃面但无完整刃脊。长 9.7、宽 3.2、厚 2.1（图 3 – 80，5；图版六三，7）。

B Ⅲ：2 件。方体长条形。M48 :21，灰白色细晶岩，硬度 4° ~ 5°。一面刃部缓收，一面刃部陡收，均无刃脊。长 8.4、宽 2、厚 1.9 厘米（图 3 – 80，3；图版六三，2）。M48 :10，灰绿灰白色条带状石英岩，硬度 7°。磨制光滑。两面刃部缓收对称均无刃脊，刃缘锋利。面侧面两边缘各有宽 2 ~ 3 毫米的纵长浅凹口，系切割石材遗痕。长 8.3、宽 1.7、厚 1.7 厘米（图 3 – 80，2；图版六三，6）。

C Ⅰ式：2 件。长条梯形。M48 :9，灰绿色石英岩，硬度 7°。磨制光滑。背面弧凸，其上段里收更显圆拱，正面略弧下部有刃脊，刃缘平直锋利。长 6.1、宽 2.2、厚 1.5 厘米（图 3 – 80，6；图版六三，5）。M48 :20，灰绿色石英岩，硬度 7°。磨制光滑。正面平，背面甚圆拱，横剖面近大半圆形。刃面凸弧，一面有刃脊，刃缘较锋利。长 5.8、宽 2、厚 1.5 厘米（图 3 – 80，7；图版六三，4）。

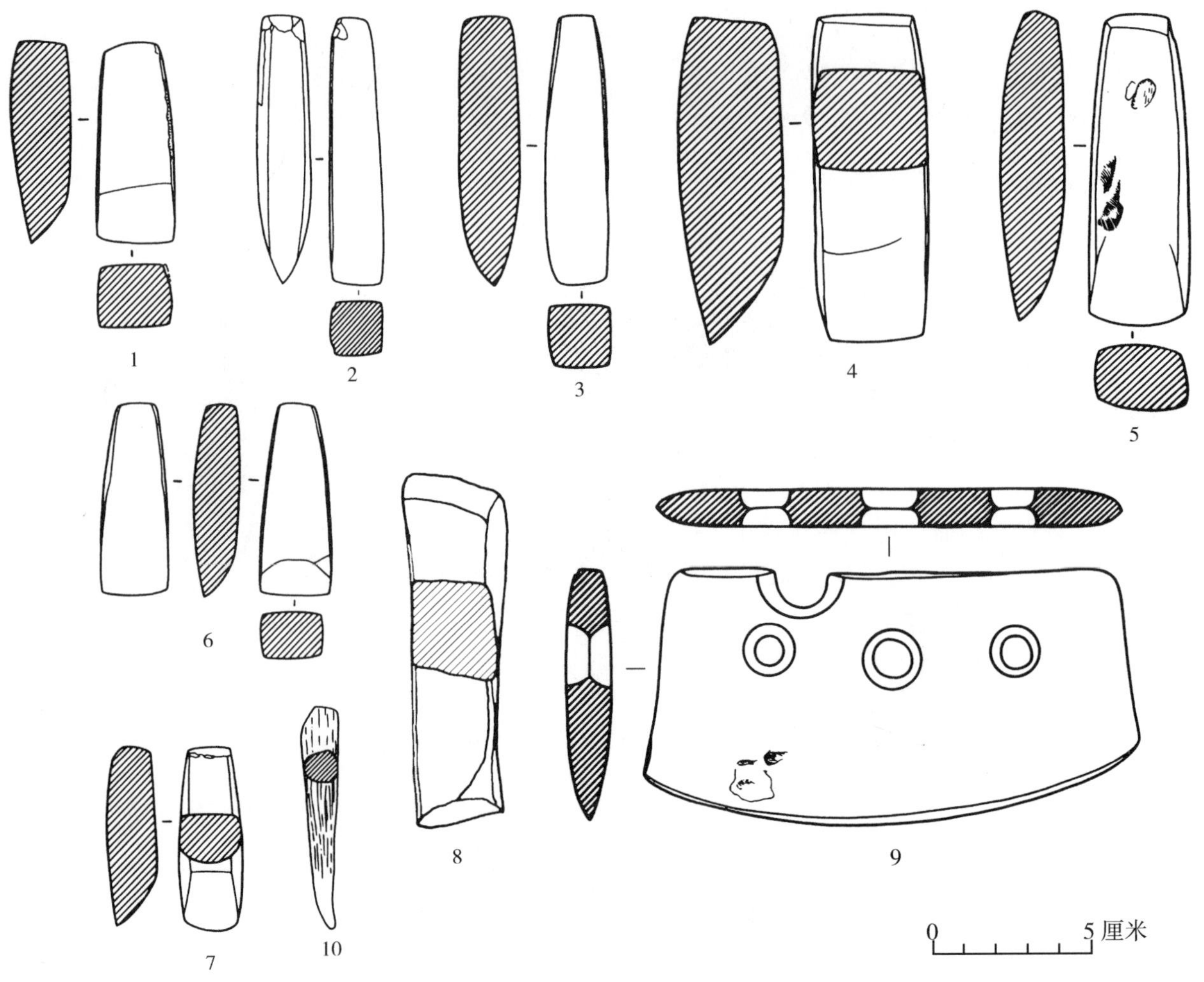

图3－80　石凿、三孔石刀、角锥

1～7. 石凿：1. C型Ⅱ式（M48:26）　2. B型Ⅲ式（M48:10）　3. B型Ⅲ式（M48:21）　4. B型Ⅰ式（M48:23）　5. B型Ⅱ式（M48:25）　6. C型Ⅰ式（M48:9）　7. C型Ⅰ式（M48:20）　8. 石凿半成品（M120:4）　9. 三孔石刀（M48:3）　10. 角锥（M163:5）

CⅡ式：1件（M48:26）。灰白色粉砂质板岩，硬度4°～5°。厚长梯形，背面拱弧，正面较平，正面略显斜刃脊。长6.4、宽2.5、厚1.9厘米（图3－80，1；图版六三，3）。

石凿半成品　1件（M120:4）。灰黄色，含绿泥石脉的细晶岩（花岗），硬度3°～4°。长条石块，正面和右侧面保留砾石皮面，余为打下的破裂面。长10.6、宽2.7、厚3厘米（图3－80，8）。

三孔石刀　1件（M48:3）。灰白色石英岩，硬度7°。磨制光滑。平面左宽右窄，齐平顶，两侧略凹弧，侧缘为钝尖脊棱，两面刃部有刃脊，刃面很窄。横列对钻三孔，中孔较大，左右孔稍小。顶部残存半孔，背面顶边有一条割材浅槽，当系利用断折石钺改制而成此刀。长15.8、宽7.9、厚1.5厘米（图3－80，9；图版六三，8）。

砺石　5件。石质分粗、细两类。均经使用，有的形成凹面。形状都不规则，有的是残件。长19.5～7.6厘米。M163:3，灰色灰褐色变凝灰质（石英）砂岩，硬度6°。粗磨石。两面经磨平。一侧厚，一侧薄，横剖近楔形。长9.9、宽6、厚3.7厘米（图3－81，15）。M34:5，灰色凝灰质砂岩，硬度4°～5°。较细磨石。两面已磨成凹面，较齐直的最长边斜坡面也经使用磨得较光平。长20.4、宽16.8、厚6.2厘米（图3－81，14；图版六四，13）。

搓磨石　21件（内1件破碎不能分式）。这类石器一般系打制而成，多为扁块状体，个别的即捡选适

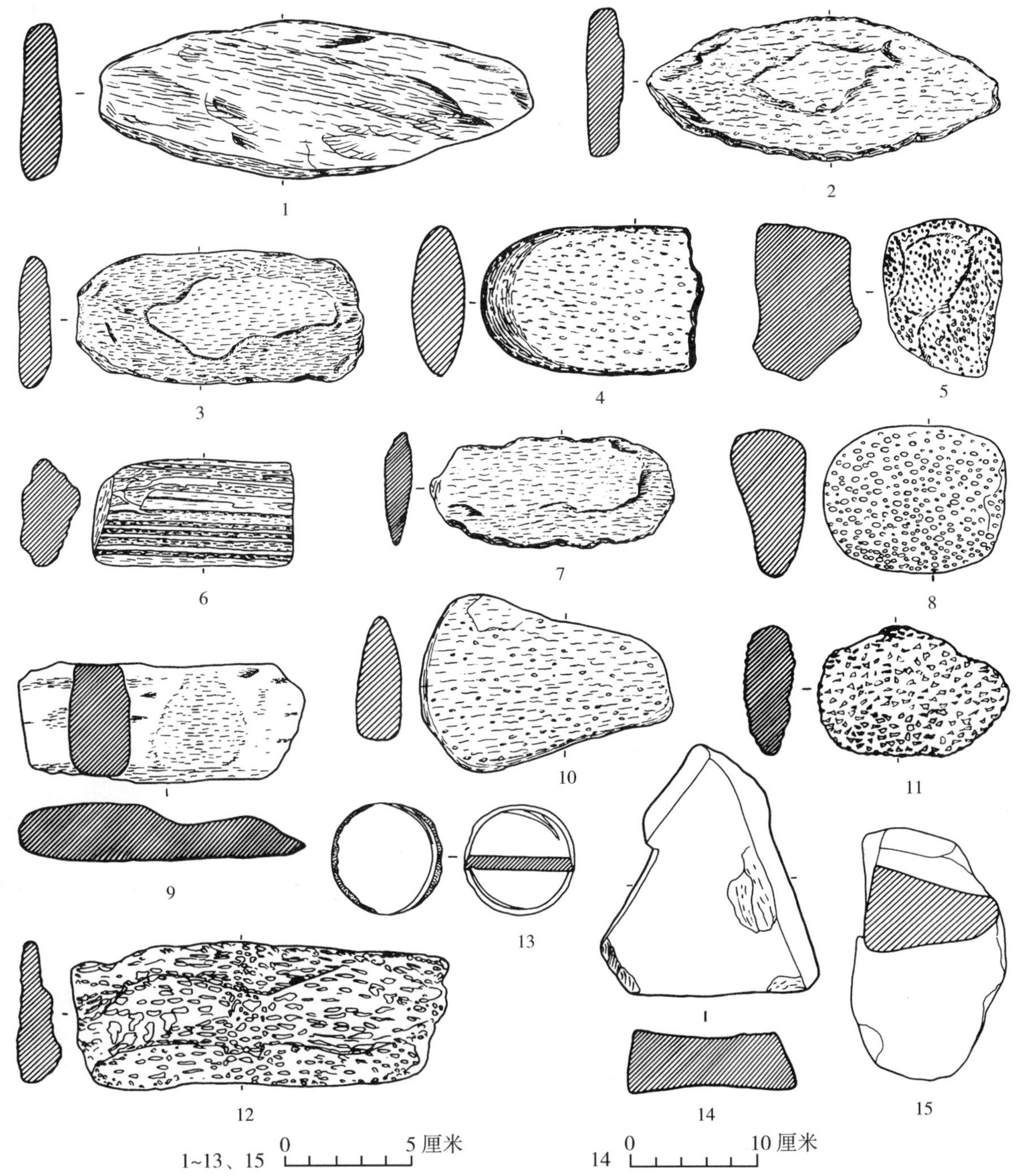

图3-81 搓磨石、砺石、石芯

1~12. 搓磨石：1. Ⅰ式（M153：5） 2. Ⅰ式（M48：5） 3. Ⅱ式（M2：1） 4. Ⅱ式（M120：2） 5. Ⅳ式（M173：4） 6. Ⅲ式（M196：13） 7. Ⅱ式（M34：7） 8. Ⅳ式（M39：4） 9. Ⅲ式（M48：40） 10. Ⅳ式（M120：15） 11. Ⅳ式（M40：2） 12. Ⅲ式（M190：1） 13. 石芯（M47：1） 14. 砺石（M34：5） 15. 砺石（M163：3）

用的天然扁石块。有些是含蜂窝状大小孔隙者，有些保留了岩石的高低纹路，以致表面都很粗糙，特别是其中有一件为浮水石。硬度普遍较高，为摩氏6°~7°。形状规则或不规则，一概无薄刃部，四周圆钝，都在两面和周边有摩擦使用形成的粗平面或很小片光面，其摩擦程度和范围主要因使用时间长短而有些差别。是较为多见的随葬品，当也是生活中的常用品。根据以上情况，现把它取名为搓磨石，推测其用途或用途之一，可能用于搓擦人体皮肤以助去除污垢和磨退胼胝。按形状分为四式。

Ⅰ式：2件。梭形。扁平，两端圆尖，中部最宽。M48：5，灰白色石英斑岩。硬度6°~7°。长14、宽5.9、厚1.6厘米（图3－81，2；图版六四，3）。M153：5，灰白色石英片岩，硬度7°。长17.5、宽6.4、厚1.6厘米（图3－81，1；图版六四，1）。

Ⅱ式：4件。长舌形。多扁平，大体等宽，两端近圆弧。M2：1，灰白色白云母石英片岩，硬度6°。长11.5、宽5.5、厚1.3厘米（图3－81，3；图版六四，11）。M34：7，灰白色长石石英片岩，硬度6°～7°。周边比器身稍扁薄。长9.8、宽4.4、厚1.1厘米（图3－81，7；图版六四，6）。M120：2，灰白色石英片岩，硬度7°。表面粗糙夹有长圆形孔隙。残长8.8、宽5.9、厚2.3厘米（图3－81，4；图版六四，5）。

Ⅲ式：5件。长条形。器身多有高脊隆起而不甚平整。M190：1，灰白色英浅粒岩，硬度7°。布满不规则形较大孔隙。长15.2、宽5.7、厚1.8厘米（图3－81，12；图版六四，2）。M196：13，灰白色石英浅粒岩，硬度7°。布满条状凹槽和细短条孔隙。长8.1、宽4.2、厚2.5厘米（图3－81，6；图版六四，12）。M48：40，灰白色石英岩，硬度6°～7°。半段较厚，半段较薄。长11.7、宽5、厚2.7厘米（图3－81，9；图版六四，4）。

Ⅳ式：9件。平面不规则形。M40：2，灰白色石英角砾岩，硬度6°～7°。胶结较多的石英颗粒并突起于表面，坑洼而甚粗糙。长7.7、宽5.2、厚2.2厘米（图3－81，11；图版六四，10）。M39：4，灰白色石英脉，硬度7°。布满孔隙。长7.2、宽6、厚3厘米（图3－81，8；图版六四，7）。M120：15，灰白色带红色色调流纹岩，硬度7°。布满小孔隙。长10.2、宽7.1、厚2.4厘米（图3－81，10；图版六四，9）。M173：4，仅此一件为浮水石，灰黑色浮岩，质轻而坚，硬度7°。多面体块状，表面多小孔隙。长6.2、宽4.9、厚4.2厘米（图3－81，5；图版六四，8）。

石芯　1件（M47：1）。灰白色脉石英。硬度7°。扁平圆形，为石器钻大圆孔留下的完整石芯。由痕迹观察，从两面下钻，两面的钻槽并未完全对准而稍有偏差，两面钻槽接近贯通时，便将石芯敲击下，周边留有毛茬。两面还都有初钻作废的部分浅钻槽。直径4.4、厚0.55厘米（图3－81，13）。

（二）陶器

陶纺轮　24件（内5件残碎）。泥质陶17件，夹细砂陶7件。红色和红褐合计约占80%弱。灰褐和灰黑色合计约占20%强。有纹饰的17件，约占70%左右，均在单面施划纹，种类少，13件为螺旋划纹，3件是短条连线涡轮状纹，1件为直道划纹。以最大直径5厘米为界分为A大、B小二型，每型中依据周边形制统一划分式别，其中如有特厚、特薄者另作说明。

A型　15件（内3件残碎）。较大型。直径5～5.8、厚1.1～1.9厘米。

AⅠ式：2件（内1件残碎）。周边竖直。均素面。M26：5，泥质红陶。直径5.7、厚1.4厘米（图3－82，1；图版六五，1）。M50：7，残碎。泥质灰黑陶。薄体。直径5.5、厚1.1厘米（图3－82，2）。

AⅡ式：2件。周边凹弧。1件有纹。M49：13，夹细砂红陶。一面刻划浅显螺旋纹。直径5、厚1.5厘米（图3－82，3；图版六五，2）。

AⅢ式：3件（内1件残碎）。周边凸弧对称。2件有纹。M7：4，泥质红陶。一面刻划弧线短条排成三叶涡轮状纹。直径5.4、厚1.7厘米（图3－82，4，3－83，1；图版六五，3）。M39：8，夹细砂灰褐陶。一表面稍凹，另面饰螺旋划纹。直径5.1、厚1.4厘米（图3－82，10；图版六五，4）。

AⅣ式：8件（内1件残碎）。周边居中有一棱脊。7件螺旋划纹，1件涡轮状划纹。M153：2，泥质红陶。一面刻划螺旋纹。直径5.6、厚1.5厘米（图3－82，13，3－83，2；图版六五，6）。M153：8，泥质红陶。体厚。一面螺旋划纹。直径5.2、厚1.9厘米（图3－82，12；图版六五，7）。M49：14，夹细砂红褐陶。一面刻划短条连线排成三叶涡轮状纹。直径5.2、厚1.4厘米（图3－82，11；图版六五，5）。

B型　9件（内2件残碎）。较小型。直径4.5～4.9、厚1.2～1.9厘米。无周边凹弧的BⅡ式。

BⅠ式：2件。周边竖直。均素面。M122：2，泥质红陶。一面微凹，另面微凸。厚体。直径4.6、厚1.9厘米（图3－82，5；图版六五，9）。M45：2，泥质红褐陶。薄体。直径4.5、厚1.2厘米（图3－82，6；图版六五，8）。

BⅢ式：3件（内2件残碎）。周边凸弧。2件螺旋划纹，1件涡轮状纹。M49：15，泥质红陶。一面刻

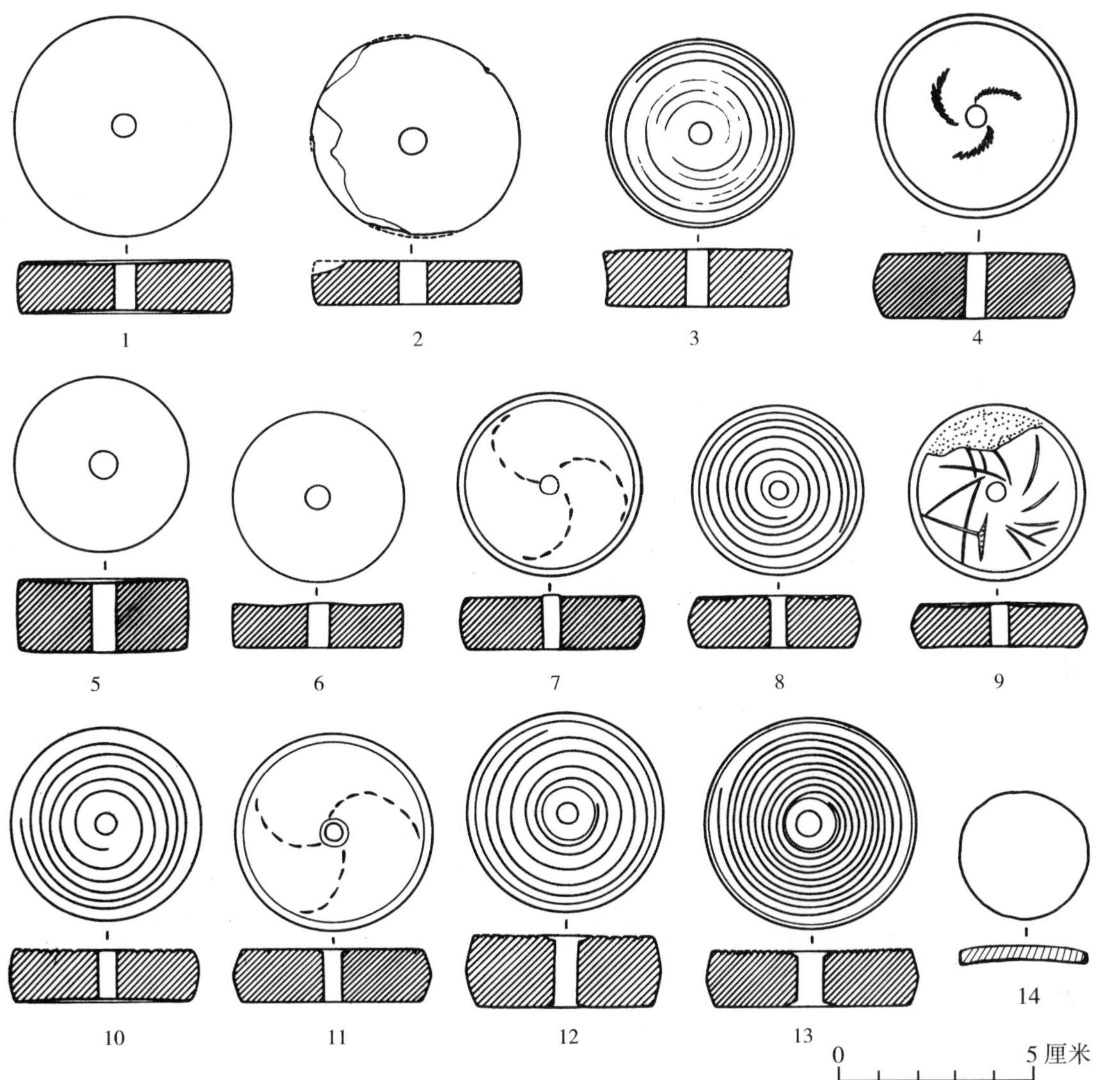

图 3－82　陶纺轮、圆陶片

1～13. 陶纺轮：1. A 型Ⅰ式（M26：5）　2. A 型Ⅰ式（M50：7）　3. A 型Ⅱ式（M49：13）　4. A 型Ⅲ式（M7：4）　5. B 型Ⅰ式（M122：2）　6. B 型Ⅰ式（M45：2）　7. B 型Ⅲ式（M49：15）　8. B 型Ⅳ式（M202：4）　9. B 型Ⅳ式（M7：3）　10. A 型Ⅲ式（M39：8）　11. A 型Ⅳ式（M49：14）　12. A 型Ⅳ式（M153：8）　13. A 型Ⅳ式（M153：2）　14. 圆陶片（M153：9）

划短条连线排成三叶涡轮状纹。直径 4.9、厚 1.4 厘米（图 3－82，7，3－83，4；图版六五，10）。

BⅣ式：4 件。周边居中有一棱脊。2 件螺旋划纹，1 件直道划纹。M202：4，泥质红褐陶。一面刻划螺旋纹。直径 4.5、厚 1.4 厘米（图 3－82，8，3－83，3；图版六五，12）。M7：3，泥质红陶。一面有数条直道刻划纹，主要划道似呈涡轮状回旋。直径 4.7、厚 1.2 厘米（图 3－82，9；图版六五，11）。

圆陶片　1 件（M153：9）。夹砂红陶。利用陶器碎片加工，周边磨齐，整圆。直径 3.4、厚 0.4 厘米（图 3－82，14）。

（三）骨器

角锥　1 件（M163：5）。鹿角材料。表面粗糙，仅尖部稍加磨制，钝尖。后端断缺。残长 7.1 厘米（图 3－80，10）。

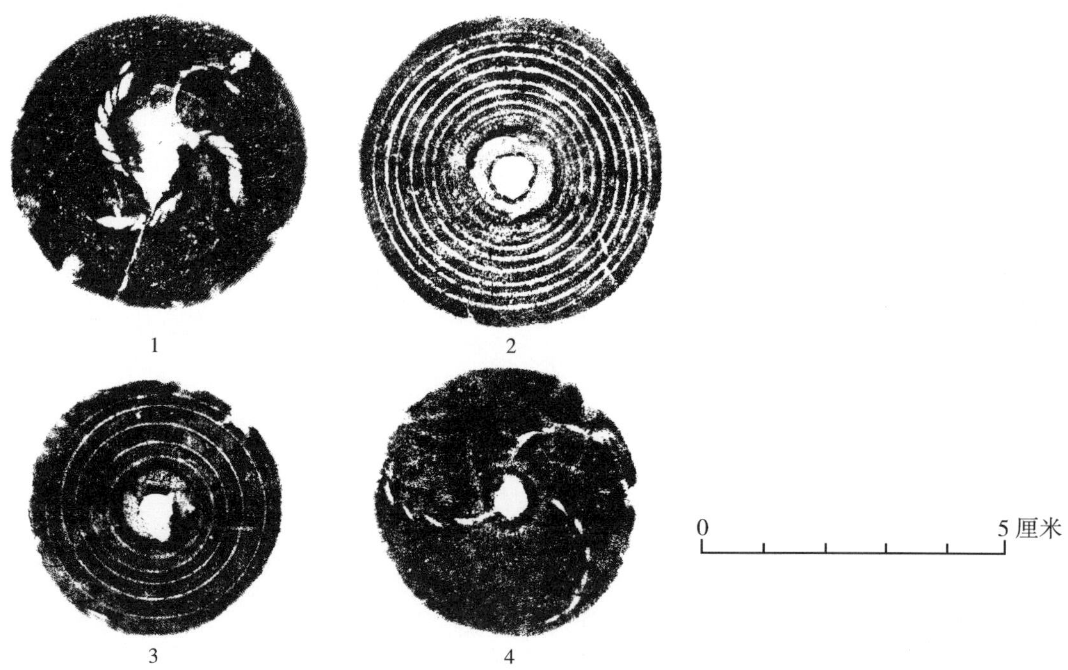

图3－83 陶纺轮纹饰拓片
1. A型Ⅲ式（M7∶4） 2. A型Ⅳ式（M153∶2） 3. B型Ⅳ式（M202∶4） 4. B型Ⅲ式（M49∶15）

三 装饰用品

玉（石）玦 9件。表面精细加工，滑润光亮。分为六式。

Ⅰ式：1件（M116∶4）。纯乳白色，玛瑙，硬度7°。圆径小，体厚，内孔偏在一侧，缺口处环体最宽最厚。直径1.7、厚0.65厘米，重2.8克（图3－84，7；彩版一七，8）。

Ⅱ式：4件。圆径中等，体较厚，内孔偏在一侧。M117∶1，乳白色微泛鹅黄，玛瑙，硬度7°。内孔较小。直径3.5、厚0.75厘米，重14.5克（图3－84，1；彩版一七，1）。M117∶2，色质同上。直径3.5、厚0.7厘米，重13.3克（图3－84，2；彩版一七，2）。M166∶8，色质同上。内孔较大。直径4.1、厚0.7厘米，重16.1克（图3－84，5；彩版一七，4）。M4∶9，纯乳白色，玛瑙，硬度7°。直径3.1、厚0.75厘米，重11.3克（图3－84，3；彩版一七，3）。

Ⅲ式：1件（M116∶1）。白色稍泛灰，接近透闪石，硬度5°～6°。圆径中等，体薄，中孔较大。一面的孔边有条作废的弧形钻孔槽，槽深处近1毫米。缺口边缘不齐直。直径3.6、厚0.4厘米，重13.2克（图3－84，4；彩版一七，6）。

Ⅳ式：1件（M48∶2）。麻点状浅蓝色，接近透闪石，硬度5°～6°。圆径大，体薄，中孔较大略偏在一侧。直径4.9、厚0.4厘米，重12.5克（图3－84，6；彩版一七，5）。

Ⅴ式：1件（M26∶1）。浅绿色，局部含银色晶莹体，氟石，硬度4°～5°。平面近半圆形，中孔偏在一侧，缺口处最宽且厚。横长1.9、厚0.35厘米，重1.6克（图3－84，8；彩版一七，9）。

Ⅵ式：1件（M48∶1）。白色稍泛灰，接近透闪石，硬度5°～6°。扁薄椭圆形，两面浅浮雕为相同的动物形象，小孔兼作眼睛，疑似伏兔。长3.5、宽2.7、厚0.3厘米，重4.7克（图3－84，9；彩版一七，7）。

玉（石）璜 9件（内2件残缺）。表面精细加工，滑润光亮。分为四式。

Ⅰ式：2件。短环形。M124∶1，暗黄色，夹少量灰色斑纹，冻石，硬度3°。左半段比右半段略宽，内缘厚，外缘稍薄，正面比背面稍凸弧。右端旧孔用豁，在旁侧新钻一小窝二小眼，均未完成穿透。长6.7、宽1.2～1.4、厚0.7厘米，重15.5克（图3－85，3；彩版一八，3）。M7∶6，大部土黄色，少部分

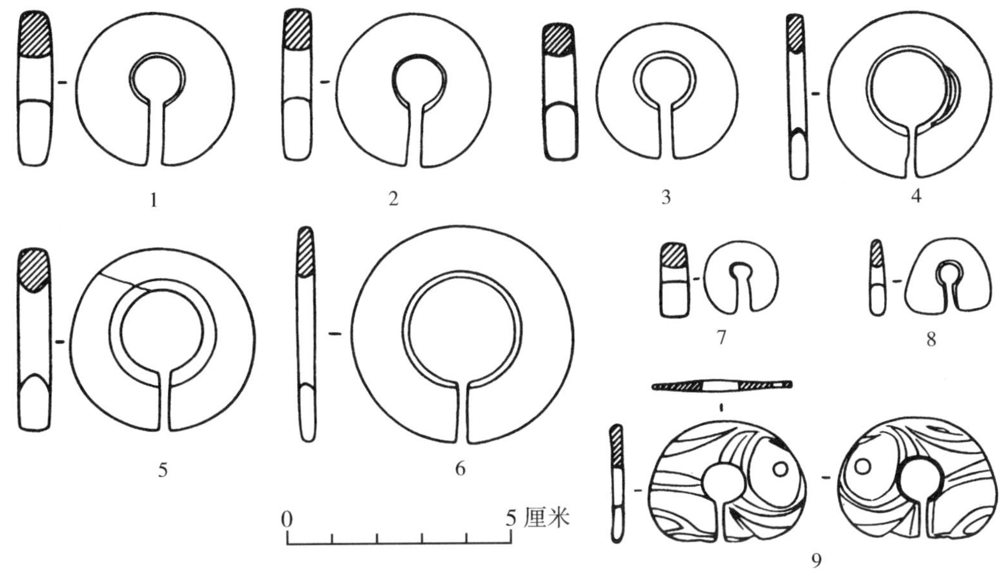

图 3－84　玉（石）玦

1. Ⅱ式（M117∶1）　2. Ⅱ式（M117∶2）　3. Ⅱ式（M4∶9）　4. Ⅲ式（M116∶1）　5. Ⅱ式（M166∶8）　6. Ⅳ式（M48∶2）　7. Ⅰ式（M116∶4）　8. Ⅴ式（M26∶1）　9. Ⅵ式（M48∶1）

乳白泛黄，玛瑙，硬度 7°。剖面呈椭圆形。两端处较扁薄，各对钻一个圆孔。长 8.6、宽 1.5、厚 0.8 厘米，重 18.7 克（图 3－85，1；彩版一八，1）。

Ⅱ式：4 件（内 1 件残缺）。长环形。M122∶1，土黄色，玛瑙，硬度 7°。剖面呈椭圆形。孔由单面与顶端侧面斜行对钻穿透，佩戴时可使正面不露孔眼。长 11.4、宽 1.4、厚 0.85 厘米，重 35 克（图 3－85，2；彩版一八，2）。M49∶2，纯乳白色，玛瑙，硬度 7°，剖面呈宽椭圆形。孔由单面与顶端侧面斜行对钻穿透。长 11.7、宽 1.4～1.5、厚 1.2 厘米，重 43.4 克（图 3－85，4；彩版一八，6）。M142∶2，绿色稍泛蓝，含较多墨绿色斑纹，接近透闪石，硬度 5°～6°。两端处宽而薄，中段稍窄，体较扁薄，左端齐直一孔，右端凸弧两孔，均单面钻透。长 12.9、宽 1.2～1.7、厚 0.45 厘米，重 22.9 克（图 3－85，6；彩版一八，4）。M142∶1，浅绿色稍泛灰，含银色晶莹闪点，氟石，硬度 4°～5°。专意分做对称的两节连成一个整体，现存其一节，而并不是残断后的修补品。在一端内外缘侧面纵穿一圆孔，孔旁的顶端和上下（即内外缘）侧面各刻暗槽，另节同此，再用线绳把两节连结，线绳嵌在暗槽内不使外露。这类璜的优点是：可利用较短的材料制作较长的成品；长体中段稍可活动，避免因过长而易折断，同时可使佩戴者稍感灵便。一节长 6.8、宽 1.1～1.2、厚 0.7 厘米，重 9.8 克（图 3－85，8）。

Ⅲ式：2 件（内 1 件残缺）。小型半圆环形。M117∶3，浅绿色稍泛灰，局部含银色晶莹闪点，冻石，硬度 3°。中段窄而稍厚，左右端宽而稍薄，两端部各对钻一圆孔。长 5.8、宽 1～1.3、厚 0.5 厘米，重 14.1 克（图 3－85，7；彩版一八，5）。M198∶1，深绿色，含银色晶莹闪点，氟石，硬度 4°～5°。也是专做两节连成一个整件，唯还另有些特点。若一概按 M142∶1 璜的形式，把完全对称复原的另一节，与现存的一节实物相连接，不能形成半圆状。细察此件，与 M142∶1 等一类用两节连成一件整璜的端部形制和设孔方法均不相同，一是此件的一端既在上下侧面有暗孔、暗槽，又在平面上有两个明孔、明槽，M142∶1 等一类均不另加明孔、明槽；二是此件的暗孔与近端的侧面不相并行，M142∶1 等一类则是互相平行的。故只有使复原的另一节中间接头处，与现存的一节实物互不对称的情况下，才有可能复原成半圆环形的一件整璜。现存一节长 5.2、宽 1.2～1.3、厚 0.5 厘米，重 8 克（图 3－85，5）。

Ⅳ式：1 件（M49∶3）。绿色带灰黄，含银色晶莹闪点，冻石，硬度 3°。整体呈大型半圆环形，由不等长的两节连结成一整件。璜体中部稍窄稍厚，左右端稍宽稍薄。在相接的一端，从侧面纵穿一扁孔，上下侧面刻暗槽。整长 15.2、宽 1.1～1.4、厚 0.45 厘米，重 26 克（图 3－85，9；彩版一八，7）。

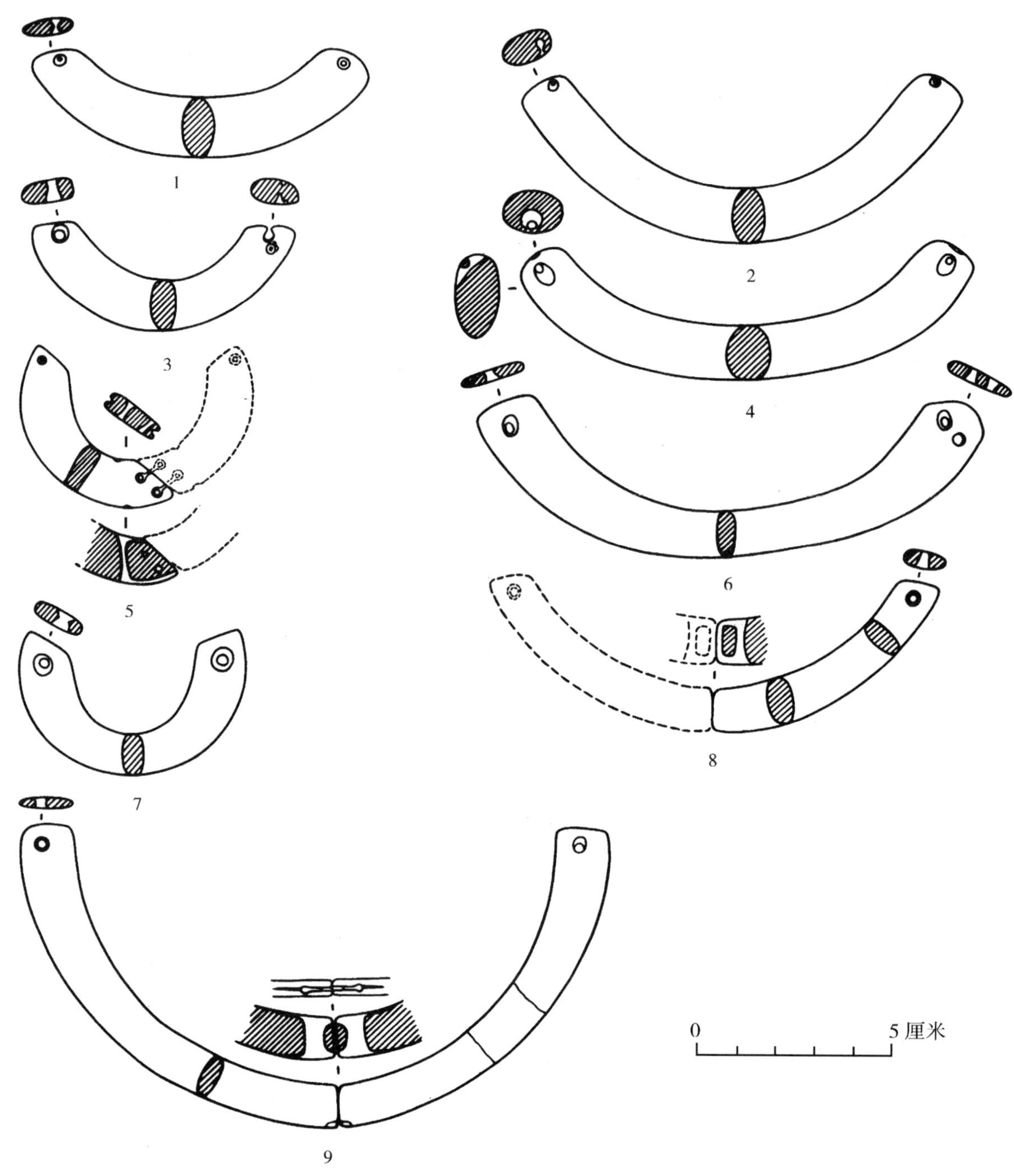

图3－85　玉（石）璜

1. Ⅰ式（M7∶6）　2. Ⅱ式（M122∶1）　3. Ⅰ式（M124∶1）　4. Ⅱ式（M49∶2）　5. Ⅲ式（M198∶1）　6. Ⅱ式（M142∶2）　7. Ⅲ式（M117∶3）　8. Ⅱ式（M142∶1）　9. Ⅳ式（M49∶3）

玉簪　1件（M49∶1）。雪白色，玛瑙，硬度7°。滑润光亮。弯锥形，前有尖端，末端稍薄，剖面呈椭圆形。长6.2、长径0.9厘米，重6.1克（图3－86，2；彩版一七，10）。

骨簪　1件（M149∶1）。磨光。中部残缺。前端钝尖，末端稍扁圆，刻有三圈凹槽。剖面椭圆形。复原长约7.7、长径0.6厘米（图3－86，1）。

陶珠　1件（M238∶2）。泥质黑陶。表面较光滑。凹腰似葫芦形，中穿圆孔。长2.1厘米，重4.7克（图3－86，3）。

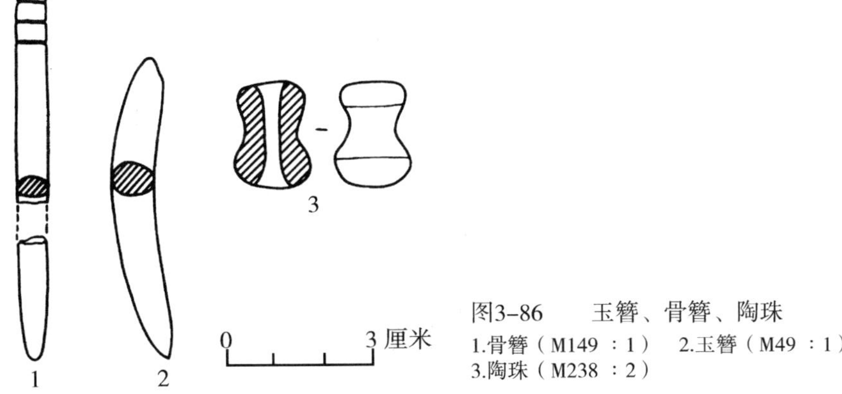

图3-86　玉簪、骨簪、陶珠
1.骨簪（M149：1）　2.玉簪（M49：1）
3.陶珠（M238：2）

四　动物骨骼

共11座墓随葬动物骨骼。主要是家猪下颌骨，出于M2、39、40、48、182、214等6座墓内，共13副2片，每座多则8副（左右片齐全者为1副），少则1片（即半副）。还有象臼齿和小块兽骨（M196）、鹿下颌骨（M163）、獐牙（M7）、动物残肩胛骨（M238）、脊椎骨（M117）等共6件。

第四章　薛家岗文化墓葬

第一节　墓葬综述和分述

一　墓葬综述

薛家岗文化墓葬108座。墓坑一般系长方形竖穴，个别的形状不很规整。现存墓坑口至坑底的深浅不一，保存好的墓坑自深达0.7～1.1米左右，也有好些原始墓口已无存，最明显的例如在耕土层之下即露出人架和器物，极少数的甚至在耕土层未挖尽就已见残留的人骨和器物。墓向0°～46°，约80%的墓在4°～21°之间。填土有深灰色杂土、浅灰色杂土、灰黄色杂土、偏黄色杂土、红褐色杂土等数种。约二分之一的墓填土内还有意夹入少量红烧土渣和炭末或其中的一种，很少数墓掺夹的烧土渣明显地较多。

墓坑、"人架坑"及葬具遗迹现象，可细分为七类：

第一类38座，有M1、5、6、8、13、14、15、20、21、29、30、31、108、109、112、113、118、148、154、160、162、164、167、172、178、180、183、189、191、204～207、210、213、215、223、228，为单一的长方形竖穴土坑。其中M183为挖坑埋瓮棺。

第二类33座，有M19、102、104、110、127、128、137、138、150、151、155、156、157、165、171、175、176、179、184～188、199、209、211、212、216、217、220、221、227、230，为附泥边框坑，在长方形坑边粘附有青膏泥、黄胶泥或棕黄胶泥，保存完整者四边都有，一般泥宽3厘米左右，深数厘米或一二十厘米，少数的泥面延伸到近坑底处。这附泥边框应属一种葬具遗迹，该薄层泥面并不是直接敷抹在坑壁土上的。

第三类19座，有M28、36、103、107、111、114、115、125、135、140、141、159、169、193、194、195、197、208、218，在墓坑填土中发现由青膏泥或黄胶泥或棕黄胶泥围起的长方形边框，边框里外的填土相同，发掘中为保存附泥四周留出熟土二层台遂成"人架坑"形式。这种夹在填土中的规则附泥边框当是涂敷在木质葬具上的遗迹。绝大部分附泥边框都居于墓坑中央，而M140、141、159三座的附泥边框分别紧贴墓坑东北边、东南边和西南边。

第四类，墓坑的南北两边坑壁贴附有青膏泥，填土中间有附青膏泥边框葬具遗迹，人架底下还有炭化木质葬具朽痕，仅M225一例。

第五类，墓坑中间人架坑的南北两端有棕黄胶泥，坑底还有略呈凹弧底的炭化木质葬具痕迹，仅M231一例。

第六类，墓坑很大，填土中间有胶泥围成的大型边框，这同样应是涂敷在木质葬具上的遗迹，就其大小规模和结构而言，这种葬具已属较典型的椁，见于M123和M170，后者的坑底还发现铺垫木板的残迹。

第七类14座，有M3、9、17、18、25、41、42、106、134、143、158、181、222、226，因在距地表很浅处即发现人骨架和随葬物，或经扰动，或难于分清填土与地层土的界限，发掘中未见墓坑边，其原来当与第一类一样也是有墓坑的。

此外，在M103、104、107、110、115、123、127、172、195、223十座墓人骨架底下，发现一二毫米厚的软质草木灰烬，散布面积大小不一，当属入葬前烧燎墓坑的遗存。在M29、194坑内东南角、M191

坑内西南角、M211 的墓主盆骨上，分别放置一自然大石块。

除 M20 外均为单人葬。骨殖普遍酥软，有些已压扁破损。其中，少数墓人骨保存很少，葬式不明。仰身直肢一次葬的 7 座，为 M108、111、112、180、189、211、222。内有二座墓埋放物件的现象较特殊，M180 左胫骨上压一件陶钵，口朝上正放，再别无他物；M211 盆骨上压一近椭圆形的自然大石块，把盆骨全部压盖，还有搓磨石、穿孔石斧残块、陶豆片等分放各处。M108、112 中各有一件石镯依旧套在右下臂骨上。单人仰直式二次葬最为普遍，约占全部薛家岗文化墓葬的 80%，这是骨架大体仿仰身直肢姿势的一种二次葬式。仅 M20 一座为两人二次合葬墓，成人骨架在左（东），儿童骨架在右（西）并列放在成人的中部位置。另有数座墓葬主要因现存人骨较少，难于明确判定葬式，只分别笼统称之为仰身直肢、直肢、二次葬。

值得注意的是有 3 座成人墓主生前曾经拔齿，M151、231 男性为拔除上颌左右侧门齿，M194 女性为拔除上颌左侧门齿。

随葬文化遗物总共 453 件（含葬具 1 件，另有小石料 2 件和 M211 碎片 3 件不计在内），以每墓 1～20 件分属于 107 座墓，平均每墓 4.2 件强。其中，100 座墓每墓随葬文化遗物 1～9 件，共 367 件；7 座墓每墓随葬 10～20 件，共 86 件。此外，无物的墓 1 座。以陶质器皿为大宗（62%），大都放在胫骨腓骨和脚部位置。例如比较稀少的觚形杯，绝大多数在盆骨至脚部之上或其旁侧，都是平卧，口北底南或口东底西，其摆放形式比较醒目。

石器多与陶器混放一起。石器工具中突出的是石钺 17 件和穿孔石斧 9 件，出于 26 座墓中，换言之，一座墓中只随葬一件石钺或穿孔石斧。按拥有者的性别说，出于男性墓的 16 件（钺 10、穿孔斧 6），女性墓的 3 件（钺 2、穿孔斧 1），不明性别墓的 7 件（钺 5、穿孔斧 2）。摆放位置较有定规，除 M172 的石钺竖立在左股骨外侧刃口朝下和 M164 的穿孔石斧平放在右股骨外侧刃口朝南的两件以外，其他都是横平放刃口朝东或朝西，绝大多数是横放在右或左边的盆骨至胫骨部位，其中主要是在股骨处，另有 3 件是横放在右或左边肱骨处的。具体地说，在右股骨处刃口朝里（东）的有 M181、231 的石钺和 M36、104、108、193 的穿孔石斧，在右股骨处刃口朝外（西）的有 M143、206、223 的石钺和 M189 的穿孔石斧，在右盆骨处刃口朝外的 M31 的石钺，在右胫骨处刃口朝里的 M150 穿孔石斧，在右胫骨处刃口朝外的 M20 石钺，在右肱骨处刃口朝里的有 M107、184 的石钺，在左股骨处刃口朝里（西）的有 M3、118、151 的石钺和 M135 的穿孔石斧，在左股骨处刃口朝外（东）的 M113 石钺，在左盆骨处刃口朝里的 M123 石钺，在左肱骨处刃口朝里的 M178 石钺，还有在两股骨之南端刃口朝东的 M210 石钺，在脚下方刃口朝西的 M25 穿孔石斧。其中 M123、151 的石钺出土时粘附有少量朱红颜色。除石钺、穿孔石斧之外的磨刃石器工具还有斧、锛、有段锛、凿、多孔刀、镞六种合计 40 件，分属于 30 座墓，内男性墓 16 座 21 件，女性墓 2 座 2 件（均为锛），不明性别的墓 12 座 17 件。加上石钺、穿孔石斧共八种磨刃石器工具总数 66 件，出土于 47 座墓，内男性墓 28 座 38 件，女性墓 5 座 5 件（钺 2、穿孔斧 1、锛 2），不明性别的墓 14 座 23 件。无论是一种器形还是全部八种磨刃石器工具，都是男性随葬的数量明显多于女性。

陶纺轮 33 件出于 29 座墓，除 M28、138、194、217 各有 2 件外，余均一墓一件。女性墓 16 座 17 件，男性墓 7 座 9 件，不明性别墓 6 座 7 件。出土位置主要在两下肢骨之间及其外侧。

佩戴玉石玦者成年女性显著多于成年男性。M102、141、199、218 每墓一件玦均在头骨右侧；有 3 座墓各随葬 2 件，M28 的出在头骨下和右侧，M123 的同在头骨西南方，M162 的同在头骨左侧；M231 出土 3 件；M112 出土 4 件均在人颅骨之下。佩戴玉石璜者成年女性和儿童较多于成年男性。个别墓内的璜远离上身，如 M108 一件玉璜移至右股骨里侧，除此之外，基本上都出在颌骨下方至胸部位置，多为一墓随葬一件。还有二座墓各有 2 件同在一起，较小件 M156∶2 在前，较大件 M156∶1 在后；长环形 M227∶1 在前，半璧形 M227∶2 在后。其中，M123、141 死者同时佩戴玦和璜。石、陶镯也为成年男女所共用都戴在下臂，一般是一人一件，其在左或右与性别之间没有定规，个别的是左右各戴一件。M108、112 的右下臂各套一件石镯，M227 左尺骨桡骨上套一件陶镯，M143 的陶镯压在右下臂骨之上（未套在其中），M216 是左、右下臂骨各套一件不同形式的石镯。

还有较突出的是存在用动物局部骨骼随葬和以整只猪狗殉葬的现象。主要是随葬家猪下颌骨，有 29

座墓，占薛家岗文化全部墓葬的约27%，共出土猪下颌骨130整副和116片（若以两片合为一副统计可折合为188整副）。按墓主性别论，男性墓11座共有猪下颌骨31副62片，女性墓9座共有78副49片，性别不明者（含儿童）9座共有21副5片。猪下颌骨所在位置普遍是在墓坑的南端，或在墓坑南边与人架坑之间的空隙中，少部分的放在人下肢骨至脚部处或其左右，还有数座墓里很少的猪下颌骨被垫压在人头骨之下（M125、138）或在人头骨的近旁（M204、206）。埋放猪下颌骨一般与人架基本在同一平面，其中包括了有部分紧压在单件人骨上的，而M125的大部分和M171的一副猪下颌骨明显在低于人胫骨腓骨之下的垫土层内，M218、225的猪下颌骨则是放在南端填土中的。较特殊的是M221男性墓不用猪下颌骨而有完整乳猪骨架一具和小狗骨架三具。另有M156、170也无猪下颌骨而随葬了其他兽骨。

二　墓葬分述

现选取68座墓葬分述如下。

M1　窄长方形竖穴土坑。耕土层下即发现此墓，局部被扰动。墓坑长约190厘米，宽45厘米，底距地面深33厘米。方向23°。填土灰黄色杂土。人头骨在北已压扁，面向西（右），右股骨头方向相反，部分人骨缺失。系仰直式二次葬。成年。随葬器物6件：颈部处B型Ⅳ式石锛、B型Ⅱ式凿，脚后处C型Ⅷ式锛、Ⅱ式附盖釜形鼎、Ⅲ式圈足壶、Ⅲ式杯（图4－1）。

M5　长方形竖穴土坑。墓坑长230厘米，宽77～82厘米（坑中部最窄），口距地面深25厘米，底距地面深43厘米。方向10°。填土深灰色杂土。人头骨在北已残碎，仅存枕骨，盆骨移位，下臂骨被压在股骨下。系仰直式二次葬。成年。随葬器物5件：有A型Ⅰ式钵、B型Ⅰ式折敛口钵形豆、B型Ⅰ式附盖盆形鼎、C型Ⅳ式石凿、砺石。石凿放在砺石上，两者均被扣压在陶钵之下。南端散放猪下颌骨3副（图4－2；图版六六，1）。

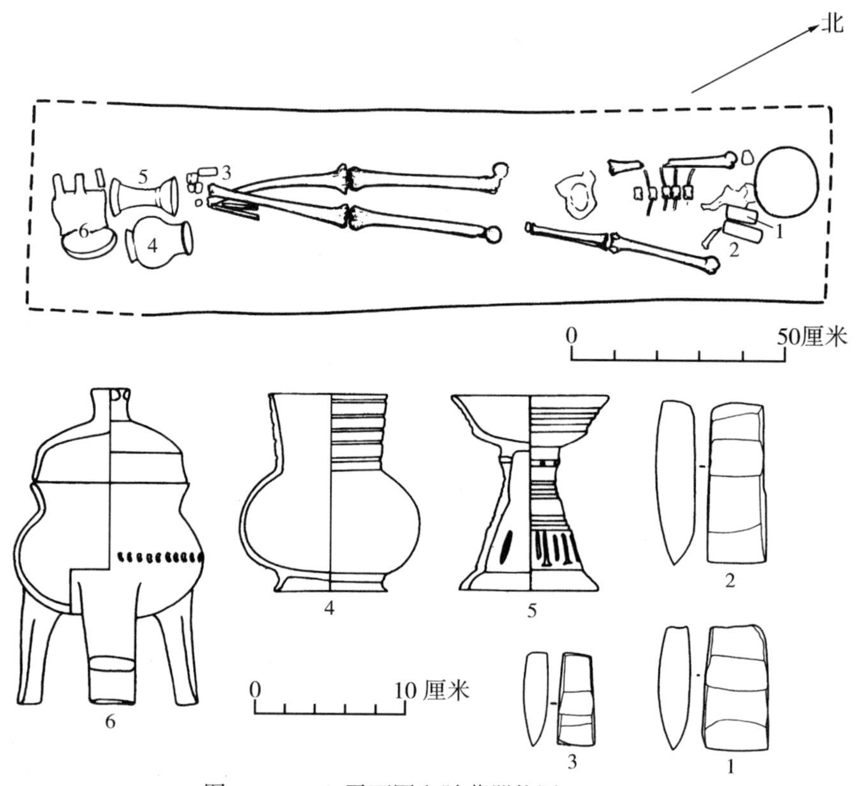

图4－1　M1平面图和随葬器物图

1.BⅣ式锛　2.BⅡ式凿　3.CⅧ式锛　4.Ⅲ式圈足壶　5.Ⅲ式杯　6.Ⅱ式附盖釜形鼎

M6　长方形竖穴土坑。墓坑长240厘米，宽73厘米，口距地面深25厘米，底距地面深41厘米。方向10°。填土深灰色杂土。人头骨在北歪扭，面向南，下颌骨在西（右），两股骨头都向右。系仰直式二次葬。成年。随葬器物2件：为Ⅳ式附盖罐形鼎、Ⅱ式搓磨石（图4－3）。

M8　长方形竖穴土坑。墓坑南端被扰动，估计长约160厘米，宽77厘米，底距地面深28厘米，方向18°。填土灰黄色杂土。人头骨在北已压扁，面向西，人骨有缺失，存在错位现象，两股骨头方向一致併靠一起，两腓骨同在左侧一边。系仰直式二次葬。成年。随葬器物5件：头顶处有Ⅱ式残弧敛口钵形豆，腹部放B型Ⅰ式附盖觚形杯，下肢骨处有Ⅱ式附盖残罐形鼎、B型Ⅰ式石凿、D型Ⅴ型残折敛口钵形豆（图4－4）。

M13　长方形竖穴土坑。墓坑长210厘米，宽65（北）～57（南）厘米，口距地面深25厘米，底距地面深55厘米。方向0°。填上浅灰色杂土。人头骨在北已碎，面部无存，两肱骨都在右边，盆骨错位，两股骨头方向相反。系仰直式二次葬。成年。随葬陶器3件：有Ⅱ式附盖残罐形鼎、A型Ⅲ式觚形杯、D型Ⅴ式折敛口钵形豆。脚后有猪下颌骨1副（图4－5；图版六六，2）。

M20　长方形竖穴土坑。耕土层下即露出人骨和器物，北端被扰严重。墓坑全长不明，宽83厘米，底距地面深28厘米。方向31°。填土深灰色杂土。有两具人骨，骨质均酥软。成人骨架主要存留腹部以下部分，骨骼明显粗壮，右股骨头方向相反，系仰直式二次葬。其右侧有一儿童骨架，头骨在北，肋骨等不整齐。随葬器物3件：为Ⅱ式陶觯、B型Ⅱ式石钺、C型Ⅱ式锛，均置成人足部处（图4－6）。

M28　长方形竖穴土坑。墓坑长178厘米，宽62～59厘米，口距地面深24厘米，底距地面深48厘米。人架坑长169厘米，宽54～51厘米，其口、底距地面深度同墓坑，四边一周有青膏泥条，宽3～6厘

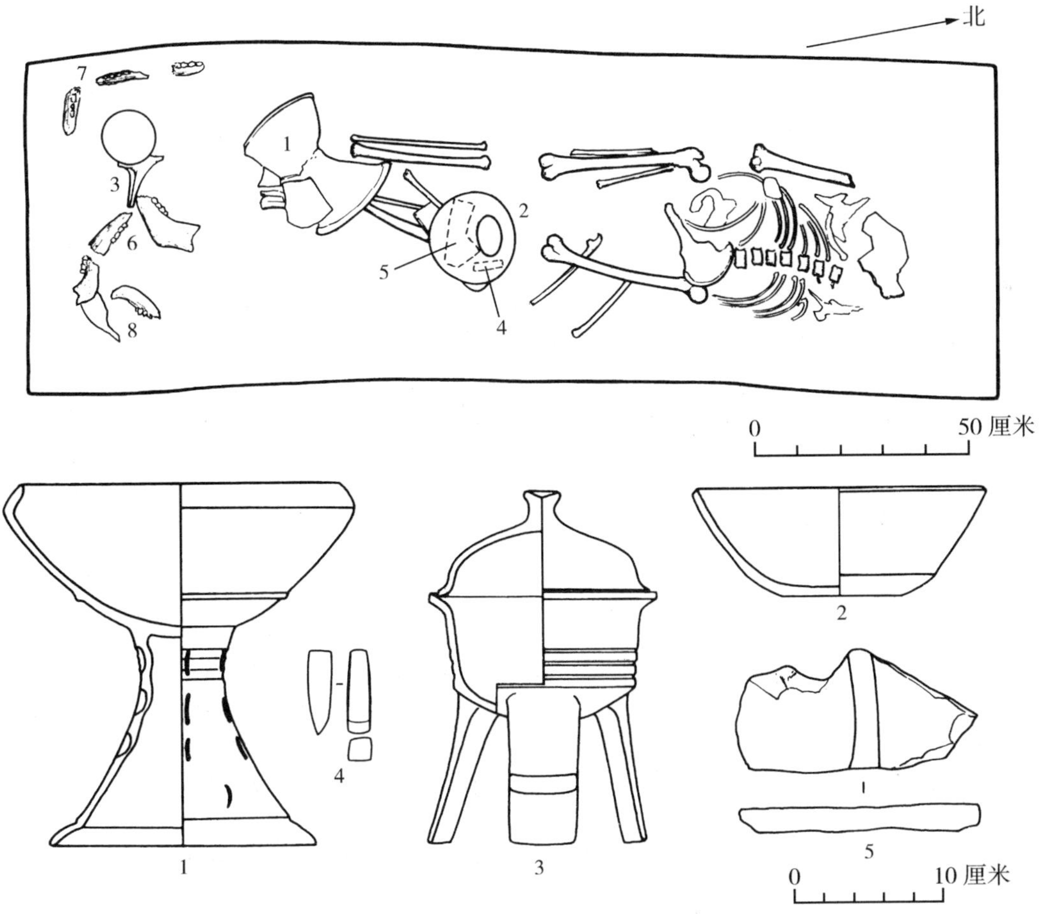

图4－2　M5平面图和随葬器物图

1. BⅠ式折敛口钵形豆　2. AⅠ式钵　3. BⅠ式附盖盆形鼎　4. CⅣ式凿　5. 砺石　6～8. 猪下颌骨3副

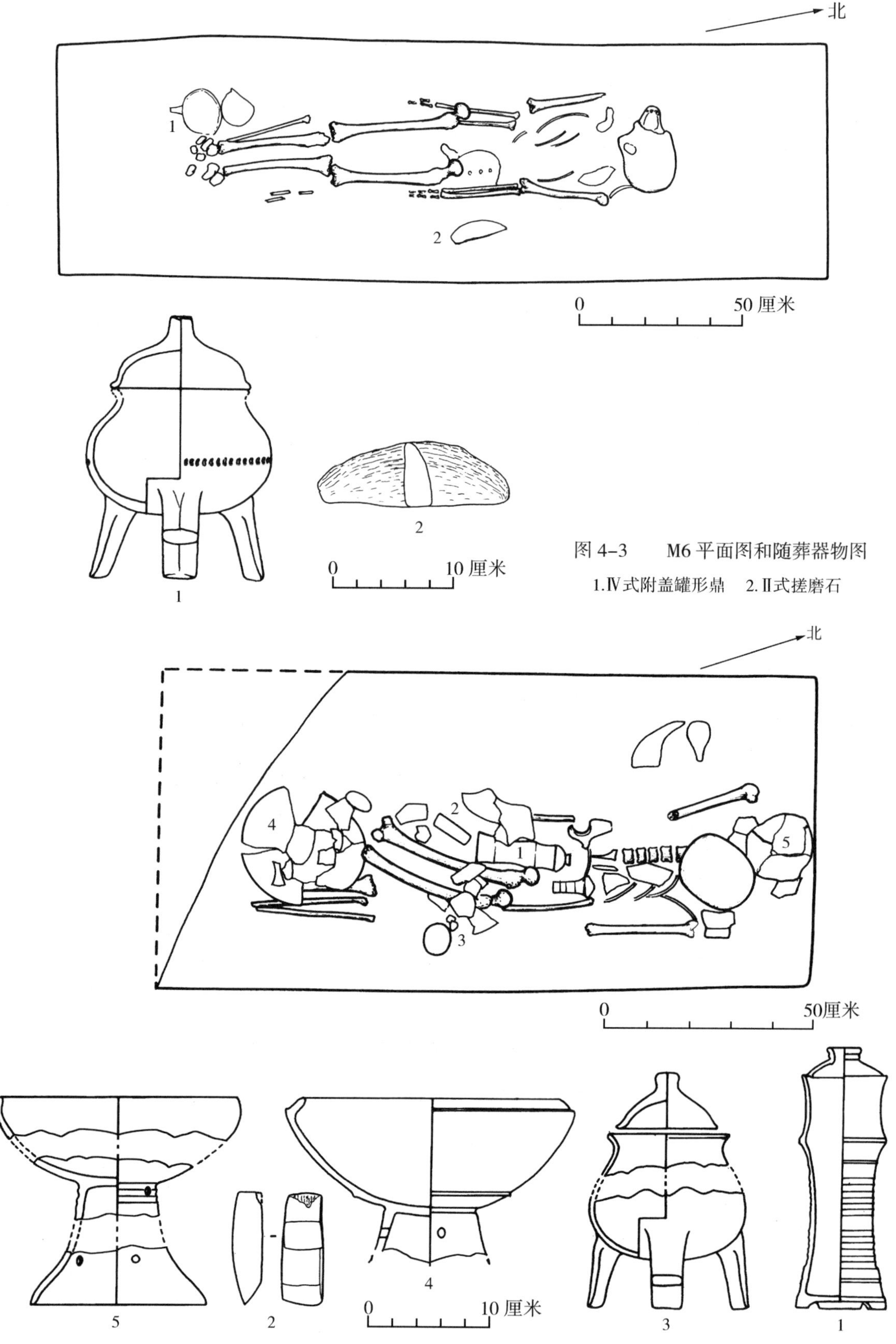

图 4-3 M6 平面图和随葬器物图

1.Ⅳ式附盖罐形鼎 2.Ⅱ式搓磨石

图 4－4 M8 平面图和随葬器物图

1. BⅠ式附盖觚形杯 2. BⅠ式石凿 3. Ⅱ式附盖残罐形鼎 4. DⅤ式残折敛口钵形豆 5. Ⅱ式残弧敛口钵形豆

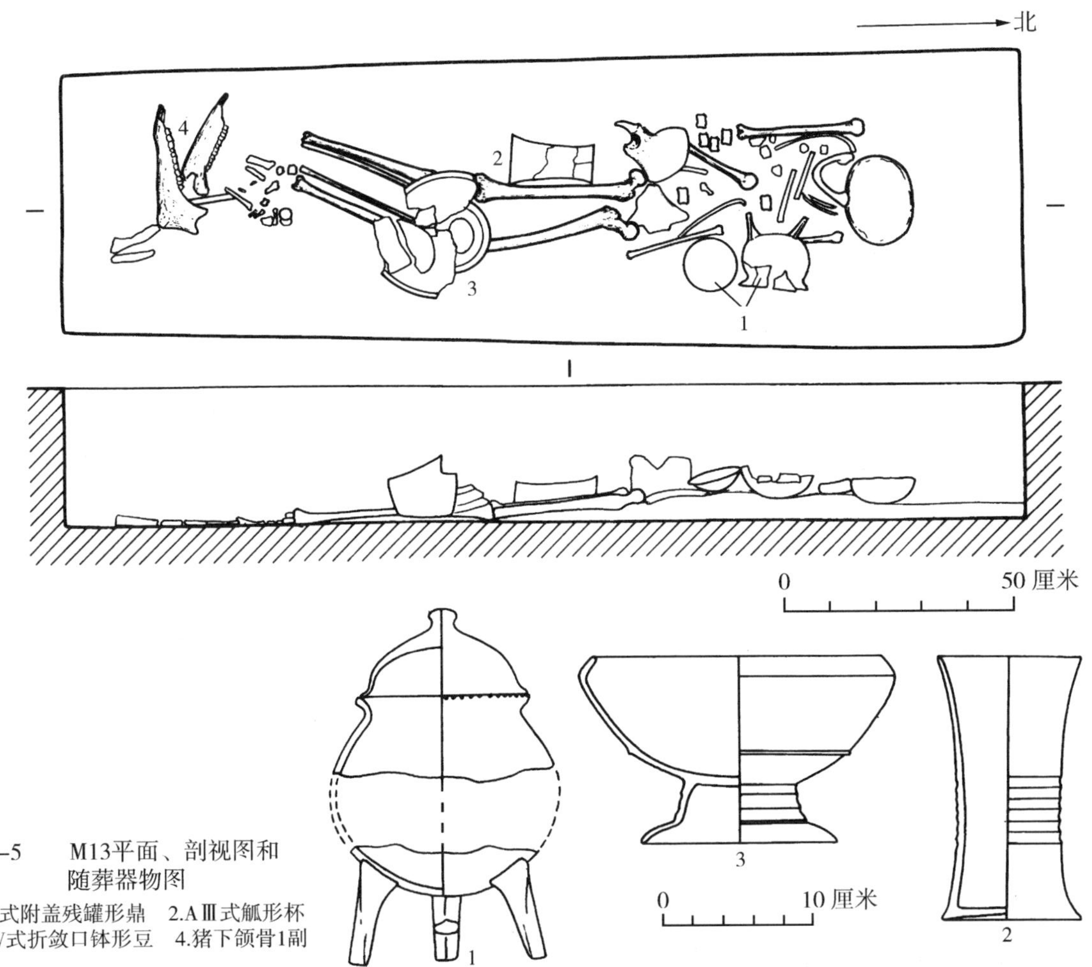

图4-5　M13平面、剖视图和随葬器物图
1.Ⅱ式附盖残罐形鼎　2.AⅢ式觚形杯　3.DV式折敛口钵形豆　4.猪下颌骨1副

米，下延最深的有10厘米。此青膏泥长方形框应属敷抹在原木质葬具外壁上的遗迹。方向11°。填土灰黄色杂土。人头骨在北，面向上，主要存留头骨和几根肢骨。系仰直式二次葬。成年。随葬器物8件：头骨下和右下方各有1件Ⅰ式玉玦，脚部处有A型Ⅲ式陶纺轮（2件）、圆石砧、A型Ⅶ式平底壶、Ⅰ式罐形鼎、D型Ⅵ式折敛口钵形豆（图4-8）。

M29　窄长方形竖穴土坑。墓坑长220厘米，宽76厘米，口距地面深28厘米，底距地面深46厘米。方向12°。填土灰黄色杂土。人头骨在北已破损，面向东（左），盆骨上移距头骨已很近，两股骨交叉，两胫骨腓骨靠在一起。系仰直式二次葬。成年。随葬器物12件：头部有穿孔玉坠、玉片饰、Ⅴ式玉璜、B型Ⅷ式鬶、B型Ⅲ式陶纺轮，中部有A型Ⅴ式钵、B型Ⅱ式折敛口钵形豆、Ⅲ式盆形豆、B型Ⅱ式平底壶，脚部有Ⅲ式大口矮领罐、B型Ⅴ式折敛口钵形豆、B型Ⅱ式盆形鼎（部分鼎片在头部）。另在坑底东南角放一自然大石块，长·宽·厚分别为31×13×15厘米（图4-7；图版六六，3）。

M102　近长梯形竖穴土坑。附泥边框坑长149厘米，宽55（北）~60（南）厘米，口距地面深23厘米，底距地面深42厘米。四边有青膏泥，宽1~2厘米，下延深6~10厘米。方向4°。填土灰黄色杂土夹少量炭末。人头骨在北已扁碎，头骨下枕有肋骨，下颌骨移至头颅东北角，左肱骨移至头颅左侧。系仰直式二次葬。未成年。随葬器物2件：为Ⅰ式玦（原物已破分置两处）、D型Ⅹ式附盖折敛口钵形豆（图4-9）。

M103　长方形竖穴土坑。墓坑长253厘米，宽132厘米，口距地面深25厘米，坑中部底距地面深84厘米。人架坑长231厘米，宽64厘米，口距地面深46厘米，四边有黄胶泥，条宽2~4厘米，自深直到坑底。坑底北高南低稍呈坡状，高差约17厘米。人架坑底面北部有很薄层的草木灰。方向18°。填土，墓坑、人架坑均填灰黄色杂土。骨殖均酥软，人头骨在北，盆骨移至胸部处，两髋骨间压有肢骨残段，数

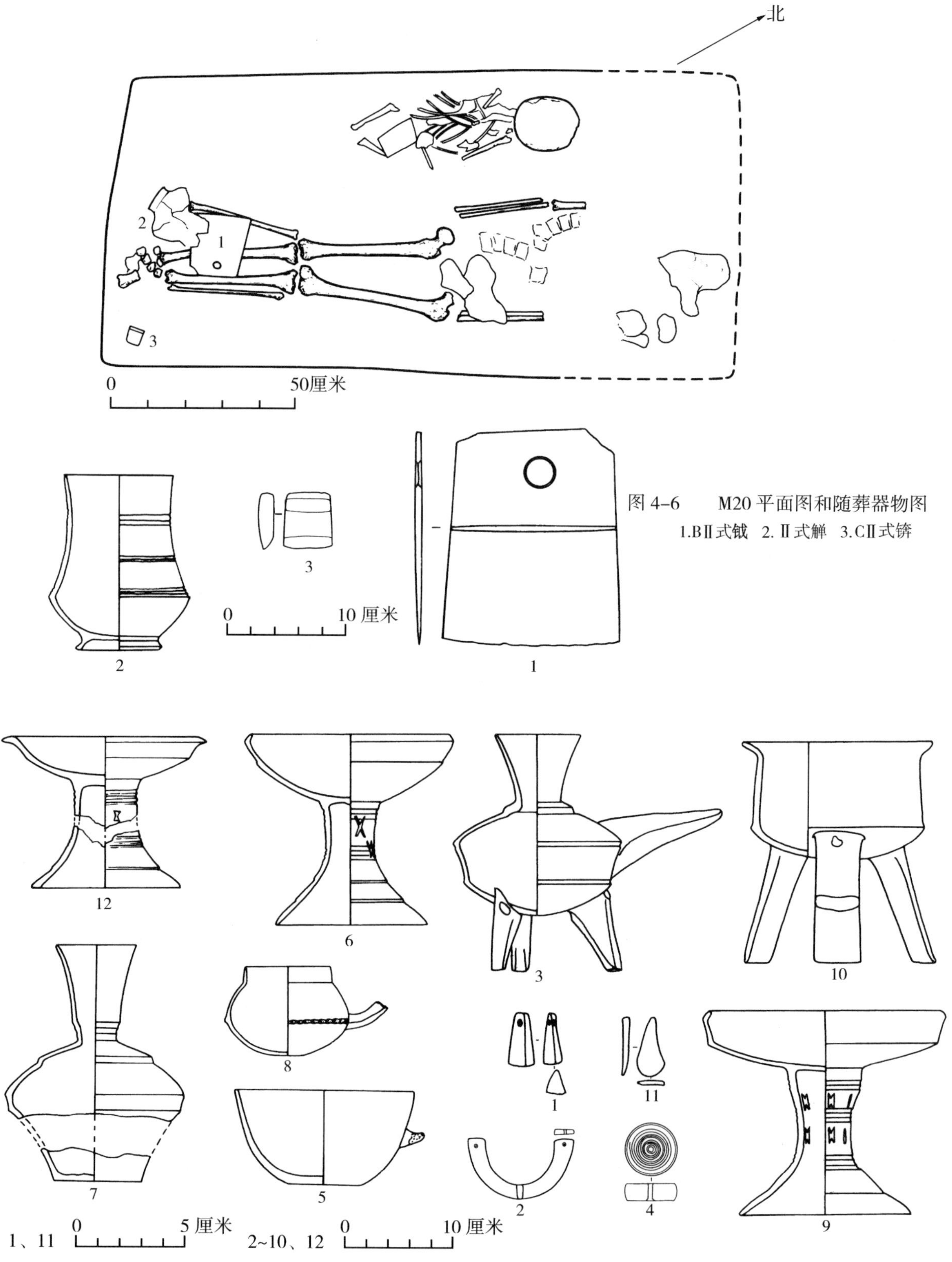

图4-6 M20平面图和随葬器物图
1.BⅡ式钺 2. Ⅱ式觯 3.CⅡ式锛

图4－7 M29平面图（见右）和随葬器物图
1. 玉坠 2. Ⅴ式璜 3. BⅧ式鬶 4. BⅢ式陶纺轮 5. AⅤ式钵 6. BⅡ式折敛口钵形豆 7. BⅡ式平底壶 8. Ⅲ式大口矮领罐 9. BⅤ式折敛口钵形豆 10. BⅡ式盆形鼎 11. 玉片饰 12. Ⅲ式盆形豆 13. 自然石块

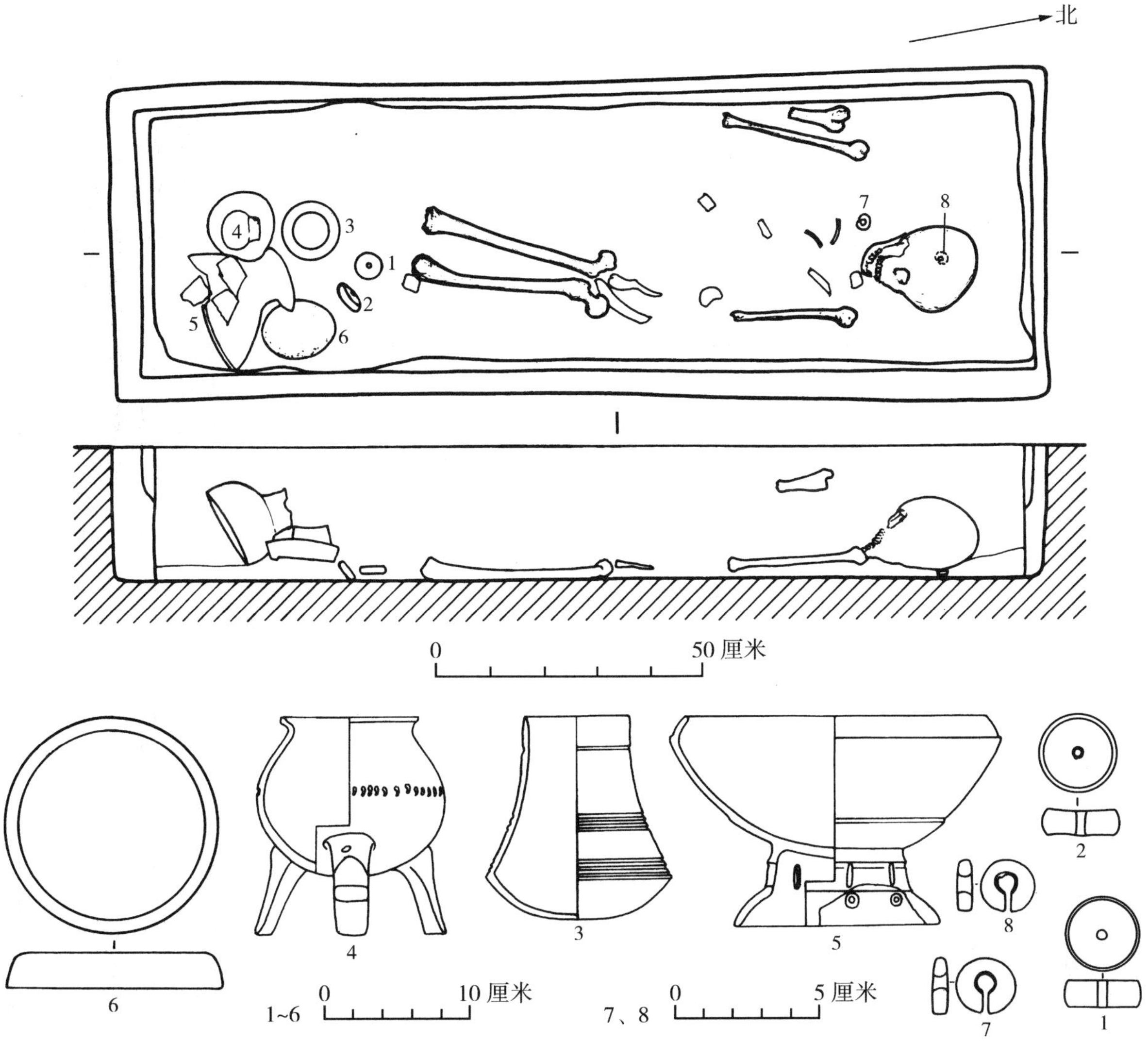

北
0
50厘米
0
10厘米
1~6
0
5厘米
7、8

图4－8　　M28平面、剖视图和随葬器物图

1. AⅢ式陶纺轮　2. AⅢ式陶纺轮　3. AⅦ式平底壶　4. Ⅰ式罐形鼎　5. DⅥ式折敛口钵形豆　6. 圆石砧　7. Ⅰ式玦　8. Ⅰ式玦

北
0
50厘米

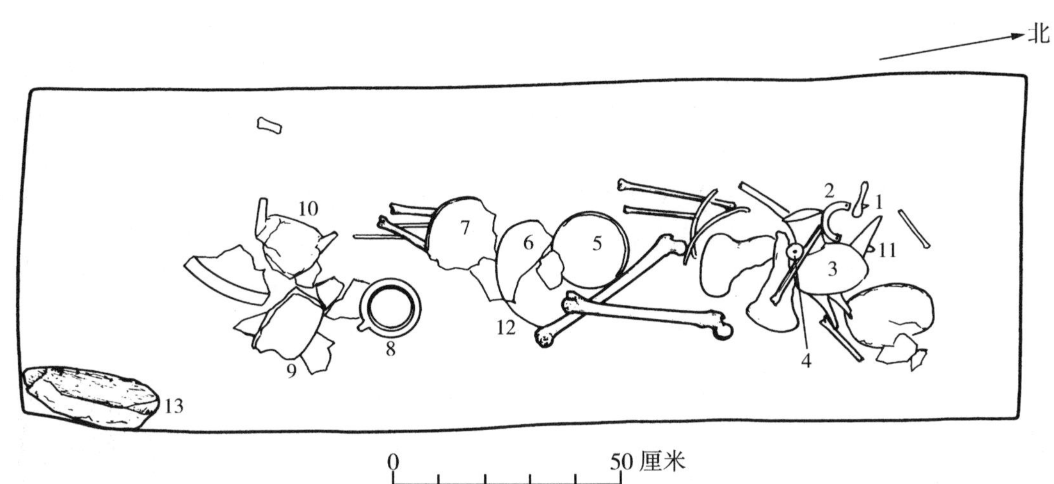

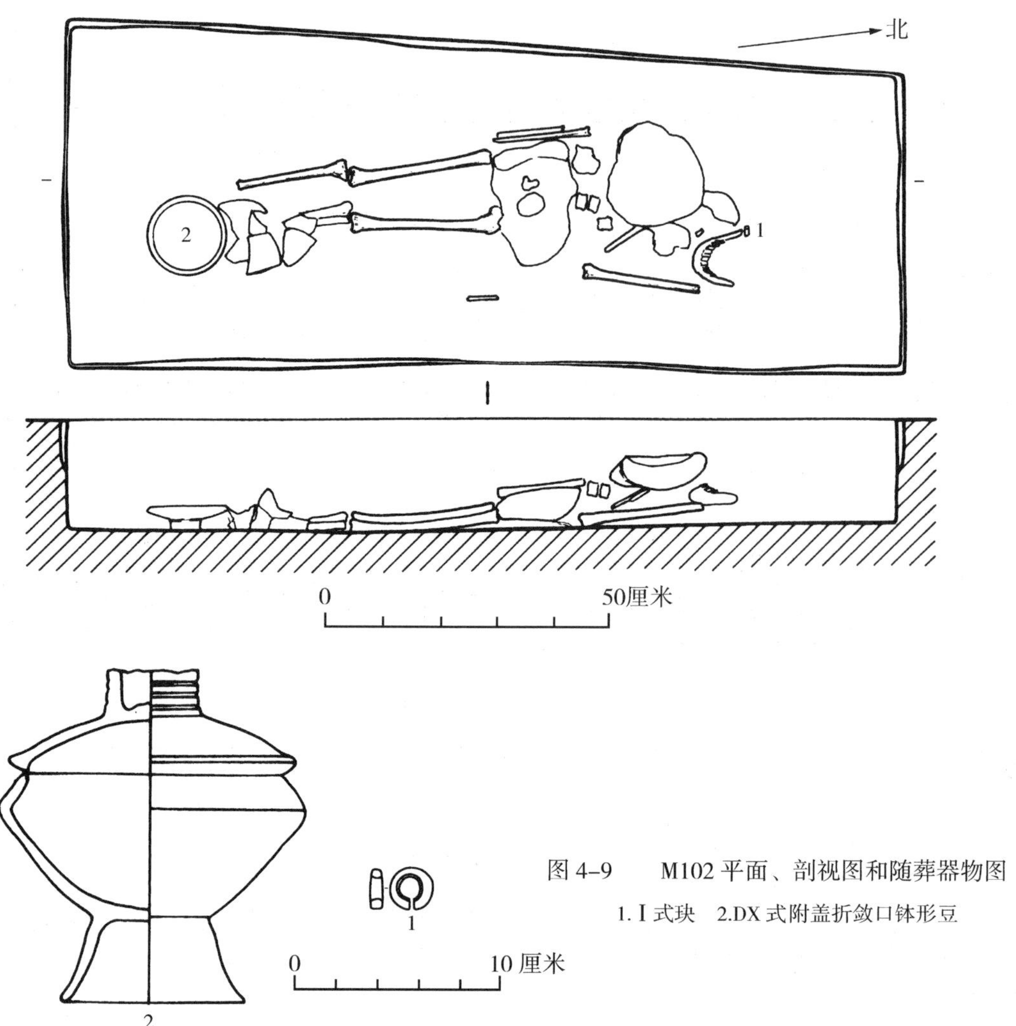

图4–9　M102平面、剖视图和随葬器物图

1. Ⅰ式玦　2.DX式附盖折敛口钵形豆

根上下肢骨平行放置，下颌骨高出头骨约10厘米已分离并压变形。系仰直式二次葬。男，25～30岁。随葬陶器2件：为A型Ⅴ式折敛口钵形豆、Ⅲ式圈足罐（图4－10；图版六六，4）。

M107　长方形竖穴土坑，稍被扰动。墓坑长241厘米，宽80厘米，现存口距地面深17厘米，底距地面深48厘米。人架坑长190厘米，宽57厘米，两坑面存口部同时显露，四边存黄胶泥，条宽一般2厘米，自深24～28厘米。坑底面北半部有很薄层的草木灰，再在其上及全坑底普遍垫有5厘米左右的黄色土。方向20°。两坑内填土均灰黄色杂土夹有红烧土渣。骨殖酥软，人头骨在北已压扁，上肢骨移位。系仰直式二次葬。成年。随葬器物5件：为C型Ⅲ式石钺、B型Ⅳ式陶纺轮、砺石（2件）、D型Ⅶ式折敛口钵形豆（图4－11）。

M108　窄长方形竖穴土坑。墓坑长212厘米，宽53厘米，口距地面深24厘米，底距地面深46厘米。方向15°。填土灰黄色杂土夹有红烧土渣。人头骨在北已压扁，面向西，骨架形态保存较好，骨骼部位正常。系仰身直肢一次葬。女，22～24岁。随葬器物7件：右腕套戴Ⅱ式石镯，Ⅲ式穿孔石斧横置被压在右股骨下，其北侧为Ⅴ式玉璜，南端有B型Ⅵ式鬶、A型Ⅵ式折敛口钵形豆、A型Ⅰ式附盖盆形鼎、B型Ⅱ式钵（图4－12；图版六七，1）。

M109　长方形竖穴土坑。南坑边不清，长估约155厘米，宽76厘米，现存口距地面深38厘米，底距地面深48厘米。方向13°。填土红褐色杂土。人头骨在北，肋骨脊椎骨缺失，上下肢骨也不全且明显错位，骨架较小和骨壁薄。系仰直式二次葬。未成年少年。随葬器物2件：为Ⅴ式玉璜、Ⅰ式杯。还随葬猪下颌骨5副、3片（图4－13）。

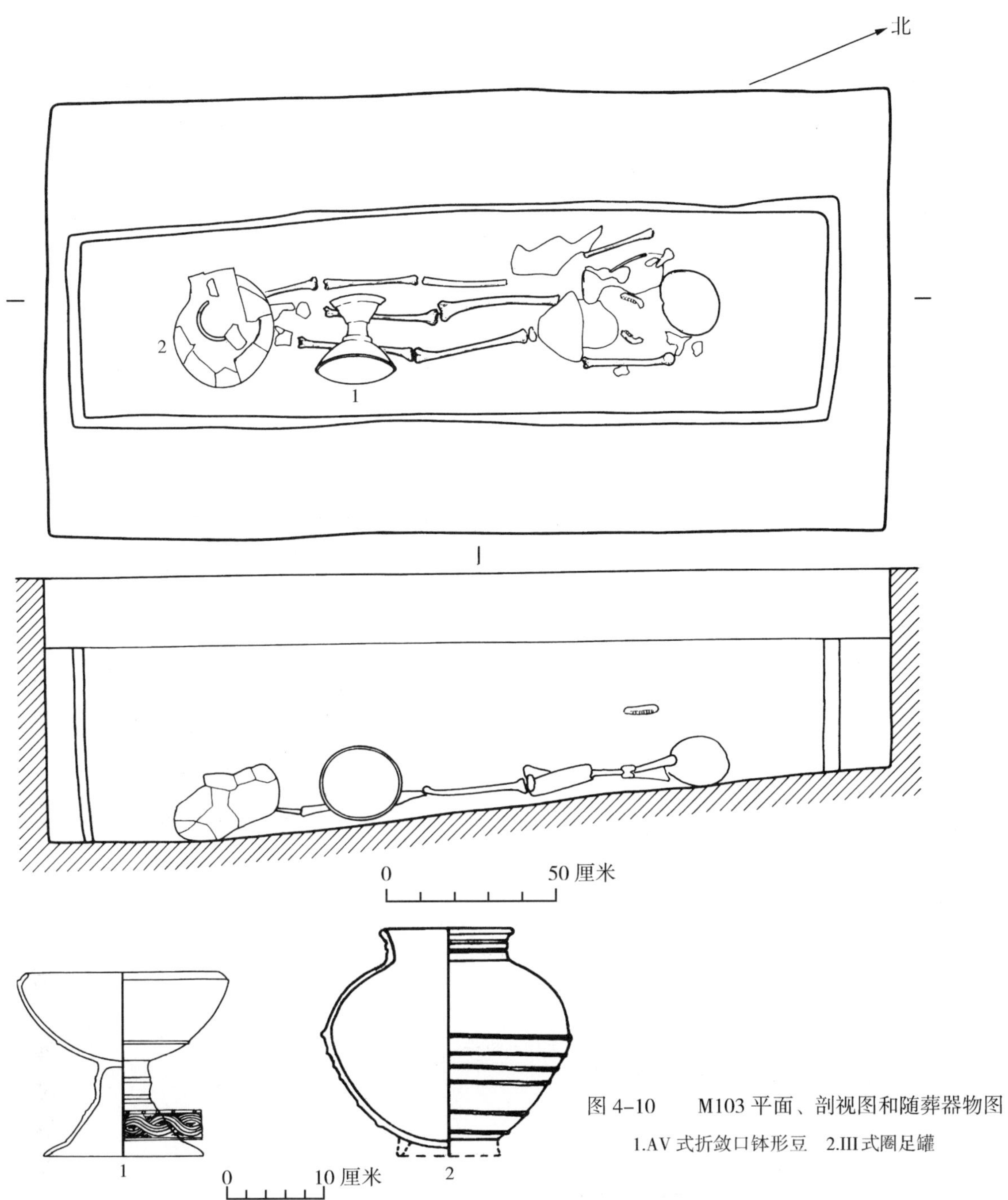

图 4-10　M103 平面、剖视图和随葬器物图
1.AV 式折敛口钵形豆　2.III 式圈足罐

M110　长方形竖穴土坑。附泥边框坑长 156 厘米，宽 52 厘米，口距地面深 25 厘米，底距地面深 53 厘米。四边均粘附黄胶泥，东、西两边黄胶泥宽 5～7 厘米，南、北两边黄胶泥宽 15～20 厘米，自深 22 厘米，头骨和部分趾骨还被黄胶泥覆盖。坑底有很薄层的草木灰，其上再有约 5 厘米的垫土。方向 12°。填土灰黄色杂土夹少量烧土渣。人头骨在北已碎，面向西，上身骨骼保存极差，部分为粘附土上的痕迹。系仰直式二次葬。可能女性（?），似未成年。随葬陶器 2 件：为 D 型Ⅲ式折敛口钵形豆、A 型Ⅲ式陶纺轮（图 4－14；图版六七，2）。

M111　长方形竖穴土坑。墓坑长 236 厘米，宽 99（北）～95（南）厘米，现存口距地面深 20 厘米，底距地面 38 厘米。人架坑长 193 厘米，宽 65～60 厘米，现两坑口同时显露。人架坑四周有青膏泥，东边青膏泥保存极少，宽 3～4 厘米，自深 2.5 厘米；西边青膏泥宽 4 厘米，自深 2.5～4 厘米；南、北边青膏泥较宽，一般为 6～8 厘米，自深 9～10 厘米。方向 2°。墓坑、人架坑填土均浅灰色杂土夹红烧土渣和炭

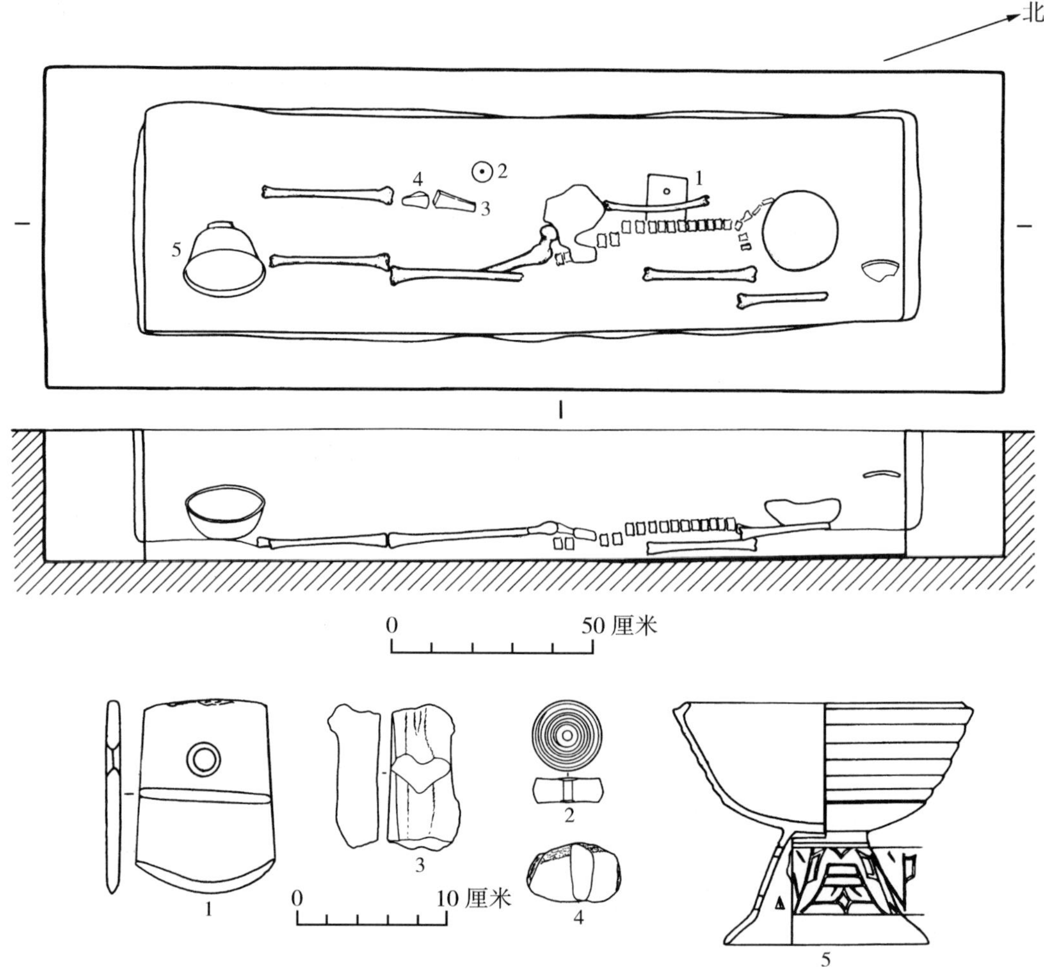

图 4－11　　M107 平面、剖视图和随葬器物图

1. CⅢ式石钺　2. BⅣ式陶纺轮　3. 砺石　4. 砺石　5. DⅦ式折敛口钵形豆

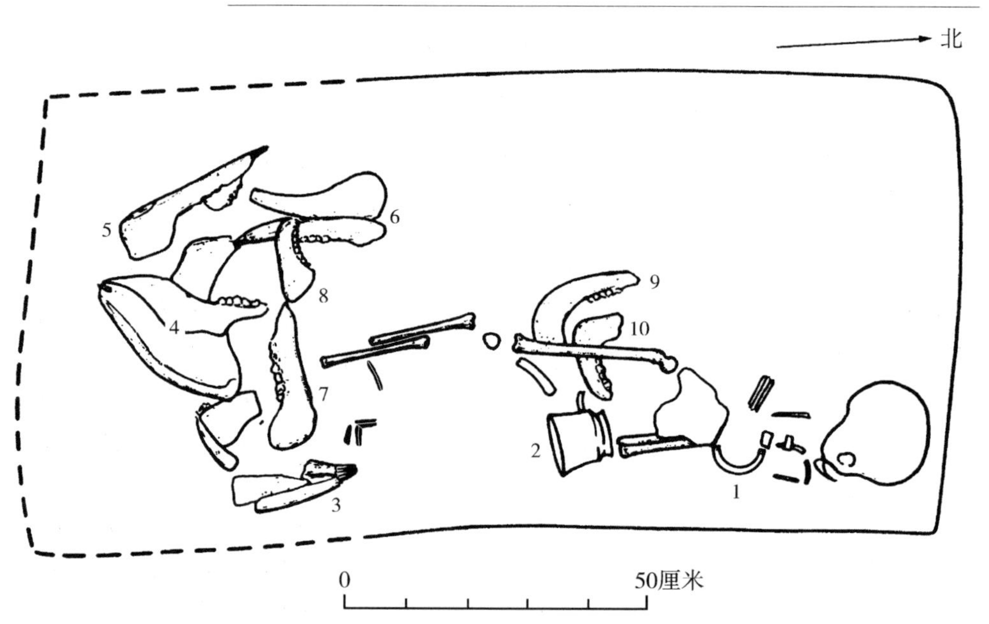

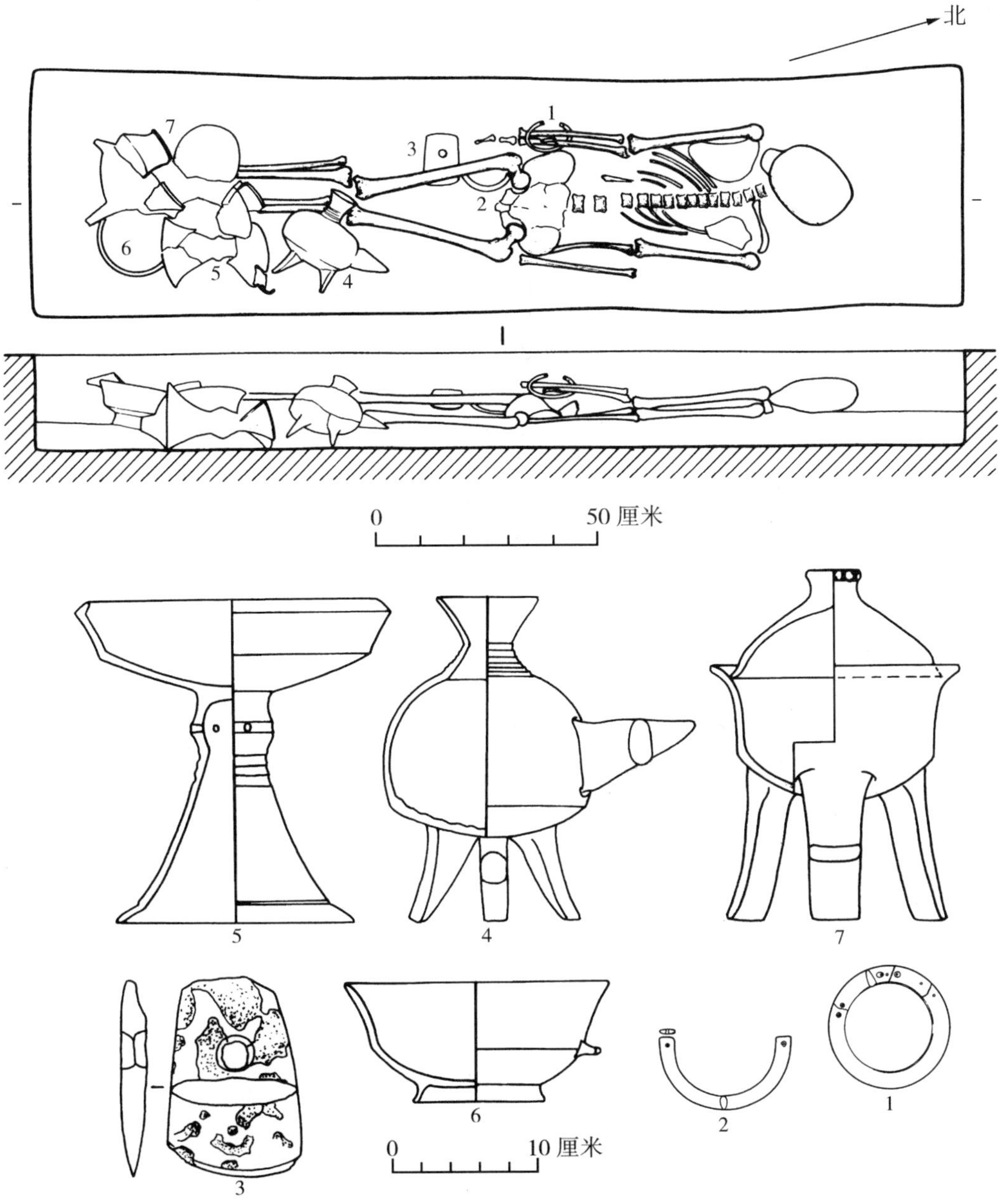

图 4－12　M108 平面、剖视图和随葬器物图

1. 石镯　2. V 式璜　3. Ⅲ式穿石斧　4. BⅥ式鬶　5. AⅥ式折敛口钵形豆　6. BⅡ式钵　7. AⅠ式附盖盆形鼎

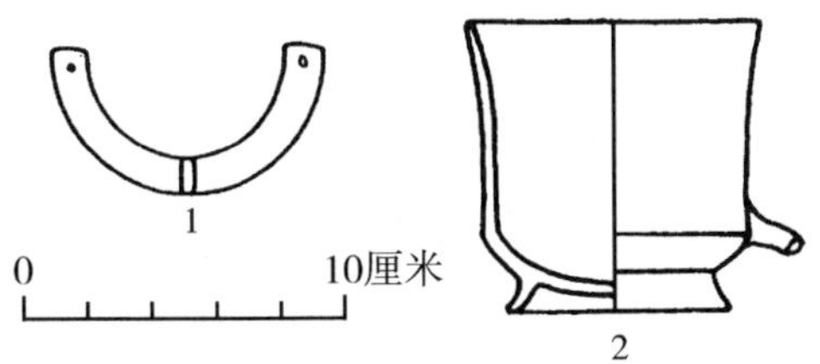

4－13　M109 平面图（见左）和随葬器物图

1. V式璜　2. Ⅰ式杯　3～6、8. 猪下颌骨 5 副

7、9、10. 猪下颌骨 3 片

末。人骨骼较酥软不能整取，头骨仅留粘附泥上的朽骨范围，其他体骨基本都能剔出，骨架形态和部位正常。系仰身直肢一次葬。成年。随葬陶器2件：为A型Ⅲ式折敛口钵形豆、Ⅵ式罐形鼎。还有猪下颌骨2副（图4－15；图版六七，3）。

M112 长方形竖穴土坑。墓坑长233厘米，宽85厘米，现存口距地面深20厘米，底距地面深38厘

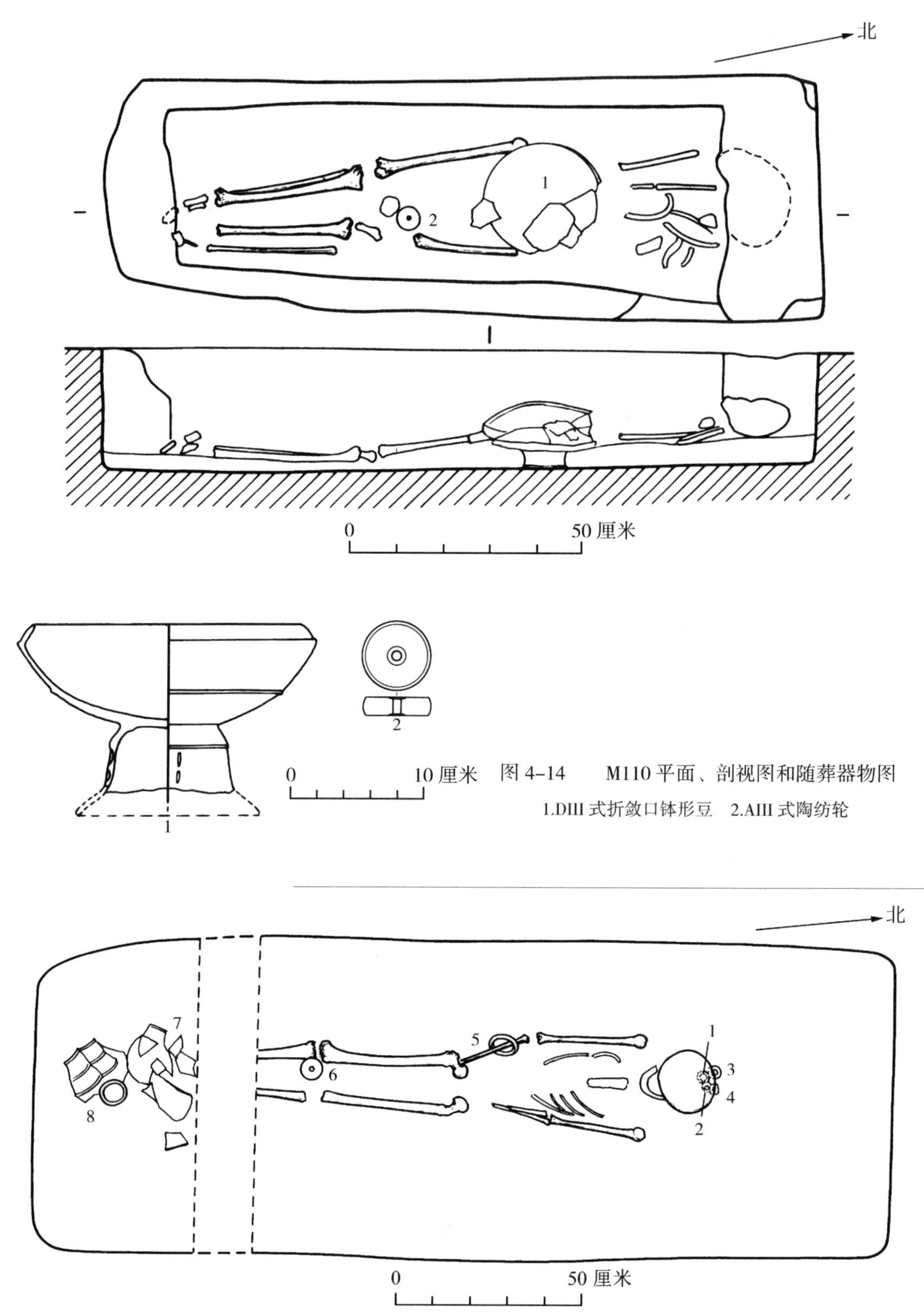

图4-14 M110平面、剖视图和随葬器物图

1.DIII式折敛口钵形豆 2.AIII式陶纺轮

米。方向7°。填土浅灰色杂土。人头骨在北仅见朽骨圆形范围，一部分骨殖酥软，大部分为粘附泥上的朽骨痕迹，骨架基本形态和部位正常，胫骨腓骨下段因现代开小水沟被挖去。系仰身直肢一次葬。成年。随葬器物8件：玉玦4件在人头部，Ⅱ式和Ⅶ式的2件在顶部稍外露，Ⅰ式和Ⅵ式的2件被压在顶骨下；石镯套在右尺骨上（桡骨已朽没）；还有A型Ⅲ式陶纺轮、D型Ⅷ式折敛口钵形豆、Ⅰ式觯（图4－16；图版六七，4）。

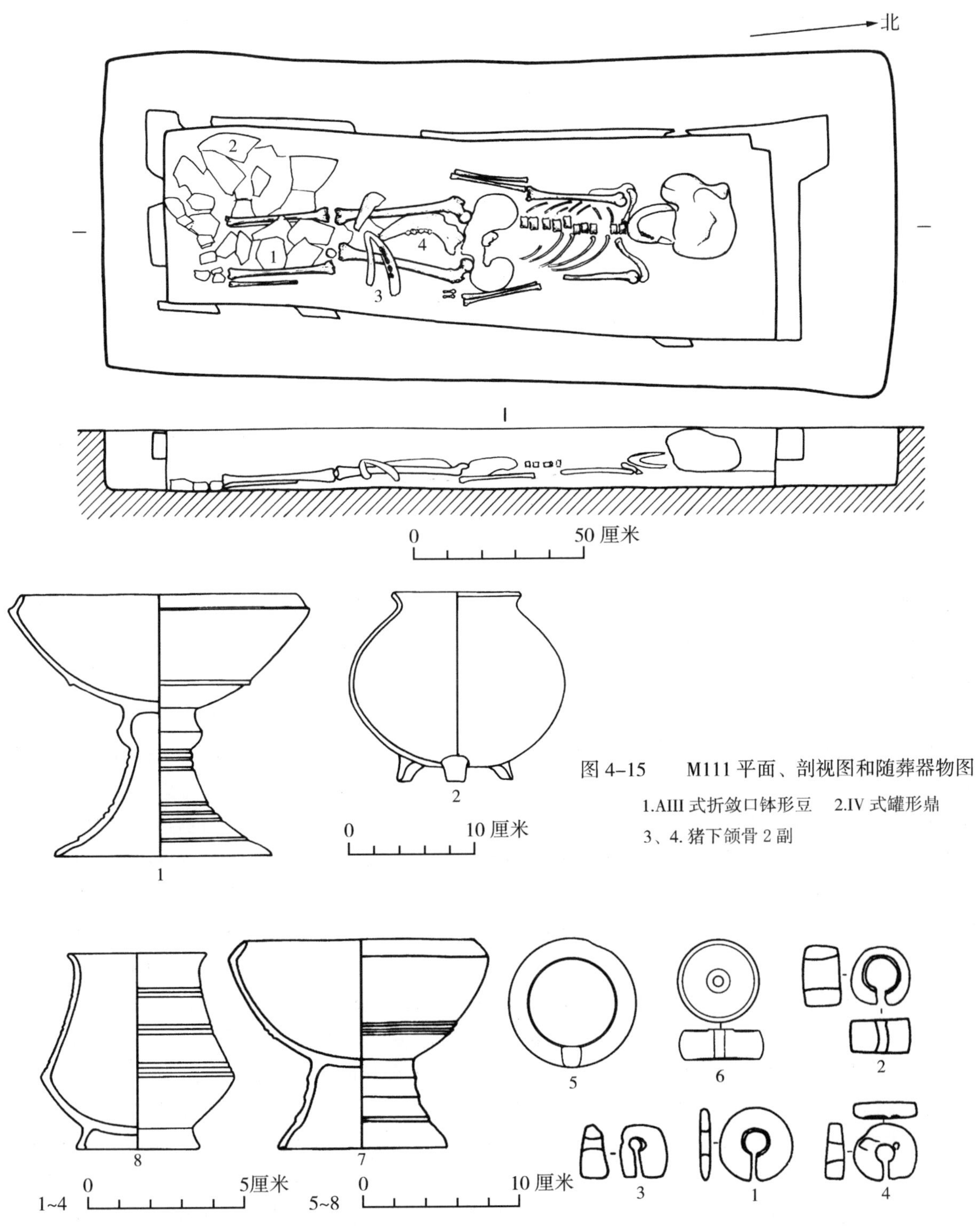

图4-15　M111平面、剖视图和随葬器物图

1.AIII式折敛口钵形豆　2.IV式罐形鼎

3、4.猪下颌骨2副

图4－16　M112平面图（见左）和随葬器物图

1. Ⅱ式玦　2. Ⅵ式玦　3. Ⅶ式玦　4. Ⅰ式玦　5. 石镯　6. AⅢ式陶纺轮　7. DⅧ式折敛口钵形豆　8. Ⅰ式觯

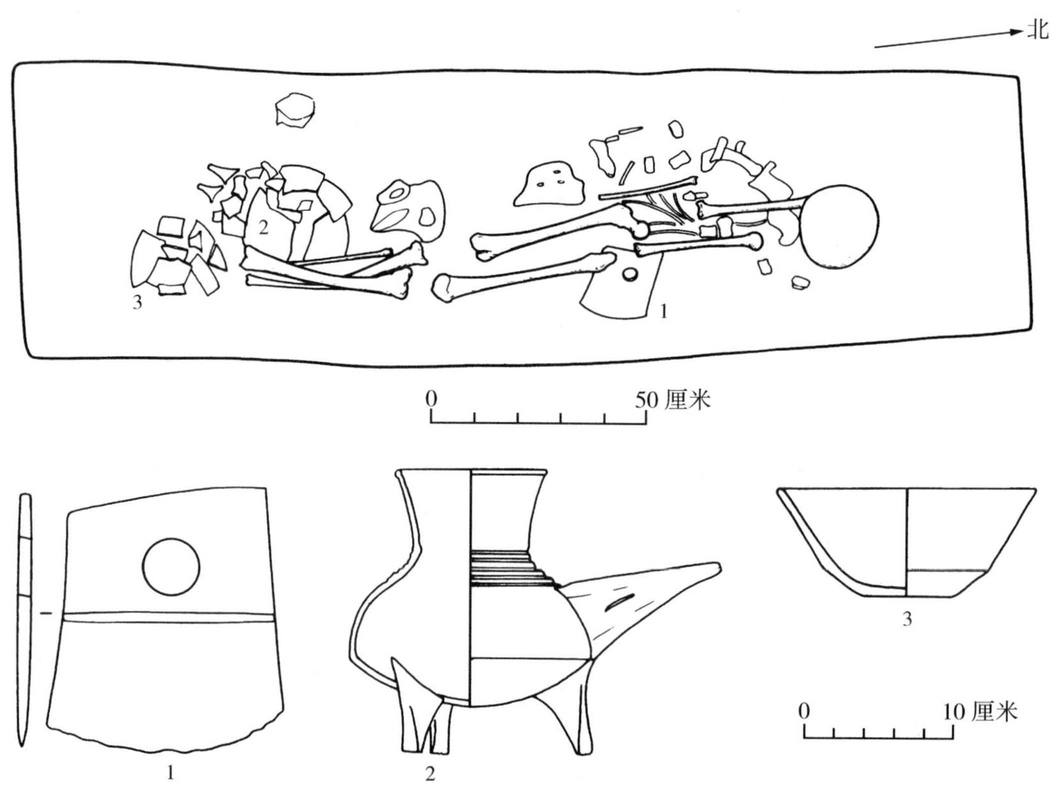

图 4－17　M113 平面图和随葬器物图
1. BⅠ式石钺　2. BⅠ式鬶　3. AⅠ式钵

M113　长方形竖穴土坑。墓坑长 236 厘米，宽 70 厘米，口距地面深 20 厘米，底距地面深 54 厘米。方向 4°。填土，坑中大部分为红褐色杂土夹红烧土渣和浅黄色土碎块，接近人骨的上部时变为浅灰色杂土。人头骨在北已压扁，两肱骨均移至胸部位置，右肱骨直顶头骨，右股骨头朝东，左股骨头朝坑底面，骶骨在股骨西侧，一块盆骨在胫骨外侧，脊椎骨散乱。系仰直式二次葬。男，成年。随葬器物 3 件：B 型Ⅰ式石钺在体骨左侧，刃口朝外（东），部分被肢骨所压；胫骨处有 B 型Ⅰ式鬶、A 型Ⅰ式钵（图 4－17；图版六八，1）。

M114　长方形竖穴土坑。墓坑长 241 厘米，宽 96（北）～85（南）厘米，现存口距地面深 22 厘米，底距地面深 42 厘米。与墓坑口基本齐平露出黄胶泥边框的人架坑，长 207 厘米，宽 60～55 厘米。东边黄胶泥残存很少，尚能见其走向；西边黄胶泥宽 3 厘米，自深 2.5～8 厘米；南边黄胶泥宽 11 厘米，自深多在 10 厘米；北边黄胶泥宽 14～16 厘米，自深 7～15 厘米。方向 15°。填土，墓坑、人架坑中均填浅灰色杂土。骨殖酥软，人头骨在北已压扁，仅存圆形范围，两盆骨稍叠压，两股骨头都向外侧，肋骨脊椎骨较乱。系仰直式二次葬。成年。随葬一件 A 型Ⅰ式觚形杯（图 4－18；图版六八，2）。

M115　近长方形竖穴土坑。墓坑长 245 厘米，宽 100 厘米，口距地面深 43 厘米，中部底距地面深 73 厘米（南、北部坑底比中部高约 5 厘米）。与墓坑口同一深度即显露人架坑口，人架坑长 205 厘米，宽 65 厘米，四边有棕黄胶泥。东、西边棕黄胶泥宽 2 厘米，下延较浅；南、北边棕黄胶泥宽 4～5 厘米，下延 25 厘米直到坑底，部分连及人头骨和陶豆处。坑底面垫有厚 2～5 毫米的草木灰。方向 14°。填土浅灰色杂土。人头骨在北，颌骨在东（左），肋骨缺失，上下肢骨位置不正。系仰直式二次葬。女，25 岁左右。随葬器物 4 件：有Ⅱ式附盖罐形鼎、A 型Ⅴ式附盖折敛口钵形豆、Ⅱ式器盖、A 型Ⅲ式陶纺轮（图 4－19；图版六八，3）。

M123　墓坑大体呈宽长方形，长 410 厘米，宽 283（北）～302（南）厘米，口距地面深 25 厘米，

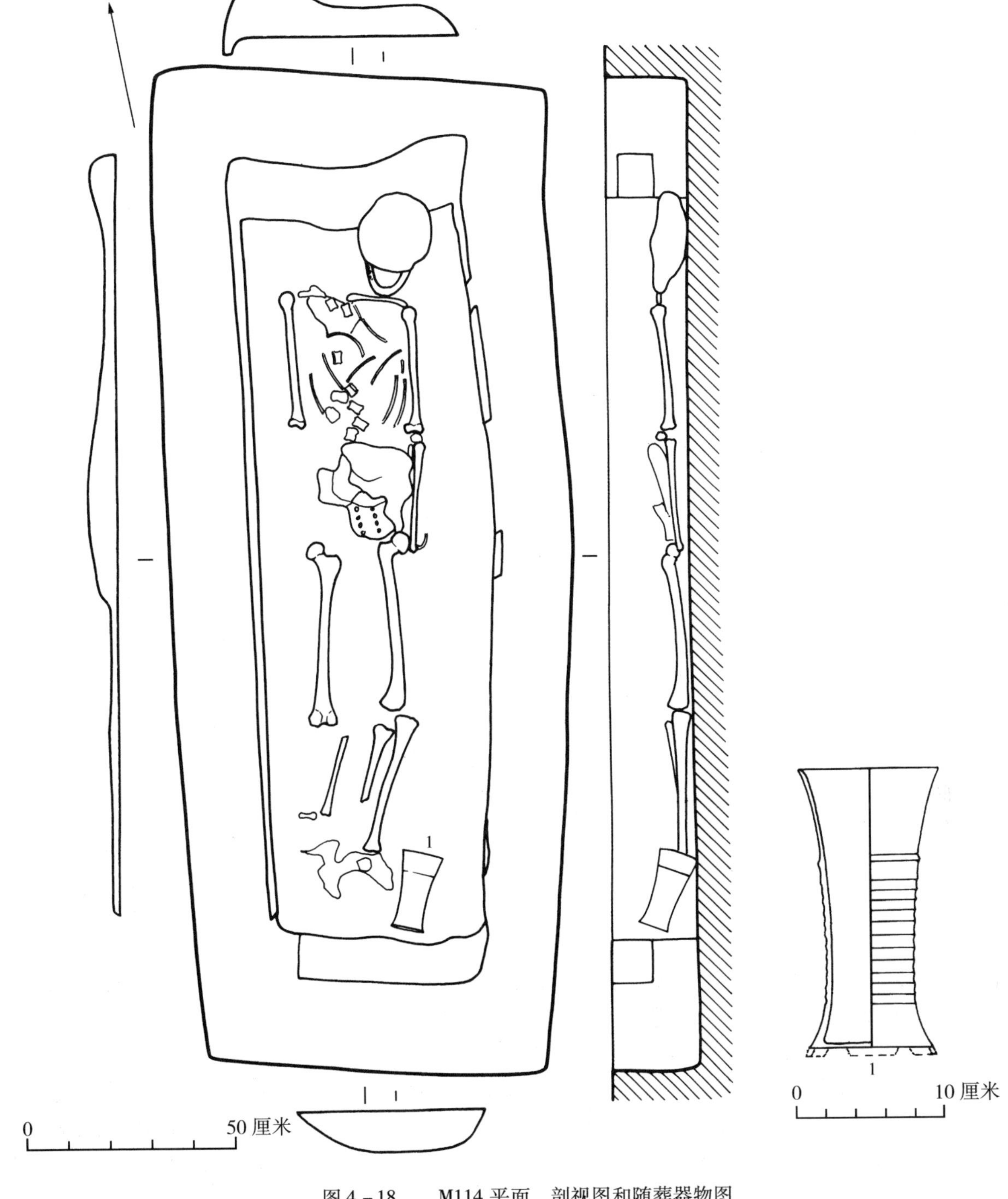

图 4－18　M114 平面、剖视图和随葬器物图
1. AⅠ式觚形杯

底距地面深 109 厘米。为本墓地已发现墓坑规模最大的一座。墓口以下深约 10 厘米处填土中，完整露出由棕黄胶泥围成的人架坑边框，为规整的圆角长方形，长 300 厘米，宽 174（北）～179（南）厘米，胶泥边宽 3 厘米，四周则形成熟土二层台。墓口以下深 35 厘米时胶泥渐变窄，有的地方中断已不连接，深 40 厘米时棕黄胶泥全无。人架坑南头近底处熟土壁上，粘附有长 60 厘米、高 10 厘米、厚 0.2 厘米的残存炭化板木。人架坑底南、北两端各有长 117 厘米的青膏泥横带，北条宽 8～20 厘米，最厚处 4 厘米，南

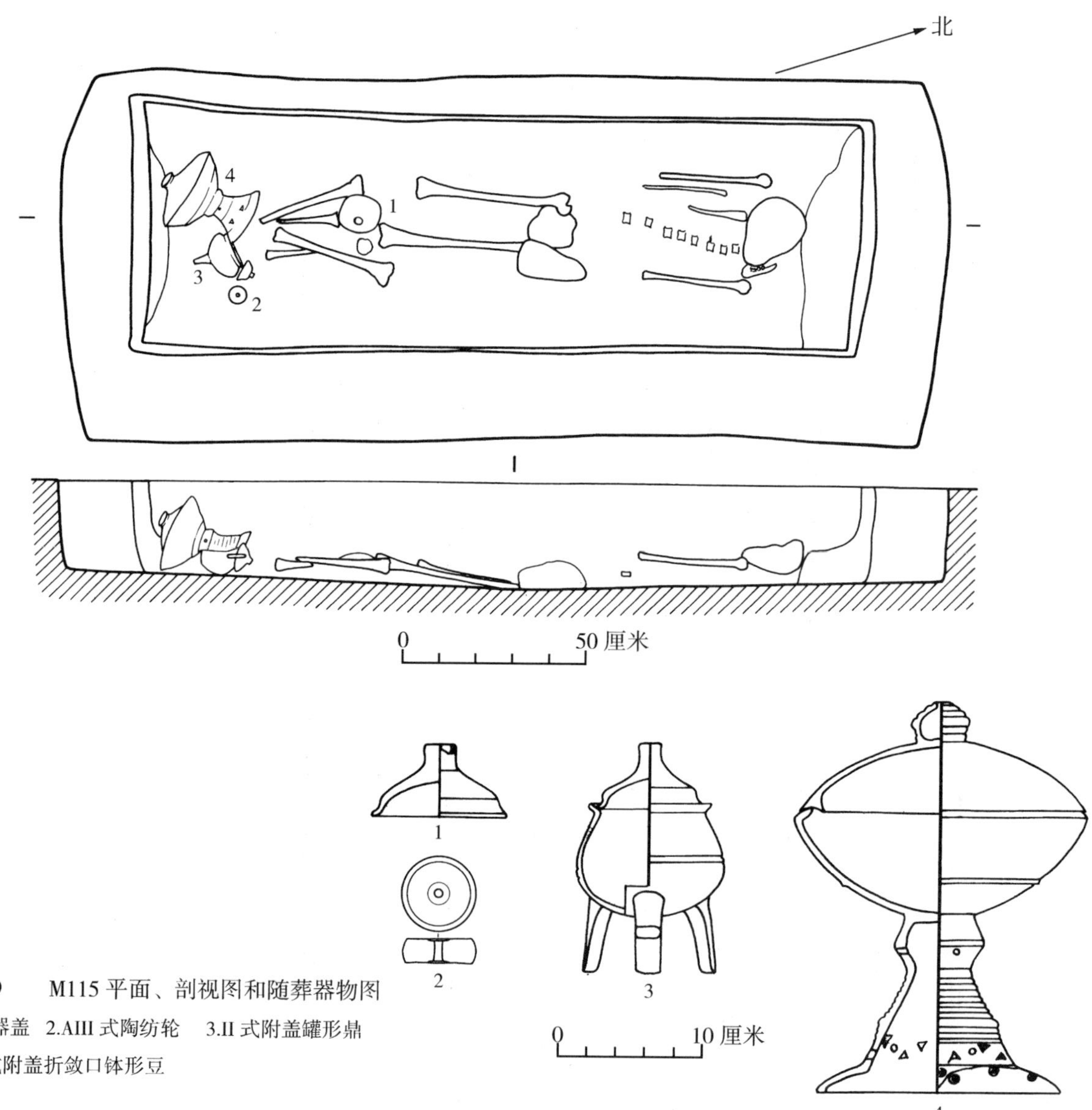

图 4-19 M115 平面、剖视图和随葬器物图
1.II 式器盖 2.AIII 式陶纺轮 3.II 式附盖罐形鼎 4.AV 式附盖折敛口钵形豆

条宽 7～12 厘米，厚 1.5 厘米。据此现象分析，棕黄胶泥边框当是敷抹在木质葬具（椁）四边上段的遗迹，此人架坑实即葬具范围。人架底普遍铺有黑色草木灰，厚 1～2 毫米。坑底已至姜黄色生土层。方向 14°。填土，大墓坑内为灰黄色杂土夹黄黏土块和红烧土渣，人架坑内为浅灰色杂土。

人骨酥软，有的仅存轮廓。人头骨在北已压扁，右尺骨桡骨与肱骨显著分离，右肱骨已接近盆骨，两股骨头成同一方向。系仰直式二次葬。男，40～45 岁。发现残存很少的朱红颜料，分别粘附在胸部位置的人骨及土上，石钺处人骨及钺的两面。随葬遗物 21 件和猪下颌骨 1 副，均在人架坑范围内。人头骨下方有Ⅴ式大玉玦（2 件），Ⅲ式两节穿连的长玉璜；盆骨左半边的上方横置 A 型Ⅱ式石钺，孔边放一块三角形小石附件，正、背面上段有朱红残迹，南半部被盆骨压住；约在左手部位放三联璧，宽头朝北；人骨左侧还有Ⅲ式弧敛口钵形豆、小砺石（被压在豆之下）、Ⅴ式附盖罐形鼎；两下肢骨间有 C 型Ⅶ式石锛、小砺石；右侧有小砺石、小石料、B 型Ⅱ式朱绘平底壶；人脚部及其南端有 A 型Ⅵ式朱绘陶钵、C 型Ⅶ式锛（大部被钵所压）、B 型Ⅰ式平底壶、B 型Ⅶ式陶鬶（2 件）、Ⅷ式圈足罐、C 型Ⅱ式钵、B 型Ⅱ式盆，盆口朝下扣压着一副猪下颌骨（图 4－20，A、B；彩版二〇）。

M127 长方形竖穴土坑。附泥边框坑长 170 厘米，宽 57 厘米，口距地面深 26 厘米，底距地面深 61 厘米。四边有黄胶泥，条宽 1.5～4 厘米，下深 7～22 厘米。坑底面有很薄草木灰烬。方向 6°。填土灰黄

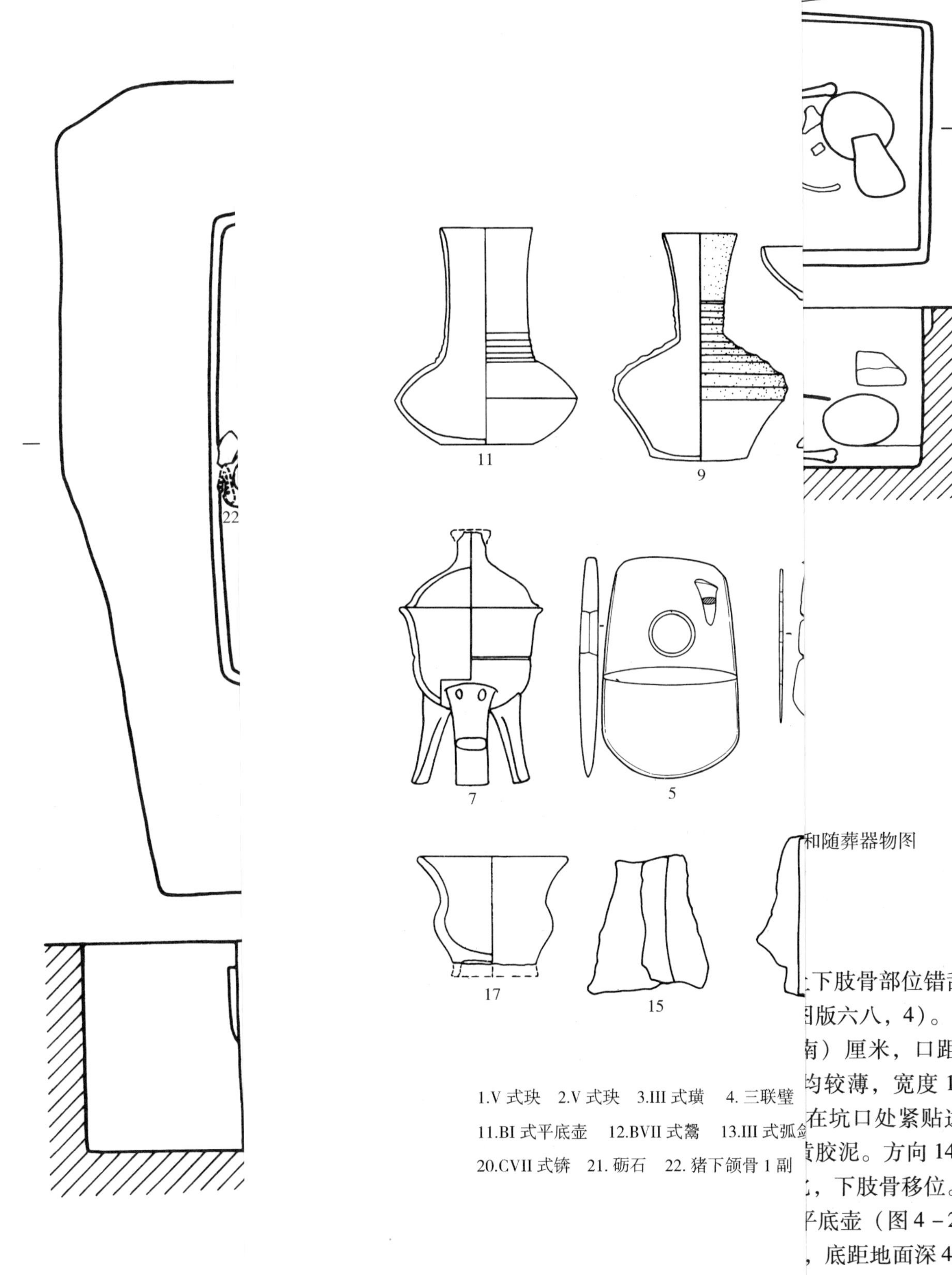

和随葬器物图

1.V 式玦　2.V 式玦　3.III 式璜　4. 三联璧
11.BI 式平底壶　12.BVII 式鬶　13.III 式弧
20.CVII 式锛　21. 砺石　22. 猪下颌骨 1 副

下肢骨部位错乱。系直肢
图版六八，4）。
南）厘米，口距地面深 32
均较薄，宽度 1～2 厘米；
在坑口处紧贴边，中部断
黄胶泥。方向 14°。填土浅
，下肢骨移位。系仰直式
平底壶（图 4－22）。
，底距地面深 46 厘米。与
坑口部泥条宽度普遍在 2 厘
为 12～30 厘米，厚 6～10
脊椎骨凌乱，右股骨转动
4－23；图版六九，1）。

M151　长方形竖穴土坑。附泥边框坑长190厘米，宽73厘米，口距地面深25厘米，底距地面深45厘米。四边有青膏泥，东边的稍有断续，一般条宽2厘米，下深4厘米。方向10°。填土深灰色杂土，夹红烧土碎渣在坑口部多于下部。人头骨在北，面向西，脊椎骨散乱，两股骨斜放，右股骨上端有一片盆骨。系仰直式二次葬。男，成年。上颌左右侧门齿生前人工拔除。随葬器物6件：有B型Ⅰ式石钺、C型Ⅵ式锛、Ⅳ式附盖残罐形鼎、D型Ⅳ式折敛口钵形豆、Ⅱ式圈足罐、E型钵。石钺背面沿顶边及所在土上都留少许朱红颜色，豆盘口边有少许朱红颜色。还在南端高于陶器之上10厘米的填土中出土猪下颌骨1片（图4－28；图版六九，3）。

M155　长方形竖穴土坑。附泥边框坑长185厘米，宽55（北）60（南）厘米，耕土层未全去尽即露人骨和器物，距地面深12厘米，底距地面深22厘米。部分被扰。坑北边和东边有青膏泥，宽3～5厘米。

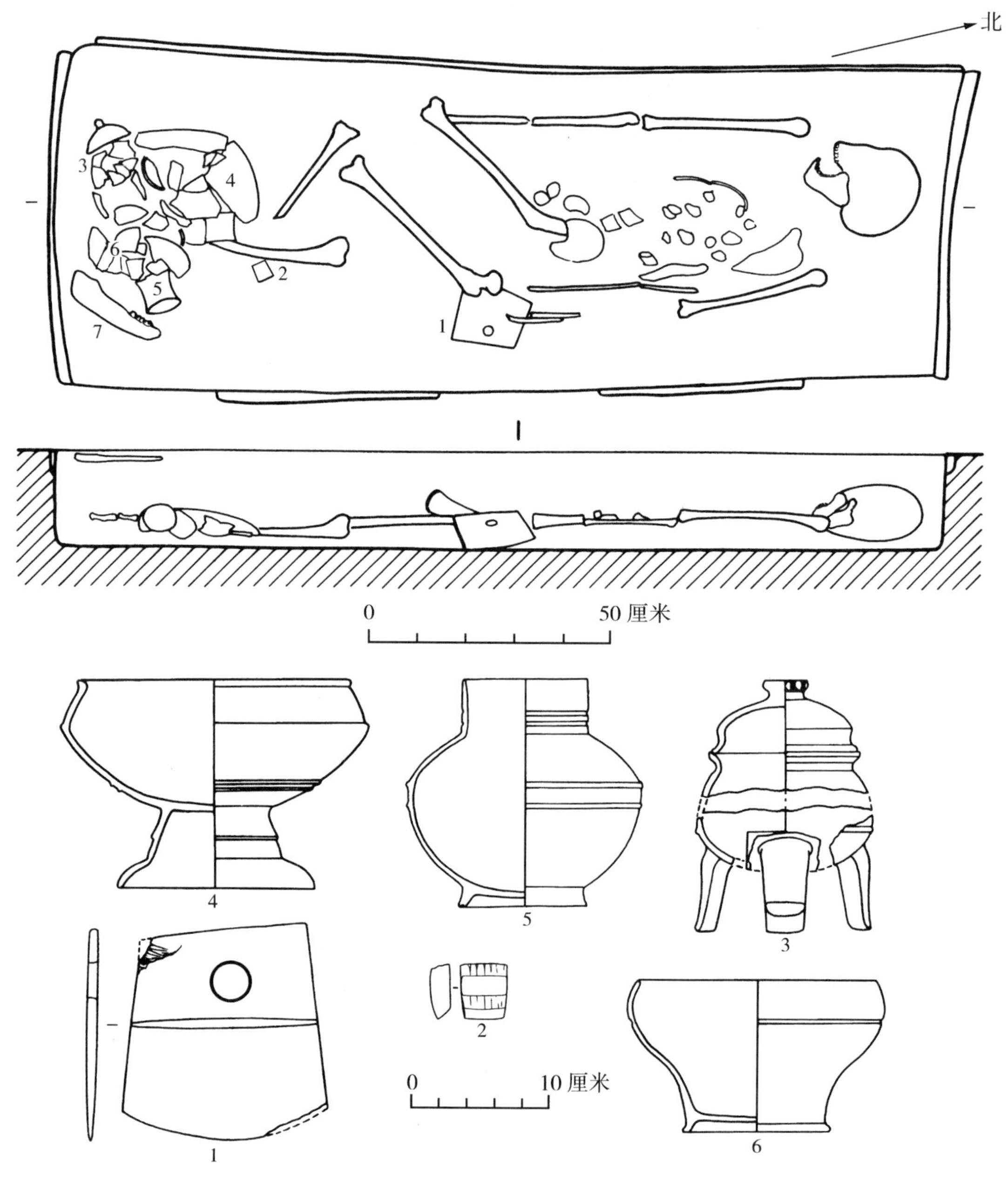

图4－28　M151平面、剖视图和随葬器物图

1. BⅠ式石钺　2. CⅥ式锛　3. Ⅳ式附盖残罐形鼎　4. DⅣ式折敛口钵形豆　5. Ⅱ式圈足罐　6. E型钵　7. 猪下颌骨1片

方向5°。填土深灰色杂土。残人头骨在北，存留部分肢骨，左尺骨桡骨缺失，左下肢骨被陶器所压。系仰直式二次葬。男，30～35岁。随葬器物5件：有C型Ⅰ式和B型Ⅳ式折敛口钵形豆、Ⅱ式残圜底壶、B型Ⅱ式陶纺轮、Ⅰ式附盖残釜形鼎（图4－30；图版六九，4）。

M156　附泥边框坑东、西、北三边未找出，估计长约189厘米，口距地面深25厘米，底距地面深40厘米。南坑边有青膏泥边框条，宽2～2.5厘米。方向5°。填土深灰色杂土。骨殖较细，头骨在北，两股骨和两胫骨分别交叉相压。系仰直式二次葬。女，40～45岁。随葬器物7件：有Ⅱ式大石璜、Ⅴ式小石璜、B型Ⅲ式B型Ⅳ式和C型Ⅱ式折敛口钵形豆、Ⅱ式附盖残罐形鼎、Ⅱ式残圜底壶。还有兽骨1块（图4－29）。

M157　近长梯形竖穴土坑。附泥边框坑长225厘米，宽73（北）～88（南）厘米，口距地面深45厘米，底距地面深85厘米。四边有黄胶泥，一般宽6～10厘米，西北角处最宽达18厘米，黄胶泥较普遍下延到坑底。又在南边另连出一条黄胶泥。方向4°。填土浅灰色杂土。人头骨在北，面朝颈体方向，颅

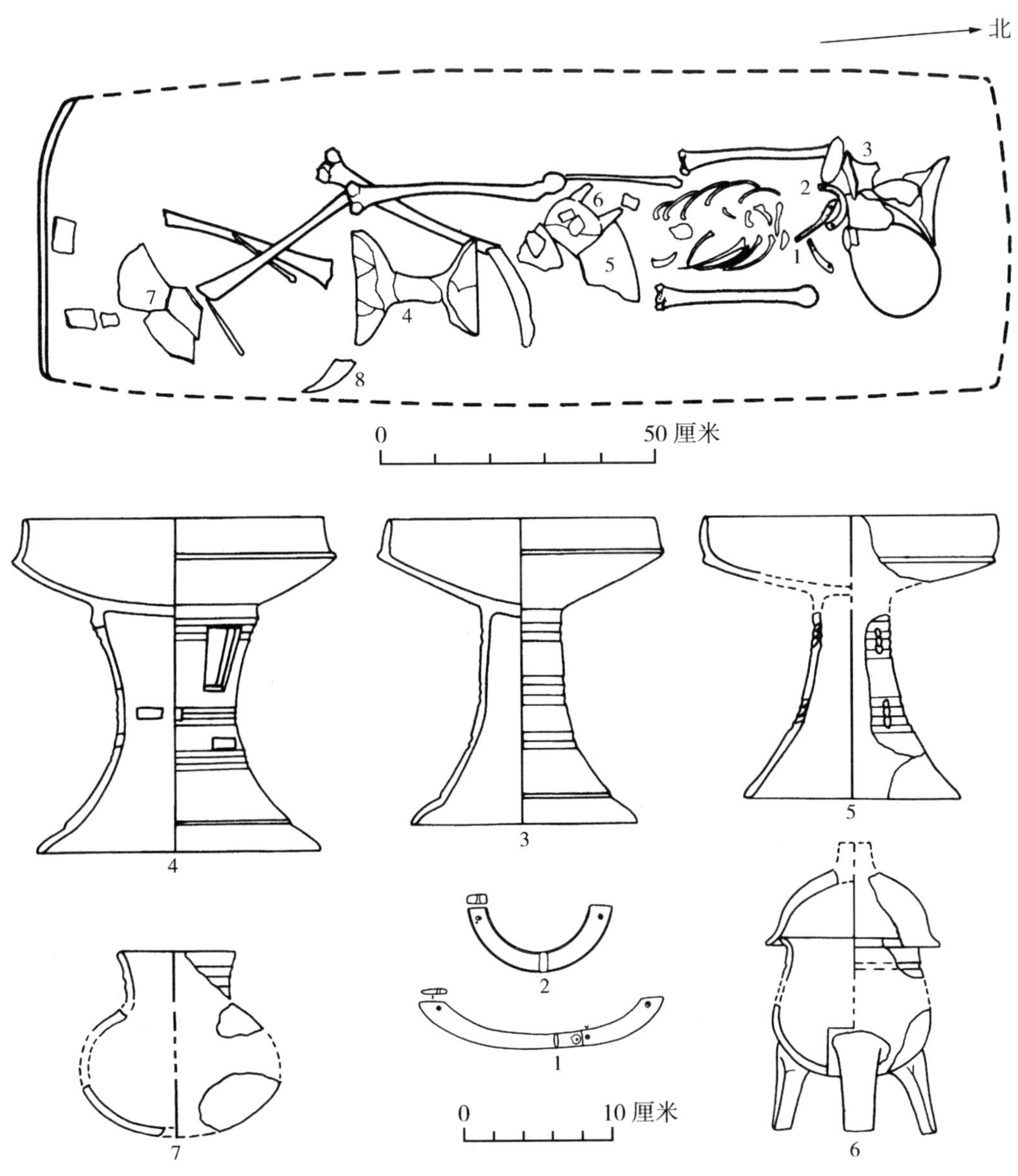

图4－29　M156平面图和随葬器物图

1. Ⅱ式璜　2. Ⅴ式璜　3. BⅢ式折敛口钵形豆　4. CⅡ式折敛口钵形豆　5. BⅣ式残折敛口钵形豆　6. Ⅱ式附盖残罐形鼎　7. Ⅱ式残圜底壶　8. 兽骨1块

底朝右侧，下颌骨置于胸侧，脊椎骨凌乱，右肱骨横放胸部，右尺骨桡骨分离错位，右股骨侧转使股骨头朝上，胫骨腓骨被器物所压。系仰直式二次葬。男，30～35岁。随葬器物9件：有砺石、A型Ⅰ式盆、Ⅳ式杯、A型Ⅴ式折敛口钵形豆、B型Ⅰ式附盖盆形鼎、Ⅱ式大口矮领罐、Ⅷ式圈足壶、C型Ⅱ式石凿、有段石锛（图4－31；彩版一九，1）。

M159 长方形竖穴土坑。墓坑长203厘米，宽100厘米，口距地面深32厘米，底距地面深128厘米。墓坑口以下56厘米，填土中露出黄胶泥四边框的人架坑，长190厘米，宽72厘米，西、南两边黄胶泥紧贴墓坑边，黄胶泥条宽3～5厘米，自深12～15厘米。方向18°。填土灰黄色杂土夹红烧土渣。人头骨在北，面向东，右肱骨在头骨西北方，两股骨头同向东，两胫骨交叉，残脊椎骨较乱。系仰直式二次葬。女，成年。随葬陶器7件：有Ⅰ式附盖三足壶、Ⅰ式盘形豆、A型Ⅱ式盆、Ⅷ式圈足壶、Ⅳ式器盖、Ⅰ式附盖罐形鼎、A型Ⅱ式折敛口钵形豆（图4－32；彩版一九，2；图版七〇，1）。

M160 长方形竖穴土坑。墓坑长164厘米，宽56（北）～50（南）厘米，口距地面深27厘米，底距地面深47厘米。方向12°。填土灰黄色杂土。人头骨在北，脊椎骨盆骨左胫骨腓骨等无存，残存部分右上肢骨，右股骨压在陶鼎口沿上。系仰直式二次葬。男，成年。随葬器物7件：有B型Ⅱ式残折敛口Ⅲ

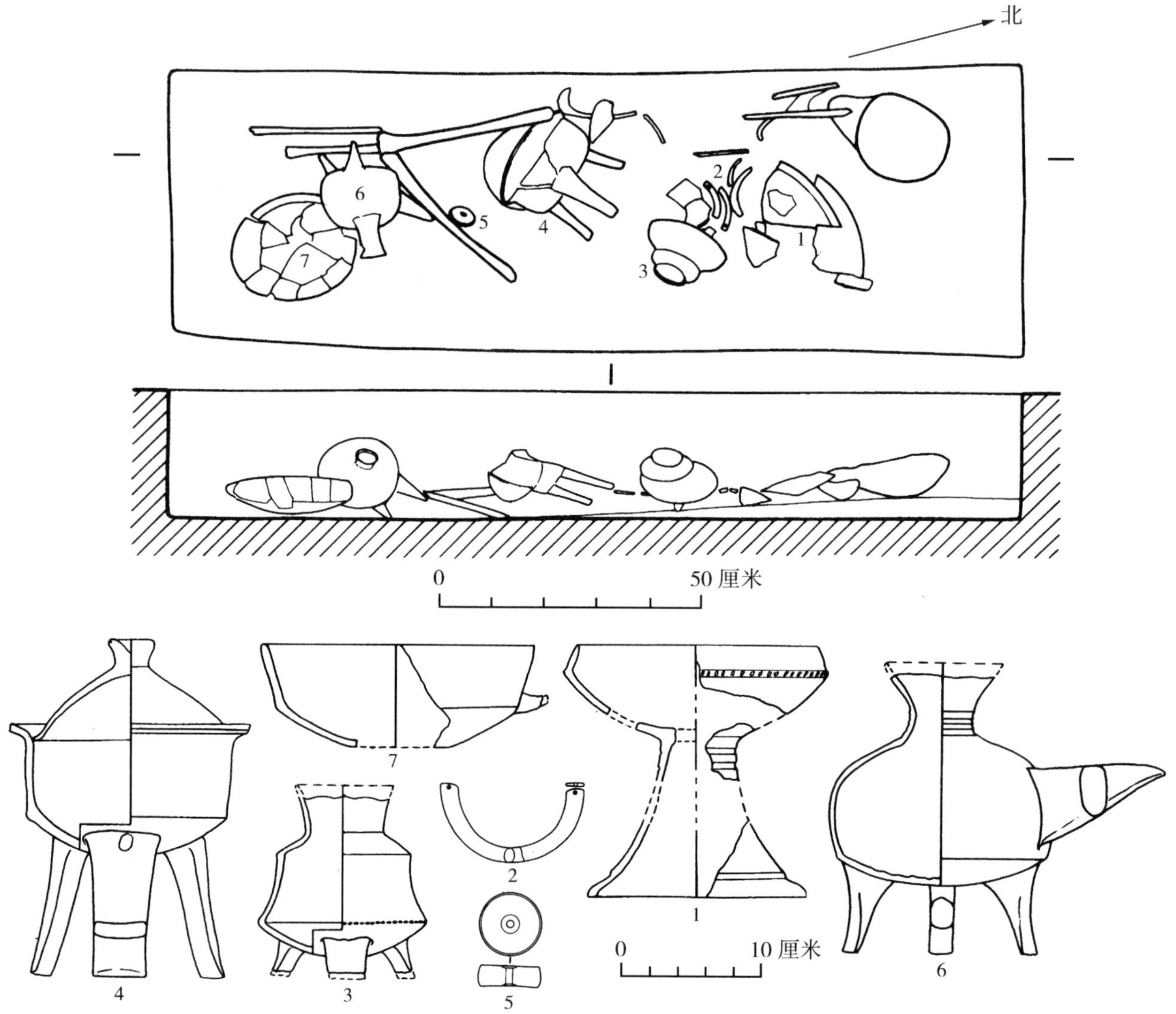

图4－33 M160平面、剖视图和随葬器物图

1. BⅡ式残折敛口钵形豆 2. Ⅴ式璜 3. Ⅳ式三足壶 4. AⅠ式附盖盆形鼎 5. BⅢ式陶纺轮 6. BⅥ式鬶 7. AⅥ式残钵

钵形豆、Ⅴ式玉璜、Ⅳ式三足壶、A型Ⅰ式附盖盆形鼎、B型式陶纺轮、B型Ⅵ式鬶、A型Ⅵ式残陶钵（图4－33；图版七〇，2）。

M162　长方形竖穴土坑。墓坑长190厘米，宽64厘米，口距地面深26厘米，底距地面深42厘米。方向13°。填土灰黄色杂土夹少量红烧土渣。人头骨在北，面向东，主要保存残头骨、部分肢骨，肱骨横向东侧，桡骨偏上。系仰直式二次葬。女，成年。随葬器物10件：有Ⅳ式玉玦（2件）、B型Ⅴ式附盖盆形鼎、Ⅰ式盘形豆、Ⅰ式小口矮领罐、B型附盖残折敛口钵形豆、B型Ⅶ式鬶、A型Ⅳ式陶纺轮、B型Ⅲ式钵、Ⅱ式盆形豆（图4－34；图版七〇，3）。

M164　长方形竖穴土坑。墓坑长185厘米，宽51厘米，口距地面深25厘米，底距地面深45厘米。方向8°。填土灰黄色杂土夹少量红烧土渣。头骨无存，两肱骨不与桡骨相垂直，盆骨残块偏向右股骨头下方。系仰直式二次葬。男，成年。随葬器物3件：有Ⅳ式穿孔石斧、A型Ⅲ式觚形杯、Ⅱ式附盖罐形鼎（图4－35）。

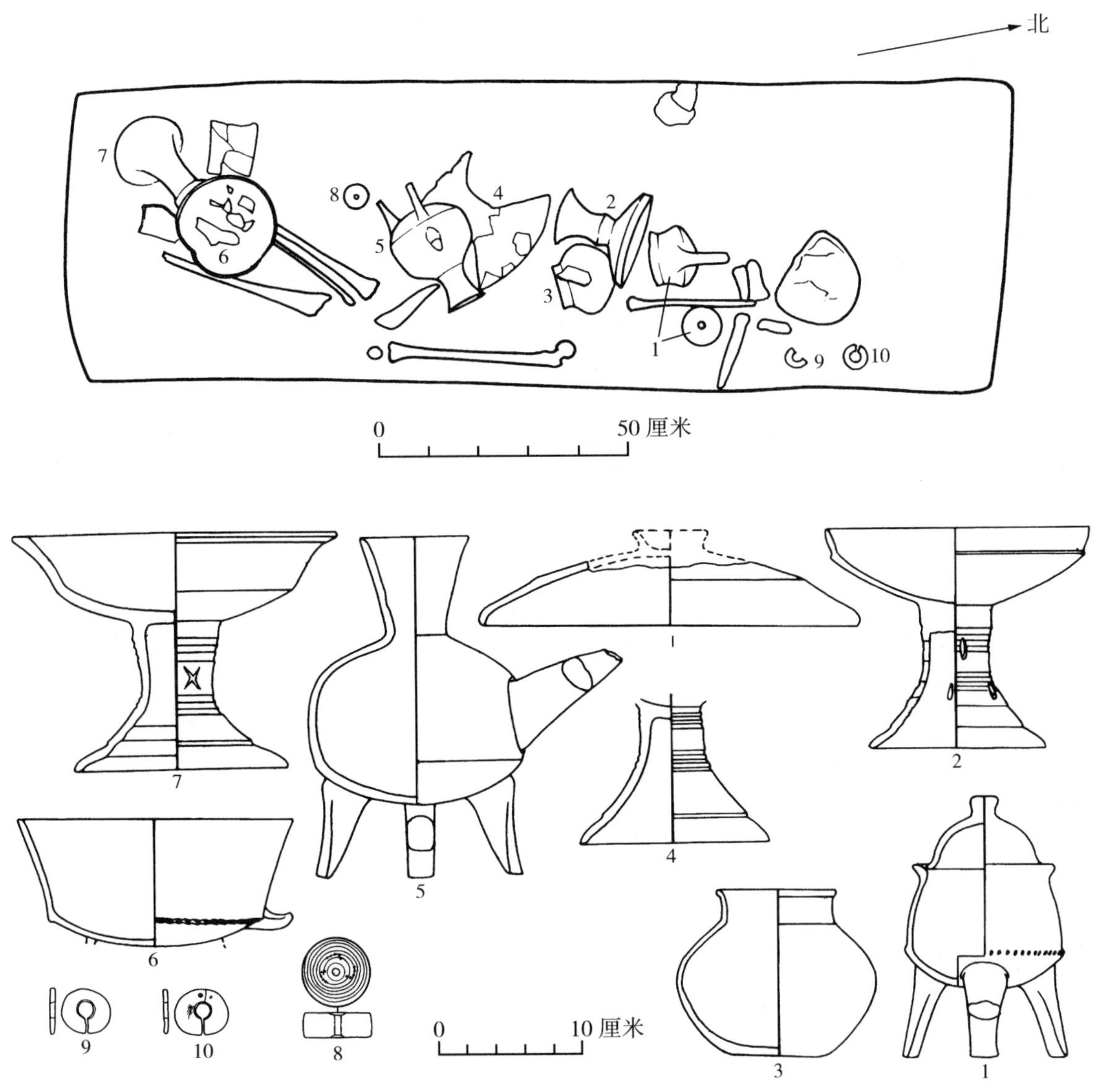

图4－34　M162平面图和随葬器物图

1. BⅤ式附盖盆形鼎　2. Ⅰ式盘形豆　3. Ⅰ式小口矮领罐　4. B型附盖残折敛口钵形豆　5. BⅦ式鬶　6. BⅢ式钵　7. Ⅱ式盆形豆　8. AⅣ式陶纺轮　9. Ⅳ式玦　10. Ⅳ式玦

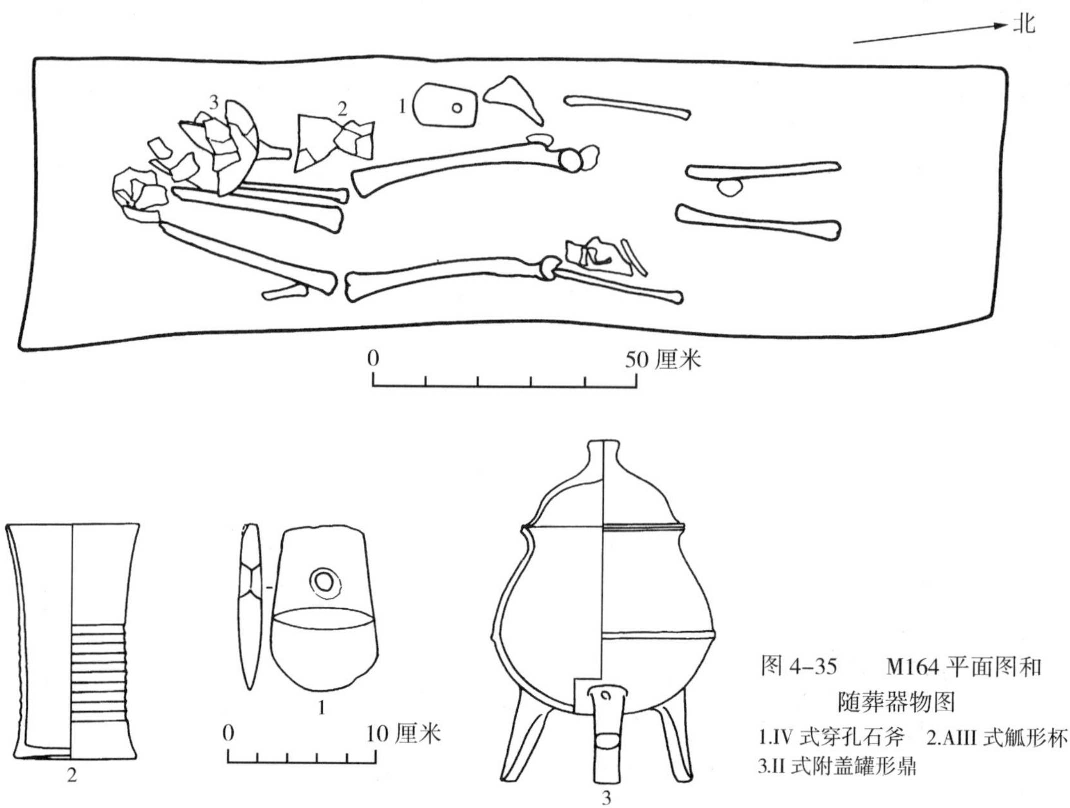

图 4-35　M164 平面图和随葬器物图
1.IV 式穿孔石斧　2.AIII 式觚形杯
3.II 式附盖罐形鼎

M165　长方形竖穴土坑。附泥边框坑长 165 厘米，宽 61（北）~54（南）厘米，口距地面深 43 厘米，底距地面深 58 厘米。北边及东边北小段有黄胶泥，宽 1.5 ~4 厘米。方向 2°。填土偏黄色杂土夹红烧土渣。头骨和盆骨模糊，主要存留部分上下肢骨。系仰直式二次葬。可能女性（?），成年。随葬器物 4 件：有 A 型Ⅳ式陶纺轮、D 型Ⅱ式残盆、D 型Ⅲ式折敛钵形豆、Ⅱ式附盖罐形鼎（图 4 -36；图版七〇，4）。

M169　墓坑长 190 厘米，宽度北部 100 厘米、中部 84 厘米、南部 120 厘米，口距地面深 54 厘米，底距地面深 71 厘米。与现存墓坑口同深度显露人架坑，长 153 厘米，宽 60（北）~50（南）厘米，四边有青膏泥，条宽 1.5 ~4 厘米，在北边的青膏泥条自深仅 1 ~2 厘米且局部呈凹弧状向下沉陷。墓坑口部以下 13 厘米，清理填土过程中，在坑角发现两圆洞，东北角洞径 13 厘米，自深 10 厘米，西北角洞径 14 厘米，自深 30 厘米，两洞内都填满黑色淤泥。方向 9°。填土，墓坑、人架坑内均为深灰色杂土夹红烧土碎渣。仅存留残人头骨，未见下颌骨和其他体骨。葬式不明。成年。无随葬品。M169 虽无器物，因它打破薛家岗文化墓 M170，故确定 M169 属薛家岗文化（图 4 -37）。

M170　宽长方形竖穴土坑。墓坑长 370 厘米，宽度北部 240 厘米、中部 260 厘米、南部 250 厘米，口距地面深 40 厘米，底距地面深 111 厘米。与墓坑口同一平面上，在坑内填土中完整露出棕色胶泥边框，长 255 厘米，宽 150 ~138 厘米，一般边宽 4 ~5 厘米，北边最宽的 11 厘米。这应是涂敷在木质葬具（椁）上才得以形成的遗迹，现东西两边稍有弧曲，可能因受填土挤压所致。在同一处胶泥边框上下的宽窄并不完全固定不变，有的地方上下宽度有所增减，变窄的仅有 2 ~3 厘米，虽窄而不中断，在北边的中、西段（占北边全长的 2/3）棕色胶泥宽达 16 厘米。还有的地方胶泥可能因受水浸，呈斑点状青绿色。四面椁壁胶泥框从上至下都有，直到比椁底的黑色板痕再深 7 厘米，夹嵌在姜黄色生土层之中。椁内底部平整坚硬，人骨底下有厚约 4 厘米的微灰色熟黄土，以下为黑色板痕，现存较清楚的范围约占椁底面积的 1/3，南北纵向排列，木板宽度 10、12、21 厘米不等，黑色板残迹厚 2 毫米左右，每板长度不明，现两板之间未拼紧而有小至 5 ~6 厘米、大至 12 ~13 厘米的空当。此黑色板痕下隔有 2 厘米的微灰色熟黄土后，为姜黄色生土面。

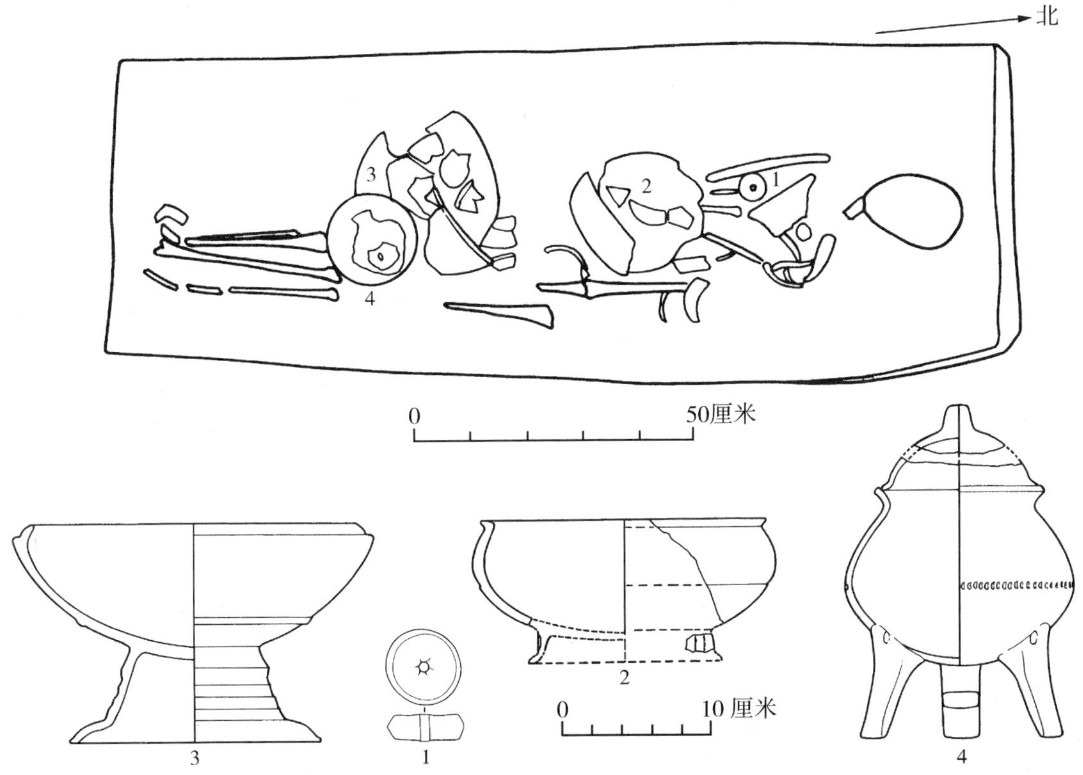

图 4－36　M165 平面图和随葬器物图

1. AⅣ式陶纺轮　2. DⅡ式残盆　3. DⅢ式折敛口钵形豆　4. Ⅱ式附盖罐形鼎

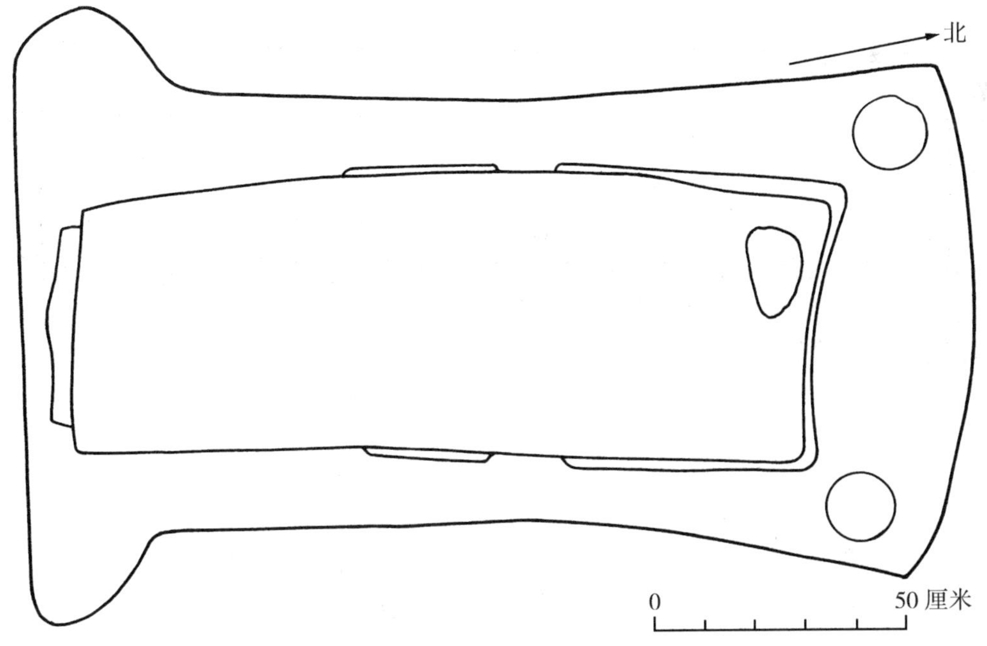

图 4－37　M169 平面图

方向 3°。填土，椁里、外均为深灰色杂土，含较多红烧土渣；只是西边墓坑和椁之间的填土中还含较多棕黄色泥块，这类是从底下生土挖出后的回填土，使该处土色偏浅些。墓口以下深 18 厘米填土中，墓坑西北角有一圆洞，直径 14 厘米，东北角有一近椭圆形洞，径 11×13 厘米。两洞位置对称，在同一平面的填土中露出，洞自深均 15 厘米，都灌满黑淤泥。

人头骨偏居东北角，其南侧有下颌骨、肩胛骨片，下颌骨的一部分移至中部偏西放在股骨上，两股骨上下斜直成同一方向，股骨头都朝南，两胫骨两腓骨放在一堆，一块盆骨孤立放在肱骨东边。系二次葬。可能男性（?），成年。随葬器物6件：椁内有B型Ⅰ式石锛、B型Ⅱ式附盖残盆形鼎、残釜、Ⅶ式圈足壶、A型Ⅳ式折敛口钵形豆，其中陶豆散压在股骨上，豆片又部分压盖石锛；椁外西南角坑底正放B型Ⅱ式陶鬶。还在椁底中南部有一段大动物残肢骨。另在椁内东边填土中，东距椁边20厘米，北距椁边110厘米，墓坑口以下28厘米处，出土一具较完整的兽头骨，面部朝下，部分已压得较扁（图4－39；彩版二一，1；图版七一，1）。

M171　长方形竖穴土坑。附泥边框坑长171厘米，宽63厘米，口距地面深20厘米，底距地面深46厘米。四边有断续青膏泥，宽4～10厘米，自深6～21厘米。方向18°。填土灰黄色杂土夹少量红烧土渣。人头骨在北，面向西（右），盆骨腐朽，下肢骨仅存右边的，右胫骨腓骨斜向股骨上方。系仰直式二次葬。男，50～55岁。随葬器物3件：有Ⅵ式圈足罐、C型Ⅳ式石锛、D型Ⅰ式残折敛口钵形豆。还在西南角有猪下颌骨1副（图4－38；图版七一，2）。

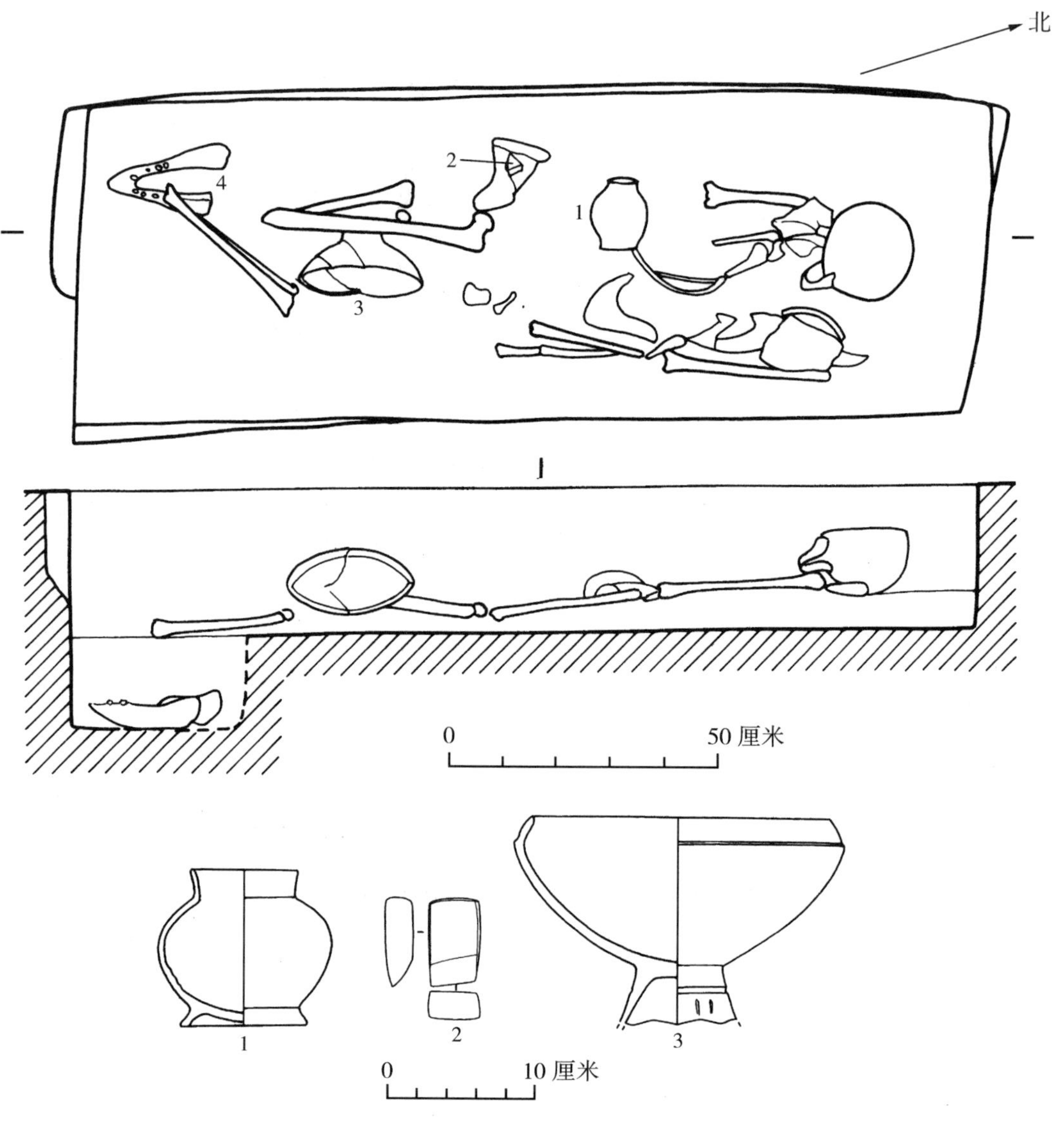

图4－38　M171平面、剖视图和随葬器物图

1. Ⅵ式圈足罐　2. CⅣ式石锛　3. DⅠ式残折敛口钵形豆　4. 猪下颌骨1副

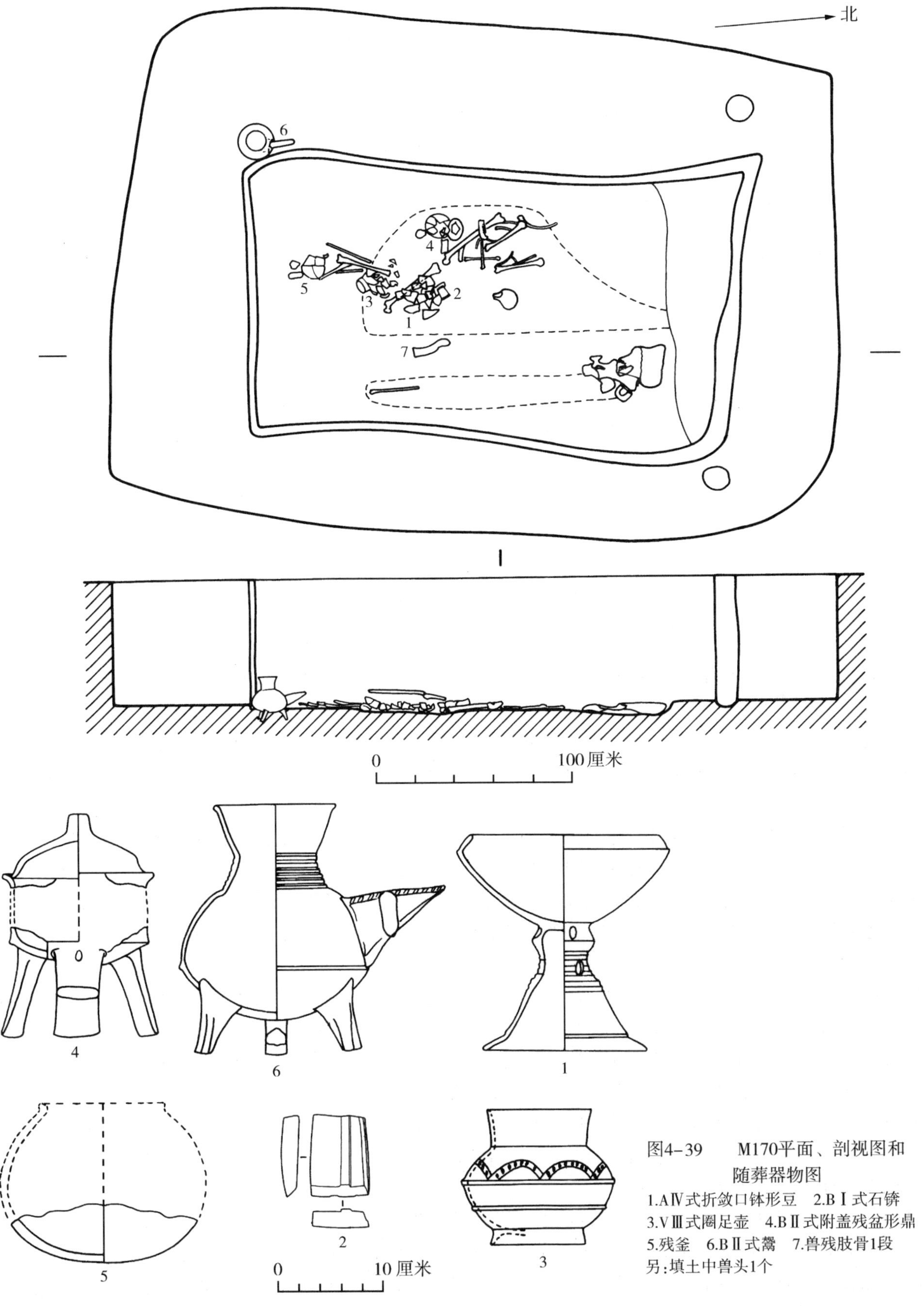

图4-39　M170平面、剖视图和随葬器物图
1.AⅣ式折敛口钵形豆　2.BⅠ式石锛
3.VⅧ式圈足壶　4.BⅡ式附盖残盆形鼎
5.残釜　6.BⅡ式鬶　7.兽残肢骨1段
另:填土中兽头1个

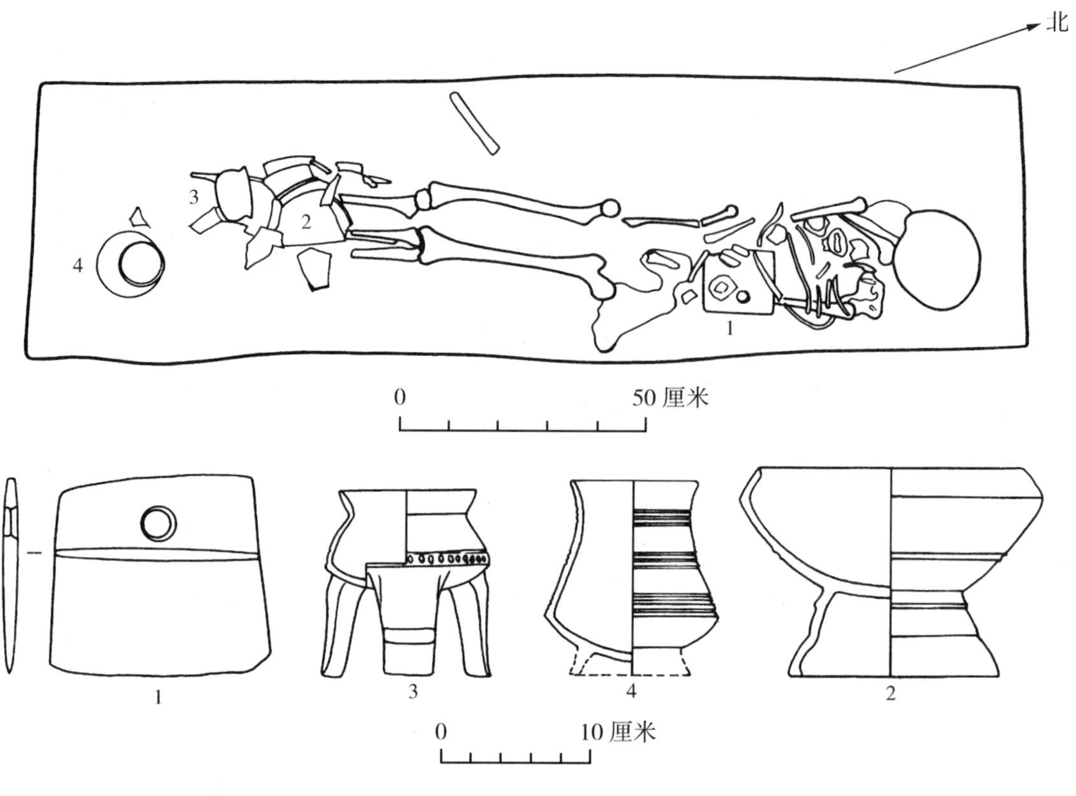

图 4－40　M178 平面图和随葬器物图

1. BⅢ式石钺　2. DⅢ式折敛口钵形豆　3. Ⅳ式釜形鼎　4. Ⅰ式觯

M178　长方形竖穴土坑。墓坑长 205 厘米，宽 59 厘米，口距地面深 21 厘米，底距地面深 31 厘米。方向 22°。填土灰黄色杂土夹少量红烧土渣。人头骨在北已压扁，左肱骨偏置左胸被肋骨所压，尺骨桡骨残缺，盆骨腐朽，右股骨头朝上，左股骨头外翻，两根腓骨并列在两根胫骨中间。系仰直式二次葬。女，25～30 岁。随葬器物 4 件：有 B 型Ⅲ式石钺、D 型Ⅲ式折敛口钵形豆、Ⅳ式釜形鼎、Ⅰ式觯（图 4－40；图版七一，3）。

M179　长方形竖穴土坑。附泥边框坑长 163 厘米，宽 60 厘米，口距地面深 20 厘米，底距地面深 33 厘米。北、西、南三边坑口露出小段青膏泥，宽 2～2.5 厘米，自深 2～13 厘米。方向 10°。填土深灰色杂土夹少量红烧土渣。人头骨在北，肋骨凌乱，存留部分肋骨肢骨。系仰直式二次葬。儿童。随葬器物 4 件：颈部处有Ⅶ式璜，脚部有Ⅱ式小口矮领罐、Ⅱ式附盖罐形鼎、D 型Ⅸ式折敛口钵形豆。整个人骨和器物偏于坑的西北部（图 4－41）。

M180　估计长方形竖穴土坑。墓坑仅西边清楚，其他三边不清。口距地面深 31 厘米，底距地面深 45 厘米。方向 21°。填土深灰色杂土。人头骨在北，面向上，骨架保存较齐全，下颌骨正放，右桡骨北段露出南段压在盆骨下，脊椎骨整齐不乱，左髌骨尚存，骨骼较粗壮。系仰身直肢一次葬。男，30～35 岁。随葬 C 型Ⅰ式陶钵 1 件，钵口朝上正放（图 4－42；图版七一，4）。

M183　近长方形竖穴小坑。墓坑长 90 厘米，宽 58 厘米，口距地面深 22 厘米，底距地面深 37 厘米。方向 26°。坑底有薄层灰烬。坑内一件Ⅲ式已碎小口矮领罐，可复原，系瓮棺葬。唯罐内未见人骨，当已朽尽，也无其他器物（图 4－43；图版七二，1）。

M184　窄长梯形竖穴土坑。附泥边框坑长 200 厘米，宽 80（北）～67（南）厘米，口距地面深 30 厘米，底距地面深 74 厘米。四边有黄胶泥，宽 2～3 厘米，有的自坑口向下延最深达 24 厘米；西边南半段口部未见有黄胶泥条，而在其下方近坑底处壁面上显现一条长 70 厘米的泥条，上下厚 4～5 厘米。方向 20°。填土灰黄色杂土夹有红烧土渣和炭末。残破人头骨在北，面向上，颅骨移位不与下颌骨一起，脊椎

图 4－41 M179 平面图和随葬器物图
1. Ⅶ式璜 2. Ⅱ式小口矮领罐 3. Ⅱ式附盖罐形鼎 4. DⅨ式折敛口钵形豆

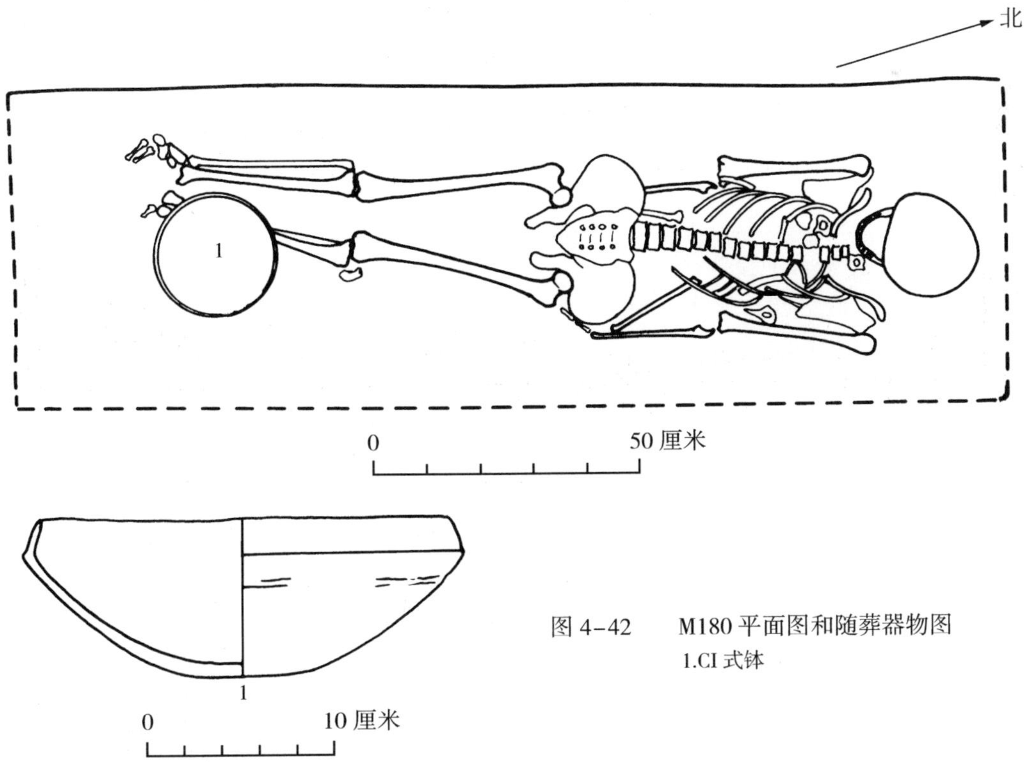

图 4－42 M180 平面图和随葬器物图
1.CⅠ式钵

骨凌乱，右尺骨桡骨交叉。系仰直式二次葬。男，30～35 岁。随葬器物 2 件：为 C 型Ⅲ式石钺、A 型Ⅱ式折敛口钵形豆（图 4－44；图版七二，2）。

M185 长方形竖穴土坑。附泥边框坑长 219 厘米，宽 66 厘米，口距地面深 30 厘米，底距地面深 47

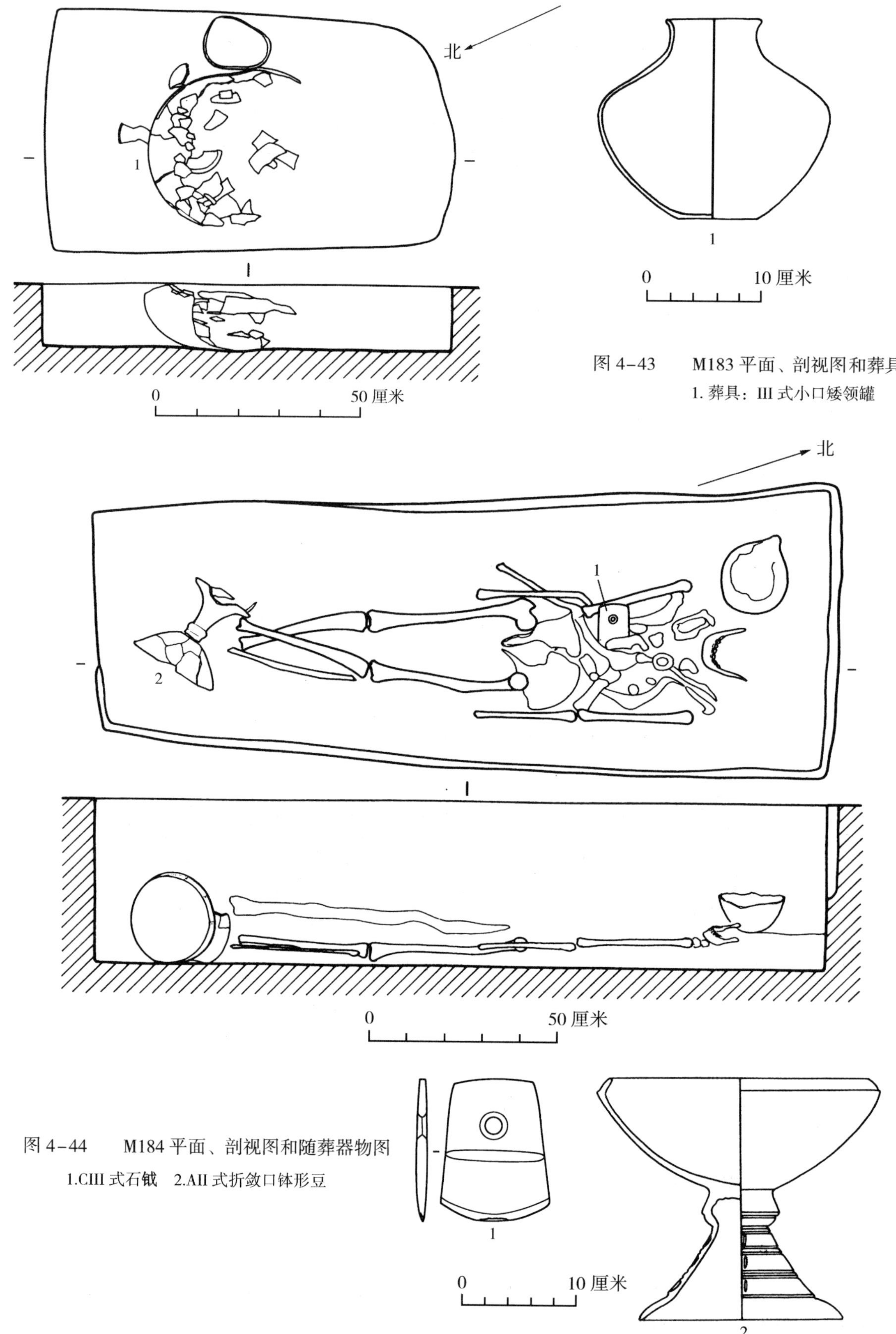

图 4-43　M183 平面、剖视图和葬具
1. 葬具：III 式小口矮领罐

图 4-44　M184 平面、剖视图和随葬器物图
1.CIII 式石钺　2.AII 式折敛口钵形豆

厘米（南端陶器处坑底距地面深59厘米）。东、南、西三边粘附有很窄的黄胶泥条。方向19°。填土灰黄色杂土夹少量红烧土渣。人头骨在北已压扁，面向右，盆骨甚朽，胫骨腓骨偏于左股骨外侧。系仰直式二次葬。可能男性（?），成年。随葬器物4件：为A型Ⅰ式陶纺轮、D型Ⅲ式折敛口钵形豆、Ⅴ式圈足壶、Ⅲ式附盖釜形鼎。还有一块小石料（图4-45；图版七二，3）。

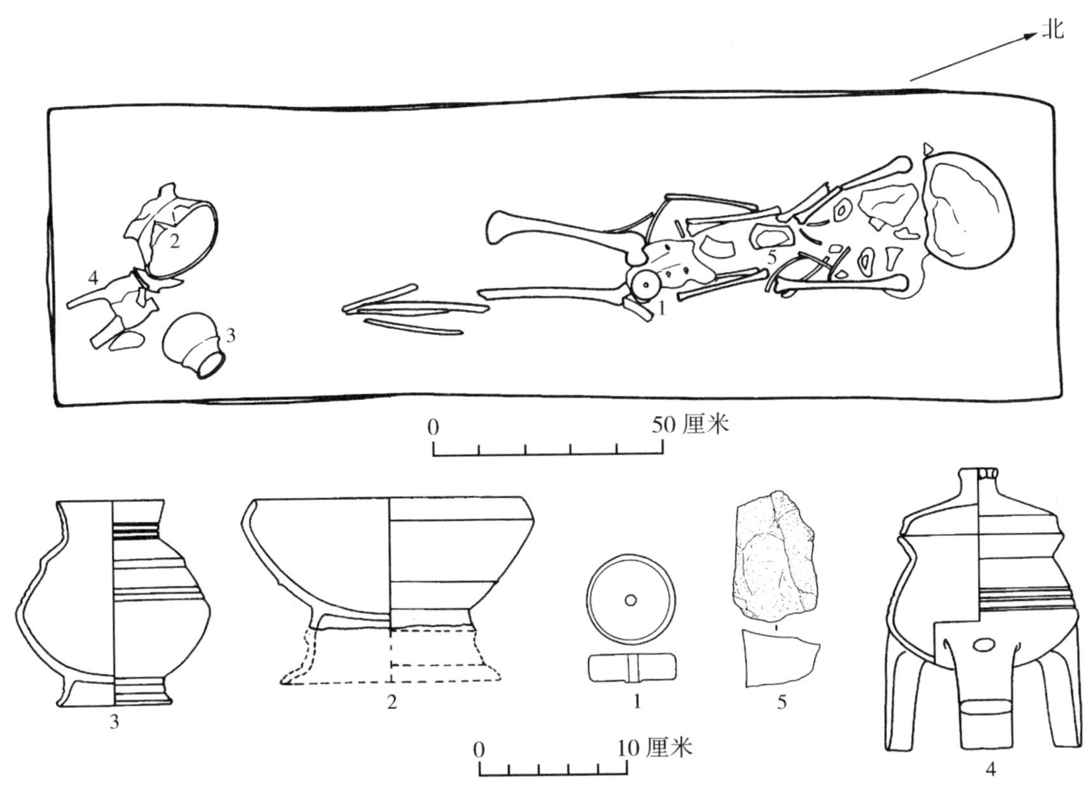

图4-45　M185平面图和随葬器物图

1. AⅠ式陶纺轮　2. DⅢ式折敛口钵形豆　3. Ⅴ式圈足壶　4. Ⅲ式附盖釜形鼎　5. 小石料

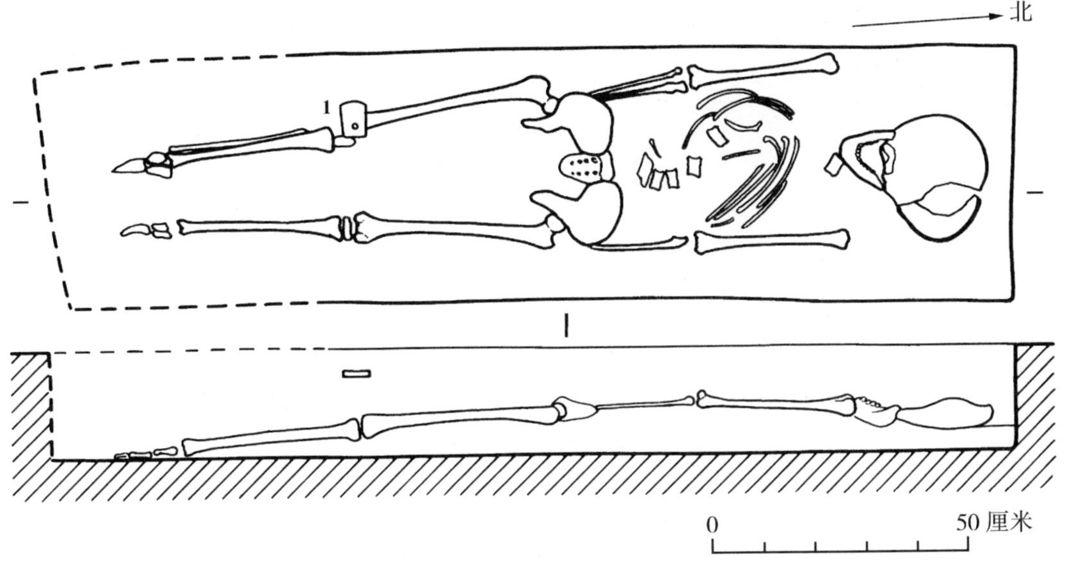

图4-46　M189平面、剖视图

1. Ⅳ式穿孔石斧

M187 长梯形竖穴土坑。附泥边框坑长193厘米，宽56（北）~77（南）厘米，口距地面深47厘米，底距地面深71厘米。坑东北角边和东边有棕黄色胶泥，最长一段85厘米，宽1.5~2厘米。方向7°。填土深灰色杂土。人头骨在北，下颌骨碎成两块，脊椎骨肋骨凌乱，两下肢骨错位很大，整副骨骼较细。系仰直式二次葬。可能女性（?），20岁左右。随葬器物4件：有Ⅲ式附盖罐形鼎、D型Ⅸ式折敛口钵形豆、A型Ⅲ式平底壶、A型Ⅰ式陶纺轮（被压在陶豆之下）。还有猪下颌骨2副和8片（图4-47；图版七二，4）。

M189 长方形竖穴土坑。墓坑南边不清，长约190厘米，宽50厘米，口距地面深20厘米，底距地面深40厘米。方向3°。填土深灰色杂土夹红烧土渣。人头骨在北已压扁，面向南，人架形态和骨骼保持原位。系仰身直肢一次葬。男，成年。随葬一件Ⅳ式穿孔石斧，横平放在距右髌骨上方厚约8厘米的填土中（图4-46）。

M191 近长方形竖穴土坑。墓坑长208厘米，宽70（北）~75（南）厘米，口距地面深42厘米，底距地面深62厘米。方向19°填土灰黄色杂土夹红烧土渣。人头骨在北已压扁，面向北，下颌骨移置头骨侧上方，肋骨脊椎骨散落于股骨处，胫骨腓骨朽没。系仰直式二次葬。男，成年。随葬陶器3件：有Ⅱ式圈足罐、B型Ⅲ式附盖盆形鼎、A型Ⅵ式残折敛口钵形豆。南部还有猪下颌骨3副。墓坑内西南角置一近扁圆形自然大石块，长·宽·厚约26×26×15厘米（图4-48；图版七三，1）。

M193 长方形竖穴土坑。墓坑长250厘米，宽115（北）~125（南）厘米，口距地面深45厘米，底距地面深115厘米。墓坑口以下30厘米处填土中，露出人架坑口四边青膏泥边框，坑长200厘米，宽60（北）~53（南）厘米，边宽1.5~3.5厘米，一般边宽2.5厘米，东、西、南三边自深3~8厘米，一般深3~4厘米。人架坑口北部内侧，有一层面积45×40厘米、厚2厘米的青膏泥面，与人架坑东、北

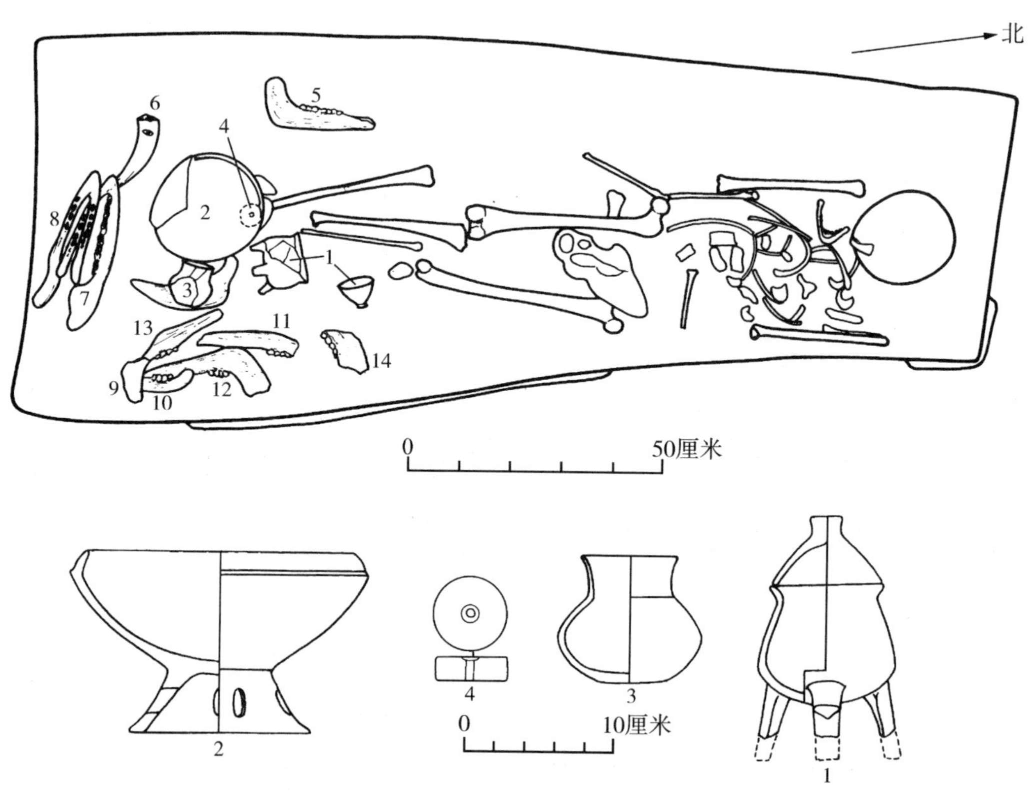

图4-47 M187平面图和随葬器物图

1. Ⅲ式附盖罐形鼎 2. DⅨ式折敛口钵形豆 3. AⅢ式平底壶 4. AⅠ式陶纺轮 7、8. 猪下颌骨2副 5、6、9~14. 猪下颌骨8片

边框相连而略低下2～3厘米，其南边有宽3～4厘米的边棱，与人架坑边框基本齐平。此方形青膏泥平面覆罩在距人头骨顶面17厘米处的正上方。人头骨下又敷抹一层青膏泥面，南北27厘米、东西约40厘米、厚2厘米，此青膏泥底面下再有3～4厘米厚的坑底垫土层。人架坑北边青膏泥框与墓坑壁贴靠一起，青膏泥下深35厘米，分别与人头骨上下方的两层青膏泥面相连。这样如“匚”形框匣状，在人头骨的上、下、北三面围起规整的青膏泥平面和立面。上述青膏泥边框和青膏泥平面，均当属涂抹在木质葬具上的遗迹。方向15°。填土，墓坑、人架坑中均为深灰色杂土夹红烧土渣；墓坑内的红烧土碎渣明显多于人架坑的。

人头骨反转上颌骨向北，顶骨和面部朝下，下颌骨在颅骨西侧反放，横放的一根肱骨东与骶骨相靠，另一根肱骨未见，盆骨两片一平放一竖立，两股骨併靠一起，一胫骨在股骨之西相平行，另一胫骨横放，脊椎骨很凌乱。系二次葬。男，25岁左右。人架坑内随葬器物7件：Ⅱ式穿孔石斧横放在股骨下端处，B型Ⅱ式石锛被压在右胫骨之下，脚部处有A型Ⅰ式附盖盆形鼎、A型Ⅰ式附盖觚形杯、A型Ⅱ式折敛口钵形豆、砺石、打制石刮削器。墓坑南端，自坑底起堆放大量猪下颌骨，最高处距坑底约50厘米，编号7～40，其中11、12、16、19、20、23、25、31、33、34、39号为左右片齐全的11整副，这些经鉴定均属青年家猪个体，余者为23块单片，有些猪下颌骨个体长达25～26厘米。另在猪下颌骨的下部，上距墓坑口约50厘米，下距坑底约10厘米处，有一片青膏泥，东西长62厘米，南北最宽处22厘米，厚约10厘米，小部分范围位置正处在人架坑南边青膏泥的下方，但两者不相连接（彩版二一，2；图4－49A、B）。

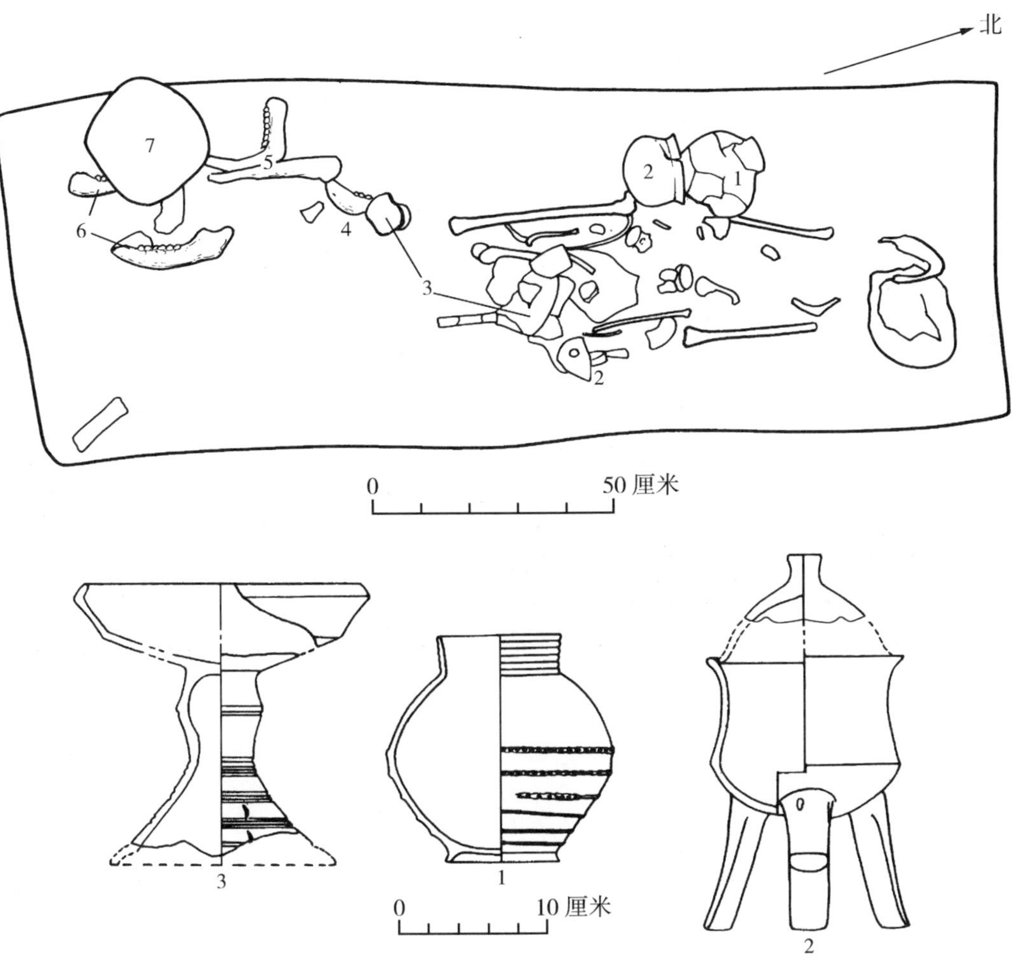

图4－48　M191平面图和随葬器物图

1. Ⅱ式圈足罐　2. BⅢ式附盖盆形鼎　3. AⅥ式残折敛口钵形豆　4～6. 猪下颌骨3副　7. 自然石块

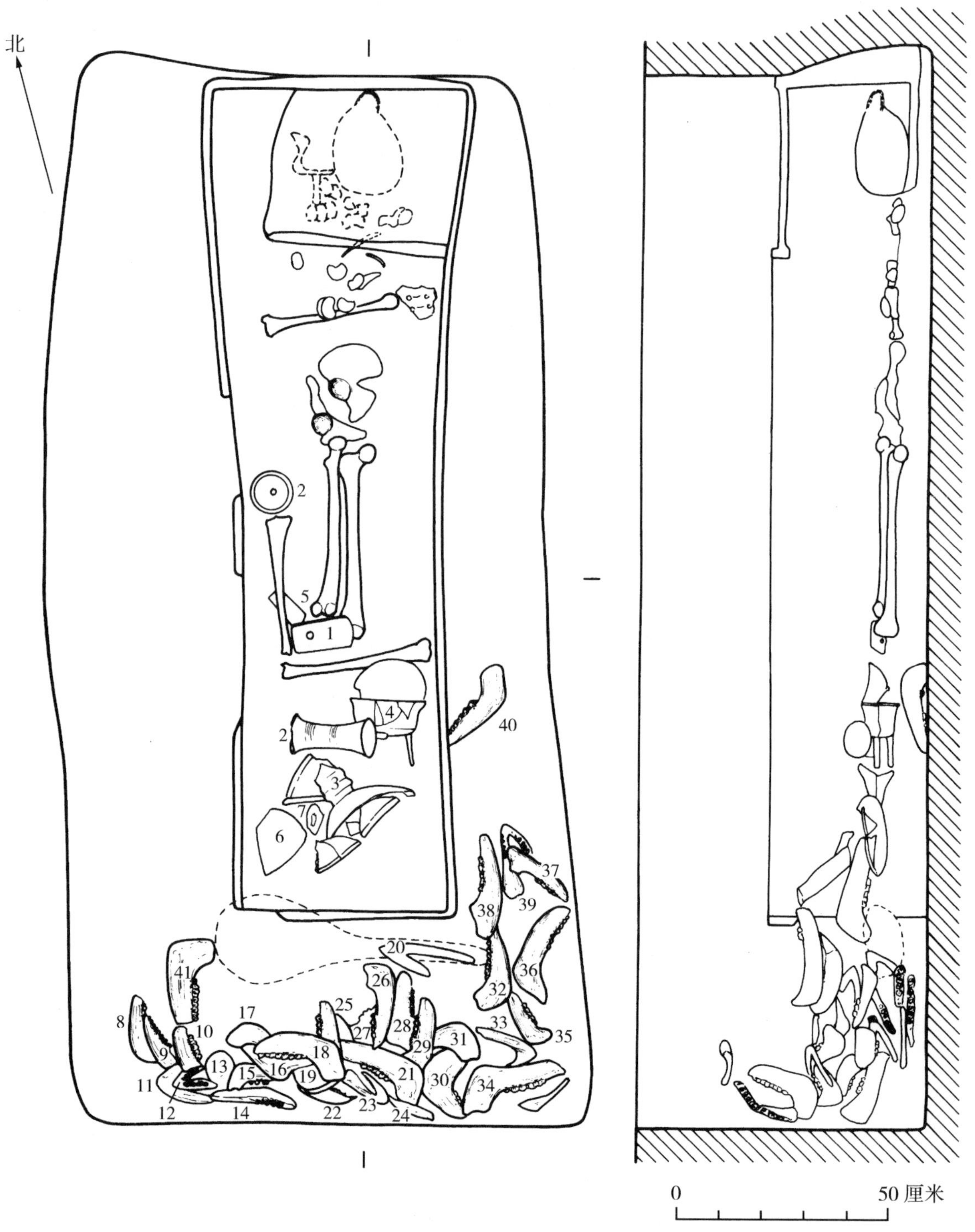

图 4－49A　　M193 平面、剖视图

M194　宽长方形竖穴土坑。墓坑长约 215 厘米，宽 147（北）~130（南）厘米，口距地面深 56 厘米，底距地面深 82 厘米。墓坑三边清楚，南边界限不明显。人架坑口与墓坑口同时显露，长 182 厘米，宽 92（北）~84（南）厘米，东、北、西三边坑口残存棕色胶泥边框，宽 1~5 厘米，自深 2~7 厘米。人架坑南边的东半部有棕色胶泥低于坑口 12~13 厘米，最宽处约 10 厘米，自深 6 厘米，部分粘附在坑底处的猪下颌骨上。方向 15°。填土深灰色杂土。人头骨在北已压扁，面向上，下颌骨横放在右肩部位置，左肱骨横放，盆骨分离一片已在胸部，肋骨脊椎骨凌乱，两股骨和胫骨腓骨错开较大距离而不依竖直排列，

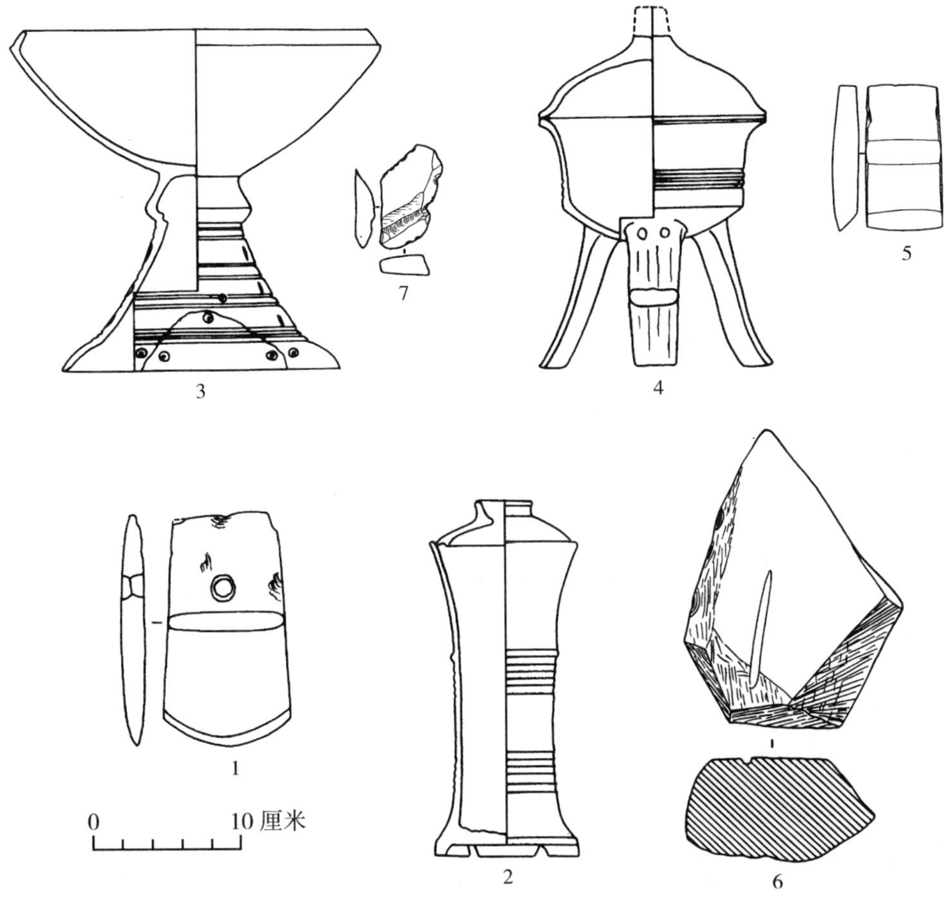

图 4－49B　　M193 随葬器物图

1. Ⅱ式穿孔石斧　2. AⅠ式附盖觚形杯　3. AⅡ式折敛口钵形豆　4. AⅠ式附盖盆形鼎　5. BⅡ式锛　6. 砺石　7. 石刮削器　11、12、16、19、20、23、25、31、33、34、39. 猪下颌骨 11 副　8～10、13～15、17、18、21、22、24、26～30、32、35～38、40、41. 猪下颌骨 23 片

右股骨压在猪下颌骨上。系仰直式二次葬。女，40 岁左右。上颌左侧门齿一枚生前人工拔除。人架坑底随葬器物 5 件：有 B 型Ⅲ式附盖盆形鼎、A 型Ⅱ式折敛口钵形豆、A 型Ⅰ式平底壶、A 型Ⅳ式（残）和 B 型Ⅳ式陶纺轮。还有猪下颌骨 2 副（14、26 号）和 24 片。大部分猪下颌骨放在人架坑内，有的猪下颌骨被人骨压住，少部分在墓坑东南角填土中。墓坑内东南方填土中专意掩埋一块大河卵石，长・宽・厚为 29×24×7 厘米（图 4－50；图版七三，2）。

M195　长方形竖穴土坑。墓坑长 203 厘米，宽 80（北）～75（南）厘米，口距地面深 44 厘米，底距地面深 77 厘米。墓坑内东、北、西三边的不同深度有长短宽窄不等的青膏泥条，当属敷抹在木质葬具上的遗迹，现形成人架坑，长约 180 厘米，宽 45 厘米。因木质朽烂发生变形，也使青膏泥随之受到挤压、塌陷。北边东段青膏泥条位置最高，在低于墓口约 15 厘米处即最先显露。东边青膏泥条较长，宽 1.5～2 厘米，已压在东侧边缘人骨架上。西边青膏泥条塌落在坑底成较宽的两段。在人两股骨间部位的坑底面，残留有极薄层草灰。方向 8°。填土浅灰色杂土。人头骨在北已压扁，稍歪放，面向南，脊椎骨肋骨很乱，左肱骨与头骨位置齐平，两片盆骨摆成相顺方向（不是相对称的原样），股骨与胫骨腓骨位置也不尽一致。系仰直式二次葬。男，30～35 岁。随葬器物 3 件：为 B 型Ⅴ式残折敛口钵形豆、B 型Ⅲ式残平底壶、砺石（图 4－51；图版七三，3）。

M197　墓坑仅西边北段显露，其他坑边不清，估计为长方形竖穴土坑。现存墓坑口距地面深 34 厘米，底距地面深 82 厘米。人架坑口距地面深 60 厘米，东边北小段清楚，西边北小段有窄黄胶泥条纵长

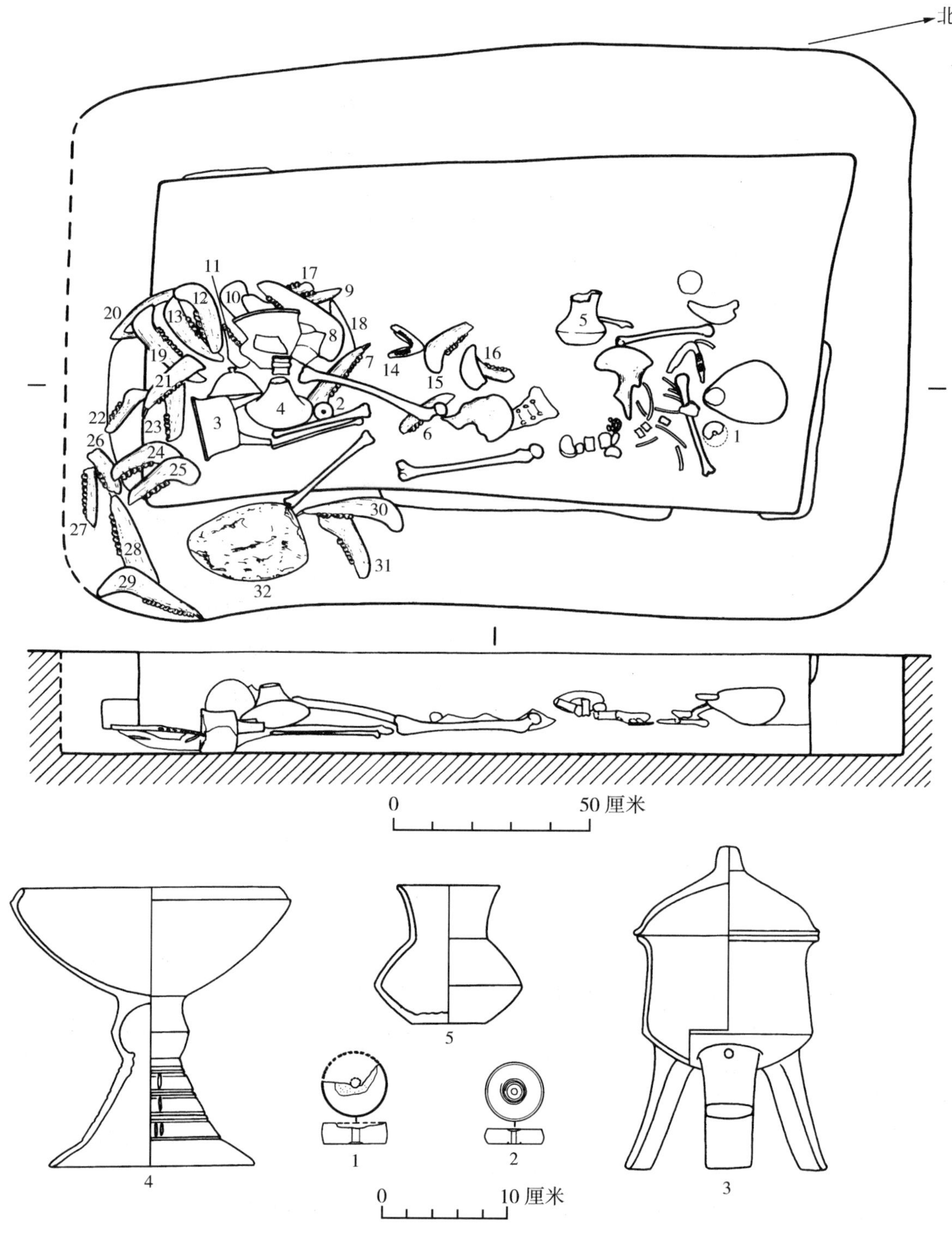

图 4－50　M194 平面、剖视图和随葬器物图

1. AⅣ式残陶纺轮　2. BⅣ式陶纺轮　3. BⅢ式附盖盆形鼎　4. AⅡ式折敛口钵形豆
5. AⅠ式平底壶　14、16. 猪下颌骨 2 副　6～13、15、17～31. 猪下颌骨 24 片

58 厘米，宽 0.7～1 厘米，其他人架坑边不清楚，估计长约 200 厘米，宽 70 厘米。方向 10°。填土深灰色杂土夹些红烧土渣。人头骨在坑北偏在西边，已压扁，两盆骨移到头骨东边，盆骨北为横放的肱骨、尺骨、桡骨和几根零散肋骨，两股骨斜放，股骨头均朝向东，一根肱骨被压在陶鬶之下。系仰直式二次葬。女，40～45 岁。随葬陶器 12 件：有 A 型Ⅵ式折敛口钵形豆（涂朱），豆盘、豆把分离放在股骨两端，A

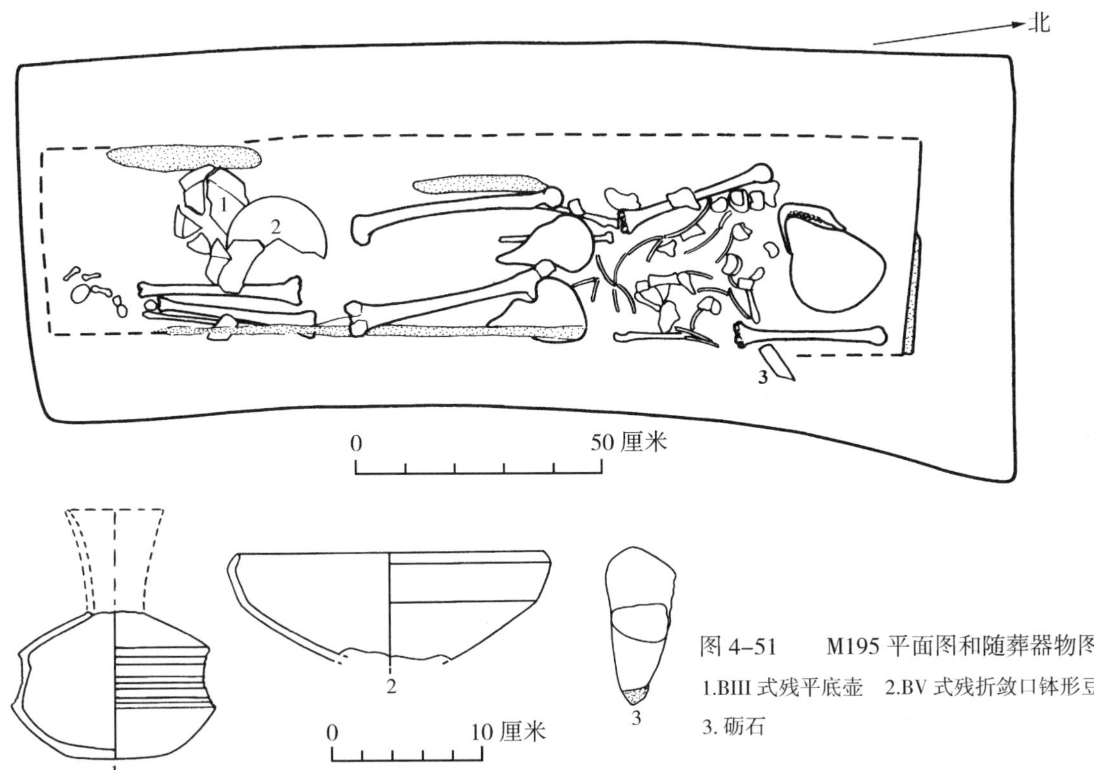

图 4-51　M195 平面图和随葬器物图
1.BIII 式残平底壶　2.BV 式残折敛口钵形豆　3. 砺石

型Ⅲ式觚形杯（涂朱），A 型Ⅳ式平底壶在股骨之下的垫土中，A 型Ⅱ式陶纺轮，圈足碗（涂朱）部分碎片外露、部分在垫土中，Ⅰ式三足罐（涂朱），A 型Ⅲ式盆，A 型Ⅰ式附盖盆形鼎，鼎盖被压在陶钵之下，B 型Ⅴ式鬶压在一胫骨之上，Ⅱ式附盖三足壶（涂朱），A 型Ⅵ式钵，甑。墓坑南端二层台上堆放大量猪下颌骨，骨殖较酥，粘连一起，个体一般较小，长 20 厘米左右，堆放体积大体长 90、宽 35、高 25 厘米，总数约 50 副（图 4－52；图版七三，4）。

M204　长梯形竖穴土坑。墓坑长 153 厘米，宽 75（北）～58（南）厘米，坑底距地面深 30 厘米。因离耕土层近，部分被扰。方向 13°。填土浅灰色杂土夹少量红烧土渣。人头骨在北，面向下，肱骨模糊，尺骨桡骨肋骨盆骨已朽，下肢骨尚存。系直肢二次葬。儿童，2～3 岁。随葬陶器 4 件均残，为 D 型Ⅴ式折敛口钵形豆、Ⅲ式附盖罐形鼎、Ⅲ式三足罐（2 件）。还有猪下颌骨 5 副，分置于头部、中部右侧及趾骨部位（图 4－53）。

M208　近宽梯形竖穴土坑。墓坑长 210 厘米，宽 170（北）～155（南）厘米，口距地面深 28 厘米，底距地面深 66 厘米。墓坑内偏西侧有人架坑，长 210 厘米，宽 93 厘米；四边均有青膏泥条，宽 2～9 厘米，南、北边青膏泥顶面与大墓坑口齐平，下深 38 厘米直延至坑底，东、西边青膏泥顶面低于大墓坑口 17 厘米，下深 21 厘米直延至坑底。人架坑东、西两边与大墓坑间为熟土二层台，西窄东宽，西宽 8～20 厘米，东宽 70～45 厘米。方向 12°。填土灰黄色杂土夹少量红烧土渣和炭末。人头骨在北已压扁，肱骨尚存，尺骨桡骨残存少量，股骨侧转，脊椎骨胫骨腓骨已朽没。系仰直式二次葬。可能女性（?），成年。随葬器物共 4 件，其中 3 件在人架坑内，为 A 型Ⅴ式陶纺轮、D 型Ⅱ式盆、Ⅱ式圈足壶，还有猪下颌骨 3 副。东北角二层台上有 B 型Ⅱ式觚形杯（图 4－54；图版七四，1）。

M209　近长方形竖穴土坑。附泥边框坑长 213 厘米，宽 62（北）～67（南）厘米，口距地面深 25 厘米，底距地面深 44 厘米。东、西两坑边有断续黄胶泥条，宽 1～2 厘米。方向 7°。填土灰黄色杂土夹少量红烧土渣和炭末。人头骨在北，上下颌骨转向左（东）侧，面向上，尺骨斜向，残存部分盆骨，右股骨侧置，右胫骨腓骨分离。系仰直式二次葬。男，45 岁左右。随葬器物 7 件：有陶盘、残石斧、B 型Ⅲ式陶纺轮、Ⅴ式残盆形豆、Ⅱ式附盖罐形鼎、B 型Ⅴ式折敛口钵形豆、B 型Ⅵ式鬶（图 4－55；图版七四，2）。

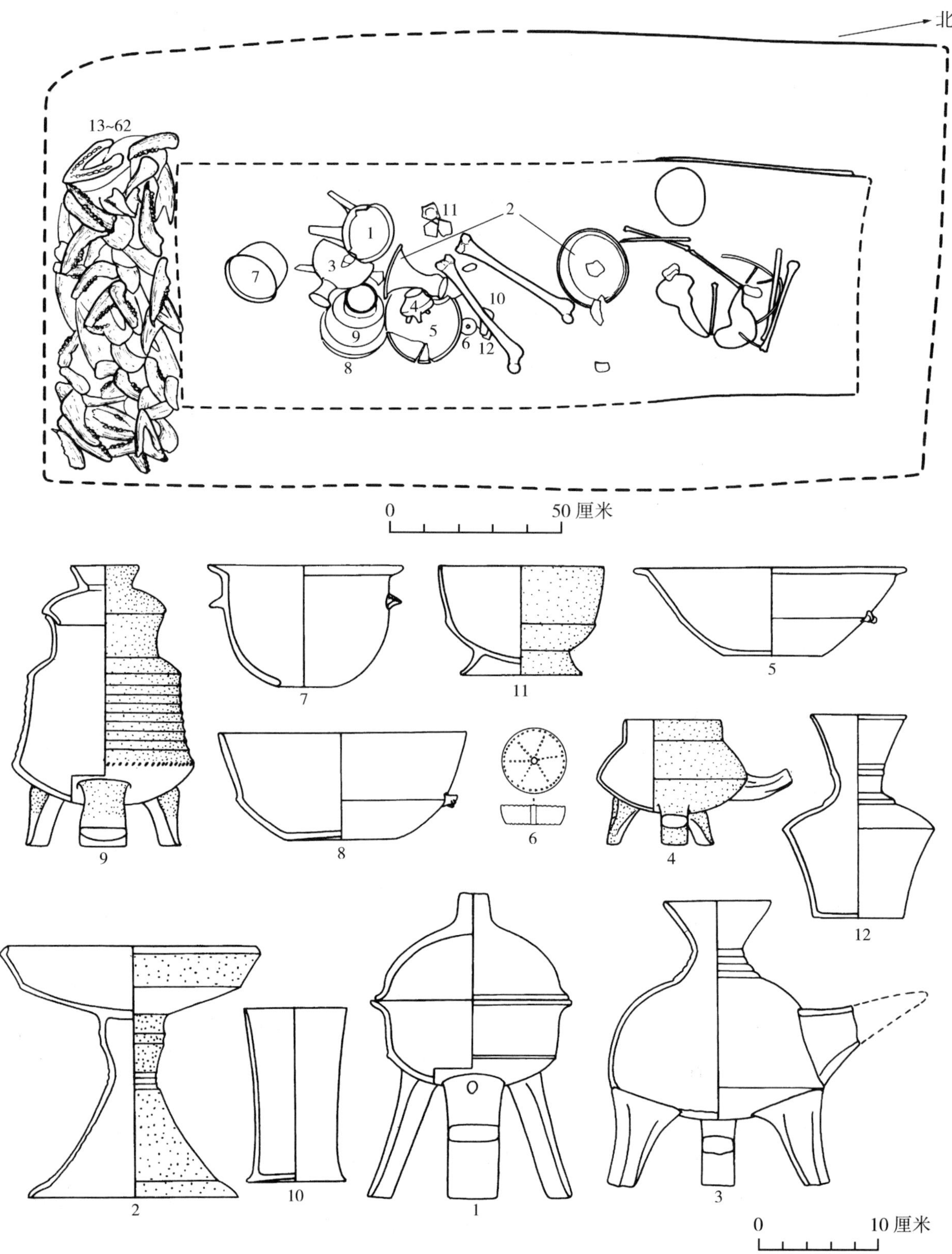

图4－52　M197平面图和随葬器物图

1. AⅠ式附盖盆形鼎　2. AⅥ式折敛口钵形豆　3. BⅤ式鬶　4. Ⅰ式三足罐　5. AⅢ式盆　6. AⅡ式陶纺轮　7. 甑　8. AⅥ式钵　9. Ⅱ式附盖三足壶　10. AⅢ式觚形杯　11. 碗　12. AⅣ式平底壶　13～62. 猪下颌骨约50副

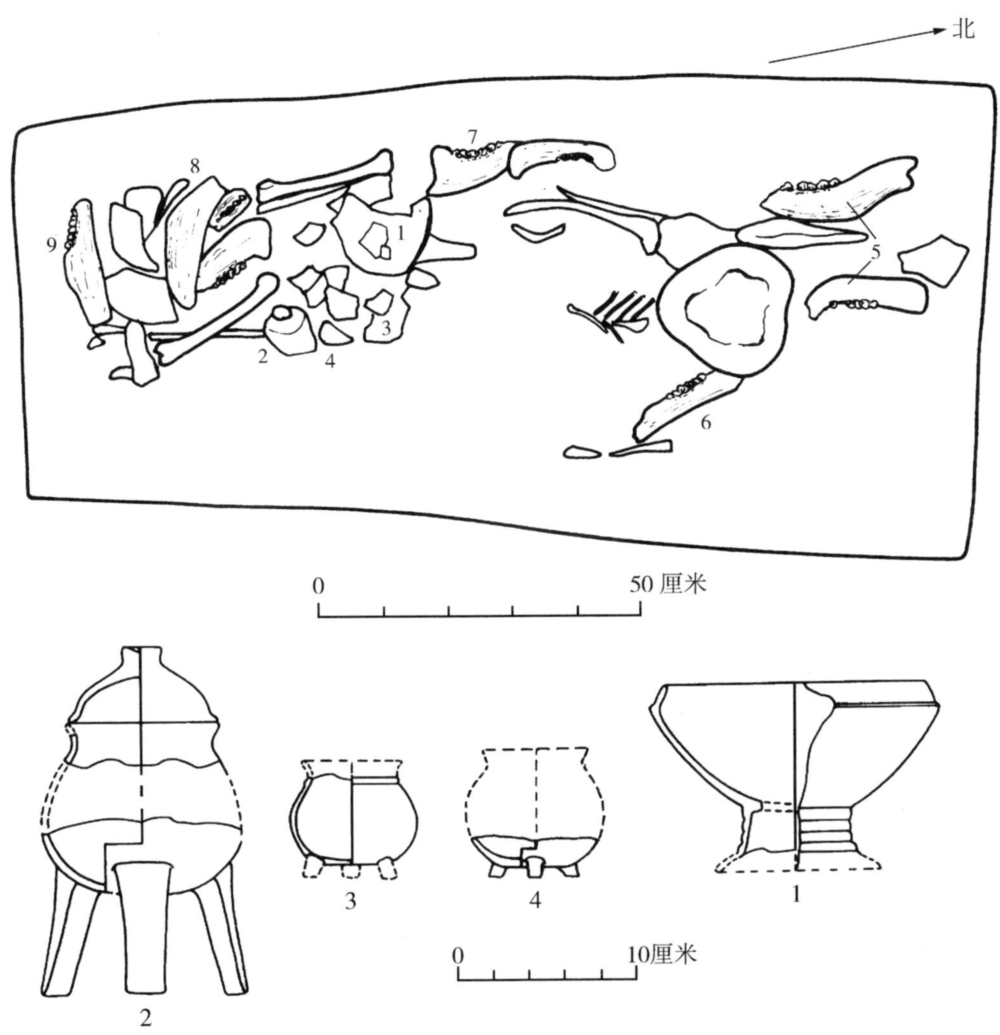

图4－53　M204平面图和随葬器物图

1. DⅤ式残折敛口钵形豆　2. Ⅲ式附盖残罐形鼎　3. Ⅲ式残三足罐　4. Ⅲ式残三足罐　5～9. 猪下颌骨5副

M211　近窄长梯形竖穴土坑。附泥边框坑长186厘米，宽70（北）～55（南）厘米，口距地面深20厘米，底距地面深51厘米。仅北坑边口部有断续黄胶泥。坑底北高南低稍倾斜，高差约14厘米。方向27°。填土灰黄色杂土。人头骨在北，面向右，骨殖整齐不乱不缺。系仰身直肢一次葬。男，50～55岁。左手上压一块陶豆片，下端一块似锛形的打制石片，右尺骨处一块穿孔石斧的孔边碎块，胸腹间一件Ⅲ式搓磨石。在盆骨上特意镇压一大块卵石，长·宽·厚为30×25.5×18厘米（图4－56；图版七四，3）。

M213　窄长方形竖穴土坑。墓坑长185厘米，宽59（北）～64（南）厘米，口距地面深24厘米，底距地面深61厘米。四边清晰，清理中较易脱边，露出较硬的坑壁。方向23°。填土深灰色杂土。人头骨在北，肋骨凌乱，缺右肱骨，左尺骨移放盆骨上，盆骨散开错位，两股骨头方向相反。系仰直式二次葬。男，30～35岁。随葬器物6件：有A型Ⅱ式钵、B型Ⅳ式石锛（局部被钵所压）、Ⅱ式三足罐、D型Ⅳ式折敛口钵形豆、Ⅱ式附盖罐形鼎、Ⅳ式搓磨石（图4－57；图版七四，4）。

M216　近窄长梯形竖穴土坑。附泥边框坑长186厘米，宽45（北）～52（南）厘米，现存口距地面深16厘米，底距地面深31厘米。坑南边有青膏泥条，宽3厘米，下延直到坑底。方向37°。填土灰黄色杂土。人头骨在北已压扁，面向左（东），部分脊椎骨散落在右肱骨外侧，残存少量盆骨压在北端股骨之上，趾骨模糊一片。系仰直式二次葬。男，40岁左右。随葬器物3件：左、右尺骨桡骨上各套一件石镯，股骨旁有A型Ⅰ式陶纺轮（图4－59；图版七五，1、2）。

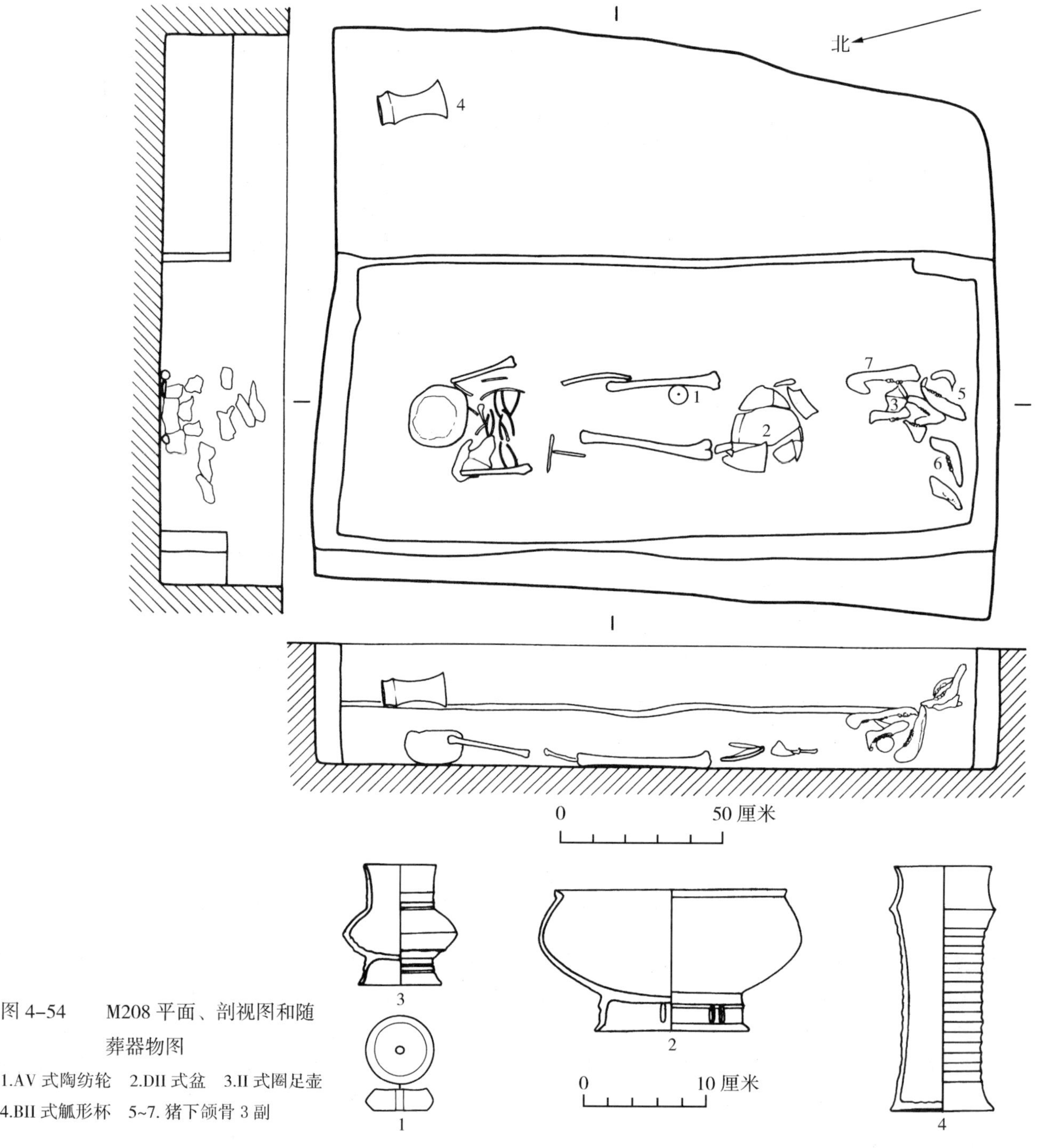

图 4-54 M208 平面、剖视图和随葬器物图
1.AV 式陶纺轮 2.DII 式盆 3.II 式圈足壶 4.BII 式觚形杯 5~7. 猪下颌骨 3 副

M217 长方形竖穴土坑。附泥边框坑长 205 厘米，宽 60 厘米，现口距地面深 16 厘米，底距地面深 42 厘米。四边有青膏泥，条宽 4～6 厘米，自深约 15 厘米。方向 21°。填土灰黄色杂土。人头骨在北，一髋骨横放，右股骨圆头朝坑底，右胫骨斜压在右腓骨上。系仰直式二次葬。可能男性（?），成年。随葬器物 10 件：左股骨外侧有 C 型Ⅰ式残石凿、C 型Ⅳ式和 C 型Ⅴ式锛，股骨南端有 B 型Ⅲ式鬶，脚部位置有 A 型Ⅱ式和 B 型Ⅲ式陶纺轮、D 型Ⅳ式折敛口钵形豆、B 型Ⅰ式钵、D 型Ⅱ式残盆、Ⅸ式圈足壶（图 4－58；图版七五，3）。

M218 长方形竖穴土坑。墓坑长 205 厘米，宽 86（北）～78（南）厘米，口距地面深 26 厘米，底距地面深 61 厘米。墓坑口以下深 15 厘米处填土中，露出棕色胶泥边框的人架坑，长 177 厘米，宽 65 厘米，泥条边宽 2～3 厘米，厚（自深）2～3. 5 厘米。西边北半部的棕色胶泥已粘附墓坑壁上，平面上所露

图 4－55 M209 平面图和随葬器物图

1. 盘 2. BⅢ式陶纺轮 3. 残石斧 4. Ⅴ式残盆形豆 5. Ⅱ式附盖罐形鼎 6. BⅤ式折敛口钵形豆 7. BⅥ式鬶

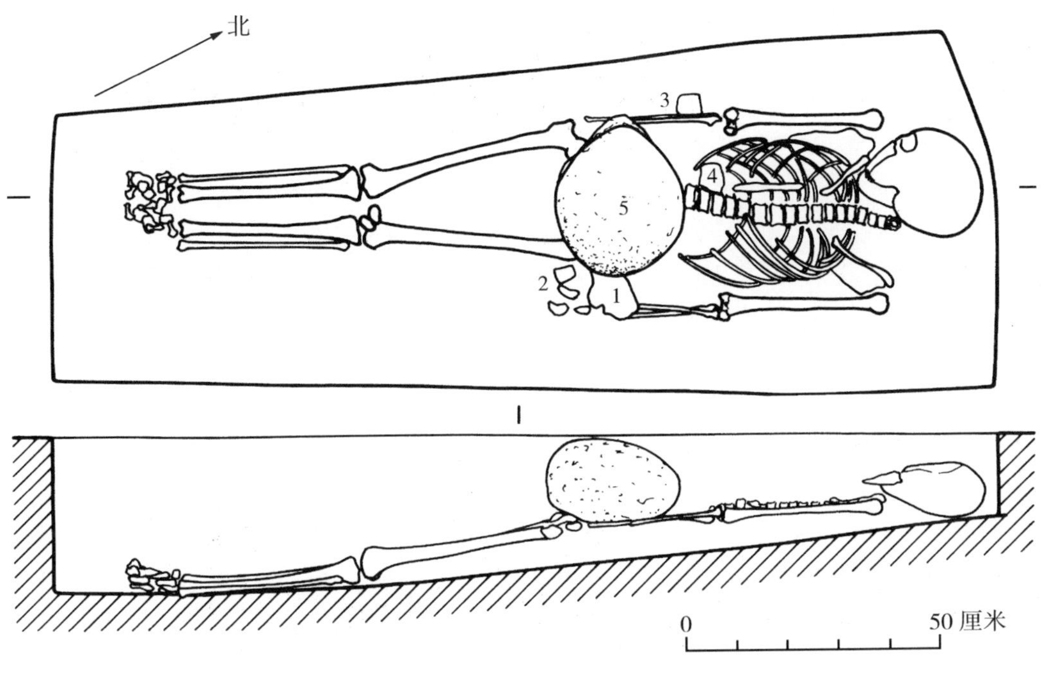

图 4－56 M211 平面、剖视图

1. 陶豆片 2. 打制石片 3. 穿孔石斧片 4. Ⅲ式搓磨石 5. 自然石块

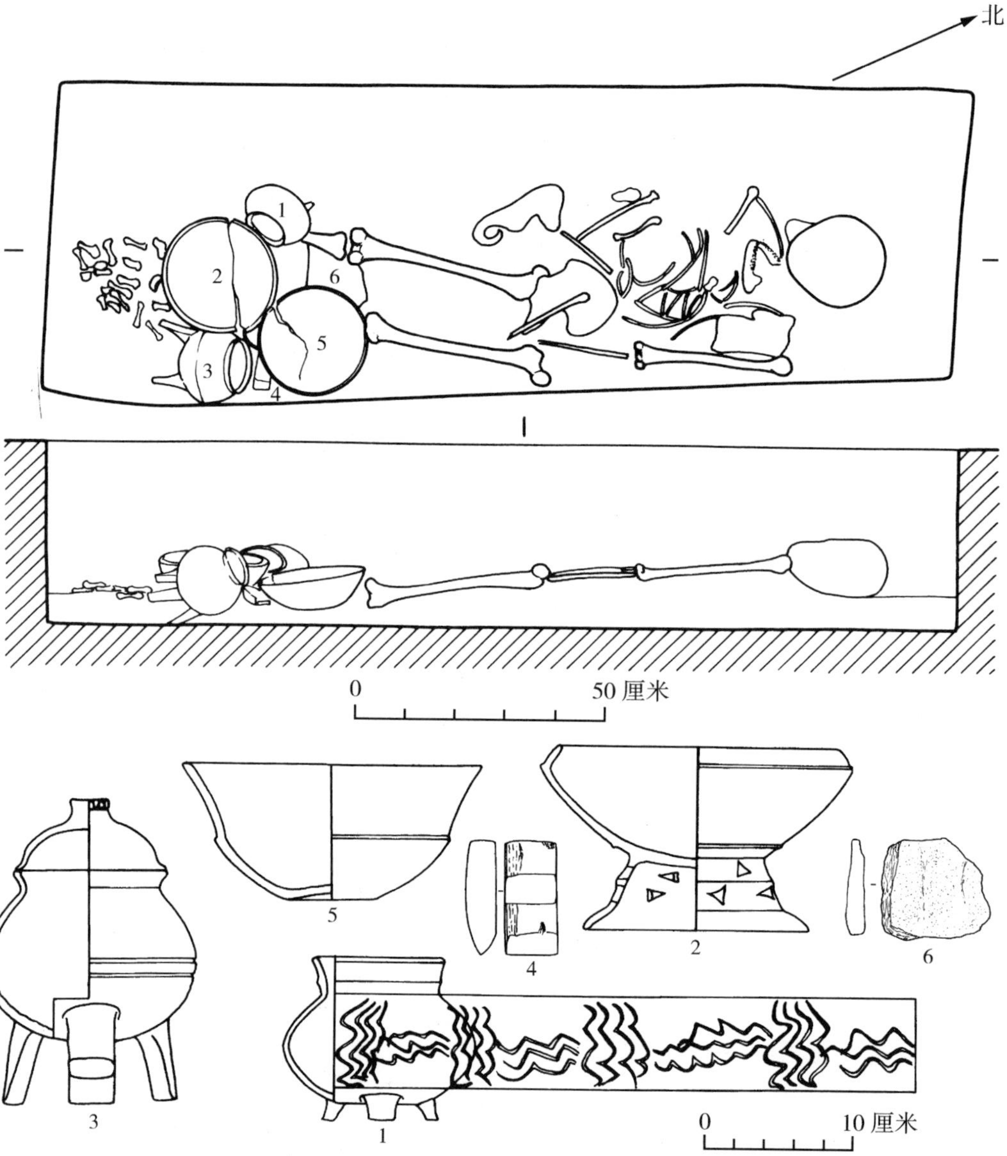

图4－57 M213平面、剖视图和随葬器物图

1. Ⅱ式三足罐 2. DⅣ式折敛口钵形豆 3. Ⅱ式附盖罐形鼎 4. BⅣ式石锛 5. AⅡ式钵 6. Ⅳ式搓磨石

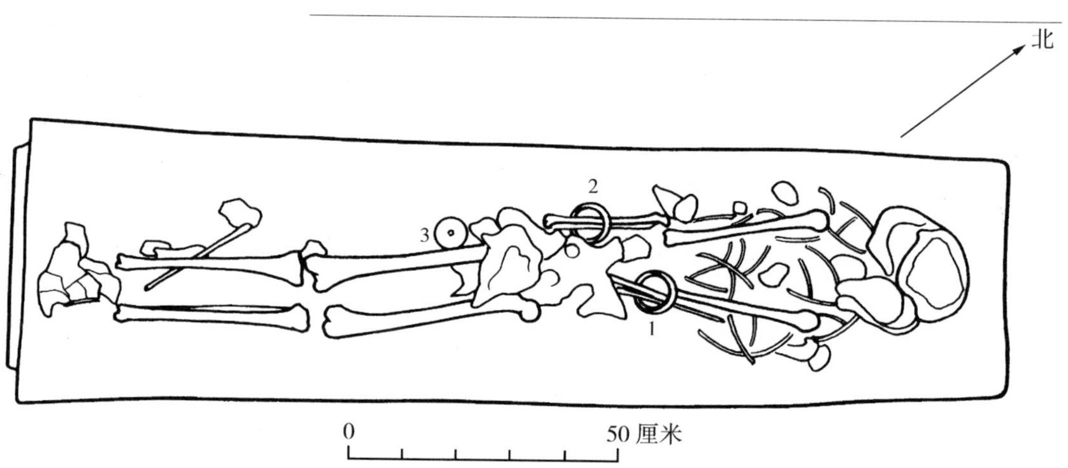

很少。南边的棕色胶泥被压在猪下颌骨之下。人架坑四周形成高 20 厘米、最宽处 23 厘米的熟土二层台。方向 20°。填土，两坑内均为深灰色杂土并含较多炭末，但无明显红烧土渣。人头骨在北已压扁，下颌骨在颅骨西侧，头骨南侧有一肩胛骨，肩胛骨之南横放胸骨，肋骨脊椎骨凌乱，盆骨分开三块散放在东、西边和中部，两股骨位置移动很大，左右边的上下肢骨都未依直排列，整体骨骼较细。系二次葬。可能女性(?)，16～17 岁。随葬器物 7 件：头骨右侧一件Ⅱ式石玦，其他为陶器均在胫骨部位，有Ⅳ式圈足罐、A

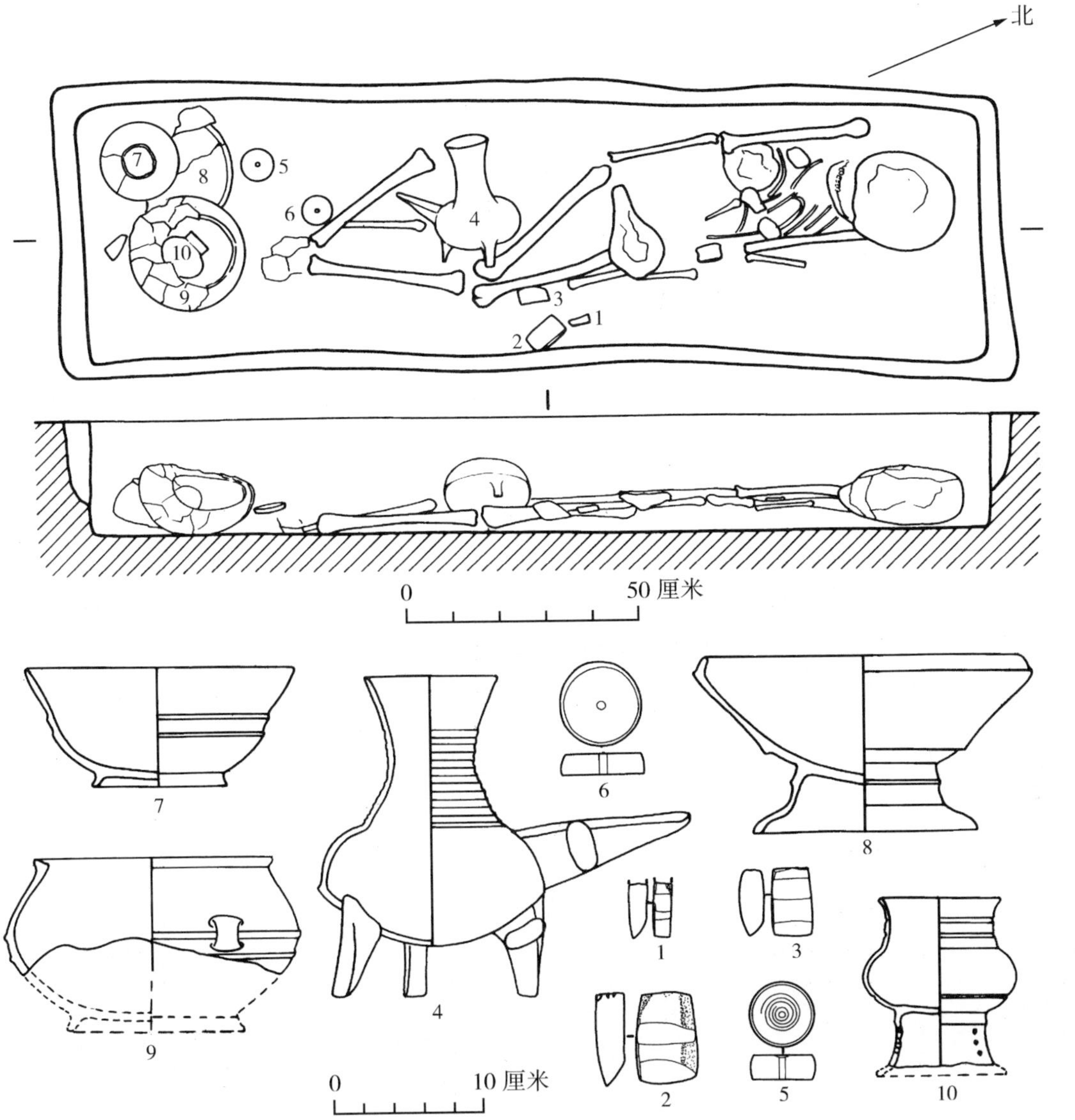

图 4－58　M217 平面、剖视图和随葬器物图

1. CⅠ式残石凿　2. CⅣ式石锛　3. CⅤ式石锛　4. BⅢ式鬶　5. BⅢ式陶纺轮　6. AⅡ式陶纺轮　7. BⅠ式钵　8. DⅣ式折敛口钵形豆　9. DⅡ式残盆　10. Ⅸ式圈足壶

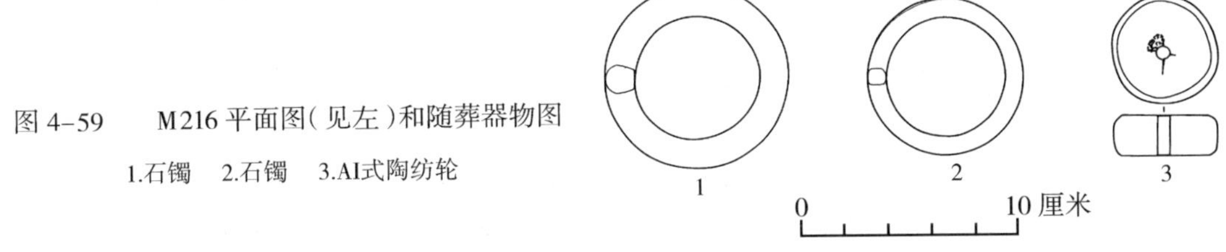

图 4－59　M216 平面图（见左）和随葬器物图

1.石镯　2.石镯　3.AI式陶纺轮

型Ⅰ式平底壶、A型Ⅰ式钵、D型Ⅳ式折敛口钵形豆、B型Ⅱ式附盖鬶、Ⅱ式附盖罐形鼎。还有猪下颌骨6整副（编号10、13、14、15、18、20）和13片，均位于南部高出坑底16厘米的填土中。填土中还出土一块夹粗砂细密绳纹白陶片（图4－60；彩版二二，1）。

M221 窄长方形竖穴土坑。附泥边框坑长205厘米，宽65厘米，口距地面深22厘米，底距地面深70厘米。东、北、西三边有青膏泥，宽2.5厘米，自深12厘米。方向13°。填土浅灰色杂土夹有少量红

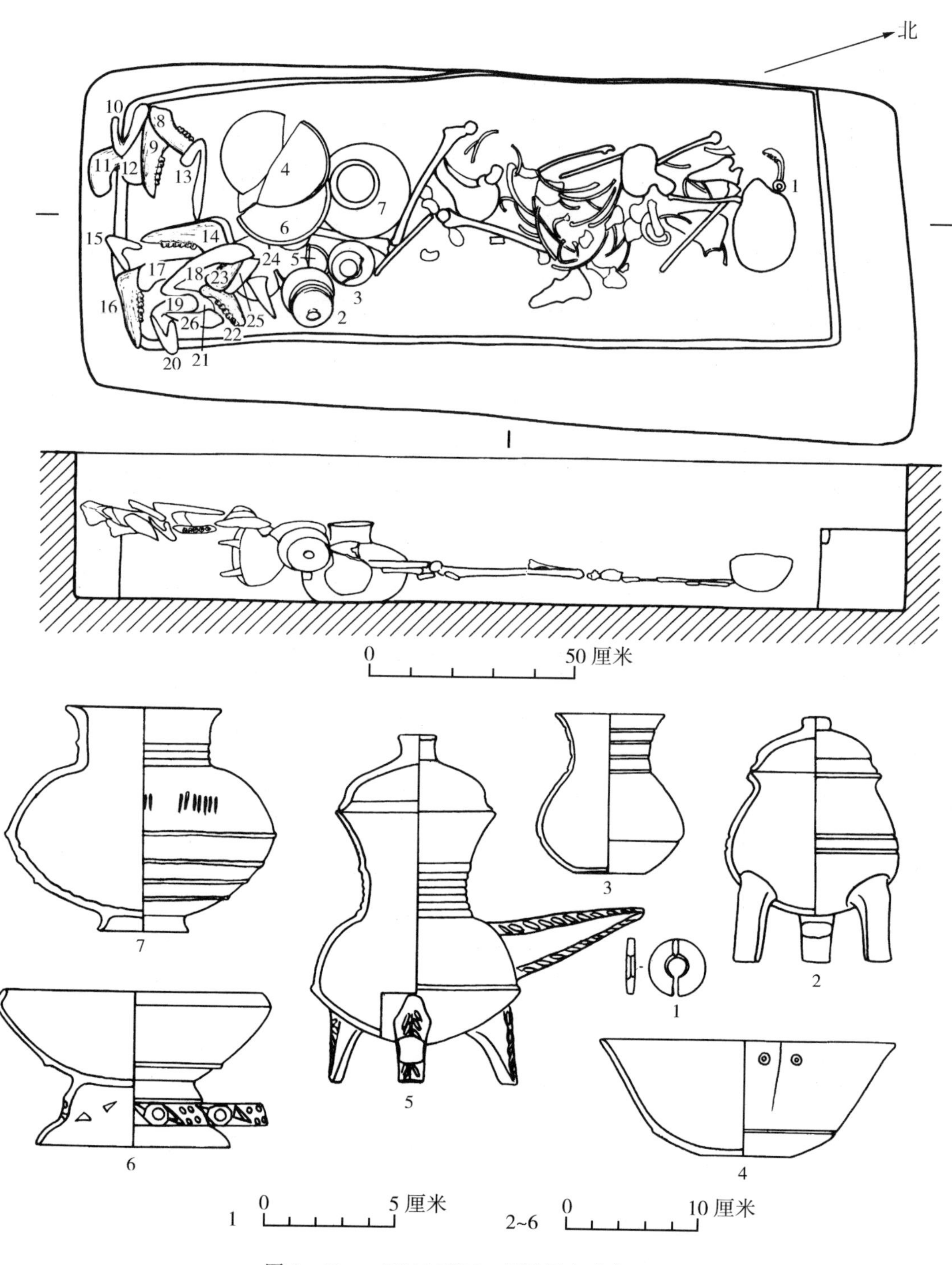

图4－60 M218平面、剖视图和随葬器物图

1. Ⅱ式玦 2. Ⅱ式附盖罐形鼎 3. AⅠ式平底壶 4. AⅠ式钵 5. BⅡ式附盖鬶 6. DⅣ式折敛口钵形豆 7. Ⅳ式圈足罐 10、13～15、18、20. 猪下颌骨6副 8、9、11、12、16、17、19、21～26. 猪下颌骨13片

烧土粒和炭末。人头骨在北已压扁，南侧有下颌骨，两肱骨在头骨两旁，盆骨骶骨散放三处，残骶骨压在右肱骨上，两股骨头同朝向右边，脊椎骨很少，肋骨凌乱。系仰直式二次葬。男，成年。随葬器物 4 件：为 D 型Ⅱ式折敛口钵形豆、Ⅰ式附盖釜形鼎、Ⅰ式残圈足壶、C 型Ⅴ式石锛。南部人骨和陶器上压着三具小狗骨架和一具乳猪骨架，仅头骨和一段脊椎骨保存略好，其中 7、8 号的头骨斜昂已接近现存的墓口处（图 4－61；彩版二二，2）。

M222　耕土地层下即露出人骨架，墓坑四边不清楚，底距地面深 26 厘米。方向 9°。填土灰黄色杂土。骨质酥软，但骨架原状保存较好，人头骨在北已压扁碎。系仰身直肢一次葬。女，成年。随葬器物 2 件：为 C 型Ⅲ式石锛、石管 1 件（图 4－62；图版七五，4）。

M223　长方形竖穴土坑。墓坑长 200 厘米，宽 96（北）～94（南）厘米，现口距地面深 20 厘米，底距地面深 50 厘米。坑内西侧有稍高出坑底的长条二层台。坑底横剖面略呈凹弧形，表面残存很薄层灰烬，被垫在人骨架之下。方向 13°。填土灰黄色杂土夹少量烧土渣和炭末。人头骨在北，面向右（西），脊椎骨凌乱，骶骨大部分腐朽，右股骨头朝上。系仰直式二次葬。男，45 岁左右。随葬器物 5 件：B 型Ⅰ式石钺、C 型Ⅰ式石锛相叠压一起置于右胫骨腓骨上，二层台上有Ⅰ式小口矮领罐、Ⅲ式残圈足罐、A 型Ⅰ式钵，还有长 22 厘米近半月形的自然大石块（图 4－63；图版七六，1）。

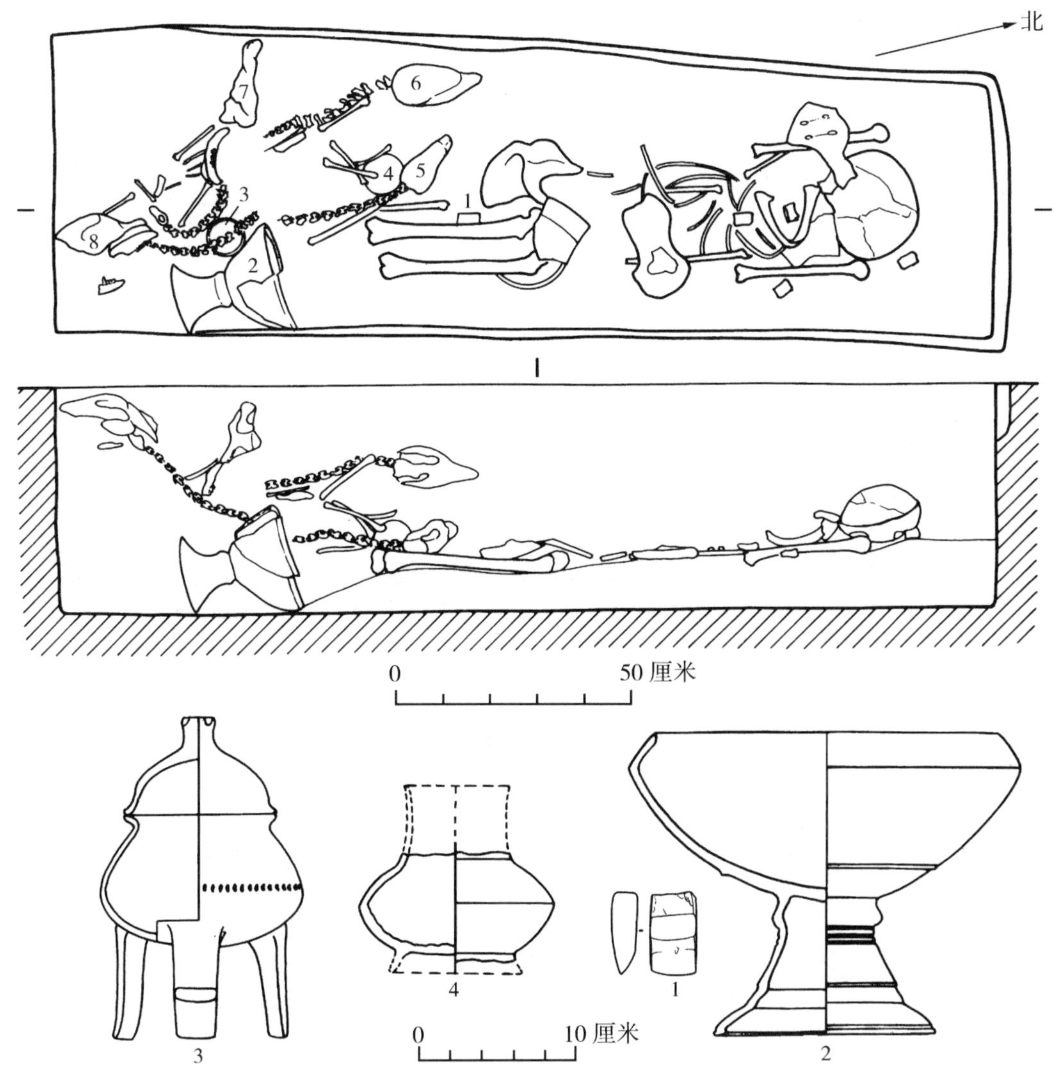

图 4－61　M221 平面、剖视图和随葬器物图

1. CⅤ式石锛　2. DⅡ式折敛口钵形豆　3. Ⅰ式附盖釜形鼎　4. Ⅰ式残圈足壶　5、7、8. 小狗骨架 3 具　6. 乳猪骨架 1 具

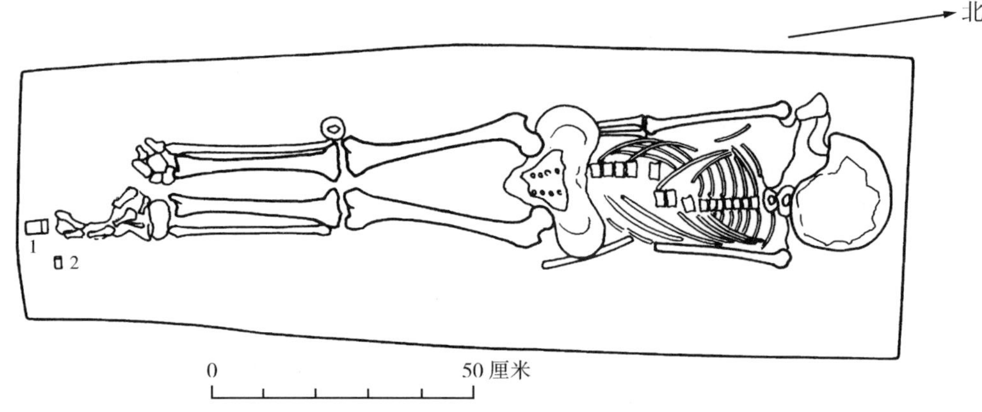

图4－62　M222平面图和随葬器物图（见右）

1. CⅢ式石锛　2. 石管

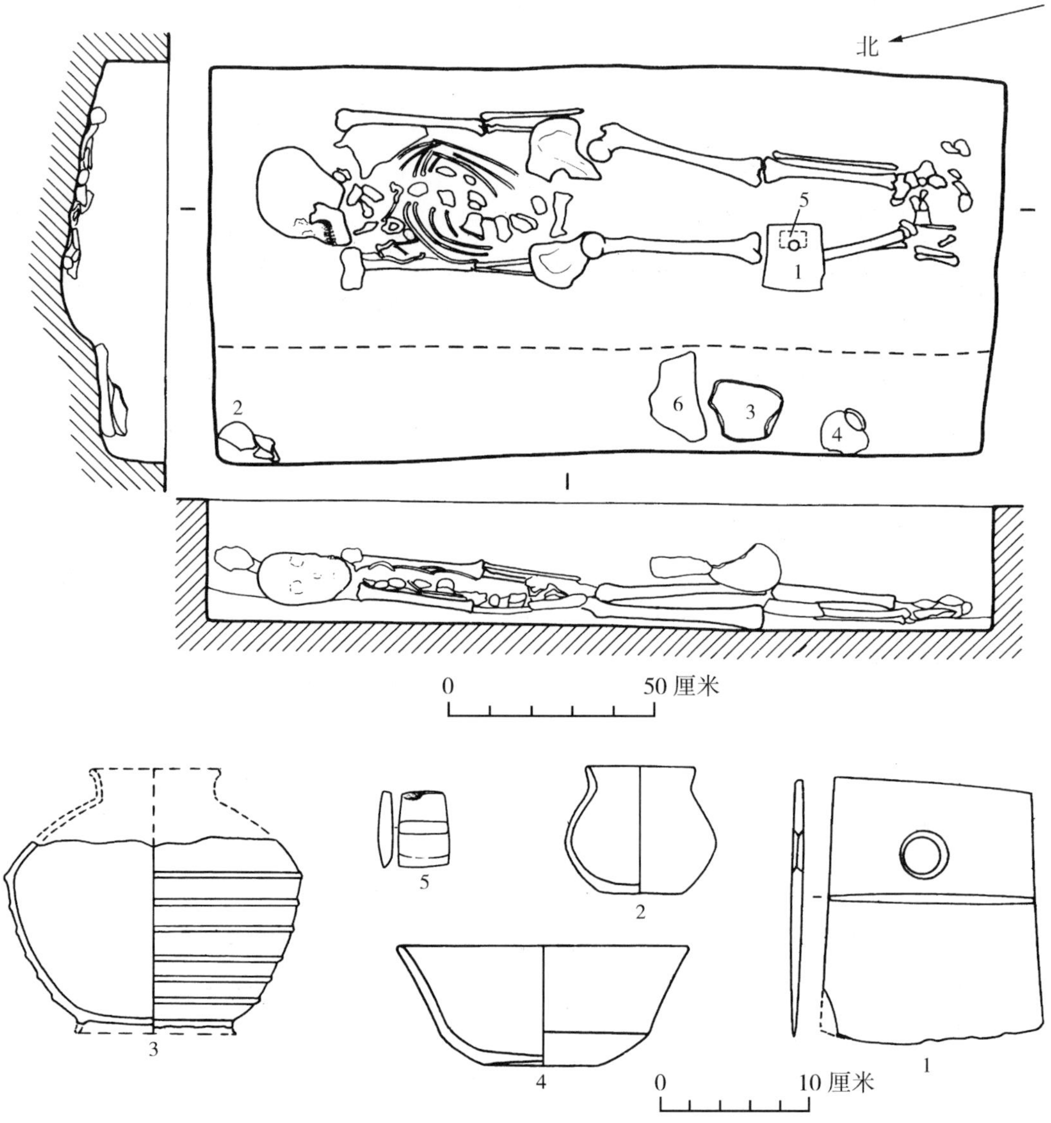

图4－63　M223平面、剖视图和随葬器物图

1. BⅠ式石钺　2. Ⅰ式小口矮领罐　3. Ⅲ式残圈足罐　4. AⅠ式钵　5. CⅠ式锛　6. 自然石块

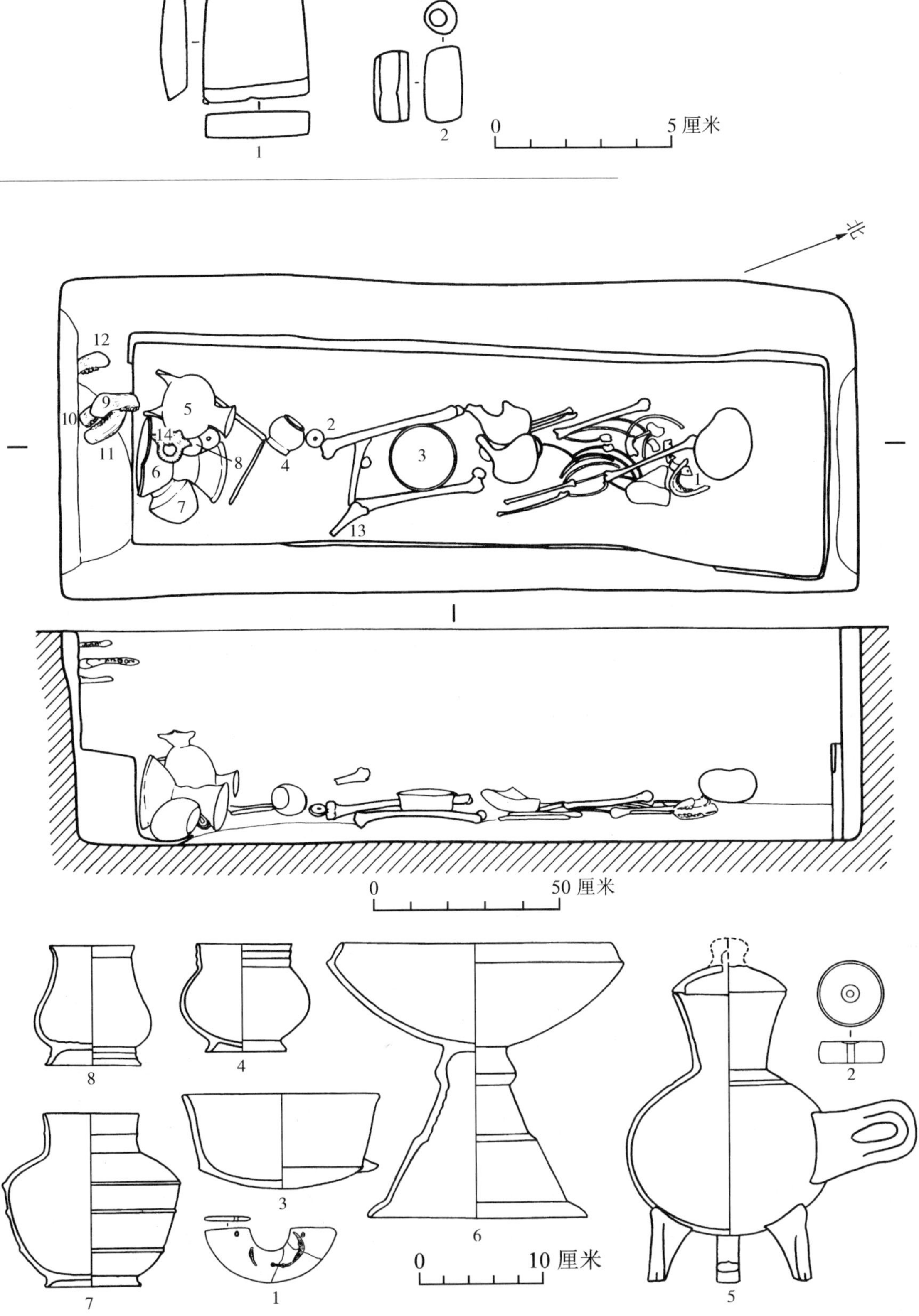

图4－64　M225平面、剖视图和随葬器物图

1. Ⅶ式璜　2. AⅢ式陶纺轮　3. AⅣ式钵　4. Ⅵ式圈足罐　5. A型附盖鬶　6. AⅣ式折敛口钵形豆　7. Ⅶ式圈足壶　8. Ⅰ式觯　9～12. 猪下颌骨4片　13. 兽肢骨　14. 兽椎骨

M225 长方形竖穴土坑。墓坑长216厘米，宽85厘米，口距地面深48厘米，底距地面深106厘米。墓坑南北两端坑壁有青膏泥，宽5～6厘米，从坑口起贴附坑壁直延至坑底。墓坑口以下深33厘米填土中，露出规整的青膏泥边框，长190厘米，宽55厘米，以此为标志形成人架坑，其四周即为熟土二层台，高25厘米，大部分地段宽12～18厘米。东边青膏泥稍有断缺，西边的保存最好，宽2～3厘米，自深5～6厘米。在南部，边框的青膏泥和墓坑壁青膏泥因部分向下塌落堆在坑底而相连接。人架下普遍有极薄一层黑色木质朽痕，厚1毫米左右，纹理南北纵向，当与葬具有关。方向20°。填土，墓坑和人架坑内均深灰色杂土。

人头骨在北，下颌骨反置在颅骨东南方，左肱骨压在肋骨上并紧靠头骨南侧，两盆骨顺放一边并稍搭压，两股骨间横放一胫骨和一髌骨，胫骨腓骨分离，脊椎骨肋骨凌乱。系仰直式二次葬。女，45岁左右。随葬器物8件：Ⅶ式石璜被压在下颌骨和肱骨下，A型Ⅳ式钵正放在两股骨间，其他有A型Ⅲ式陶纺轮、Ⅵ式圈足罐、A型附盖鬶、Ⅰ式觯、A型Ⅳ式折敛口钵形豆以及Ⅶ式圈足壶，均在人架坑南部。还随葬有兽骨：陶鬶上放一节可能牛的大脊椎骨，高出人左股骨南端5～6厘米的填土中出土一段兽肢骨，南端墓坑口以下6～15厘米的填土中有猪下颌骨4片（图4－64；图版七六，2）。

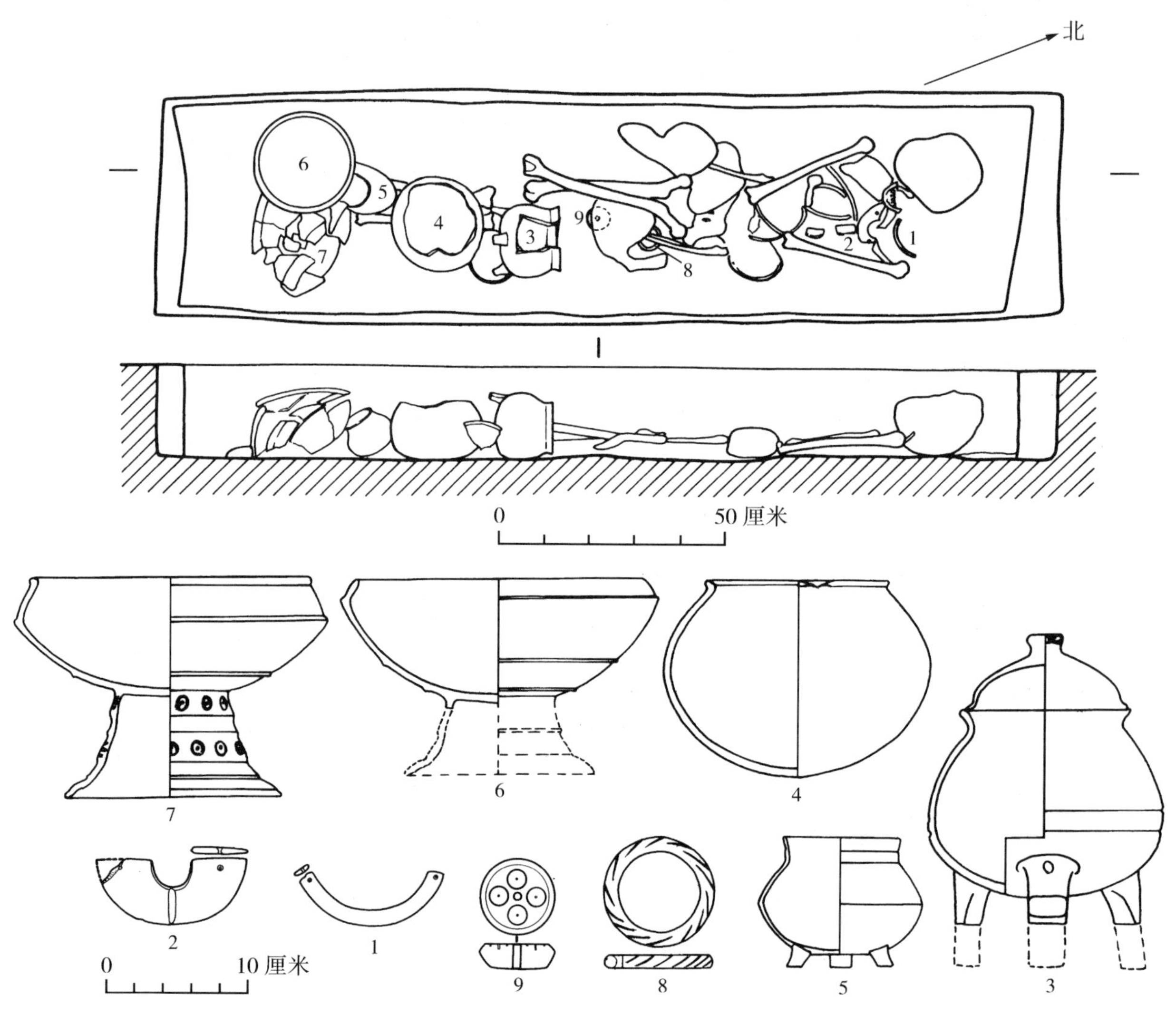

图4－65　M227平面、剖视图和随葬器物图

1. Ⅱ式璜　2. Ⅶ式璜　3. Ⅲ式附盖罐形鼎　4. 釜　5. Ⅱ式三足罐　6. DⅣ式残折敛口钵形豆　7. DⅢ式折敛口钵形豆　8. 陶镯　9. AⅤ式陶纺轮

M227　窄长方形竖穴土坑。附泥边框坑长199厘米，宽52厘米，口距地面深33厘米，底距地面深53厘米。四边有青膏泥，宽3～10厘米，下延直至坑底，在北、南两头坑底面上还各有一条带状青膏泥。方向20°。填土灰黄色杂土夹少量炭末。人头骨在北已压扁，下颌骨在其南侧，肋骨脊椎骨较少且凌乱，两股骨交叉股骨头都朝外，盆骨分成两块置于股骨的两侧，胫骨腓骨被陶器所压。系仰直式二次葬。女，成年。随葬器物9件：Ⅱ式Ⅶ式玉璜在头骨南部，一件陶镯被套戴在左尺骨桡骨上，A型Ⅴ式陶纺轮被压在盆骨下，还有Ⅲ式附盖罐形鼎、釜、Ⅱ式三足罐、D型Ⅲ式和D型Ⅳ式折敛口钵形豆，均在胫骨至脚部位置（图4－65；彩版二二，3）。

M228　长梯形竖穴土坑。墓坑长185厘米，宽63（北）～75（南）厘米，口距地面深33厘米，底距地面深46厘米。方向11°。填土灰黄色杂土夹少量红烧土碎渣。人头骨在北，面向西（右），两肩胛骨稍重叠，右肱骨压于胸部，盆骨错位，肋骨较乱其中一根压在左股骨上。系仰直式二次葬。男，成年。随葬器物3件：有A型大石锛、A型Ⅵ式折敛口钵形豆、A型Ⅰ式附盖盆形鼎（图4－66；图版七六，3）。

M230　窄长梯形竖穴土坑。附泥边框坑长198厘米，宽68（北）～62（南）厘米，口距地面深34厘米，底距地面深62厘米。北、西、南三边有青膏泥，宽3～7厘米，部分下延至坑壁中部或至坑底面处。方向9°。填土灰黄色杂土夹少量炭末。人头骨在北，面转向北，一根肱骨移至胸部，残存少量肋骨肢骨等，脊椎骨盆骨腐朽。系仰直式二次葬。女，成年。随葬器物5件：有C型Ⅵ式石锛、A型Ⅲ式陶纺轮、B型Ⅰ式附盖鬶、A型Ⅰ式和D型钵（图4－67；图版七六，4）。

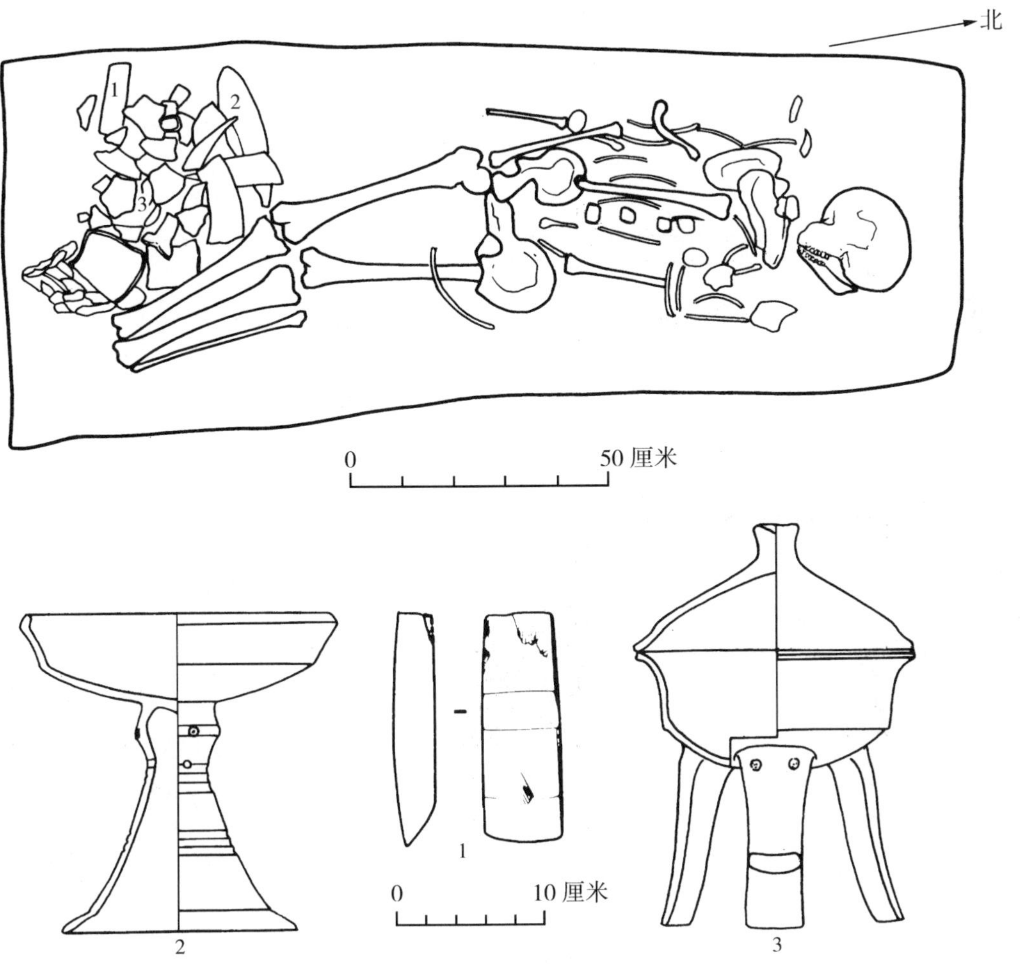

图4－66　M228平面图和随葬器物图

1. A型石锛　2. AⅥ式折敛口钵形豆　3. AⅠ式附盖盆形鼎

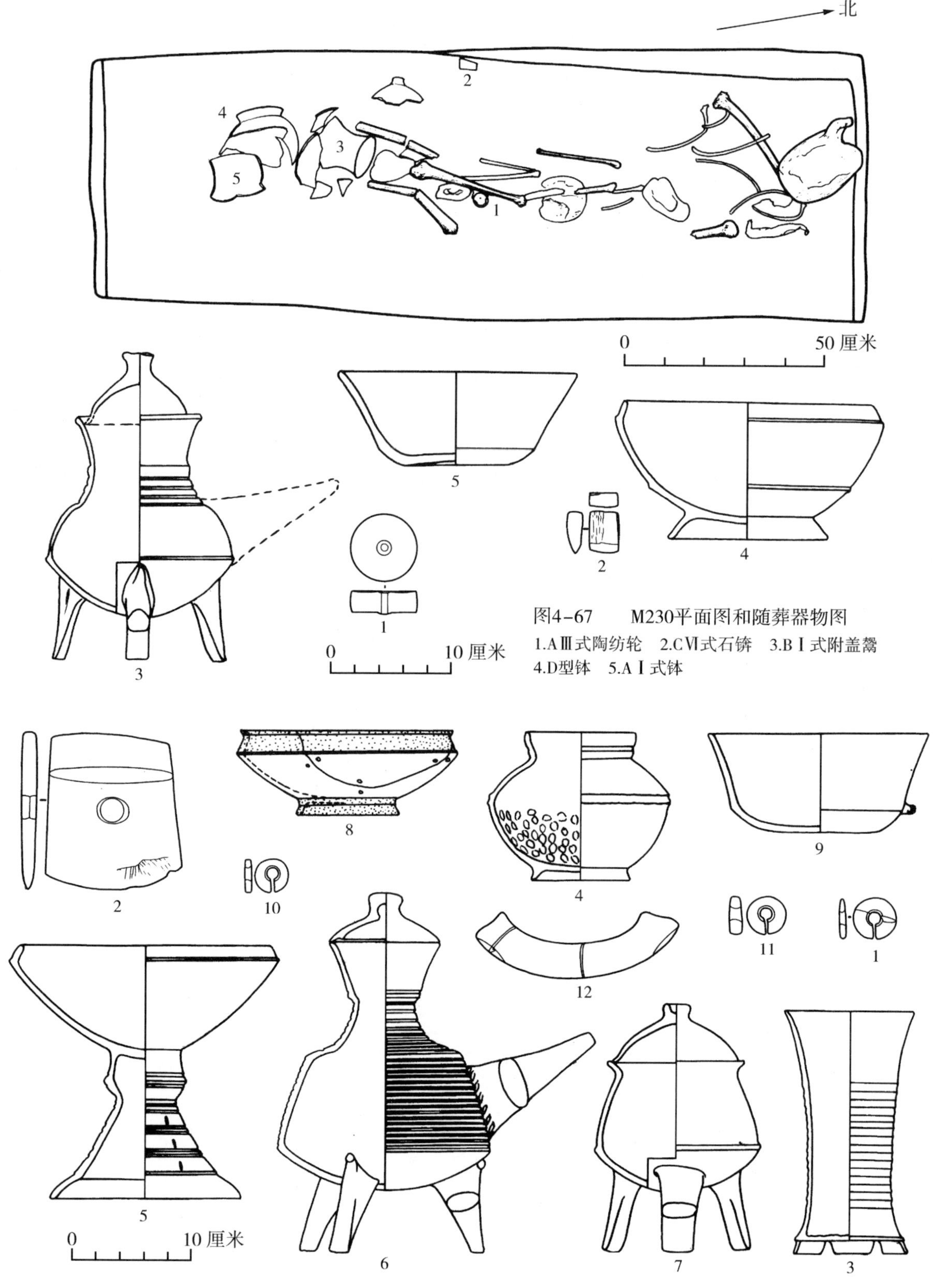

图4-67 M230平面图和随葬器物图

1.AⅢ式陶纺轮 2.CⅥ式石锛 3.BⅠ式附盖鬶 4.D型钵 5.AⅠ式钵

图 4-68A M231 随葬器物图

1. Ⅲ式玦 2. CⅠ式石钺 3. AⅠ式觚形杯 4. Ⅰ式圈足罐 5. AⅡ式折敛口钵形豆 6. BⅣ式附盖鬶 7. Ⅲ式附盖罐形鼎 8. C 型盆 9. AⅣ式钵 10. Ⅲ式玦 11. Ⅲ式玦 12. 弧带形牙器 13～15、20、24、28、31、35、38～40、42、44. 猪下颌骨 12 副 12、16～19、21～23、25～27、32～34、36、37、41、43、44. 猪下颌骨 20 片

图4-68B　M231平面、剖视图

M231　窄长梯形竖穴土坑。墓坑长310厘米，宽160（北）~140（南）厘米，口距地面深26厘米，底距地面深142厘米。墓坑口以下深90厘米填土中，露出南、北两条棕黄胶泥带，宽5~6厘米，下深直至坑底。以棕黄胶泥带为标志形成人架坑，长205厘米，宽75厘米，其四周为熟土二层台。人骨架下的坑底面普遍有薄层黑色物质，一般厚2毫米，隐约可见南北向纹理，当属木质朽迹，黑色物质在人架坑东、西两边随坑形呈凹弧面向外斜的坑壁延伸，高出坑底中轴线约20厘米。唯棕色胶泥上未见粘附有黑色物质。上述现象当属葬具痕迹。人架坑东南角，低于黑色物质面，在厚约2厘米的垫土层之下，有一片面积23×16厘米的木炭渣，最厚处1厘米。方向10°。填土，上半部浅灰色杂土，下半部深灰色杂土，又都夹红烧土渣和黄胶泥碎块唯上部含量稍多于下部的。

人头骨在北已压扁，面向上，颌骨朝东南，头骨西南侧放有肩胛骨，脊椎骨肋骨很乱，有的散放到头上方和左右侧，两盆骨分开，一片在头骨南边处并压住左肱骨，股骨併靠一起都离开了盆骨。系仰直式二次葬。男，25~30岁。上颌左右侧门齿生前人工拔除。随葬器物共12件：一件Ⅲ式玉玦碎成两块分放两处，另二件Ⅲ式玉玦被压在豆盘之下；C型Ⅰ式石钺横放在右股骨南端，刃口朝里侧；一件弧带形牙器（已粉碎）压在觚形杯下左胫骨旁边；陶器7件为A型Ⅰ式觚形杯、A型Ⅳ式钵、C型涂朱盆、A型Ⅱ式折敛口钵形豆、Ⅰ式圈足罐、Ⅲ式附盖罐形鼎、B型Ⅳ式附盖鬶。还有猪下颌骨12整副（编号13~15、20、24、28、31、35、38~40、42）和20片，都放在南部墓坑与人架坑之间，从坑底起向上堆放（图4-68A、B；彩版二二，4）。

第二节　随葬器物和兽骨

一　陶器生活用具

1. 陶系

陶质器皿282件，内48件系残片或缺失关键部分器片不能复原者。泥质陶占73%弱，夹砂陶占27%强（表4-1）。

泥质陶按外表颜色有黑、深灰、灰和红陶四种陶系。主要是泥质黑陶，其次是泥质深灰陶。泥质陶表色附着力程度，表色和胎色同异情况，都与黄鳝嘴文化的基本相同，胎质可细分为里外层色和夹心色的现象已趋少，唯没有发现如“红顶碗”那样内表外表自身并非同一种颜色的陶器。缺乏薄胎细腻的陶器。同样存在很少量的泥质陶器局部又掺和了细砂，主要见于鼎足、鬶足及其把手。夹砂陶普遍掺和细砂或较细砂。按外表颜色分为黑、深灰、灰、灰褐、红褐和红陶六种陶系，其中夹砂红褐陶为最多。表、胎颜色或相一致，或有所区别。也有很少的陶器全身按主次部位，其外表大体呈两种颜色，这以夹砂陶鼎最具代表性。此外，偶见一件残圈足罐的羼和料为蚌末。

2. 纹饰

全部陶器中，素面陶占27%强，纹饰陶占73%弱（图4-69、70。表4-2）。纹饰内有与黄鳝嘴文化相同种类的凹弦纹、划纹、凸弦纹、窝点连线纹、小窝纹、窝纹、平底浅圆窝纹、锥刻纹、戳印纹和镂孔等十种，新增加了圆圈纹、波状堆纹和朱绘三种，而未见彩陶。划纹的形式，除单列或并行横竖直道、弧线、三角波折纹外，还新添了⊥形、×形、镞尖形、券拱状、绞索形、双宽带扣结状、蝶结状、横系飘带状等，特别由后四种划纹与镂孔、小窝纹等相结合，使用几种纹饰和不同技法，组成较复杂的单元图案。圆圈纹的圆形十分规整，圆径一般4~5毫米左右，可能利用诸如芦苇一类中空的小枝竿戳出。细分为两种形式，第一种为整齐的一周凹槽显示的圆圈；第二种是在凹槽圆圈中央还再戳出一个圆心窝，专称钻心圆圈纹。戳印纹包括新月形、小三角形和肾形三种几何图形。镂孔形状有圆孔、椭圆孔、葵籽形孔、长方孔、竖条孔、梯形孔、直边三角孔、弧边三角孔、菱形孔和折凹腰四角孔等，孔形比较多样化。波状堆纹是在较粗厚的齐直凸棱上，按捺出规整划一的中型窝纹，而并非是不齐直的宽泥条堆纹，似乎是窝点连线纹加以扩大和变化的结果。朱绘是最为新颖的纹饰，施于器表的一部分似成宽带形式，有的几乎周身遍涂。

3. 制法和使用痕迹

制陶大体上继续采用手制轮修技术。陶胎普遍经过打磨，个别的外表乌黑并稍显光泽，做工比较讲究。在一部分陶器安接鸡冠状鋬、鸟尾形把手、凿形长把、泥鼻、小泥饼饰等附件，所配器盖中较突出的有子母口、通钮、空心钮、龟钮等新形式。

随葬陶器除明器外，较多的是实用器皿。后者常能见到多种使用痕迹，有的是底缘磨损，圈足和三足折断后磨齐了再用，个别的在裂缝上粘贴泥片，还有的沿破缝竟钻孔五六个，其中有的巧妙地就便利用了原镂孔，以便捆连补缀。

4. 器类和器形

器类有鼎（罐形鼎、盆形鼎、釜形鼎）、鬶、釜、甑、豆（弧敛口钵形豆、折敛口钵形豆、盆形豆、盘形豆）、盘、盆、钵、碗、觚形杯、觯、杯、罐（大口斜沿罐、大口矮领罐、小口矮领罐、圈足罐、三足罐）、壶（圜底壶、平底壶、圈足壶、三足壶）等。各类选用标本共202件。

罐形鼎 31件（内10件残）。分为六式。

Ⅰ式：2件。夹砂灰褐陶。斜翻沿，球圆腹，鸭嘴形足，足根突出腹壁较多。1件附盖。M159∶6，腹内壁黑色，足红褐色。饰一周椭圆形小窝纹。通高18.2、鼎高13.3、口径9.9、腹径12.6厘米（图4－71，1；图版七七，1）。M28∶4，器底和三足红色。饰一周肾形戳印纹，足根窝纹。高15.4、口径10、腹径13.4厘米（图4－71，2；图版七八，2）。

Ⅱ式：18件（内6件残）。斜翻沿，球圆腹，多扁凿形足，足根与腹壁安接处有界限。15件附盖。M165∶4，夹砂灰褐陶，三足浅红。口不整圆，体稍歪扭。一周肾形戳印纹，足根椭圆窝纹。复原通高约22.5、鼎高17、口径10.9、腹径15.5厘米（图4－71，4）。M209∶5，夹砂灰褐陶，胎浅红，足和盖红褐色。足根窝纹。附圆柱状钮盖。通高22.1、鼎高15.5、口径10.3、腹径13.2厘米（图4－71，6；图版七八，1）。M175∶2，鼎夹砂红褐陶，盖泥质深灰陶。鼎口沿斜压浅小窝纹成锯齿状花边，腹部一周麦粒状小窝纹，足根一竖短条划纹。附菱角形钮盖。钮上遗留很少指纹痕。通高19、鼎高14、口径9.5、腹径11.9厘米（图4－71，3；彩版二六，1；图版七八，4）。M213∶3，夹砂红褐陶。中腹二周凹弦纹，盖钮沿压窝纹成齿轮状。通高20.6、鼎高15.9、口径10.3、腹径15.1厘米（图4－72，1；图版七八，3）。M164∶3，夹砂红褐陶。方唇沿上一凹槽。中腹一周宽凸弦纹，足根窝纹。通高23.4、鼎高17.8、口径11.2、腹径直15.4厘米（图4－71，5；图版七七，2）。

Ⅲ式：6件（内2件残）。斜沿，垂腹，最大腹径偏下，多凿形足。均附盖。M231∶7，夹砂红褐陶。一周凸弦纹。通高21、鼎高16、口径10.9、腹径13.9厘米（图4－72，2；图版七七，3）。M227∶3，夹砂深灰陶，底部、三足红褐色，盖夹砂红褐陶。二周凹弦纹，足根窝纹。足尖断缺。残通高21.1、鼎残高15.8、口径12、腹径16.5厘米（图4－72，3；图版七八，6）。

Ⅳ式：3件（内2件残）。斜翻沿，扁圆腹。均附盖。M6∶1，夹砂红褐陶。鼎沿残缺。腹间一周肾形戳印纹。附器盖，圆柱形钮沿捺窝纹成花瓣状。复原通高约21.4、复原鼎高约15.6、腹径15.7厘米（图4－72，4）。

Ⅴ式：1件（M123∶7）。夹砂深灰陶，三足、底部浅红，盖夹砂红褐陶。外折窄沿，腹壁里斜，圜底，凿形足外撇。附菱角形钮盖。饰凹弦纹、窝纹。通高20.4、鼎高14.4、口径11.6、腹径9.6厘米（图4－72，6；图版七七，4）。

Ⅵ式：1件（M111∶2）。夹砂红陶，胎深灰，内表灰红。外表磨光。斜沿方唇，圆腹，小平底，矮凿形足。高14.7、口径10.8、腹径17.4厘米（图4－72，5；图版七八，5）。

盆形鼎 18件（内2件残）。分为二型。

A型 7件。浅腹，宽圜底。分为二式。

AⅠ式：6件。侈口，翻沿，下部折腹，长扁铲形足。均附盖。M108∶7，夹砂红褐陶。足根椭圆形窝纹。盖钮沿捺窝纹呈齿轮状。通高23.5、鼎高17、口径18、腹径14.7厘米（图4－73，1；彩版二三，4；图版八〇，2）。M228∶3，夹砂红褐陶。足根有窝纹。通高26.8、鼎高18.5、口径18.9、腹径16厘米（图4－73，4；图版七九，1）。M197∶1，夹砂红褐陶，胎深灰。足根有圆窝纹。通高26.1，鼎高16.9、口径17.7、腹径15厘米（图4－73，2；图版八〇，1）。

表4－1 薛家岗文化墓随葬陶器陶系统计

器形 \ 数量 \ 胎色 \ 陶系		泥质												夹砂																		
		黑				深灰			灰			红		黑			深灰		灰		灰褐		红褐					红		
器形	数量	黑	深灰	灰	红	深灰	灰	红	深灰	灰	红	深灰	红	黑	灰	红	深灰	红	灰	红	灰褐	红	深灰	灰	灰褐	红褐	红	深灰	灰	红
罐形鼎	31													1			3	3			5	2		2		11	1	1		2
盆形鼎	18													1					1		1	1	1		2	5	6			
釜形鼎	7														1	1					1	2				1	1			
鬶	17		1	2	3	4	1			1	1				1	1				1										1
釜	2																									1				1
甑	1		1																											
弧敛口钵形豆	6				1	1	1	1		2																				
折敛口钵形豆	64	1	2	8	13	2	10	12	1	8	6									1										
盆形豆	7			1	2	1		1		2																				
盘形豆	3					1	1	1																						
盘	2				1					1																				
盆	11				4		3	2		2																				
钵	21		1		9		3	3		3	1			1																
碗	1									1																				

续表

器形 \ 陶系 胎色 数量		泥质												夹砂																
		黑				深灰			灰			红		黑			深灰		灰		灰褐		红褐					红		
		黑	深灰	灰	红	深灰	灰	红	深灰	灰	红	深灰	红	黑	灰	红	深灰	红	灰	红	灰褐	红	深灰	灰	灰褐	红褐	红	深灰	灰	红
觚形杯	9		2				2			2						1			2											
觯	5				2		1	1				1																		
杯	5			2	2								1																	
大口斜沿罐	1																												1	
大口矮领罐	4		1				3																							
小口矮领罐	6				4	1		1																						
圈足罐	12			1	4		1	3		2																				1
三足罐	5			3			1	1																						
圜底壶	3			1		1	1																							
平底壶	15		1	1	4		1	2		2	1	1	1						1											
圈足壶	16			1	5		2	2		4	1																1			
三足壶	5			1	2											1				1										
器盖	5			2	1																1					1				
合计	282件	90				72			41			4		9			6		7		13		33					7		
比例%	100%	31.9				25.5			14.6			1.4		3.2			2.1		2.5		4.6		11.7					2.5		

图4－69　陶器纹饰拓片（之一）

纹饰包括：①凹弦纹　②划纹　③凸弦纹　④小窝纹　⑤窝纹　⑥圆圈纹　⑦戳印纹　⑧镂孔　⑨波状堆纹　⑩朱绘

1. 鬶：纹①⑦（M231：6）　2. 盆形鼎：纹①⑦（M157：5）　3. 弧敛口钵形豆：纹②⑧（M125：3）　4～12. 折敛口钵形豆：4. 纹①②（M193：3）　5. 纹②④（M157：4）　6. 纹①②（M29：6）　7. 纹①⑧（M115：4）　8. 纹①②⑩（M209：6）　9. 纹①②⑧（M17：1）　10. 纹①②⑧（M155：1）　11. 纹①⑥（M227：7）　12. 纹①②⑤（M19：1）

图4－70　陶器纹饰拓片（之二）

1、2. 折敛口钵形豆：1. 纹①②⑧（M107∶5）　2. 纹①⑥（M31∶6）　3. 盆：纹⑨（M123∶18）　4. 杯：纹①②⑧（M1∶5）　5. 觚形杯：纹③（M231∶3）　6. 三足罐：纹②（M231∶1）　7、8. 圈足壶：7. 纹②③（M170∶3）　8. 纹①②（M9∶5）

AⅡ式：1件（M212∶4）。夹砂红褐陶，底部和三足红色。侈口，沿面有条细凹槽，腹更浅。足根窝纹。高15.4、口径15.7、腹径11.9厘米（图4－73，10；图版七九，2）。

B型　11件。较深腹，圜底。分为五式。

BⅠ式：2件。翻沿，腹壁向里斜直，下部折腹，长扁铲形足。均附盖。M157∶5，夹砂红褐陶，胎灰褐，底部和三足红色。二周凹弦纹、一周肾形戳印纹，足根椭圆窝纹。盖钮沿呈齿轮状。通高26.6、鼎高18.6、口径16.2、腹径13.5厘米（图4－73，5；彩版二六，2；图版八〇，3）。M5∶3，夹砂红褐陶，胎浅红。三周宽凹弦纹。鞍形钮器盖。通高23.7、鼎高16.7、口径15.3、腹径12.8厘米（图4－73，3；图版七九，3）。

BⅡ式：3件（内1件残）。腹较深，腹壁竖直或略外斜，扁长足外撇或斜直。2件附盖。M19∶2，夹

表 4－2

薛家岗文化墓随葬陶器纹饰统计

器形 \ 纹饰陶（素面陶）数量	数量	素面陶器（件）	纹饰陶器（件）	凹弦纹	划纹	凸弦纹	窝点连线纹	小窝纹	窝纹	平底浅圆窝纹	圆圈纹	锥刻纹	戳印纹	镂孔	波状堆纹	朱绘	纹饰种类合计（例）
罐形鼎	31	9	22	7	1	3		3	14				5				33
盆形鼎	18	1	17	4					15				2		1		22
釜形鼎	7	1	6	4				2	5			1	1				13
鬶	17	2	15	14	1	3			7				1				26
釜	2	2															
甑	1	1															
弧敛口钵形豆	6	3	3	2	2									2			6
折敛口钵形豆	64	3	61	49	19	25		6	7	1	3		1	19		3	133
盆形豆	7		7	7	1									2			10
盘形豆	3		3	3									1	2			6
盘	2		2	2		1			1								4
盆	11	5	6	2	1	2								1	1	1	8
钵	21	14	7	4		1									1	1	7
碗	1		1													1	1
觚形杯	9	1	8	6		5										1	12

续表

器形＼纹饰陶（素面陶）数量	数量	素面陶器（件）	纹饰陶器（件）	凹弦纹	划纹	凸弦纹	窝点连线纹	小窝纹	窝纹	平底浅圆窝纹	圆圈纹	锥刻纹	戳印纹	镂孔	波状堆纹	朱绘	纹饰种类合计（例）
觯	5		5	5										1			6
杯	5	1	4	4	1	2								2			9
大口斜沿罐	1	1															
大口矮领罐	4	2	2	1											1		2
小口矮领罐	6	5	1	1													1
圈足罐	12	4	8	5		7									1	1	14
三足罐	5	2	3		1											2	3
圜底壶	3	1	2	1		1											2
平底壶	15	7	8	8		1										1	10
圈足壶	16	1	15	12	4	4				1				1			22
三足壶	5	2	3	1	1	2	2									1	7
器盖	5	1	4	2	1				1								4
合计	282件	69	213	144	33	57	2	11	50	2	3	1	11	30	5	12	361
比例%	100%	24.5	75.5	39.9	9.1	15.8	0.5	3.1	13.9	0.5	0.8	0.3	3.1	8.3	1.4	3.3	100%

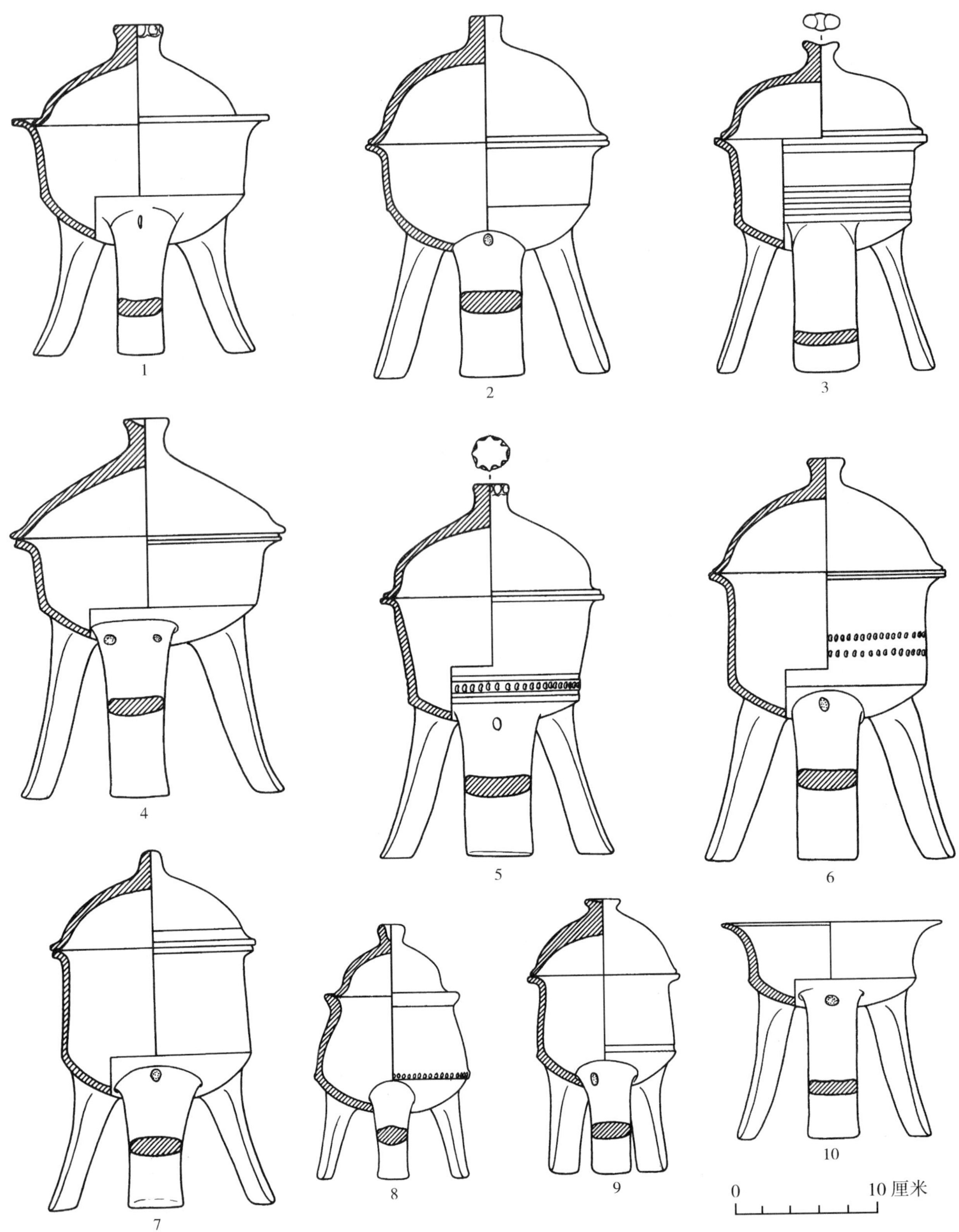

图4－73　陶盆形鼎

1. A型Ⅰ式（M108：7）　2. A型Ⅰ式（M197：1）　3. B型Ⅰ式（M5：3）　4. A型Ⅰ式（M228：3）　5. B型Ⅰ式（M157：5）
6. B型Ⅱ式（M19：2）　7. B型Ⅲ式（M194：3）　8. B型Ⅴ式（M162：1）　9. B型Ⅳ式（M148：8）　10. A型Ⅱ式（M212：4）

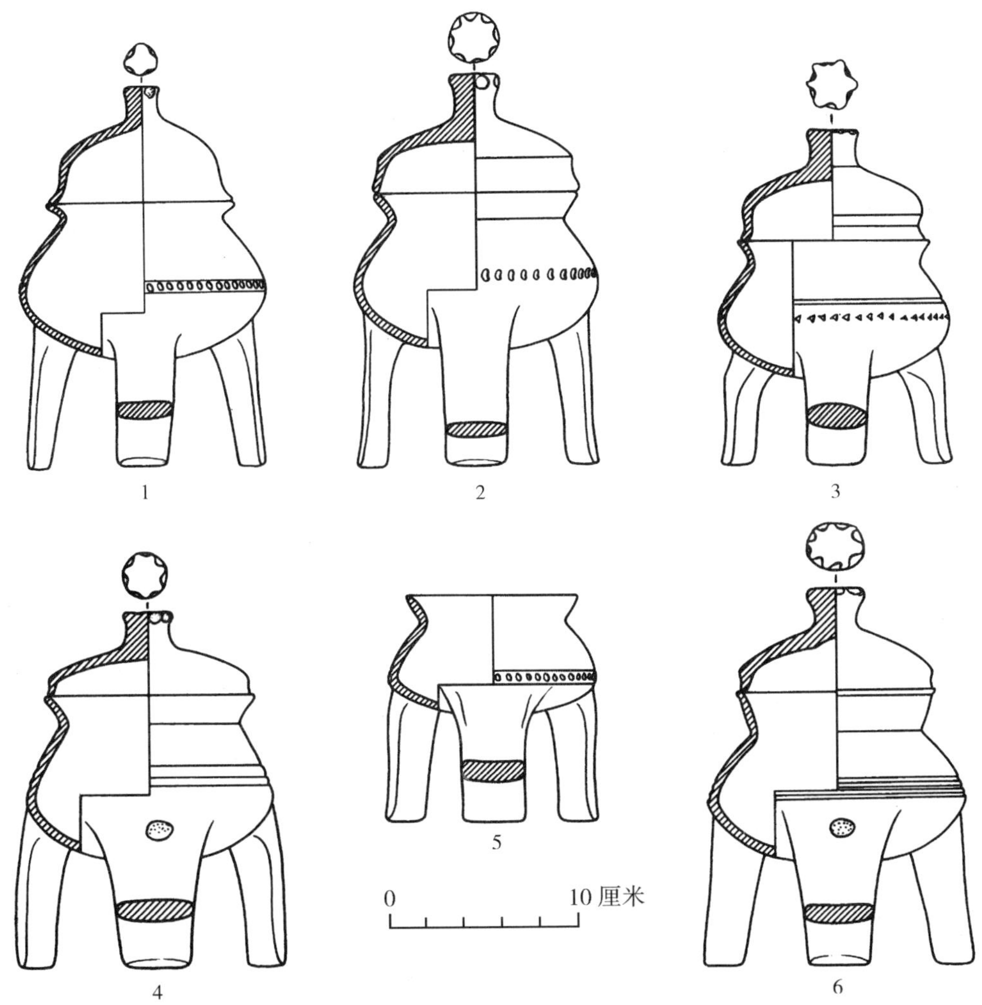

图 4－74　陶釜形鼎

1. Ⅰ式（M221∶3）　2. Ⅱ式（M1∶6）　3. Ⅱ式（M31∶8）　4. Ⅲ式（M185∶4）　5. Ⅳ式（M178∶3）　6. Ⅲ式（M207∶3）

BⅡ式：2 件。侈口，凹腰粗高领。1 件附盖。M218∶5，夹细砂红陶（泛黄），附夹砂红褐陶实心柱形钮小盖。饰凹、凸弦纹、浅显椭圆形窝纹。通高 26.3、鬶高 20.8、口径 11.9、腹径 15.9 厘米（图 4－75，2；彩版二四，3；图版八二，2）。M170∶6，夹细砂黑陶，胎浅红夹心灰色，二足红色。足根隆起一小鼓包。饰凹、凸弦纹、浅显椭圆形窝纹。高 23.4、口径 11.2、腹径 18 厘米（图 4－75，3；彩版二四，2；图版八二，4）。

BⅢ式：1 件（M217∶4）。泥质深灰陶，三足、把手夹细砂。从器内略见颈部、上腹、下腹分别接合的痕迹。凹腰高领特长而较细，腹体扁浅。颈部十二周凹弦纹。高 21.9、口径 8.9、腹径 15.1 厘米（图 4－75，5；图版八三，1）。

BⅣ式：1 件（M231∶6）。泥质黑陶，胎灰色，三足、把手夹细砂。折凹细高领，折肩，下部折腹。密布三十八周凹弦纹，肩部用半片小管规则戳出一周三十四个半环形戳印纹，把手上椭圆窝纹，足根饰一小泥饼。通高 30.1、鬶高 25.8、口径 9.6、腹径 17.1 厘米（图 4－75，6；彩版二四，4；图版八三，2）。

BⅤ式：1 件（M197∶3）。泥质黑陶，胎浅红，三足、把手夹细砂。器底外表抹很薄层细砂。侈口，凹腰细矮领，腹体肥大，外撇鸭嘴形足。饰五周凹弦纹。高 23.8、口径 9.1、腹径 18.5 厘米（图 4－76，1；图版八三，4）。

BⅥ式：4 件。凹弧或折凹细矮领，溜肩，下部折腹，凿形足。M148∶7，泥质灰陶，胎灰红，三足、

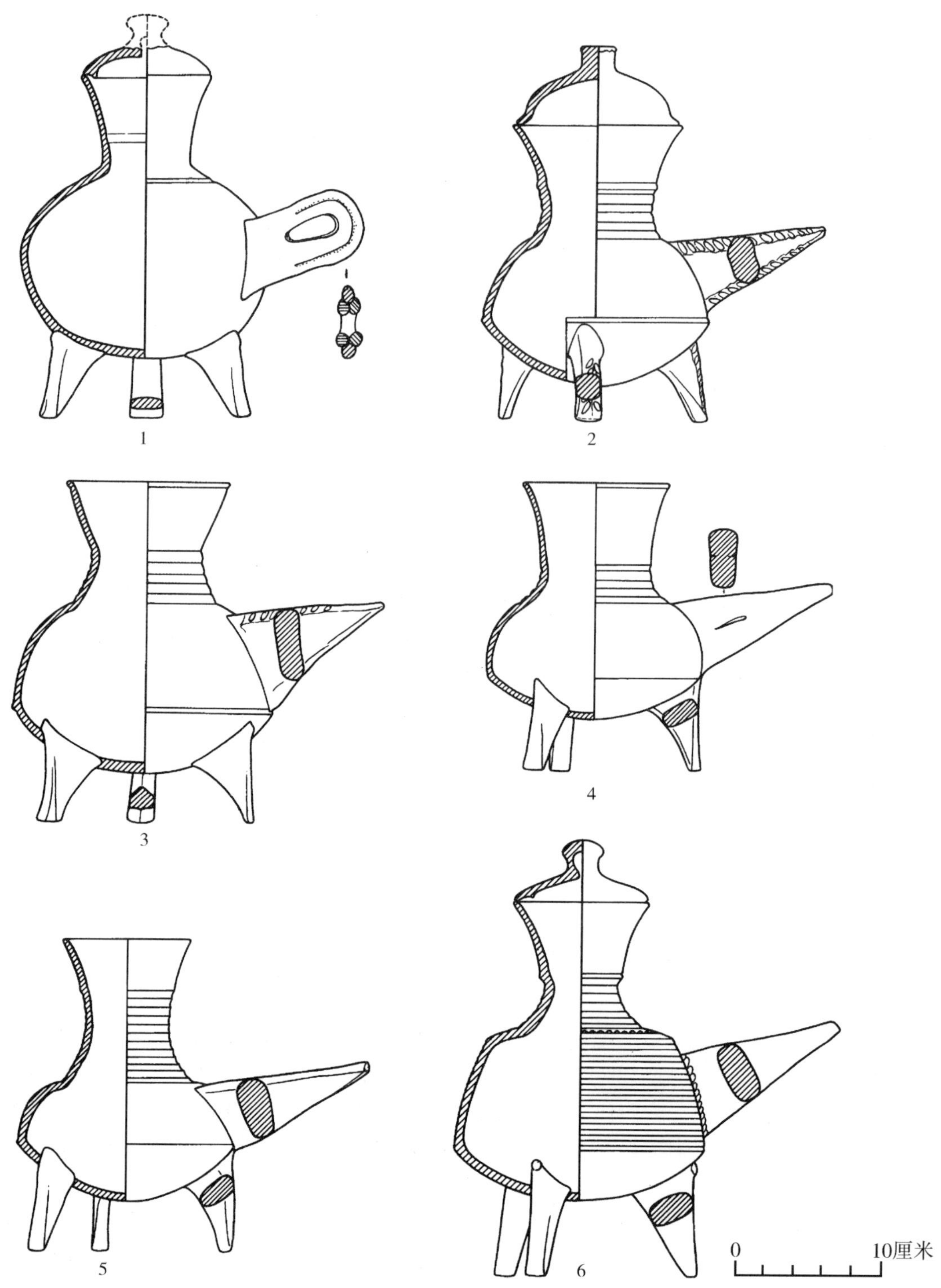

图4－75　陶鬶（之一）

1. A型（M225∶5）　2. B型Ⅱ式（M218∶5）　3. B型Ⅱ式（M170∶6）　4. B型Ⅰ式（M113∶2）
5. B型Ⅲ式（M217∶4）　6. B型Ⅳ式（M231∶6）

把手夹细砂。饰三周凹弦纹。高22.3、口径8.7、腹径16.4厘米（图4－76，2；图版八三，3）。M209∶7，泥质黑陶，胎灰红，三足、把手夹细砂。器底外表抹很薄层细砂。饰六周凹弦纹。高20、口径7.2、腹径15.4厘米（图4－76，3；图版八四，1）。

BⅦ式：3件。细斜直高领。M123∶12，泥质黑陶，胎红色夹心深灰，三足、把手夹细砂。足根正面

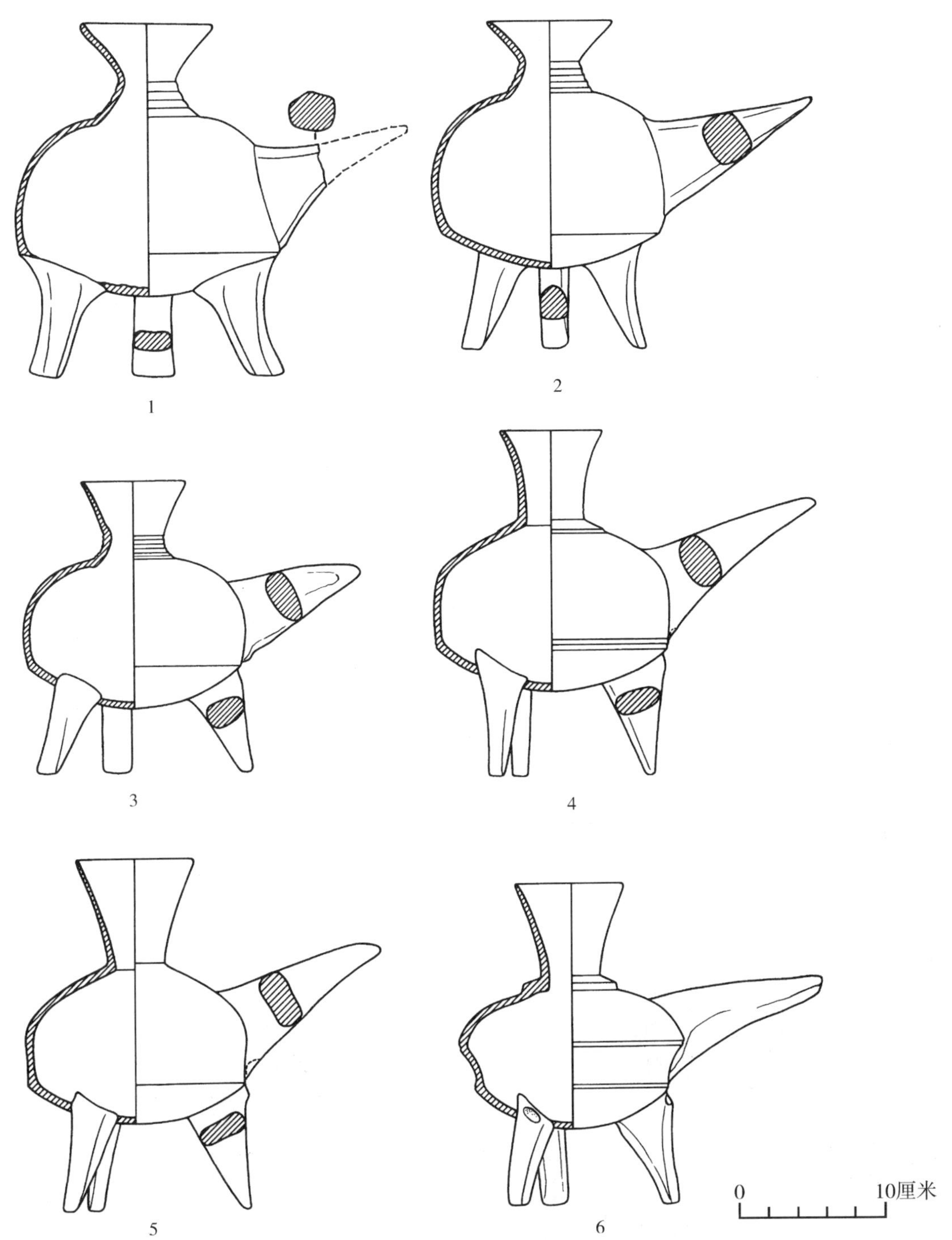

图4－76　陶鬶（之二）

1. B型Ⅴ式（M197∶3）　2. B型Ⅵ式（M148∶7）　3. B型Ⅵ式（M209∶7）　4. B型Ⅶ式（M123∶10）
5. B型Ⅶ式（M123∶12）　6. B型Ⅷ式（M29∶3）

突起一小鼓包。把手底面根部一圆窝纹。高24、口径8、腹径15.4、厘米（图4－75，5；图版八四，3）。M123∶10，泥质深灰陶，三足、把手夹细砂。肩上部凸起一台面。二周凹弦纹，把手底面根部有一圆窝纹。高23.6、口径7.2、腹径16.4厘米（图4－76，4；图版八四，2）。

BⅧ式：2件（内1件残）。细斜直高领，宽肩，腹壁双折。M29∶3，夹细砂黑陶，胎灰红。肩上部凸起一台面。饰凹弦纹、足根圆窝纹。高22、口径7.7、腹径15.8厘米（图4－76，6；图版八四，4）。

釜 2件（内1件残）。M227：4，夹砂红褐陶。口沿捏一小流，扁圆腹，圜底。高14、口径13.4、腹径20厘米（图4－77，1；图版九五，1）。M170：5，夹砂红陶，仅见腹、底片。

甑 1件（M197：7）。泥质黑陶，胎浅红夹心深灰。斜折沿，斜弧腹壁，底部一大圆孔。附半圆形双鋬。高10.2、口径16.4厘米（图4－77，2；图版九五，2）。

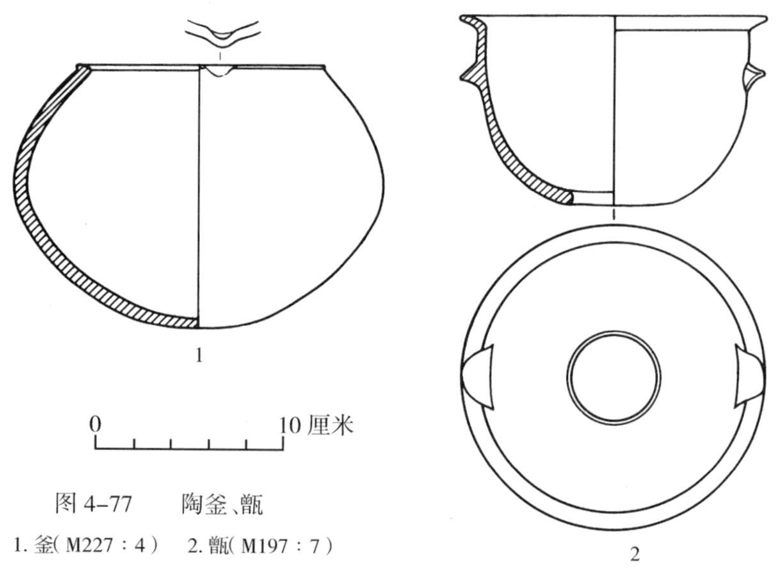

图4-77 陶釜、甑
1. 釜(M227：4) 2. 甑(M197：7)

弧敛口钵形豆 6件（内4件残包括3件过残不能分式者）。分为三式。

Ⅰ式：1件（M125：3）。泥质灰陶。深腹，覆碗形圈足。圈足上有三组刻划竖线、斜线组成的长方块图案；三组由刻划和镂孔（每组内的七个弧边三角、中心一个弧边菱形为镂孔）结合组成的图案，主图似蝶结状纹样。高16、口径22、底径14厘米（图4－78，1；彩版二五，1；图版九四，1）。

Ⅱ式：1件（M8：5）。残。泥质深灰陶，胎浅灰夹心深灰。高把，下部凸弧面圈足。饰凹弦纹和镂孔。复原高约17、口径19、底径14.6厘米（图4－78，2）。

Ⅲ式：1件（M123：13）。泥质深灰陶，胎浅红。浅腹，下腹有凸棱，细高把上端突起呈扁算珠状，下接双坡面台座。有五周凹弦纹、刻划二周各三个χ纹。底缘磨损。高16.4、口径17.4、底径12.2厘米（图4－78，3；图版九四，2）。

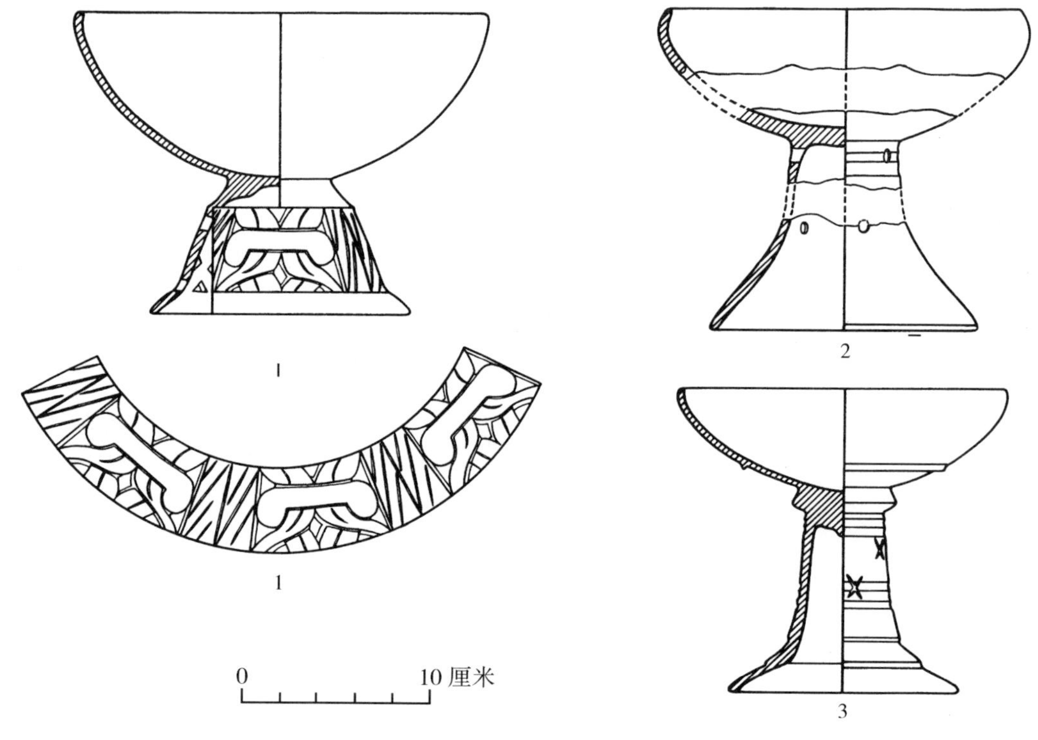

图4－78 陶弧敛口钵形豆
1. Ⅰ式（M125：3） 2. Ⅱ式（M8：5） 3. Ⅲ式（M123：13）

折敛口钵形豆 64件（内13件残包括3件过残归B型不能分式者）。分为四型。

A型 21件。高把上端有算珠状凸节。分为六式。

AⅠ式：1件（M140∶3）。泥质灰陶。口不整圆，体稍歪扭。里斜凸弧腹，豆把上端有圆鼓算珠状凸节，下部宽球面台座。四周凹弦纹、一周四对小窝纹、二周各八对小圆孔。高19.1、口径19、底径16.4厘米（图4－79，3；图版八五，1）。

AⅡ式：7件。豆把上端有折边算珠状凸节，下端有凸弧面台座。M231∶5，泥质灰陶。饰九周凹弦纹、竖列三组每组各三个划条纹。底缘磨损。高21.3、口径21.2、底径17厘米（图4－79，1；图版八五，2）。M193∶3，泥质灰陶。饰八周凹弦纹、竖列三组各三个划条纹。圈足座破裂一块，沿裂缝从里外两面钻透小孔三对，以供捆扎继续使用。底缘磨损。高22.8、口径23.2、底径19.2厘米（图4－79，6；

图4－79 陶折敛口钵形豆（之一）

1. A型Ⅱ式（M231∶5） 2. A型Ⅱ式（M148∶6） 3. A型Ⅰ式（M140∶3） 4. A型Ⅳ式（M170∶1） 5. A型Ⅴ式（M157∶4） 6. A型Ⅱ式（M193∶3） 7. A型Ⅳ式（M225∶6） 8. A型Ⅲ式（M111∶1）

图版八五，4）。M148：6，泥质灰陶。仅此件算珠状凸节为双折边。有三周凹弦纹、三对椭圆窝纹。高21、口径23、底径17.4厘米（图4－79，2；图版八五，3）。

AⅢ式：2件。里斜弧腹下部有高凸棱（高凸弦纹），豆把上端有折边算珠状凸节。M111：1，泥质黑陶，胎红色。饰一周凸弦纹、六周凹弦纹。高21、口径22.6、底径18.1厘米（图4－79，8；图版八六，1）。

AⅣ式：2件。里斜凸弧腹，豆把上端有折边算珠状凸节，中部有窄坡台面，下接弧面台座。M170：1，泥质黑陶，胎浅红夹心灰色。饰六周凹弦纹、上中层二周各三个椭圆窝纹、下层一周三个椭圆孔。高20.3、口径18.1、底径15.7厘米（图4－79，4；图版八六，2）。M225：6，泥质深灰陶，胎红色。豆把里壁有泥条规则盘旋纹理。圈足底缘磨损。高22.1、口径21.3、底径18厘米（图4－79，7；图版八六，3）。

AⅤ式：5件。斜弧腹下部有凸棱（高凸弦纹），余基本同AⅣ式。1件附盖。M118：3，泥质灰陶，胎浅红。一周凸弦纹、四周凹弦纹。高20.8、口径21.6、底径17厘米（图4－80，4；图版八七，2）。M157：4，灰陶，盘泥质，把和座夹细砂。饰一周凸弦纹、六周凹弦纹，上层一周四组各三个、下层一周共十三个小窝纹，压划一周十一节绞索纹，绞索间三层空隙均刻镞尖形纹。高19.3、口径19.7、底径17厘米（图4－79，5；彩版二六，4；图版八六，4）。M103：1，大小、纹饰与M157：4相同。M115：4，泥质黑陶，胎浅红。饰一周凸弦纹、十周凹弦纹，上部三个圆孔、下部十四个弧边三角孔间排列七个圆孔。在台座破缝两侧钻孔五个，中间一组只钻一圆孔并利用原三角孔以供捆扎。附小口空心弦纹算珠形钮、子母口的器盖。通高26.9、豆高19.8、口径18.6、底径17.4厘米（图4－80，3；彩版二六，3；图版八七，1）。

AⅥ式：4件（内1件残）。内折窄沿，微凹弧盘壁，中部折腹斜内收，盘浅，细高把上端有折边算珠状凸节，下端凸弧面台座。M197：2，泥质黑陶，胎深灰。外表打磨光滑。圈足内壁有规则轮旋纹理。饰有凹弦纹，外表上下残存很少朱绘。高21.3、口径21.2、底径17.3厘米（图4－80，2；图版八七，4）。M108：5，泥质深灰陶，胎灰色。三周凹弦纹、一周五个圆孔。高22.1、口径20.3、底径16.1厘米（图4－80，1；图版八七，3）。

B型 17件（内3件过残不能分式）。高把上端较细，无算珠状凸节。分为五式。

BⅠ式：2件。斜弧壁下部有凸棱（高凸弦纹），腹较深，圈足底为微凸弧面台座。M19：3，泥质深灰陶，胎浅灰。饰一周凸弦纹、六周凹弦纹，窝纹和竖条刻划纹相连接组成哑铃状纹样二周各六个。高17.6、口径19.6、底径14.4厘米（图4－80，8；图版八八，1）。M5：1，泥质灰陶，胎浅红。上腹和圈足为泥质，下腹（以凸棱为界）和豆把夹细砂。有一周凸弦纹、三周凹弦纹、深戳四周各四个竖弧线条划纹。高24.4、口径22.8、底径18厘米（图4－80，6；图版八八，2）。

BⅡ式：3件（内1件残）。凸弧腹壁有小阶状折棱或光面无棱。M29：6，泥质深灰陶，胎灰红。内折窄沿，上腹有小阶状折棱。饰六周凹弦纹、二周各三个χ形刻划纹。底缘稍磨损。高17.6、口径18.8、底径14.6厘米（图4－80，7；图版八八，3）。M167：1与之相同。M160：1，残。泥质深灰陶，胎红色。饰凹弦纹、斜压一周椭圆形小窝纹。估高18、口径17、底径15.2厘米（图4－80，5）。

BⅢ式：2件（内1件残）。斜直腹壁，浅腹。M156：3，泥质黑陶，胎深灰。口部稍立，细高把，凸弧面台座。七周凹弦纹。底缘稍磨损。高20.6、口径18、底径15.9厘米（图4－81，4；图版八八，4）。

BⅣ式：4件（内2件残）。口部小段圆弧，下起阶状折棱，斜直腹壁。M154：5，泥质深灰陶，胎浅红。八周凹弦纹、三周各四个竖条镂孔。高20.3、口径21、底径16厘米（图4－81，5；图版八九，2）。M155：2，泥质深灰陶，胎灰色。九周凹弦纹、三周各五个瓜籽状小窝纹。高21.6、口径24.7、底径17.9厘米（图4－81，3；图版八九，1）。

BⅤ式：3件（内1件残）。内折窄沿，斜直短腹壁，中部折腹后内收，腹很浅，凹腰豆把。M29：9，泥质深灰陶，胎灰红。约八周凹弦纹，上层折凹腰四尖角孔和竖条划纹各三个相间排列，下层折凹腰四尖角孔和竖条透孔各三个相间排列。高19.3、口径22、底径16.4厘米（图4－81，2；图版八九，4）。M209：6，泥质灰陶。十二周凹弦纹、四对竖条刻纹、一周四个短横条刻纹。从口部到圈足残存星星点点朱绘。高18.9、口径21.4、底径16厘米（图4－81，1；图版八九，3）。

图 4－80　陶折敛口钵形豆（之二）

1. A 型Ⅵ式（M108∶5）　2. A 型Ⅵ式（M197∶2）　3. A 型Ⅴ式（M115∶4）　4. A 型Ⅴ式（M118∶3）
5. B 型Ⅱ式（M160∶1）　6. B 型Ⅰ式（M5∶1）　7. B 型Ⅱ式（M29∶6）　8. B 型Ⅰ式（M19∶3）

C 型　2 件。高体，粗豆把。分为二式。

CⅠ式：1 件（M155∶1）。泥质灰陶。豆把里壁有旋转形成的规则泥条痕。腹壁凸弧，深腹，等粗圆把，下接喇叭口圈足。饰九周凹弦纹，大长方形孔和镞尖形刻纹各三对相间排列。底缘稍磨损。高 20、口径 20.7、底径 15.3 厘米（图 4－81，6；彩版二五，4；图版九〇，1）。

CⅡ式：1 件（M156∶4）。泥质黑陶，胎暗红。口部略凹孤立直，斜腹壁，浅腹，凹腰粗把，底接微凸弧面台座。饰九周凹弦纹，上层大梯形孔、中下层横长方形孔各三个。底缘稍磨损。高 22.4、口径 20.4、底径 19.4 厘米（图 4－81，7；图版九〇，2）。

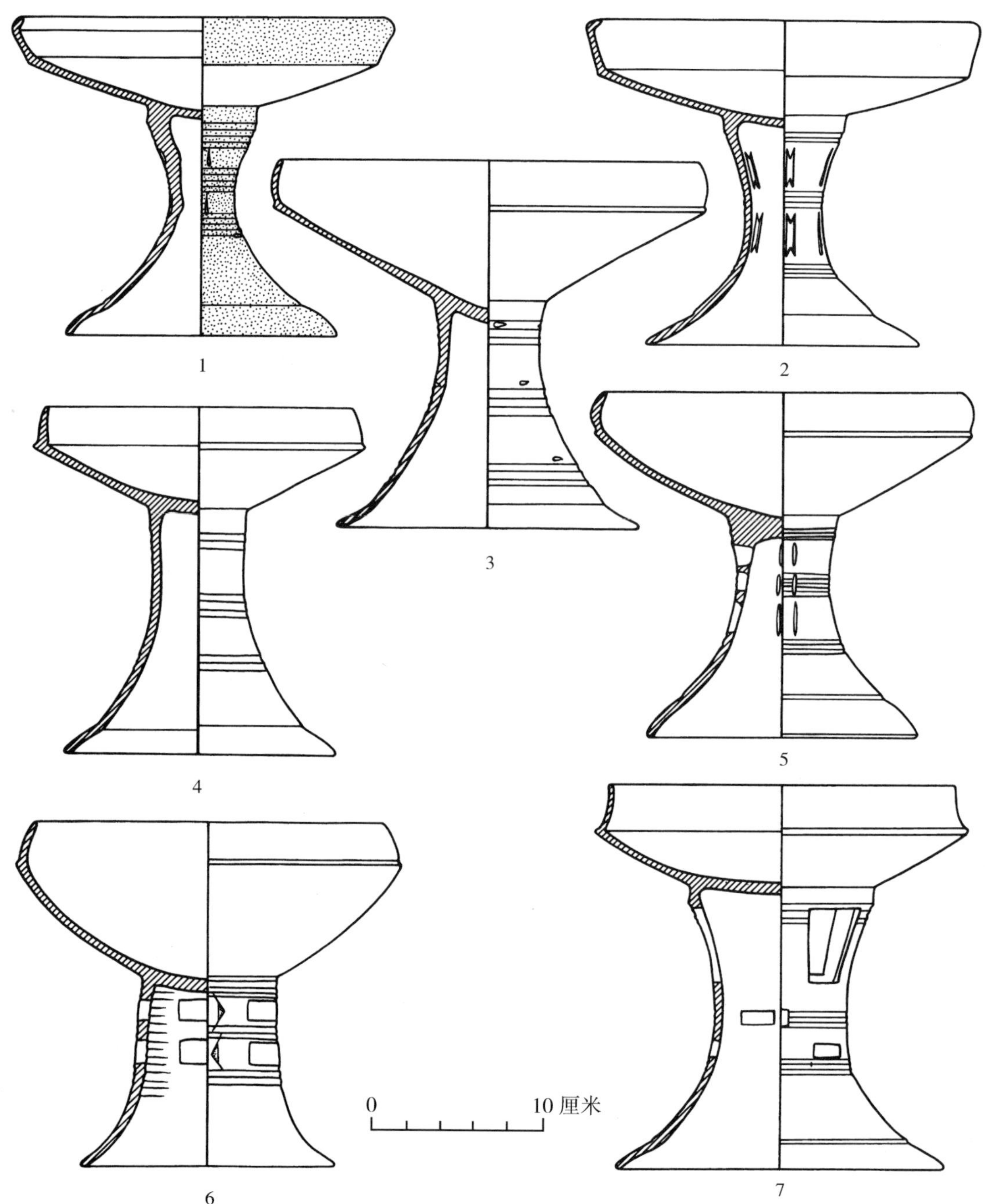

图 4－81　陶折敛口钵形豆（之三）

1. B 型Ⅴ式（M209:6）　2. B 型Ⅴ式（M29:9）　3. B 型Ⅳ式（M155:2）　4. B 型Ⅲ式（M156:3）
5. B 型Ⅳ式（M154:5）　6. C 型Ⅰ式（M155:1）　7. C 型Ⅱ式（M156:4）

D 型　24 件。矮体或较矮体。分为十式。

DⅠ式：2 件（内 1 件残）。斜弧腹无凸棱，斜直壁较高圈足，下接凸弧面台座。M17:1，泥质灰陶。由凹弦纹、圆孔、三角孔、弧边三角孔和刻划纹构成三组图案，似呈双宽带扣结状纹样。高 16.1、口径 19.8、底径 14.8 厘米（图 4－82，5；图版九〇，3）。

DⅡ式：1 件（M221:2）。泥质深灰陶，胎浅红。斜弧腹下部有凸棱，圈足上端有扁鼓算珠状凸节，中部一阶状折棱，下接凸弧面台座。底缘稍磨损。饰凹、凸弦纹。高 19.1、口径 22.2、底径 13.8 厘米（图 4－82，1；图版九一，1）。

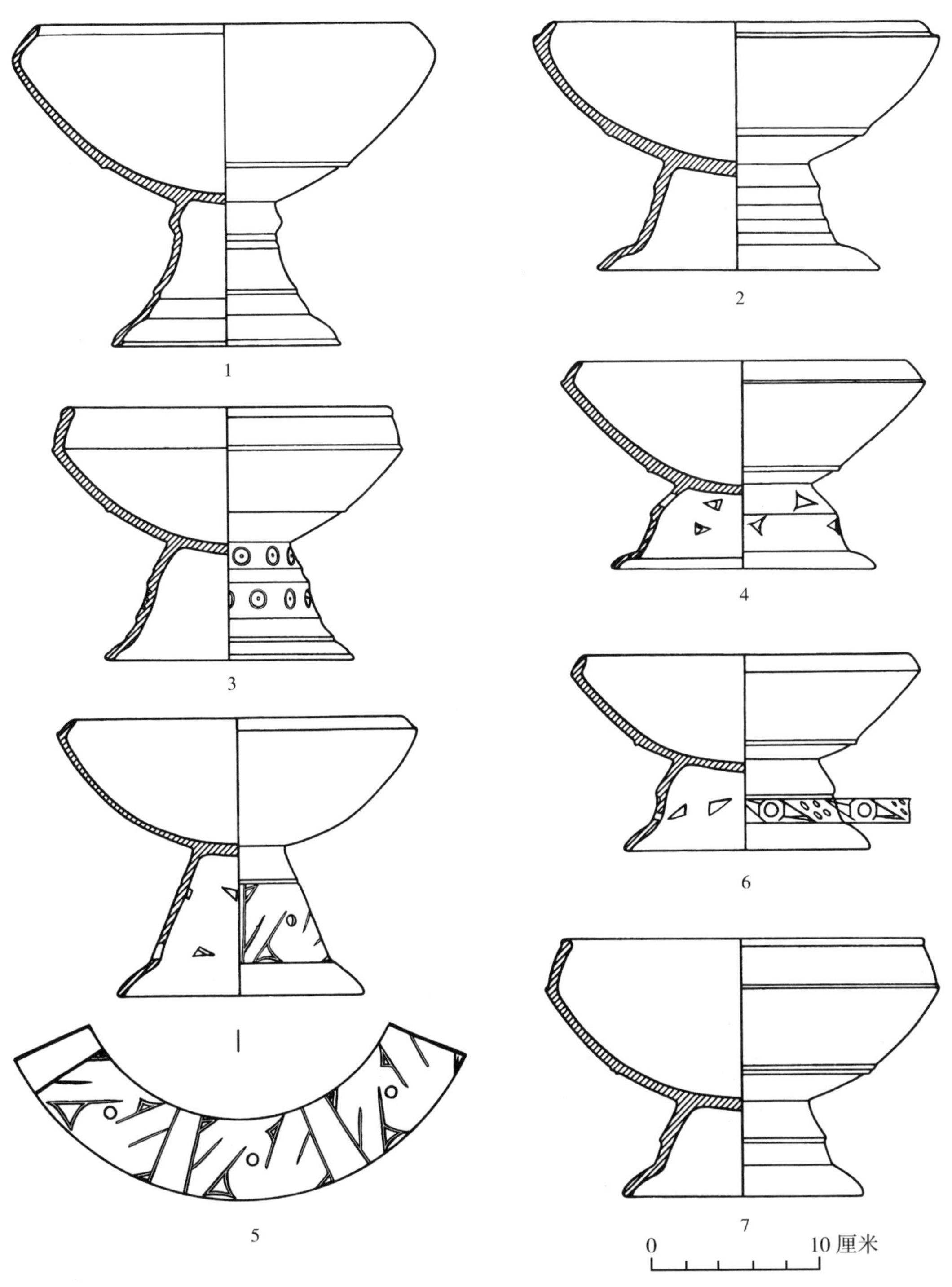

图 4 - 82　陶折敛口钵形豆（之四）

1. D 型Ⅱ式（M221 : 2）　2. D 型Ⅲ式（M165 : 3）　3. D 型Ⅲ式（M227 : 7）　4. D 型Ⅳ式（M213 : 2）
5. D 型Ⅰ式（M17 : 1）　6. D 型Ⅳ式（M218 : 6）　7. D 型Ⅳ式（M151 : 4）

DⅢ式：5 件。斜弧腹下部有凸棱，较高粗圈足，上端有一主凸脊，下接凸弧面台座。M165 : 3，泥质黑陶，胎灰红。饰凹、凸弦纹。高 14.7、口径 21.8、底径 16.9 厘米（图 4 - 82，2；图版九一，2）。M227 : 7，泥质黑陶，胎灰色。仅此件为厚圆唇。饰凹、凸弦纹，上层十一个、下层十三个钻心圆圈纹，圆圈槽浅，圆心窝（不是凸起的小泥心）较深居于圆圈中心或稍偏一侧，圆圈和圆心窝是两次加工形成的。底缘磨损明显。高 15.2、口径 19.9、底径 15 厘米（图 4 - 82，3；彩版二五，2）。

DⅣ式：6件（内1件残）。斜弧腹下部有凸棱（高凸弦纹），较矮粗圈足，上端有一主凸脊。M213：2，泥质黑陶，胎红色。一周凸弦纹，二周各六个三角孔，因切除孔内泥块有的边长超过三角孔。底缘磨损。高12.7、口径19.4、底径15.7厘米（图4-82，4；图版九一，4）。M218：6，泥质黑陶，胎红色。由六个圆圈纹、十二个三角孔和麦粒状浅窝纹合成六组图案，腹部凸棱上约四分之一部分捺整齐小窝纹。底缘有磨损。高11.8、口径19.4、底径14.8厘米（图4-82，6；图版九一，5）。M151：4，泥质黑陶，胎浅灰。厚圆唇。饰凸弦纹。高15.4、口径21.7、底径14.4厘米（图4-82，7；图版九一，3）。

DⅤ式：3件（内2件残）。斜弧腹下部有凸棱或无，坡斜矮圈足，下接凸弧面台座。M13：3，夹细砂灰陶，胎灰红。口、底不整圆，器身稍歪斜。饰凹、凸弦纹。高12.4、口径19.6、底径13.2厘米（图4-83，2；图版九一，6）。

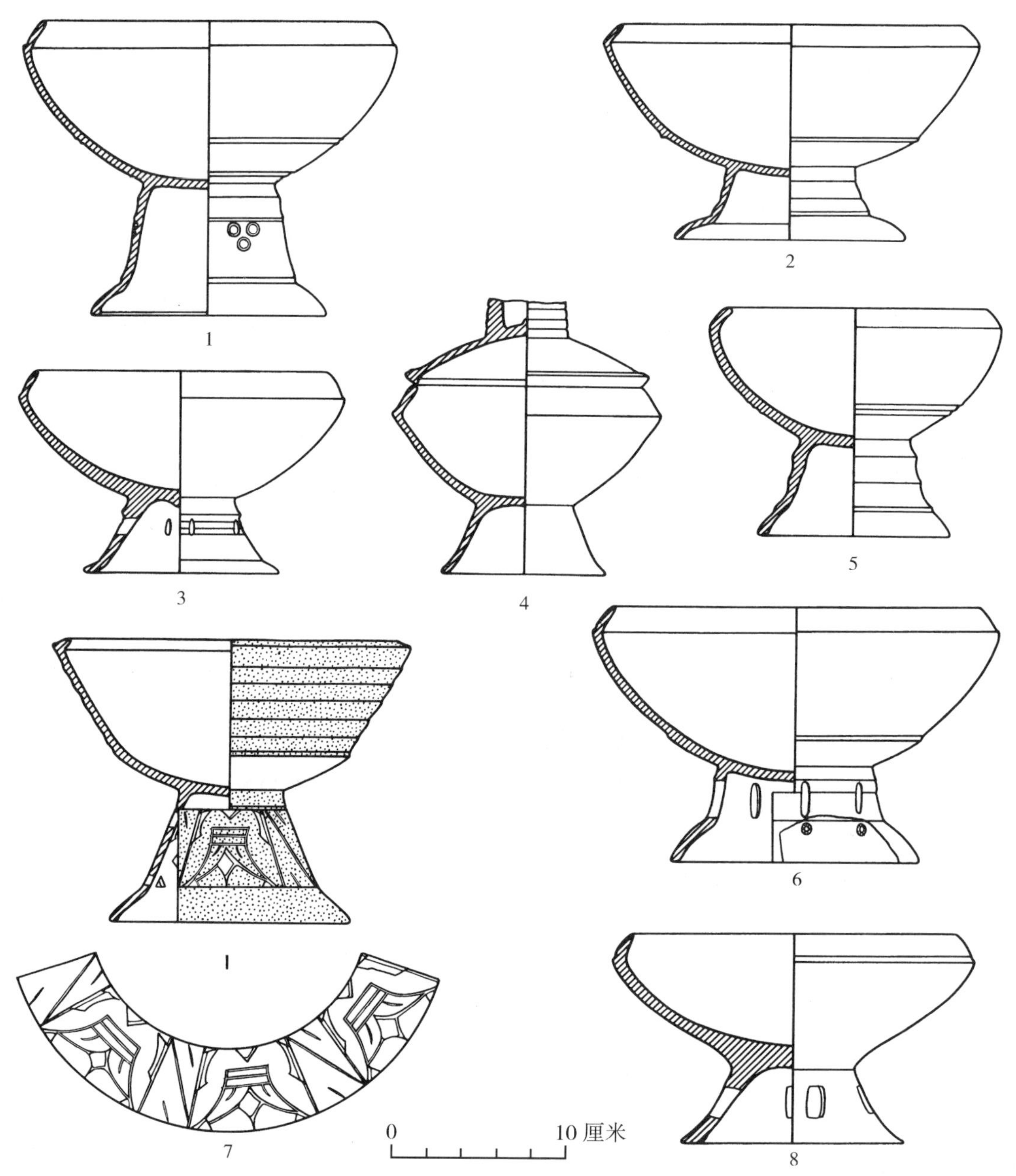

图4-83　陶折敛口钵形豆（之五）

1. D型Ⅵ式（M31：6）　2. D型Ⅴ式（M13：3）　3. D型Ⅸ式（M179：4）　4. D型Ⅹ式（M102：2）　5. D型Ⅷ式（M112：7）　6. D型Ⅵ式（M28：5）　7. D型Ⅶ式（M107：5）　8. D型Ⅸ式（M187：2）

DⅥ式：2件。斜弧腹下部有阶状折棱或凸棱（凸弦纹），圈足等粗较直，下接凸弧面台座。M28∶5，泥质深灰陶，胎浅灰。矮直圈足。饰凹弦纹和七个窄长方孔。为补连碎片，利用原镂孔并在对应位置新钻二孔以便互相捆扎。底缘稍磨损。高14.6、口径21.4、底径14.4厘米（图4－83，6；图版九二，1）。M31∶6，泥质黑陶，胎暗红。高直圈足。饰凹、凸弦纹和三组各三个圆圈纹。高16.8、口径19.4、底径13.6厘米（图4－83，1；图版九二，2）。

DⅦ式：1件（M107∶5）。泥质黑陶，胎黑色。打磨光滑。内折窄沿，斜腹下部折收，深腹，斜直较高圈足，下接台座。腹壁为六周阶状凹弦纹，圈足上由刻划纹、三角孔、菱形孔构成三组图案，主图似横系飘带纹样。外壁残存很少的朱绘。高16.2、口径18.8、底径14厘米（图4－83，7；彩版二五，3；图版九〇，4）。

DⅧ式：1件（M112∶7）。泥质黑陶，胎红色。坡斜圈足上有三条凸棱。饰凸弦纹。高13.2、口径15、底径11厘米（图4－83，5；图版九二，3）。

DⅨ式：2件。斜弧腹无凸棱，坡斜矮圈足。M179∶4，泥质深灰陶，胎灰色。饰二周凹弦纹、六个葵籽状孔。高11.8、口径16.6、底径11.5厘米（图4－83，3；图版九二，4）。M187∶2，泥质深灰陶，胎浅红。镂五个圆角长方孔。底缘严重磨损。高12.2、口径18.6、底径12.8厘米（图4－83，8；图版九二，5）。

DⅩ式：1件（M102∶2）。泥质深灰陶，胎红色。斜弧腹，下腹较肥宽，斜直矮圈足。附盖，系将碟形豆破断的细把磨齐后当作器盖用，原豆把上有两个对称圆孔现残存半圆。通高15.8、豆高11、口径13、底径9.4厘米（图4－83，4；图版九二，6）。

盆形豆　7件（内2件残）。分为五式。

Ⅰ式：1件（M15∶2）。泥质灰陶，胎浅红。平折沿，斜壁下部折腹，较高把，喇叭口圈足。六周凹弦纹、二周各四个圆角长方孔。高15.6、口径21、底径14.2厘米（图4－84，1；图版九三，1）。

Ⅱ式：2件（内1件残）。敞口，中部折腹。M162∶7，泥质深灰陶，胎浅红。较高把，凸弧面台座。六周凹弦纹、二周各二个刻划X纹。高16.6、口径23、底径15厘米（图4－84，2；图版九四，3）。

Ⅲ式：1件（M29∶12）。泥质灰陶，胎棕红。窄厚平沿，浅腹，上部折腹。饰凹弦纹、对顶三角形孔。底缘磨损。复原高约14.4、口径19.8、底径14厘米（图4－84，3；图版九三，2）。

Ⅳ式：1件（M154∶4）。泥质深灰陶，胎浅红夹心深灰色。平折沿，向里斜直壁浅腹。九周凹弦纹。高12.7、口径21.8、底径14厘米（图4－84，4；图版九三，3）。

Ⅴ式：2件（内1件残）。敞口，斜翻沿，上部折腹，较矮体。M148∶3，泥质黑陶，胎红色。圈足上端很细。饰七周凹弦纹。高14.7、口径23、底径14.8厘米（图4－84，5；图版九三，4）。M209∶4，泥质黑陶，胎浅红。圈足上部较宽。饰宽凹弦纹。残高8.3、口径26.8厘米（图4－84，6）。

盘形豆　3件。分二式。

Ⅰ式：2件。敞口，斜盘壁，细高把，凸弧面座。M162∶2，泥质深灰陶，胎红色。圈足内壁有水平排列较规则的五条泥条痕。饰六周凹弦纹、二周各镂三个葵籽形孔。高15.6、口径18.8、底径13.1厘米（图4－84，7；图版九三，6）。M159∶2，泥质深灰陶。饰螺旋凹弦纹和每周四个新月形戳印纹。复原高约18.7、口径18.6、底径15.4厘米（图4－84，8；图版九三，5）。

Ⅱ式：1件（M148∶5）。泥质深灰陶，胎灰色。圈足内壁有水平排列较规则的四条泥条痕，至底缘处有细密螺旋纹理。凹腰高把。四周宽凹弦纹、二个竖长方形大孔。高15.1、口径19.2、底径15.3厘米（图4－84，9；图版九四，4）。

盘　2件。M209∶1，泥质灰陶。圆唇，敞口，斜直壁，圈足底部凸弧面外撇。圈足一周凹弦纹、深戳二周各五个长条窝纹。高8.1、口径16.6、底径11.9厘米（图4－85，1；图版九五，3）。M31∶4，泥质黑陶，胎红色。厚圆唇，竖直盘壁，圈足底部形成凸弧台座。饰凹、凸弦纹。高8.7、口径16.7、底径11厘米（图4－85，2；图版九五，4）。

盆　11件（内3件残）。分为四型。

图4－84　陶盆形豆、盘形豆

1～6. 盆形豆：1. Ⅰ式（M15：2）　2. Ⅱ式（M162：7）　3. Ⅲ式（M29：12）　4. Ⅳ式（M154：4）　5. Ⅴ式（M148：3）　6. Ⅴ式（M209：4）　7～9. 盘形豆：7. Ⅰ式（M162：2）　8. Ⅰ式（M159：2）　9. Ⅱ式（M148：5）

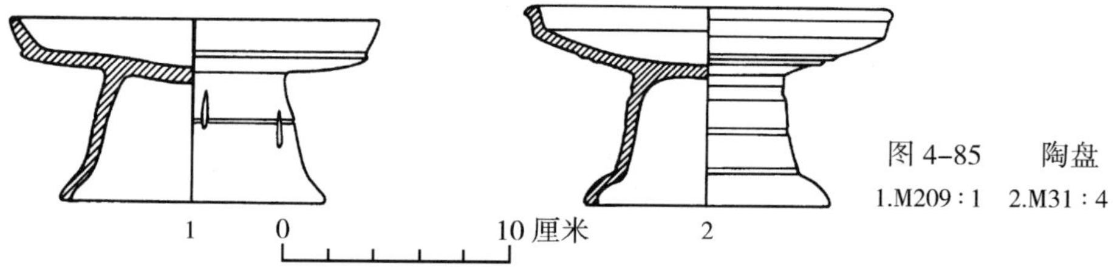

图4-85　陶盘

1.M209：1　2.M31：4

A 型　3 件。敞口，折沿，浅腹，平底，有的带单鋬。分为三式。

AⅠ式：1 件（M157∶2）。泥质深灰陶，胎灰色。上部折腹，腹壁斜弧。底部磨损。高 8、口径 25.5、底径 7.5 厘米（图 4－86，1；图版九六，1）。

AⅡ式：1 件（M159∶3）。泥质灰陶。腹壁斜直，很浅。底缘磨损明显。高 5.7、口径 26.4、底径 8.1 厘米（图 4－86，2；图版九五，5）。

AⅢ式：1 件（M197∶5）。泥质黑陶，胎红色。器口不整圆稍歪扭。中部折腹处有一鸡冠状鋬。在一处口部的里外面，用夹细砂泥片粘补裂缝。底缘稍磨损。高 7.5、口径 22.9、底径 8.2 厘米（图 4－86，3；图版九六，2）。

B 型　2 件。敞口，斜直腹壁，附圈足，有的带单鋬。分为二式。

BⅠ式：1 件（M17∶6）。泥质黑陶，胎红色。厚圆唇，平底边缘起高凸棱，下接的圈足已缺失，附一鸡冠状鋬。残高 6、口径 21.3 厘米（图 4－86，5；图版九五，6）。

BⅡ式：1 件（M123∶18）。泥质黑陶，胎红色。矮圈足。在凸泥条上压印规则浅窝成波状附加堆纹，唇缘上也压印规则浅窝侧视如齿状花边。高 7.2、口径 29、底径 10.8 厘米（图 4－86，4；图版九六，3）。

C 型　2 件。外折窄沿，上部折腹，斜弧腹壁内收，附圈足。M231∶8，泥质深灰陶，胎灰色。口部外壁一周朱绘宽带，圈足上全部涂朱，今绝大部分已剥落。沿一条长弧形破裂缝钻三对圆孔，以供穿线捆结继续使用。底缘明显磨损。高 7.7、口径 17.5、底径 9.6 厘米（图 4－86，6；图版九六，4）。M141∶3，泥质深灰陶，胎浅灰。饰一周凹弦纹。高 10.7、口径 22.4、底径 10.4 厘米（图 4－86，7；图版九六，5）。

D 型　4 件。分为二式。

DⅠ式：1 件（M14∶3）。残。泥质灰陶。上腹近直，中部折腹后斜收，可能有圈足。口径 21 厘米（图 4－86，8）。

DⅡ式：3 件（内 2 件残）。外折窄沿，扁鼓腹，附圈足。M208∶2，泥质深灰陶，胎浅红。圈足一周凸弦纹、三对窄长方形孔。底部有接合圈足使用工具留下的浅刻道。底缘磨损。高 11.7、口径 19.1、底径 12.8 厘米（图 4－86，10；图版九六，6）。M217∶9，残。泥质黑陶，胎红色。可能附圈足。有二周高凸弦纹，残存横穿孔的两小鼻。口径 16.6 厘米（图 4－86，9）。

钵　21 件（内 1 件残）。分为五型。

A 型　14 件。敞口，下部或中部折腹，平底，有些附单鋬。分为六式。

AⅠ式：5 件。中上部腹壁斜直，近底处折收，平底或微凹底。M218∶4，泥质深灰陶，胎浅灰。折棱上侧有一周凹弦纹。底部磨损。口部裂缝处钻二孔以便捆扎继续使用。高 9、口径 23、底径 7.8 厘米（图 4－87，3；图版九七，3）。M223∶4，泥质黑陶，胎灰红。底缘稍磨损。高 8.1、口径 19.9、底径 7.8 厘米（图 4－87，2；图版九七，1）。M5∶2，泥质黑陶，胎暗红。方唇，唇面内凹。底部磨损。高 7.2、口径 20.4、底径 7.6 厘米（图 4－87，1；图版九七，2）。

AⅡ式：1 件（M213∶5）。泥质黑陶，胎深灰。上腹微凹弧，中部折腹。底缘磨损。高 9.1、口径 20.8、底径 6.3 厘米（图 4－87，4；图版九七，4）。

AⅢ式：1 件（M31∶7）。泥质黑陶，胎暗红。方唇，斜壁，腹体较深，下部折腹。口部一周凹弦纹。底缘有磨损。高 9.6、口径 20、底径 7.2 厘米（图 4－87，5；图版九七，5）。

AⅣ式：3 件。下部折腹处附一鋬。M225∶3，夹细砂黑陶。小平底近圜。附一弯月形鋬。高 7.7、口径 17.3 厘米（图 4－87，7；图版九八，1）。M231∶9，泥质深灰陶，胎浅红。附一鸡冠状鋬。底部磨损。高 9、口径 17.7、底径 9.1 厘米（图 4－87，6；图版九七，6）。

AⅤ式：1 件（M29∶5）。泥质灰陶，胎灰红。下部折腹，在折棱之上的中部附一稍上翘的鸟尾形鋬。底部磨损甚重。高 8.7、口径 17、底径 7.6 厘米（图 4－87，9；图版九八，2）。

AⅥ式：3 件（内 1 件残）。折棱和器鋬都在近中部。M123∶8，泥质黑陶，胎红色。磨光度好。上腹

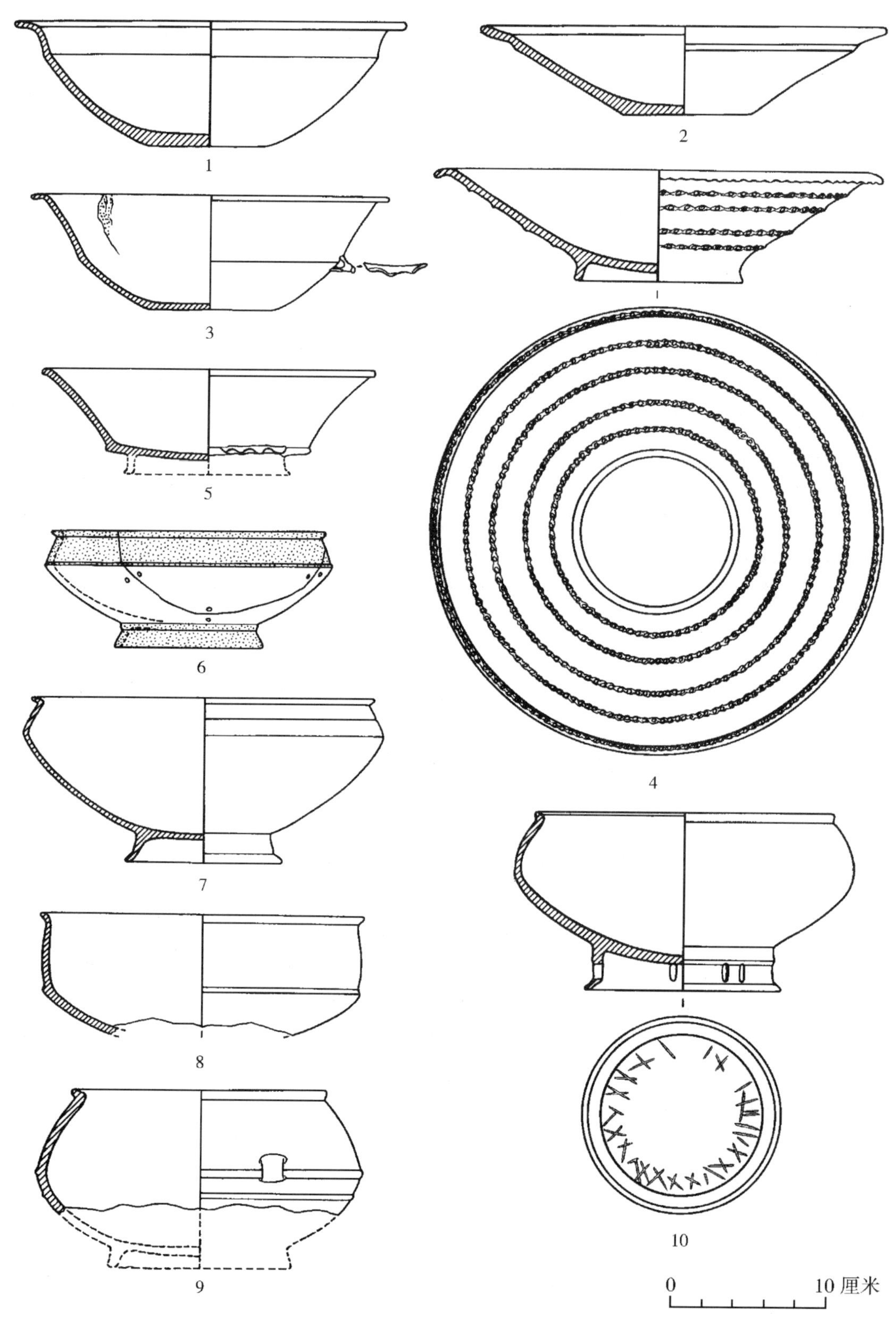

图4－86　陶盆

1. A型Ⅰ式（M157：2）　2. A型Ⅱ式（M159：3）　3. A型Ⅲ式（M197：5）　4. B型Ⅱ式（M123：18）　5. B型Ⅰ式（M17：6）　6. C型（M231：8）　7. C型（M141：3）　8. D型Ⅰ式（M14：3）　9. D型Ⅱ式（M217：9）　10. D型Ⅱ式（M208：2）

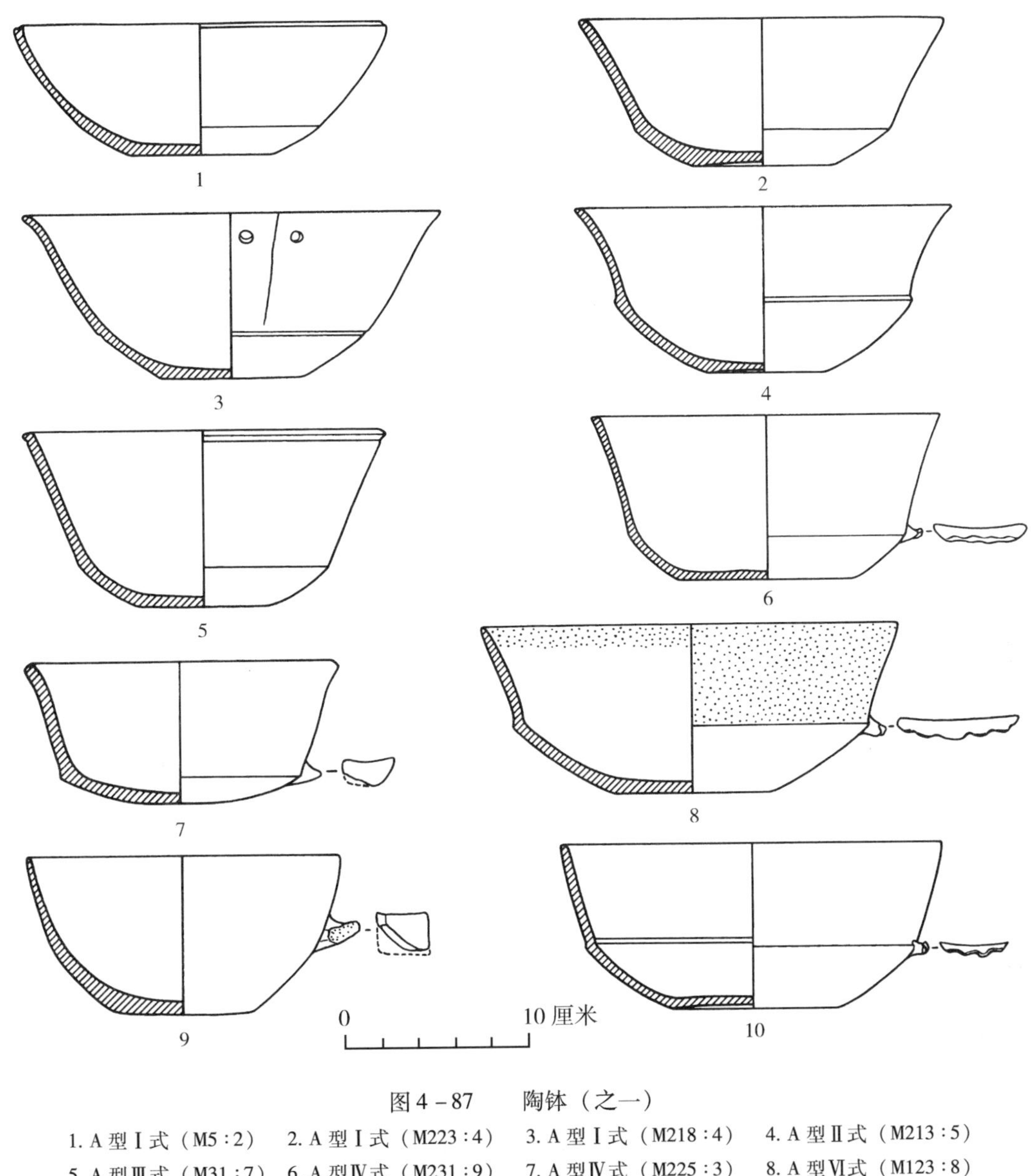

图 4－87　陶钵（之一）

1. A 型Ⅰ式（M5∶2）　2. A 型Ⅰ式（M223∶4）　3. A 型Ⅰ式（M218∶4）　4. A 型Ⅱ式（M213∶5）　5. A 型Ⅲ式（M31∶7）　6. A 型Ⅳ式（M231∶9）　7. A 型Ⅳ式（M225∶3）　8. A 型Ⅵ式（M123∶8）　9. A 型Ⅴ式（M29∶5）　10. A 型Ⅵ式（M197∶8）

全部和口内宽 1 厘米均有朱绘。高 9.2、口径 22.7、底径 8.4 厘米（图 4－87，8；彩版二七，1；图版九八，3）。M197∶8，泥质黑陶，胎浅红。口不整圆，器身较歪斜。平底内凹。高 9、口径 20.9、底径 9 厘米（图 4－87，10；图版九八，4）。

B 型　3 件。敞口，附圈足，有的带单鋬。分为三式。

BⅠ式：1 件（M217∶7）。泥质灰陶。腹壁斜弧有窄台形双折棱。高 7.7、口径 18.4、底径 9.2 厘米（图 4－88，1；图版九八，5）。

BⅡ式：1 件（M108∶6）。泥质灰陶。上腹凹弧，中部折腹后斜弧内收，折棱处附一鸡冠状鋬。高 8.2、口径 18.2、底径 9.3 厘米（图 4－88，2；图版九八，6）。

BⅢ式：1 件（M162∶6）。泥质黑陶，胎红色。下部折腹，圈足缺失，附一稍上翘的短鸟尾状鋬。高凸棱处压印小窝成波状堆纹。口径 19.5 厘米（图 4－88，3）。

C 型　2 件。敛口，平底。分二式。

CⅠ式：1 件（M180∶1）。泥质灰陶。口不整圆，口部局部变形，器身稍歪。折敛口，腹壁斜弧，平

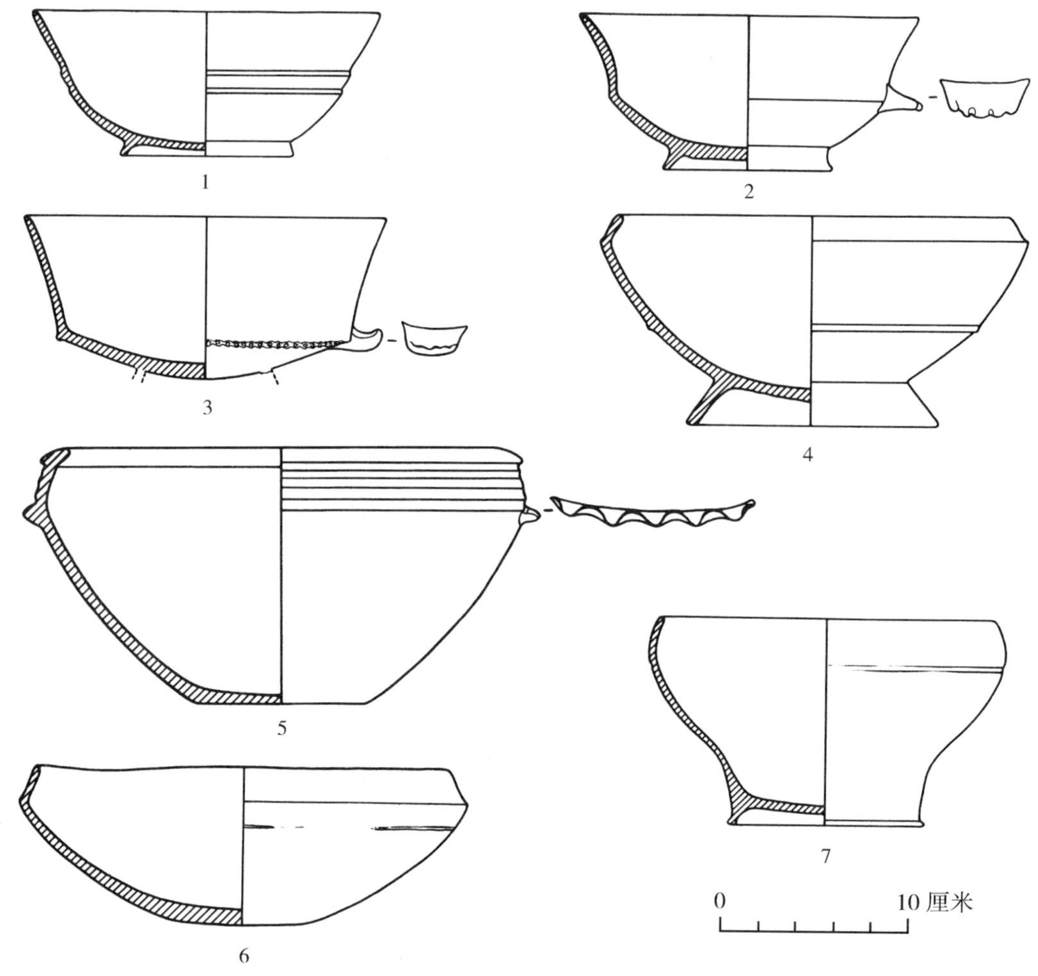

图 4－88　陶钵（之二）
1. B 型Ⅰ式（M217：7）　2. B 型Ⅱ式（M108：6）　3. B 型Ⅲ式（M162：6）　4. D 型（M230：4）
5. C 型Ⅱ式（M123：19）　6. C 型Ⅰ式（M180：1）　7. E 型（M151：6）

底。高 8.4、口径 22、底径 7 厘米（图 4－88，6；图版九九，1）。

CⅡ式：1 件（M123：19）。泥质深灰陶，胎红色。弧敛口，外贴厚沿，腹壁斜弧，附两个长 11 厘米鸡冠状鋬。四周凹弦纹。底部明显磨损。高 14、口径 23.2、底径 9.2 厘米（图 4－88，5；图版九九，2）。

D 型　1 件（M230：4）。泥质黑陶，胎红色。折敛口，斜弧腹，附圈足。一周凸弦纹。底缘磨损。高 11.3、口径 20.8、底径 13.4 厘米（图 4－88，4；图版九九，3）。

E 型　1 件（M151：6）。泥质深灰陶，胎浅红。弧敛口，曲腹，矮圈足。上腹有一条不完整的凹弦纹。底缘磨损明显。高 11.1、口径 17.8、底径 10.5 厘米（图 4－88，7；图版九九，4）。

碗　1 件（M197：11）。泥质灰陶。直口，中部折腹，矮圈足外撇。外表朱绘，现多脱落。底缘磨损。高 9.2、口径 13.7、底径 9.8 厘米（图 4－89，1；图版一〇〇，5）。

觯　5 件。分为二式。

Ⅰ式：4 件。大口稍侈。束颈，凹弧壁，下部扁折腹，附圈足。M225：8，泥质深灰陶，胎灰色。底内壁上有规则起伏的泥条所显示的轮旋纹。饰三周凹弦纹。高 10、口径 6.6、底径 7.2 厘米（图 4－89，2；图版一〇〇，1）。M134：4，泥质黑陶，胎浅红。饰凹弦纹、圆孔。高 12.4、口径 9.2、底径 8.2 厘米（图 4－89，3；图版一〇〇，2）。M112：8，泥质黑陶，胎红色。饰九周凹弦纹。底缘磨损明显。高 12.9、口径 9.2、底径 8.2 厘米（图 4－89，5；图版一〇〇，3）。

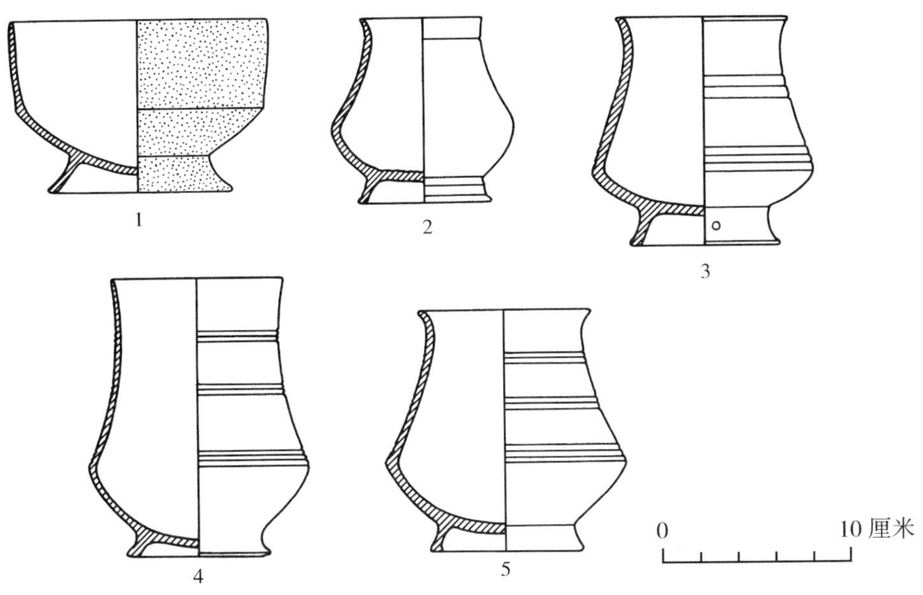

图4-89　陶碗、觯

1. 碗（M197∶11）　2～5. 觯：2. Ⅰ式（M225∶8）　3. Ⅰ式（M134∶4）　4. Ⅱ式（M20∶2）　5. Ⅰ式（M112∶8）

Ⅱ式：1件（M20∶2）。泥质深灰陶，胎暗红。折腹以下的腹壁较高，腹径相对较小。九周凹弦纹。高14.8、口径9.2、底径7.8厘米（图4-89，4；图版一〇〇，4）。

觚形杯　9件。分为二型。

A型　7件。侈口，凹弧壁筒状深腹，连接底部处的腹壁外撇，矮宽三足或平底微凹。分为三式。

AⅠ式：3件。器身高，侈口，底、足接合处显著外斜。先制出矮圈足，等距切割后留下三足。1件附盖。M231∶3，夹细砂黑陶，胎浅红。口部内壁有多条规则的波状轮旋纹理。饰十四周凸弦纹。烧前底部浅划一个记号。足底经磨损。高20.3、口径11.7、底径10.7厘米（图4-90，1；图版一〇二，2）。M193∶2，泥质深灰陶，胎灰色。饰一周凸弦纹、九周凹弦纹。三足有磨损。附通钮子母口器盖。通高23.8、觚高21.4、口径10.5、底径9.8厘米（图4-90，9；图版一〇一，1）。M114∶1，泥质灰陶。现三足已磨去与底齐平，足旁的部分底缘也经磨损。饰一周凸弦纹、十二周凹弦纹。腹部内壁与外壁的弦纹相对应形成规则的浅条波状曲线。烧前底部刻划一符号。复原高约19.4、口径9.6、底径8.7厘米（图4-90，2，4-91，2；图版一〇二，1）。

AⅡ式：1件（M148∶4）。泥质深灰陶，胎灰色。器身比AⅠ式较矮粗，稍侈口，底、足接合处略外斜。饰三十三周凹弦纹。烧前底部刻划一符号。高16.7、口径8.8、底径8.5厘米（图4-90，7，4-91，1；图版一〇二，3）。

AⅢ式：3件．均平底微凹。M13∶2，夹细砂灰陶。六周宽凹弦纹。底部磨损。高17.8、口径9.8、底径9.4厘米（图4-90，8；图版一〇一，3）。M164∶2，泥质灰陶。五周凹弦纹。底部磨损。高16、口径9、底径8.4厘米（图4-90，4；图版一〇二，4）。M197∶10，泥质黑陶，胎深灰。残存很少朱绘。高14.8、口径8.8、底径8.4厘米（图4-90，3；图版一〇二，5）。

B型　2件。略侈口，上部腹壁外凸，成双凹弧壁凸节状筒腹，矮宽三足或平底微凹。分为二式。

BⅠ式：1件（M8∶1）。杯夹细砂灰陶，通钮盖细砂黑陶。有三足。饰凹、凸弦纹。烧前在底部刻符号。通高22、觚高19.5、口径7.4、底径8厘米（图4-90，5，4-91，3；图版一〇一，2）。

BⅡ式：1件（M208∶4）。泥质黑陶，胎深灰。平底微凹。饰凸弦纹。腹部内壁与外壁的弦纹相对应形成规则的浅条波状曲线。底缘稍磨损。高20、口径8.2、底径8.7厘米（图4-90，6；图版一〇一，4）。

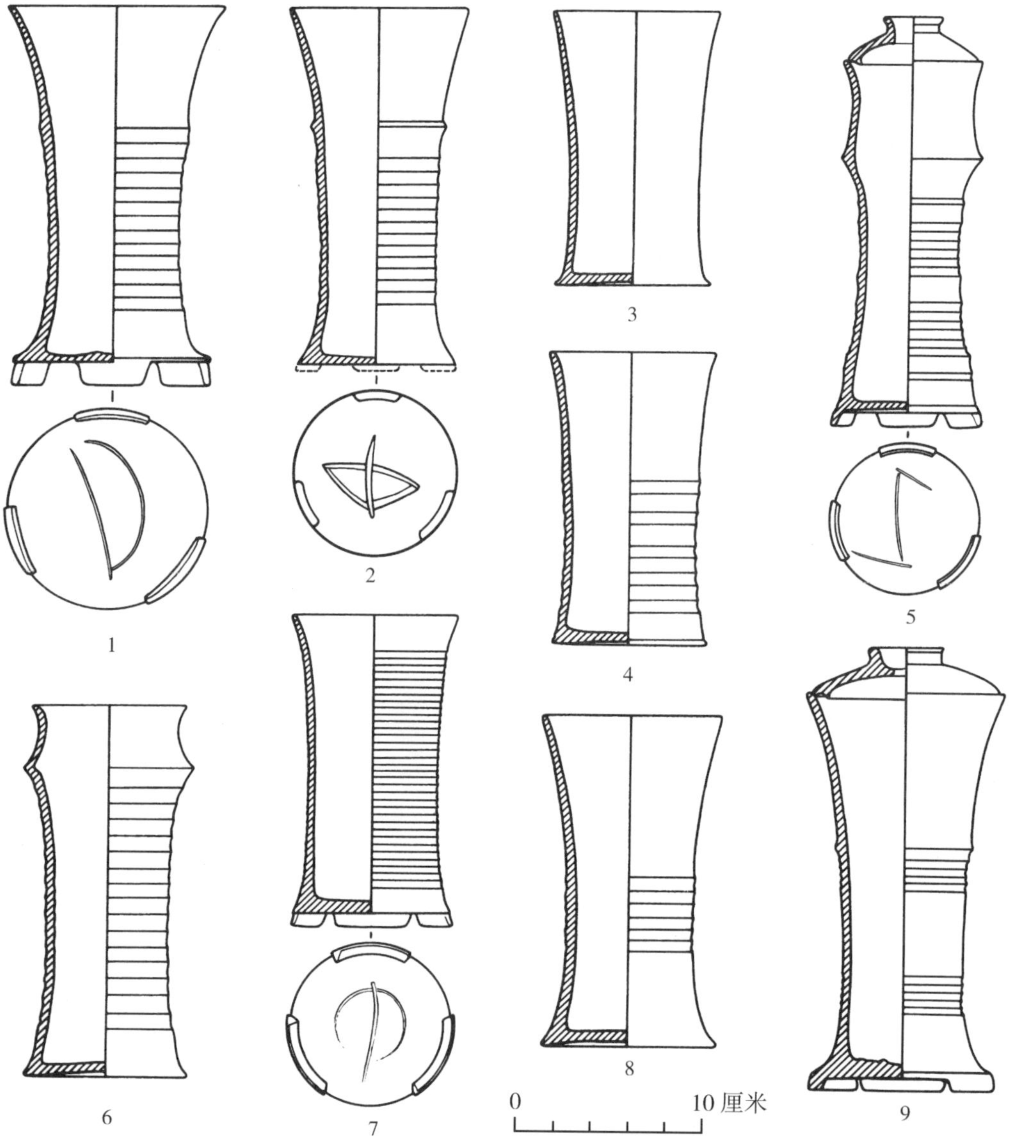

图 4－90　陶觚形杯

1. A 型Ⅰ式（M231：3）　2. A 型Ⅰ式（M114：1）　3. A 型Ⅲ式（M197：10）　4. A 型Ⅲ式（M164：2）　5. B 型Ⅰ式（M8：1）　6. B 型Ⅱ式（M208：4）　7. A 型Ⅱ式（M148：4）　8. A 型Ⅲ式（M13：2）　9. A 型Ⅰ式（M193：2）

图 4－91　陶觚形杯刻划符号拓片

1. M148：4　2. M114：1　3. M8：1

杯　5件。分为四式。

Ⅰ式：1件（M109∶2）。泥质黑陶，胎红色。腹壁稍斜直，下部折收，矮圈足，附鸟尾状把手。底缘稍磨损。高8.8、口径9.2、底径7厘米（图4-92，1；图版一〇三，5）。

Ⅱ式：1件（M31∶5）。泥质黑陶，胎灰色。敞口，斜壁，较高圈足。饰凹、凸弦纹。高7、口径7.4、底径5.8厘米（图4-92，2；图版一〇三，4）。

Ⅲ式：2件。敞口，凹弧腹壁，高把，接坡状台座。M1∶5，泥质黑陶，胎灰色。饰十一周凹弦纹、一周四个圆孔、一周窄长方形孔和刻划倒T形各九个相间排列。底缘稍磨损。高13.3、口径10.6、底径9.8厘米（图4-92，4；图版一〇三，1）。M18∶1，泥质黑陶，胎灰红。饰七周凹弦纹、三周各四个圆孔。高12.1、口径8.6、底径8.4厘米（图4-92，3；图版一〇三，2）。

Ⅳ式：1件（M157∶3）。泥质红陶。直口，球圆腹，喇叭口状高圈足。饰六周凹弦纹、一周凸弦纹、一周三组各三个小窝纹。高16.8、口径8.8、底径11.6厘米（图4-92，5；图版一〇三，3）。

大口斜沿罐　1件（M158∶2）。夹砂红陶，胎灰色。大口，斜折沿，鼓腹较浅，平底。高6.5、口径9.1、底径4.9厘米（图4-93，1；图版一〇四，1）。

大口矮领罐　4件（内1件残）。分为三式。

Ⅰ式：2件（内1件残）。粗矮竖直领，圆腹。M25∶3，泥质深灰陶，胎浅灰。平底微凸。高14、口径9.6、底径8厘米（图4-93，4；图版一〇四，2）。

Ⅱ式：1件（M157∶6）。泥质黑陶，胎深灰。粗矮领，扁折腹。二周凹弦纹。高12、口径11.3、底径6.6厘米（图4-93，3；图版一〇四，3）。

Ⅲ式：1件（M29∶8）。泥质深灰陶，胎灰色。大口矮直领，扁腹，附鸟尾形把手。一周波状附加堆纹。底缘稍有磨损。高8、口径8.2、底径6厘米（图4-93，2；图版一〇四，4）。

小口矮领罐　6件。分为三式。

Ⅰ式：3件。略侈口，矮直领，圆鼓腹或中部折腹，腹体较矮。M162∶3，泥质黑陶，胎红色。高11.7、口径8.6、底径6.7厘米（图4-93，5；图版一〇五，1）。M223∶2，泥质黑陶，胎浅红。高8.5、口径7.5、底径6厘米（图4-93，8；图版一〇五，3）。M212∶1，泥质深灰陶，胎红色。仅此件折腹。高10.7、口径8.3、底径6.8厘米（图4-93，7；图版一〇五，2）。

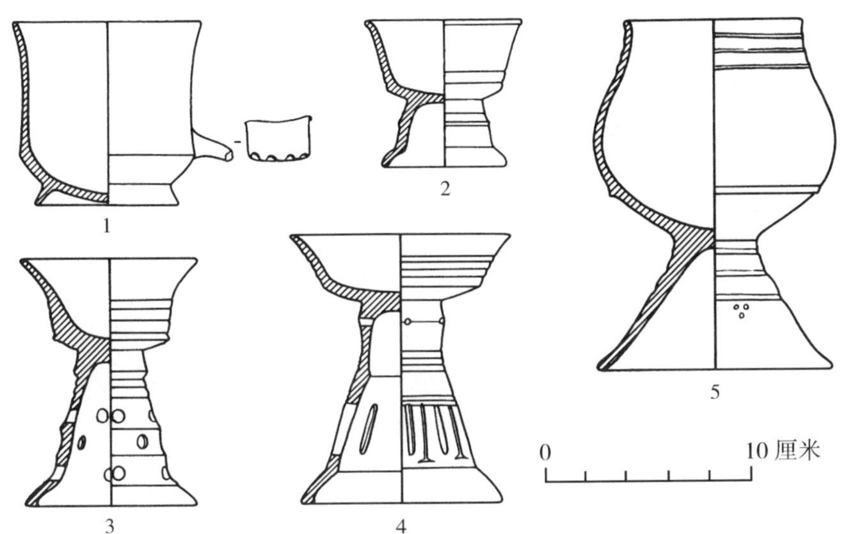

图4-92　陶杯

1. Ⅰ式（M109∶2）　2. Ⅱ式（M31∶5）　3. Ⅲ式（M18∶1）
4. Ⅲ式（M1∶5）　5. Ⅳ式（M157∶3）

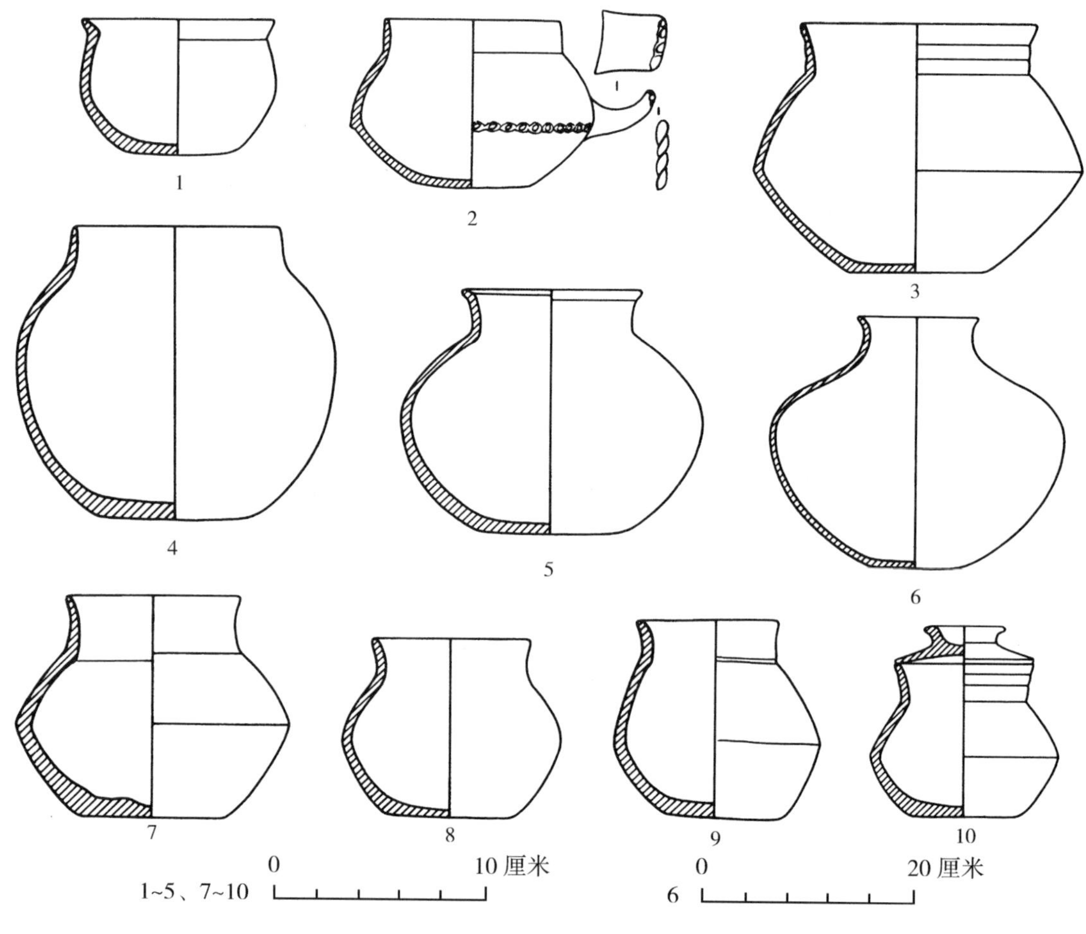

图4-93 陶罐

1. 大口斜沿罐（M158:2） 2~4. 大口矮领罐：2. Ⅲ式（M29:8） 3. Ⅱ式（M157:6） 4. Ⅰ式（M25:3）
5~10. 小口矮领罐：5. Ⅰ式（M162:3） 6. Ⅲ式（M183:1） 7. Ⅰ式（M212:1） 8. Ⅰ式（M223:2）
9. Ⅱ式（M179:2） 10. Ⅱ式（M175:1）

Ⅱ式：2件。小型器，矮直领，中部折腹。M175:1，泥质黑陶，胎浅红。二周凹弦纹。盖口里侧略经打薄，口沿全经磨光露出陶胎，可能是利用残破的较大器盖改制而成。通高9.2、罐高7.2、口径6.6、底径5厘米（图4-93，10；图版一〇五，5）。M179:2，泥质深灰陶。器身稍歪斜。高9.6、口径6.7、底径5.6厘米（图4-93，9；图版一〇五，4）。

Ⅲ式：1件（M183:1）。泥质黑陶，胎红色。小口矮领，广肩，深腹，最大腹径在上部，小平底。底缘稍磨损。高24、口径11.4、底径8.4厘米（图4-93，6；图版一〇五，6）。

圈足罐 12件（内1件残）。分为八式。

Ⅰ式：1件（M231:4）。泥质深灰陶，胎浅红。腹内壁留有浅窝，窝径一般不超过1厘米，系加工痕迹。盘口，矮领，扁圆腹。一周凹弦纹、二周凸弦纹。底缘磨损。高12.4、口径9.1、底径7.6厘米（图4-94，1；图版一〇六，1）。

Ⅱ式：2件。直领较高，肩腹处折拐或圆弧。M151:5，泥质黑陶，胎浅红。饰凹、凸弦纹各二周。底缘稍磨损。高16.6、口径9.2、底径8.9厘米（图4-94，6；图版一〇七，1）。M191:1，泥质深灰陶，内壁和胎红色。领部五周凹弦纹，腹部二周各自封闭的压窝波状附加堆纹，三、四条螺旋盘绕的凸弦纹（一端小段压窝），出土时颈肩和上腹处残存少量朱绘。底缘稍磨损。高15.5、口径8.7、底径7.6厘米（图4-94，2；图版一〇六，2）。

Ⅲ式：3件（内1件残）。大型器。矮领，最大腹径在上部，圈足低矮。M17:4，泥质灰陶。颈部一

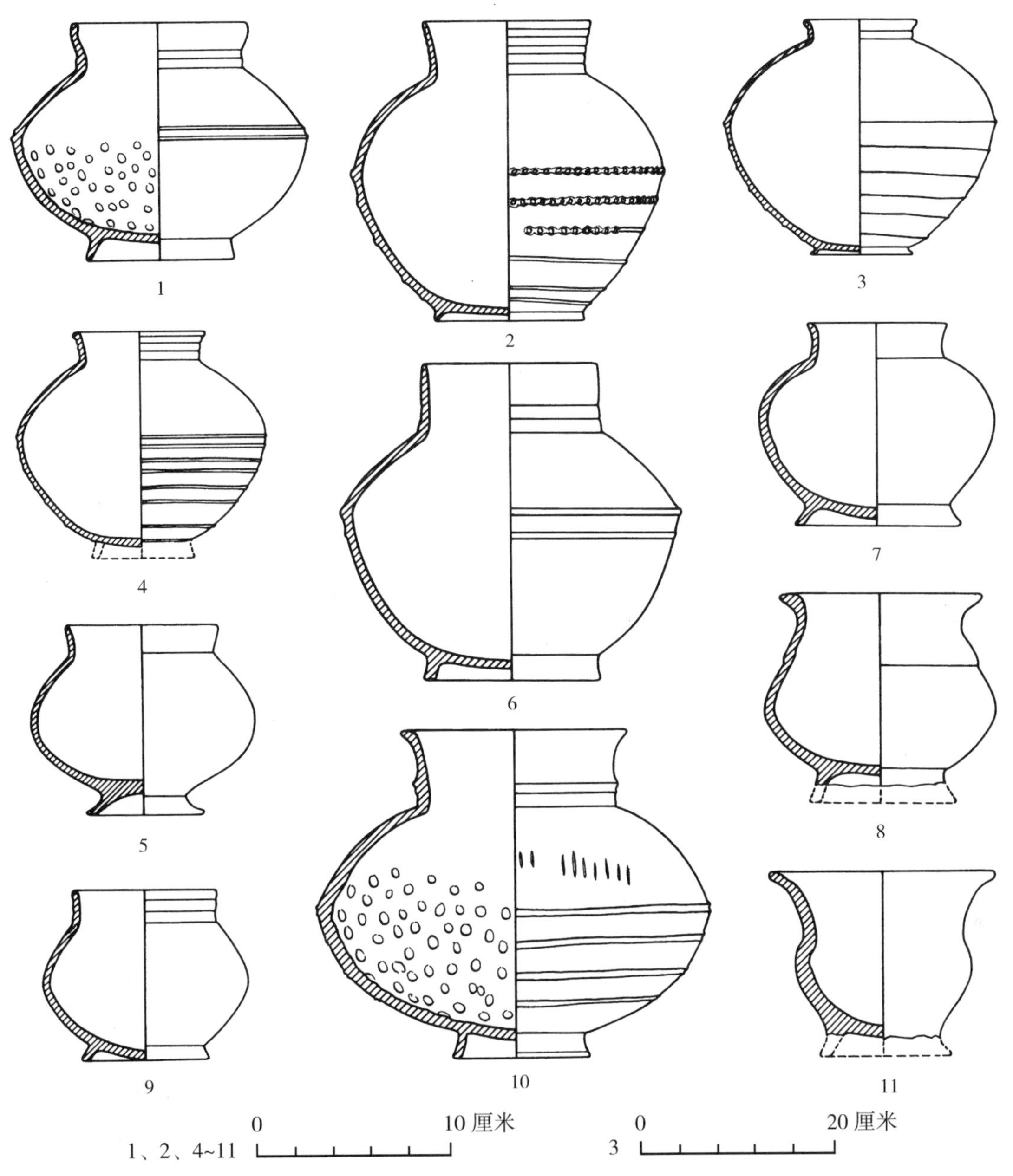

图 4－94　陶圈足罐

1. Ⅰ式（M231∶4）　2. Ⅱ式（M191∶1）　3. Ⅲ式（M17∶4）　4. Ⅲ式（M103∶2）　5. Ⅴ式（M205∶1）　6. Ⅱ式（M151∶5）　7. Ⅵ式（M171∶1）　8. Ⅶ式（M188∶1）　9. Ⅵ式（M225∶4）　10. Ⅳ式（M218∶7）　11. Ⅷ式（M123∶17）

周凹弦纹；鼓腹处一周凸弦纹为水平封闭的；下腹的凸弦纹作螺旋状盘绕，三分之一的腹壁上见有六条，三分之二的腹壁上见有五条，当属在轮旋情况下制成。高 24.2、口径 12、底径 11 厘米（图 4－94，3；图版一〇六，3）。M103∶2，泥质灰陶。二周凹弦纹，最上二周凸弦纹各自封闭，以下为螺旋盘绕。圈足脱落。残高 22.4、口径 13.6 厘米（图 4－94，4；图版一〇七，2）。

Ⅳ式：1 件（M218∶7）。泥质深灰陶，胎灰色。腹内壁下部留有很多浅窝属拍压加工痕迹。粗高领，扁鼓腹，小圈足。领部二周封闭的凸弦纹，腹部为盘绕的三至四周双道凸弦纹。底缘磨损。烧制前在肩部 5.7 厘米的横跨范围内，划有一排竖短道，单根长 1.5～0.9 厘米。高 16.9、口径 11.8、底径 7.2 厘米（图 4－94，10；图版一〇六，4）。

Ⅴ式：1 件（M205∶1）。泥质黑陶，胎红色。粗矮领，扁圆腹，圈足外撇。高 10、口径 8、底径 6.1

厘米（图4－94，5；图版一〇七，3）。

Ⅵ式：2件。粗直领，圆腹，圈足宽矮。M225：4，泥质黑陶，胎浅灰。二周凹弦纹。底缘磨损。高9、口径7.5、底径6.6厘米（图4－94，9；图版一〇七，5）。M171：1，泥质黑陶，胎红色。底缘磨损。高10.7、口径7.3、底径8.7厘米（图4－94，7；图版一〇七，4）。

Ⅶ式：1件（M188：1）。泥质深灰陶，胎红色。外折沿，束颈，肩部凹折略呈阶状，扁鼓腹。复原高约11、口径10.5厘米（图4－94，8；图版一〇八，4）。

Ⅷ式：1件（M123：17）。夹砂红陶。喇叭口，束颈，上部鼓腹，如尊形器。复原高约9.5、口径11.8厘米（图4－94，11；图版一〇七，6）。

三足罐 5件（内2件残）。分为三式。

Ⅰ式：1件（M197：4）。泥质黑陶，胎灰色。矮直领，扁折腹，圜底，下腹附鸟尾状弯把手。器身、把手和足都残存极少朱绘。三足尖磨损。高10.5、口径7.8、腹径12厘米（图4－95，1；图版一〇八，1）。

Ⅱ式：2件。矮斜领，扁折腹，平底，扁矮足。M227：5，泥质黑陶，胎灰色。腹壁残存零星朱绘。三足尖有磨损。高9.4、口径8.2、腹径11.8厘米（图4－95，3；图版一〇八，2）。M213：1，泥质深灰陶，胎浅灰。方唇上有一浅槽。刻划纵横相间排列的波折纹各四组。高10.9、口径9.1、腹径12.7厘米（图4－95，4；彩版二七，2；图版一〇八，3）。

Ⅲ式：2件。均残。扁圆腹，平底。M204：3，泥质黑陶，胎灰色。口沿和三足均缺。复原高约6.8、腹径7.1厘米（图4－95，2）。

圜底壶 3件（内2件残）。分为二式。

Ⅰ式：1件（M199：1）。泥质黑陶，胎灰色。短颈，垂腹。一周凸弦纹。高11.4、口径8、腹径12.3厘米（图4－96，1；图版一一四，1）。

Ⅱ式：2件。均残片。大体扁圆腹。M156：7，泥质深灰陶。颈部凹弦纹。口径7.4厘米（图4－96，2）。

平底壶 15件（内1件残）。分为二型。

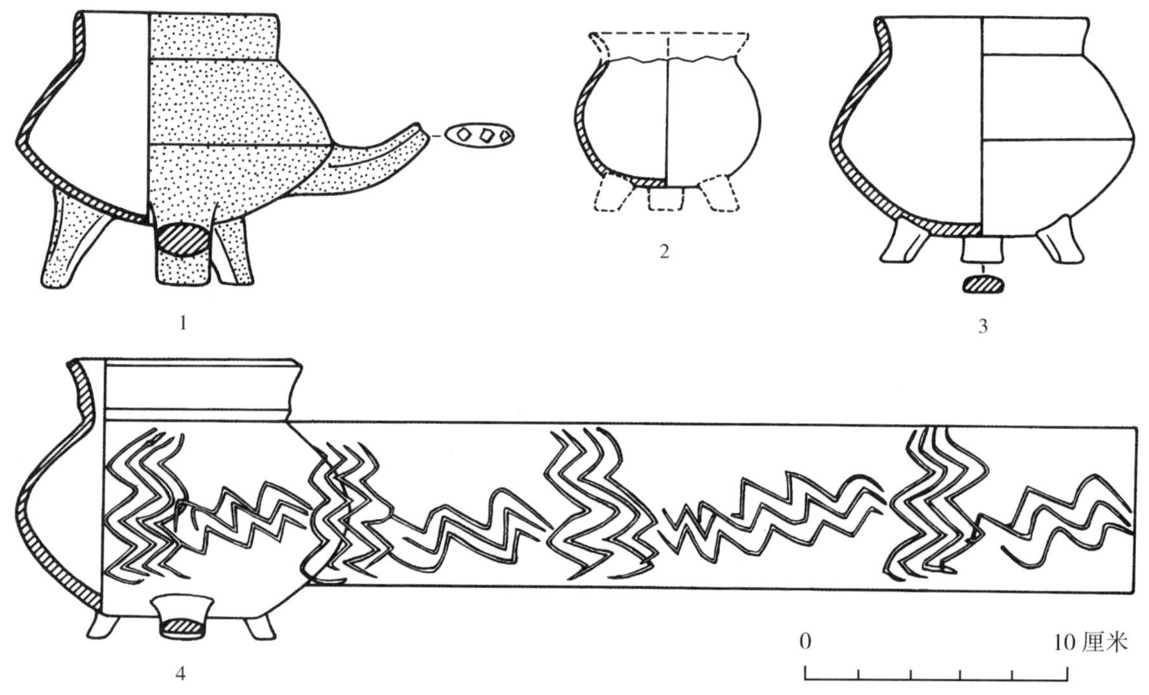

图4－95 陶三足罐

1.Ⅰ式（M197：4） 2.Ⅲ式（M204：3） 3.Ⅱ式（M227：5） 4.Ⅱ式（M213：1）

图4－96　陶圜底壶、平底壶

1、2. 圜底壶：1. Ⅰ式（M199：1）　2. Ⅱ式（M156：7）　3～16. 平底壶：3. A型Ⅰ式（M194：5）　4. A型Ⅰ式（M218：3）　5. A型Ⅱ式（M167：4）　6. A型Ⅲ式（M125：2）　7. A型Ⅲ式（M140：2）　8. A型Ⅲ式（M167：3）　9. A型Ⅳ式（M197：12）　10. A型Ⅴ式（M128：2）　11. A型Ⅵ式（M154：2）　12. B型Ⅱ式（M29：7）　13. B型Ⅰ式（M123：11）　14. B型Ⅱ式（M123：9）　15. B型Ⅲ式（M195：1）　16. A型Ⅶ式（M28：3）

A型　11件。中长颈。分为七式。

AⅠ式：2件。喇叭口，凹弧长颈，腹体较矮，折腹。M194：5，泥质黑陶，胎深灰。扁折腹。高11.2、口径7.9、底径6.1厘米（图4－96，3；图版一〇九，1）。M218：3，泥质灰陶。腹壁近圆弧，下部折腹。饰凹弦纹。高11.9、口径8.3、底径5.3厘米（图4-96，4；图版一〇九，2）。

AⅡ式：1件（M167:4）。泥质红陶。粗直长颈，扁折腹。底部稍磨损。复原高约11.4、底径6.2厘米（图4-96，5；图版一〇九，3）。

AⅢ式：4件。粗直长颈，扁鼓腹。M140:2，泥质深灰陶，胎红色。平底外凸。高12.3、口径8、底径6.8厘米（图4-96，7；图版一〇九，5）。M125:2，泥质灰陶，胎浅红。内壁留规则的波状泥条痕。仅此件腹部起折棱。三周凹弦纹。底部磨损甚重。高11.2、口径7.6、底径6厘米（图4-96，6；图版一〇九，6）。M167:3，泥质红陶，胎深灰。高10.3、口径7.7、底径5.4厘米（图4-96，8；图版一〇九，4）。

AⅣ式：1件（M197:12）。泥质灰陶。喇叭口，细长颈，肩上部起低台面，折肩以下腹壁凹弧，腹体高深。四周凹弦纹。高17.3、口径8、底径7.5厘米（图4-96，9；图版一一〇，1）。

AⅤ式：1件（M128:2）。泥质深灰陶，胎浅红。斜直细长颈，折肩以下腹壁凸弧。底部稍磨损。复原高约12.2、底径5.8厘米（图4-96，10；图版一一〇，2）。

AⅥ式：1件（M154:2）。夹砂灰陶。小口，直颈较高，窄折肩，上部折腹。底部稍磨损。高13.6、口径7.3、底径5.7厘米（图4-96，11；图版一一〇，3）。

AⅦ式：1件（M28:3）。泥质黑陶，胎红色。底外面抹薄层细砂。直口，粗颈与上腹壁凹弧相连，下部折腹。七周凹弦纹。高14.1、口径7.4、底径6.7厘米（图4-96，16；图版一一〇，4）。

B型　4件。特长颈。分为三式。

BⅠ式：1件（M123:11）。泥质深灰陶，胎灰色。长颈较粗，扁折腹。四周凹弦纹。高17.2、口径7.2、底径7.2厘米（图4-96，13；图版一一〇，5）。

BⅡ式：2件。细长颈，肩部上段呈斜坡低台面，中腹双折棱，下腹壁凹弧。M123:9，泥质黑陶，胎红色。打磨光滑。饰凹弦纹、凸弦纹，折腹以上至口部有朱绘。底缘略磨损。高17.7、口径5.9、底径7厘米（图4-96，14；彩版二七，3；图版一一〇，6）。M29:7，泥质黑陶，胎暗红。颈部凹弦纹。复原高约22.4、口径7.6、底径8.2厘米（图4-96，12；图版一一四，2）。

BⅢ式：1件（M195:1）。残。泥质黑陶，胎浅灰。中腹内凹上下有折棱，下腹壁凸弧。六周凹弦纹。残高9.6、底径6.3厘米（图4-96，15；图版一一四，3）。

圈足壶　16件（内3件残）。分为九式。

Ⅰ式：3件（内2件残）。长颈，鼓腹中部有折棱。M17:3，泥质灰陶。四周凹弦纹。高11.1、口径7.4、底径5.8厘米（图4-97，1）。

Ⅱ式：2件。斜直长颈，扁折腹，高圈足。M17:2，泥质黑陶，胎暗红。饰凹、凸弦纹和五组竖划纹。附塔形钮子母口盖。通高19、壶高16、口径9.4、底径12厘米（图4-97，11；图版一一一，1）。M208:3，泥质黑陶，胎红色。饰凹、凸弦纹。底缘稍磨损。高9.9、口径5.7、底径6.6厘米（图4-97，3；图版一一二，1）。

Ⅲ式：2件。泥质灰陶。长颈，鼓腹中部无折棱。M1:4，领部内壁有规则横条轮旋纹理。饰五周凹弦纹。底缘稍磨损。高13.2、口径8、底径7.8厘米（图4-97，4；图版一一一，2）。M18:2，饰四周凹弦纹。高11.8、口径7、底径5.7厘米（图4-97，2；图版一一二，2）。

Ⅳ式：2件（内1件残）。颈肩处凹弧相连无折棱，扁折腹。M30:2，泥质深灰陶，胎灰红。器底内壁有较规则泥条盘旋痕。饰凹弦纹。底缘明显磨损。高11.4、口径7.2、底径6厘米（图4-97，6；图版一一二，3）M9:5，残片，器形较大。泥质深灰陶，胎红色夹心灰色。饰凹弦纹、刻划弧线纹。残高16.5、口径10.8厘米（图4-97，9）。

Ⅴ式：1件（M185:3）。泥质深灰陶，胎浅红夹心灰色。短斜颈，肩腹间成阶状折壁，中部折腹。饰凹弦纹。底缘磨损。高13.9、口径7.6、底径8.2厘米（图4-97，5；图版一一一，3）。

Ⅵ式：1件（M215:1）。泥质黑陶，内表红褐，胎浅红。器身稍有歪斜。小口斜领，扁鼓腹，圈足径大。多数由四条平行刻划斜线组成折波状纹绕腹一周。高6.4、口径3.6、底径5厘米（图4-97，13；图版一一二，4）。

图 4－97　陶圈足壶

1. Ⅰ式（M17：3）　2. Ⅲ式（M18：2）　3. Ⅱ式（M208：3）　4. Ⅲ式（M1：4）　5. Ⅴ式（M185：3）
6. Ⅳ式（M30：2）　7. Ⅶ式（M225：7）　8. Ⅷ式（M159：4）　9. Ⅳ式（M9：5）　10. Ⅸ式（M217：10）
11. Ⅱ式（M17：2）12. Ⅷ式（M170：3）13. Ⅵ式（M215：1）

Ⅶ式：1 件（M225∶7）。夹砂红褐陶，胎红色。较高直领，斜折肩，腹壁斜弧较深。饰凸弦纹。底缘磨损。高 14.6、口径 7.9、底径 7.8 厘米（图 4－97，7；图版一一二，5）。

Ⅷ式：3 件。大口稍外侈，直领，圆鼓折腹。M170∶3，泥质黑陶，胎灰红。器身有歪斜。饰二周凸弦纹；七个券拱形刻划纹，上下凸弧线带左端稍宽右端稍窄，左边一个单元压右边一个单元。底部残存烧造前所划的六条纵横交叉的刻划记号。高 12.6、口径 9.4、底径 8.4 厘米（图 4－97，12；图版一一四，4）。M159∶4，泥质灰陶。领部内壁有与外壁弦纹相对应的规则波状曲线。有外折窄沿。饰凹弦纹。底缘稍磨损。高 9.1、口径 7.3、底径 5.8 厘米（图 4－97，8；图版一一二，6）。

Ⅸ式：1 件（M217∶10）。泥质深灰陶，胎浅红。器底内外壁均有规则波状起伏的轮旋泥条痕。大口稍外侈，粗直领，扁鼓腹，高圈足。饰五周凹弦纹，一个圆孔二个平底浅圆窝纹竖列共四组。复原高约 11.5、口径 8.2 厘米（图 4－97，10；图版一一一，4）。

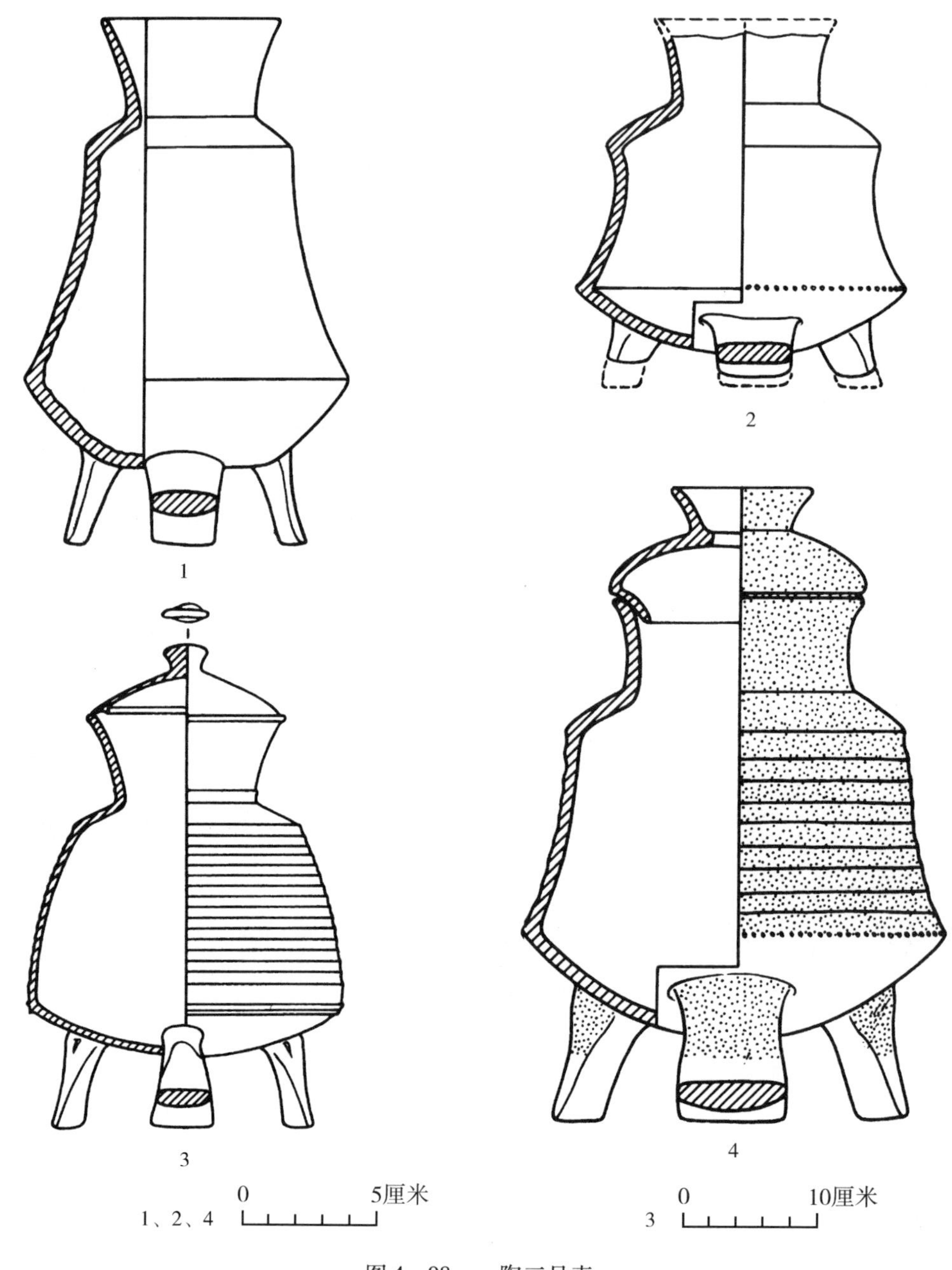

图 4－98 陶三足壶

1. Ⅲ式（M19∶1） 2. Ⅳ式（M160∶3） 3. Ⅰ式（M159∶1） 4. Ⅱ式（M197∶9）

三足壶　5件。分为四式。

Ⅰ式：1件（M159：1）。夹细砂黑陶，胎红色。压磨光滑。斜长颈，折肩，凸弧腹壁，下部折收，圜底，铲形足，附枣核形钮小子母口器盖。饰十五周凹弦纹、三周凸弦纹，足根两侧有一短划纹。通高36.4、器高30.9、口径14.9、腹径23.6厘米（图4－98，3；图版一一三，1）。

Ⅱ式：1件（M197：9）。泥质黑陶，胎灰红。侈口，直领，腹壁凹弧，腹体较宽肥。附通钮子母口盖。饰凸弦纹、窝点连线纹，除器底和足下半部外均有朱绘。通高23.8、器高19.7、口径9.2、腹径16厘米（图4－98，4；彩版二七，4；图版一一三，2）。

Ⅲ式：2件。腹壁凹弧，腹体瘦长，平底。M19：1，夹细砂灰陶，胎灰红。器内壁从底到肩部有规则波状泥条轮旋痕。高19.6、口径6.6、腹径12.2厘米（图4－98，1；图版一一三，3）。M150：1，泥质黑陶，胎灰红。三足折断后磨齐继续使用。残高12.7厘米。

Ⅳ式：1件（M160：3）。泥质黑陶，胎灰色。腹壁凹弧，腹体较矮，下部折棱较尖突，大圜底。口沿残缺，三足尖断失后磨齐继续使用。一周窝点连线纹。残高12.8、腹径12.5厘米（图4－98，2；图版一一三，4）。

单件器盖　5件。分四式。

Ⅰ式：1件（M138：4）。夹砂红褐陶。斜壁，口部稍外撇，钮断缺。残高6.7、口径16.8厘米（图4－99，1）。

Ⅱ式：1件（M115：1）。夹砂灰褐陶，胎暗红。钮缘齿轮状。形制与罐形鼎M159：6的附盖相同。

Ⅲ式：2件。杯形钮子母口，圆弧壁。钮饰凹弦纹。M9：4，泥质黑陶，胎灰色。高5.2、口径9.2厘米（图4－99，3；图版一一四，5）。M31：3，泥质黑陶，胎灰红。高4.6、口径10.5厘米（图4－99，2）。

Ⅳ式：1件（M159：5）。泥质黑陶，胎浅灰。穿孔龟钮，头高昂侧歪，戳小窝为眼和鼻孔，阔嘴微张有缝，背部首尾间隆起，先横划后纵划刻划数道弧线为纹，左侧为一条长扁槽，右侧为两条短扁槽，尾部断缺。全钮圆孔贯通。盖高5.8、口径11、龟残长5.3、宽3.5厘米（图4－99，4；图版一一四，6）。

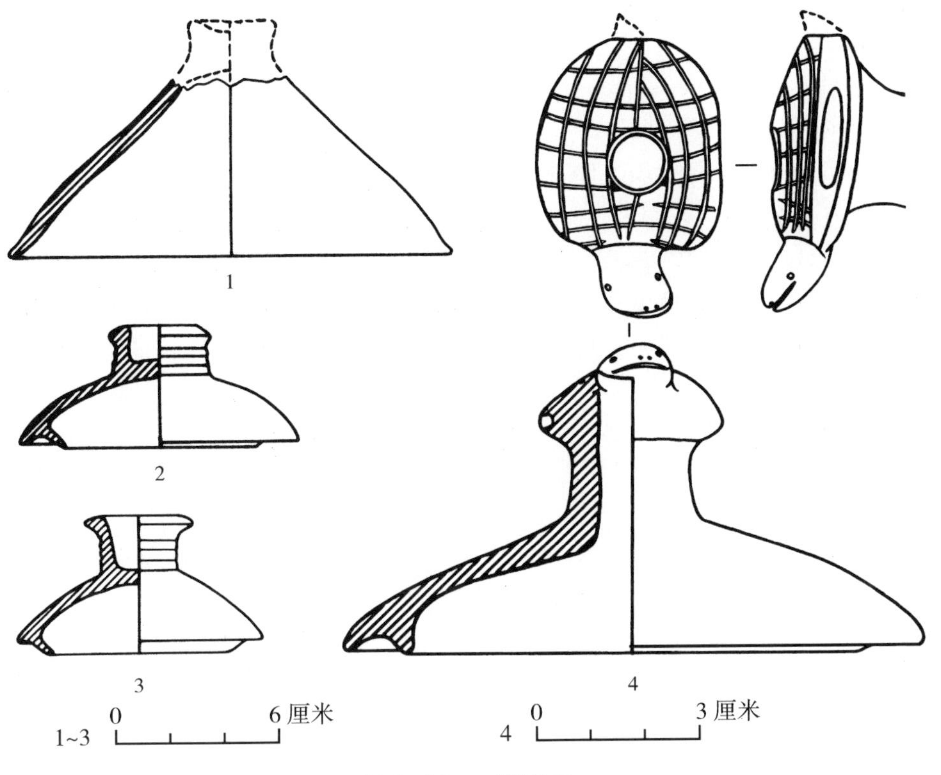

图4－99　陶器盖

1. Ⅰ式（M138：4）　2. Ⅲ式（M31：3）　3. Ⅲ式（M9：4）　4. Ⅳ式（M159：5）

二　石、陶质工具

（一）石器

共91件。有钺、穿孔斧、锛、有段锛、凿、多孔刀、镞、刮削器、圆砧、砺石和搓磨石十二种。除后四种外，均系磨制，普遍较光滑，有的还经过抛光加工显出似玻璃质般的光亮面。全部有刃工具中，锛最多，约近40%，钺次之，占25%强；穿孔者占42%左右，很少数的钻有双孔以上。磨制穿孔石器的流行成为薛家岗文化石器的特点之一。

钺　17件，内3件残损局部酥碎。体扁薄或较扁平，除一件双孔外余均单孔，有些个体大。分为三型。

A型　4件。大长梯形。分三式。

AⅠ式：2件。石质软均起层，部分酥碎。扁薄，两侧窄面齐平，无刃脊，孔偏近顶部。M118∶1，灰色凝灰质板岩，摩氏硬度2°~3°。长18.4、宽11、厚0.9厘米（图4－100，1；图版一一五，3）。M210∶1，灰绿色板岩，硬度3°。刃缘多残损。长16.4、宽11.3、厚0.7厘米（图4－100，2；图版一一五，5）。

AⅡ式：1件（M123∶5）。小斑纹状棕黄色间少量灰蓝和白色，石英岩，硬度7°。经抛光有光泽。顶角、刃角均圆弧，两面侧边均磨出窄面并有脊，两侧薄如刃为锐棱，正、背面下部有窄刃面均略显刃脊，刃缘锋利。两面上半段有朱红残迹。出土时平置，上面孔旁放一块浅灰绿色、长3.2厘米的磨光三角形小石。长17.4、宽11、厚1.5厘米（图4－100，3；彩版二八，2；图版一一五，1、2）。

AⅢ式：1件（M31∶2）。大斑纹状深浅翠绿色，蛇纹石化橄榄岩，硬度7°。经抛光有光泽。两侧缘为钝棱，两面有刃脊，刃缘锋利。正面孔旁刻有六条直道。两顶角稍缺损。双孔，出土时其中小孔内即嵌有一块与钺同质料的石芯。长18.9、宽12、厚1.1厘米（图4－100，4；彩版二八，1；图版一一五，4）。

B型　8件。宽梯形或近方形，扁平很薄，最厚者0.9厘米，个体大。分为三式。

BⅠ式：6件。两侧除一件为钝棱外余都有窄条齐平面，中段向里凹弧1.5~3.5毫米不等，侧缘与刃缘分界有明显刃角，均无刃脊，孔大。M113∶1，灰绿色板岩，硬度2°~3°。刃缘多有残损。长17.6、宽16.4、厚0.9厘米（图4－100，7；彩版二八，4；图版一一七，3）。M143∶2，灰绿色凝灰质砂岩，硬度5°。长17、宽16.5、厚0.75厘米（图4－100，5；图版一一六，1）。M3∶1，灰绿色变凝灰质石英砂岩，硬度5°~6°。长16.9、宽15.4、厚0.65厘米（图4－100，6；图版一一七，1）。M151∶1，灰绿色板岩，硬度3°。背面顶边和孔侧残存极少朱绘。本式内此件个体最小。长15.3、宽15.1、厚0.8厘米（图4－100，8；图版一一七，2）。

BⅡ式：1件（M20∶1）。灰绿色变凝灰质砂岩，硬度4°~5°。两侧面有很窄齐平面，侧缘斜直不凹弧。两顶角不同程度缺损，刃缘稍崩落。长17.9、宽15、厚0.55厘米（图4－100，9；彩版二八，3；图版一一七，4）。

BⅢ式：1件（M178∶1）。质软起层，部分酥碎。灰绿色板岩，硬度3°。近方形，两侧面有窄齐平面，侧缘斜直不凹弧，刃缘多残损。长13.7、宽14.9、厚0.8厘米（图4－100，10；图版一一六，2）。

C型　5件。小型。分四式。

CⅠ式：1件（M231∶2）。灰绿色板岩，硬度3°。宽长方形，较扁平，两侧面圆弧，居中钻孔。右边刃缘残损。长12.7、宽11.4、厚1.2厘米（图4－101，1；图版一一五，6）。

CⅡ式：1件（M181∶1）。深灰绿色细碧岩，硬度7°。宽长方形，两侧面有窄条齐平面，正、背面两侧边均有窄条坡面和竖脊，两面有对称刃脊，刃缘锋利。中部钻大孔。长12.8、宽10.6、厚1.3厘米（图4－101，2；图版一一六，5）。

CⅢ式：2件。近长方形。M107∶1，灰黑色云母石英片岩，硬度3°~4°。经抛光。两侧面有窄条齐平面，正、背面两侧边有窄条坡面和竖脊，两面有对称刃脊，孔偏上部。长13.1、宽9.8、厚0.9厘米（图4－101，3；彩版二八，5；图版一一六，4）。M184∶1，灰黑色角闪片岩，硬度6°~7°。两侧缘为钝棱，

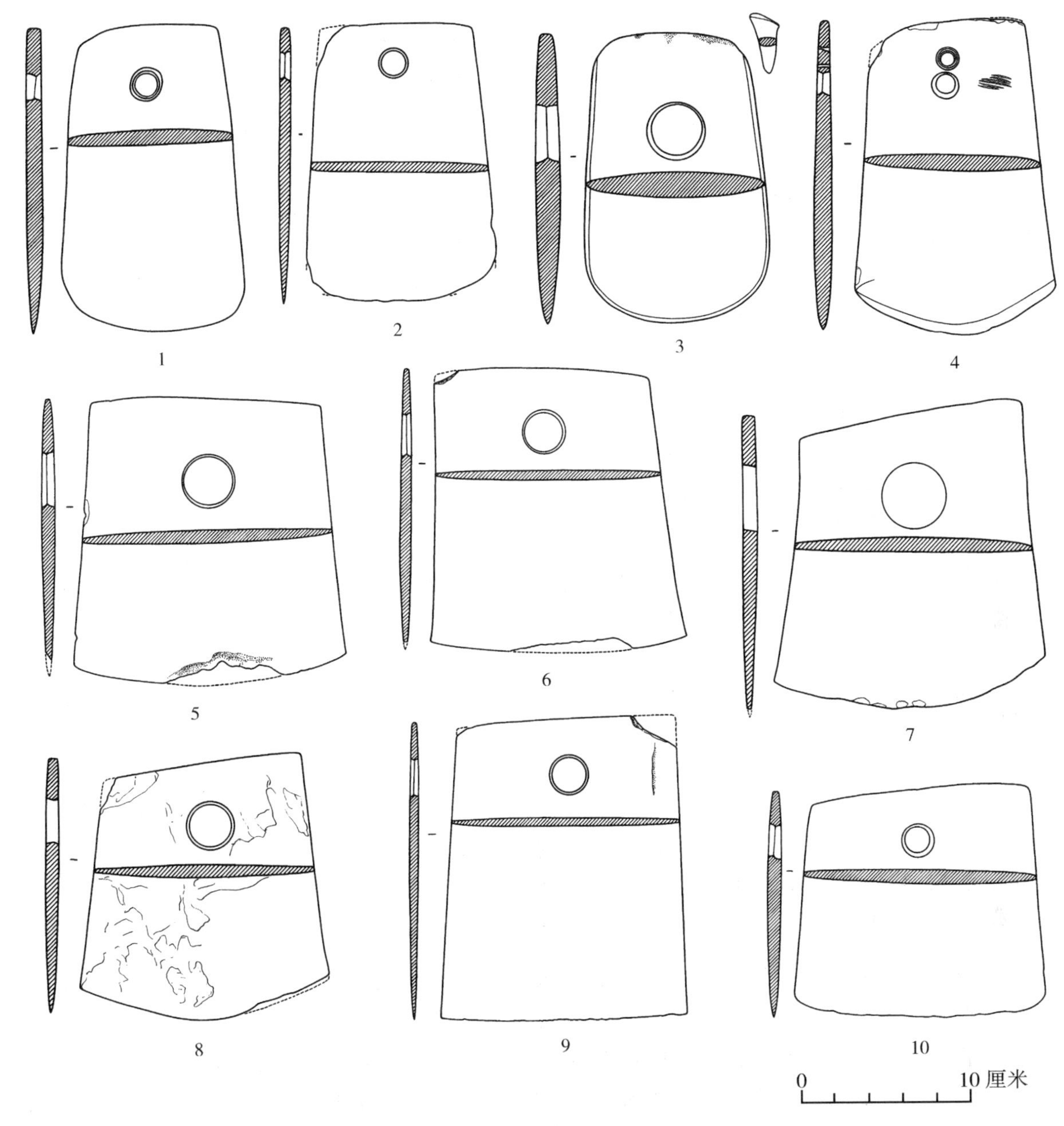

图4-100　石钺（之一）

1. A型Ⅰ式（M118:1）　2. A型Ⅰ式（M210:1）　3. A型Ⅱ式（M123:5）　4. A型Ⅲ式（M31:2）　5. B型Ⅰ式（M143:2）　6. B型Ⅰ式（M3:1）　7. B型Ⅰ式（M113:1）　8. B型Ⅰ式（M151:1）　9. B型Ⅱ式（M20:1）　10. B型Ⅲ式（M178:1）

两面有对称刃脊，刃缘锋利。长12.2、宽9.4、厚1厘米（图4-101，4；图版一一六，3）。

CⅣ式：1件（M206:1）。灰黑色板岩，硬度3°~4°。宽长方形，体薄，两侧面扁薄圆弧，无刃脊。长12.7、宽10.3、厚0.8厘米（图4-101，5；彩版二八，6；图版一一六，6）。

穿孔石斧　9件。长方形或梯形，体较厚，正背面较弧起。无很大的个体。分为五式。

Ⅰ式：1件（M104:1）。暗绿色辉绿岩，硬度6°~7°。通体磨光。窄长方形，两面拱弧，两侧窄条面齐平，刃缘锋利。孔壁凹弧，留有旋痕。长14.2、宽7.1、厚1.7厘米（图4-102，1；图版一一八，1）。

Ⅱ式：2件。灰绿色蛇纹石化橄榄岩，硬度7°。窄长方形，两面略弧，两侧窄面齐平，刃缘锋利。M135:1，两面的左、右侧边都有棱脊，背面有刃脊。长15、宽8.7、厚1.3厘米（图4-102，2；彩版二九，1；图版一一八，2）。M193:1，磨光滑润。正、背面下部有对称窄刃面并起刃脊。两面留有少量

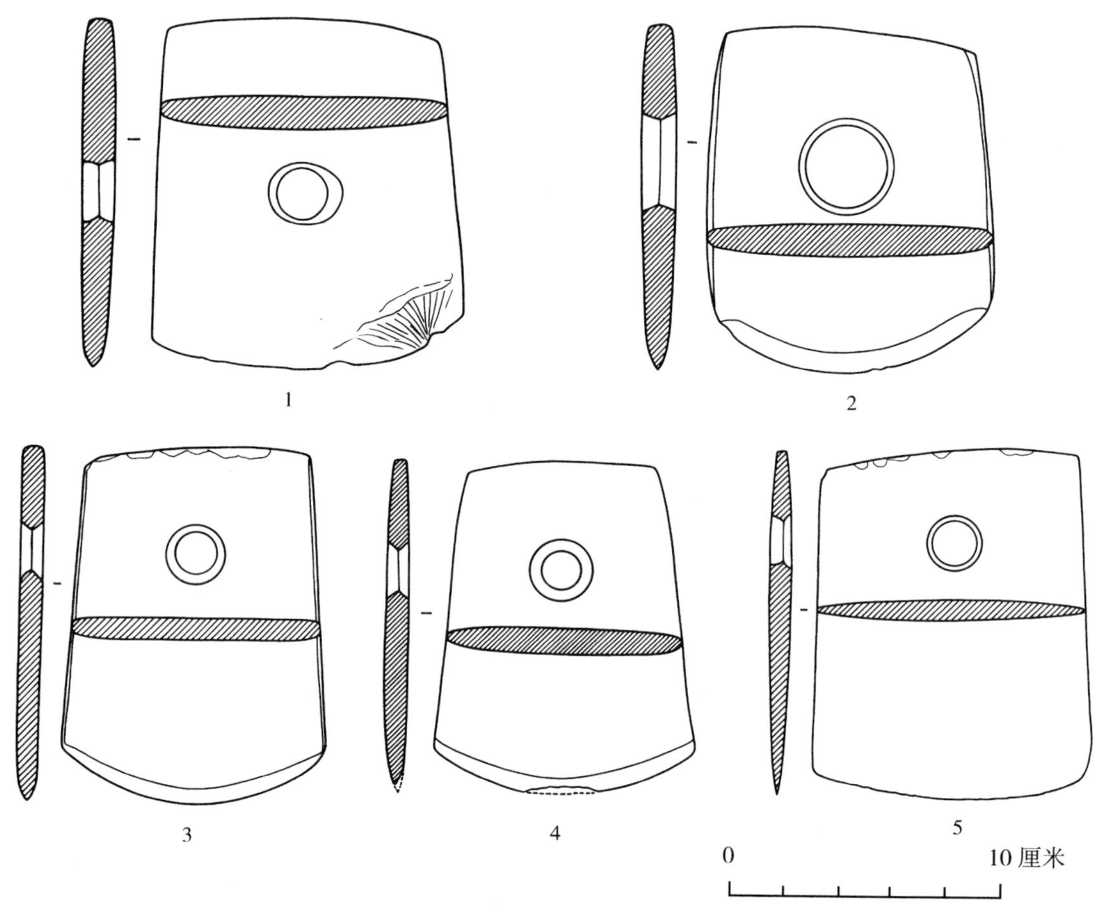

图 4－101　石钺（之二）

1. C 型Ⅰ式（M231∶2）　2. C 型Ⅱ式（M181∶1）　3. C 型Ⅲ式（M107∶1）　4. C 型Ⅲ式（M184∶1）　5. C 型Ⅳ式（M206∶1）

自然小洼坑未磨平。顶中部、两顶角稍缺损。长 15.8、宽 8.6、厚 1.4 厘米（图 4－102，3；彩版二九，2；图版一一八，3）。

Ⅲ式：1 件（M108∶3）。灰黑色与灰白色石英岩，硬度 7°。宽梯形，两面拱弧，中部厚，两侧缘为锐棱，两面有刃脊。孔内缘尚留毛茬而不光圆。经自然蚀变和经使用剥落较多。长 13.7、宽 9.3、厚 1.9 厘米（图 4－102，9；彩版二九，6；图版一一八，8）。

Ⅳ式：2 件。梯形，两面拱弧，个体较小。磨光滑润。M189∶1，深灰绿色（蛇纹石化）橄榄岩，硬度 7°。中部厚，两侧薄圆弧，两面顶边均磨出坡面并在下方有脊，仅正面下部略显刃脊，左刃缘缺损，正面中部磨一竖凹槽。长 9、宽 6.7、厚 1.7 厘米（图 4－102，8；图版一一八，9）。M164∶1，灰白色石英岩，硬度 7°。两侧缘为锐棱，两侧与刃缘圆弧相连呈舌形，无刃脊，刃缘锋利。正面孔壁内留有原钻无用的一段宽槽。长 11.2、宽 7.3、厚 1.6 厘米（图 4－102，6；彩版二九，4；图版一一八，4）。

Ⅴ式：3 件。宽梯形，两面稍弧。M25∶2，深灰绿色细碧岩，硬度 7°。磨光滑润。两侧缘为钝棱，两面略显刃脊，刃缘锋利。顶边稍残损。长 11.8、宽 8.4、厚 1.5 厘米（图 4－102，4；图版一一八，6）。M150∶3，灰黑色二云母石英片岩，硬度 5°～6°。两侧面为较薄圆弧面，两面有刃脊。左刃缘稍残损，正背面均有剥落。长 13.1、宽 9.1、厚 1.5 厘米（图 4－102，7；彩版二九，5；图版一一八，7）。M36∶2，黄白色石英岩，硬度 7°。经抛光有光泽。两侧缘为锐棱，刃缘完整、锋利。孔壁不光滑，中部尚留突出的一圈毛茬。正面孔边有一洼坑，两顶角缺损。长 12.5、宽 9.3、厚 1.4 厘米（图 4－102，5；彩版二九，3；图版一一八，5）。

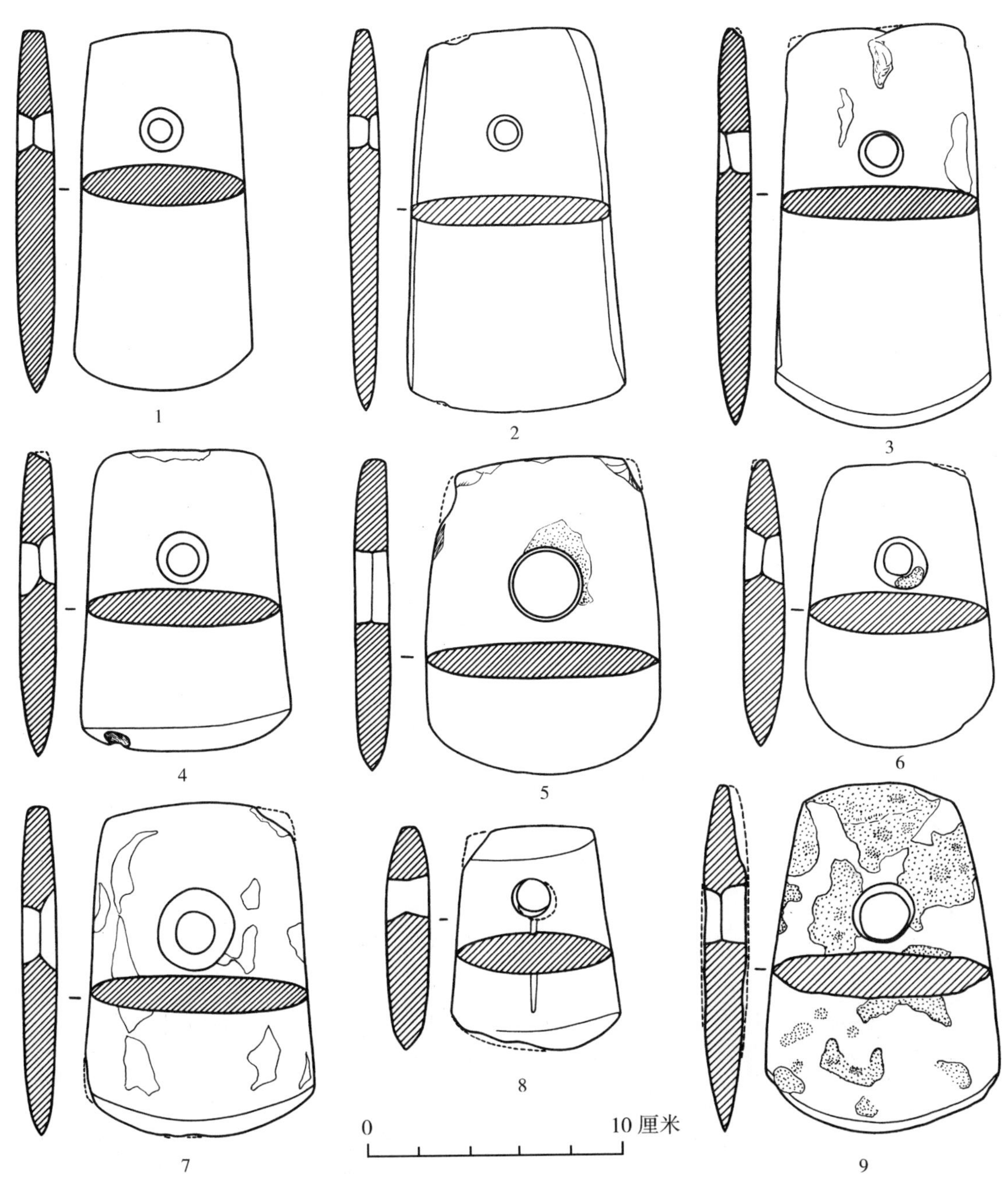

图4－102　穿孔石斧

1. Ⅰ式（M104：1）　2. Ⅱ式（M135：1）　3. Ⅱ式（M193：1）　4. Ⅴ式（M25：2）　5. Ⅴ式（M36：2）　6. Ⅳ式（M164：1）　7. Ⅴ式（M150：3）　8. Ⅳ式（M189：1）　9. Ⅲ式（M108：3）

斧　2件（内1件残）。M30：1，灰黑色石英岩，硬度7°。磨制光滑。小型长梯形，正背面拱弧，两侧面圆弧，一面窄刃面有横刃脊，另面宽刃面有半圆刃脊，刃缘锋利。长5.3、宽3.3、厚1.5厘米（图4－103，2）。M209：3，深灰色细碧岩，硬度6°～7°。长条形，体厚，正、背面拱弧，两侧残存有窄条齐平面。刃部断缺，器身经严重蚀变仅存局部磨光面。残长10.2、宽4.7、厚2.3厘米（图4－103，1）。

锛　26件（内1件小锛残）。分三型。

A型　1件（M228：1）。大型。灰绿色钙硅板岩，硬度5°～6°。磨制光滑。长条形，棱角分明，正面较平，背面微弧，刃缘锋利。顶部略残损。长15.6、宽5、厚2.5厘米（图4－104，1；图版一一九，3）。

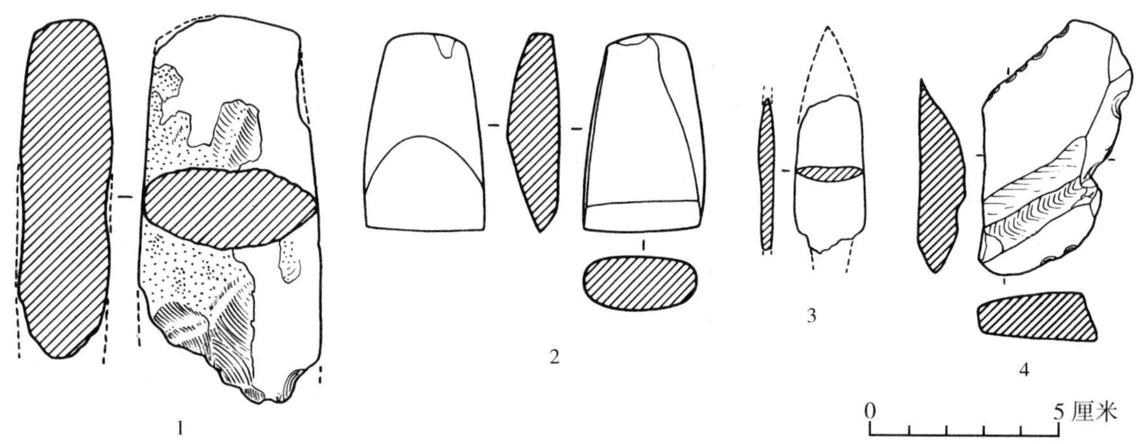

图4－103　石斧、镞、刮削器

1. 石斧（M209∶3）　2. 石斧（M30∶1）　3. 石镞（M3∶3）　4. 石刮削器（M193∶7）

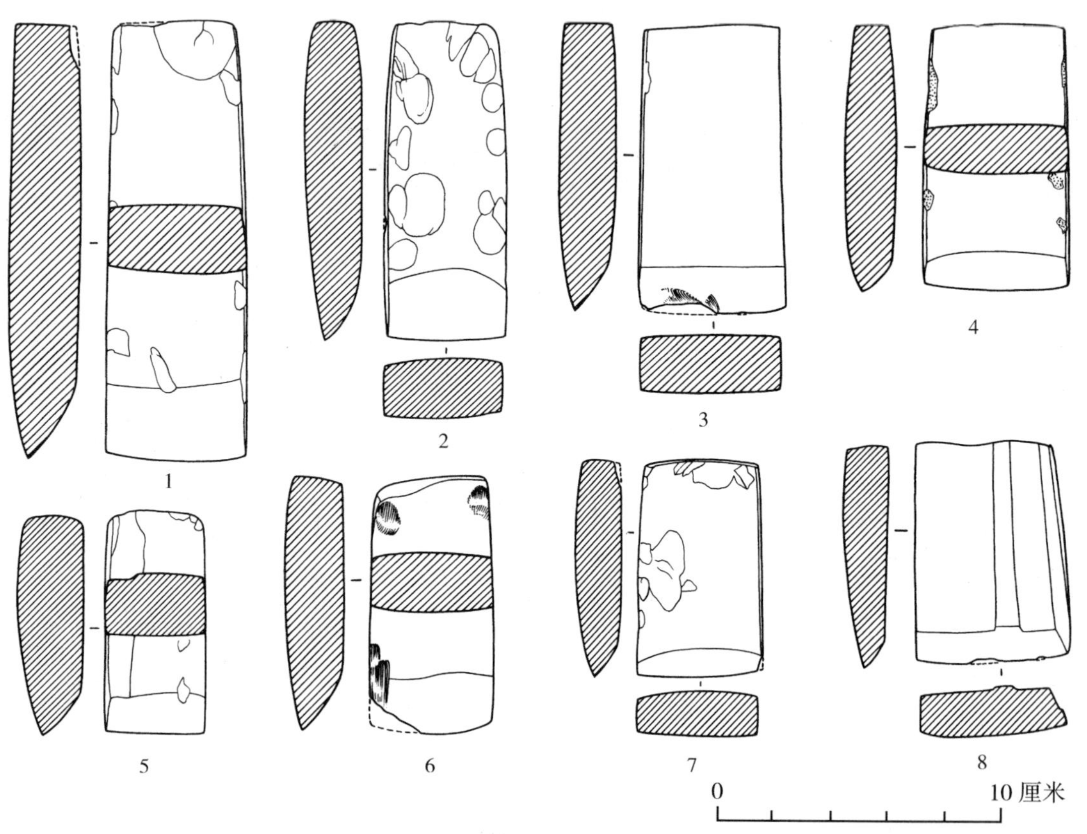

图4－104　石锛

1. A型（M228∶1）　2. B型Ⅲ式（M15∶7）　3. B型Ⅱ式（M212∶5）　4. B型Ⅱ式（M193∶5）　5. B型Ⅳ式（M213∶4）　6. B型Ⅲ式（M25∶1）　7. B型Ⅱ式（M36∶1）　8. B型Ⅰ式（M170∶2）

B型　8件。中型。中、小型以长7.5厘米为界。现标本长7.7～11.2厘米。分为四式。

BⅠ式：1件（M170∶2）。灰黑色硅质岩，硬度7°。磨制光滑。平顶，正面平，因剖割石材留下纵贯器身、宽0.6～0.9厘米的台面，台面也磨光，背面稍弧，左侧面齐平，右侧面切割后未加磨齐现存窄阶状竖棱。顶边和刃缘局部残损。长7.9、宽5.6、厚1.6厘米（图4－104，8；图版一一九，1）。

BⅡ式：3件。长方形，稍厚。M193∶5，灰黑色角闪石云母石英角岩，硬度6°～7°。磨制光滑。两侧面微弧，刃缘锋利。器表保留少量小块自然洼坑。长9.7、宽5.3、厚1.9厘米（图4－104，4；图版一一九，2）。M212∶5，灰绿灰白色条带状硅质板岩，硬度6°～7°。磨光滑润。两侧面齐平。长10.3、宽5.3、厚2厘米（图4－104，3；图版一一九，10）。M36∶1，灰黑色石英岩状砂岩，硬度7°。磨光。刃缘锋利。正面稍有剥落。长7.7、宽4.6、厚1.6厘米（图4－104，7；图版一一九，9）。

BⅢ式：2件。较窄长方形，较厚。M25∶1，灰黑色硅质岩，硬度7°。左顶角原即斜角，两侧面齐平。右刃角断缺。长9.1、宽4.4、厚2.2厘米（图4－104，6；图版一一九，8）。M15∶7，灰绿色石英岩，硬度7°。刃缘锋利。全器表面存留一些打落石片的洼坑未加磨平。长11.2、宽4.3、厚2.2厘米（图4－104，2；图版一一九，11）。

BⅣ式：2件。较窄长方形，很厚。M213∶4，灰绿色条带状硅质板岩，硬度6°～7°。正面左侧为未磨的自然低洼长条。刃缘锋利。长7.9、宽3.6、厚2.3厘米（图4－104，5；图版一一九，4）。

C型　17件。小型。分为八式。

CⅠ式：2件。长方形，薄体。M223∶5，灰绿色硅质岩，硬度7°。磨光滑润。正面平，背面稍弧，两侧面齐平，刃缘锋利。左顶角稍残损。长4.9、宽3.3、厚1厘米（图4－105，1；图版一二〇，1）。

CⅡ式：2件。宽长方形，薄体，两侧面齐平，刃缘锋利。M9∶3，灰绿色硅质岩，硬度7°。磨制光滑。刃面陡窄。长5.2、宽4.2、厚1.2厘米（图4－105，3；图版一二〇，5）。M20∶3，灰白色凝灰质砂岩，硬度5°～6°。长4.7、宽4.1、厚1.2厘米（图4－105，2；图版一二〇，2）。

CⅢ式：1件（M222∶1）。灰绿色变凝灰质砂岩，硬度4°。磨制光滑。近方形，扁平薄体，两侧面齐平，正、背面分别有横条、拱弧刃脊，刃缘锋利。长3.4、宽3.3、厚0.9厘米（图4－105，5；图版一二〇，6）。

CⅣ式：3件。长方形，厚体。M134∶3，灰黑色凝灰质粉砂岩，硬度4°。正面平，背面弧。正面稍残损。长6.2、宽3.6、厚2.1厘米（图4－105，13；图版一一九，6）。M171∶2，灰黑色硅质岩，硬度7°。刃缘斜直、锋利。左侧面贯通上下有条竖槽，槽口宽2毫米，槽底凹弧，当属剖割石材或拟改制成薄体石器的痕迹。长5.9、宽3.6、厚1.9厘米（图4－105，9；图版一一九，7）。

CⅤ式：2件。窄长方形，厚体。M217∶3，灰绿灰白色条带状石英岩，硬度7°。刃缘锋利。顶部稍残损。长4.5、宽2.8、厚1.5厘米（图4－105，8；图版一二〇，3）。M221∶1，灰绿色变凝灰质砂岩，硬度5°。正面平，稍有剥落，背面弧，刃缘锋利。左侧面保留砾石皮，两顶角稍磨损。长5、宽2.9、厚1.8厘米（图4－105，4；图版一二〇，4）。

CⅥ式：2件。长方形或倒梯形，短小厚体。M230∶2，灰白色石英岩，硬度7°。上厚下薄。正面左半边剥落薄层。长3.3、宽2.5、厚1.4厘米（图4－105，7；图版一二〇，7）。M151∶2，灰白色石英脉与青灰色板岩，硬度7°、3°。现有多条裂纹。上宽下窄。长4.1、宽3.5、厚1.5厘米（图4－105，6；图版一二〇，8）。

CⅦ式：3件（内1件残）。长条形，薄体。M123∶6，灰白色凝灰质粉砂岩，硬度4°～5°。磨光。刃缘锋利。两面顶边稍剥落。长6.9、宽2.9、厚1厘米（图4－105，11；图版一二〇，10）。M123∶20，灰绿色石英岩，硬度6°～7°。刃缘锋利。正面下部略有缺损。长7.5、宽3、厚1.2厘米（图4－105，12；图版一二〇，9）。

CⅧ式：2件。长条形，厚体。M3∶2，灰绿色硅质岩，硬度7°。磨制光滑。刃缘锋利。顶面和左顶边稍崩落。长6.2、宽2.6、厚1.4厘米（图4－105，14；图版一二〇，11）。M1∶3，灰白色细晶岩，硬度5°～6°。磨制光滑。左刃角缺损。长6、宽2.4、厚1.5厘米（图4－105，10；图版一一九，5）。

有段石锛　1件（M157∶9）。灰绿色硅质板岩，硬度7°。体厚，背面上部起一台阶，正面有横刃脊，刃面稍凸弧。顶面因使用致凹，一刃角残缺。长5.8、宽3.2、厚2厘米（图4－105，15；图版一二〇，12）。

凿　8件（内1件小凿残）。分为三型。

A型　1件（M31∶1）。大型。灰绿色凝灰质砂岩，硬度5°～6°。方柱体，正面下部斜弧刃面无刃脊，刃缘锋利。四面及顶面均有不同程度残损。长20.4、宽5.2、厚4.2厘米（图4－106，1；图版一二一，7）。

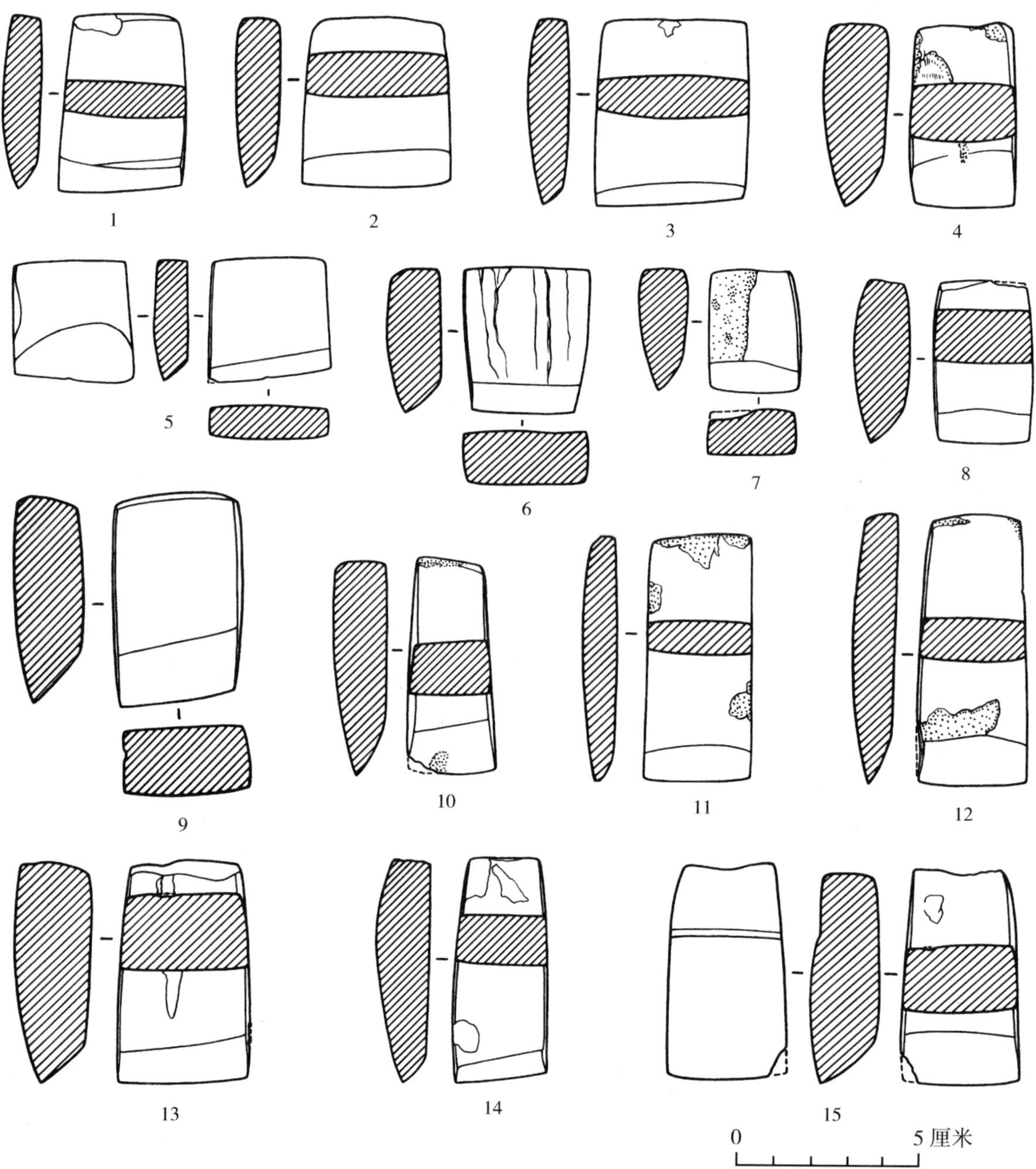

图4－105　石锛、有段石锛

1～14. 石锛：1. C型Ⅰ式（M223∶5）　2. C型Ⅱ式（M20∶3）　3. C型Ⅱ式（M9∶3）　4. C型Ⅴ式（M221∶1）　5. C型Ⅲ式（M222∶1）　6. C型Ⅵ式（M151∶2）　7. C型Ⅵ式（M230∶2）　8. C型Ⅴ式（M217∶3）　9. C型Ⅳ式（M171∶2）　10. C型Ⅷ式（M1∶3）　11. C型Ⅶ式（M123∶6）　12. C型Ⅶ式（M123∶20）　13. C型Ⅳ式（M134∶3）　14. C型Ⅷ式（M3∶2）　15. 有段石锛（M157∶9）

B型　3件。中型。分二式。

BⅠ式：1件（M8∶2）。灰黄色石英岩状砂岩，硬度7°。体稍薄，横剖面长方形，正面下部有刃脊，刃缘锋利。正面顶边稍残损。长9.3、宽3.3、厚2.4厘米（图4－106，2；图版一二一，3）。

BⅡ：2件长条方柱体，均斜弧刃面无刃脊，刃缘锋利。M15∶1，灰绿色变凝灰质石英砂岩，硬度4°～5°。正面和两侧面稍剥落碎片。长9.2、宽3.7、厚2.9厘米（图4－106，3；图版一二一，4）。M1∶2，灰白色条带状粉砂质板岩，硬度5°。两侧面和左顶角稍残损。长10.8、宽3.9、厚2.7厘米（图4－106，4）。

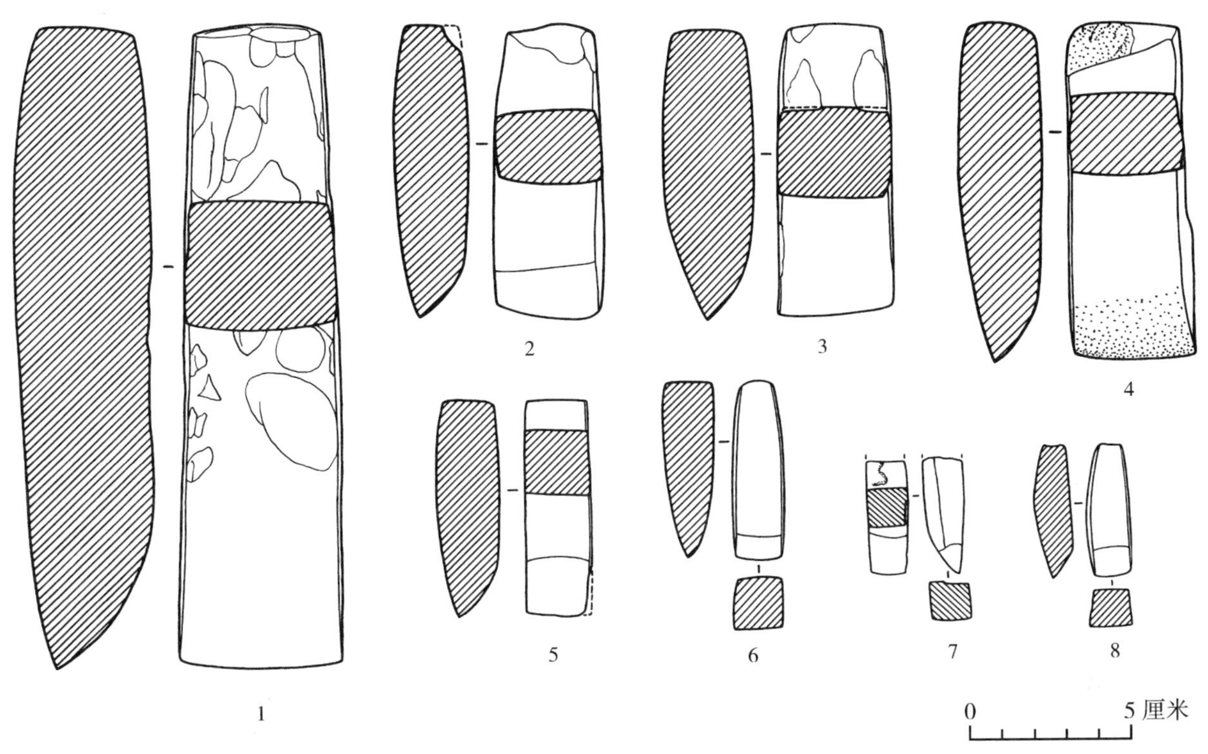

图4－106　石　凿

1. A型（M31：1）　2. B型Ⅰ式（M8：2）　3. B型Ⅱ式（M15：1）　4. B型Ⅱ式（M1：2）　5. C型Ⅲ式（M148：1）　6. C型Ⅳ式（M5：4）　7. C型Ⅰ式（M217：1）　8. C型Ⅱ式（M157：8）

C型　4件。小型。分四式。

CⅠ式：1件（M217：1）。残。灰黑色细粒石英岩，硬度7°。磨制光滑。方柱体，正面有刃脊，刃缘锋利。左侧面因剖材形成台阶状，高处已磨光，低处很平未加磨。残长3.6、宽1.3、厚1.3厘米（图4－106，7；图版一二一，5）。

CⅡ式：1件（M157：8）。灰绿色硅质岩或硅质板岩，硬度7°。磨光滑润。正面较平，背面拱弧，正面略显刃脊，刃缘锋利。左侧面稍残损。长4.2、宽1.3、厚1.2厘米（图4－106，8；图版一二一，6）。

CⅢ式：1件（M148：1）。灰黑色凝灰质砂岩，硬度5°。正面宽刃面，略显刃脊。右刃部残损。长6.9、宽2.1、厚2厘米（图4－106，5；图版一二一，2）。

CⅣ式：1件（M5：4）。灰黑色辉长辉绿岩，硬度6°～7°。方柱体，上厚下薄，两面稍弧，正面略显刃脊，刃缘锋利。长5.6、宽1.8、厚1.7厘米（图4－106，6；图版一二一，1）。

多孔石刀　2件。均灰色凝灰质千枚岩，硬度5°。M134：2，石质起层，局部酥碎。扁薄横长方形，上部平列等距同大的三孔。横长20.6、宽10.8、厚0.7厘米（图4－107，1；图版一二一，8）。M9：2，已酥碎。刀背齐平，残存四孔，左端较窄，右端稍宽，右边刃缘已缺。残长26、现宽11.2、厚0.6厘米（图4－107，2；图版一二一，9）。

镞　1件（M3：3）。残。灰黑色板岩，硬度2°～3°。质软经磨蚀仅存下段，带铤。残长4.1、宽1.9、厚0.4厘米（图4－103，3）。

刮削器　1件（M193：7）。乳白色脉石英，硬度7°。近菱形打制石片，上下斜边两面均有剥落石屑疤痕，经过使用，上边的边缘锐利。斜长7.2、厚1.4厘米（图4－103，4）。

圆石砧　1件（M28：6）。灰白色花岗细晶岩，硬度6°～7°。粗磨，稍留麻点状琢痕。底径15.4、厚2.6厘米（图4－108，1；图版一二二，1）。

砺石　14件。平面形状都不规则，绝大多数的上下两面较平整。长6.2～24.2厘米，其中长10～

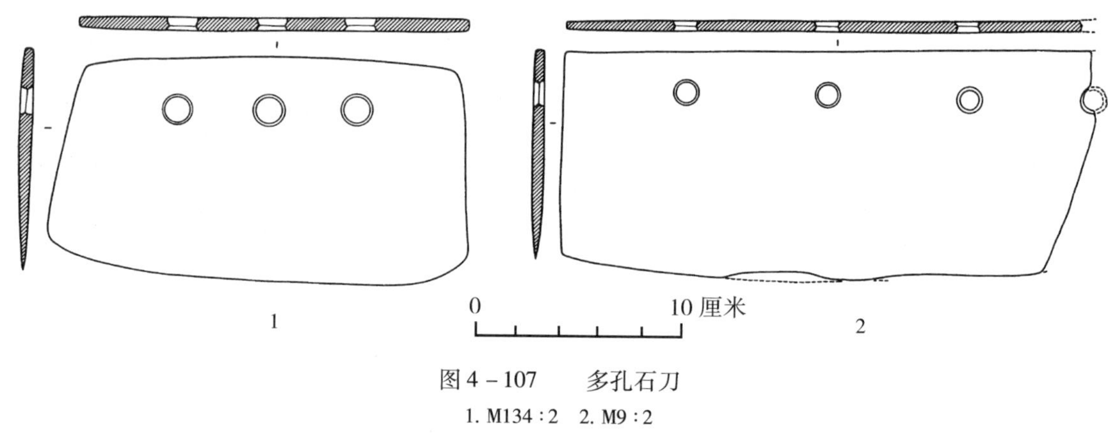

图 4－107　多孔石刀

1. M134：2　2. M9：2

14.5 厘米者 5 件，15.1～16.5 厘米者 2 件，19.5～24.2 厘米者 3 件，有不少原属残块。M148：10，灰黄色绢云母石英片岩，硬度 4°～5°。较粗质磨石。两面经砥磨，正面已成凹弧坡斜面。长 15.1、宽 8.8、厚 0.5～1.8 厘米（图 4－108，3；图版一二二，2）。M137：2。黄灰色凝灰质砂岩，硬度 4°～5°。细质磨石。两面经砥磨，正面磨出凹面，四周厚中部薄犹如盘底。长 19.9、宽 13.3、厚 1.2～3.7 厘米（图 4－108，4；图版一二二，3）。M193：6，灰绿色凝灰质砂岩，硬度 5°～6°。一面普通磨平，中部微凹弧，有一条深磨槽长 6、口宽 0.5、最深处 0.5 厘米；另一面稍磨用，有三条较宽磨槽和五组各有多条细磨槽。长 19.5、宽 14.4、厚 8.3 厘米（图 4－108，5）。M134：1，灰色凝灰质砂岩，硬度 4°～5°。细质磨石。正面长条形，两侧面呈三角形，底面成屋脊状的两个斜面，所有平面均经磨用过。正面和左侧面上还有深浅不一的磨槽，正面中间的一条大磨槽最宽处 8 毫米最深处 6 毫米，侧面的磨槽浅。长 14.5、宽 4.4、厚 4.2 厘米（图 4－108，2）。M107：3，灰色变凝灰质石英砂岩，硬度 5°～6°。横剖面近“人”字形，三面都磨成凹面，正面的最深，形成宽凹槽。长 9.8、宽 4.7、厚 3.5 厘米（图 4－108，6；图版一二二，4）。

搓磨石　9 件。分四式。

Ⅰ式：1 件（M176：1）。灰白色浅粒岩，硬度 6°～7°。梭形，表面粗糙，两面和周边均经磨用。长 10.7、宽 5、厚 1.4 厘米（图 4－108，7；图版一二二，5）。

Ⅱ式：1 件（M6：2）。灰白色带红色石英岩，硬度 7°。半月形，正面为保留粗糙砾石皮的弧面，背面为粗平的破裂面。长 15.5、宽 5.3、厚 2.4 厘米（图 4－108，8；图版一二二，7）。

Ⅲ式：5 件。近长方形。M138：6，灰白色注入混合岩（脉体石英脉），硬度 7°。满布短条状孔隙。周边较圆钝，磨用明显。长 8.9、宽 5.7、厚 1.2 厘米（图 4－108，9；图版一二二，6）。

Ⅳ式：2 件。形状不规则。M213：6，灰白色石英片岩，硬度 6°～7°。扁平厚石片，右边、下边的两长边圆钝无棱角，两面为粗糙平面。长 13.2、厚 1.6～2.2 厘米（图 4－108，10）。

另有小石料　2 件。形状不规则，体较厚，留有砾石皮和破裂面，部分的边棱锐利，未见进一步加工使用痕迹。M185：5，灰白色（铁染带红色）石英脉，硬度 7°。长 8.4、宽 5.6、厚 4 厘米。M123：16，灰红色石英岩，硬度 7°。长 11.8、宽 6.3、厚 5 厘米。

（二）陶器

陶纺轮　33 件（内 4 件残破含 1 件未分型式）。夹细砂陶 19 件，泥质陶 14 件。红色和红褐色合计约占 60% 弱，灰褐、灰、灰黑和黑色合计约占 40% 强。有纹饰的 14 件；施纹部位，11 件均在单面，2 件在双面，周边和单面均有纹的 1 件，如果两圆面的直径有大小，施纹者均在其宽面；纹饰种类以螺旋划纹（9 件）为主，其他还有小窝纹（3 件）、圆圈纹、刻划和篦点组合的几何图案等。按大小（直径 5 厘米为界）分二型，每型以周边形制统一分式。

A 型　24 件。较大型。直径 5～6、厚 1.3～1.9 厘米。分为五式。

AⅠ式：3 件。周边竖直，有的边棱抹角近圆拐。均无纹。M187：4，夹细砂灰陶。直径 5、厚 1.6 厘米（图 4－109，1）。

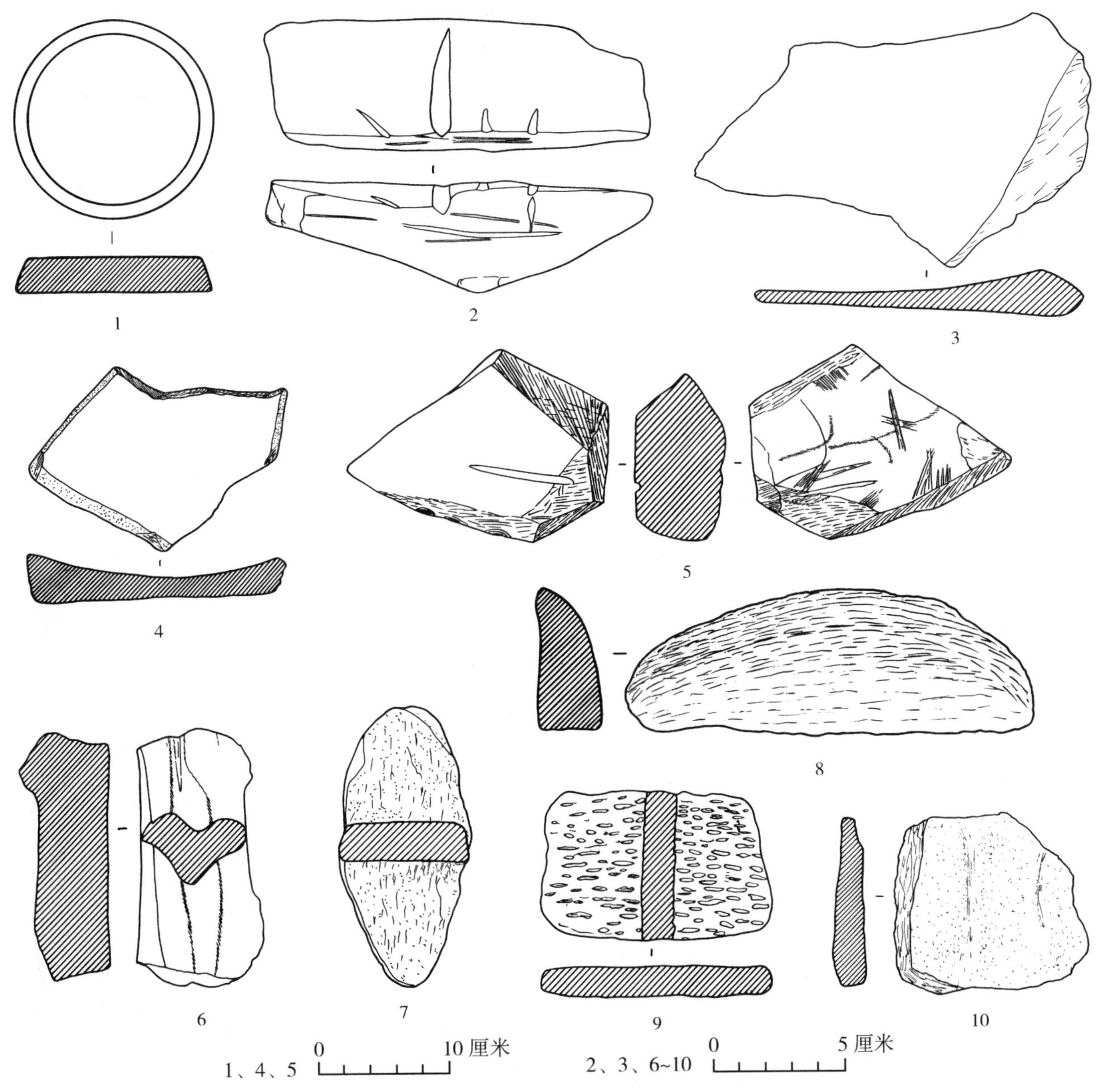

图 4－108　圆石砧、砺石、搓磨石

1. 圆石砧（M28：6）　2～6. 砺石：2. M134：1　3. M148：10　4. M137：2　5. M193：6　6. M107：3
7～10. 搓磨石：7. Ⅰ式（M176：1）　8. Ⅱ式（M6：2）　9. Ⅲ式（M138：6）　10. Ⅳ式（M213：6）

AⅡ式：3 件。周边坡斜，两面直径分大小。1 件两面有纹。M197：6，泥质红褐陶。两面戳小方窝组成相同纹饰，沿边一圈小方窝，再以孔为中心有六条辐射状小窝连接的直线。直径 5.2、厚 1.5 厘米（图 4－109，13，4－110，5；图版一二三，1）。M217：6，夹细砂灰褐陶。直径 5.5、厚 1.3 厘米（图 4－109，3）。M141：4，夹细砂红褐陶。直径 5.4、厚 1.9 厘米（图 4－109，2；图版一二三，2）。

AⅢ式：9 件（内 1 件残破）。周边对称凸弧。孔缘略有小差别。均无纹。M115：2，夹细砂红陶。直径 5.2、厚 1.8 厘米（图 4－109，4；图版一二三，3）。M225：2，夹细砂红褐陶。直径 5.4、厚 1.7 厘米（图 4－109，6）。M112：6，夹细砂红褐陶。直径 5.2、厚 1.9 厘米（图 4－109，5；图版一二三，4）。

AⅣ式：7 件（内 2 件残破）。周边居中有一棱脊，上下对称。5 件有螺旋划纹。M162：8，泥质灰褐陶。一面有螺旋划纹和三组小窝纹。直径 5、厚 1.7 厘米（图 4－109，7，4－110，2；图版一二三，5）。

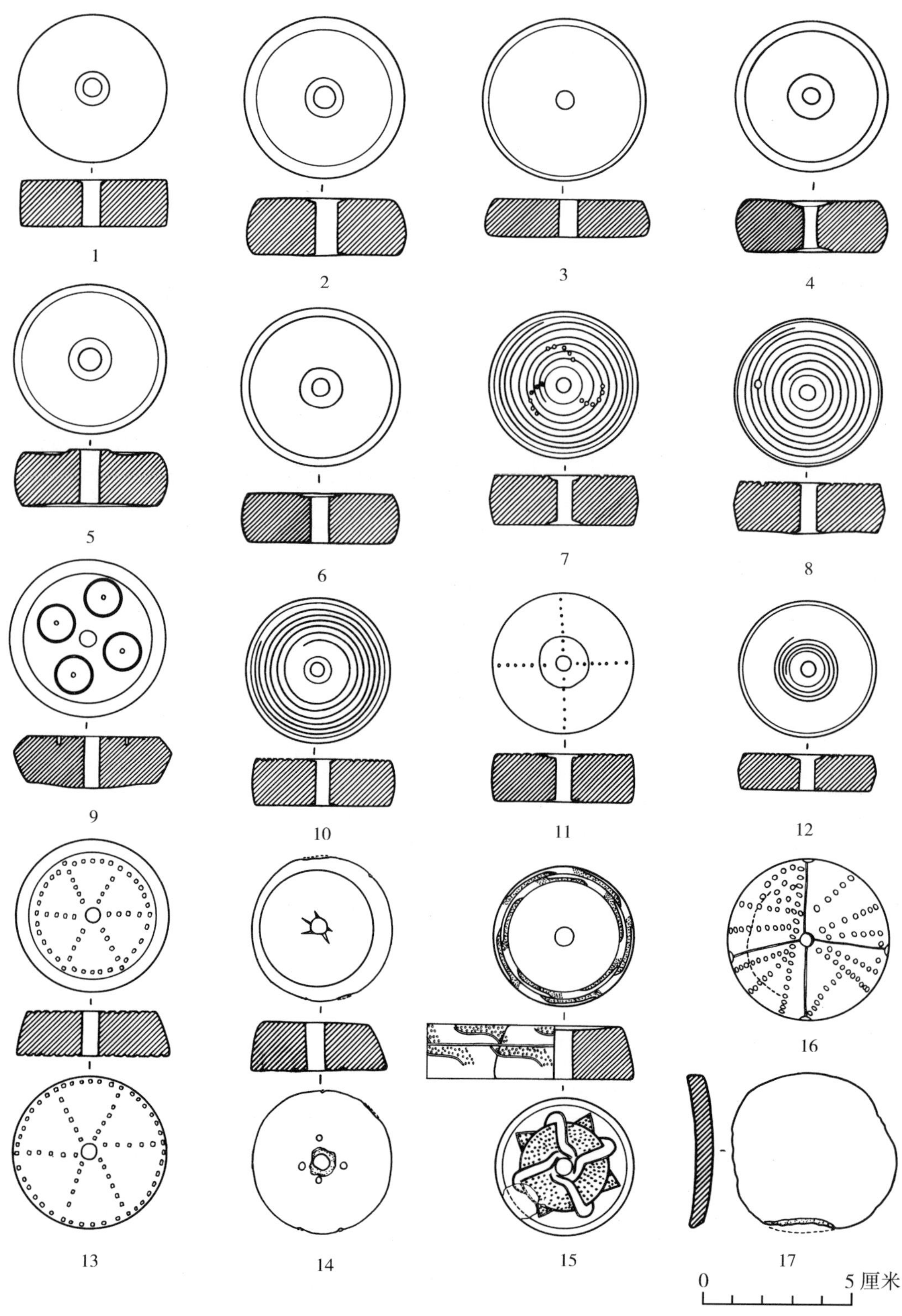

图4－109　陶纺轮、圆陶片、陶球

1～15. 陶纺轮：1. A型Ⅰ式（M187∶4）　2. A型Ⅱ式（M141∶4）　3. A型Ⅱ式（M217∶6）　4. A型Ⅲ式（M115∶2）　5. A型Ⅲ式（M112∶6）　6. A型Ⅲ式（M225∶2）　7. A型Ⅳ式（M162∶8）　8. A型Ⅳ式（M138∶5）　9. A型Ⅴ式（M227∶9）　10. B型Ⅲ式（M29∶4）　11. B型Ⅲ式（M209∶2）　12. B型Ⅳ式（M194∶2）　13. A型Ⅱ式（M197∶6）　14. B型Ⅱ式（M155∶4）　15. B型Ⅱ式（M30∶3）　16. 空心陶球（M175∶3）　17. 圆陶片（M9∶6）

M138∶5，夹细砂红陶。一面饰螺旋划纹，并有一个小圆眼。直径5.2、厚1.4厘米（图4－109，8、4－110，1；图版一二三，6）。

AⅤ式：2件。周边上偏在一面有条棱脊，上下不对称。1件有纹。M227∶9，泥质红陶。一面四个直径1.2厘米的圆圈纹，圆中心戳窝较深。直径5.4、厚1.8厘米（图4－109，9、4－110，4；图版一二三，7）。

B型　8件。较小型。直径4.5～4.9、厚1.3～1.8厘米。分三式（内无Ⅰ式）。

BⅡ式：2件。周边坡斜。均有纹饰。M155∶4，泥质灰褐陶。宽圆面上孔边有四个小圆窝纹。直径4.8、厚1.7厘米（图4－109，14；图版一二三，8）。M30∶3，泥质红褐陶。以刻划和压印篦点组成图案，

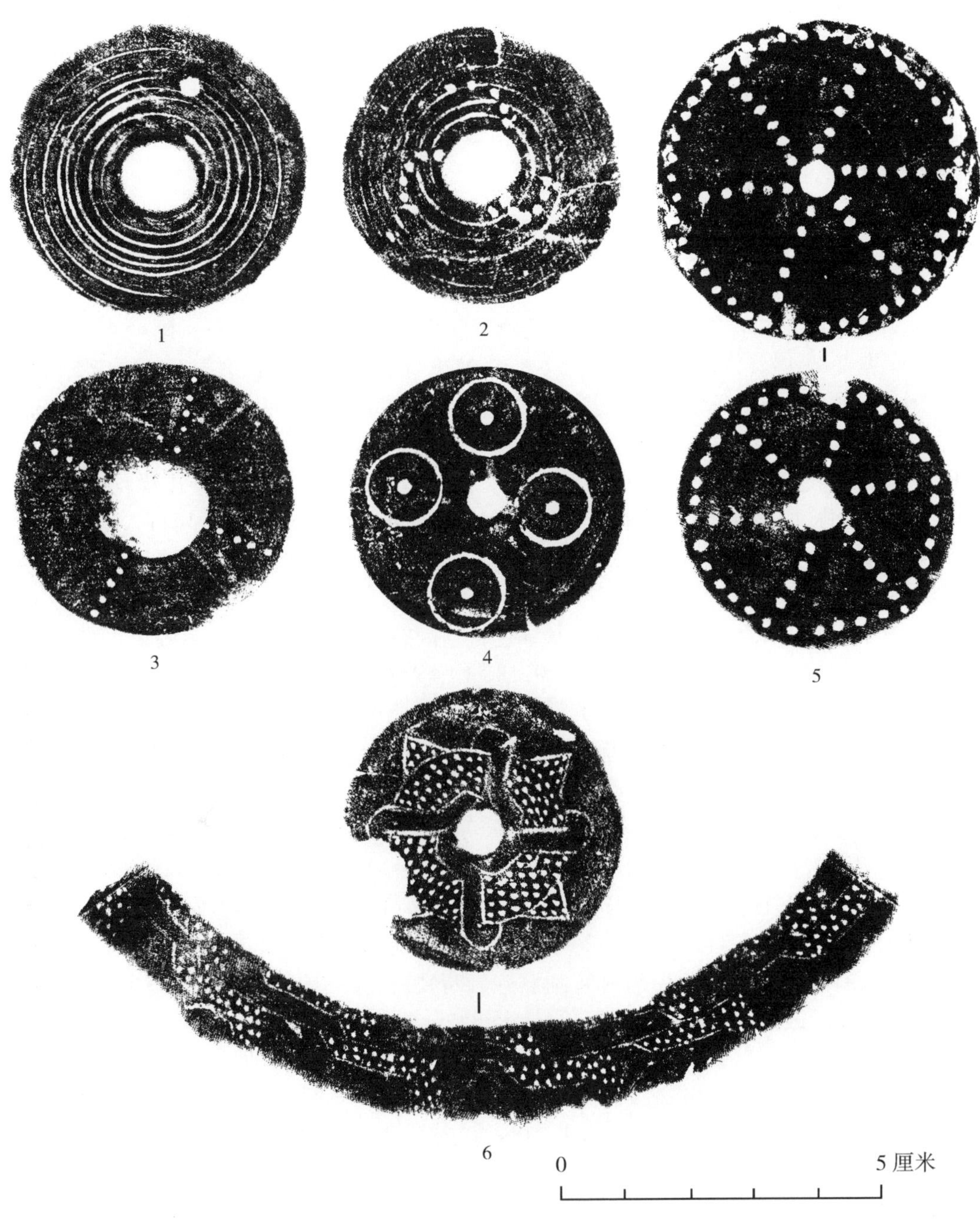

图4－110　陶纺轮纹饰拓片

1. M138∶5　2. M162∶8　3. M209∶2　4. M227∶9　5. M197∶6　6. M30∶3

宽圆面上似为四带绕璧、四角星形外围圆圈纹样，周边上为二层各五组台阶状纹。直径4.7、厚1.8厘米（图4－109，15、4－110，6；图版一二三，9）。

BⅢ式：4件。对称凸弧边。2件螺旋划纹，1件小窝纹。M29∶4，夹细砂红褐陶。一面螺旋划纹。直径4.9、厚1.6厘米（图4－109，10；图版一二三，10）。M209∶2，泥质灰陶。施小窝纹连成“十”字形。直径4.8、厚1.7厘米（图4－109，11、4－110，3；图版一二三，11）。

BⅣ式：2件。周边居中一棱脊。2件螺旋划纹。M194∶2，泥质灰褐陶。一面有少量螺旋纹，另面围绕孔边有一周较深凹槽的圆圈。直径4.7、厚1.3厘米（图4－109，12）。

圆陶片 1件（M9∶6）。夹砂红褐陶。周边磨齐或圆弧，素面，不很整圆。最大直径5.9厘米（图4－109，17）。

空心陶球 1件（M175∶3）。泥质红陶。以六个圆孔为基点，各孔间刻划直线相连，将球面八等分；每个等分面内戳出小窝纹并连成直线。直线的排列形式各不相同，也都无规则。部分已缺损。出土时球腹内未见有小泥丸。直径5.5厘米（图4－109，16；图版一二三，12）。

三 装饰用品

玉（石）玦 17件。分为七式。

Ⅰ式：6件。圆径小，体厚。M28∶7，浅绿色泛灰，含银色晶莹体，氟石，硬度4°～5°。直径2.1、厚0.5厘米，重4克（图4－111，1；彩版三〇，1）。M28∶8，淡灰绿色，透闪石，硬度5°～6°。中孔的局部边缘不规整。直径1.9、厚0.5厘米，重2.9克（图4－111，2；彩版三〇，2）。M199∶2，浅绿色泛灰，含银色晶莹体，氟石，硬度4°～5°。直径2.1～2.2、厚0.4厘米，重2.6克（图4－111，4；彩版三〇，4）。M102∶1，淡绿色夹白色斑纹，透闪石，硬度5°～6°。孔大，孔缘和外边缘均圆弧。直径2、厚0.7厘米，重3.6克（图4－111，3；彩版三〇，3）。M112∶4，淡灰绿色，透闪石，硬度5°～6°。不整圆，外缘局部微残损。一面有大小两道弧形切割浅槽。直径1.7～1.95、厚0.7厘米，重4克（图4－111，12；彩版三〇，6）。

Ⅱ式：2件。圆径小，体薄。M112∶1，淡灰绿色，透闪石，硬度5°～6°。直径2.2～2.3、厚0.32厘米，重2.8克（图4－111，6；彩版三〇，9）。M218∶1，浅绿色微泛灰，氟石，硬度4°～5°。缺口的一侧边不齐直。直径2.2、厚0.32厘米，重2.1克（图4－111，5；彩版三〇，8）。

Ⅲ式：3件。圆径中等，体厚，一件特厚。M231∶1，淡绿色夹土黄色波纹，透闪石，硬度5°～6°。缺口的一侧边不齐直。直径3.6～3.9、厚0.52厘米，重11.2克（图4－111，14；彩版三一，3）。M231∶10，土黄色，玛瑙，硬度7°。直径2.8～2.9、厚0.6厘米，重7.5克（图4－111，8；彩版三〇，11）。M231∶11，乳白色局部带鹅黄，玛瑙，硬度7°。直径3.1、厚1.1厘米，重14克（图4－111，7；彩版三〇，10）。

Ⅳ式：2件。淡绿色夹白色斑纹，透闪石，硬度5°～6°。直径中等，不整圆，体薄。M162∶9，夹白色斑纹较多，缺口的一侧边不齐直。直径3.2～3.5、厚0.32厘米，重6.2克（图4－111，9；彩版三一，1）。M162∶10，两面有弧形宽浅槽，为剖材切割痕迹。断裂后钻二孔供捆扎继续使用，一面的孔边里侧有未透小眼，为先下钻后改动钻孔位置未用者。直径3.2～3.5、厚0.3厘米，重6克（图4－111，10；彩版三一，2）。

Ⅴ式：2件。淡绿色夹较多白色斑纹，透闪石，硬度5°～6°。圆径特大，体较薄。M123∶1，直径6.6～6.7、厚0.5厘米，重27.8克（图4－111，15；彩版三一，4）。M123∶2，直径6.7、厚0.55厘米，重31.8克（图4－111，16；彩版三一，5）。

Ⅵ式：1件（M112∶2）。白色，透闪石，硬度5°～6°。短管形，不整圆。缺口不齐直，一边凹弧，一边凸弧。直径1.8、厚1.25厘米，重3.8克（图4－111，13；彩版三〇，5）。

Ⅶ式：1件（M112∶3）。淡灰绿色，透闪石，硬度5°～6°。平面近圆角方形。孔很小，偏在一角左右不对称。不等厚。长1.6、厚0.9厘米，重5.8克（图4－111，11；彩版三〇，7）。

图4－111　玉（石）玦

1. Ⅰ式（M28∶7）　2. Ⅰ式（M28∶8）　3. Ⅰ式（M102∶1）　4. Ⅰ式（M199∶2）　5. Ⅱ式（M218∶1）　6. Ⅱ式（M112∶1）
7. Ⅲ式（M231∶11）　8. Ⅲ式（M231∶10）　9. Ⅳ式（M162∶9）　10. Ⅳ式（M162∶10）　11. Ⅶ式（M112∶3）
12. Ⅰ式（M112∶4）　13. Ⅵ式（M112∶2）　14. Ⅲ式（M231∶1）　15. Ⅴ式（M123∶1）　16. Ⅴ式（M123∶2）

玉（石）璜　16件。分七式。

Ⅰ式：1件（M140∶1）。绿色夹白色斑点，透闪石，硬度5°～6°。三棱体长环形。横剖面三角形。一端三面贯穿一圆孔，另端残缺，残存对钻的二小孔。残长8.1、宽0.7、厚0.55厘米，重7克（图4－112，1；彩版三五，1）。

Ⅱ式：2件。扁薄长环形。M227∶1，灰白色，接近透闪石，硬度5°～6°。正面微弧，背面齐平，中部稍厚，两端稍宽薄各对钻一孔。长10.2、宽1～1.1、厚0.4厘米，重17.5克（图4－112，2；彩版三

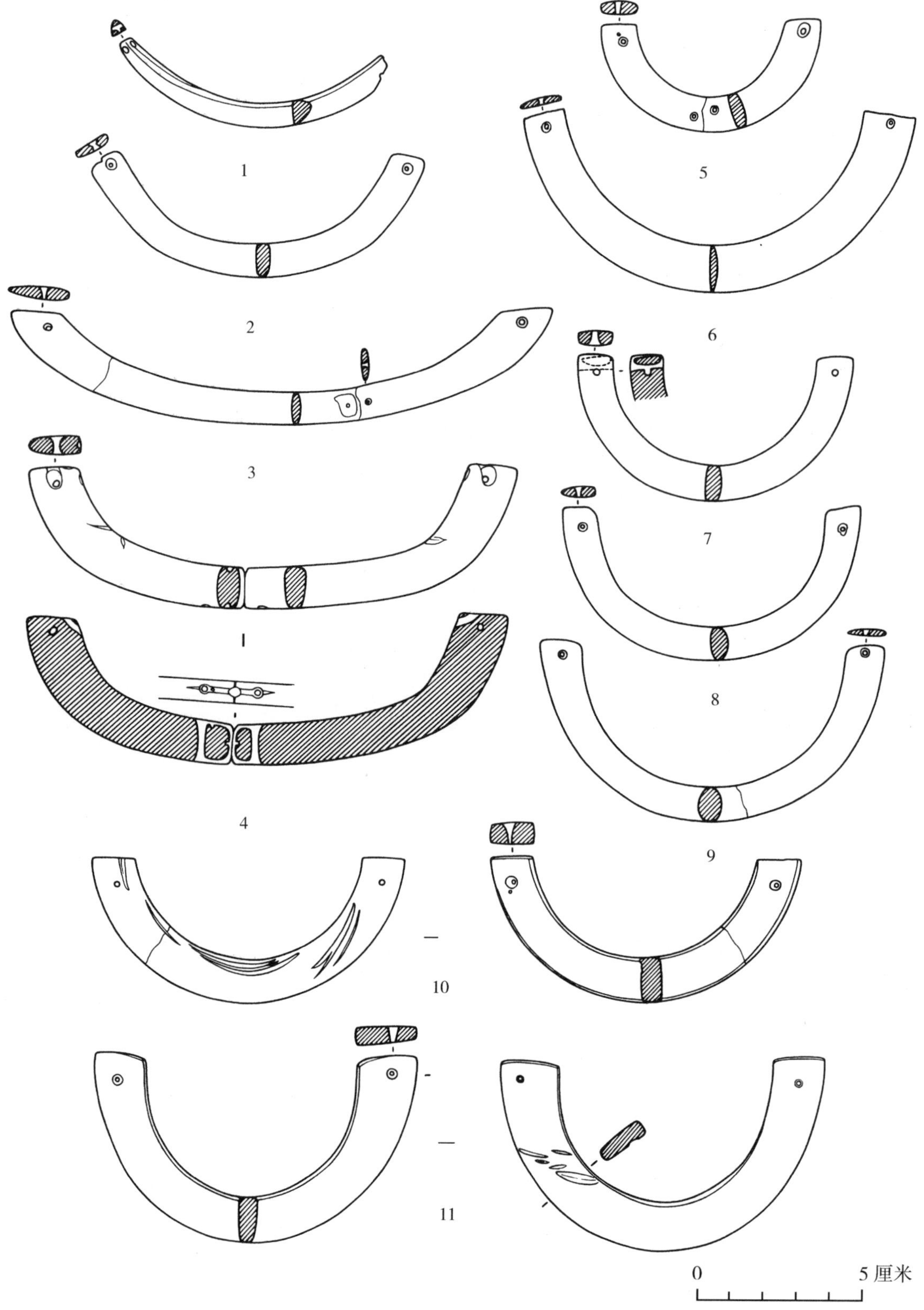

图4－112　玉（石）璜

1. Ⅰ式（M140：1）　2. Ⅱ式（M227：1）　3. Ⅱ式（M156：1）　4. Ⅲ式（M123：3）　5. Ⅳ式（M125：1）　6. Ⅴ式（M21：1）　7. Ⅴ式（M109：1）　8. Ⅴ式（M108：2）　9. Ⅴ式（M160：2）　10. Ⅴ式（M156：2）　11. Ⅴ式（M29：2）

五，2）。M156∶1，乳白色，接近透闪石，硬度5°~6°。两端稍宽厚各单面钻孔，断缝两侧分别从正背面各钻一个小孔以共结线，一处小孔的外围有圆浅凹坑。长16.6、宽1~1.4、厚0.35厘米，重17.1克（图4-112，3；彩版三二，4）。

Ⅲ式：1件（M123∶3）。纯翠绿色，透闪石，硬度5°~6°。分制不等长的两节，连结成的整件呈窄“凹”字形。中部相接的两端，各从侧面穿透一暗孔，上下侧面和顶端面均有暗槽，这样以线绳连接，既可结牢又避免线绳显露。中部两顶端面槽内还各钻一个小窝眼，推测可能为嵌入短梢钉。左节的中部接头处上侧面有初钻未用的一个小窝眼，后钻透的孔已改变位置向外稍移。在左右两宽头，平面穿直孔，同时内缘边角还有斜孔。正背面内缘处相同位置留有少许弧线切割痕。长14.7、宽1.2~1.6、厚0.7厘米，重41.4克（图4-112，4；彩版三二，3）。

Ⅳ式：1件（M125∶1）。白色夹少量淡绿色，透闪石，硬度5°~6°。小型半圆环形。正面微弧，背面齐平。正面左孔旁有一未透小眼。中部折断后钻孔一对以便捆结。长6.6、宽1.1~1.2、厚0.4厘米，重10.5克（图4-112，5；彩版三五，3）。

Ⅴ式：6件。中型半圆环形。剖面有椭圆形、圆角长方形、长方形、扁条形等。M160∶2，雪白色，玛瑙，硬度7°。中部粗厚，两端较宽很薄单面钻孔。长10.6、宽1~1.2、厚0.7厘米，重19.7克（图4-112，9；彩版三二，1）。M108∶2，雪白色，玛瑙，硬度7°。内缘比外缘微厚。长9、宽1、厚0.55厘米，重15.7克（图4-112，8；彩版三四，1）。M109∶1，浅蓝色夹蓝色斑纹，接近透闪石，硬度5°~6°。正面微弧，背面平。在左端，里外（上下）侧面有暗槽，在旁纵穿一暗孔，顶端暗槽未全部刻通。原可能为制作双节相连的璜，后中途改变，又在平面上钻孔即行佩戴使用。长8.4、宽1~1.1、厚0.5厘米，重16.7克（图4-112，7；彩版三五，5）。M156∶2，白色夹较多浅黄色斑纹，接近透闪石，硬度5°~6°。单面钻孔，正面一孔侧有未钻透的小眼，可能系初钻后即因改变位置而作废的。背面有多条浅凹弧线，是剖割石材的痕迹。长9.5、宽1.3、厚0.7厘米，重18.3克（图4-112，10；彩版三四，3）。M29∶2，淡绿色夹白色斑纹，透闪石，硬度5°~6°。内缘比外缘厚。背面有宽窄不一的多条弧形切割凹槽。长9.8、宽1.4~1.8、厚0.55厘米，重29.2克（图4-112，11；彩版三四，4）。M21∶1，浅绿夹墨绿色麻点。体扁薄，正面微弧，背面齐平，两端处宽度不一，双孔都由两面钻透。长12.2、宽1.4~1.6、厚0.25厘米，重12.4克（图4-112，6；彩版三二，2）。

Ⅵ式：1件（M141∶2）。绿色夹较多白色斑纹，透闪石，硬度5°~6°。宽“凹”字形。内缘比外缘稍厚，两端较薄对钻成孔。长9.3、宽2~2.2、厚0.4厘米，重17.6克（图4-113，4；彩版三五，4）。

Ⅶ式：4件。半璧形。M179∶1，浅绿色稍泛灰，含银色晶莹闪点，氟石，硬度4°~5°。器形小。内缘较齐平稍厚，外缘圆弧较薄。长6.7、宽2、厚0.3厘米，重11.4克（图4-113，3；彩版三四，2）。M225∶1，白色稍夹淡灰绿色细麻点，透闪石，硬度5°~6°。凹口较大，内缘直径较长。两面均存留大小弧形锯割凹槽，最大的一条长及半边器身。沿两条断裂缝利用背面锯割大凹槽的位置单面钻孔二对，正面又在相邻的两孔间刻出较小凹槽，以使结线牢靠。左右端两面钻成孔，因系绳长期佩戴，孔形已成椭圆。长10.9、宽2.6~3.7、厚0.4厘米，重29.2克（图4-113，1；彩版三三，1、4）。M227∶2，绿色夹白色和蓝色斑纹，透闪石，硬度5°~6°。一角残缺。内缘处厚并有一脊棱。残长10、复原长约10.7、宽2.6~3.9、厚0.35厘米，含所补石膏重40.8克（图4-113，2；彩版三三，2）。M9∶1，绿色夹很多白色斑纹，透闪石，硬度5°~6°。凹口小，内缘直径短。正面微弧，背面平。背面留存大小数条弧形凹底锯割凹槽，方向不尽一致，孔边的一条宽凹槽已向里深入3毫米，底面稍凹弧而不是斜直的，由此痕迹可推知剖割玉材当采用锼锯法。长12.2、宽4.7~5.5、厚0.5厘米，重71克（图4-113，5；彩版三三，3、5）。

三联玉璧　1件（M123∶4）。淡灰绿色夹绿色斑点，透闪石，硬度5°~6°。器身和孔径由上到下依次渐大，周边比中部薄，下端尤薄如锋刃。长11.7、宽3.5~5.1、厚0.33厘米，重31.9克（图4-113，6；彩版三四，5）。

玉坠　2件。M29∶1，淡绿色夹白色斑纹，透闪石，硬度5°~6°。平面呈梯形，横剖面三角形，上部靠一棱脊横穿一孔。长2.4、最宽1.4厘米，重4克（图4-114，8；彩版三五，6）。M158∶5，乳白色，

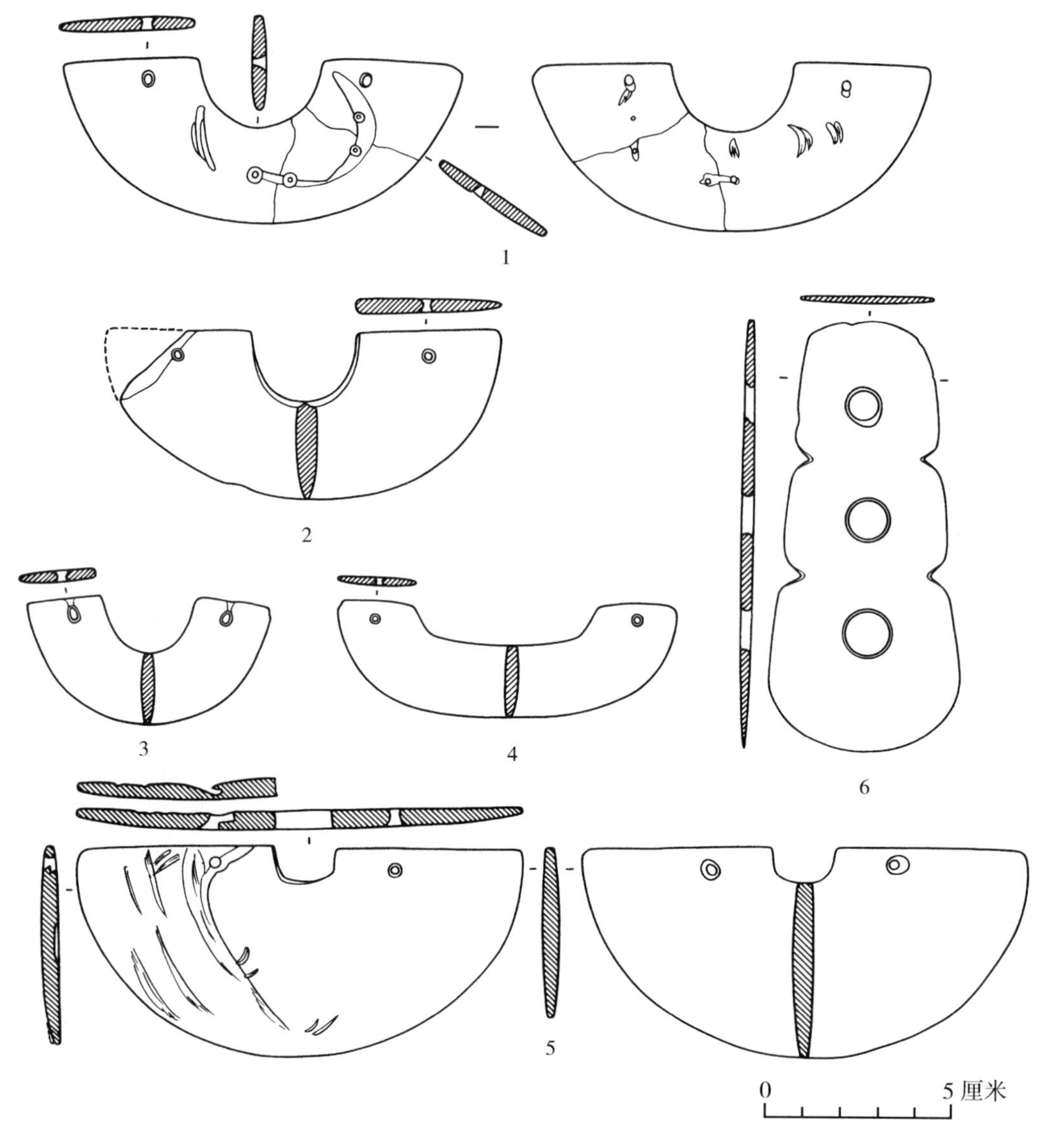

图4－113　玉（石）璜、三联玉璧

1～5. 玉璜：1. Ⅶ式（M225∶1）　2. Ⅶ式（M227∶2）　3. Ⅶ式（M179∶1）　4. Ⅵ式（M141∶2）　5. Ⅶ式（M9∶1）　6. 三联玉璧（M123∶4）

冻石，硬度3°。扁平圆角长方形，上部穿一孔。长3、宽1.7、厚0.4厘米，重4.2克（图4－114，7；彩版三五，7）。

石管　1件（M222∶2）。浅绿色稍泛灰，冻石，硬度3°。两端对钻成孔，孔偏在一侧。长2.2、直径1.1厘米，重6.2克（图4－114，9；彩版三五，9）。

玉片饰　1件（M29∶11）。淡绿色夹白色斑纹，透闪石，硬度5°～6°。扁平叶状，无孔。长2.7、宽1.3、厚0.3厘米，重1.7克（图4－114，10；彩版三五，8）。

石（玉）镯　4件。M216∶2，浅灰色。上下两面齐平，内外缘侧面圆弧。直径7.2、宽0.8、厚0.7厘米，重27.8克（图4－114，4；彩版三六，4）。M108∶1，浅蓝色夹蓝色斑点，接近透闪石，硬度5°～6°。内侧厚，外侧薄。对钻大孔时稍偏离，内缘不很规整。三条断缝处钻孔三对以供结线，一组小孔单面钻，二组小孔双面钻。中部小孔旁另有一小窝眼。直径8.7、宽1.2、厚0.55厘米，重33.1克（图4－114，1；彩版三六，1）。M216∶1，浅绿色稍泛灰含很多银色晶莹体，氟石，硬度4°～5°。两面略平，外侧面圆弧，内侧面微凸弧。直径8.5、宽1.4、厚1.3厘米，重90.8克（图4－

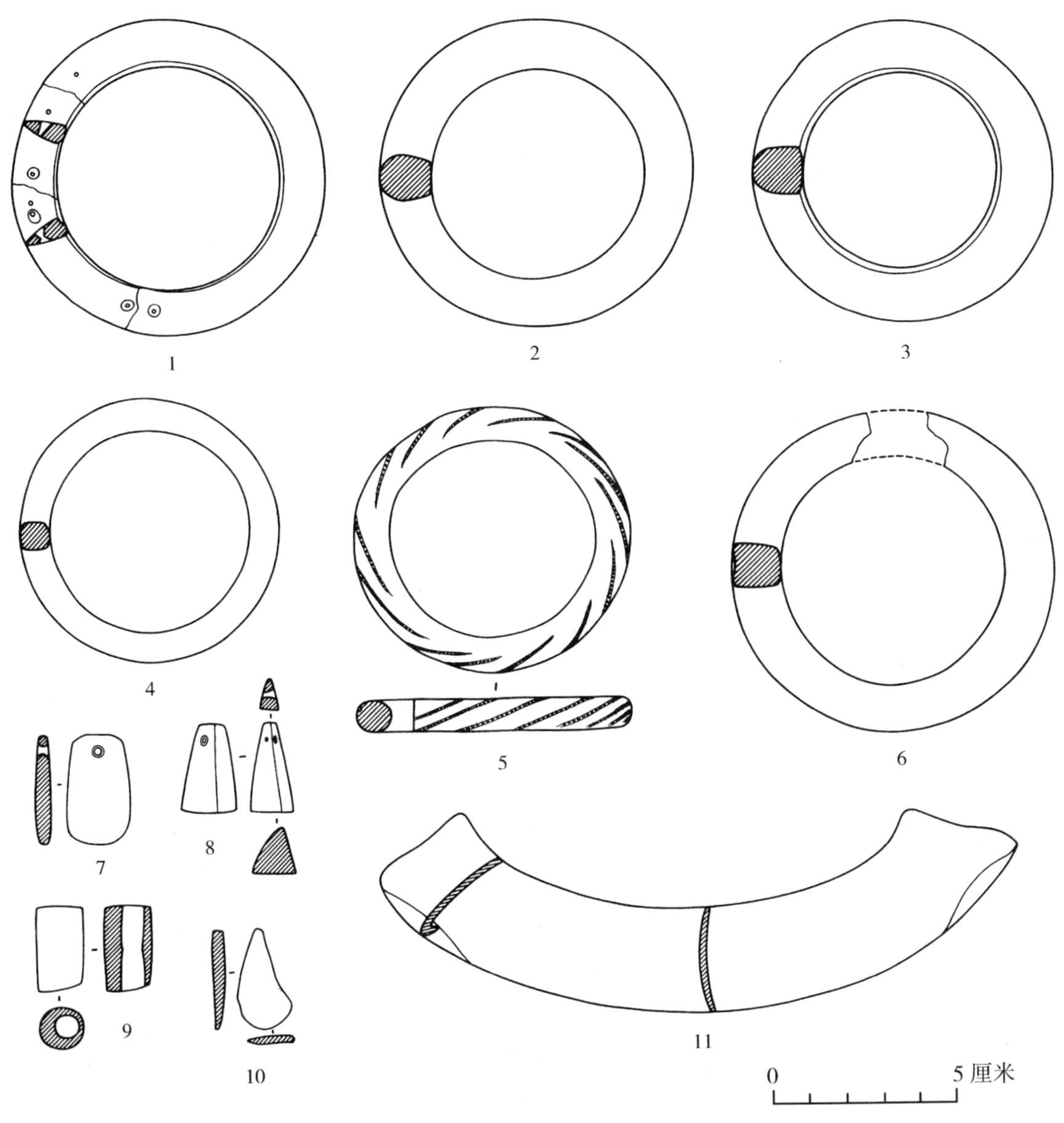

图4－114　玉、石、陶、骨器

1～4. 玉（石）镯：1. M108：1　2. M216：1　3. M112：5　4. M216：2　5、6. 陶镯：5. M227：8　6. M143：1　7、8. 玉（石）坠：7. M158：5　8. M29：1　9. 石管（M222：2）　10. 玉片饰（M29：11）　11. 弧带形牙器（M231：12）

114，2；彩版三六，2）。M112：5，绿色微泛蓝，局部深浅稍不一致，含银色晶莹体，氟石，硬度4°～5°。两面平，外侧面圆弧，内侧面稍凸弧。直径8.1、宽1.4、厚1.3厘米，重106.7克（图4－114，3；彩版三六，3）。

陶镯　2件。M143：1，有1厘米余的一段缺失，多处断裂。泥质浅红陶。两面齐平，外侧面稍凹弧，内侧面微凸弧。外径8.8、宽1.3、厚1.2厘米，连修补的石膏重52.3克（图4－114，6；彩版三六，6）。M227：8，完整。泥质灰黑陶。剖面圆形。外侧连及两面戳印十四道斜行篦点纹。外径7.5、宽0.9厘米，重29克（图4－114，5；彩版三六，5）。

弧带形牙器　1件（M231：12）。正面深棕色，背面黄白色，可能象牙质。正面微凹弧，背面微凸弧。两端的外缘有一段卷边，由背面卷向正面。原物已粉碎。长17.5、宽2.9～3、厚0.2厘米（图4－114，11）。

四　动物骨骼

家猪下颌骨　共130副和116片（左右片齐全者为一副。以下将两单片折合成一副统计以便于作比较），出土于29座墓葬。即塞墩遗址薛家岗文化墓的26.8%随葬猪下颌骨。猪下颌骨数量级差和墓数情况如下：猪下颌骨1片（0.5副）~1.5副10座墓，2副~3副8座墓，3.5~5副2座墓，5.5副~6.5副3座墓，12副~14副3座墓（M125、218、194），22副~22.5副2座墓（M231、193），最多者约50副1座墓（M197）。

乳猪骨架　1具，出于M221。

小狗骨架　3具，均出于M221。

兽头骨　1个，出于M170填土中。

其他兽骨　4块，分别出于M156、170、225（2块）。

附：其他新石器时代墓葬

塞墩新石器时代墓地还有20座墓葬难定文化性质，暂未将它们归属黄鳝嘴文化或薛家岗文化。其中，15座墓葬即M10、11、12、37、132、133、136、145、152、174、200、219、229、234、235，均未见有随葬品。5座墓葬即M32、44、101、131、224，共出土随葬器物三类6件，为不规则形搓磨石1件，陶纺轮3件和玉石玦2件，在墓葬登记表中将其形制姑按薛家岗文化墓葬器物型式归类，以便参照。以上20座墓葬大多数被扰动或严重扰动，除M145、174两座外也未与有随葬品的墓葬发生打破关系或直接叠压关系。以下重点记述一座较特殊的墓葬，介绍2件器物。

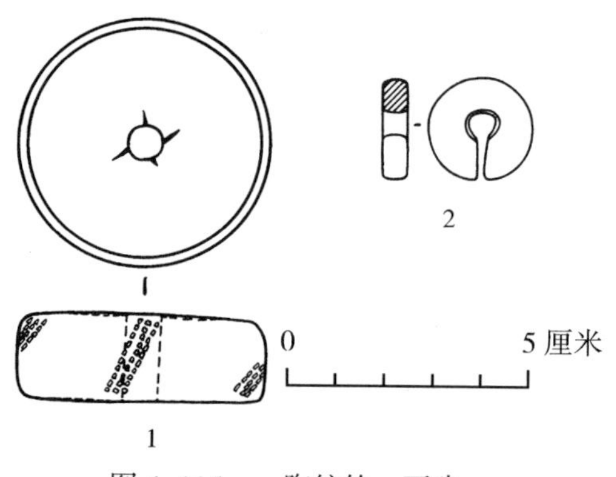

图4-115　陶纺轮、石玦

1. 陶纺轮（M224∶1）　2. 石玦（M44∶1）

M133　长方形竖穴土坑。附泥边框坑长150厘米，宽60（北）~53（南）厘米，口距地面深24厘米，底距地面深40厘米。四边有黄胶泥，条宽2厘米，自深约8厘米，愈往下愈薄近坑底时消失。方向3°。填土灰黄色杂土夹少量红烧土渣。骨质酥软，人头骨在北，面向下，肋骨、脊椎骨、盆骨、手骨、脚骨等缺失较多，有的上肢骨、腓骨也无存，而可观察到的长骨残段均背面朝上，显得较为特殊，似为俯身葬。女，成年。无随葬品。

陶纺轮　M224∶1，夹细砂灰褐陶。圆径较大，周边竖直。周边饰斜行篦点纹六组，每组三行。直径5.1、厚1.8厘米（图4-115，1）。

石玦　M44∶1，浅绿色稍泛灰，冻石，硬度3°。圆径小、体厚。直径2.2、厚0.55厘米，重4.7克（图4-115，2）。

第五章　文化性质、墓葬分期及文化关系

第一节　两种考古学文化遗存的认定

塞墩遗址因围湖造田才连片露出成为湖边农田，地势低洼，地下水位很高，种植水稻后土壤依旧长期受水浸泡，文化层含水分多、土质软、黏性大。文化层土色与相当数量的墓葬填土颜色，两者是比较接近的。有的墓葬在农耕过程中已被扰动或严重破坏，有的在揭去耕土层即露出人骨架和随葬器物。许多墓在发现时保存着一定深度的墓坑，但其中有的现存墓坑口并不就是该墓的原始坑口，这种情况在第2层发现的墓葬尤为明显。

在塞墩188座墓葬中，重要的是发现了29组（每组有墓2~6座）共73座发生打破、叠压关系的墓葬，这为观察分析墓葬的文化性质及其分期变化，提供了确切依据。同时，主要参考先于塞墩遗址就已发掘的潜山薛家岗、宿松黄鳝嘴和太湖王家墩遗址的材料，互作对比，这为辨析塞墩遗址的文化面貌提供了参照系。现将塞墩墓葬文化性质的归属分为两类。一类墓葬即为薛家岗文化，以薛家岗遗址1982年报告所示的第二、三期文化，2004年专刊所示的第一至五期文化为代表①。另一类墓葬以黄鳝嘴遗存为代表，其总体面貌与薛家岗文化判然有别，不能纳入薛家岗文化范畴，整体上处于薛家岗文化之前一个阶段，它应单独命名为黄鳝嘴文化。

黄鳝嘴文化的提出和确认，主要是基于对上述四处重点遗址材料全面分析比较，在20世纪80年代已初见端倪的基础上，再增添了塞墩的一大批实物资料，现在有条件把这类自具鲜明特征的新石器文化遗存，确立为一个新的考古学文化。

先检视下80年代对薛家岗、黄鳝嘴、王家墩三地新石器遗存的初步认识。1979~1980年第一至第三次发掘薛家岗遗址②，揭露面积1252平方米，发现残房3座、墓葬103座。1982年夏发表中型报告，将薛家岗遗址新石器遗存分为四期，以遗址第二、三期文化为代表，提出了薛家岗文化的命名。后又在1981、1982、2000年第四至第六次发掘薛家岗，共发掘面积1079平方米，发现墓葬47座。1981、1982、1984年三次发掘黄鳝嘴遗址，揭露面积370米左右，发现墓葬17座。遗址文化层厚约0.5米左右，为一处文化性质单一的新石器遗址。先是在1985年发表的黄鳝嘴考古简报中③，认为“不同于目前我省已知的同期文化遗存”。后于1987年发表的正式报告中④，认为“黄鳝嘴遗存应是一种新的原始文化类型”。明确指出黄鳝嘴遗存与王家墩一期文化面貌十分接近；又据王家墩的地层关系，指出黄鳝嘴遗存的年代至

---

① A. 安徽省文物工作队：《潜山薛家岗新石器时代遗址》，《考古学报》1982年第3期。

B. 安徽省文物考古研究所：《潜山薛家岗》，文物出版社，2004年。

薛家岗遗址1982年报告所分的第一期文化与2004年专刊所分的第一期文化，两者的文化内涵、性质不尽一致。遗址中存在有数量很少的应属早于薛家岗文化的另一种遗存。

② 安徽省文物工作队：《潜山薛家岗新石器时代遗址》，《考古学报》1982年第3期。

③ 贾庆元、阚绪杭、姚中亮：《宿松黄鳝嘴遗址简介》，《文物研究》第1期（辑），1985年12月。

④ 安徽省文物考古研究所：《宿松黄鳝嘴新石器时代遗址》，《考古学报》1987年第4期。

少早于薛家岗二期文化，与薛家岗一期文化的年代相当。1983 年春试掘王家墩遗址①，将新石器遗存分为三期。认为王家墩二、三期文化属薛家岗文化系统，其年代分别与薛家岗二、三期文化相当；同时认为王家墩一期文化与薛家岗文化的区别较大，而与黄鳝嘴遗址较为接近，其相对年代早于薛家岗二期文化。

至于塞墩遗址，1983 年春调查中采集到一些遗物和清理一座墓葬。当年发表的简报②，把它与西边黄冈螺蛳山、蕲春易家山、大冶上罗村等比较，东与崧泽、良渚文化比较，而未提及薛家岗。认为塞墩遗址具有长江中游鄂东南地区原始文化特点，应属于鄂东南地区的原始文化类型，另一方面带有较多的江浙地区新石器文化的因素。其他在 80 年代及其以后涉及塞墩调查资料的有关文章中，有的就已指明除有薛家岗文化的遗物外，还有与黄鳝嘴相同的器物。

经过对塞墩遗址的三次发掘，突出的是在同一遗址里获得了黄鳝嘴文化和薛家岗文化的丰富资料，特别就前者而言，是目前已发掘遗址中黄鳝嘴文化的墓葬最多的一处。从 29 组 73 座墓葬打破、叠压关系，可知存在着三种情况，即薛家岗文化墓葬打破或叠压黄鳝嘴文化墓葬，薛家岗文化墓葬打破或叠压薛家岗文化墓葬，黄鳝嘴文化墓葬打破或叠压黄鳝嘴文化墓葬。肯定黄鳝嘴文化早于薛家岗文化，也表明黄鳝嘴文化、薛家岗文化各自存在有早晚关系。现按探方排列位置为序，将 29 组 73 座墓葬的地层关系情况分列如下（→表示打破，⇨表示叠压）：

T23：M44（？无物）⇨M45（黄）
T32：M41（薛）→M48（黄）
T110：M186（薛）→M193（薛） M189（薛）
⬀ ↓ ⇩
M176（薛） ⇨ M199（薛）
↘
M181（薛）
M175（薛）⇨M202（黄）
M174（？无物）→M182（黄）
⬂
M200（？无物）
T112：M145（？无物）→M149（黄）
T117：M220（薛，无物）⇨M225（薛）
M212（薛）
↘
M213（薛）→M231（薛）→M238（黄）
T113：M179（薛）→M222（薛）
M206（薛）→M217（薛）
↘
M221（薛）
T113：M209（薛）→M223（薛）→M230（薛）
M207（薛）→M227（薛）
T114：M204（薛）→M226（薛）
↘
M228（薛）→M214（黄）

① 高一龙：《太湖王家墩遗址试掘》，《文物研究》第 1 期（辑），1985 年 12 月。

② 黄冈地区文物普查队：《黄梅龙感湖三处遗址调查》，《江汉考古》1983 年第 4 期。

M208（薛）→M232（黄）
T115：M185（薛）⇨M191（薛）
M178（薛）→M196（黄）
M198（黄）→M236（黄）
T116：M172（薛）⇨M203（黄）
M183（薛）⇨M192（黄）
M184（薛）→M237（黄）
T101：　　　　　　M102（薛）
　　　　　　　　　　⇩
M109（薛）⇨M139（黄）
　⇩　　　　↘
M126（黄）　M115（薛）
M105（黄）⇨M122（黄）
T102：M157（薛）→M168（黄）
M160（薛）⇨M166（黄）
T107：M106（薛）⇨M117（黄）
M107（薛）→M116（黄）
T109：M118（薛）→M119（黄）⇨M147（黄）
M121（黄）→M129（黄）
T118：M169（薛，无物）→M170（薛）

至于塞墩遗址的文化层，概归属黄鳝嘴文化。最下层第 4 层出土遗物极少，第二层出土遗物相对稍多。文化层遗物中的如白陶、彩陶、篦点戳印纹陶、粗线纹陶以及一些陶器类型等等，进一步丰富了黄鳝嘴文化特别是它早期的内涵。还应指出，从打破第 2 层的墓葬文化性质判断，现今的第 2 层是已被不同程度破坏了其上部原生堆积的遗存，其中有的出土物不排除为原属被扰墓葬的随葬品。

第二节　黄鳝嘴文化特征、墓葬分期和分布

一　文化特征

现以塞墩的墓葬资料为依据，将其黄鳝嘴文化的文化特征归纳如下。

墓葬形制及葬俗方面：基本上都属长方形竖穴。数座墓底经烧燎墓坑存留有薄层草木灰烬。一部分墓葬使用木质葬具并在其口部四周敷抹有青膏泥或黄胶泥。死者头向东北，除个别的单人仰身直肢一次葬外，绝大多数为单人仰直式的二次葬。普遍有随葬器物，以陶质器皿为大宗，其中主要是实用器，兼有少量明器，还有一些实用工具和饰物；数座还随葬有很少的家猪下颌骨、鹿下颌骨、象臼齿和獐牙等。另有几座在墓坑一角放置一块较大自然石块或将其直接压于墓主身上。

从随葬遗物表现的器物群特征方面：泥质陶远多于夹砂陶。全部陶系中，泥质深灰陶居压倒多数，占41%；以下依次为泥质黑陶、泥质灰陶、泥质红陶、夹砂红褐陶，约分别占 15% ~5%；还有极少的夹砂灰褐陶、深灰陶、红陶、黑陶、灰陶等，偶见泥质白陶，合计约在 12% 左右。泥质陶大多数是表面颜色较深而胎质颜色较浅或呈红色；夹砂陶的表色与胎色基本一致的居多。陶器绝大多数有纹饰，有些陶器上兼施数种纹饰，即在单件陶器上较集中地表现出了纹饰的多样性和繁缛化。以凹弦纹为最多，其他较常见

的依次有窝点连线纹、小窝纹、平底浅圆窝纹、窝纹和镂孔，还有划纹、凸弦纹、锥刻纹、戳印纹和绘彩（彩陶）。其中，最具鲜明特征的是窝点连线纹、平底浅圆窝纹、多种形状的镂孔、锥刻纹、绘彩等。纹饰的布列，绝大多数为上下平行横列条形，偶见有的组成如三角折波形（划纹、锥刻纹）、横“8”字形（锥刻纹）、曲线网格（绘彩）、花瓣尖叶（绘彩）等几何图案形式。

陶器中，高、矮圈足器十分发达，绝大多数器类中含数量不等的圈足器，或单种器类全附有圈足；三足器也较多，器足的主要形制有里钩弯式、上宽下窄扁凿形、外撇近锥形；平底器较少，其中有些为微凹平底；圜底器、钝尖底器稀见。少量的鼎、豆配置器盖，盖钮多为小空腹皿形钮。一部分杯、罐安接宽环状单耳为器把。未见器口附嘴和流。

主要器类有鼎、豆、盘、盆、碗、杯、罐等，还有很少的钵、个别的大口尊等。其中，具有代表性的器形有：高领、圆鼓腹、里钩弯足的罐形鼎，小翻沿、肥圆腹、扁凿形足的罐形鼎，凹弧壁、长扁凿形足的盆形鼎；盘底垂棱、细把、高台座的钵形豆，高粗把皿形豆，矮粗把、弧敛口钵形豆，高粗把、弧敛口钵形豆，粗或细高把、折敛口钵形豆，宽矮把、折敛口钵形豆，大敞口、细把、高台座的盆形豆，大敞口、高把、喇叭座的盆形豆；浅腹坦底、宽高圈足盘；仰折凹弧面宽沿盆，敞口圈足盆；直口或弧敛口平底钵；微弧敛口、内凹平底或矮圈足的“红顶碗”；竹节筒形圈足杯，束颈、下部鼓腹圈足杯，三曲凹弧腹杯，深腹三足杯，直筒形圈足杯，深腹、圈足单耳杯；微侈大口、较浅腹、平底单耳罐，小口矮领、球腹圜底罐，大口斜沿、鼓腹、圜底罐，三足罐；凹腰大口尊等。

石器工具普遍磨制较精，器形规整，数量稍多的斧、锛、凿同类中的形体有大、中、小之分。代表性器形有：长舌形或宽舌形穿孔石斧，长条形或长梯形石斧，窄长体或宽梯形石锛，隆脊状（非阶状）有段石锛，方柱体石凿，三孔石刀。此外，还有一批表面很粗糙、四周圆钝的搓磨石。

装饰品主要有玉玦、璜，此外还有个别的玉簪、骨簪和陶珠。玦的圆径有小、中、大之分，体有厚、薄之别，相对而言，形小者趋厚，形大者趋薄；较特殊的是还有大半圆形小玦和有浅浮雕的扁薄椭圆形玦各一例。璜分短环形、长环形、小型半圆环形和大型半圆环形。其中，有的是先制成左右对称的两节，再在中间处两端的扁孔和暗槽中穿系线绳，把两节连结成一件整品，这当属用较短玉材制成较长灵活玉璜所出现的一种新工艺样式。

二　墓葬分期及其器物类型变化

根据地层关系，经过器物排比，现将黄鳝嘴文化60座墓葬分为早、晚二期，又各分二段。

早期一段（简称早一期）13座：即M35、40、43、47、50、122、130、139、149、196、203、236、238。

早期二段（早二期）25座：即M4、7、16、22、23、33、38、46、49、116、117、124、126、142、144、146、147、161、166、168、192、198、214、232、233。

晚期一段（晚一期）11座：即M2、24、105、129、163、173、177、182、190、202、237。

晚期二段（晚二期）11座：即M26、27、34、39、45、48、119、120、121、153、201。

器物类型变化主要在陶质器皿（陶器），但期、段之间的随葬陶器绝对数量较为悬殊，有些难于进行直接对比。通过本段内项目的统计和比例数，再进行期、段之间的比较，便可看出其中的变化，现从以下三方面论述。

1. 陶系变化（表5－1A、1B）

早期，泥质陶约占89%，其中最多的是泥质深灰陶，超过早期全部泥质陶的1/2；其次为泥质红陶；再次为泥质灰陶；泥质黑陶较少。夹砂陶（含个别的夹植物陶在内）约占11%，其中居首的是夹砂灰褐陶；其次为夹砂深灰陶；夹砂红褐陶很少；偶见个别夹砂红陶。

晚期，泥质陶约占71%，其中居首的是泥质深灰陶，但比重远低于早期的，有较大幅度下降；其次为泥质黑陶，与早期相比有颗著增加；再次为泥质灰陶；泥质红陶比重有很大下降。夹砂陶约占29%，

表 5－1A

黄鳝嘴文化墓随葬陶器陶系分期统计

<table>
<tr><td rowspan="2">陶系</td><td colspan="14">泥质（278 件）</td><td colspan="14">夹砂（58 件）</td><td>夹物</td><td rowspan="3">合计</td></tr>
<tr><td colspan="4">黑</td><td colspan="3">深灰</td><td colspan="3">灰</td><td colspan="3">红</td><td>白</td><td colspan="2">黑</td><td colspan="3">深灰</td><td>灰</td><td colspan="4">灰褐</td><td colspan="2">红褐</td><td colspan="2">红</td><td>植红</td></tr>
<tr><td>胎色</td><td>黑</td><td>深灰</td><td>灰</td><td>红</td><td>深灰</td><td>灰</td><td>红</td><td>深灰</td><td>灰</td><td>红</td><td>深灰</td><td>灰</td><td>红</td><td>白</td><td>黑</td><td>红</td><td>黑</td><td>深灰</td><td>红</td><td>灰</td><td>深灰</td><td>灰</td><td>灰褐</td><td>红</td><td>红褐</td><td>红</td><td>灰</td><td>红</td><td>红</td></tr>
<tr><td rowspan="3">早一</td><td></td><td>5</td><td>2</td><td>1</td><td>15</td><td>17</td><td>9</td><td></td><td>5</td><td></td><td></td><td>9</td><td>2</td><td></td><td></td><td></td><td></td><td>1</td><td>1</td><td>1</td><td>3</td><td></td><td>2</td><td></td><td>1</td><td></td><td></td><td></td><td></td><td rowspan="2">74 件</td></tr>
<tr><td colspan="4">8</td><td colspan="3">41</td><td colspan="3">5</td><td colspan="3">11</td><td></td><td colspan="2"></td><td colspan="3">2</td><td>1</td><td colspan="4">5</td><td colspan="2">1</td><td colspan="2"></td><td></td></tr>
<tr><td colspan="4">10.8</td><td colspan="3">55.4</td><td colspan="3">6.8</td><td colspan="3">14.9</td><td></td><td colspan="2"></td><td colspan="3">2.7</td><td>1.3</td><td colspan="4">6.8</td><td colspan="2">1.3</td><td colspan="2"></td><td></td><td>100%</td></tr>
<tr><td rowspan="3">早二</td><td>1</td><td>2</td><td>8</td><td>3</td><td>13</td><td>42</td><td>11</td><td>1</td><td>22</td><td>1</td><td>1</td><td>9</td><td>11</td><td>1</td><td></td><td></td><td></td><td>4</td><td>2</td><td></td><td></td><td>2</td><td>2</td><td>1</td><td>1</td><td></td><td>1</td><td></td><td>1</td><td rowspan="2">140 件</td></tr>
<tr><td colspan="4">14</td><td colspan="3">66</td><td colspan="3">24</td><td colspan="3">21</td><td>1</td><td colspan="2"></td><td colspan="3">6</td><td></td><td colspan="4">5</td><td colspan="2">1</td><td colspan="2">1</td><td>1</td></tr>
<tr><td colspan="4">10.0</td><td colspan="3">47.2</td><td colspan="3">17.1</td><td colspan="3">15.0</td><td>0.7</td><td colspan="2"></td><td colspan="3">4.3</td><td></td><td colspan="4">3.6</td><td colspan="2">0.7</td><td colspan="2">0.7</td><td>0.7</td><td>100%</td></tr>
<tr><td rowspan="3">晚一</td><td></td><td></td><td>1</td><td>6</td><td>3</td><td>9</td><td>4</td><td>1</td><td>8</td><td>1</td><td></td><td></td><td>2</td><td></td><td></td><td></td><td>1</td><td></td><td></td><td></td><td></td><td></td><td></td><td>1</td><td>7</td><td>1</td><td>2</td><td>2</td><td></td><td rowspan="2">49 件</td></tr>
<tr><td colspan="4">7</td><td colspan="3">16</td><td colspan="3">10</td><td colspan="3">2</td><td></td><td colspan="2"></td><td colspan="3">1</td><td></td><td colspan="4">1</td><td colspan="2">8</td><td colspan="2">4</td><td></td></tr>
<tr><td colspan="4">14.3</td><td colspan="3">32.7</td><td colspan="3">20.4</td><td colspan="3">4.1</td><td></td><td colspan="2"></td><td colspan="3">2.0</td><td></td><td colspan="4">2.0</td><td colspan="2">16.3</td><td colspan="2">8.2</td><td></td><td>100%</td></tr>
<tr><td rowspan="3">晚二</td><td></td><td>2</td><td>6</td><td>14</td><td>3</td><td>8</td><td>4</td><td></td><td>9</td><td>2</td><td></td><td>3</td><td>1</td><td></td><td>3</td><td>4</td><td></td><td></td><td>1</td><td>1</td><td></td><td></td><td>2</td><td></td><td>4</td><td>3</td><td></td><td>3</td><td></td><td rowspan="2">73 件</td></tr>
<tr><td colspan="4">22</td><td colspan="3">15</td><td colspan="3">11</td><td colspan="3">4</td><td></td><td colspan="2">7</td><td colspan="3">1</td><td>1</td><td colspan="4">2</td><td colspan="2">7</td><td colspan="2">3</td><td></td></tr>
<tr><td colspan="4">30.1</td><td colspan="3">20.5</td><td colspan="3">15.1</td><td colspan="3">5.5</td><td></td><td colspan="2">9.6</td><td colspan="3">1.4</td><td>1.4</td><td colspan="4">2.7</td><td colspan="2">9.6</td><td colspan="2">4.1</td><td></td><td>100%</td></tr>
</table>

表 5－1B

黄鳝嘴文化墓随葬陶器陶系分期统计简表

<table>
<tr><td></td><td>泥质</td><td>黑</td><td>深灰</td><td>灰</td><td>红</td><td>白</td><td>夹砂（含夹植物）</td><td>黑</td><td>深灰</td><td>灰</td><td>灰褐</td><td>红褐</td><td>红</td><td>合计</td></tr>
<tr><td rowspan="2">早期</td><td>191</td><td>22</td><td>107</td><td>29</td><td>32</td><td>1</td><td>23</td><td></td><td>8</td><td>1</td><td>10</td><td>2</td><td>2</td><td>214 件</td></tr>
<tr><td>89.3</td><td>10.3</td><td>50.0</td><td>13.6</td><td>14.9</td><td>0.5</td><td>10.7</td><td></td><td>3.7</td><td>0.5</td><td>4.7</td><td>0.9</td><td>0.9</td><td>100%</td></tr>
<tr><td rowspan="2">晚期</td><td>87</td><td>29</td><td>31</td><td>21</td><td>6</td><td></td><td>35</td><td>7</td><td>2</td><td>1</td><td>3</td><td>15</td><td>7</td><td>122 件</td></tr>
<tr><td>71.3</td><td>23.8</td><td>25.4</td><td>17.2</td><td>4.9</td><td></td><td>28.7</td><td>5.7</td><td>1.7</td><td>0.8</td><td>2.5</td><td>12.3</td><td>5.7</td><td>100%</td></tr>
</table>

其中居首的是夹砂红褐陶，比重远高于早期，有明显增加；其次为夹砂红陶、夹砂黑陶，后者为早期所未见而在晚二期新出现的；夹砂灰褐陶已很少。

2. 陶器纹饰变化（表5－2）

早一、早二期大多数纹饰的比例接近，少部分比例不同者相差也不甚悬殊。凹弦纹居首，均占30%左右，使用最为普遍。约占近19%～10%左右的纹饰依次为窝点连线纹、小窝纹、平底浅圆窝纹三种，代表了早期纹饰的主要特征。另外七种纹饰比例，从近7%～0.6%不等，其中尤可注意者，是在早二期有近5%的彩陶，反映了黄鳝嘴文化所含彩陶因素处于繁盛阶段的情况。

晚一、晚二期纹饰居于第一二三位、比例多较接近者，有凹弦纹（29%、27.7%）、窝纹（26.3%、18.5%）、镂孔（18.5%、26.2%），它们是晚期纹饰的代表。其他纹饰除晚二期的小窝纹稍多外，其他都未超过7.9%，内有几种纹饰晚一、晚二期间的比例差别明显。

表5－2　　**黄鳝嘴文化墓随葬陶器纹饰分期统计**

	素面陶器(件)(比例)	纹饰陶器(件)(比例)	凹弦纹	划纹	凸弦纹	窝点连线纹	小窝纹	窝纹	平底浅圆窝纹	锥刻纹	戳印纹	镂孔	彩陶	按期合计纹饰种类（例）总例与纹种之比
早一	7	67	50	3	10	30	25	11	17	2	3	9	6	166（例）
	9.5	90.5	30.1	1.8	6.0	18.1	15.1	6.6	10.3	1.2	1.8	5.4	3.6	100%
早二	8	132	97	7	12	58	46	18	38	2	5	16	15	214（例）
	5.7	94.3	30.9	2.2	3.8	18.5	14.7	5.7	12.1	0.6	1.6	5.1	4.8	100%
晚一	23	26	11		3	1	1	10	1		3	7	1	38（例）
	46.9	53.1	29.0		7.9	2.6	2.6	26.3	2.6		7.9	18.5	2.6	100%
晚二	25	48	18	3	2		9	12	1		1	17	2	65（例）
	34.2	65.8	27.7	4.6	3.1		13.8	18.5	1.5		1.5	26.2	3.1	100%

再从早期与晚期纹饰相比较，都以凹弦纹为最多，保持了长期盛行不衰。早期、晚期中分别占4.2%、2.9%的彩陶，还有凸弦纹、戳印纹等，比例虽少，但都始终是黄鳝嘴文化较稳定的纹饰种类。变化显著的是，窝点连线纹和平底浅圆窝纹在早期较多并富于特色，到晚期则急剧衰落；窝纹和镂孔早期很少，而到晚期迅速增加；本来在早期只占微少量的锥刻纹，进入晚期便告绝迹。

就纹饰陶与素面陶件数比例而言，早期纹饰陶发达，平均约占92%左右，晚期降至59%左右。较突出的有六种只见于早期的器形，合计80余件，占早期总陶器的近40%，每件都有纹饰，以及其他种陶器上施纹也很普遍，致使纹饰陶比重大为提高。不仅如此，早期还常见一器上兼施二至四种甚至五种纹饰，这较集中地见于上述只有早期存在的数种器形上，而在晚期一器多纹的数量大为减少。

3. 陶器形态变化（图5－1～4）

早期特有罐形鼎A型、垂棱钵形豆、高把皿形豆、竹节筒形圈足杯、鼓腹圈足杯、碗形杯，其中高把皿形豆仅见于早二期。晚期特有盆形鼎、釜形鼎、盘、筒形圈足杯、大口尊，其中釜形鼎、大口尊仅仅出在晚二期。换言之，一部分属于早、晚期各特有的，大部是早、晚期延续存在的器形。

现从诸器形中选择代表性的型式，具体说明其形制上的基本特征及主要变化脉络，兼述与之配合的纹饰概况。

罐形鼎A型，以向里侧钩弯的鼎足为特征，可简称为里弯足鼎。形制变化主要在口、领部。直口，领腹斜连无界限，圆鼓腹者（Ⅰ式），略早；斜折窄沿，高领，领腹间凹折形成分界，较扁鼓腹者（Ⅴ式），略晚。全部有纹饰，每器二至四种，以凹弦纹、平底浅圆窝纹、窝点连线纹为主。

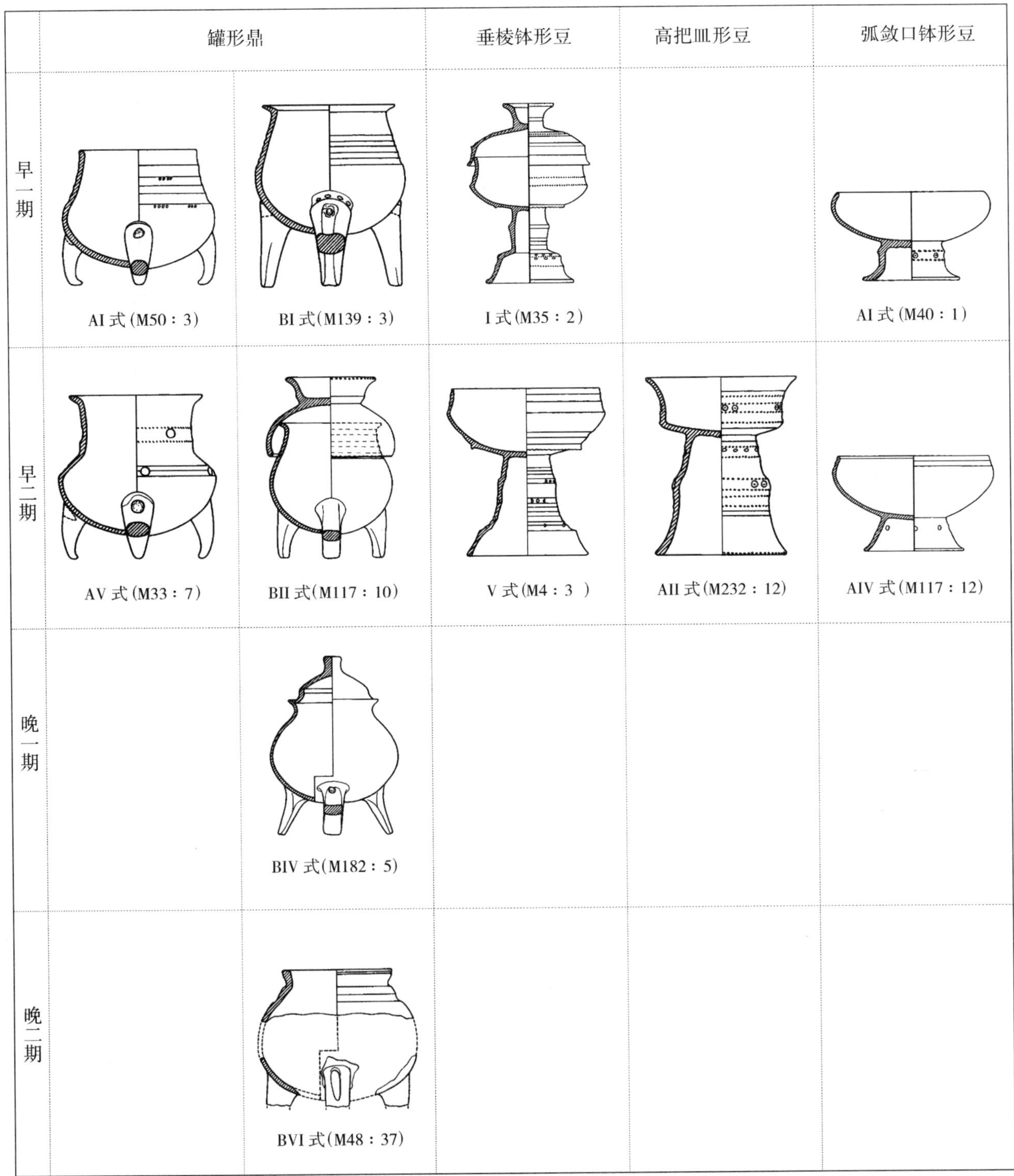

图5－1　黄鳝嘴文化墓葬主要陶器器形变化图（之一）

罐形鼎B型，绝大多数为外翻沿或斜折沿，肥圆腹，多为扁凿形足。早期，口、腹之间有一段斜直壁形成领部，领、腹间有界限或无明显凹折界限（BⅠ、BⅡ式）。晚期，不显领部，腹体呈球圆状或甚圆鼓（BⅢ、BⅣ式）；晚二期又新出极少的短斜直领圆腹鼎（BⅥ式）。除晚期一件因残片未见纹饰外，其他早、晚期上均有纹饰。早期共八种，其中窝点连线纹、平底浅圆窝纹、划纹等只见于早期；大多数一器上同施两种纹饰。晚期共两种纹饰，同施于一器上的很少。

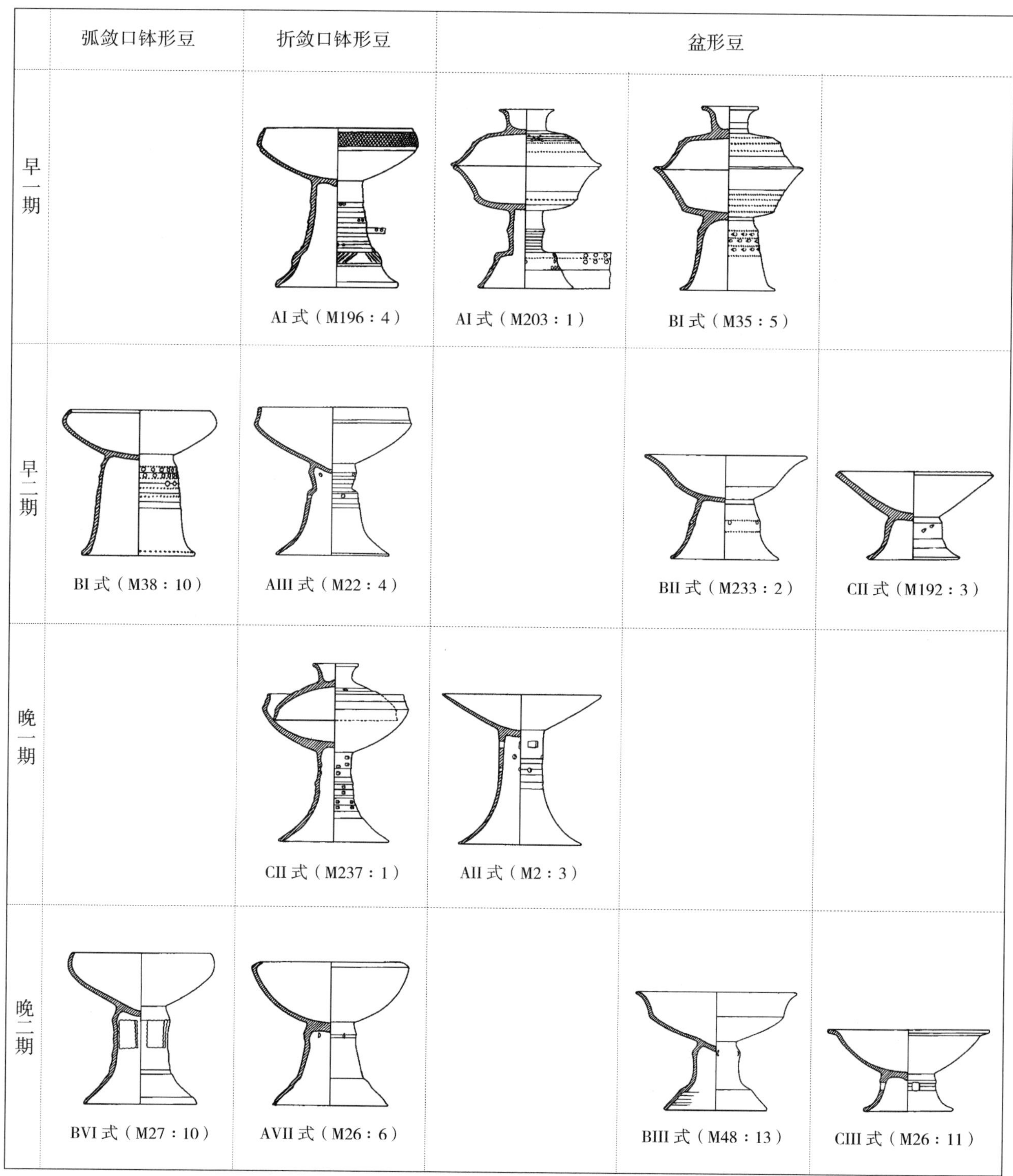

图 5－2　黄鳝嘴文化墓葬主要陶器器形变化图（之二）

盆形鼎、釜形鼎晚期始见，数量极少，但意味着一种新器形的产生。

垂棱钵形豆，特征是豆盘底缘有一周施窝点连线纹的高凸棱，豆把连接圈足或台座形成较高的个体。早一期代表，腹径稍大于口径，细圆竹节状把下连宽面台座者（Ⅰ式）。早二期代表，豆把和台座与Ⅰ式相同，而腹径稍小于口径（Ⅱ式）；还有凸脊粗长把下连窄斜面台座者（Ⅴ式）。每器均有纹饰二至四种。

图5－3　黄鳝嘴文化墓葬主要陶器器形变化图（之三）

高把皿形豆，只存在于早二期。主要形式都是斜直或有凸棱的粗高豆把，一类是上部为敞口凹弧腹（AⅠ、AⅡ、AⅢ、AⅤ式），另一类直口略凹腹或竖直腹（BⅠ、BⅡ式）。共四种纹饰，每件施有二至四种。纹饰往往延及周身，与纹饰稀疏的风格迥异，其中个别陶豆上装饰窝点连线纹多达十二周，还兼施其他纹饰，颇显精细繁复。

弧敛口钵形豆，早一期均为矮体，以较矮喇叭口圈足浅腹（AⅠ、AⅥ式）、较深腹者（AⅡ式）为代表。

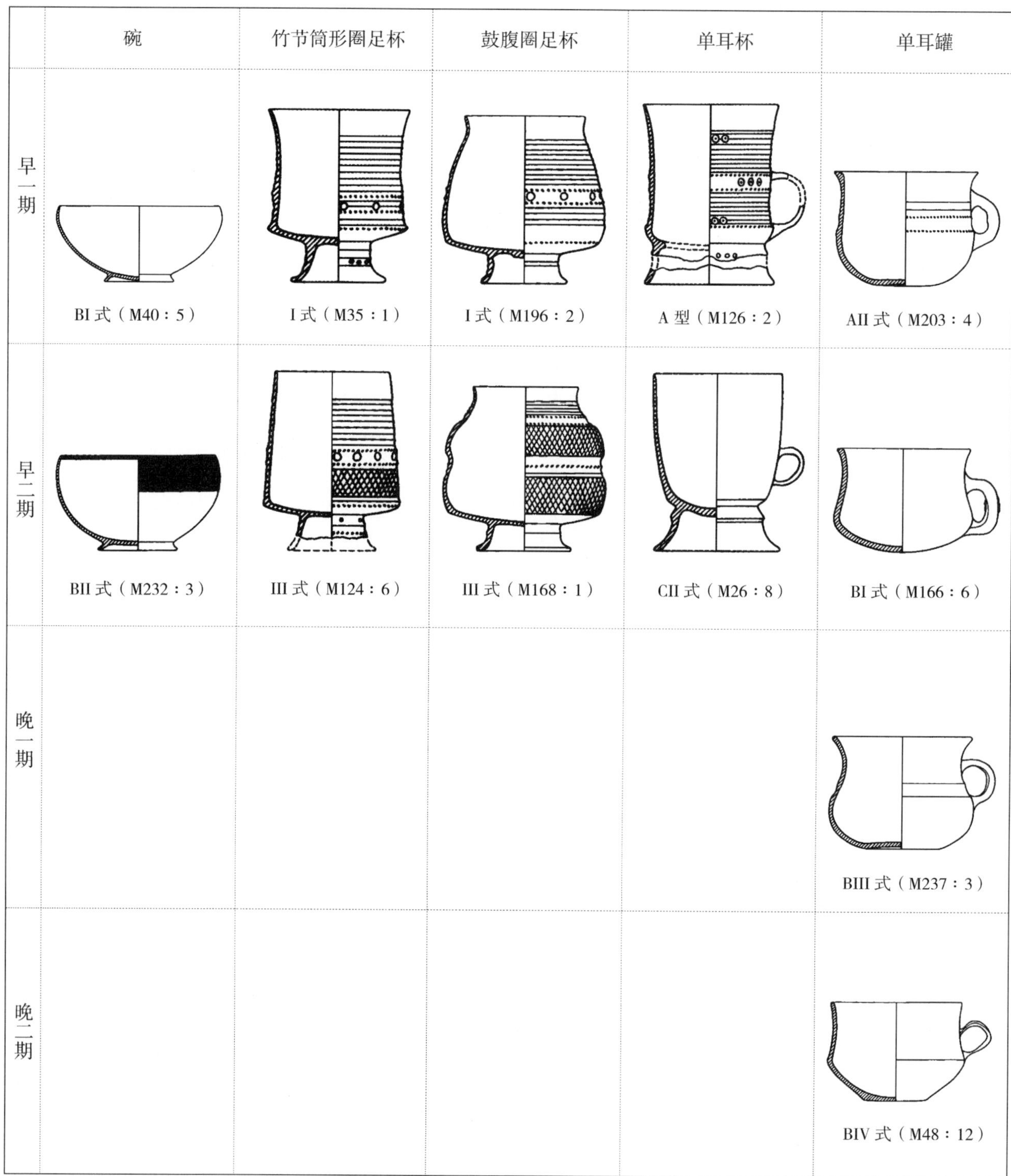

图5－4　黄鳝嘴文化墓葬主要陶器器形变化图（之四）

早二期，除近半数仍为矮体外，新出现高体豆，其中代表性的是高粗直把浅腹豆（BI式），以及一件新露头的深腹、高把上端有箍状宽凸棱的豆（BV式）。晚期仅有很少的BVI式一种高体豆，深腹，一改以往早期豆圈足底部均为凹弧面不同程度外撇成喇叭口的作风，变为凸弧面敞口座，高豆把上端渐起鼓棱，其变化轨迹当为以后薛家岗文化豆把上的算珠状高凸节。绝大多数每件施有一至四种纹饰，早期还偶见彩陶。

折敛口钵形豆，主要是高体，粗高把或细长把，上有较高的主凸棱或不显，具代表性者早一期AⅠ、BⅠ式，早二期AⅡ、AⅢ式，晚一期CⅡ式，晚二期AⅦ、BⅡ、CⅢ式。其中细高把豆（C型）是晚期才出现的。余下1/6的矮体（D型），可分别以早一期DⅠ式、晚二期DⅡ式为代表。早期有很少的窝点连线纹、平底浅圆窝纹和划纹，晚期未见；晚期新出较大的三角孔、窄长方孔，早期则无。

盆形豆，细把者（A型）以早一期AⅠ式、晚一期AⅡ式为代表。折腹粗把豆（B型）以早一期BⅠ式、早二期BⅡ式、晚二期BⅢ式为代表。斜弧腹粗把或较粗把豆（C型）早二期始见，以早二期CⅠ、CⅡ式和晚二期CⅢ、CⅤ式为代表。大部豆上有纹饰一至四种。早期同器二、三种合组纹饰较多，内有很少的窝点连线纹、平底浅圆窝纹。晚期合组纹饰较少。镂孔形式中新出长方孔、方孔、大圆孔和三角孔。

盘，只见于晚期。除两段共有的Ⅰ、Ⅳ式外，晚一期独有一种圈足较矮者（Ⅴ式），晚二期新增器形中有三种为高圈足上部相对变得稍细（Ⅱ、Ⅵ、Ⅶ式）。以盘腹相同的一组为例，晚一期Ⅰ式圈足中部向里凹弧，晚二期Ⅲ式圈足中部变成向里弯折。

盆，分为无圈足（A型）和附加圈足的（B型）两型。从早一期到早二期，两型盆的口沿变化，由仰折宽沿或侈口无沿，多数发展成外折（翻）平沿、外折垂沿，个别的为外卷厚唇。晚期仅出一件外卷厚唇圈足盆。平底盆代表者，早一期AⅠ式，早二期AⅢ式。圈足盆代表者，早一期BⅠ式，早二期BⅢ式，晚一期BⅣ式。绝大多数陶盆施一种纹饰，个别的达三种。较为醒目者，早期几件盆的宽沿面里外和外腹，分别有绘彩、连续锥刻纹组成几何图案。

钵，数量很少，而形制各件有差异。代表性的是早二期BⅠ式，晚二期BⅡ式，由微敛口浅腹圜底，变为直口深腹平底，都饰红彩宽带纹。

碗，其中平底类（A型）有代表性的是早一期AⅠ式，晚二期AⅡ式，腹体均浅，主要变化在腹壁，由圆凸弧壁到微弧斜行壁。早一、早二期还都有三种式别（BⅠ～BⅢ式）浅腹或深腹的低矮小圈足碗。早期和晚一期均有一些红彩，属早二期的居多，陶碗仅此一种纹饰。

竹节筒形圈足杯，只见于早期。早一期大多数为口腹径基本等宽，腹壁明显凹弧（Ⅰ式），少量的腹径大于口径（Ⅱ式）。早二期又增添了口小腹渐大外斜腹壁者（Ⅲ式）和口大腹渐小内斜腹壁者（Ⅳ式）。每器有纹饰二至五种不等。与以下几种陶杯一起，均属细泥质深色薄胎陶。

鼓腹圈足杯，只见于早期。早一期均为口小束颈垂腹者（Ⅰ式）。早二期仍Ⅰ式数量最多，又增加少量口大肥圆腹（Ⅱ式）、双曲凸弧腹（Ⅲ式）、三曲凸弧腹杯（Ⅳ式）等新器形。每件均施纹饰，从整器上所见同施的纹饰有二至四种。

碗形杯，均属早期，多在早二期，以敞口、凹弧腹的一种（A型）最具代表性。普遍饰红彩，个别有白彩，尤其A型中的2件曲线网络纹彩陶杯最为突出。

单耳杯，早二期始见，今出土物大部分属晚二期。早二期以侈口凹弧腹者（A型）为代表，晚二期以直口直筒腹（CⅡ式）为代表。

筒形圈足杯，只见于晚期。按直筒腹高矮之别区分为Ⅰ、Ⅱ式，晚一期两式并存，晚二期仅出一件属高直筒腹Ⅰ式。

单耳罐，按口、腹径大小划分三型。A型直口或近直口，只见于早一期、晚一期。早一期的腹壁不折，下腹圆弧收底，以AⅡ式为代表；晚一期折腹，下腹斜弧收底，以AⅢ式为代表。B型数量最多，早、晚四段均有。口径小于腹径，折腹和不折腹的在早、晚分别各占半数。早期的上腹壁都明显凹弧；晚期新出一类上腹壁向外趋于斜直仅略有凹弧（BⅤ、BⅥ式）。可以早二期BⅠ式、晚二期BⅤ式为代表。C型出在早一、早二、晚一期。口径大小腹径，腹间均有折棱。早期侈口，上腹壁明显凹弧；晚期新出一种上腹壁向里趋于斜直仅微显凹弧（CⅣ式）。可以早一期CⅠ式、晚一期CⅣ式为代表。三型早期均有纹饰，种类多，有些在同器上饰二至四种。晚期较多数的为素面，纹饰共凹、凸弦纹两种，一器上只饰一种。早期有少量圜底、近圜底，晚期无。早期的单耳一般稍大，晚期的偏短小。

大口斜沿罐，绝大多数为平底，少量为圜底。AⅠ式中的1件和C型共2件出于早期墓，余均出自晚期墓。早、晚分可以AⅠ式、AⅡ式为代表。

小口矮领罐和弇口矮领罐，数量均很少，其中有的还是残器，都出自晚期墓，当属晚期出现的新器形。

三足罐，均出于早二期，数量少，所划分的四型各有差别。

工具和饰物的变化

磨制石器工具35件，出于早一期1座墓、早二期4座墓和晚二期2座墓内。各期石器数量较悬殊，约70%的属于晚二期，所以在期、段之间难作全面对比。从现有点滴情况看，早期未见随葬大斧、大锛和石凿，穿孔石斧为较窄面的长舌形，早二期始见有段石锛。晚期穿孔石斧为宽面，随葬品新添大斧、大锛、多孔石刀和各式石凿，小锛的形制变得更为多样，并且晚期发现一座墓内集中随葬磨制石器工具达20件之多，这也反映了当时社会发生分化的现象。

陶纺轮，早一期仅见竖直周边者，大、小型各一件。早二期总数上大型的稍多些，式别增加，有居中棱脊周边、凸弧周边和凹弧周边，以前一种略多。晚一期共3件仍是中棱脊周边的稍多。晚二期陶纺轮总数上明显地大型的为主，以中棱脊周边的占优势，凸弧周边次之，另有个别竖直周边和坡斜周边者。有纹饰的纺轮，早一期未见，早二、晚一期纹饰纺轮占本期纺轮的大部分，晚一期为全部施纹。

玦，早二期出现较多，包括小径厚体、中径较厚体和薄体。晚二期有大径薄体、钳形和似动物形者。

璜，现有出土物绝大多数属早二期，难作比较。早二期已存在分制两节连接成的长环形璜和大型半圆环形璜，它的出现稍晚于整件长环形璜和整件小型半圆环形璜。

总观黄鳝嘴文化的玦、璜是在早二期开始很盛行起来的。

三 墓葬分期表现的随葬品配置变化

对黄鳝嘴文化墓的随葬器物、猪下颌骨等的配置情况，按期、段进行比较分析，初步可归纳以下诸点：

1. 随葬器物数量的级差变化

早一、早二、晚一期的墓葬中，约80%～90%（平均86%）的墓葬，每墓随葬器物1～9件（平均5.1件），它们的随葬器物合计数占该三期随葬器物总数的约60%～80%（平均71%）；另有约10%～20%（平均14%）的墓葬，每墓随葬器物10～17件（平均12件），其器物合计数占该三期随葬器物总数的约20%～40%（平均29%）。到晚二期的墓葬，情况颇显特殊，每墓随葬器物10～17件和40件的墓7座，平均每墓器物16.1件；每墓随葬物1～8件的墓4座，平均每墓器物4.5件。晚二期前一类墓的器物合计数和平均数都比后一类墓的多得多，其中包括唯一的随葬器物达40件之多的一座。这可能反映出晚二期的生产和社会都发生了较大发展、变化。

2. 男女墓平均拥有器物的情况

早一期男性墓2座，平均每座器物7.5件，女性差5座，平均每座器物7.6件；晚一期男性墓1座器物6件，女性差4座，平均每座器物6.2件。即早一期、晚一期女性墓器物略微多于男性的，或可视为两者基本相近。早二期男性墓7座，平均每座器物7.3件，女性墓1座器物14件，按此早二期女性墓器物显著多于男性的。晚二期男性墓3座，平均每座器物23件，女性墓1座器物6件，按此晚二期男性墓器物显著多于女性的。因各期男女墓数量并不对等，所作对比仅供参考。

3. 极少数墓随葬猪下颌骨的情况

早一、早二期各有1座墓随葬猪下颌骨各1副。晚一期有2座墓共随葬3.5副，晚二期有2座共随葬8.5副，到晚二期随葬猪下颌骨似表现出渐增的趋向。

4. 晚二期个别重要墓葬的发现及其社会意义

M48男性墓，墓坑较大，随葬器物数量众多，器类丰富，品质较好，其中特有唯一的一件大口尊，有成套不同形制的石斧、锛、凿等，此外还随葬猪下颌骨8副，是黄鳝嘴文化墓中随葬器物和猪下颌骨都最多的。从其本身规格和与其他墓葬相比较中显示的鲜明特点观察，推测墓主可能主要因擅长手工艺专门技术而拥有了较高地位和物品，还可能意味着这一类社会成员在推进社会生产发展的过程中逐渐上升为较富有者阶层。

四　墓葬分布

现以墓葬分期为基础，再分析各期墓葬的布局情况。其中，有的期别墓葬数量稍多，各墓间位置上又表现出聚合或疏离的迹象，当可进一步探索划分小片（墓组）或小墓区。发掘工作中以水渠为界，将整个墓地分为北工区（Ⅰ工区）、南工区（Ⅱ工区）两大部分，这里也按北工区、南工区分别叙述各期的墓葬布局。

1. 北工区（图5－5）

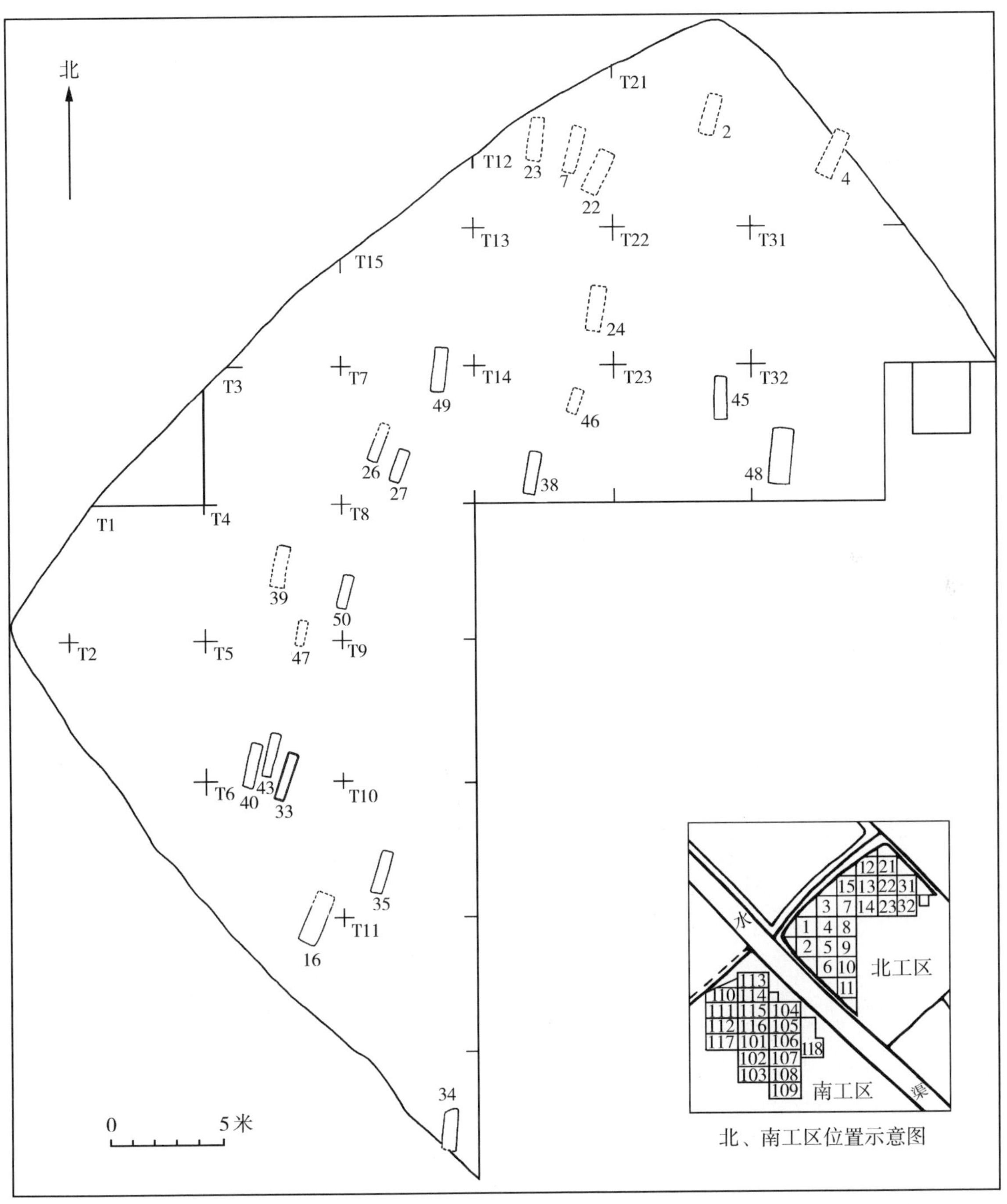

图5－5　塞墩黄鳝嘴文化墓葬分布图（北工区）

早一期共5座，内4座即M50、47、40、43相对较靠近，分布在T4、5、6内，东南方相距稍远处有M35。

早二期共9座，大体可划为北、中、南三小片。北片M23、7、22东西并列相紧邻，集中于T12内；另在东边相距稍远处有M4，其东、北两边未发掘情况不明，或可能属于另一小片。中片有M49、46、38，分布在相邻的T7、14两探方内。南片M33、16在T6内。

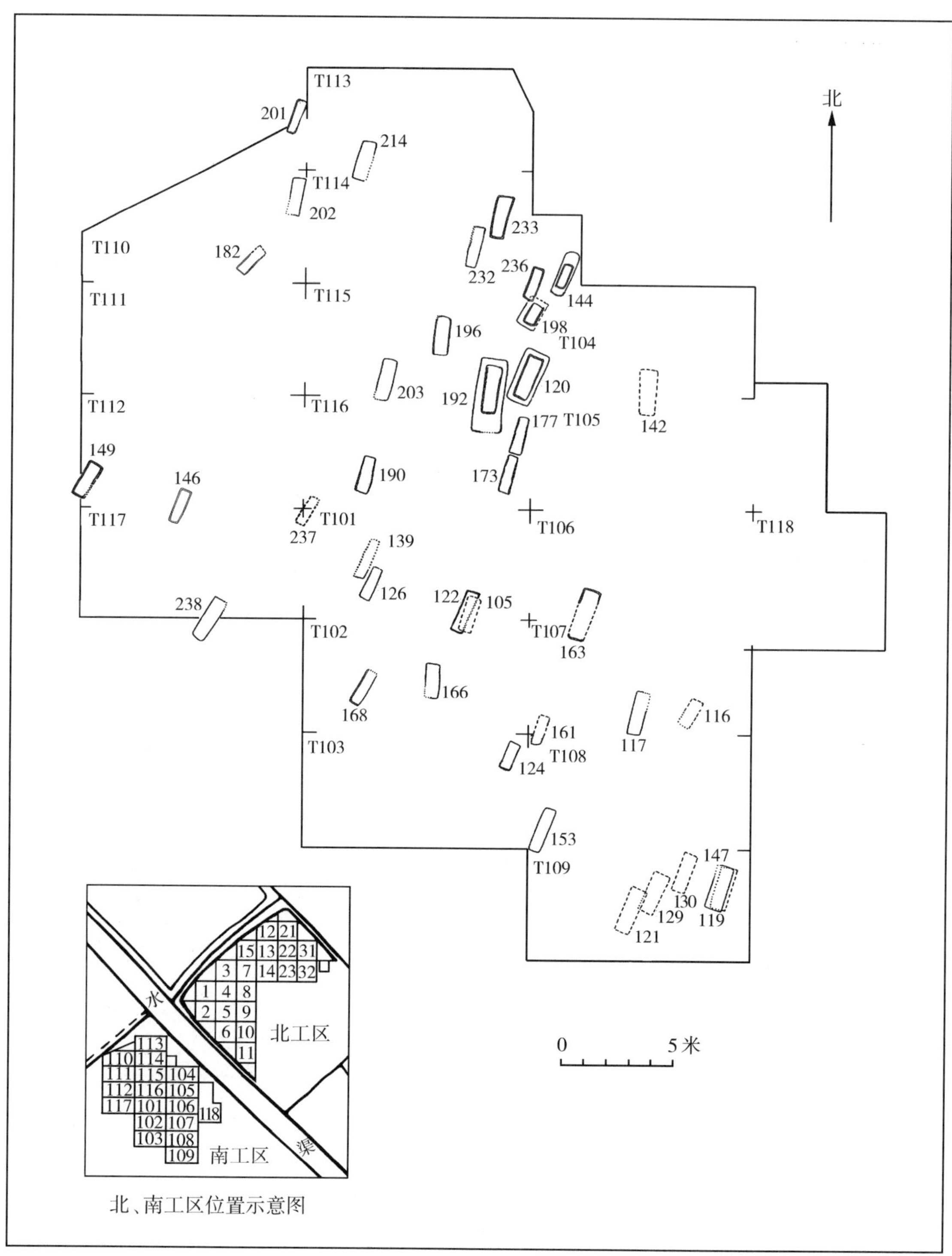

图5－6　塞墩黄鳝嘴文化墓葬分布图（南工区）

晚一期2座即M2、24，相距稍远，位于T21、13两探方内。

晚二期6座，大体可划分东、西两小片。东片M45、48在一起，分布在相邻T23、32两探方内。西片M26、27、39，在相邻T7、4两探方内。另有M34远处南端，其东、南两边未经发掘情况不明。

2. 南工区（图5-6）

早一期8座，主要可划为北、南两小片。北小片M236、196、203，分布在T114、115两探方内。南小片M149、238、139、122，分布在T112、117、101三个探方内。另有M130单独位于东南方的T109内。

早二期16座，主要可划为北、南两个小墓区。北墓区有7座，即M214、233、232、144、198、192、142，主要分布在T113、114、115、104四个探方内。南墓区有7座，即M126、168、166、124、161、117、116，主要分在T101、102、103、107内。另在南区西北方的M146，东南方的M147，已与两小墓区相距较远，或可能另有归属，它们的旁侧情况不明。

晚一期共9座，主要可划为二片。一片6座，即M177、173、190、237、105、163，分布在T116、101、106三探方内，位居整个南区墓地的中部。另一片2座即M212、182，在西北角的T110内。还有M129单独偏居东南角的T109内。

晚二期共5座，其中M153、119、121互相较邻近，位于T108、109内。另有2座偏离群体，M201在西北角，M120在北部T115中。

第三节　薛家岗文化特征、墓葬分期和分布

一　文化特征

现集中在塞墩的墓葬资料，归纳其薛家岗文化特征。

墓葬形制及俗葬方面：至今皖鄂两省的薛家岗文化遗址已发掘和试掘10多处，主要发现均系墓葬，总数达580座左右，约94%的在潜山薛家岗、望江黄家堰、武穴鼓山和黄梅塞墩四处。其中塞墩的百余座，对认识薛家岗文化葬制葬俗提供了大量新资料。

当时实行土坑埋葬，排除了所谓“平地掩埋”的可能性。一般为呈长方形、近长梯形竖穴土坑。头北足南，略偏东北方向。相当数量墓葬内发现葬具遗迹，典型的现象是在墓坑填土中发现有用青膏泥或黄胶泥或棕黄胶泥围起的规则长方形边框，人架置于附泥边框内底部，边框外为熟土二层台。这长方形附泥边框原当是敷抹在棺木类葬具上的遗迹，仅个别墓的附泥边框内人架底下还遗留炭化木质葬具朽痕。另有两座特大墓坑内为一种大型的附泥边框，胶泥所敷抹的原物当已属木椁类葬具，共中一座人架底下铺垫了木板。无论墓坑内有无葬具，均各有极少几座墓坑底面残存薄层软质草木灰烬，散布面积大小不一，推测是在挖成墓坑后、入葬前烧燎墓坑的遗存，可能类似晚近民间所称“暖坑”的一种葬俗所致。

普遍流行单人葬，仅见一座为成人儿童双人合葬墓。从人骨架的基本姿势和关键骨骼的位置观察，绝大多数为仿仰身直肢式姿势的一种二次葬，很少的几座可确认为仰身直肢一次葬。仰直式二次葬既与骨骼集堆式的二次葬明显不同，也应与原样仰身直肢一次葬相区别；同时由于这种葬式墓葬的大量存在，也不能简单地视作是仰身直肢一次葬偶然被扰动的结果。

塞墩墓葬普遍放置有随葬品，以陶质器皿为大宗，最常见器类为鼎、豆、壶、罐，其次是钵、鬶。随葬陶质器皿绝大多数为实用器，兼有如小陶鼎等少量明器。大都放在墓坑南部人架胫骨、腓骨和脚部位置。陶、石器工具多数与陶质器皿混放在一起。最突出的石钺和穿孔石斧两种器物，则一般是横放在人架中部外侧处。还有少数墓随葬有玉石类饰物。有29座墓随葬家猪下颌骨，1座墓内有完整乳猪骨架1具和小狗骨架3具，它们约占墓葬总数的27%强。

在3座墓坑内的一角和一座墓（M211）的人架盆骨上，分别放置一自然大石块。其中，对M211墓

主专以大石块压身，结合其葬式和象征性的随葬物看，似受到非正常的待遇，推测用大石压身可能含有镇压住死者不让其作祟扰乱人间生活的用意。

从随葬遗物表现出的器物群特征方面：泥质陶显著多于夹砂陶。全部陶系中，泥质黑陶居首，约占总数的32%，但缺乏薄胎细腻黑陶；以下依次为泥质深灰陶、泥质灰陶、夹砂红褐陶，约分别占25%～12%左右；其他的夹砂灰褐陶、黑陶、灰陶、红陶、深灰陶和泥质红陶都很少，合计约占16%。陶器大部分有纹饰，凹弦纹最为普遍，稍多见的有凸弦纹、窝纹、划纹、镂孔等。与黄鳝嘴文化相比较，新出现了朱绘、波状堆纹和圆圈纹，数量很少而特色鲜明。主要陶器器类有鼎、鬶、豆、盆、钵、觚形杯、罐、壶等，还有很少或偶见的釜、甑、盘、碗、觯、杯等。其中，具有代表性的器形有：斜翻沿、圆腹、扁凿形足的罐形鼎，翻沿、浅腹或稍深腹、外撇长扁铲形足的盆形鼎，斜沿、扁鼓腹、长扁铲形足的釜形鼎；侈口高领、较扁腹、长凿形把手的实足鬶；扁圆腹釜；深腹盆形、双鋬、单大孔甑；折敛口钵形、高把上端有算珠状凸节（或无凸节）高体豆，折敛口钵形、宽粗把矮体豆，盆形细高把或宽粗把豆，浅盘形高把豆；斜腹、平底盆，斜腹或折腹或弧腹、矮圈足盆；敞口、折腹、单鋬（或无鋬）平底钵，敞口、折腹、单鋬（或无鋬）、矮圈足钵，敛口、深腹、平底或矮圈足钵；平底或三宽足、觚形杯；折腹、圈足觯；深腹、单鋬、矮圈足杯，敞口浅腹、高把杯；小口，矮领、广肩、小平底罐，直领、圆鼓腹或折腹、圈足罐，直领、圆鼓腹或折腹、三矮足罐；中长颈、圆鼓腹或扁折腹、平底壶，特长颈、扁折腹、平底壶，长颈、圆鼓腹或扁折腹、圈足壶，斜折肩、下部折腹、三足壶。

石器工具中以扁薄大石钺、较厚体穿孔石斧、大中小型各式石锛和石凿、阶状有段石锛、多孔石刀、搓磨石等较具代表性。

装饰品主要有玉石玦、璜。其中，新出现特大圆径薄体玉玦、短管形玉玦。玉璜除继续沿用长环形、半圆环形等的以外，又有或窄或宽的“凹”字形玉璜、半璧形玉璜等新形式，同时存在分制不等长两节再连结成的整件“凹”字形玉璜。三联玉璧、玉石镯、陶镯和弧带形牙器等饰物也别样精致。

二　墓葬分期及其器物类型变化

薛家岗文化墓葬108座，根据地层关系，经器物排比，可将97座墓葬分为早、中、晚三期，另有11座不能分期。

早期45座：即M6、8、14、17、19、25、103、104、108、111、113、114、115、118、125、127、135、137、140、141、150、151、157、159、165、170、180、181、184、191、193、194、197、199、205、208、217、218、221、223、225、226、228、230、231。

中期30座：即M5、15、29、36、41、42、106、109、123、128、148、154、155、156、158、160、162、167、171、175、183、186、188、195、206、209、212、213、215、227。

晚期22座：即M1、3、9、13、18、20、28、30、31、102、107、110、112、134、164、178、179、185、187、204、207、222。

不能分期的墓葬11座：即M21、138、143、169、172、176、189、210、211、216、220。

从以下三方面按期论述随葬陶器的主要变化。

1. 陶系变化（表5－3）

早、中、晚三期的泥质陶与夹砂陶比例，在72.3%～74.2%与27.7%～25.8%的范围内，三期间没有明显变化，幅度基本稳定。泥质陶类，早、晚期都以泥质黑陶为主，泥质深灰陶次之；中期为泥质黑陶和泥质深灰陶持平。早、中、晚期间泥质黑陶依次略有增加。三期都属较少的泥质灰陶，早、中、晚期间出现明显递减的趋势。三期都属最少的泥质红陶，早、中、晚期间则略有递增。

夹砂陶中细分为六种陶系，早、中、晚期都以夹砂红褐陶居首，其他陶系比例都很少，仅可见夹砂黑陶略显递减，夹砂灰陶又略显递增。

2. 陶器纹饰变化（表5－4）

表 5－3　　薛家岗文化墓随葬陶器陶系分期统计

陶系	泥质(207 件)												夹砂(75 件)																	合计
	黑				深灰			灰			红		黑			深灰		灰		灰褐		红褐					红			
胎色	黑	深灰	灰	红	深灰	灰	红	深灰	灰	红	深灰	红	黑	灰	红	深灰	红	灰	红	灰褐	红	深灰	灰	灰褐	红褐	红	深灰	灰	红	
早		6	11	24	5	14	11		21	5		1	2	1	2		2	1	1	4	2	1	2	1	10	4	1		2	134(件)
	41				30			26			1		5			2		2		6		18					3			
	30.6				22.4			19.4			0.8		3.7			1.5		1.5		4.5		13.4					2.2			100%
中		3	8	20	5	12	14		4	7	1	1	1	1	1	3		2	1	1	2			1	5	4		1	3	101(件)
	31				31			11			2		3			3		3		3		10					4			
	30.7				30.7			10.9			1.9		3			3		3		3		9.9					3.9			100%
晚	1		4	13	1	5	5	1	3		1				1		1	1	1	2	2				4	1				47(件)
	18				11			4			1		1			1		2		4		5								
	38.3				23.4			8.5			2.1		2.1			2.1		4.3		8.5		10.7								100%

表 5－4　　薛家岗文化墓随葬陶器纹饰分期统计

	素面陶器（件）（比例）	纹饰陶器（件）（比例）	凹弦纹	划纹	凸弦纹	窝点连线纹	小窝纹	窝纹	平底浅圆窝纹	圆圈纹	锥刻纹	戳印纹	镂孔	波状堆纹	朱绘	按期合计纹饰种类（例）总例与纹种之比
早	30	104	65	17	42	1	6	25	2	1		9	13	1	7	189（例）
	22.4	77.6	34.4	9.0	22.2	0.5	3.2	13.2	1.1	0.5		4.8	6.9	0.5	3.7	100%
中	32	69	48	13	5	1	3	18		1			10	4	4	107（例）
	31.7	68.3	44.9	12.2	4.8	0.9	2.8	16.8		0.9			9.3	3.7	3.7	100%
晚	7	40	31	3	10		2	7		1	1	2	7		1	65（例）
	14.9	85.1	47.7	4.6	15.4		3.1	10.8		1.5	1.5	3.1	10.8		1.5	100%

早期纹饰十二种。凹弦纹最多，约占34%；凸弦纹次之，约占22%；以下约占13%～7%之间的纹饰依次为窝纹、划纹和镂孔三种；占4.8%～1.1%的纹饰依次为戳印纹、小窝纹、朱绘和平底浅圆窝纹；还有窝点连线纹、波状堆纹和圆圈纹三种的比例均在0.5%。中期纹饰十种。仍是凹弦纹居首，且比例上升，约占45%；以下约占17%～9%的纹饰依次为窝纹、划纹、镂孔；其他六种纹饰在约5%～0.9%之间。晚期纹饰十种。凹弦纹为首，约占48%；以下约占15%～11%的纹饰依次为凸弦纹、镂孔、窝纹；其他六种纹饰在约5%～1.5%之间。

将三期纹饰互相比较，比总体上看，都以凹弦纹为主，其他较常见的纹饰为凸弦纹、窝纹、镂孔和划纹。其中，凹弦纹和镂孔呈渐次上升趋势，凸弦纹、窝纹、划纹在三个期内的比例都无规律地有不同幅度的波动。此外，很有特色的两种纹饰，一是朱绘逐步减少而始终存在，二是圆圈纹一直稀少又未绝迹。全部纹饰十三种，八种纹饰在三个期内均有，五种纹饰断续存在于两个期或一期内。就纹饰陶与素面陶的件数比例而言，早、中、晚都以纹饰陶占大多数，具体比例分别为约78%、68%、85%。

3. 陶器形态变化（图5－7～9）

早、中、晚三期或早、晚期沿用的有罐形鼎、釜形鼎、折敛口钵形豆、钵、觚形杯、觯、杯、小口矮领罐、三足罐、平底壶和圈足壶等十一种，其他十种器形出于早、中期、盘一种器形出于中、晚两期，甑、盆形豆、碗、大口斜沿罐只见于一个期。现将诸器形的基本特征、主要变化及与之配合的纹饰概况，分述如下。

罐形鼎，均为斜翻沿或折沿，多凿形足，主要依据腹体差别分式。以球圆腹者（Ⅰ、Ⅱ式）为主，占罐形鼎的66%左右，其次为最大腹径偏下的垂腹鼎（Ⅲ式），其他三式甚少。三期之间形制变化似不明显。中期盖钮中新出一种呈菱角形。现即以早期Ⅰ、Ⅱ、Ⅲ式为代表。早、中、晚期施纹饰罐形鼎比例分别占70%、58%、30%左右，依次降低；由早期到中期，纹饰种类也有所减少。

盆形鼎，少数为浅腹圜底（A型），多数为较深腹圜底（B型），除1件以外，两型均安长扁铲形足。晚期未出盆形鼎。早、中期的主要式别相同，中期增添3件新式，只反映小部分的变化。即可以早期AⅠ、BⅠ、BⅢ式为代表。施纹饰盆形鼎比例同样是早期大于中期。

釜形鼎，数量少，主要出在晚期，其变化脉络较清楚。早期为斜沿、扁鼓突腹（Ⅰ式），晚期演变为斜宽沿较立起，扁折浅腹（Ⅲ式）。代表性的为早期Ⅰ式，晚期Ⅱ、Ⅲ式。

鬶，晚期未出，早、中期除都有BⅥ式外，其他式别变化较大。早期式别多，特有A型、B型Ⅰ～Ⅴ式。早期的鬶领部普遍较粗长，多数上腹壁的斜度较大，数件附加器盖。中期特有BⅦ、BⅧ式。中期鬶均为漏斗状凹腰细领或斜直细长领，口径变小均无盖；领、腹间器壁较凸弧，略成宽肩状，腹体容量增大；还有的腹壁上下形成双折。早期均施纹饰，种类稍多。中期有素面的，纹饰种类也减少，只有两种。

弧敛口钵形豆，数量很少，早、中期仅各有一件完整器，分别编属Ⅰ、Ⅲ式，即以此作为代表。

折敛口钵形豆，总数达63件，约占薛家岗文化随葬陶器22%强，居于首位。早期：有高体、矮体两大类，高体约75%，矮体约25%。高体中除BⅠ式一件外，都是以在高豆把上端有算珠状凸节为显著特征的一种（A型），再据豆盘上有无凸棱和豆把上的局部差别细分为六式（AⅠ～AⅥ式）。矮体包括五式（DⅠ～DⅤ式），其中个别的也带算珠状凸节（DⅡ式）。无论高体、矮体，豆把下均接凸弧面台座。代表者有A型Ⅰ～Ⅵ式，BⅠ式，DⅠ、DⅡ、DⅣ式。纹饰陶占本期的93%左右，有九种，少数的一器同施两三种纹饰，以压划绞索纹、朱绘、镂孔划纹合组的图案等较突出。中期：高体占82%弱，矮体占18%强。高体仅一件（AⅡ式）有算珠状凸节，余者均无，主要为上端较细的高把的一种（B型），还有2件粗高把的（C型）。镂体式别减少，都与早期的同式，其中概无算珠状凸节者。代表者为BⅡ～BⅤ式，CⅠ、CⅡ式。纹饰陶占本期90%左右，有七种，以多种形式的镂孔较为突出。晚期：只见有矮体，式别增加，共八式（DⅢ～DⅩ式），绝大多数仍接凸弧面台座，少数的为斜坡圈足而无明显台座。以DⅤ、DⅥ、DⅦ、DⅨ式为代表。纹饰陶比例和种类与中期相同。

盆形豆，均属中期，主要有腹体较深、折腹的高把、较高把（Ⅰ、Ⅱ、Ⅴ式）和斜直壁无折棱浅腹、高把豆（Ⅳ式）。可以Ⅰ、Ⅳ式为代表。

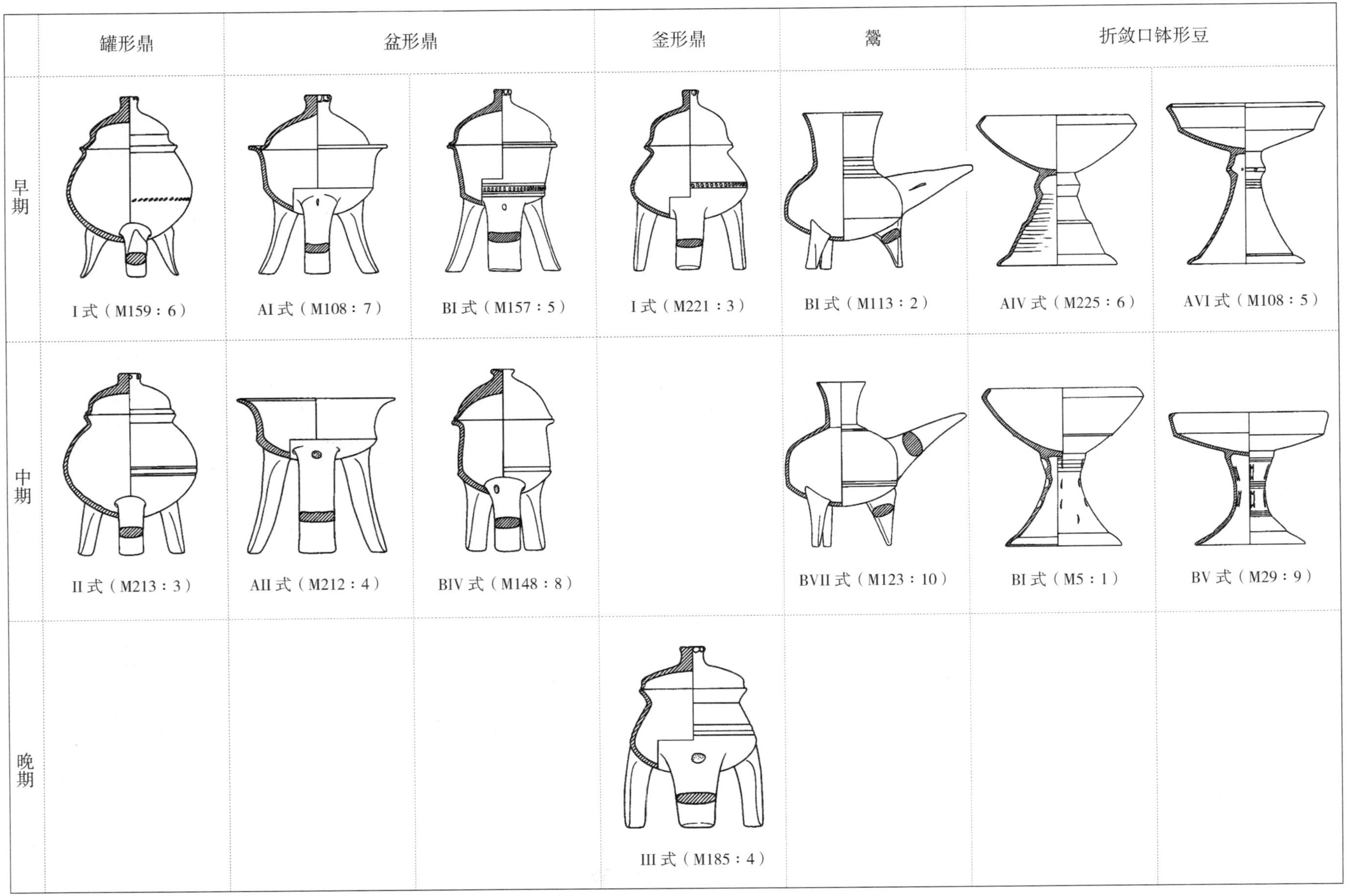

	罐形鼎	盆形鼎		釜形鼎	鬶	折敛口钵形豆	
早期	I式（M159：6）	AI式（M108：7）	BI式（M157：5）	I式（M221：3）	BI式（M113：2）	AIV式（M225：6）	AVI式（M108：5）
中期	II式（M213：3）	AII式（M212：4）	BIV式（M148：8）		BVII式（M123：10）	BI式（M5：1）	BV式（M29：9）
晚期				III式（M185：4）			

图5－7　薛家岗文化墓葬主要陶器器形变化图（之一）

	折敛口钵形豆	盆形豆	盆		钵		觚形杯
早期	DII 式（M221：2）		AII 式（M159：3） AIII 式（M197：5）	BI 式（M17：6）	AIV 式（M231：9）	BII 式（M108：6）	AI 式（M193：2）
中期	DIV 式（M213：2）	II 式（M162：7）		BII 式（M123：18）	AV 式（M29：5）	BIII 式（M162：6）	AII 式（M148：4）
晚期	DVI 式（M28：5）						

图5－8　薛家岗文化墓葬主要陶器器形变化图（之二）

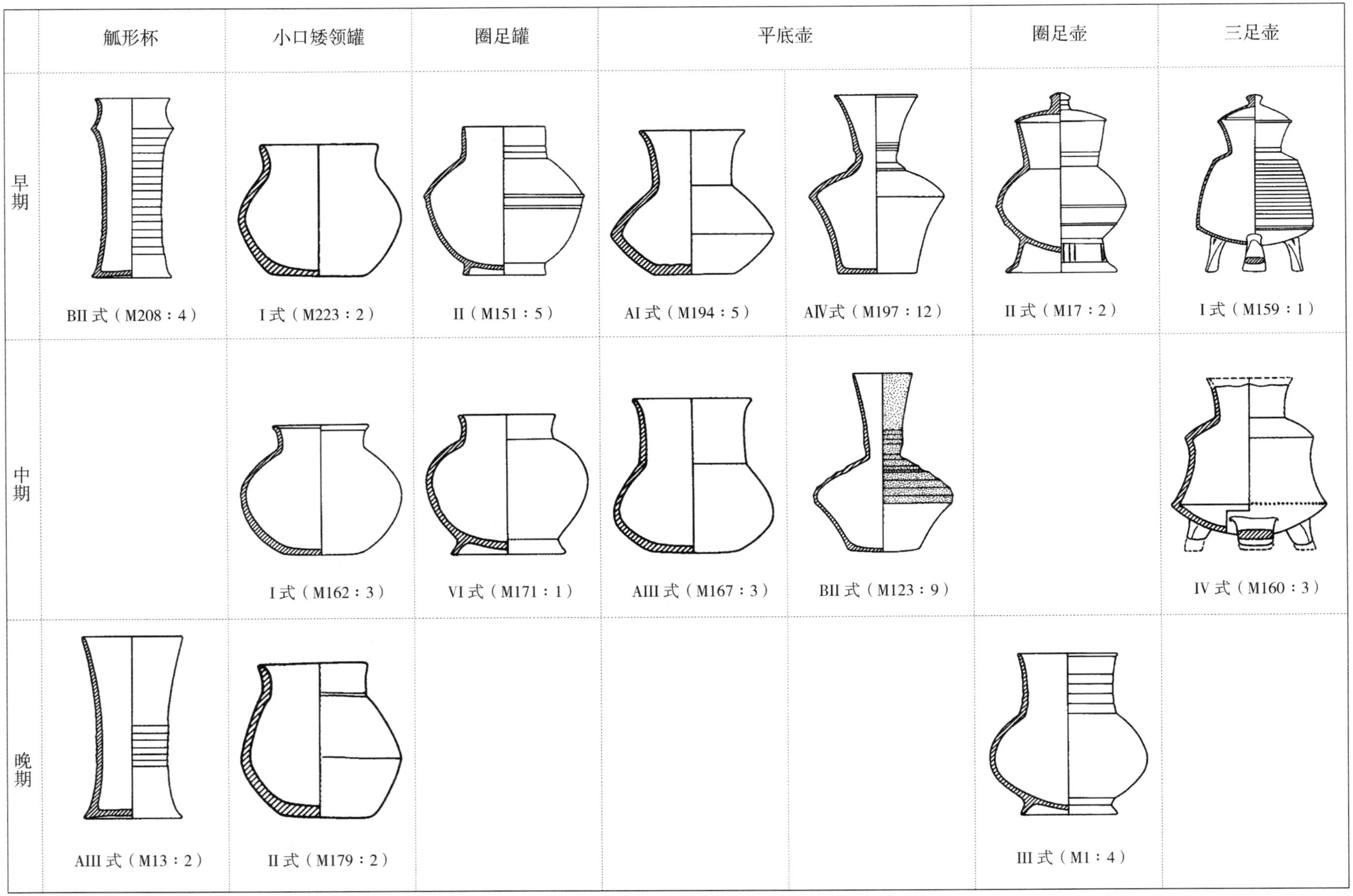

	觚形杯	小口矮领罐	圈足罐	平底壶		圈足壶	三足壶
早期	BII式（M208：4）	I式（M223：2）	II（M151：5）	AI式（M194：5）	AⅣ式（M197：12）	II式（M17：2）	I式（M159：1）
中期		I式（M162：3）	VI式（M171：1）	AIII式（M167：3）	BII式（M123：9）		IV式（M160：3）
晚期	AIII式（M13：2）	II式（M179：2）				III式（M1：4）	

图5－9　薛家岗文化墓葬主要陶器器形变化图（之三）

盆，除有的敞口盆外，一般都有沿。中期仅出一件，斜直浅腹圈足，周身饰多条波状堆纹。另 11 件均属早期，主要是平底、折腹圈足、扁鼓腹圈足三种，可分别以 AⅢ式、C 型、DⅡ式为代表。早期有的盆上附鸡冠状单鋬，这与部分陶钵单鋬的作风接近。

钵，基本上分为敞口平底（A 型）、敞口圈足（B 型）、敛口平底（C 型）、敛口圈足（D、E 型）四大类。在前三类中，共有 9 件附加单鋬，一件附双鋬。早、中期钵数量和式别都较多，有些可见其对应演变关系。代表性的早期为 AⅠ式、AⅣ式、BⅡ式、CⅠ式，中期为 AⅡ式、AⅤ式、BⅢ式、CⅡ式，晚期仅出一件 AⅢ式。另外，塞墩唯一的一件曲腹钵（E 型），形制与众不同，值得注意。

觚形杯，分为凹弧壁筒状腹（A 型）和凸节双凹弧壁筒腹（B 型）两型，各有三足和无足平底者。三个期之间出土数量相差较大，据现有情况看，早期三足为主，少量无足，中期仍有三足，晚期只出无足的；早期有 B 型，中、晚期未见；早期有的带盖，中、晚期无；早期绝大多数器高在 20 厘米左右，中、晚期的偏低，不超过 18 厘米；早期除凹弦纹外，有些因凹槽间距大形成凸弦纹，中、晚期只见凹弦纹。

觯，数量少。早期的束颈，下部扁折腹，腹径相对较大，以Ⅰ式为代表。晚期腹径相对较小，以Ⅱ式为代表。

大口斜沿罐、大口矮领罐、小口矮领罐，三种的数量都少，施纹饰者也很少，均可归属平底罐类。大口矮领罐未见出自晚期墓者，早、中期分别以Ⅱ式、Ⅲ式为代表，后者为一种带鸟尾形把手扁腹罐，为中期新出现的颇具特点的器形。小口矮领罐分别出自早、中、晚期墓葬的均有，而以中期数量和型式为主，如Ⅲ式的小口矮领广肩大罐，系唯一的一件瓮棺葬具，代表了中期的一种新器形。

圈足罐，见于早、中两期。绝大部分为较矮直领，腹体偏肥宽，圈足径多数与口径基本相等，也有少数的明显小于或大于口径。主要形式都出在早期，其中较突出的是一种高 20 余厘米的鼓腹大罐（Ⅲ式）。代表者早期Ⅱ、Ⅲ、Ⅵ式。纹饰陶都集中在早期，其中有数件器腹上的几周粗凸弦纹作螺旋盘绕，颇显特殊。

三足罐，早期折腹处折棱锐凸，足高，附翘鸟尾状弯把。中期折棱较缓，足变矮，无把。晚期扁鼓腹无折棱，矮足。

平底壶，三期均出，数量和型式均以中期为最多，早、中期间变化比较明显。A 型为中长颈，多数腹体矮扁，颈部宽粗或稍细，代表者早期 AⅡ、AⅣ、AⅤ式，中期 AⅢ、AⅦ式。中期独有一种特长颈扁腹壶，腹壁中部单折或双折，以 BⅠ、BⅡ式为代表。三期纹饰都有凹弦纹，中期还施朱绘。

圈足壶，三期均有，绝大多数为粗颈、矮圈足，另有很少的圈足较高，腹体多偏矮扁。各期数量不等，大小变化较多，现三期间式别无相同者。早期 1 件不折腹，9 件折腹（占 90%），中、晚期不折腹、折腹各 3 件（占 50%）。早期另有 3 件圈足较高，中、晚期均矮圈足。代表者早期Ⅰ、Ⅱ、Ⅷ式，晚期Ⅲ式。三期合计纹饰陶约占 94%，比例远高于薛家岗文化其他罐、壶类的纹饰陶，早期纹饰尤多共五种。

三足壶，出于早、中期。早期器身较高，腹壁凸弧或凹弧。中期器身变稍矮，腹壁甚凹弧，圜底加宽。代表者早期Ⅰ、Ⅱ、Ⅲ式，中期Ⅳ式。纹饰种类早期有五种，以连续凹、凸弦纹和朱绘较突出，中期仅见一种。

工具和饰物变化

磨制石器较为常见、数量不等地都存在于各期的是钺、穿孔斧、锛、凿四类。此外，还有斧、有段石锛、多孔刀和镞，都只有一两件，各仅见于一期内。

钺，分为大长梯形（A 型）、薄体大宽梯形或近方形（B 型）和较薄小宽梯形（C 型）三种。前两种个体大，最为典型。早期以 AⅠ、BⅠ式为代表，中期以 AⅡ式为代表，晚期以 AⅢ、BⅡ、BⅢ式为代表。

穿孔斧，基本上为窄长方形和稍宽的梯形两类。与石钺相比，穿孔斧一般较厚，正背面多呈拱弧，个体不很大。统一分为五式，全在早期出现，数量也是早期最多，到中、晚期很少。代表者早期Ⅰ、Ⅱ、Ⅴ式，晚期Ⅳ式。

锛，在各期内的数量，均在其他类石器之首，形式也多超过其他类石器或与之相等。大型锛（A 型）

为早期独有。中型锛器身中等厚度的（BⅡ、BⅢ式）见于早、中期，很厚的（BⅣ式）见于中、晚期。小型锛在三期内都有几种形式，共同存在CⅣ式，大多数式别分别为各期所独有并可作为其代表，早期以CⅠ、CⅤ式为代表，中期以CⅦ式为代表，晚期以CⅡ、CⅧ式为代表。

有段石锛一件仅见于早期。

凿，在早期为BⅠ、CⅠ、CⅡ式，中期为BⅡ、CⅢ、CⅣ式，均属中、小型的；晚期未见小凿（C型），沿用BⅡ式，并新出长20厘米的大型凿（A型）。

多孔刀和镞极少，只出在晚期。

陶纺轮，除中期大型略少外，早、晚期明显都以大型的为主。三期都是以凸弧周边较多，次多者在早期为中棱脊周边和坡斜周边，中期为中棱脊周边，在晚期是竖直周边。有纹饰的纺轮，中期数量最多，占本期纺轮的大部分，早、晚期都是小部分施纹。

玦，早期有小径厚体和较厚体（Ⅰ式），小径薄体（Ⅱ式），中径厚体和较厚者（Ⅲ式）。中期出有中径薄体（Ⅳ式），特大径较薄的（Ⅴ式）。晚期新添很少异形者，包括短管形（Ⅵ式）和圆角方形（Ⅶ式）。

璜，早期有较窄薄或径较小的半圆环形璜，宽"凹"字形璜，早期偏晚的墓初见凹口大的半璧形璜。中期半圆环形璜内新出较宽厚的一种，还有扁薄长环形璜、窄"凹"字形长璜。中期璜普遍比早期的要大些。晚期半璧形璜中新出凹口小的一种。

三　墓葬分期表现的随葬品配置变化

对薛家岗文化墓的随葬器物、猪下颌骨等配置情况，按期比较分析，初步可归纳以下几点：

1. 随葬器物数量的级差变化。早、中期的墓葬中，约90%左右的墓葬每墓随葬器物1～9件，它们的随葬器物合计数约占全部随葬器物总数的70%～80%左右；还有10%上下的墓葬，每墓随葬器物10～20件，其器物合计数约占全部随葬器物总数的20%～30%左右。而后一类墓葬平均器物数量相当前一类的二倍或二倍稍多。这与黄鳝嘴文化墓相比，薛家岗文化稍富有者群体人数比例减少，而稍富有者个体平均拥有的器物量则增多。无论黄鳝嘴文化还是薛家岗文化中，两者都存在个别墓之间的随葬品差别较悬殊的现象，但就两文化中各自的两类墓葬反映的总体情况而言，两类群体的分化并不算悬殊。

晚期墓每座随葬器物均未超过8件，似乎显得贫乏，这可能并不反映当时实际情况，因晚期墓多处于地层较上层，其中10座（占45%）不同程度被扰动，以致造成器物缺失。

2. 男女墓平均拥有器物的情况，早期男性墓器物少于女性的，中、晚期都是男性墓器物多于女性的。

3. 随葬家畜的情况。主要是随葬猪下颌骨的墓葬有29座，可分期者27座，早期墓14座共随葬猪下颌骨104副96片，中期墓8座共14副8片，晚期墓5座共11副9片。约占本期墓总数的20%～30%左右。薛家岗文化随葬猪下颌骨墓葬数量及其所占比例，比黄鳝嘴文化时显著增加。因整个三期墓葬的数量是早期多、晚期少，这样相应地发现猪下颌骨的墓葬数量多寡也会随之有关，而就按期的猪下颌总数与所属墓葬的平均数来说，可能反映出随葬猪下颌骨在早期最为流行和重视。此外还在一座早期墓内发现有乳猪架1具和小狗架3具，即同时使用4头整只小家畜随葬。

4. 发现有个别突出的高等级墓葬，有的墓主当非普通氏族成员。早期的M197，中年女性，随葬器物12件，特别有大小猪下颌骨约50副之多。早期M170，成年，可能男性，墓坑很大，使用木椁类葬具。中期M123，中年男性，墓坑最大居塞墩墓地之首，使用木椁类大型葬具，随葬器物20件，其中个体较大、精美的石钺、玉玦、玉璜、玉三联璧等显得格外醒目，特别是塞墩墓地至今唯一的玉三联璧尤为重要，有些器物似非常人所有，墓主可能属首领级人物。

四　墓葬分布

现以墓葬分期为基础，按整个已发掘墓地的北工区、南工区两大部分，分别叙述薛家岗文化各期墓葬的布局。

北工区（图5－10）

墓葬分布较少，可划分为东、西、南三大区块。早期墓6座，主要分两小片（墓组），东小片M6、14，西小片M25、19、8。另在与此两片相距较远的南端仅有M17一座。

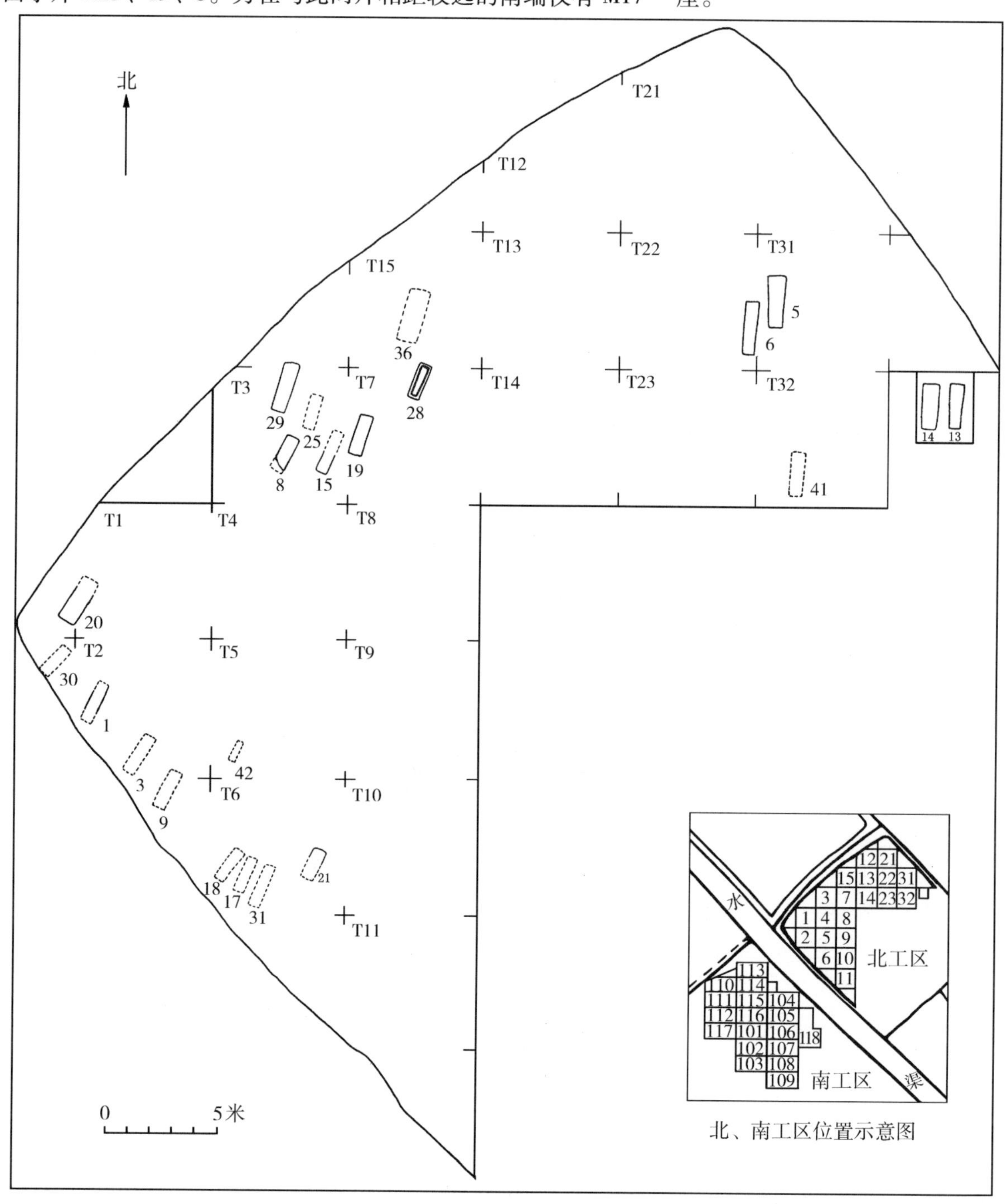

图5－10　塞墩薛家岗文化墓葬分布图（北工区）

中期墓6座，主要分两小片，均在原先早期墓的位置，东小片M5、41，西小片M36、29、15。另在与此两小片相距较远的南边仅有M42一座。

晚期墓9座，主体墓地位置南移，即原先早、中期偏居在南部仅埋葬个别墓的地方，此时成为晚期主墓区，比较集中有7座墓，自北而南为M20、30、1、3、9、18、31；另在北部原先早、中期沿用的东、西两小片墓区内，分别有M13（东）、M28（西）。

南工区（图5－11）

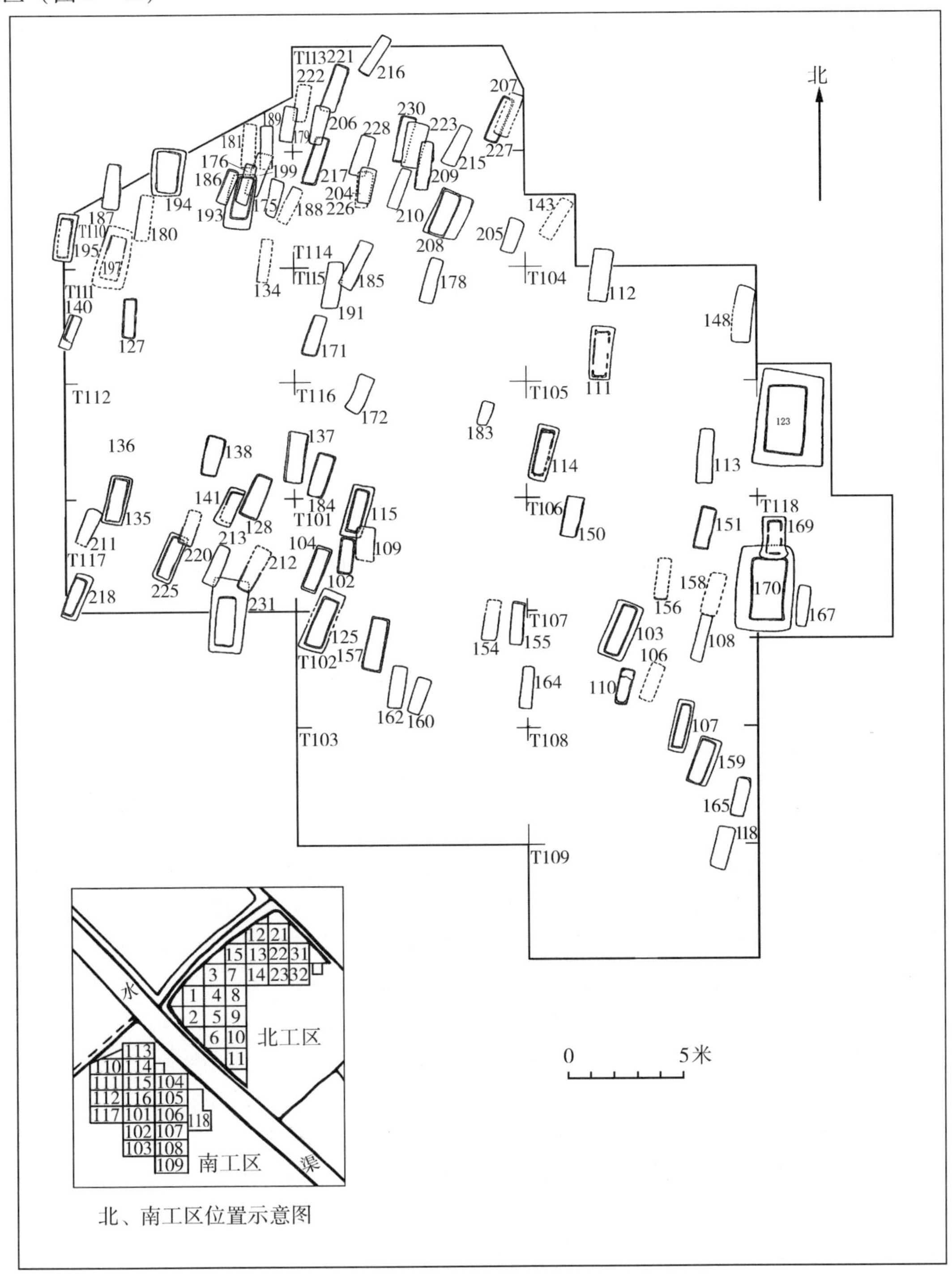

图5－11　塞墩薛家岗文化墓葬分布图（南工区）

早期墓39座，可划为三个小墓区，每小区的墓葬数量较多。北小区墓17座，即M221、223、230、181、199、193、194、180、197、127、140、217、228、226、208、205、191，分布在T113、110、111、114、115五个探方内。东小区墓11座，即M111、114、113、150、151、103、108、159、165、118、170，主要分布在T104、105、107、108内。西小区墓11座，即M184、137、141、135、225、231、218、115、104、125、157，分布在T116、112、117、101、102内。

中期墓24座，也可划为三个小墓区，基本上沿袭原先早期墓的位置。北小区墓9座，即M227、215、209、206、188、175、186、195、171，分布在T113、114、110、115内。东小区墓9座，即M148、123、167、158、156、106、183、155、154，分布在T104、105、116、118、106、107、102内。西小区墓6座，即M109、160、162、128、213、212，分布在T101、102、112、117内。

晚期墓13座，主要在北片有9座，即M207、222、179、187、134、204、185、178、112，分布在T113、110、114、115、104内。东片3座即M107、110、164，分布在T107内。西边仅1座M102，在T101内。

还有薛家岗文化墓葬北工区1座（M21），南工区10座都不能分期。后者10座墓按其所在位置或可分归三大区块中，北片中有5座即M216、143、210、189、176，西片中有4座即M172、138、220、211，东片中仅M169。

第四节 考古学文化间的关系

一 黄鳝嘴文化、薛家岗文化间的关系

塞墩遗址黄鳝嘴文化和薛家岗文化两类墓葬，如上文所述，是先后存在的两类遗存，它们的早、晚关系明确。目前已知的黄鳝嘴文化遗址主要有宿松黄鳝嘴、太湖王家墩、安庆墩头①、枞阳小柏墩②、黄梅塞墩等。薛家岗文化发现的遗址较多，中心区域当在皖河流域，主要分布范围为皖西南、鄂东和赣北局部地区。这两类文化遗存的遗址，在皖鄂相邻的长江北岸一带，是交错或重叠分布的。这里，再着重将塞墩的黄鳝嘴文化和薛家岗文化两类墓葬的代表性器物，就其形态进行具体对比分析，以探讨其中的差别与关联。

罐形鼎 归纳为四类相比较。甲类圆腹罐形鼎：黄鳝嘴文化的为翻沿，上下腹壁圆弧成球圆腹，最大腹径在中部，凿形足多竖直不外撇，且足根距器底一般较高，如M153:3；薛家岗文化的，翻沿，圆腹或鼓腹，腹中部往往有诸如凹凸弦纹、单条戳印纹带环绕，扁凿形足多外斜，且足根距器底一般较低，如M159:6、M164:3。乙类矮足罐形鼎：黄鳝嘴文化的，圆卷沿，大扁鼓腹，圜底，矮凿形足，如M147:1；薛家岗文化的，斜沿，大圆腹稍扁，小平底，短矮凿形足稍外斜，如M111:2。还有丙、丁两类罐形鼎为黄鳝嘴文化独有，薛家岗文化墓中未见。丙类里勾弯足罐形鼎，多数有长短不一的直领或斜领，最大特点是鼎足都向里勾弯，足横剖面呈圆角长方形、椭圆形或近圆形，常见饰窝点连线纹、平底（或带泥心）浅圆窝纹，如M35:6、M4:1、M124:5。丁类下鼓腹罐形鼎，翻沿，斜直领，领腹间有分界，如M144:2；翻沿，上部斜直壁，最大腹径偏下部，多扁凿形竖直足（不外斜），足根处较厚且距器底较高，

---

① 安徽省文物考古研究所、安庆市博物馆：《安徽安庆市皖河流域先秦遗址调查报告》，《文物研究》第十四辑，黄山书社，2005年。

② A、安徽省文物考古研究所：《安徽枞阳、庐江古遗址调查》，《江汉考古》1987年第4期。
B、阚绪杭、方国祥：《枞阳县新石器时代文化遗址调查报告》，《文物研究》第八辑，黄山书社，1993年。

如 M117∶10。

盆形鼎　归纳为两类。甲类深腹（较深腹）盆形鼎：黄鳝嘴文化的，侈口，深腹，凹弧壁，宽圜底，最大腹径偏下，高扁凿形足稍外斜或竖直，如 M121∶1；薛家岗文化的，翻沿，较深腹，腹壁向里或稍外斜直，折收为宽圜底，长扁铲形足斜直或外撇，如 M157∶5、M194∶3。乙类浅腹盆形鼎，黄鳝嘴文化墓中未见，薛家岗文化的为侈口翻沿，腹壁里斜折收为宽圜底，长扁铲形足斜直或外撇，如 M228∶3。

釜形鼎　黄鳝嘴文化的，翻沿，腹鼓凸较扁，扁凿表足斜直、较矮，如 M26∶10。薛家岗文化的，斜宽沿，扁鼓凸腹，多扁铲形足外斜直或稍外撇，中腹常饰纹环绕，如 M207∶3、M1∶6。

弧敛口钵形豆　归纳为两类。甲类矮体：黄鳝嘴文化的，弧敛口或微弧敛口，腹壁凸弧缓收，圈足底部基本为喇叭口，如 M50∶2、M33∶3；薛家岗文化的，圈足底部为凸弧面矮台座，如 M125∶3。乙类高体：黄鳝嘴文化的，弧敛口，腹壁斜弧收，豆把既高且粗，绝大多数圈足底部为喇叭口，个别有略显凸弧面矮台座，如 M38∶10、M34∶4；薛家岗文化的，高圈足上端有扁算珠状凸节，底部为凸弧面矮台座，这种豆把整体形式是薛家岗文化陶器上的鲜明特点之一，如 M123∶13。

折敛口钵形豆　归纳为甲、乙两大类，乙类中又细分三种。甲类矮体：黄鳝嘴文化的，折敛口，斜凸弧腹（不折），圈足相对较矮，或者略高的圈足上半段较竖直，两者的圈足底部均呈喇叭口，如 M202∶8、M27∶9。黄鳝嘴文化中的豆及其他附圈足陶器均普遍流行圈足底部喇叭口形式。薛家岗文化的，折敛口，斜弧腹壁下部普遍起折棱成凸弦纹，豆把为斜壁，个别的上端有竹节状凸节（尚非典型的算珠状），圈足底部基本都是凸弧面矮台座，如 M13∶3、M213∶2、M221∶2、M31∶6。乙类高体第一种：黄鳝嘴文化的，凸弧腹壁上无折棱，高豆把细直无凸节，圈足底部喇叭口，如 M177∶4；薛家岗文化的，凸弧腹壁上或有一条凸棱（凸弦纹），高豆把细直或凹腰状，圈足底部为凸弧面矮台座，如 M5∶1。乙类第二种：黄鳝嘴文化的，凸弧腹壁（无折棱），高豆把上端竹节状，圈足底部喇叭口，如 M39∶1；薛家岗文化的，凸弧腹下部无凸棱或为折腹且起凸棱，豆把上端有算珠状凸节，圈足底部凸弧面，如 M111∶1、M108∶5。乙类第三种：黄鳝嘴文化的，折敛口，弧腹，高豆把稍粗上端有竹节状凸节，豆把中部向里折收成窄斜台面，圈足底部喇叭口，如 M142∶3、M22∶4；薛家岗文化的，凸弧腹壁上多有一条凸棱，高豆把上端有算珠状高凸节，中部有一周窄斜台面，圈足底部为凸弧面，如 M115∶4。

盆形豆　归纳为甲、乙两类，乙类中又细分为三种。甲类矮体：黄鳝嘴文化的，斜沿，上部折腹，圈足底部喇叭口，如 M34∶3；薛家岗文化的，主要特点在圈足底部为凸弧面（尚未形成明显台面），如 M148∶3，乙类高体第一种：黄鳝嘴文化的，敞口，圆唇，细直高豆把，圈足底部喇叭口，如 M24∶2；薛家岗文化的，细直高豆把，圈足底部为凸弧面，如 M162∶7。乙类第二、第三种为黄鳝嘴文化特有，薛家岗文化墓中未见。乙类第二种，大敞口，凹弧腹，细直豆把（或细竹节豆把），高台座，圈足底部喇叭口，如 M232∶8、M203∶1。乙类第三种，大敞口，凹弧腹，高粗豆把，圈足底部喇叭口（无台座），如 M35∶5。

盘　黄鳝嘴文化的，均浅盘坦底，绝大多数为高宽圈足，其中一种为上凸、中凹、底部外撇的高宽圈足似同凹腰器座，如 M27∶1。薛家岗文化的，浅盘坦底，高宽圈足底部为凸弧面矮台座，如 M31∶4。

盆　归纳为甲、乙两类。甲类平底（或近平底）盆，细分为两种。甲类第一种：黄鳝嘴文化的，敞口外翻沿，斜弧腹，平底微凸，如 M49∶7；薛家岗文化的，敞口折沿，斜折腹，平底，个别的附单錾，如 M197∶5。甲类第二种：黄鳝嘴文化的，大敞口，外凸厚圆唇，浅腹，平底微凸，如 M232∶1；薛家岗文化的，大敞口折沿，斜直腹壁，腹很浅，平底，如 M159∶3。乙类圈足盆：黄鳝嘴文化的，敞口，外折沿或外翻厚圆唇，圈足稍高底部为近喇叭口，如 M38∶13、M237∶2；薛家岗文化的，大敞口，外折沿，斜直腹壁，腹很浅，矮圈足，如 M123∶18。此外，黄鳝嘴文化特有一种仰折凹弧面宽沿盆，斜弧腹，浅凹底或附较高圈足两类均有，内外都施纹饰，如 M196∶9、M144∶5；此类陶盆在薛家岗文化墓中未见。

钵　归纳为甲、乙两类。甲类平底钵，细分为三种。甲类第一种：黄鳝嘴文化的，弧敛口，薄圆唇，如 M203∶5；薛家岗文化的，弧敛口，外贴厚沿，鸡冠状双錾，如 M123∶19。甲类第二种：

黄鳝嘴文化的，折敛口似母口状，如 M177：5；薛家岗文化的，折敛口，浅腹，如 M180：1。甲类第三种：黄鳝嘴文化的，直口，腹较深，饰红彩带纹，如 M45：6；薛家岗文化的，斜敞口，下部折腹，无鋬或有单鋬，如 M31：7、M231：9。乙类圈足钵：黄鳝嘴文化的，折敛口，斜弧腹，圈足底部外撇，如 M4：2；薛家岗文化的，折敛口，斜弧腹，斜直矮圈足不外撇，如 M230：4。此外，薛家岗文化还特有敞口凹弧壁折腹单鋬钵，平底或矮圈足两类均有。钵及其他一些器物带鋬是薛家岗文化陶器特点之一。

碗 黄鳝嘴文化的碗数量较多，主要分浅腹平底或凹底碗，较深腹、低圈足或稍高圈足碗两大类。两类中都有一些为“红顶碗”或施红彩宽带纹者。有 2 件与薛家岗文化的碗略可比较，口部器壁凹弧，折腹后腹壁凸弧内收，圈足底部明显外撇，如 M4：6。薛家岗文化的碗仅见 1 件 M197：11，直口折腹，上腹和圈足原涂朱现基本都已掉落。

杯 黄鳝嘴文化杯的总量、类别和型式都较丰富，有竹节筒形圈足杯、微侈口鼓腹（垂腹）圈足杯、碗形杯、三曲凹弧腹杯、三足杯、单环耳圈足杯、直口筒形圈足杯等。其中，仅单环耳圈足杯 M48：35 与薛家岗文化的单鋬圈足杯 M109：2 两者器身略近似，但耳、鋬有区别，前者还有彩纹。薛家岗文化的杯极少，主要有单鋬圈足杯、皿形高圈足杯。

小口矮领罐 黄鳝嘴文化 M120：14，领、肩接合处折角，大圆腹，最大腹径在中部，圜底。薛家岗文化 M183：1，领、肩接合处凹弧，宽肩，鼓腹，最大腹径在上部，小平底。

此外，有些典型陶器仅见于一个考古学文化中，是该文化特征性器物群中的重要组成部分，同时也体现出两个考古学文化间的显著区别所在。例如，黄鳝嘴文化特有里勾弯足的罐形鼎、垂棱钵形豆、宽环状单耳罐。薛家岗文化特有实足鬶、平底或宽矮三足觚形杯、觯、多种型式的壶（可分为圜底壶、平底壶、圈足壶、三足壶四类）等。

穿孔石斧 黄鳝嘴文化的有宽梯形、窄梯形两式，体较厚，刃缘与两侧边接连处无界限均成圆弧舌形，如 M120：9。薛家岗文化中除有与上述相同的外，新出现体较薄的梯形穿孔斧，刃缘两端与两侧边连接处形成刃角，界限分明，如 M135：1、M164：1。

锛 黄鳝嘴文化和薛家岗文化的锛基本都属宽长方形、窄长方形体，棱角分明，各有大、中、小型。黄鳝嘴文化另有极少的宽梯形小锛（CⅠ、CⅡ式），薛家岗文化中则未见。

有段石锛 黄鳝嘴文化 M38：3，背部有一条隆脊。薛家岗文化 M157：9，背部起台阶状脊。

凿 横剖面分长方形、方形。黄鳝嘴文化石凿有中、小型的。薛家岗文化石凿大、中、小型齐全，且其大、小十分悬殊，此为黄鳝嘴文化所未见。

穿孔石刀 黄鳝嘴文化有三孔石刀 M48：3，体厚。薛家岗文化三孔石刀 M134：2，体薄，形状比黄鳝嘴文化的要大。薛家岗文化还有多孔石刀 M9：2，残存四孔，体薄。

石钺 有数种型式，尤其是扁薄、体宽、大孔的一类，属薛家岗文化特有。

玉（石）玦 黄鳝嘴文化的玦孔都偏一侧，缺口处最宽；特有蹄形玦和浅浮雕近椭圆形玦。薛家岗文化新出 2 件大圆径玦且孔大居正中；特有大圆径薄体玉玦和管珠状小玉玦。

玉（石）璜 黄鳝嘴文化的璜绝大多数较厚、较宽；以长环形、短环形的为主，其次为小型半圆环形、大型半圆环形。小型半圆环形璜如 M117：3。薛家岗文化的璜体偏薄或中等厚度的居多；以中型半圆环形、小型半圆环形的为主（未见大型半圆环形），半璧形的次之，长环形、短环形、窄“凹”字形、宽“凹”字形的各为一两件；半璧形和“凹”字形璜为新出现的形制。中型半圆环形璜如 M29：2。

通过对塞墩的黄鳝嘴文化、薛家岗文化代表性器物形态的比较分析，可窥见其较多器物演变发展的脉络，当然，有的器物演变中的细化环节尚待今后新资料的充实；另一方面，再从葬制葬俗方面观察，两者一脉相承的因素更为明显。初步认为，黄鳝嘴文化与薛家岗文化之间存在着上下传承发展的文化关系，薛家岗文化的本源来自黄鳝嘴文化。

二　黄鳝嘴文化、薛家岗文化与同时期文化的关系

两个并存的考古学文化之间，受对方文化因素影响进而吸纳的过程中，在某些方面大体会出现模仿、融合、变异、局部出新等复杂情况，并且双方往往形成不同程度的文化互动关系。

黄鳝嘴文化与东部的前期北阴阳营文化关系比较密切。北阴阳营文化以南京北阴阳营271座墓葬遗存为代表①。主要阶段约与黄鳝嘴文化和薛家岗文化并存，暂可将北阴阳营文化大体划分为前期和后期。黄鳝嘴文化与前期北阴阳营文化的联系，较突出地反映在宽沿浅腹盆（钵）和单耳（把）罐两类陶器上。例如，塞墩2件陶盆（M196∶9、M130∶1）内壁分别锥刻、绘彩三角星形纹图案。北阴阳营的2件彩陶钵（M74∶4、M51∶3）和刻划纹陶盆（M253∶7），分别施以绘彩、刻划的三角星形纹图案，其器形两地的也相近。还可注意的是，两地上述数件盆（钵）宽沿上，还都专意穿有并列的两小孔。在黄鳝嘴文化的命名地遗址，就出土有2件锥刻三角星形纹的陶钵（M4∶1、M14∶1）。两个考古学文化在三地分别发现的同类宽沿浅腹盆（钵），无论形制还是纹样都相接近，又同样特殊地都在宽沿上加穿双孔。单耳（把）罐方面，例如塞墩M23∶4可与北阴阳营M14∶5相比较，黄鳝嘴遗址M16∶2可与北阴阳营M22∶4相比较，形体基本近似，只是环状耳大、小有些不同，黄鳝嘴文化的较大，前期北阴阳营文化的较小。还有北阴阳营个别陶鼎里弯足的特点，与塞墩同类陶鼎的风格部分相似。

黄鳝嘴文化与西部大溪文化曾发生联系，例如在一种曲线网格彩陶纹饰上表现得最为鲜明，很可能是黄鳝嘴文化接受了大溪文化的影响。塞墩彩陶碗形杯（M142∶5、M144∶1）、彩陶单耳杯（M48∶35）上的曲线网格纹，与大溪文化的曲线网格彩纹样式十分相似，都作横带或块状排列，彩纹颜色也是黑、灰黑或紫红色，所施彩陶都属杯、碗类小型器。大溪文化中这类纹饰的陶器，见于枝江关庙山彩陶敞口圈足碗（T52⑤AH43∶5）②、彩陶矮筒形圈足杯③，澧县城头山④2件彩陶单耳杯（M680∶5、M679∶3）等。同时，塞墩彩陶单耳杯（M48∶35）的器形，与城头山的泥质红陶素面单耳杯（M679∶1）相近，塞墩细泥黑陶素面矮筒形圈足杯（M2∶5）的器形，又与上述关庙山的彩陶矮筒形圈足杯相近。这些当反映了两者之间的交流。

值得重视的是，塞墩的黄鳝嘴文化和薛家岗文化都存在一种组合型玉（石）璜，即分制两节再在中部接合成完整一件璜，接口处两端钻孔和在上、下（内、外缘）侧边刻出凹槽，为穿线绳系结又使线绳不外露，其接合缝齐直，它并非断茬后的补接，很可能主要是为利用短材而能制造出较长件玉器，其次，佩戴这样的长体璜稍有活络度从而避免折断。这种组合型璜，见于本地区先后存在的两个考古学文化不同形制的标本上，如塞墩遗址黄鳝嘴文化的半圆环形璜M49∶3、长环形璜（一节）M142∶1，塞墩遗址薛家岗文化的窄“凹”字形璜M123∶3。而北阴阳营遗址的前、后期北阴阳营文化中，竟有组合型璜28件之多，其中长环形璜27件（包括15对和12个单件），窄“凹”字形璜1件（M39∶4）。北阴阳营另有一件玉玦（M46∶4）则是采用此法接合弯曲缝断茬，是为补接残断器继续使用该物。还在年代基本与薛家岗文化相当的含山凌家滩遗存⑤，也发现多件组合型玉璜，如半圆环璜87M1∶4—5，半圆环形龙凤首璜87M9∶17—18，窄“凹”字形虎首璜87M15∶109等。总之，以组合型璜为代表的玉器分制接合技术的制品，体现了长江下游诸新石器文化共有的一项较突出的治玉工艺成就。

---

① 南京博物院：《北阴阳营——新石器时代及商周时期遗址发掘报告》，文物出版社，1993年。

② 中国社会科学院考古研究所湖北工作队：《湖北枝江关庙山遗址第二次发掘》，《考古》1983年第1期。

③ 中国社会科学院考古研究所：《考古精华——中国社会科学院考古研究所建所四十年纪念》，科学出版社，1993年。

④ 湖南省文物考古研究所：《澧县城头山——新石器时代遗址发掘报告》，文物出版社，2007年。

⑤ 安徽省文物考古研究所：《凌家滩——田野考古发掘报告之一》，文物出版社，2006年。

薛家岗文化在主体承袭本地区黄鳝嘴文化的基础上进一步发展的过程中，也不断地吸收同时期其他新石器文化的因素，从而丰富了自身的文化内涵和特征。薛家岗文化接受外界新石器文化影响的程度不一，来自北部大汶口文化、东部北阴阳营文化、崧译文化和良渚文化的影响比较明显，尤其大汶口文化的影响稍多，受西部长江中游新石器文化的影响似较少。

陶鬶是是薛家岗文化典型器物之一，它以长颈壶状为腹体，始终为三实足，固定在腹侧中部安接长三角形把或扁长环把，再没有将器把位置上移与颈间相连。大汶口文化早期如邳县刘林、兖州王因等地即出现壶体实足鬶，无流，角形把。鬶在海岱地区长期演变发展，延续达2000余年，从总的文化背景看，薛家岗文化陶鬶可能是在大汶口文化实足鬶祖型影响下的产物，又固定形成了颇具自身特征的形态，使用比较普遍。南京北阴阳营仅有的一件陶鬶（M237：1），与薛家岗文化陶鬶相似，可能直接来自薛家岗文化陶鬶风格流传的结果。

塞墩的薛家岗文化觚形杯，基本分为平底和三宽足两大类，杯体一般都较粗。觚形杯在大汶口文化从早到晚都较发达，变化也较大，有平底、三足和圈足之分，瘦体的占优势。如在鲁南兖州王因、邹县野店，苏北邳县刘林、大墩子，皖北蒙城尉迟寺等遗址均常习见。薛家岗文化三足觚形杯的三足宽扁而低矮，不同于大汶口文化的鼎立式三足；薛家岗文化平底和三足觚形杯中，特有一种器形系在口部一段为凹弧壁呈高竹节状，此形制不见于大汶口文化。薛家岗文化觚形杯可能总的是在大汶口文化影响产生并有所变异、创造。崧泽文化中也存在一些粗体觚形杯，崧泽墓地①晚期墓出土的一件竹节三足觚形杯（M37：5），其形制在崧泽文化中罕见，而与塞墩的十分相近。仅就这件特殊形制的觚形杯而言，当反映两者存在密切的联系。

薛家岗文化的陶壶类别、型式丰富多样，据现有资料，在黄鳝嘴文化中陶壶则比较缺少。薛家岗文化似骤然盛行陶壶，目前看来可能受到东方沿海崧泽文化、大汶口文化和后期北阴阳营文化的广泛影响，尤以崧泽文化的较为强烈，以致大量使用起来。至于薛家岗文化各式陶豆，塞墩的新资料表明，其主要形态在黄鳝嘴文化中都可窥见其渊源和演化脉络，而与后期北阴阳营文化、崧泽文化陶豆的近似性，主要反映了长江下游同时期相关考古学文化某些器物存在共性的一面，而不能再把薛家岗文化陶豆视为主要源于外部文化的影响。

还有值得注意的现象，塞墩遗址薛家岗文化3座早期墓，M151和M231墓主均为成年男性，生前都拔除上颌左右侧门齿，M194墓主成年女性，生前拔除上颌左侧门齿。拔齿习俗源自大汶口文化，除在该文化及海岱地区流行外，还向长江中下游直至华南沿海地区的史前文化广为传播。薛家岗文化的极少数人无疑接受了大汶口文化先民的拔齿习俗而跟学之，所拔齿位也相同。此外，与塞墩邻近的陆墩墓地②，遗存年代大体略晚于薛家岗文化，也发现两例成年男性生前人工拔除上颌左右侧门齿的现象。这在我国史前拔齿习俗的传播途径和地域文化中增添了重要环节。

塞墩的薛家岗文化早期墓出土一件曲腹矮圈足钵（M151：6），与长江中游地区大溪文化至屈家岭文化时期都常见的曲腹杯外形略有近似，唯塞墩的器形较大现把它归属钵类，虽然如此，仍可看到该器风格受到西部新石器文化影响的迹象。

黄鳝嘴文化、薛家岗文化在塞墩、薛家岗和武穴鼓山③各有几个碳14测年数据，但尚不成系列且其中有的存在显著误差，兼而参考同时期相关考古学文化已知的绝对年代，现对其上下限年代初步推定为，黄鳝嘴文化年代大约在公元前4500～前3500年左右，薛家岗文化年代大约在公元前3500年～前2600年左右。

---

① 上海市文物保管委员会：《崧泽——新石器时代遗址发掘报告》，文物出版社，1987年。

② 中国社会科学院考古研究所湖北工作队：《湖北黄梅陆墩新石器时代墓葬》，《考古》1991年第6期。

③ 湖北省京九铁路考古队、湖北省文物考古研究所：《武穴鼓山——新石器时代墓地发掘报告》，科学出版社，2001年。

第六章　结　语

一

黄梅塞墩遗址位居湖北省的东端，县治东南方直线距离25公里处，南距长江8公里。地处长江中、下游之交，大别山东端南麓边缘，长江的九江冲积扇上。由于历史地质变迁，塞墩遗址废弃后被湖水浸淹，成为长期孤立存在于龙感湖中季节性时露时没的一处低矮丘墩。1978年，地方公社在以往国营龙感湖农场围湖造田的外界继续扩大造田范围，塞墩遗址及其周围遂形成新开垦的水稻田，重新与平原相连接。遗址现坐落在感湖的南岸，属王埠乡后湖农田，海拔12.8～13.7米。该处地势低洼，湖水暴涨季节水面高出围堤内稻田可达2米左右。总之，塞墩遗址所处地理环境比较特殊，古今地形变化巨大。

从塞墩遗址附近及外围的古今地理环境分析，存在着山地、丘陵、平原、草地、湖泊、湿地、江川等多种地理类型，结合在遗址发现丰富的陆、水生动物骨骼材料，包括有亚洲象、梅花鹿、麂、獐、水牛、家猪、家犬、龟、鳖、鱼、蚌等，推知当时的生态环境比较优越和复杂，野生动物资源多样和丰富，为先民们提供了有利的生存条件。特别值得注意的是，塞墩遗址的亚洲象遗骸发现较多，这继豫西南和浙东地区数处新石器时代遗址已发现亚洲象骨骼之后，在其东西两端的中段地带增添了新地点塞墩，再次表明新石器时代亚洲象野外生存的北界至少已达北纬30°线一带，也说明当时长江中、下游地区气候相当于今云南、广东地区，而比黄梅县现在的年平均温度大约要高4℃左右。

二

1986～1988年三次发掘塞墩遗址，发现新石器时代墓葬188座。墓葬遗迹遗物丰富、新颖，重要的是有29组共73座墓葬存在打破、叠压关系，这为观察分析墓葬的文化性质及其分期变化，提供了确切依据。同时，主要参考潜山薛家岗、宿松黄鳝嘴和太湖王家墩三处代表性遗址的发掘材料，这为辨析塞墩遗址的文化面貌提供了参照系。现经对比、辨识，塞墩墓葬的文化性质分属两类，一类是早已命名确立的薛家岗文化，另一类是整体早于薛家岗文化、并自具鲜明特征跨年又长的、以黄鳝嘴为代表的遗存。在20世纪80年代已初见端倪的基础上，特别因塞墩一大批典型新资料的充实，使这类遗存已呈现出一个大体轮廓，现在有条件将黄鳝嘴类遗存正式独立命名为一种考古学文化——黄鳝嘴文化。塞墩遗址成为第一次在同地揭露出兼具黄鳝嘴文化和薛家岗文化丰富遗存各以墓葬为主的一处典型遗址。

黄鳝嘴文化已知的遗址还不很多，除上述黄鳝嘴、塞墩、王家墩外，还有安庆墩头、枞阳小柏墩等遗址，它们都散处在薛家岗文化的分布范围内。

主要依据塞墩墓葬随葬遗物，现将黄鳝嘴文化器物群为代表所显示的文化特征归纳如下：全部陶系中，泥质深灰陶占压倒优势，其他稍多的依次为泥质黑陶、泥质灰陶、泥质红陶、夹砂红褐陶。纹饰陶远多于素面陶，大多数单件陶器上施一种或数种纹饰，以凹弦纹为最多，其他较常见的窝点连线纹、平底浅圆窝纹、多种形状的镂孔以及很少的锥刻纹、绘彩（包括外彩、内彩）等都极富鲜明特征。陶器中，高、矮圈足器十分发达，其底部多呈喇叭口形，三足器也较多，平底器较少，圜底器、钝尖底器稀见。部分杯、罐安接宽环状单耳为器把，未见器口附流和管状嘴。主要器类有鼎、豆、盘、盆、碗、杯、罐等。其中，代表性的器形有：高领、圆鼓腹、里勾弯足的罐形鼎，小翻沿、肥圆腹、扁凿形足的罐形鼎，凹弧壁、长扁凿形足的盆形鼎；盘底垂棱的钵形豆，高粗把皿形豆，高粗把或矮粗把、弧敛口钵形豆，高粗把、细高把或宽矮把、折敛口钵形豆，大敞口、细把、高台座的盆形豆，大敞口、高把、喇叭口座的盆形豆；浅腹坦底、宽高圈足盘；仰折凹弧面宽沿盆，敞口圈足盆；微弧敛口、凹底或矮圈足的“红顶碗”；竹节筒形圈足杯，束颈、下部鼓腹圈足环，三曲凹弧腹杯，深腹三足杯，直筒形圈足杯，深腹、圈足单耳杯；微侈大口、较浅腹、平底单耳罐，小口矮领、球腹圜底罐等。石器工具普遍磨制较精，代表性器形有长舌形或宽舌形穿孔石斧，长条形或长梯形斧，隆脊状有段石锛，方柱体中、小型凿，较厚体三孔石刀等；此外，还有一大批表面很粗糙、四周圆钝的搓磨石。装饰品主要是玉（石）玦、璜。玦为中、小个体，圆径在1.7～4.9厘米之间，特有蹄形玦、椭圆形浅浮雕玦共2件异形玦。璜分短环形、长环形、小型或大型半圆环形数种，璜体一般稍厚。

黄鳝嘴文化的经济技术领域已具一定程度的发展水平。原始农业当已成为主要生产部门。饲养家畜猪、狗。对水牛，鉴定意见认为尚未驯养成家畜。渔猎经济占一定比重，通过猎获野兽和采捞蚌类，成为先民食肉的主要来源。

制作陶器普遍熟练掌握手制轮修技术，造型都较规整匀称。在大、小陶器口部，都经常可见到如蛛丝般细密规则的平行旋纹，有的陶器（如三曲凹弧腹杯）内表较长一段保留规则的波状样泥条盘旋纹理，这些都属手制轮修的明显痕迹，尚未发现从器底直到口部都留有规则旋纹可确认为快轮一次成形的典型标本。陶胎普遍经过不同程度打磨，有些泥质陶外表磨光度甚好。大多数陶器表面和胎质颜色不一致，表色较深而胎色较浅或呈红色，这当与烧制火候和窑内气氛有关。泥质陶中的薄胎杯、碗类质地最为细腻致密，其中薄胎施纹、细泥黑陶或深灰陶杯的做工尤显精良。以陶豆为代表的一些器形，单件上即施以几种纹饰，搭配相宜，繁缛而美观。

玉器加工精细，但总体仍处于初期阶段，数量不多，种类限于玦、璜和簪等饰物，缺乏大件器。引人注目的是，有的长体璜采用分制两节再在中部接合成整件，接合处两端钻孔和刻槽，为了穿线绳系结又使线绳不致显露，其接合缝齐直而并非属断茬后的补接残品，很可能主要是为利用短材而便能制作出较长件玉器，其次，这种长体璜具有一定的活络度或可避免因过长而易折断。这种较精巧的治玉工艺技法，不仅在本地区黄鳝嘴文化和薛家岗文化中长期沿用，还见于同时期的皖苏相邻地区新石器文化中。玉玦中特有2件异形玦，分别作马蹄形、椭圆形双面浅浮雕，可谓目前国内史前玉玦中的孤品。

无论玉材和石材，都有少量的材料并不产自遗址附近。其中，M173出土的一件搓磨石系浮岩（浮水石），这种岩石应产自古火山口一带特定的地方。从这类外来实物透露出了黄鳝嘴文化先民与外界交往或交换的信息。

在黄鳝嘴文化时期塞墩先民生活活动区，发现了一些祭祀遗迹。为多呈圆形、椭圆形的较小坑穴，一般直径1米多，最长不超过2.2米，深度普遍在1米以下。坑内都有意摆放一种或数种、数量不等的大件兽骨，其中有的兽骨经火烧烤过，也有些祭祀坑内是大件兽骨与大块陶片、或可复原或基本完整的陶器共存。这很可能为狩猎前后举行仪式、祈年丰收、消灾求安等多种动因分别进行集体祭祀活动后的埋藏品。还在一座青壮年男性墓（M196）中随葬幼象下臼齿一枚，这情况十分罕见，也许因他对幼象情有独钟，或者另有其他特定含意。

关于黄鳝嘴文化居民的葬制、葬俗。成年人和少数儿童死者都在同一墓地实行土坑葬，基本上都属长方形竖穴。数座墓因在入葬前经烧燎墓坑，墓底存留有薄层草本灰烬；许多墓坑填土中有意掺加红烧土渣和炭末或其中的一种，两者除含有某些信仰意识外，或许客观上有利于墓坑收干。一部分墓葬使用葬具并在其口部四周敷抹有青膏泥或黄胶泥，形成一个明显的长方形附泥边框遗迹；或仅在墓底遗留有薄层炭化木质纤维葬具残迹。死者头向东北。除2座墓为单人仰身直肢一次葬外，绝大多数实行单人仰直式的二次葬，后者是与骨骼集堆式二次葬显著有别的仿仰直姿势的另一种二次葬形式。普遍有随葬器物，以陶质器皿为大宗，主要是实用陶器，少量的是明器，兼有一些实用工具和饰物；此外还有随葬猪下颌骨、鹿下颌骨、象臼齿和獐牙的，它们的件数和所在墓数都很少或仅属个别之物。有几座在墓坑一角放置一块较大自然石块，或将其压于墓主身上，后者（M182）为仰身直肢一次葬的成年女性，推测可能因非正常死亡，为防死者作祟扰乱人间而用大石压身。在墓地墓葬的分布上，有的同期墓葬数量稍多者，当可进一步探索划分小片（墓组）或小墓区。

现将塞墩的黄鳝嘴文化墓葬分为两大期四段，即早一期、早二期、晚一期和晚二期。通过墓葬分期来具体观察其文化演变和社会变化迹象。首先，表现在器物类型上，发生了不同程度的变化。其次，再就随葬品的配置情况而言，早一期、早二期和晚一期墓的随葬器物数量，无论从墓群级差还是单座墓看，相互间都不悬殊。依每墓随葬器物可划分为两级，一级为每墓器物 1 ~ 9 件的，其墓数占绝大多数，另一级每墓器物 10 ~ 17 件，其墓数则占少数。到晚二期，每墓器物 10 ~ 17 件和包括特殊一座（M48）有 40 件的墓数，多于每墓器物 1 ~ 8 件的墓数，这可能反映出晚二期的生产和社会都发生了较大发展与变化。至于 M48，墓主壮年男性，墓坑较大，随葬器物丰富、材质较好，特别有成套不同形制的石斧、锛、凿等工具，推测墓主可能主要因擅长手工艺专门技术而拥有较多物品，以致逐渐上升为较富有者阶层。

三

自 1982 年发表薛家岗遗址发掘报告和同时提出薛家岗文化的命名以来，陆续发现了一批同类遗址，经过发掘较重要的即有 10 多处，如安徽潜山薛家岗和天宁寨①、望江汪洋庙②和黄家堰③、怀宁黄龙④、太湖王家墩、安庆夫子城⑤，湖北黄梅塞墩、武穴鼓山，江西靖安郑家坳⑥等。以皖河流域为中心，主要分布在皖西南和鄂东地区，并已越过长江至赣北局部地区。从郑家坳遗址的实足鬶、竹节状或带算珠样凸节的高把豆、圈足壶、三足觚形杯、扁薄大孔石钺等器物群特征看，都与薛家岗文化系统的一致。唯作为主器类之一的陶鼎，与薛家岗遗址的相比明显存在部分差别，陶鼎中有一些形制与赣中新余拾年山二期的接近⑦。这里的薛家岗文化受赣鄱流域原生文化很大影响形成变体，以致与江北薛家岗遗址的文化面貌存在局部差异，当可划分为薛家岗文化郑家坳类型。而在长江北边，以材料丰富的薛家岗、塞墩、鼓山三处为代表互作比较，虽然有的器物也存在差别，例如薛家岗特有很宽扁足的盆形鼎、长斜梯形多孔石刀发达，鼓山和塞墩有三足壶、曲腹碗（钵）而在薛家岗未见，但这些局部差异性并未影响器物群总的特征，并且其差异程度远不如郑家坳与薛家岗之间的大，因此，目前仍将它们一起统归薛家岗文化薛家岗类型，是为薛家岗文化的本体。

薛家岗文化的来源问题。在薛家岗文化分布区内，已发现的少量黄鳝嘴文化遗址均散处其间。从塞墩、王家墩发掘的地层关系，可以明确黄鳝嘴文化整体早于薛家岗文化。在枞阳小柏墩调查中也见有这两种文化的陶器。特别通过塞墩遗址两种文化器物形态的对比可看出，有的器类和器形是一个考古学文化所特有的，如薛家岗文化新出现的实足鬶、觚形杯、觯、扁薄大石钺、半璧形玉璜等，均不见于黄鳝嘴文化；另一方面，两种考古学文化中的许多器物上，总的透露出前后演变发展的脉络和轨迹，表现了相关器

① 安徽省文物考古研究所：《安徽潜山县天宁寨新石器时代遗址》，《考古》1987 年第 11 期。

② 安徽省文物考古研究所：《望江汪洋庙新石器时代遗址》，《考古学报》1986 年第 1 期。

③ 张敬国、贾庆元：《望江黄家堰遗址发掘成果丰硕》，《中国文物报》1998 年 5 月 10 日。

④ 许闻：《怀宁黄龙新石器时代遗址试掘简报》，《文物研究》第二辑，1986 年。

⑤ 安徽省文物考古研究所：《安徽安庆市夫子城新石器时代遗址的发掘》，《考古》2002 年第 2 期。

⑥ A、江西省文物工作队、靖安县博物馆：《江西靖安郑家坳新石器时代墓葬清理简报》，《东南文化》1989 年第 4、5 期合刊。

B、江西省文物考古研究所、宜春地区博物馆事业管理所、靖安县博物馆：《靖安郑家坳墓地第二次发掘》，《考古与文物》1994 年第 2 期。

⑦ 江西省文物考古研究所、厦门大学人类学系、新余市博物馆：《江西新余市拾年山遗址》，《考古学报》1991 年第 3 期。

物渐进性演变的趋势，当然，有的器物演变中的细化环节尚待新资料的充实。至于两种文化的葬制葬俗方面明显地一脉相承，可能由于涉及习俗传统和固有信仰意识的作用，似乎表现出了长期稳定性。我们初步认为，黄鳝嘴文化与薛家岗文化之间存在着上下传承发展的文化关系，薛家岗文化的前身就是黄鳝嘴文化。在薛家岗文化形成过程中，确也受到同时期相关文化的影响，吸收了一些外界文化因素，从而丰富了自身的内涵，唯相对于薛家岗文化的本源而言，那些影响无疑是局部性的。在以往只能依据黄鳝嘴遗址一处的资料与薛家岗文化数处遗址资料进行比较时，两者资料内容分量不相称，更凸显出两者器物群的不同特征而很难反映其内在演变轨迹，可能会偏重了对薛家岗文化中外界文化因素的估量，塞墩遗址兼备两个考古学文化的丰富资料，一定程度上弥补了这个缺憾和不足。

塞墩遗址的发掘，是又一次对薛家岗文化遗存的集中揭示，较突出的是因观察到较多一些的墓葬遗迹现象，对薛家岗文化的葬制葬俗多方面增加了认识。一是关于墓坑和填土。当时实行土坑埋葬，一般为呈长方形、近长梯形竖穴土坑。很少量的墓只因发掘中难辨土质土色而未能确切找出四边，但也并不是平地掩埋的。少量墓坑底发现有薄层草木灰烬，当属入葬前烧燎墓坑的遗存。约半数墓填土内掺加少量的红烧土渣和炭末或其中的一种，这样的填土墓葬数量比黄鳝嘴文化的增加了一倍多。二是墓地内成年死者和很少量的儿童死者同处并采用相同葬法，未见专门的儿童墓区。墓地仅发现一座瓮棺葬，人骨已朽尽，不明长幼。三是一部分墓发现不同形式的葬具遗迹，有的是墓坑中放置葬具并在其口部四周敷抹青膏泥或黄胶泥或棕黄胶泥，现棺木类葬具已朽，留下整齐的长方形附泥边框；有的是大型的墓坑中宽长方形附泥边框很大，就其规模而言已属木椁类葬具，或在其底部还见有铺垫木板的残迹；有的是墓坑中间人架坑的南北两端有棕黄胶泥，坑底留有略呈凹弧底的炭化木质葬具痕迹，等等。四是关于葬式。塞墩遗址地层含水分大，骨骼都被侵蚀普遍酥软，有些已压扁破损，都不能翻动单独提取，清理过程中保留起骨骼下方依托的部分黏土，经仔细剔剥，大体可把骨骼原状剔出，除一座为成人儿童双人合葬墓外，余都属单人葬。死者头向一概略偏东北。仅很少的几座墓可确认为仰身直肢一次葬，绝大多数为仿仰身直肢姿势的一种二次葬。这种仰直式二次葬的若干主要骨骼大致接近仰直姿势部位，但必有一些关键性骨骼存在明显错位、较大离移、严重凌乱或主骨缺损等现象，甚至有的主要骨骼置于器物之上。它明显不同于骨骼集堆式的二次葬，也应与原样仰身直肢一次葬严格相区别。这类葬式的墓葬数量很多，就不能简单视为仰身直肢一次葬偶然被扰动的结果。薛家岗文化其他遗址屡有墓葬发现，但绝大多数人骨朽没无存，对残存的少量人骨往往难于确切判明葬式，一般认定为单人仰身直肢葬，对此按惯例即理解为单人仰身直肢一次葬。事实上，如果塞墩的仰直式二次葬并非特例，那么仰直式二次葬肯定是薛家岗文化的重要葬式之一；今后如有条件在其他处的墓葬对葬式有了更多了解和互证，届时便可更加明确薛家岗文化的主要葬式究属何种。附带提及，这种仰直式二次葬也多寡不一地发现于长江、黄河流域其他诸新石器文化中，值得在今后的发掘和研究工作中进一步细加辨析考察。五是关于随葬遗物和兽骨。结合部分墓鉴定了墓主性别的情况看，随葬了磨制有刃石器工具（共 8 种即石钺、穿孔斧、斧、锛、有段锛、凿、多孔刀和镞）的男性墓数和随葬件数都明显多于女性墓，仅极少女性墓分别随葬钺、穿孔斧和锛。随葬陶纺轮者男女皆有，而女性墓显著多于男性墓。27% 的墓分别随葬有猪下颌骨 1 片（0.5 副）到约 50 副之多，其墓数和件数远比黄鳝嘴文化的增多。一座墓内新发现有完整乳猪和小狗的共 4 具骨架。

关于薛家岗文化的经济技术和社会生活。农业经济当又有新的发展。这时养猪比较发达，从鉴定的猪下颌骨可知，超过半数的猪属青年个体，反映出经过较适中的饲养时间即行宰杀。这时还十分重视日常对猪下颌骨的积累，猪下颌骨成为显示家庭财富的一种标志物。琢玉工艺有新的进步，玉玦、玉璜都增加了较大的个体，玉璜中增添了“凹”字形、半璧形的新器形，特别是出现了新器类玉三联璧。在有的玉器上遗留弧形凹底锯割凹槽，当属采用锼锯法剖割玉材的痕迹。玉玦和璜作为一种传统的人身饰物，这时普用率有所上升，有的还同时佩戴两件璜。玦、璜为成年男女和儿童所共用，唯女性多于男性，尤其佩戴玦的女性更显著多于男性。还出现少量的石、陶镯也为成年男女所共用。值得注意的是发现三例墓主生前人工拔齿现象，这种习俗显然来源于大汶口文化，但在薛家岗文化并未流行起来，似乎只是极少数人追随接受了来自外界的这一风尚。

塞墩的薛家岗文化墓葬被划分为三期，晚期墓数较少，且有些被扰造成器物缺失。据对早、中期墓随葬器物的观察，约90%左右的墓葬每墓随葬器物1～9件，约10%的墓葬每墓随葬器物10～20件。与黄鳝嘴文化的墓相比，薛家岗文化稍富有者群体人数比例减少，而稍富有者个体平均拥有的器物量则增多。同时，盛行把猪下颌骨作为重要随葬品放入墓内，其在各墓间的多寡不一，这与黄鳝嘴文化的几座墓中仅有寥寥数件猪下颌骨的情况相比发生了很大变化。早、中期有3座墓显得出众，最突出的是中期墓M123，位于墓地的东部边旁，墓坑最大（长4.1米，宽约3米）居塞墩墓地之首，使用木椁类大型葬具，随葬器物中形体较大、又极精美的石钺、玉玦、玉璜、玉三联璧等格外醒目，有的是目前唯一的稀珍。墓主为壮年男性，可能属首领级人物。薛家岗文化的物质条件和精神生活正在不断提升，同时初步出现了社会分化的迹象，社会文明化的漫长历程也由此开始。

附表

塞墩墓葬登记表

墓号	所在探方	方向	墓坑（厘米）长×宽－口深底深	附泥边框坑（厘米）长×宽－口深底深	葬式	面向	性别	年龄	随葬品（陶质器皿、石陶骨工具、饰物、动物骨骼）	文化	期别	备注
1	2	23°	长约190×45－底33		仰直式二次葬	西（右）		成年	Ⅱ附盖釜形鼎，Ⅲ杯，Ⅲ圈足壶；BⅣ、CⅧ锛，BⅡ凿	薛	晚	南北坑边不清。局部被扰
2	21	10°	？×？－底40		仰直式二次葬			成年	附盖残盆形鼎，AⅡ、CⅣ盆形豆，Ⅰ盘，Ⅱ筒形圈足杯，AⅢ单耳罐，Ⅰ残弇口矮领罐；Ⅱ搓磨石；猪下颌骨3副	黄	晚一	四边坑边不清。被扰
3	2	37°	？×？－底36		仰直式二次葬	上		成年	BⅠ钺，CⅧ锛，残石镞	薛	晚	四边坑边不清。被扰
4	31	18°	？×？－底60		仰身直肢			成年	AⅣ罐形鼎，Ⅴ垂棱钵形豆，AⅥ残弧敛口钵形豆，AⅢ盆，C钵，C碗，Ⅲ鼓腹圈足杯，BⅢ单耳罐；Ⅱ玦	黄	早二	四边坑边不清。严重被扰
5	31	10°	230×82－25 43		仰直式二次葬			成年	BⅠ附盖盆形鼎，BⅠ折敛口钵形豆，AⅠ钵；CⅣ凿，砺石；猪下颌骨3副	薛	中	
6	22	10°	240×73－25 41		仰直式二次葬	南		成年	Ⅳ附盖罐形鼎；Ⅱ搓磨石	薛	早	
7	12	16°	？×？－25 45		仰直式二次葬	南（前下方）		成年	BⅣ弧敛口钵形豆，BⅢ碗；AⅡ、AⅢ、BⅣ陶纺轮；Ⅰ璜；獐牙（犬齿）1枚	黄	早二	四边坑边不清。严重被扰
8	3	18°	长约160×77－底28		仰直式二次葬	西		成年	Ⅱ附盖残罐形鼎，Ⅱ残弧敛口钵形豆，DⅤ残折敛口钵形豆，BⅠ附盖觚形杯；BⅠ石凿	薛	早	南坑边不清。坑南端被扰
9	2	17°	？×？－底26		不明			成年	Ⅳ残圈足壶，Ⅲ器盖；CⅡ锛，残多孔石刀，磨圆陶片；Ⅶ璜；猪下颌骨2副、1片	薛	晚	四边坑边不清。严重被扰。存留两肱骨、几根肋骨等

续表

墓号	所在探方	方向	墓坑（厘米）长×宽－口深/底深	附泥边框坑（厘米）长×宽－口深/底深	葬式	面向	性别	年龄	随葬品（陶质器皿、石陶骨工具、饰物、动物骨骼）	文化	期别	备注
10	2	16°	？×？－底31		不明			未成年	无物			四边坑边不清。严重被扰
11	2	44°	？×？－底32		不明				无物			四边坑边不清。仅存几根肢骨及头骨痕迹。严重被扰
12	8	21°	？×？－底28		仰直式二次葬			成年	无物			四边坑边不清。严重被扰
13	31	0°	210×65－25/57 55		仰直式二次葬			成年	Ⅱ附盖残罐形鼎，DⅤ折敛口钵形豆，AⅢ觚形杯；猪下颌骨1副	薛	晚	
14	31	8°	212×90－25/74 42		二次葬			成年	DⅠ残盆；CⅠ锛，AⅢ残陶纺轮；猪下颌骨1副	薛	早	仅存少量肢骨肋骨。被扰
15	3	16°	？×49－底26		直肢			成年	AⅠ附盖盆形鼎，BⅧ残鬶，Ⅰ盆形豆，AⅣ钵，Ⅰ残大口矮领罐；BⅢ锛，BⅡ凿	薛	中	头骨盆骨等缺失，主要存上下肢骨。北部严重被扰
16	6	22°	？×74－20/30		仰直式二次葬			成年	BⅡ罐形鼎（整1、残1），BⅠ、BⅢ弧敛口钵形豆，CⅠ残盆形豆，Ⅰ残鼓腹圈足杯	黄	早二	北端被扰，北坑边不清
17	6	17°	？×？－26/35		二次葬			成年	Ⅱ罐形鼎，DⅠ折敛口钵形豆，BⅠ盆，Ⅲ圈足罐，Ⅰ、Ⅱ（附盖）圈足壶	薛	早	四边坑边不清。主要存头骨、竖直并靠一对肱骨。严重被扰

续表

墓号	所在探方	方向	墓坑（厘米）长×宽－口深－底深	附泥边框坑（厘米）长×宽－口深－底深	葬式	面向	性别	年龄	随葬品（陶质器皿、石陶骨工具、饰物、动物骨骼）	文化	期别	备注
18	6	32°	？×？－底 27		不明			成年	Ⅲ杯，Ⅲ圈足壶	薛	晚	四边坑边不清。无头骨等，仅存很少下肢骨。严重被扰
19	7	16°		185×70－33 44	仰直式二次葬			成年	BⅡ附盖盆形鼎，BⅠ折敛口钵形豆，Ⅲ三足壶	薛	早	四边断续黄胶泥
20	1	31°	？×83－底 28		仰直式二次葬			左成年，右儿童	Ⅱ觯；BⅡ钺，CⅡ锛	薛	晚	北端严重被扰
21	6	19°	？×75－25 37		仰直式二次葬	西		成年	Ⅴ璜	薛		墓坑南部和人骨下部无存
22	12	25°	？×？－底 35		仰直式二次葬	西		成年	AⅣ（残）、BⅠ罐形鼎，AⅤ高把皿形豆，AⅢ折敛口钵形豆，B碗形杯，BⅢ单耳罐	黄	早二	四边坑边不清。被扰
23	12	8°	？×？－底 40		仰直式二次葬			成年	BⅠ罐形鼎，AⅢ盆，Ⅰ鼓腹圈足杯，BⅣ单耳罐	黄	早二	四边坑边不清。被扰
24	13	0°	？×？－底 40		仰直式二次葬	上		成年	BⅣ附盖残罐形鼎，AⅡ盆形豆，Ⅰ盘，B残小口矮领罐	黄	晚一	四边坑边不清。被扰
25	3	7°	？×？－底 25		仰身直肢			成年	Ⅰ大口矮领罐；Ⅴ穿孔斧，BⅢ锛	薛	早	四边坑边不清。被扰
26	7	20°	？×56－底 38		不明			成年	附盖釜形鼎，AⅦ折敛口钵形豆，CⅢ盆形豆，Ⅱ盘，CⅡ单耳杯，BⅥ单耳罐；AⅠ、AⅣ（2件）、BⅣ陶纺轮；Ⅴ玦	黄	晚二	墓坑北半部无存。严重被扰。仅存两肢骨残段

续表

墓号	所在探方	方向	墓坑（厘米）长×宽－口深 底深	附泥边框坑（厘米）长×宽－口深 底深	葬式	面向	性别	年龄	随葬品（陶质器皿、石陶骨工具、饰物、动物骨骼）	文化	期别	备注
27	7	16°	155×56－30 45		仰身直肢	西		成年	CⅢ、CⅣ附盖罐形鼎，BⅥ弧敛口钵形豆，DⅡ附盖折敛口钵形豆，Ⅰ、Ⅶ盘，CⅡ、CⅢ单耳杯，A残小口矮领罐，器盖2件	黄	晚二	
28	7	11°	178×62－24 59 48	169×54－24 51 48	仰直式二次葬	上		成年	Ⅰ罐形鼎，DⅥ折敛口钵形豆，AⅦ平底壶；AⅢ陶纺轮2件，圆石砧；Ⅰ玦2件	薛	晚	人架坑四边围绕青膏泥
29	3	12°	220×76－28 46		仰直式二次葬	东（左）		成年	BⅡ盆形鼎，BⅧ鬶，BⅡ、BⅤ折敛口钵形豆，Ⅲ盆形豆，AⅤ钵，Ⅲ大口矮领罐，BⅡ平底壶；BⅢ陶纺轮；Ⅴ璜，玉坠，玉片饰	薛	中	坑内东南角放一自然大石块
30	2	46°	？×54－底20		仰身直肢			成年	Ⅳ圈足壶；斧，BⅡ陶纺轮	薛	晚	南、北坑边不清。被扰
31	6	20°	210×58－22 36		直肢			成年	Ⅱ附盖釜形鼎，DⅥ折敛口钵形豆，盘，AⅢ钵，Ⅱ杯，Ⅲ器盖；AⅢ钺，A凿	薛	晚	被扰。仅存残头骨、胸脊、左下肢骨
32	6	29°	？×48－24 31		仰直式二次葬	东		成年	（AⅢ）陶纺轮			南坑边不清。被扰
33	6	15°		210×61－30 94	不明	上		成年	AⅤ、BⅠ罐形鼎，AⅤ、AⅥ弧敛口钵形豆，BⅠ附盖折敛口钵形豆，BⅠ附盖盆形豆，Ⅰ残鼓腹圈足杯，BⅣ单耳罐	黄	早二	四边有黄胶泥
34	11	15°	残长173×75－32 52		二次葬			成年	BⅢ（附盖残）、BⅥ残罐形鼎，BⅥ弧敛口钵形豆，BⅣ盆形豆，Ⅰ筒形圈足杯，BⅡ大口斜沿罐；砺石，Ⅱ搓磨石	黄	晚二	南端被挖掉

续表

墓号	所在探方	方向	墓坑（厘米）长×宽－口深－底深	附泥边框坑（厘米）长×宽－口深－底深	葬式	面向	性别	年龄	随葬品（陶质器皿、石陶骨工具、饰物、动物骨骼）	文化	期别	备注
35	10	18°	190×55－30 70－45		仰直式二次葬			成年	AⅢ、BⅠ（附盖）罐形鼎，Ⅰ附盖垂棱钵形豆，AⅡ弧敛口钵形豆，BⅠ附盖盆形豆，Ⅰ竹节筒形杯，CⅠ单耳罐	黄	早一	
36	15	17°	？×？－底38	198×？－25 38	不明			成年	BⅣ残折敛口钵形豆；Ⅴ穿孔斧，BⅡ锛；猪下颌骨2副	薛	中	墓坑四边不清。人架坑南北两边有青膏泥。人骨很少。严重被扰
37	4	10°	193×47－底27 52		仰直式二次葬			成年	无物			墓坑近长方形，中部最宽。被扰
38	14	17°	190×60－25 68		仰直式二次葬	上	男*	45±	AⅡ、BⅡ罐形鼎，Ⅱ垂棱钵形豆，AⅣ高把皿形豆，BⅠ弧敛口钵形豆，AⅠ残盆形豆，BⅢ盆，BⅠ、BⅡ碗，Ⅰ鼓腹圈足杯，Ⅰ三足杯，BⅣ残单耳罐；BⅠ、CⅠ（整1、残1）斧，BⅡ锛，有段锛	黄	早二	
39	4	11°	？×？－底35		仰身直肢一次葬	东南	男*	35～40	附盖盆形鼎，AⅦ、CⅢ（残）折敛口钵形豆，Ⅵ残盘，BⅢ大口斜沿罐，器盖；AⅢ（整1、残1）、BⅢ（残）陶纺轮，Ⅳ搓磨石3件；猪下颌骨1片	黄	晚二	东、西、南边不清
40	5	9°	200×55－45 65		仰直式二次葬			成年	BⅠ（残）、BⅡ罐形鼎，Ⅰ附盖残垂棱钵形豆，AⅠ弧敛口钵形豆，BⅠ碗，CⅠ残单耳罐；Ⅳ搓磨石；猪下颌骨1副	黄	早一	

续表

墓号	所在探方	方向	墓坑（厘米）长×宽－口深 底深	附泥边框坑（厘米）长×宽－口深 底深	葬式	面向	性别	年龄	随葬品（陶质器皿、石陶骨工具、饰物、动物骨骼）	文化	期别	备注
41	32	2°	？×？－底25		二次葬			成年	B残折敛口钵形豆	薛	中	四边不清。存留头骨、少量肢骨、脊椎骨。严重被扰
42	5	20°	？×？－底30		不明			成年	Ⅲ附盖残罐形鼎	薛	中	四边不清。仅存破碎头骨和很少上肢骨。严重被扰
43	5	5°	210×51－42 77		仰直式二次葬	东南	女＊	30～35	BⅡ罐形鼎，Ⅰ垂棱钵形豆，AⅠ、AⅡ弧敛口钵形豆，圜底杯，AⅠ单耳罐；BⅠ残锛	黄	早一	
44	23		？×？－底22		不明				（Ⅰ）玦			四边不清。仅剩小块头骨。严重被扰
45	23	30°	195×57－22 48 72		仰直式二次葬	南	女＊	40～45	BⅤ盆形豆，BⅡ钵，AⅡ、D碗，AⅡ大口斜沿罐；BⅠ陶纺轮	黄	晚二	
46	14	14°	？×？－底30		不明			儿童	CⅠ罐形鼎，Ⅰ残鼓腹圈足杯	黄	早二	四边不清。存留头骨和极少肢骨都与泥粘附一起。被扰
47	4	12°	？×46－底62		不明			儿童	BⅡ残罐形鼎，AⅠ残弧敛口钵形豆；石芯	黄	早一	南北边不清。存留头骨和个别肢骨。被扰

续表

墓号	所在探方	方向	墓坑（厘米）长×宽－口深 底深	附泥边框坑（厘米）长×宽－口深 底深	葬式	面向	性别	年龄	随葬品（陶质器皿、石陶骨工具、饰物、动物骨骼）	文化	期别	备注
48	32	7°	250×105－22 60		仰直式二次葬	上	男＊	45～50	BⅢ（附盖）、BⅣ（附盖、残）、BⅥ（残）罐形鼎，AⅥ折敛口钵形豆，BⅢ、CⅢ盆形豆，Ⅲ盘，A单耳杯，BⅣ单耳罐，Ⅲ弇口矮领罐，大口尊；AⅠ、BⅡ（残）、BⅢ、CⅡ斧，A（整1、残1）、BⅢ、CⅡ、CⅢ（整1、残1）、CⅣ（2件）、无式（残碎2件）锛，BⅠ、BⅡ、BⅢ（2件）、CⅠ（2件）、CⅡ凿，三孔石刀，Ⅰ、Ⅲ、Ⅳ、无式（残碎1件）搓磨石，AⅣ残陶纺轮；Ⅳ、Ⅵ玦；猪下颌骨8副	黄	晚二	
49	15	15°	220×67－41 85		仰直式二次葬			成年	BⅡ罐形鼎，Ⅰ附盖垂棱钵形豆，AⅢ高把皿形豆，CⅠ附盖盆形豆，AⅢ盆，A碗形杯，三曲凹弧腹杯，CⅠ单耳罐，C大口斜沿罐；AⅡ、AⅣ、BⅢ陶纺轮；Ⅱ、Ⅳ璜，玉簪	黄	早二	
50	4	19°	160×45－63 90		仰直式二次葬	上	女＊	40～45	AⅠ罐形鼎，Ⅵ附盖垂棱钵形豆，AⅡ弧敛口钵形豆，AⅠ碗，Ⅰ竹节筒形杯，Ⅰ残鼓腹圈足杯，CⅡ单耳罐；AⅠ陶纺轮（酥）	黄	早一	坑底北半部垫薄层草木灰
101	107	18°		184×56－20 28	仰直式二次葬			成年	（AⅢ）陶纺轮；（Ⅲ）残玦			四边有少量青膏泥。被扰
102	101	4°		149×55－23 60 42	仰直式二次葬			未成年	DX附盖折敛口钵形豆；Ⅰ玦	薛	晚	四边有青膏泥
103	107	18°	253×132－25 84	231×64－46 84	仰直式二次葬		男＊	25～30	AⅤ折敛口钵形豆，Ⅲ圈足罐	薛	早	四边有黄胶泥。坑底北部有薄层草木灰

续表

墓号	所在探方	方向	墓坑（厘米）长×宽－口深 底深	附泥边框坑（厘米）长×宽－口深 底深	葬式	面向	性别	年龄	随葬品（陶质器皿、石陶骨工具、饰物、动物骨骼）	文化	期别	备注
104	101	14°		230×65－35 63	仰直式二次葬	上	男＊	成年	AⅢ折敛口钵形豆；Ⅰ穿孔石斧	薛	早	四边有青膏泥。坑底北半部有薄层草木灰
105	101	10°	？×？－底35		不明				BⅡ（残）、BⅢ残罐形鼎	黄	晚一	四边坑边不清。仅存几块碎骨。严重被扰
106	107	21°	？×？－底25		未见人骨				Ⅱ附盖残罐形鼎，残弧敛口钵形豆	薛	中	严重被扰
107	107	20°	241×80－17 48	190×57－17 48	仰直式二次葬			成年	DⅦ折敛口钵形豆；CⅢ石钺，砺石2件，BⅣ陶纺轮	薛	晚	四边有黄胶泥。坑底北半部有薄层草木灰。稍被扰动
108	107	15°	212×53－24 46		仰身直肢一次葬	西	女＊	22～24	AⅠ附盖盆形鼎，BⅥ鬶，AⅥ折敛口钵形豆，BⅡ钵；Ⅲ穿孔石斧；Ⅴ璜，石镯	薛	早	
109	101	13°	长约155×76－38 48		仰直式二次葬			未成年	Ⅰ杯；Ⅴ璜；猪下颌骨5副、3片	薛	中	
110	107	12°		156×52－25 53	仰直式二次葬	西	女＊？	似未成年	DⅢ折敛口钵形豆；AⅢ陶纺轮	薛	晚	四边有黄胶泥。坑底垫薄层草木灰

续表

墓号	所在探方	方向	墓坑（厘米）长×宽－口深 底深	附泥边框坑（厘米）长×宽－口深 底深	葬式	面向	性别	年龄	随葬品（陶质器皿、石陶骨工具、饰物、动物骨骼）	文化	期别	备注
111	104	2°	236×99－20 95 38	193×65－20 60 38	仰身直肢一次葬			成年	Ⅵ罐形鼎，AⅢ折敛口钵形豆；猪下颌骨2副	薛	早	四边有青膏泥
112	104	7°	233×85－20 38		仰身直肢一次葬			成年	DⅧ折敛口钵形豆，Ⅰ觯；AⅢ陶纺轮；Ⅰ、Ⅱ、Ⅵ、Ⅶ玦，石镯	薛	晚	稍被扰动
113	105	4°	236×70－20 54		仰直式二次葬		男＊	成年	BⅠ鬶，AⅠ钵；BⅠ石钺	薛	早	
114	105	15°	241×96－22 85 42	207×60－22 55 42	仰直式二次葬			成年	AⅠ觚形杯	薛	早	四边有黄胶泥
115	101	14°	245×100－43 73	205×65－43 73	仰直式二次葬		女＊	25±	Ⅱ附盖罐形鼎，AⅤ附盖折敛口钵形豆，Ⅱ器盖；AⅢ陶纺轮	薛	早	四边有棕黄胶泥。坑底垫薄层草木灰
116	107	42°	？×？－38 48		仰身直肢		＊	未成年	BⅠ钵，Ⅳ竹节筒形杯，BⅠ单耳罐；Ⅰ、Ⅲ玦	黄	早二	四边不清。被扰。坑底有很少草木灰烬
117	107	200°	191×58－37 57		仰直式二次葬	南	男＊	成年	AⅤ（残）、BⅡ罐形鼎，Ⅰ附盖残垂棱钵形豆，AⅣ、AⅥ弧敛口钵形豆，Ⅰ残竹节筒形杯，Ⅳ鼓腹圈足杯，BⅣ单耳罐；穿孔石斧，Ⅲ搓磨石；Ⅱ玦（2件），Ⅲ璜；动物脊椎骨	黄	早二	
118	109	20°	178×72－19 43		仰直式二次葬			成年	AⅤ折敛口钵形豆，Ⅰ残圈足壶；AⅠ石钺（酥），Ⅳ搓磨石	薛	早	

续表

墓号	所在探方	方向	墓坑（厘米）长×宽－口深 底深	附泥边框坑（厘米）长×宽－口深 底深	葬式	面向	性别	年龄	随葬品（陶质器皿、石陶骨工具、饰物、动物骨骼）	文化	期别	备注
119	109	21°	205×80－25 47		不明			成年	BⅣ残盆形豆	黄	晚二	仅存一根股骨。严重被扰
120	104	20°	205×113－37 108 62	200×67－37 62	仰直式二次葬	西	男＊	40±	CⅢ附盖罐形鼎，附盖残釜形鼎，Ⅴ盘，Ⅲ三足杯，BⅤ单耳罐，圜底小杯形器，A、C（残）小口矮领罐；穿孔石斧，AⅡ斧，BⅠ、CⅥ锛，BⅠ残凿，砺石，Ⅱ、Ⅳ搓磨石，石凿半成品	黄	晚二	四边有黄胶泥
121	109	20°	？×？－15 28		仰直式二次葬			成年	BⅣ附盖残罐形鼎，附盖盆形鼎，BⅡ、CⅢ折敛口钵形豆，Ⅰ、Ⅴ盘，CⅠ单耳杯，器盖；Ⅱ搓磨石，AⅣ陶纺轮	黄	晚二	四边不清。稍被扰动
122	101	22°		191×56－70 92	仰直式二次葬	上	女＊？	40±	AⅤ、BⅡ罐形鼎，Ⅰ附盖垂棱钵形豆，AⅢ弧敛口钵形豆，AⅠ、BⅡ碗，Ⅰ鼓腹圈足杯，BⅣ残单耳罐；Ⅲ搓磨石，BⅠ陶纺轮；Ⅱ璜	黄	早一	四边有青膏泥
123	105	14°	410×283－25 302 109	300×174－35 179 109	仰直式二次葬		男＊	40～45	Ⅴ附盖罐形鼎，BⅦ鬶2件，Ⅲ弧敛口钵形豆，BⅡ盆，AⅥ、CⅡ钵，Ⅷ圈足罐，BⅠ、BⅡ平底壶；AⅡ钺，CⅦ锛（2件），砺石（3件）；Ⅴ玦（2件），Ⅲ璜，三联璧；小石料；猪下颌骨1副	薛	中	四边有棕黄胶泥。坑底垫薄层草木灰
124	103	21°		135×59－37 55	二次葬			儿童	AⅤ、CⅠ罐形鼎，Ⅲ附盖垂棱钵形豆，BⅠ附盖高把皿形豆，AⅠ（残）、BⅠ弧敛口钵形豆，AⅡ盆，AⅢ碗，Ⅲ竹节筒形杯，BⅡ单耳罐，C残三足罐；Ⅰ璜	黄	早二	东、南、西三边有青膏泥

续表

墓号	所在探方	方向	墓坑（厘米）长×宽－口深/底深	附泥边框坑（厘米）长×宽－口深/底深	葬式	面向	性别	年龄	随葬品（陶质器皿、石陶骨工具、饰物、动物骨骼）	文化	期别	备注
125	101	21°	288×约115－71 94	231×75－71 87 94	仰直式二次葬		女*？	成年	Ⅱ附盖罐形鼎，Ⅰ弧敛口钵形豆，AⅢ平底壶；陶纺轮（已碎未分型式）；Ⅳ璜；猪下颌骨12副	薛	早	四边有黄胶泥
126	101	26°	150×57－78 94		仰直式二次葬			成年	BⅢ高把皿形豆，A单耳杯	黄	早二	
127	111	6°		170×58－26 61	直肢二次葬	下	女*	35～40	BⅢ附盖盆形鼎	薛	早	四边有黄胶泥。坑底面垫有薄层草木灰
128	112	14°		197×71－32 86 57	仰直式二次葬	北	女*？	成年	AⅤ平底壶；AⅣ陶纺轮	薛	中	北、西、南三边有黄胶泥
129	109	21°	？×？－底28		不明				D大口斜沿罐（整1、残1）；砺石	黄	晚一	四边不清。仅存少量朽骨。严重被扰
130	109	17°	？×？－底28		不明				Ⅰ残垂棱钵形豆，AⅠ残盆	黄	早一	四边不清。仅存下肢骨2根。严重被扰
131	109	20°	？×？－底28		不明			成年	（Ⅳ）搓磨石			四边不清。仅存少量下肢骨。严重被扰
132	111	17°		180×48－22 43 35	仰直式二次葬	北	女*	成年	无物			东西两边有青膏泥
133	111	3°		150×60－24 53 40	似俯身葬	下	女*	成年	无物			四边有黄胶泥

续表

墓号	所在探方	方向	墓坑（厘米）长×宽－口深 底深	附泥边框坑（厘米）长×宽－口深 底深	葬式	面向	性别	年龄	随葬品（陶质器皿、石陶骨工具、饰物、动物骨骼）	文化	期别	备注
134	111	18°	？×？－底33		仰直式二次葬		男*	45～50	Ⅰ觯；CⅣ石锛，多孔石刀，砺石	薛	晚	四边不清
135	112	6°	211×99－24 46	190×70－24 74 46	仰直式二次葬	西	男*	30～35	Ⅱ穿孔石斧	薛	早	四边有青膏泥
136	112	22°	？×？－底25		不明			成年	无物			四边不清。仅存上下肢骨4根。严重被扰
137	112	3°		218×79－33 90	仰直式二次葬	北	男*	成年	Ⅱ附盖残罐形鼎；砺石	薛	早	东、南、西三边有黄胶泥
138	112	19°		172×75－29 55	二次葬		男*？	35±	Ⅰ器盖；Ⅲ搓磨石3件，AⅣ陶纺轮2件；猪下颌骨1副	薛		四边有青膏泥。肢骨缺失较多
139	101	19°	181×44－90 40 106		仰直式二次葬	东	*	9～10岁	BⅠ（附盖）、CⅠ罐形鼎，Ⅰ附盖垂棱钵形豆，Ⅱ竹节筒形杯	黄	早一	
140	111	18°	152×57－42 54 56	130×45－42 56	仰直式二次葬	西	*	11～12岁	Ⅱ罐形鼎，AⅠ折敛口钵形豆，AⅢ平底壶；Ⅰ璜	薛	早	西、南两边有黄胶泥
141	112	16°	170×70－39 80 57	150×60－39 57	仰直式二次葬	上	女*	30～35	C盆；AⅡ陶纺轮；Ⅰ玦，Ⅵ璜	薛	早	西、北两边有青膏泥
142	104	6°	？×？－约36 62		不明			成年	BⅠ罐形鼎，BⅡ残高把皿形豆，AⅡ折敛口钵形豆，A、B碗形杯；CⅤ石锛，有段锛；Ⅱ璜（整1、残1）	黄	早二	四边不清。仅存几根肋骨及头骨痕迹
143	104	23°	？×？－20 33		仰直式二次葬		男*	40±	BⅠ石钺；陶镯	薛		四边不清

续表

墓号	所在探方	方向	墓坑（厘米）长×宽－口深 底深	附泥边框坑（厘米）长×宽－口深 底深	葬式	面向	性别	年龄	随葬品（陶质器皿、石陶骨工具、饰物、动物骨骼）	文化	期别	备注
144	104	24°	197×74－25 64 92	121×59－72 55 92	仰直式二次葬	北	*	6岁	BⅠ罐形鼎，Ⅱ附盖垂棱钵形豆，AⅡ、BⅡ高把皿形豆，BⅡ盆，Ⅰ残鼓腹圈足杯，A碗形杯，BⅣ单耳罐	黄	早二	四边有黄胶泥青膏泥
145	112	25°	182×50－93 55 116		仰直式二次葬	上	男*	35±	无物			
146	112	22°		150×48－72 30 134	仰直式二次葬		男*	30～35	BⅡ弧敛口钵形豆，AⅣ折敛口钵形豆，C三足罐	黄	早二	四边有青膏泥
147	109	9°	？×？－42 94		仰直式二次葬			成年	BⅤ罐形鼎，器盖；砺石	黄	早二	四边不清。在东北角置一自然大石块
148	104	16°	244×77－24 87 43		仰直式二次葬		男*	成年	BⅣ附盖盆形鼎，BⅥ鬶，AⅡ折敛口钵形豆，Ⅴ盆形豆，Ⅱ盘形豆，AⅡ觚形杯；CⅢ石凿，砺石3件；猪下颌骨2副、3片	薛	中	
149	112	22°		168×65－87 61 158	仰直式二次葬	西	女*	20～22	AⅣ（附盖）、BⅡ罐形鼎；残骨簪	黄	早一	四边有青膏泥。坑底横剖凹弧粘薄层木质炭化物
150	106	15°		182×72－30 77 50	仰直式二次葬		男*？	成年	AⅡ折敛口钵形豆，Ⅲ三足壶；Ⅴ穿孔石斧；猪下颌骨11片	薛	早	东、西边有黄胶泥。原缺人头骨胸部骨骼等
151	106	10°		190×73－25 45	仰直式二次葬	西	男*	成年	Ⅳ附盖残罐形鼎，DⅣ折敛口钵形豆，E钵，Ⅱ圈足罐；BⅠ石钺，CⅥ锛；猪下颌骨1片	薛	早	四边有青膏泥。墓主生前人工拔齿

续表

墓号	所在探方	方向	墓坑（厘米）长×宽－口深 底深	附泥边框坑（厘米）长×宽－口深 底深	葬式	面向	性别	年龄	随葬品（陶质器皿、石陶骨工具、饰物、动物骨骼）	文化	期别	备注
152	108	13°	？×50－25 41		仰直式 二次葬			成年	无物			北坑边不清。严重被扰
153	108	17°	205×60－20 30		直肢			成年	BⅢ附盖罐形鼎，AⅤ折敛口钵形豆，BⅢ、CⅤ盆形豆，Ⅱ三足杯，BⅣ单耳罐，器盖2件；Ⅰ搓磨石，AⅣ陶纺轮2件，磨圆陶片	黄	晚二	仅存部分上下肢骨。严重被扰
154	102	5°	？×68－18 33		二次葬			成年	Ⅲ附盖罐形鼎，BⅣ折敛口钵形豆，Ⅳ盆形豆，AⅥ平底壶；猪下颌骨1片	薛	中	北半部人骨和墓坑被挖掉
155	102	5°		185×55－底22 60	仰直式 二次葬		男＊	30～35	Ⅰ附盖残釜形鼎，BⅣ、CⅠ折敛口钵形豆，Ⅱ残圜底壶；BⅡ陶纺轮	薛	中	东、北两边有青膏泥。被扰
156	106	5°		？×？－25 40	仰直式 二次葬		女＊	40～45	Ⅱ附盖残罐形鼎，BⅢ、BⅣ（残）、CⅡ折敛口钵形豆，Ⅱ残圜底壶；Ⅱ、Ⅴ璜；兽骨1块	薛	中	南边有青膏泥，其他三边不清
157	102	4°		225×73－45 88 85	仰直式 二次葬	颈体方向	男＊	30～35	BⅠ附盖盆形鼎，AⅤ折敛口钵形豆，AⅠ盆，Ⅳ杯，Ⅱ大口矮领罐，Ⅷ圈足壶；有段石锛，CⅡ凿，砺石	薛	早	四边有黄胶泥
158	106	21°	？×？－底38		不明				Ⅱ附盖残罐形鼎，残弧敛口钵形豆，B残折钵形豆，大口斜沿罐；玉坠	薛	中	仅存少量碎人骨。严重被扰
159	108	18°	203×100－32 128	190×72－88 128	仰直式 二次葬	东	女＊	成年	Ⅰ附盖罐形鼎，AⅡ折敛口钵形豆，Ⅰ盘形豆，AⅡ盆，Ⅷ圈足壶，Ⅰ附盖三足壶，Ⅳ器盖	薛	早	四边有黄胶泥
160	102	12°	160×56－27 50 47		仰直式 二次葬		男＊	成年	AⅠ附盖盆形鼎，BⅥ鬶，BⅡ残折敛口钵形豆，AⅥ残钵，Ⅳ三足壶；BⅢ陶纺轮；Ⅴ璜	薛	中	

续表

墓号	所在探方	方向	墓坑（厘米）长×宽－口深 底深	附泥边框坑（厘米）长×宽－口深 底深	葬式	面向	性别	年龄	随葬品（陶质器皿、石陶骨工具、饰物、动物骨骼）	文化	期别	备注
161	108	18°	？×51－37 51		不明			成年	CⅠ附盖罐形鼎，Ⅰ附盖残垂棱钵形豆，Ⅱ竹节筒形杯	黄	早二	仅存墓坑南端。仅见左胫骨
162	102	13°	190×64－26 42		仰直式二次葬	东	女＊	成年	BⅤ附盖盆形鼎，BⅦ鬶，B附盖残折敛口钵形豆，Ⅱ盆形豆，Ⅰ盘形豆，BⅢ钵，Ⅰ小口矮领罐；AⅣ陶纺轮；Ⅳ玦2件	薛	中	
163	106	20°		243×87－31 70 78	不明		＊	1.5～2岁	BⅢ罐形鼎，DⅢ折敛口钵形豆，BⅠ大口斜沿罐；砺石，角锥；鹿下颌骨1片	黄	晚一	四边有黄胶泥。仅见人头骨和下颌骨
164	102	8°	185×51－25 45		仰直式二次葬		男＊	成年	Ⅱ附盖罐形鼎，AⅢ觚形杯；Ⅳ穿孔石斧	薛	晚	
165	108	2°		165×61－43 54 58	仰直式二次葬		女＊？	成年	Ⅱ附盖罐形鼎，DⅢ折敛口钵形豆，DⅡ残盆；AⅣ陶纺轮	薛	早	北、东两边有黄胶泥
166	102	12°	155×68－57 75		仰直式二次葬	上		少年	BⅡ罐形鼎，Ⅵ垂棱钵形豆，C碗，Ⅱ鼓腹圈足杯，BⅠ单耳罐，A附盖三足罐，残豆圈足；Ⅱ玦	黄	早二	墓底横剖凹弧形有薄层木质炭化物
167	118	8°	152×52－20 37		直肢			未成年	BⅢ附盖残盆形鼎，BⅡ折敛口钵形豆，AⅡ、AⅢ平底壶；CⅦ残石锛	薛	中	未见人头骨，主要存留部分肢骨。被扰
168	102	30°		166×52－70 100	仰直式二次葬	西	男＊	18～20	CⅠ罐形鼎，Ⅳ、Ⅵ（附盖、残）垂棱钵形豆，Ⅲ鼓腹圈足杯，B三足罐	黄	早二	四边有青膏泥

续表

墓号	所在探方	方向	墓坑（厘米）长×宽－口深 底深	附泥边框坑（厘米）长×宽－口深 底深	葬式	面向	性别	年龄	随葬品（陶质器皿、石陶骨工具、饰物、动物骨骼）	文化	期别	备注
169	118	9°	190×北100－54 中84　71 南120	153×60－54 50　71	不明		＊？	成年	无物	薛		墓坑形状特殊。四边有青膏泥。仅存残人头骨。M169打破M170
170	118	3°	370×北240－40 中260　111 南250	255×150－40 138　111	二次葬		男＊？	成年	BⅡ附盖残盆形鼎，BⅡ鬶，残釜片，AⅣ折敛口钵形豆，Ⅷ圈足壶；BⅠ石锛；兽残肢骨1段，填土中兽头1个	薛	早	四边有棕胶泥。坑底有炭化木板痕
171	115	18°		171×63－20 46	仰直式 二次葬	西	男＊	50～55	DⅠ残折敛口钵形豆，Ⅵ圈足罐；CⅣ石锛；猪下颌骨1副	薛	中	四边有青膏泥
172	116	19°	171×70－15 78　39		仰直式 二次葬	颈体方向	男＊	成年	BⅠ石钺	薛		坑底有薄层草木灰。稍被扰动
173	116	20°		172×50－23 36	仰直式 二次葬	东	女＊	40～45	BⅢ附盖罐形鼎，Ⅱ筒形圈足杯；Ⅳ搓磨石2件（内1件为浮水石）	黄	晚一	四边有青膏泥。坑底有薄层草木灰
174	110	22°		163×60－20 30	仰直式 二次葬	上	女＊	16±	无物			南、北两边有棕黄胶泥
175	110	9°		170×53－20 47　40	仰直式 二次葬	东	女＊	成年	Ⅱ附盖罐形鼎，Ⅱ附盖小口矮领罐；陶球	薛	中	东、南、西三边有青膏泥
176	110	10°		191×57－20 38	仰直式 二次葬		男＊	成年	Ⅰ搓磨石；猪下颌骨3片	薛		四边有青膏泥。打破M181，叠压M193、199

续表

墓号	所在探方	方向	墓坑（厘米）长×宽－口深 底深	附泥边框坑（厘米）长×宽－口深 底深	葬式	面向	性别	年龄	随葬品（陶质器皿、石陶骨工具、饰物、动物骨骼）	文化	期别	备注
177	116	21°		160×46－21 63 54	仰直式二次葬	上	女＊?	成年	BⅢ附盖罐形鼎，CⅡ折敛口钵形豆，Ⅳ盘，AⅡ钵，Ⅰ筒形圈足杯，AⅢ单耳罐；BⅢ残陶纺轮	黄	晚一	四边有黄胶泥
178	115	22°	205×59－21 31		仰直式二次葬		女＊	25～30	Ⅳ釜形鼎，DⅢ折敛口钵形豆，Ⅰ觯；BⅢ石钺	薛	晚	
179	110	10°		163×60－20 33	仰直式二次葬		＊?	未成年	Ⅱ附盖罐形鼎，DⅨ折敛口钵形豆，Ⅱ小口矮领罐；Ⅶ璜	薛	晚	北、西、南三边有青膏泥
180	110	21°	?×?－31 45		仰身直肢一次葬	上	男＊	30～35	CⅠ钵	薛	早	北、东、南三边不清
181	110	5°	?×?－20 35		仰直式二次葬		男＊	35～40	CⅡ石钺	薛	早	四边不清
182	110	50°		残长155×54－25 50	仰身直肢一次葬		女＊	成年	BⅣ附盖罐形鼎，CⅠ折敛口钵形豆，CⅡ单耳罐；AⅣ陶纺轮；猪下颌骨1片	黄	晚一	东、南、西三边有黄胶泥。坑北端及人头骨、颈部被挖掉。胫骨腓骨上压一自然大石块
183	116	26°	90×58—22 37		瓮棺				Ⅲ小口矮领罐（葬具）	薛	中	

续表

墓号	所在探方	方向	墓坑（厘米）长×宽－口深 底深	附泥边框坑（厘米）长×宽－口深 底深	葬式	面向	性别	年龄	随葬品（陶质器皿、石陶骨工具、饰物、动物骨骼）	文化	期别	备注
184	116	20°		200×80－30 67 74	仰直式二次葬	上	男＊	30～35	AⅡ折敛口钵形豆；CⅢ石钺	薛	早	四边有黄胶泥
185	115	19°		219×66－30 47	仰直式二次葬	西	男＊？	成年	Ⅲ附盖釜形鼎，DⅢ折敛口钵形豆，Ⅴ圈足壶；AⅠ陶纺轮，小石料	薛	晚	东、南、西三边有黄胶泥
186	110	19°		150×51－35 57	仰直式二次葬		女＊	20～22	Ⅱ附盖罐形鼎；Ⅲ搓磨石	薛	中	东、北、西三边有棕黄胶泥
187	110	7°		193×56－47 77 71	仰直式二次葬		女＊？	20±	Ⅲ附盖罐形鼎，DⅨ折敛口钵形豆，AⅢ平底壶；AⅠ陶纺轮；猪下颌骨2副、8片	薛	晚	东、北两边有棕黄胶泥
188	110	18°		？×？－38 53	直肢		女＊？	成年	BⅢ残折敛口钵形豆，Ⅶ圈足罐	薛	中	北边有黄胶泥，其他三边不清。严重被扰
189	110	3°	长约190×50－20 40		仰身直肢一次葬	南	男＊	成年	Ⅳ穿孔石斧	薛		南坑边不清
190	116	19°		167×45－33 66 56	仰直式二次葬	上	男＊	成年	CⅡ罐形鼎，CⅡ折敛口钵形豆，Ⅰ筒形圈足杯，CⅣ单耳罐，残圈足；Ⅲ搓磨石	黄	晚一	东、西两边有黄胶泥
191	115	19°	208×70－42 75 62		仰直式二次葬	北	男＊	成年	BⅢ附盖盆形鼎，AⅥ残折敛口钵形豆，Ⅱ圈足罐；猪下颌骨3副	薛	早	坑内西南角置一自然大石块

续表

墓号	所在探方	方向	墓坑（厘米）长×宽－口深/底深	附泥边框坑（厘米）长×宽－口深/底深	葬式	面向	性别	年龄	随葬品（陶质器皿、石陶骨工具、饰物、动物骨骼）	文化	期别	备注
192	115	12°	346×146－57/140 127	212×70－81/60 127	仰直式二次葬	东	男*	40±	AⅣ、BⅠ罐形鼎，AⅢ高把皿形豆，BⅤ弧敛口钵形豆，CⅡ盆形豆，BⅢ附盖盆，B单耳杯，CⅢ单耳罐	黄	早二	东、北、西三边有青膏泥。坑底横剖凹弧有薄层木质炭化物。墓坑内东南角置一自然大石块
193	110	15°	250×115－45/125 115	200×60－75/53 115	二次葬	下	男*	25±	AⅠ附盖盆形鼎，AⅡ折敛口钵形豆，AⅠ附盖觚形杯；Ⅱ穿孔石斧，BⅡ锛，石刮削器，砺石；猪下颌骨11副、23片	薛	早	四边有青膏泥。人头骨置于抹有青膏泥的框匣状物内
194	110	15°	长约215×147－56/130 82	182×92－56/84 82	仰直式二次葬	上	女*	40±	BⅢ附盖盆形鼎，AⅡ折敛口钵形豆，AⅠ平底壶；AⅣ（残）、BⅣ陶纺轮；猪下颌骨2副、24片	薛	早	四边有棕色胶泥。墓坑内东南方置一自然大石块。墓主生前人工拔齿
195	110	8°	203×80－44/75 77	180×45－59/77	仰直式二次葬	南	男*	30～35	BⅤ残折敛口钵形豆，BⅢ残平底壶；砺石	薛	中	东、北、西三边有青膏泥。坑底局部有薄层草灰
196	115	13°		177×62－75/145	仰直式二次葬	东	男*	30～35	AⅣ、BⅠ罐形鼎，AⅠ（2件）、BⅠ（附盖）折敛口钵形豆，AⅠ、BⅠ盆，BⅢ碗，Ⅰ竹节筒形杯，Ⅰ鼓腹圈足杯，BⅢ单耳罐，圜底小扁罐（填土中）；Ⅲ搓磨石；象下臼齿1枚，小块兽骨	黄	早一	东、西两边有黄胶泥。坑底横剖凹弧形粘薄层木质炭化物

续表

墓号	所在探方	方向	墓坑（厘米）长×宽－口深 底深	附泥边框坑（厘米）长×宽－口深 底深	葬式	面向	性别	年龄	随葬品（陶质器皿、石陶骨工具、饰物、动物骨骼）	文化	期别	备注
197	110	10°	？×？－34 82	长约200×70－60 82	仰直式二次葬		女＊	40～45	AⅠ附盖盆形鼎，BⅤ 鬶，甑，AⅥ折敛口钵形豆，AⅢ盆，AⅥ钵，碗，AⅢ觚形杯，Ⅰ三足罐，AⅣ平底壶，Ⅱ附盖三足壶；AⅡ陶纺轮；猪下颌骨约50副	薛	早	墓坑四边不清。人架坑西边有黄胶泥。墓坑南端二层台上堆放大小猪下颌骨约50副（已酥软）
198	115	28°	？×？－49 90	104×60－49 90	仰身直肢		＊	6个月～1岁	B单耳杯，D残三足罐；Ⅲ残璜	黄	早二	墓坑西、南边清楚，东、北边不明。人架坑东、南、西三边有黄胶泥
199	110	22°		？×？－43 58	二次葬	上	女＊	22～24	Ⅰ圜底壶；Ⅰ玦	薛	早	东边有棕色胶泥，其他三边不清。盆骨及以下骨骼已无。严重被扰
200	110	2°	？×80－45 65		仰直式二次葬		男＊	40～45	无物			南、北坑边不明。坑南端和左右胫骨腓骨被挖掉
201	110	25°		145×45－37 40 64	仰直式二次葬		＊？	未成年	BⅢ附盖罐形鼎，CⅣ折敛口钵形豆，Ⅱ弇口矮领罐	黄	晚二	东、南、西三边有黄胶泥

续表

墓号	所在探方	方向	墓坑（厘米）长×宽－口深 底深	附泥边框坑（厘米）长×宽－口深 底深	葬式	面向	性别	年龄	随葬品（陶质器皿、石陶骨工具、饰物、动物骨骼）	文化	期别	备注
202	110	16°	175×60－53 73		仰直式二次葬	东	女＊	25～30	BⅢ附盖罐形鼎，BⅥ残弧敛口钵形豆，CⅡ（残）、DⅢ折敛口钵形豆，Ⅴ盘，D单耳杯，Ⅱ筒形圈足杯，BⅥ单耳罐，A残小口矮领罐；BⅣ陶纺轮	黄	晚一	
203	115	12°	178×61－70 135		屈肢式二次葬	东	女＊	成年	AⅡ、BⅡ罐形鼎，Ⅰ附盖垂棱钵形豆，AⅠ、AⅥ弧敛口钵形豆，AⅠ附盖盆形豆，AⅠ钵，Ⅰ竹节筒形杯，AⅡ单耳罐	黄	早一	坑底横剖凹弧形粘薄层炭化物
204	114	13°	153×75－底30 58		直肢二次葬	下	＊	2～3岁	Ⅲ附盖残罐形鼎，DⅤ残折敛口钵形豆，Ⅲ残三足罐2件；猪下颌骨5副	薛	晚	稍被扰动
205	114	14°	151×65－底27		仰直式二次葬	上	女＊	56＋	AⅤ折敛口钵形豆，Ⅴ圈足罐；AⅣ残陶纺轮；猪下颌骨2副	薛	早	稍被扰动
206	113	4°	170×63－底26 42		仰直式二次葬	西	男＊	20～22	CⅣ石钺；猪下颌骨1片	薛	中	
207	113	25°	184×73－16 34		仰直式二次葬	上	女＊	50±	Ⅲ附盖釜形鼎，DⅣ折敛口钵形豆；AⅢ陶纺轮；猪下颌骨1副	薛	晚	
208	114	12°	210×170－28 155 66	210×93－28 66	仰直式二次葬		女＊?	成年	DⅡ盆，BⅡ觚形杯，Ⅱ圈足壶；AⅤ陶纺轮；猪下颌骨3副	薛	早	四边有青膏泥
209	114	7°		213×62－25 67 44	仰直式二次葬	上	男＊	45±	Ⅱ附盖罐形鼎，BⅥ鬶，BⅤ折敛口钵形豆，Ⅴ残盆形豆，盘；残石斧，BⅢ陶纺轮	薛	中	东、西边有黄胶泥
210	114	22°	187×56－底26 67		仰直式二次葬	上	女＊	成年	AⅠ石钺（酥）	薛		被扰

续表

墓号	所在探方	方向	墓坑（厘米）长×宽－口深 底深	附泥边框坑（厘米）长×宽－口深 底深	葬式	面向	性别	年龄	随葬品（陶质器皿、石陶骨工具、饰物、动物骨骼）	文化	期别	备注
211	117	27°		188×70－20 55 51	仰身直肢一次葬	西	男＊	50～55	陶豆片；穿孔石斧小片，打制石片，Ⅲ搓磨石	薛		北边有黄胶泥。盆骨上压一自然大石块
212	117	18°		205×70－20 46	二次葬		男＊	30～35	AⅡ盆形鼎，残弧敛口钵形豆，Ⅱ残盆形豆，Ⅰ小口矮领罐；BⅡ石锛	薛	中	四边有棕黄胶泥
213	117	23°	185×59－24 64 61		仰直式二次葬		男＊	30～35	Ⅱ附盖罐形鼎，DⅣ折敛口钵形豆，AⅡ钵，Ⅱ三足罐；BⅣ石锛，Ⅳ搓磨石	薛	中	
214	113	14°	170×64－24 46		仰直式二次葬	东	男＊	35～40	AⅢ罐形鼎；猪下颌骨1副	黄	早二	
215	113	34°	180×55－25 35		仰直式二次葬	西	男＊	50～55	Ⅵ圈足壶	薛	中	
216	113	37°		186×45－16 52 31	仰直式二次葬	东	男＊	40±	AⅠ陶纺轮；石镯2件	薛		南边有青膏泥
217	114	21°		205×60－16 42	仰直式二次葬		男＊？	成年	BⅢ鬶，DⅣ折敛口钵形豆，DⅡ残盆，BⅠ钵，Ⅸ圈足壶；CⅣ、CⅤ石锛，CⅠ残石凿，AⅡ、BⅢ陶纺轮	薛	早	四边有青膏泥
218	117	20°	205×86－26 78 61	177×65－41 61	二次葬		女＊？	16～17	Ⅱ附盖罐形鼎，BⅡ附盖鬶，DⅣ折敛口钵形豆，AⅠ钵，Ⅳ圈足罐，AⅠ平底壶；Ⅱ块；猪下颌骨6副13片	薛	早	四边有棕色胶泥
219	114	15°	？×55－22 40		仰直式二次葬		男＊	成年	无物			北端坑边及头骨肋骨被扰无存

续表

墓号	所在探方	方向	墓坑（厘米）长×宽－口深 底深	附泥边框坑（厘米）长×宽－口深 底深	葬式	面向	性别	年龄	随葬品（陶质器皿、石陶骨工具、饰物、动物骨骼）	文化	期别	备注
220	117	22°		？×62－16 31	仰直式二次葬		女＊	成年	无物	薛		西、南两边有棕色胶泥。北端坑边及头骨被扰无存。M220 下压 M225
221	113	13°		205×65－22 70	仰直式二次葬		男＊	成年	Ⅰ附盖釜形鼎，DⅡ折敛口钵形豆，Ⅰ残圈足壶；CⅤ石锛；小狗骨架3具，乳猪骨架1具	薛	早	东、北、西三边有青膏泥。
222	113	9°	？×？－底26		仰身直肢一次葬		女＊	成年	CⅢ石锛；石管	薛	晚	坑四边不清
223	113	13°	200×96－20 94 50		仰直式二次葬	西	男＊	45±	AⅠ钵，Ⅰ小口矮领罐，Ⅲ残圈足罐；BⅠ石钺，CⅠ锛	薛	早	坑底横剖凹弧形有很薄层灰烬。坑内西南方埋一自然大石块
224	114	11°	158×62－26 36		仰直式二次葬	西	男＊？	30～35	AⅠ陶纺轮			肢骨粗壮似男性，然头骨细小与体骨不甚相称
225	117	20°	216×85－48 106	190×55－81 106	仰直式二次葬		女＊	45±	A附盖鬶，AⅣ折敛口钵形豆，AⅣ钵，Ⅰ觯，Ⅵ圈足罐，Ⅶ圈足壶；AⅢ陶纺轮；Ⅶ璜；猪下颌骨4片，兽骨2块	薛	早	四边有青膏泥，坑底有薄层木质炭化物。

续表

墓号	所在探方	方向	墓坑（厘米）长×宽－口深 底深	附泥边框坑（厘米）长×宽－口深 底深	葬式	面向	性别	年龄	随葬品（陶质器皿、石陶骨工具、饰物、动物骨骼）	文化	期别	备注
226	114	19°	？×？－底24		直肢二次葬			成年	Ⅳ附盖残罐形鼎	薛	早	坑四边不清。被扰。主要存留部分肢骨和肋骨
227	113	20°		199×52－33 53	仰直式二次葬		女＊	成年	Ⅲ附盖罐形鼎，釜，DⅢ、DⅣ（残）折敛口钵形豆，Ⅱ三足罐；AⅤ陶纺轮；Ⅱ、Ⅶ璜，陶镯	薛	中	四边有青膏泥
228	114	11°	185×63－33 75 46		仰直式二次葬	西	男＊	成年	AⅠ附盖盆形鼎，AⅥ折敛口钵形豆；A石锛	薛	早	
229	114	16°	？×？－底34		仰直式二次葬		女＊？	成年	无物			坑四边不清。被扰
230	113	9°		198×68－34 62 62	仰直式二次葬	北	女＊	成年	BⅠ附盖鬶，AⅠ、D钵；CⅥ石锛，AⅢ陶纺轮	薛	早	西、北、南三边有青膏泥
231	117	10°	310×160－26 140 142	205×75－116 142	仰直式二次葬	上	男＊	25～30	Ⅲ附盖罐形鼎，BⅣ附盖鬶，AⅡ折敛口钵形豆，C盆，AⅣ钵，AⅠ觚形杯，Ⅰ圈足罐；CⅠ石钺；Ⅲ玦3件，弧带形牙器；猪下颌骨12副、20片	薛	早	南、北边有棕黄胶泥。坑底横剖凹弧有薄层木质炭化物。墓主生前人工拔齿
232	114	16°		184×58－47 136	仰直式二次葬	西南	女＊	30±	BⅠ罐形鼎2件，Ⅰ附盖残垂棱钵形豆，AⅠ、AⅡ、AⅢ高把皿形豆，AⅠ盆形豆，AⅣ盆，BⅡ碗2件，Ⅱ残竹节筒形杯，Ⅳ鼓腹圈足杯；Ⅳ搓磨石，BⅣ陶纺轮	黄	早二	北边有黄胶泥。坑底与坑壁拐角处粘有薄层木质炭化物

续表

墓号	所在探方	方向	墓坑（厘米）长×宽－口深/底深	附泥边框坑（厘米）长×宽－口深/底深	葬式	面向	性别	年龄	随葬品（陶质器皿、石陶骨工具、饰物、动物骨骼）	文化	期别	备注
233	114	18°		191×71－38 65 115	仰直式 二次葬	西	男＊	25～30	Ⅱ垂棱钵形豆，BⅡ盆形豆，Ⅳ竹节筒形杯；CⅠ石锛	黄	早二	四边有青膏泥
234	114	24°	162×50－底35 37		仰直式 二次葬		男＊？	成年	无物			被扰
235	113	14°	？×？－底41		仰直式 二次葬		女＊	成年	无物			坑四边不清。被扰
236	114	19°		138×54－50 50 112	仰直式 二次葬	东	＊	7～8岁	AⅣ罐形鼎，DⅠ附盖折敛口钵形豆，B残碗2件，Ⅰ鼓腹圈足杯（整1、残1），C碗形杯，AⅠ大口斜沿罐	黄	早一	四边有青膏泥。东坑边有一自然大石块
237	117	23°	？×？－底120		仰直式 二次葬		＊	7～8岁	BⅠ罐形鼎，CⅡ附盖折敛口钵形豆，BⅣ盆，BⅢ碗，残三曲凹弧腹杯，BⅢ单耳罐	黄	晚一	坑四边不清
238	117	31°	208×58－82 55 132		仰直式 二次葬		男＊	30～35	BⅠ附盖罐形鼎；陶珠；兽肩胛骨	黄	早一	

说明：①＊符号表示人骨经现场鉴定。②随葬品各型式未注件数者均为1件。

附录一　黄梅塞墩遗址石器鉴定简报

刘荣贵
（江西省地矿局九一六地质大队）

应中国社会科学院考古研究所湖北工作队的要求，于1990年7月11日～15日在湖北黄梅对该队发掘塞墩新石器时代遗址出土的石器（含很少量的玉器）进行岩性鉴定。鉴定方法采用多倍放大镜观察，必要时辅以醋酸点滴试验。其所定颜色，指石器外表现存颜色，不一定就是它的本色，因受自然界和人工使用等影响，有些岩石外部颜色发生变化而使表里不一致，从岩石的新鲜面就可看到本色。其所定摩氏硬度，指现存实际硬度，不全是岩石本来的硬度。有的岩石风化后硬度会降低，如细晶岩、凝灰岩等都会变软，细晶岩一部分甚至可变成高岭土；当然也有的岩石如石英岩等是不会变软的。据考古队队长任式楠同志介绍，塞墩遗址位于龙感湖西岸边，湖西和湖南部为湖泊平原区，湖北岸下新、独山等处为丘陵低山地带，石器主要出自墓葬，部分的从文化层中出土，还有少量的系探方耕土层和遗址采集遗物。经鉴定的石（玉）器共约340件，逐一记录了结果，在考古报告的各标本叙述中予以引用。现再归纳有关情况，概述如下。

一　关于石器工具类石料的岩石种类

石器工具类石料的岩石，主要为前震旦系的变质岩（约9亿年以前）、超基性—基性的侵入岩、古火山喷出岩（从基性—中性—酸性），还有少量的晚期侵入岩脉（如细晶岩）、石英脉等。

变质岩中，以浅变质岩为主，计有变凝灰质砂岩、变凝灰质石英砂岩、变凝灰岩、条带状粉砂质板岩、板岩、硅质岩或硅质板岩等。少部分有云母石英片岩、角闪片岩及浅色变粒岩（石英变粒岩、石英岩、大理岩）等变质较深的岩石。

岩浆岩中，一种是岩浆侵入岩，有蛇纹石化橄榄岩、辉长岩、辉绿岩（超基性—基性岩），尚有一些细晶岩脉（可能为晚期的脉岩?）。另一种是古火山喷出岩，有变细碧岩、石英角斑岩、流纹岩、浮岩等。以细碧岩为多，其他较少，浮岩只有标本M173：4一块（较为罕见）。尚有少量的火山角砾岩。

此外，还有一些热液活动形成的石英脉，以及由热液活动引起的蚀变岩石如硅化的凝灰质砂岩、板岩（已变成石英岩），少量的破碎角砾岩。

二　岩石产出的地质特征和分布地域

浅变质岩——变凝灰质砂岩、变凝灰岩、粉砂质板岩、板岩等，从湖北广济以东，安徽的南部，江西的北部，浙江的西部，广为分布。在浅变质岩中往往见有古细碧岩—角斑岩—石英角斑岩（从基性—中性—酸性）的海底火山喷发岩，亦有陆地喷出的玄武岩—安山岩—流纹岩等。

较深变质的云母石英片岩、角闪片岩、变粒岩等，其分布范围有限，南面仅江西庐山一带，北或西北部见于大别山一带。

橄榄岩、辉长岩、辉绿岩这些超基性岩—基性岩，来自下地壳或上地幔，一般见于大断裂带，即要有大断层才能暴露，如北面的山东郯城—安徽庐江大断裂带，南面的赣东北大断裂带等。

三　石料性状与所制石器类别

工具类石器的石料，使用较多的有凝灰质砂岩、变凝灰质砂岩、板岩、古细碧岩、硅质岩、石英岩等，看来多系就近取材。凝灰质砂岩、变凝灰质砂岩（尤其是凝灰质石英砂岩）新鲜者硬度较大，加之粗糙，除主要制作锛、凿外，还常作为砺石使用。板岩的岩石薄，易于开采和制作，但硬度较小，当时集中用于磨制扁薄的大石钺和箭头。细碧岩、硅质岩、石英岩的硬度都较大，尤其后两种，较为脆硬，易于先打出利刃，然后再用较长时间加以磨光，当时普遍地用来制造多种有刃工具。

橄榄岩由于产出的地质条件限制，在石器的发现地域未见有这样的地质条件（至少目前尚未有这样的报道），因此只能是从外地采来，恐怕得之不易。用橄榄岩制成的石器，只见1件双孔石钺（标本M31：2）和3件单孔石斧（标本M135：1、M189：1、M193：1），制作都很精致，有的还经抛光。其保存十分完好者，未见磨损现象。加上蛇纹石化后，色泽颇显美观。推测先民对这类石料的石器可能比较珍重。

片岩类石材，由于片岩变质较深，与浅变质岩显然有别，石器的出土地区尚无这样的条件，因此也只能从邻近的地区采来。

浮岩多产于火山岩（尤其是酸性火山岩）分布的地区。在浅变质岩发育地区虽然有古流纹岩、古石英角斑岩这些酸性火山岩，但浮岩却很少见有。浮岩只产于特定的有限地方，在古火山口一带才能形成，目前不掌握这一地区的古火山口在哪里，对墓中出土一件浮岩的具体产地不清楚。

细晶岩一般呈脉状产地，易采，且岩性由石英、长石等矿物组成，如果新鲜者硬度较大（石英7°，长石6°）；但由于组成的矿物颗粒细小，长石类矿物易风化变成高岭石，所以遗址出土的由细晶岩制成的一部分石器的硬度较低（3°±）。变凝灰质砂岩新鲜者硬度也较大，但由于火山灰中含长石类矿物，且岩石形成后变成绢云母，因此也易风化，硬度随之变低。古细碧岩主要为辉石、斜长石等组成，岩石硬度较大，但由于岩石形成时遭变质，形成绿泥石化碳酸盐化等（这些矿物硬度较低），在岩石中形成不规则的团块状脉状，在制成工具后因使用时的磨损，这些矿物易磨掉造成坑坑洼洼，这乃是使用后的磨损现象，非风化脱落所致。

制作斧、锛、凿等类的石料，多是硬度较大的石英岩、石英片岩、橄榄岩、细碧岩等，磨出的刃口锋利，棱角分明，表面光滑，无疑先民的磨制过程是费时费力的，也能见其已掌握了较好的技术和方法。其中少量的石器表面有似玻璃质样的光亮，或称为抛光，推测可能是最后进行油浸化打磨的结果。

在岩石类装饰品中，有一部分的材料为透闪石和玛瑙，属于传统的玉石。其色泽悦目，加工普遍十分精细。对这些玉石制品值得重视和进一步探讨。

附录二 黄梅县塞墩遗址动物考古学研究

韩立刚
（安徽省文物考古研究所）

应中国社会科学院考古研究所任式楠、陈超二位先生之邀，要我承担湖北省黄梅县塞墩新石器时代遗址动物骨骼研究工作。我于1992年11月赴黄梅县城对兽骨集中加以整理、观察和记录。任、陈两先生对田野发掘收集的动物骨骼，分遗迹、分层包装登记，同时，提供了遗址背景和有关兽骨出土情况资料。这次本人进行室内整理、鉴定研究时，把各单位出土的兽骨以同一个序号作了统一编号。

本文就遗址出土的动物骨骼，从动物考古学角度进行尝试性的探讨。不足之处，请同仁不吝指教。

一 遗址大环境概况

黄梅县位于湖北省最东部，北与蕲春县相邻，西与广济县毗连，东与安徽省宿松县接壤。黄梅县地势北高南低，北部属丘陵地区，是大别山向东延伸的余脉，最高峰乱石滩海拔高1244.1米，山区动、植物属种十分丰富。南部濒临长江，与江西省九江市隔江相望，由于南流的河川与长江的冲积物多年沉积，形成大片的冲积平原，土地肥沃，加上气候温暖湿润，是人类生存活动的理想地域。

黄梅县经多年的考古调查，揭示了这一地区史前人类的历史。目前，已初步发现旧石器时代晚期人类在此活动的线索，采集到一些打制石器工具①。到了新石器时代至东周时期，境内发现六十多处遗址和遗物采集点②。塞墩新石器遗址就是其中重要的一处，从1986年起对该遗址发掘以来，获得了人类生产、生活等方面的丰富遗物。

二 遗址附近的地理环境

塞墩遗址处于黄梅县城东南方，距县城约25公里，位于该县冲积平原的东南角，地理坐标东经116°04′，北纬29°53′，海拔高度12米。遗址坐落在感湖南岸的湖滩上，由于对龙感湖围湖造田，遗址遂被围在堤内。遗址地势低洼，稻田就分布在上面。感湖水深3米，涨水时达到7米，如果不是堤坝所挡，遗址长期浸泡在湖水里，只有冬季才有可能露出水面。遗址北部统称龙感湖，包括了黄梅县的源湖、大源湖、小源湖、感湖和宿松县的龙湖，连成一片较大水域，水中盛产青、草、鲤、鲇、鳊、银、鳜鱼类，龟、鳖、虾、螺、蚌也十分丰富。在这一片水域中央还有两处新石器时代遗址。越过这两处遗址向北10公里便是丘陵，山中曾有豺、狼、鹿、獐、兔、獭、猴、野猪等野生动物，还有30多种飞禽往来山区与平原之间。遗址南面、西面分布一片广阔的冲积平原，是黄梅县主要产粮区。遗址向南8公里便是长江。塞墩遗址的先民选择近山的平原地区居住，既利于狩猎，又利于农耕。但是，现在塞墩遗址所处环境地势低洼，在一片水域的包围中，并不很适合人们居住。推测史前时代遗址地势比现在要高，与旱地相连。遗址变成今日的环境是因桑田沧海之变而形成的。

---

① 何新民、石曧、聂习国：《黄梅发现旧石器遗址》，《中国文物报》1991年5月5日。

② 中国社会科学院考古研究所湖北工作队、黄梅县博物馆：《湖北黄梅县考古调查简报》，《考古》1994年第6期。

三 动物骨骼出土情况

塞墩遗址动物骨骼分别出土于地层、灰坑、墓葬。由于动物骨骼埋藏前受到人工砍、砸、烧，暴露地面时间的长短，埋藏深浅和地下矿物质与水等因素的影响，骨骼保存程度及石化程度有着显著的差别。下面将骨骼埋藏与石化情况分别叙述。

（一）动物骨骼埋藏情况

地层中出土动物骨骼的探方18个，主要集中在遗址中的墓地东北角处的探方，其中T15、T13、T12最为丰富。骨骼分别埋藏在第2、3、4地层中，第2、3层数量多，第4层数量极少。第2层出土有亚洲象、牛、家猪、梅花鹿、狗等动物的上下颌骨、头骨、桡骨、尺骨、肱骨、股骨、胫骨、肩胛骨、掌骨等，并有少量龟、鳖的腹背板。第3层出土有亚洲象、牛、梅花鹿、家猪等动物骨骼，以及少量青鱼喉齿；值得注意的是还发现了2件经火烧烤的人胫骨、股骨残段。第4层出土的只有牛的上颌骨、肋骨等。T15、T13、T12骨骼埋藏相对集中，且与陶片混杂在一起，明显反映是一处无坑的大垃圾堆。而零散分布的骨骼埋藏，可能是随处丢弃或者是暴雨水流与食肉动物的搬运而形成的。

塞墩墓葬出土的动物骨骼，以猪的下颌骨随葬为主，个别有用獐的犬齿和象臼齿作为随葬的。提供鉴定的标本，主要有6座墓的动物骨骼，其中用猪下颌骨随葬的4座，用象臼齿随葬的1座，用獐犬齿随葬的1座。

各座墓中随葬猪下颌骨的数量不等，悬殊较大，例如M39随葬猪下颌骨1片，M13随葬1副，最多的M197随葬猪下颌骨约50副。许多猪下颌骨在墓中出土时左右两边基本没有多大错动，说明下颌骨在下葬前保持着左右连在一起，若数量较多，其放置情况为上下交错叠压，而并非整齐地逐对排列。

M7用獐的犬齿随葬，是把一枚犬齿放在死者左手部位，估计是手腕的装饰物。M196内随葬亚洲象的一颗下第二臼齿，放置在墓坑南头。

塞墩遗址灰坑出土的动物骨骼是重要遗迹之一，其中有10个灰坑含有7个属种的动物骨骼，分别有亚洲象、牛、梅花鹿、麂、狗、鳖、鱼以及人的骨骼等。各灰坑出土的动物属种既有相同也有不同，骨骼埋藏也各具特征。似可分为三类遗存。

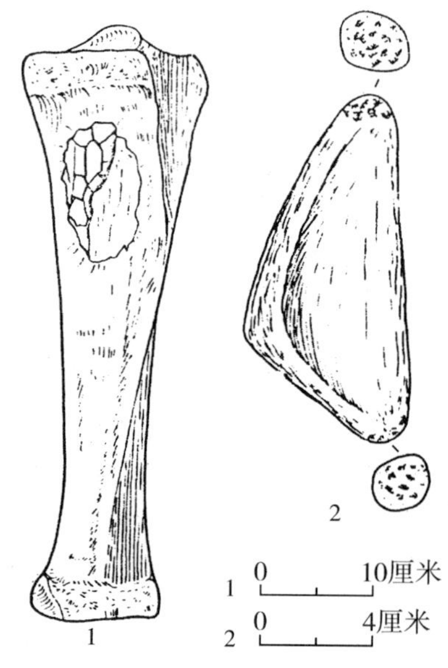

附图1 H9出土石锤和被砸击兽骨
1.象胫骨（H9：332） 2.石锤（H9：8）

1. 垃圾灰坑：H1、H2、H107属这一类型灰坑。H1出土有家猪下颌骨，亚洲象脊椎骨，梅花鹿角和鳖背甲。H2出土有家猪下颌骨，梅花鹿的距骨、股骨、掌骨，麂的胫骨，牛的趾骨，鳖背甲，鱼脊椎与喉齿。灰坑内堆积都是动物骨骼和陶片混杂一起，没有层序之分，这是当时人们在日常生活中将吃剩的废骨与打碎的陶器碎片倒进灰坑形成的埋藏。

2. 野炊型灰坑：H9、H105属这一类埋藏灰坑。H9出土有少量的陶片（1件夹砂陶罐可复原），坑底部有火烤过的亚洲象的下颌骨、肩胛骨、胸椎、髋骨、尺骨、胫骨，狗的上颌骨，牛的下颌骨、趾骨，猪的头骨、肋骨，青鱼牙齿，人的右股骨，以及石锤。H105出土有夹砂陶罐，下部是经火烧烤的亚洲象股骨、下颌骨后枝，梅花鹿角，以及石英砂岩石砧一件。两个灰坑内的骨骼大都经烧烤过，并伴有石锤、石砧、夹砂陶罐，一些骨骼上残留着被锤击的痕迹，石锤上也留下锤击后的糙面或崩落碎屑的痕迹（附图1，1、2），反映当时人们敲骨吸髓的情景。分析这类灰坑可能是野炊时形成的。

3. 祭祀型灰坑：H3、H6、H106三个灰坑较特别。H3出土一副完整的亚洲象下颌骨和一副猪下颌骨，象下颌骨平放在坑底，前部朝南。H106中也出土一副完整的亚洲象下颌骨，下颌骨反扣在地下，前部朝东。H6出土五个水牛头骨，一个平放着，四个垂直放着，并与一副猪下颌骨放在一起。三个灰坑都没有陶片，动物骨骼的摆放似有一定规律，这是人们有意识的行为，推测是进行祭祀活动留下的遗迹。

（二）动物骨骼保存与石化情况

出土的动物骨骼大部分都较破碎，完整的骨骼很少，主要的原因，是遗址的先民们敲骨吸髓和制造骨器工具所致。许多破碎的骨骼上残留着人工砸、砍、劈、锤、锯、烧的痕迹。经火烧烤的骨骼有猪、牛、象、梅花鹿、鳖等动物，在地层和灰坑均出土有火烤烧的骨骼共计122块，占骨骼总块数的11%。保存较完整的骨骼只有猪的下颌骨和象下颌骨，数量很少，只占骨骼总块数的7%。

骨骼出土时从颜色、石化程度可分三种：

1. 基本石化：这类骨骼在埋藏前，人们取食时对骨骼施于火烧烤，表面烧成暗紫色，出土时保存原样完好，叩之有声。

2. 骨骼石化50%左右：这类骨骼出土时呈灰白色，拿起手感较重，具有一定吸水性，保存不及火烧烤标本完整，基本可称亚化石。

3. 完全没有石化：骨骼出土时呈褐灰色。可分二种情况，一种质地非常酥松，手触时便有骨屑掉下，发掘时连土勉强可以取出，多数标本骨表皮都不能保存；另一种在地层中能见到骨骼的形状，但无法取出。

四　动物种类及骨骼统计

塞墩遗址中出土的动物骨骼可分为兽类、鱼类、爬行类、蚌类，至少代表10种动物，动物属种分类如下：

无脊椎动物 Invertebrate
　瓣鳃纲 Lamellibranchia
　　真瓣鳃目 Eulamellibranchia
　　　蚌科 Unionidae
　　　　无齿蚌 Anodontia sp.
脊椎动物 Vertebrata
　鱼纲 Pisces
　　骨鳃目 Ostariophysi
　　　鲤科 Cyprinidae
　　　　鲤属 Cyprinus Linnaeus
　　　　　鲤鱼 Cyprinus carpio Linnaeus
　　　　青鱼属 Mylopharyngodon Peters
　　　　　青鱼 Mylopharyngodon piceus（Rich）
爬行纲 Reptilia
　龟鳖目 Chelonia
　　龟科 Emydidae
　　　乌龟 Chinemys reevesii（Gray ）
　　鳖科 Trionychidae
　　　鳖 Amyda sp.
食肉目 Carnivora
　犬科 Canidae
　家犬 Canis familiaris L.
偶蹄目 Artiodactyla
　猪科 Suidae

家猪 Sus domestica L.

鹿科 Cervidae

梅花鹿 Cervus nippon Temminck

麂 Muntiacus sp

獐 Hydropotes inermis Swinhoe

牛科 Bovidae

水牛 Bubalus sp.

长鼻目 Proboscidea

真象科 Elephantidae

亚洲象 Elephas maximus L.

以上各属种动物骨骼总数1135块（表一），其中牛、象、梅花鹿、猪分别占近10% ~15%、合计占46%，麂、獐、狗、鳖、龟、鱼合计占2.5%，不能鉴定的碎骨占51.5%。从各种骨骼数量统计，我们可以看到塞墩遗址先民主要肉食来源是以狩猎和家养动物为主，基本上以梅花鹿、猪、牛、象等肉类作为常用肉食，麂、獐、狗、龟、鳖、鱼为不常食肉类。

表一　　塞墩遗址鉴定动物骨骼数量统计表　　单位：块

单位	文化层 \ 动物属种 骨骼数量	狗	象	牛	梅花鹿	麂	獐	猪	鱼	鳖	龟	其他骨骼	小计
T13、12	2~3层	1	50	55	36	6	1	28			1	208	386
T14	3			1	1			2					4
T15	2~3层	1	29	35	59			45	2	2	2	286	461
T22	2							1				16	17
T23	2				1								1
T101	2			2	1								3
T103	2		1	1	1								3
T105	3		2	3									5
T106	2~3层		2	1				1					4
T108	2		1	1									2
T109	2		1										1
T110	3			2	1								3
T112	2		1										1
T113	4			3									3
T114	2~3层		2	1	1								4
T115	3		1										1
T117	2~3层		3										3
灰坑		1	24	8	18	1		8	4	2	4	74	144
墓葬			1				1	87					89
合计		3	118	113	119	7	2	172	6	4	7	584	1135

五　动物属种描述与讨论

1. 梅花鹿　Cervus nippon Temminck

塞墩遗址出土梅花鹿骨骼较多，有头骨、下颌骨、环椎、跟骨、肱骨、股骨、掌骨等（表二）。出土的鹿角有自然脱落和未脱落的两种，鹿角保存都较破碎，上面留有锯切和砍砸痕迹。从出土骨骼数量统计，梅花鹿最小个体数 6 头。下面选择一些较好标本进行描述：

表二　　梅花鹿骨骼数量统计　　单位：块

名称＼数量＼部位	远端	近端	完整	其他	合计
头骨				额、顶骨	2
左下颌骨			3		3
右下颌骨			6		6
环椎骨			3		3
左跟骨			4		4
右跟骨			3		3
左肱骨	1	1			2
右肱骨	1	2			3
左胫骨	1				1
左股骨	2				2
右股骨	1				1
左前掌骨	1				1

标本 T13②:93 系雄性梅花鹿头骨，右角自然脱落。左角保存角柄，角环与头骨相连，角环上部被人工折断。头骨保存顶骨与额骨，前面视额骨平坦，中缝略隆起，顶骨后部略起，向前与额骨相连，中部略高，两边有个浅的凹窝。头骨上的角相距 96 毫米，左角环前后径 40 毫米（图版一二七，6）。

标本 T15③:297 是一件梅花鹿左下颌骨，保存 M_2 和 M_3。M_2 长 18 毫米，宽 10.5 毫米，外侧高 15 毫米。M_3 长 25 毫米，宽 10 毫米，外侧高 15 毫米。位于 M_3 部位的下颌骨高 32 毫米，厚 17.5 毫米。（图版一二七，1、2）。

标本 T15②:192 系梅花鹿左肱骨，人工砸断，保存远端，残存长度 77 毫米。远端宽 40 毫米，滑车内宽外窄，内侧前后长 30 毫米，外侧前后长 27 毫米，偏向外侧的滑车脊，高于外髁。外髁上有圆窝。鹰嘴窝最大宽度 14 毫米，冠状窝长而宽，内有一浅窝。在肱骨骨干中部前后径 24 毫米，内外径 22.5 毫米（图版一二七，4、5）。

标本 T23②:415 系梅花鹿自然脱落角，保存左角的角环上部主枝和眉枝一段，眉枝保存长度 80 毫米，主枝保存 102 毫米。主枝与眉枝夹角 80°。角环前后径 43 毫米，角环上部到眉枝一段前后径 27 毫米（附图 2，2；图版一二七，3）。

讨论：塞墩遗址中出土的梅花鹿骨骼块数较多，但统计出来的个体数并不多，可能是梅花鹿骨骼破碎厉害，产生了最小个体数统计的误差。出土的梅花鹿角都较破碎，上面多数有锯切痕迹，说明当时人们常

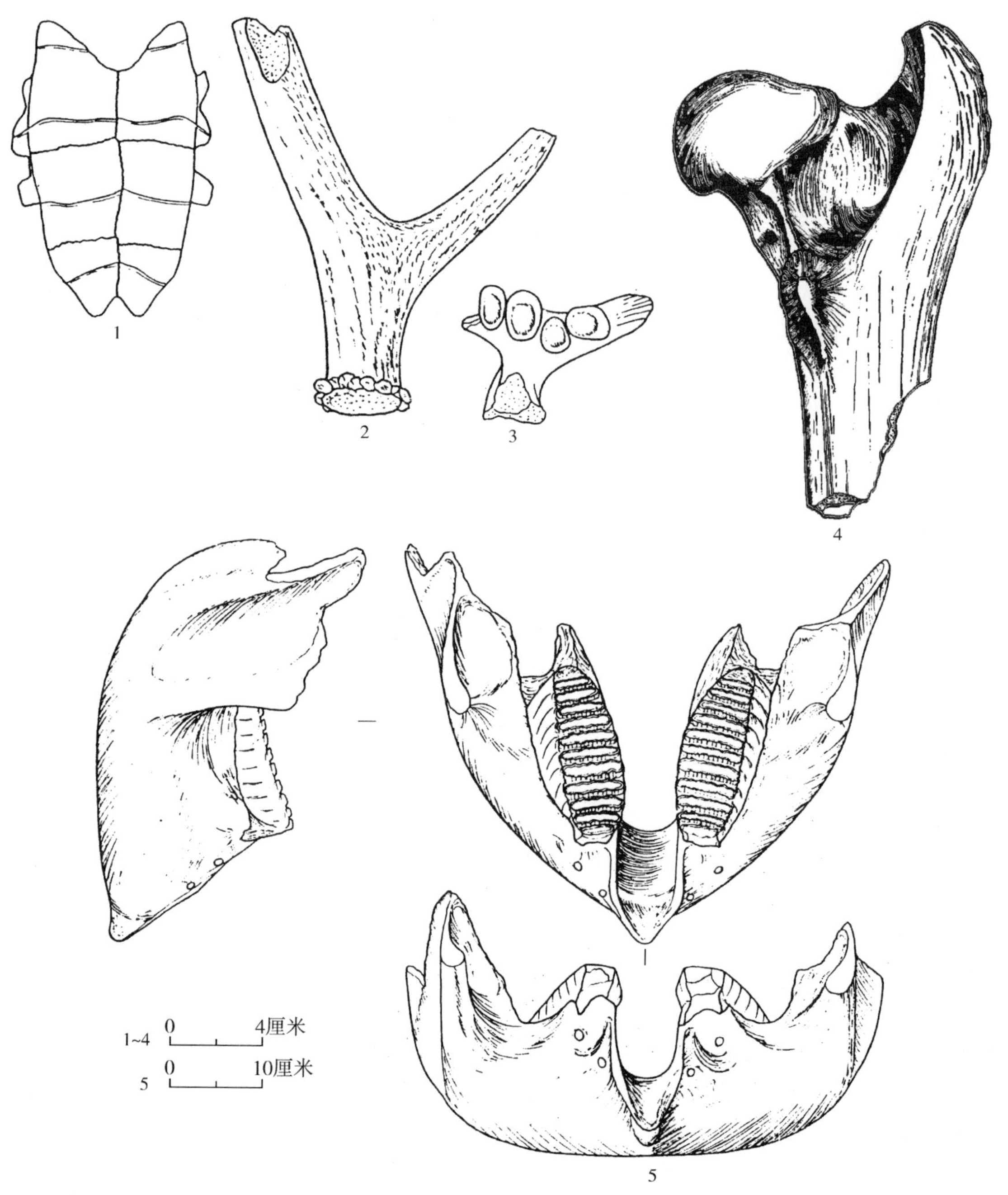

附图 2 文化层和坑穴出土动物骨骼

1. 乌龟腹板（T13②: 129） 2. 梅花鹿左角（T23②: 416） 3. 青鱼喉骨（H9 : 327）
4. 水牛股骨（T15③: 243） 5. 亚洲象下颌骨（H9 : 346）

以鹿角制作角器。根据出土的梅花鹿角环统计，自然脱落的角占少数，多数是未脱落的。梅花鹿茸角在4～5月生出，8月以后鹿角骨化，第二年2～3月鹿角脱落。遗址出土有鹿角基本是骨化和自然脱落的，说明当时人们曾在秋春季节猎获梅花鹿。由于猎获的梅花鹿个体与年龄上大小差别，角环、角柄、眉枝与主枝的夹角都相应产生变化。通过对遗址中梅花鹿角测量的数据表明，角环的前后径在32～56.5毫米之间；内外径在36～52毫米之间；角柄长度在21～30毫米之间，角柄前后径在29～35毫米之间；眉枝与主枝夹角一般在100°～110°之间，少数夹角度数在80°左右（表三）。可以判定梅花鹿个体发育上鹿角会产生变异，即使同样年龄的两头雄鹿鹿角大小都不尽相同，存在相对差异。

表三 **梅花鹿角有关部位测量数据** 单位：毫米

标本号＼数据＼鹿角部位	角环		角柄		眉枝与主枝夹角
	前后径	内外径	长度	前后径	
T15②: 177	45	49	21	35	
T15②: 178	42	46. 5	29	36	
T15②: 180	32	37	31	30	
H1 : 335	43	41			110°
T15②: 179			30	28	
T15②: 181			30	29	
T15③: 277	42	40			105°
T15②: 184	35	36			
T13②: 93	42	40	21	36	
T23②: 415	43	44			80°
T15③: 276	56	52			100°
T15③: 296	56. 5	54			110°
T15③: 280	41	40	31	32	
T15③: 281			32	30	
T15③: 274	42	40			105°
T15③: 282			30	32	
T15③: 275	43	42			110°

2. 獐 Hydropotes inermis Swinhoe

塞墩遗址獐骨骼出土的数量很少。只发现掌骨（出土于地层）和犬齿（出土于墓葬），最小个体数为2头。

标本 M7 : 443（即原编号 M7 : 7）系獐的右犬齿，保存完整，长度38毫米。齿外侧珐琅质厚而光滑，内侧珐琅质薄而粗糙，齿根封闭。犬齿靠根部有锯切痕迹，当时人们可能将这类犬齿加工成装饰品。

标本 T15③: 298 是獐的右后掌骨，残留长度198毫米，并经人工烧烤。掌骨前面窄而深的血管沟从上向下逐渐加宽，后面的血管沟比前面深而且宽。掌骨前面外侧略高于内侧。近端关节内外径24毫米，中部有一孔洞与后面血管沟相通。

3. 麂 Muntiacus sp.

麂的骨骼在遗址中出土数量少，集中埋藏在地层第2层，还有灰坑 H2 出土1件胫骨。骨骼均被人工砸碎，残存有桡骨、股骨、掌骨、跟骨、趾骨以及胫骨等，最小个体数4头。

标本 T13②: 117 系麂的右掌骨，残存长度45毫米。滑车内外侧径15毫米，前后径11毫米。掌骨前面血管沟浅而细。血管沟内侧骨面成缓坡形向后延伸，外侧坡比内侧幅度略小。掌骨后面靠近滑车部平坦，有一很小血管孔与骨腔相通。

4. 家猪 Sus domestica L.

家猪的骨骼在遗址中主要分布在墓葬和地层，灰坑中也有少量骨骼。大部分骨骼由于人工敲砸残缺不全。发现有头骨、下颌骨、上颌骨、肩胛骨、肱骨、尺骨、桡骨、胫骨、股骨、跟骨等（表四），最小个体数48头。选择有代表性标本描述如下：

表四　家猪骨骼数量统计　单位：块

名称＼部位＼数量	远端	近端	完整	其他	合计
头骨				8	8
下颌右				38	38
下颌左				48	48
左肱骨	4				4
左桡骨	2	1			3
左尺骨	1	2			3
左肩胛骨			1		1
右胫骨	1				1
左胫骨	4				4
左股骨	1				1
左上颌骨				1	1
右上颌骨				1	1

标本T13②:80系猪的左肱骨，被人工砸断，保存远端及部分骨干，残存长度78毫米，骨干中部前后径28毫米，远端宽41毫米。鹰嘴窝最宽处16毫米，窝深并与冠状窝相通。滑车在一侧方向变窄，在狭部位有一个凹入近似半圆形的平滑面，是与其他动物肱骨明显区别的特征（图版一二四，5、6）。

标本T15③:256系猪的左下颌骨，保存M_3，P—M_2缺失。M_3齿尖基本磨平，是一壮年个体，年龄在2.5岁左右。M_3长32毫米，宽16毫米，高12毫米。M_3下部的颌骨宽25毫米，高49毫米（图版一二四，1、2）。

标本M2:444（即原编号M2:9）系猪下颌骨，青年个体。保存P_2、P_3、M_2、M_3。P_2和P_3长28毫米，高分别为12与10毫米。M_2齿尖略有磨蚀，长23毫米，宽15毫米，高10.5毫米。M_3刚萌出，齿尖未磨，长39毫米，宽16毫米，高16.5毫米（图版一二四，3、4）。

标本T15③:254是猪的左下颌骨，少年个体，保存P_3、P_2、M_1、M_2。P_3、P_2刚露出齿槽，M_1尖略有磨蚀，M_2尖一点未磨，M_3未萌出。M_1长18毫米，宽11毫米，高9.5毫米。M_2长22.5毫米，宽13毫米，高13毫米。M_2位置的下颌骨高41毫米，宽23毫米（图版一二四，10）。

标本H9:339系猪的头骨，经火烧成暗紫色。顶骨左半部被人工砸开，包括左半部额骨、颧骨、鼻骨都已损失。上颌骨左边保存M^1、M^2、M^3，三颗臼齿牙尖都已磨蚀，属壮年个体。头骨残存长度220毫米，头骨总体较小，吻部较短。眶上突后缘至枕脊的边缘微凸，后端成急剧收缩之势。颧弓明显向外倾斜，头骨在颧弓处显得较宽，骨缝大部愈合，但泪骨骨缝未严密愈合。枕骨高（枕大孔后缘到枕脊后面的距离）77毫米，枕骨宽（枕脊横宽）66.5毫米。M^3长31毫米，宽（齿中部）17毫米，高（磨蚀后）10.5毫米。M^2长20.5毫米，宽16毫米，高5毫米（图版一二四，7、8、9）。

讨论：塞墩遗址地层中猪的各种骨骼数量仅次于鹿类，而在墓葬中唯有猪下颌骨随葬最为普遍。猪的下颌骨在墓葬中数量很多，经采集鉴定的只是代表性的。当时人们有意识地把猪下颌骨保存下来，积累数量越多象征越富有，反映塞墩遗址家庭组合已经形成，每个家庭饲养猪的数量多少，是衡量贫富的标准之一。前面已谈到各个墓随葬猪下颌骨数量悬殊，就是反映贫富差别的例证。

塞墩遗址猪的下颌骨统计代表最小个体数大于其他部位骨骼统计数。主要从牙齿生长与磨蚀过程可划分成五个生长阶段：（1）幼年个体，P_4刚刚长出，牙尖未经磨蚀；（2）少年个体，P_4已经有一定磨蚀，

M_1长出未经磨蚀；（3）青年个体，第三臼齿刚出齿槽，或长出后齿尖略有磨蚀；（4）壮年个体，第三臼齿齿尖已经磨蚀；（5）老年个体，第三臼齿磨蚀阶段很深，牙面已经下陷，齿质暴露。

根据以上五个年龄阶段标准划分，经统计遗址中各年龄阶段猪的最小个体数分别为：幼年个体3头，占总数6%；少年个体9头，占总数20%；青年个体27头，占总数54%；壮年个体8头，占总数18%；老年个体1头，占总数2%。从各个年龄阶段统计数反映，青年个体、壮年个体的猪为主要的宰杀对象。幼年个体和少年个体的猪可能是夭折的。老年个体猪少量，在其他新石器遗址发现的老年猪也都是数量较少，这种情况可能是作为种猪饲养的。

另外，对遗址出土的猪的上、下臼齿经过测量（表五、表六），发现在同年龄与不同年龄各个体的牙齿大小都有一些差别。特别同年龄的个体牙齿差别产生原因，是一个较复杂问题，不仅是个体发育上的差别，还有遗传基因及后天饲料的差别等情况，都能引起牙齿发育不均等现象。

表五　　家猪下臼齿测量数据　　单位：毫米

标本号 \ 年龄段 \ 数据 \ 项目		M_3			M_2			M_1			备注
		长	宽	高	长	宽	高	长	宽	高	
T13②: 60	青年	38	17.5	15	21	15	11				M_2牙尖已磨，M_3前二叶尖已磨
T13②: 58	青年	34	15	14							M_3牙尖未磨
T13②: 59	青年	37	16.5	15.5							M_3牙尖未磨
T13②: 57	青年				22	14	13	17	10	7	M_2牙尖略磨，M_1尖已磨平
T13②: 61	青年	30	15	13	20	13	11				M_3尖未磨，M_2尖已磨平
T13②: 69	青年	38	17.5	12.5	22	16	11				M_3前二叶尖已磨，M_2尖磨平
T13②: 67	青年	30	15	14	20	14	9				M_3尖略磨，M_2尖磨平
T13②: 71	青年				22	15	11	18	12	7	M_2尖略磨，M_1尖磨平
T15②: 200	青年	42.5	15.5	13							M_3尖未磨
T15③: 254	少年				24	14	13.5	17	12.5	7.5	M_2尖未磨，M_1尖略磨
T15③: 256	壮年	31	15	11							M_3尖磨平
T15③: 263	青年	39	16	14.5							M_3尖未磨
M13 : 446	青年	40	17	15							M_3尖未磨
M5 : 447	青年	47	17	15.5							M_3尖未磨
M193 : 431	青年	47	17	15							M_3第一叶尖略磨
T15②: 201	青年	33	15	15							M_3第一叶尖略磨

5. 水牛　Bubalus sp.

水牛在遗址中主要分布在灰坑和地层中，发现有头骨、下颌骨、前肢和后肢骨、颈椎、胸椎、腰椎等（表七）。统计得出最小个体数7头。将具有代表性标本描述如下：

标本T15②: 158为水牛左侧肱骨，近端被人工砸去，保存肱骨远端，残存长度162毫米。远端宽94毫米，滑车内侧前后长81毫米，中部长45毫米，外侧长55毫米。滑车由外向内倾斜，外测滑车面上靠前部有一不规则凹窝，内侧有一髁状突，从鹰嘴内侧向下斜伸到后侧。鹰嘴窝深33毫米，最大宽度36毫米。后部冠状窝较深（图版一二五，8）。

表六

家猪上臼齿测量数据

单位：毫米

标本号	年龄段	M^3 长	M^3 宽	M^3 高	M^2 长	M^2 宽	M^2 高	M^1 长	M^1 宽	M^1 高	备注
T15③：265	青年	37	21	16	24	19	9.5	18.5	15	6.5	M^3 尖未磨，M^2、M^1 尖磨平
H9：339	老年	31.5	17.5	9.5	21	16.5	6	16	13.5	5	M^3 牙尖磨平，M^2 见少量齿质，M^1 全见齿质
T13②：41	成年	32.5	19	21							牙尖未磨
T13②：38	成年				30	21	24.5				尖略磨蚀
T13②：44	成年	31.5	18	23							尖未磨
T13②：40	成年							31	20	26.5	尖已磨蚀部分
T13②：39	成年							31.5	21	25.5	尖已磨蚀部分
T13②：42	成年	33.5	19	24							尖未磨
T15②：154	成年				26.5	21	25				尖已磨
T15②：152	成年	32	20.5	24							尖未磨
T15②：150	成年	33.5	18.5	24							尖未磨
H7：380	青年				33.5	22.5	22	35	24	26	尖已磨
T103②：402	青年	32.5	20	18	32	27	21.5	35	24	26	尖已磨
H109：361	青年	31	22	26	32	24.3	26				尖已磨
H109：362	青年	31.5	22	24	31	23.5	25.5				尖已磨
T110③：396	青年	31	24	28	31.5	25	28				尖已磨

标本 T13②：53 系水牛的左侧股骨，残留有人为火烧痕迹，保存远端股骨头，残存长度 162 毫米。股骨内髁宽 45 毫米，前后长 75 毫米；外髁宽 56 毫米，前后长 71 毫米；髁间窝宽 25 毫米。滑车脊内侧比外侧宽，而且上部比下部宽。内脊上部宽 21 毫米，外脊上部宽 16 毫米；滑车前部宽 57 毫米，后部宽 50 毫米。滑车沟上部深，向下逐渐变浅（附图 3，4；图版一二八，7、8）。

标本 H9：336 系水牛左下颌骨，保存下颌枝一段，以及 M_1、M_2、M_3 臼齿，残存长度 120 毫米，而且内侧经火烧烤成灰黑色。M_1、M_2 齿面均有磨蚀，牙尖基本磨去。M_3 牙尖刚有磨损。以牙齿磨蚀程度衡量，属青年个体。M_1 长 28 毫米，宽 15 毫米，高 22 毫米。M_2 长 33 毫米，宽 15 毫米，高 23 毫米。M_3 长 39 毫米，宽 14 毫米，高 22.5 毫米（图版一二五，7）。

标本 T113④：390 为水牛左上颌骨，残存长度 105 毫米，保留 P^2 ~ M^3 齿列。P^2、P^3 刚露出齿槽，属少年个体。M^1 齿形长方形，长 32 毫米，宽 23 毫米，外侧高 23.5 毫米。M^2 比 M^1 略长，长 34 毫米，宽 22.5 毫米，外侧高 23 毫米。M^3 与 M^1 相近，长度 32 毫米，宽 20 毫米，高 20 毫米。三个臼齿以 M^2 最大（图版一二五，4）。

标本 T15③：243 是水牛左股骨，有人工砸断和火烧痕迹，保存近端与一段骨干，残存长度 253 毫米。股骨的大转子高于股骨头大约 5 毫米，转子窝深凹成椭圆，大转子与股骨头相距 35 毫米。股骨头直径 65 毫米，颈部长 74 毫米，直径 45 毫米。小转子到大转子距离 154 毫米。小转子似三角形锥体，有一条脊与股骨头相连，小转子到股骨头下缘距离 49 毫米。小转子下部骨干前后径 49 毫米，内外侧径 56 毫米。从断口处观察股骨骨干壁较厚，髓腔大（附图 2，4；图版一二五，6）。

表七　**水牛骨骼数量统计**　单位：块

名称＼数量＼部位	远端	近端	完整	其他	合计
头骨				5	5
左肱骨	7				7
右肱骨		2			2
上颌骨左				4	4
下颌骨右		2			2
右尺骨		1			1
左尺骨	1				1
左桡骨	2				2
右桡骨	1	1			2
肩胛骨左	1		4		5
肩胛骨右	1				1
右左掌骨	2	1			3
跟骨右			3		3
跟骨左			1		1
距骨左			3		3
距骨右			3		3
髋骨左			1		1
髋骨右			1		1
指骨 1～3 节			7		7
趾骨 1～3 节			4		4

标本 T13②: 19 是水牛左掌骨，人工砸断，保存近端和部分骨干，残存长度 159 毫米。中部骨干较扁，前后径 26 毫米，内外径 37 毫米。近端前后径 57 毫米，内外径 62 毫米。掌骨前面有一深的血管沟向远端延伸，近滑车处转向后面。后面血管沟两边骨骼略微隆起，血管沟宽，在向上延伸时渐变得浅，直到延伸至掌骨中部消失（图版一二八，2）。

标本 T13②: 29 是水牛右掌骨，保存远端，残存长度 110 毫米。掌骨远端内外径 80 毫米，前后径 45 毫米，外髁长 37 毫米，内髁长 39 毫米。骨干前部圆，中间有一血管沟宽而深，后部平宽，髁部窝比猪和鹿类的宽（图版一二五，9）。

标本 T13②: 13 系水牛右距骨，保存完好。距骨长 85 毫米，宽 49 毫米，高 40 毫米。骨质与猪、鹿距骨相比显得粗糙。距骨前面靠上端有一大的肌肉附着窝，后面滑车脊内侧窄，外侧宽，两脊间有一下凹分成两个凹窝。

标本 T13②: 16 是水牛左跟骨，保存完好。全长 153 毫米，宽 50 毫米。载距突起高 47 毫米，上面为一弧形平台，表面粗糙。与距骨接触窝成平行四边形（图版一二五，3）。

标本 T15③: 246 系水牛 1～3 节趾骨。第一趾骨长 74 毫米，近端较大，略成两侧压扁；关节面自前向后凹入，并有矢状沟分为左右两部；远端小于近端，关节面由一矢状沟分隔为两个凸面，两侧有压迹。第二趾骨小于第一趾骨，长 53 毫米，近端关节面由一矢状脊分为两个关节窝，其中远轴窝较大；掌面有一块背隆起和两个小结节；远端比近端小。第三趾骨半圆形，前后长 99 毫米，背面远端有一浅沟；沟下方为一隆凸且多孔粗面，在伸腱突上及其附近有几个较大的孔；掌面窄而微凹，有二、三个稍大的孔（图版一二五，1、2）。

讨论：牛的属种鉴定，主要依据牛角来区分。然而塞墩遗址牛角虽有保存下来，由于腐蚀风化太厉害，不能从地层中取出。其中灰坑 H6 出土 5 头牛的头骨，从发掘时绘制的图纸看，牛角形状与水牛相似。同时在浙江河姆渡、罗家角遗址出土大量的圣水牛头骨，塞墩遗址与它们相距较近，气温都十分相近。并且从遗址出土牛骨骼测量数字与黄梅县现生家黄牛数字相比较，均大于黄梅县现生家黄牛（表八）。另外从遗址出土牛的下臼齿列 $M_1 \sim M_3$ 的长度测量数字，与河姆渡的圣水牛、王氏水牛接近（表九）。所以，塞墩遗址出土牛的骨骼均属水牛无疑。

表八 **黄牛与水牛骨骼测量数据比较** 单位：毫米

地点	属种	跟骨			前掌骨				肱骨		
	名称 / 数据	长	宽	载距高	远端		近端		远端		
					长	宽	长	宽	长	外踝高	内踝高
黄梅现生	家黄牛	110	36	32	52	28	50.5	33	72	68.5	39
塞墩遗址	水牛	153	50	47	62	57	62	57	94	81	55

表九 **水牛下齿列长度测量数据比较** 单位：毫米

项目 \ 标本	塞墩水牛	河姆渡圣水牛	殷墟水牛	德氏水牛	王氏水牛
$M_1 \sim M_3$ 长度	100	98	97	90	101

6. 亚洲象 Elephas maximus L.

亚洲象在遗址中是出土骨骼数量较多的一种动物，主要有下颌骨、前后肢骨、肋骨、脊椎骨等。通过骨骼数量统计，最小个体数 11 头（表一〇）。下面选择部分标本进行描述：

标本 H9：346 系亚洲象的完整下颌骨，仅下颌突残缺，只保留一小部分。整个下颌骨残留着人工烧烤的痕迹，左下臼齿三分之二烧成灰黑色。两侧各有 M_1 臼齿 1 枚，齿略成弧形弯曲，内凸外凹，齿长 190 毫米，中部宽 71 毫米，外侧中部齿冠高 45 毫米，内侧中部齿冠高 43 毫米。齿板 12 个，齿脊频率 6.3，齿板磨蚀成“线、点”图形。下颌骨中部高 152 毫米，宽 138 毫米。下颌枝长 320 毫米。下颌枝与冠状突夹角 110°，角突小，成弧形与冠状突相连。下颌枝结合部的前面有“V”形突出的脊，进入口腔部成“U”形。下颌前部两边各有二个颏孔，成倒“八”形向上部展开，一颏孔位于齿中缘的下部，左右相距 40 毫米，另一颏孔位于颌骨前缘，二孔左右相距 38 毫米（附图 2，5；彩版三，3、4；图版一二六，1）。

标本 T15②：219 系亚洲象右下第二臼齿，齿长 200 毫米，齿中部最宽 60 毫米，齿板 16 个，7 个齿板已磨损成线状，9 个齿板未磨（图版一二六，2、3）。

标本 T15③：308 系亚洲象右桡骨近端，被人工砸断，经火烧烤。保存近端及部分骨干，残存长 167 毫米。中部内外径 43.5 毫米，前后径 38.5 毫米。近端部桡骨头内外径 86 毫米，前后径 57 毫米，关节臼窝浅成椭圆形。桡骨前面偏向内侧有一条宽 23 毫米的脊，从桡骨头部向下延伸（图版一二六，7）。

标本 T13②：133 系亚洲象右侧肩胛骨，前缘略破损，后缘和肩胛岗保存较好。关节盂浅凹成椭圆形，长径 168 毫米，短径 112 毫米。肩胛颈长 183 毫米，肩胛岗长 456 毫米，高 129 毫米。肩胛骨中部前缘至后缘宽 360 毫米。整个肩胛骨长 590 毫米，总的形状接近大的锐角三角形（图版一二六，5）。

标本 H9：332 亚洲象的右胫骨，保存完整，经火烧烤，外表呈灰褐色。胫骨后中部和在近端内侧都留下人工砸击痕迹。胫骨全长530毫米。近端头部内外径169毫米，前后径118毫米。远端端部内外径133毫米，前后径48毫米。中部骨干截面呈半圆形，前后径73毫米，内外径82毫米（附图1，1、附图3，3；图版一二六，6）。

表一〇　亚洲象骨骼数量统计　单位：块

名称＼数量＼部位	远端	近端	完整	其他	合计
下颌骨左右			4		4
下颌骨左			3		3
下颌骨右			2		2
肱骨左	2				2
肩胛骨左	3		2		5
肩胛骨右	1				1
尺骨左	10	1			11
胫骨右	3				3
股骨左	3				3
股骨右		1			1
髋骨左右			1		1
跟骨右			2		2
桡骨左	2	2			4
脊椎骨			5		5
胸椎骨			2		2

标本H9∶331为亚洲象左尺骨，保存中部骨干与近端，残存长度470毫米，整个骨骼经人工烧烤，石化程度较高。尺骨中部前后径81毫米，内外径85毫米，截面呈三角形。从近端向远端逐渐变窄，半月切迹内外宽度175毫米，鹰嘴内外宽62.5毫米，它与半月切迹相连（图版一二六，8）。

讨论：塞墩遗址出土亚洲象的牙齿和肢骨较多，但是头骨和象的门齿、趾骨、肋骨、脊椎骨很少或未见，产生这种情况的原因，推测可能是狩猎大象地点离居住地较远，猎获到大象时，不易整体运回，只好采取分割的办法，将含肉较多的肢骨、臀部肢解带回，而那些含肉少的趾骨、头骨、门齿、肋骨就地丢弃了，所以在遗址上很难发现亚洲象较全的骨骼。但是，值得我们注意的是，含肉非常少的下颌骨反而被人们带回遗址，其主要原因应是当时人们用象下颌骨进行祭祀活动有关。

在新石器时代以象作为狩猎对象的不只是塞墩遗址的先民，河南淅川下王岗、浙江余姚河姆渡、桐乡罗家角、广西桂林甑皮岩等遗址的先民们都以亚洲象作为狩猎对象。同时也反映在新石器时代亚洲象生存的北界至少已到达北纬30°线一带。

7. 狗　Canis familiaris L.

狗在遗址中保存骨骼数量少，提供鉴定的有头骨和下颌骨，最小个体数1头。

标本T13②∶55系狗的头骨，保存上颚和上颌骨以及部分顶骨、额骨。上颌骨保存长度70毫米，牙齿全部断损。上颌孔位于P^4上部，两孔间距36毫米。上颚到顶骨高度57毫米。额骨平坦向后延伸与顶骨相接，矢状脊成一条线状略隆起，显得十分微弱。鼻骨狭长，全长达62毫米（图版一二六，9、10）。

标本 H9∶329 系狗的右上颌骨，P^1 ~ P^3 断残只剩下齿槽，P^4、M^1、M^2 保存完整。P^4 原尖粗大，后尖叶状，前尖小，长 18 毫米。M^1 大于 M^2，M^2 已退化变得较小。M^1 长 13 毫米，宽 16 毫米。M^2 长 6 毫米，宽 10.5 毫米（图版一二六，4）。

标本 T15③∶273 系狗的左下颌骨，保存完整，缺失 P_1、P_2、P_3 前臼齿。下颌骨长 116 毫米，下颌骨位于 M_1 处高 21 毫米，宽 11 毫米，颞窝深，角突低。保存 P_4 至 M_3，其中 P_4 成三尖齿，原尖高大且锋利。M_1 齿带发育，齿长而发达，前尖、后尖发育，原尖小，后有一跟座，上有两小尖。M_2、M_3 退化，尤其 M_3 变得很小。M_2 上能见到原尖、前尖、后尖（图版一二六，11）。

讨论：塞墩遗址狗的头骨特征显示为家犬无疑，主要特征是头骨矢状脊不发育，头骨小。奥尔森指出（1982）“矢状脊退化是狗的特征”。我国新石器时代许多遗址，如浙江河姆渡、河南下王岗、陕西姜寨、上海崧泽等遗址都发现了家犬，狗是中国新石器时代驯养最早的家畜之一。

8. 乌龟　Chinemys reevesii Gray

乌龟在遗址中出土数量少，只有一个较完整的腹板，以及零星的背甲、腹板碎片，最小个体数约 2 只。

标本 T13②∶129 系乌龟的腹板，保存较完整，只缺失内板和上板，保存长度 130 毫米，中部宽 80 毫米。腹甲前叶自腋凹往前的两侧向里收缩。腹甲后叶自鼠鼷往后的两侧向里收缩。后缘深凹，凹部形成锐角。骨桥宽，与背甲相连（附图 2，1；图版一二七，8）。

9. 鳖　Amyda sp

由于鳖的背甲容易破碎，很难保存完整的。在塞墩遗址中鳖出土数量少，见于灰坑与地层。总计出土背甲、肋板 4 块，而且每块都破损不全，很难鉴定到种。从每块肋板大小区别，鳖的最小个体数有 3 只。

10. 青鱼　Mylopharyngodon piceus

青鱼出土数量少，分布于灰坑与地层，主要发现喉齿。从喉齿大小形态观察区别较大，3 个左、右喉齿明显属于 3 个个体。

标本 H9∶327 系青鱼右侧喉齿，整个喉齿由 4 颗齿组成，咀嚼面椭圆形，表面平滑，四周稍高，中央部位微凹。从前向后 4 颗齿分别测得长径 18、15、22、21 毫米，短径 15、10、15、12 毫米，高分别是 7、6、10、6 毫米。从鱼牙的大小估计，体重至少在 17 公斤左右（附图 2，3；图版一二七，9）。

标本 T15③∶325 系青鱼左侧喉齿，4 颗齿从前向后分别测得长径 19.5、22、24、19 毫米，短径 18、19、18、11 毫米，高分别为 8.5、14、11、7 毫米，牙齿形体比标本 H9∶327 的喉齿大，估计体重在 19 公斤左右（图版一二七，10）。

11. 鲤鱼　Cyprinus carpio Linnaeus

标本 T15③∶326 鲤鱼中部一颗喉齿，其余的齿均残缺。齿长径 9 厘米，短径 6 毫米，高 3 毫米，齿形长方形，咬合有四条平行齿板，中间两条略有弧度（图版一二七，7）。

12. 无齿蚌　Anodonia sp

无齿蚌埋藏于地层和灰坑，数量较多，由于蚌壳大且薄，破碎较厉害，有的风化成粉末状，无法从地层中取出。

六　狩猎与饲养动物

从我国新石器时代动物骨骼出土研究情况，可以看出从新石器时代早、中、晚出土野生动物骨骼大致由多变少，反映了从早到晚狩猎经济由主导地位逐渐退居到次要地位。而农业经济的发展则由次要地位逐渐变为主导地位，尤其到新石器时代的晚期农业得到了进一步的发展。从塞墩遗址出土农业生产工具数量多，而用于狩猎的镞出土较少，结合出土的动物骨骼数量，这些都说明狩猎经济已退居到次要位置，农业经济在遗址中占有相当重要地位。

根据遗址出土的各种动物骨骼统计，狩猎获取的各种动物最小个体数分别为：梅花鹿 6 头，獐 2 头，麂 4 头，水牛 7 头，亚洲象 11 头，乌龟 2 只，鳖 3 只，青鱼 3 条，鲤鱼 1 条，以及一些蚌类。从统计的数字可以看出狩猎动物主要是亚洲象和水牛，其次是鹿类动物。

狩猎活动是在一定的环境中进行的，塞墩遗址所处环境有山地、森林、平川，构成先民们狩猎的自然条件。然而动物种类、多寡、分布和习性，对狩猎活动有直接影响。特别是远古狩猎工具十分简陋的情况下，每次出猎，人们都怀着一种敬畏和恐惧的心理，自然产生崇拜观念，例如会把某种动物、高山、岩洞、巨石、大树等当作神灵崇拜，狩猎前要进行祭祀和祈祷，以求神灵保护狩猎者安全，赐予更多的猎物。

塞墩遗址中特别将象的下颌骨有规律地埋藏，推测是与先民们在狩猎前或之后举行祭祀活动有关。亚洲象是巨兽，可能使塞墩先民们产生对大象崇敬心理或图腾崇拜，如果杀伤了它，就要举行一定仪式以示赎罪。在我国东北鄂温克族崇拜熊神，猎获熊吃肉时学乌鸦叫，表示乌鸦在吃熊肉。把熊头、喉、肺、鼻、颈骨、脚趾骨、肋骨用桦树条捆起来，再用柳条捆六道，挂在两棵树之间；又将两棵树阴面削平，横划十二道沟，涂上各种颜色，把熊的眼睛镶在第六道沟的两端，一起实行风葬。人们要装哭，还要向熊磕头、敬烟等①。从鄂温克族猎熊后的繁琐祭祀仪式活动，可以联想到塞墩遗址先民对大象猎杀后举行祭祀仪式的情景。

遗址中出土的石镞、家犬，是当时人们狩猎所用。从现在的较原始族的狩猎活动情况看，针对不同猎物，使用的方法也不同，有的单独狩猎，有的集体狩猎，有的用弓箭，有的下网扣，挖陷阱②。推测塞墩遗址先民对鹿类动物以单独狩猎为主，运用弓箭、标枪和猎犬追杀；对于水牛、亚洲象一类凶猛动物当采取集体围猎，参加人数众多，可能把水牛、亚洲象赶向人们预先挖好的陷阱和下好的扣网处，用箭、标枪杀死。

遗址上出土的水生动物骨骼很少，可能捕捞一些水产品弥补肉类不足。捕捞品种以鱼、鳖、乌龟、蚌为主。从遗址获取的青鱼喉齿，个体大小反映都在10公斤以上，说明当时人们捕捞技术已有较高的水平。黄河、长江流域新石器文化的彩陶图案中常见有网纹，许多遗址中出土石网坠、陶网坠，这些都说明在新石器时期用网打鱼已较普遍。塞墩遗址捕获的大鱼，估计也是用网捕捉的。

塞墩遗址的家养动物有猪和狗。饲养狗主要用于狩猎，所需的数量非常少，遗址地层和灰坑中仅出土最小个体数1头。猪的饲养量大，遗址中出土经鉴定的猪骨骼统计最小个体数为48头，多数是在青壮年阶段宰杀。幼子和少年猪死亡率很低，说明当时饲养数量较多，成活率高，而且已经积累了相当丰富的饲养经验。塞墩遗址地处温暖湿润气候的长江中游地区，优越的环境使农业进一步得到发展，也促进了猪的饲养，保证当时人们得到更多的肉食，不需要完全依靠狩猎来获取肉食，这些都是导致了狩猎经济退居到次要位置的主要原因。

七　骨器制造与骨骼上的人工痕迹

从全国新石器遗址出土的动物骨骼研究报告来看，它们都有一个共同特点，就是骨骼保存都十分破碎，完整的骨骼很少。塞墩遗址与其他新石器遗址一样，骨骼破碎率占93%。这些骨骼破碎原因可分三类：第一类为人们敲骨吸髓砸碎的骨骼，第二类为人们加工制造骨器后剩余的碎骨，第三类是自然风化的碎骨和动物咬啃的骨骼。下面谈谈前二类骨骼人为破碎情况。根据遗址出土动物骨骼上残留的人工痕迹，可以分二大类：

（一）任意性人工痕迹

任意性的人工痕迹，往往是当时人们在敲骨吸髓时遗留下来的。骨骼上人为留下了砸砍痕迹，与自然风化骨骼破碎有明显区别。自然风化骨骼破损是风吹、雨淋、日晒、昼夜温差等因素造成的，骨骼沿骨质纤维的方向纵向干裂开，折断风化的地方在显微镜下还能观察到许多溶蚀坑和细菌的腐蚀现象。

---

① 吕光天：《鄂温克族》68～69页，民族出版社，1983年。

② 铃木作太郎著，王兴瑞译：《台湾蕃族概观》，《民俗》第1卷第2期，1937年。

遗址出土的骨骼上观察到的残留任意性人工痕迹，可分为任意性砸击痕迹和任意性砍击痕迹二种：

1. 任意性砸击痕迹。是将骨骼放在石砧上，用砾石块把骨骼从不同部位砸开，取出骨髓，大部分断口成楔状、弧状，有一部分断口残留着砸点或粉碎性骨片。尤其是标本H9∶332亚洲象的胫骨，靠内侧近端的骨骼被砾石砸成下陷的一块，裂纹纵横交错。此举的目的是为取出象胫骨骨髓，由于骨骼的厚度大很坚硬，未能砸开，只得半途作罢。

2. 任意性砍击痕迹。是用钝刃工具（如石锛或石斧）砍击骨骼，留在骨骼断口处的痕迹是条形，具有一定深度和宽度。标本H9∶332亚洲象胫骨中部留下四条平行的条形砍痕，这就是钝刃工具砍击所致。深度在0.5毫米左右，长度分别为25、30、35、31毫米。从刃口的痕迹分析似乎是用石斧砍击的，由于砍击用力大小不均，形成痕迹长度、深度各不相同（附图3，3）。

（二）非任意性人工痕迹

非任意性人工痕迹，是当时人们制造骨器时残留在废弃骨骼上的痕迹，与任意性人工痕迹有着本质区别。这类痕迹反映了当时人们制造骨器过程中使用的方法与步骤。人们为了制造某种骨器，第一步要做的是选择适合制作骨器的骨料；第二步进行初步加工，包括砍、折、劈、刮、削、锯、凿、钻以及用锤击等方法，加工成骨器的毛坯；第三步进行细加工，把毛坯进行磨砺、抛光；第四步，对骨器装饰加工，运用刻、雕等方法，在骨器上添加线条或图案，使骨器变得更加精美。

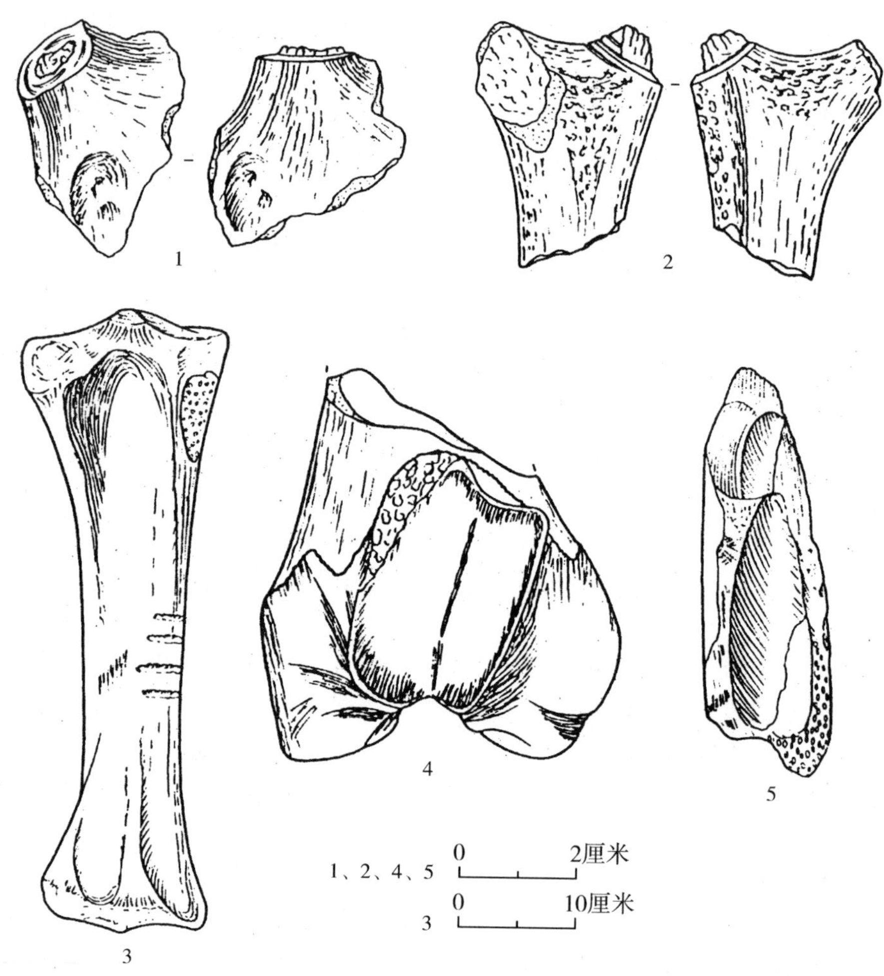

附图3　遗留人工痕迹的兽骨

1. 梅花鹿角（T13②∶84）　2. 梅花鹿角（T15③∶278）　3. 象胫骨（H9∶332）
4. 水牛股骨（T13②∶53）　5. 骨片（T13②∶126）

从塞墩遗址动物骨骼上已见到的非任意性人工痕迹，基本上与骨器制造的四个步骤紧密相连。

1. 骨料选择。塞墩遗址发现骨器选料主要是鹿角，水牛、家猪的肢骨，獐的犬齿，以及各种动物肢骨和蚌类的壳瓣。

2. 骨器初步（毛坯）加工方法。塞墩遗址骨器毛坯加工的方法有以下几种：

a. 劈裂法。主要对水牛肢骨的加工。把骨骼劈成两半，劈裂面粗糙，骨质纤维呈纵向撕裂。标本T13②:53水牛的股骨远端前面残留劈裂痕迹，痕迹长42毫米、深0.8毫米，刃口分四次连续分别下切，连成最长的一个刃口长20毫米，其他三个刃口重叠相连，似乎很像小型石锛工具刃口所致（附图3，4；图版一二八，7、8）。在其他一些标本骨骼上也发现类似劈裂痕迹。

b. 锯切法。此方法在遗址中最常使用于加工各种骨料，尤其是锯切的鹿角发现较多。标本T13②:84，梅花鹿头骨与角柄相连，从角柄基部前后左右向内锯切，一直锯到角柄中心部。锯切面残留较粗的条行锯痕，说明所使用的锯切工具不是很光滑（附图3，1；图版一二八，6）。

c. 锯、折法。锯切和折断并用，当骨料锯到一定深度时，再折断它，折断的断口比锯切的粗糙。标本T15③:278是梅花鹿角主枝中部的一段，残留的锯切痕迹非常清楚，由于在锯时偏离，产生三道锯切痕迹，锯痕宽度在1～1.5毫米左右，围绕着鹿角锯切一周，锯痕较浅，然后折断（附图3，2；图版一二八，4）。当时人们在锯切骨料时，不是一直锯到终断为止，而是锯到中途进行折断，锯切和折断结合使用，既省力又省时，同时能得到较整齐的骨料毛坯。

d. 砍、锯法。此法发现于对鹿角的加工。标本T15③:275是梅花鹿自然脱落的角，在主枝下部和眉枝接合的部位，先用钝刃工具绕主枝砍一周，砍痕浅平，然后绕主枝锯切（图版一二八，5）。

e. 锤击法。此法使用石锤或软锤对骨、壳类整形。例如，蚌锯的锯齿就是用锤击法修成的。标本T13②:126是用锤击法修理的骨片，上面可见到打击的疤和打击点（附图3，5；图版一二八，1），目的使骨片修理到接近骨器形状的毛坯，方便骨器的细加工（磨砺）。

3. 骨器细加工方法。骨器的细加工，是在骨器毛坯制作好的基础上，对毛坯进行磨砺，抛光加工。

a. 磨砺法。当骨器制成毛坯后，外表粗糙，需要在砂中或者在砺石上进行磨砺，使之表面平滑。

b. 抛光法。一部分精制的骨器需要进一步加工，虽然磨砺后骨器表面平滑，但是仍然有许多磨砺痕迹，要得到非常光滑的外表，需要在较细物体上进行抛光，抛光骨器的光极度可得到工业光极度6级。标本M149:1的骨簪就是通过抛光制成的。当时人们抛光用的什么材料，目前还不能确定，估计是用细黏土或畜皮、纺织品作为抛光材料。

八　遗址古环境与古气候

通过遗址的动物骨骼研究，我们可以了解塞墩遗址的古气候和古环境。塞墩遗址当时的环境、气候与现在相比都发生了一定的变化。据黄梅县县志记载，明代嘉靖二十八年（公元1550年）七月有虎入市咬人，清代顺治十年（公元1653年）上沿港有虎入居民谭家屋里咬死一家老小六人和猪、牛牲畜。但是黄梅县现在山中的老虎已经绝迹。大型哺乳动物迁徙和绝灭与气候变化有着密切的关连。

塞墩先民们生活时代的动物有水牛、亚洲象、梅花鹿、麂、獐等。根据黄梅县志记载，在山区曾经有虎、豹、熊、猴、野猪等，遗址中则没有发现，但从现生动物群和生态环境推测，它们在黄梅县过去都可能存在过，其中有个别的现在或许仍然生活在山区中。每种动物在自然界中都选择一定的环境生活。从遗址出土的各种动物群，反映出古代生态环境。其中，梅花鹿、麂常在山地草原、稀树草原以及森林边缘附近生活；獐和水牛喜欢栖息在河岸或湖泊、沼泽地带的芦苇与树丛中；大象乐于生活在稀树草原和森林中；鱼、鳖、龟、蚌的存在，说明当时遗址附近有水域。从上述动物的生活环境，推测当时塞墩遗址附近山地有茂密的植被，形成多树山区及森林；平原地区草类丰盛，稀疏地生长着灌木和乔木；附近的水域与沼泽区有大片的芦苇绵延伸展。宏观展现在我们面前的塞墩遗址古环境，处在一个东部临湖泊，北部近山林，西、南是草原的理想环境。

现在的塞墩遗址附近草原已不复存在，变成一片粮田，位于湖岸的塞墩遗址曾处在龙感湖的水中，这是由于地壳的演变导致的。根据第四纪资料研究，从晚更新世以来长江两岸绵亘几千公里，地壳演变成局部断块，有的地方下沉，有的地方抬升。龙感湖位于长江北岸，是由于长江向南摆动迁移留下来的牛轭湖，当时的湖面与现在的湖面相比要小得多。当时塞墩遗址处在龙感湖的西南岸，近临湖泊居住。大约6000年以来，由于龙感湖一带局部地壳断块不断的下沉，使湖面向西、西北、西南方向逐步扩大，使原来部分旱地被水淹没，致使湖岸边的新石器时代遗址遭到湖水的包围。

塞墩遗址的古气候比现在的黄梅县气候要温暖，遗址中出土的水牛、亚洲象骨骼是最好证据。现在的亚洲象分布在我国的云南南部的西双版纳，是典型的热带动物，它在塞墩遗址的存在说明当时气候相当于云南、广东，比黄梅县现在年平均温度大约要高4℃。新石器时代的下王岗、河姆渡、罗家角等遗址都有亚洲象。亚洲象的较广泛分布，反映距今6000～5000年的气候较温暖湿润。竺可桢先生指出，"近五千年期间，可以说仰韶和殷墟时代是中国的温和气候时代"。赵希涛、张景文的论文谈到，在距今6000～5000年间海面高于现在海面2～4米，为全新世最高海面，反映了这个时期全球温度上升。

参考文献

① 中国科学院古脊椎动物与古人类研究所：《中国脊椎动物化石手册》，科学出版社，1964年。

② 寿振黄主编：《中国经济动物志·兽类》，科学出版社，1964年。

③ 德日进、杨钟健：《安阳殷墟之哺乳动物群》，《中国古生物志》丙种第二十号第一册，1936年。

④ 黄象洪、曹克清：《上海马桥、崧泽新石器时代遗址中的动物遗骸》，《古脊椎动物与古人类》第16卷第1期，1978年。

⑤ 祁国琴：《姜寨新石器时代哺乳动物群分析》，《姜寨——新石器时代遗址发掘报告》，文物出版社，1988年。

⑥ 贾兰坡、张振标：《河南淅川县下王岗遗址中的动物群》，《文物》1977年第6期。

⑦ 安徽省文物考古研究所：《安徽省濉溪县石山子遗址动物骨骼鉴定与研究》，《考古》1993年第3期。

⑧ 魏丰、吴维棠、张明华、韩德芬：《浙江余姚河姆渡新石器时代遗址动物群》，海洋出版社，1990年。

⑨ 浙江省文物管理委员会等：《河姆渡遗址第一期发掘报告》，《考古学报》1978年第1期。

⑩ 浙江省博物馆自然组：《河姆渡遗址动植物遗存的鉴定研究》，《考古学报》1978年第1期。

⑪ 河姆渡遗址考古队：《浙江河姆渡遗址第二期发掘的主要收获》，《文物》1980年第5期。

⑫ 杨怀仁、韩同春、杨达源、谢志仁：《长江下游晚更新世以来河道变迁的类型和机制》，《第四纪冰川与第四纪地质论文集》第二集，地质出版社，1985年。

⑬ 竺可桢：《中国近五千年来气候变迁的初步研究》，《考古学报》1972年第1期。

⑭ 赵希涛、张景文：《中国沿海全新世海面变化的基本特征》，《中国第四纪研究》第6卷第2期，1985年。

附录三　塞墩遗址碳14测定年代报告

中国社会科学院考古研究所考古科技中心碳十四实验室

编号	单位	标本材料	碳14年代		树轮校正年代（高精度表）公元前B.C.	备注
			半衰期5730 距今/公元前	半衰期5568 距今/公元前		
ZK—2495	HST114③	木炭	5380±115 BC3430	5230±115 BC3280	4232～3829	
ZK—2994	HST114③	木炭	5170±90 BC3220	5020±90 BC3070	3964～3703	标本距地面深0.7米
ZK—2487	HST106③	木炭	5165±95 BC3215	5020±95 BC3070	3967～3702	标本距地面深0.7～0.75米红烧土碎块堆积中
ZK—2486	HST106②	木炭	5205±95 BC3255	5060±95 BC3110	3986～3717	标本距地面深0.35米红烧土碎块堆积中
ZK—2491	HST113②	木炭	4815±105 BC2865	4680±105 BC2730	3625～3350	标本距地面深0.32米
ZK—2235	HST5②	木炭	5395±105 BC3445	5240±105 BC3290	4232～3980	标本距地面深0.35米
ZK—2283	HSM49	人骨	4540±200 BC2590	4410±200 BC2460	3360～2784	
ZK—2182	HSM22	人骨	4360±155 BC2410	4240±155 BC2290	3033～2613	
ZK—2181	HSM24	人骨	4360±130 BC2410	4240±103 BC2290	3023～2622	

Abstract

This monograph is a detail report and comprehensive research on the Neolithic Saidun 塞墩 cemetery in Huangmei 黄梅 County, Hubei 湖北 Province.

The Saidun cemetery is located on the southwestern bank of the Longgan 龙感 Lake, which is near the southern foot of the eastern end of the Dabie 大别 Mountains and on the Jiujiang 九江 River alluvial plain near the bound of the Hubei and Anhui 安徽 Provinces. The cemetery had been dug for three times from 1986 to 1988. The discoveries include 18 pits, 188 burials and more than 900 pieces of artifacts, all dating to the Neolithic period.

Based on the stratigraphy of the burials at Saidun, as well as the comparison with the data from the Xujagang 薛家岗 site in Qianshan 潜山, Huangshanzui 黄鳝嘴 site in Susong 宿松 and Wangjiadun 王家墩 site in Taihu 太湖, we suggest to name the Huangshanzui assemblages and similar assemblages at above sites as a new archaeological culture – the Huangshanzui culture. Saidun is the first site where assemblages (mainly burials) of both the Huangshansui culture and the Xuejiagang culture are recognized. The typological research on artifacts from Saidun shows a clear developmental trajectory of the two kinds of assemblages, and proves that the earlier Huangshanzui culture might have been the main source of the later Xuejiagang culture.

Painted pottery (including outer surface painting, inner surface painting, white pottery and thin fine – clay black pottery) of the Huangshanzui culture at Saidun exhibits high craft standard and distinct characteristics. The *huang* 璜 ornament with two sections connected by thread through drilled tiny holes and grooves is a typical artifact showing high standard of jade crafting. Several sacrificial pits with large animal bones and shards were also found. Typical characteristics of the burials of Huangshanzui period include the special filling soil in the shaft, marks of special burial furniture, secondary buried skeletons in extended supine position, both everyday usage pottery and funerary pottery used as burial offerings, and large stone at the corner of burial shaft or above the deceased.

The Xuejiagang period assemblage, mainly burials, found at Saidun largely improves our knowledge of the Xujiagang culture. Comparing with the Huangshanzui period burials, we can see both similarities indicating the continue development and differences indicating significant change. Pig lower jaws and even complete small pigs or dogs were usually found in burials as offerings. Besides, there appeared large burials – the largest is 12 sq m in shaft area – with wooden coffins and finely made stone *yue* 钺 axes, jade *jue* 玦 ear – rings, *huang* ornaments and connected *bi* 璧 ornaments, indicating clear social hierarchy.

Both the Huangshanzui and Xuejiagang assemblages show the communication with their contemporary archaeological cultures in the Middle and Lower Yangze River valleys and in the Haidai 海岱 area. The communication can be recognized from the similarity on pottery style, common raw materials, and special customs such as teeth extraction.

后　　记

本考古报告主编任式楠，由任式楠和陈超共同整理编写完成。墨绘插图由考古队技工李亚舟、柳贵滨、毕道传完成。器物和兽骨照相主要由本所姜言忠承担。本所潘其风两次到发掘工地现场进行了出土人骨的观察鉴定工作。驻九江市的江西省地矿局九一六地质大队刘荣贵作了石（玉）器岩性鉴定。安徽省文物考古研究所韩立刚对出土的动物骨骼进行了鉴定研究。本所考古科技中心碳十四实验室测定了碳十四标本年代。英文提要翻译为本所李新伟。

编者

2008 年 2 月

塞墩遗址发掘初景

1.1987年冬季时的发掘

2.T113、114内墓群

塞墩墓葬的发掘和墓群局部

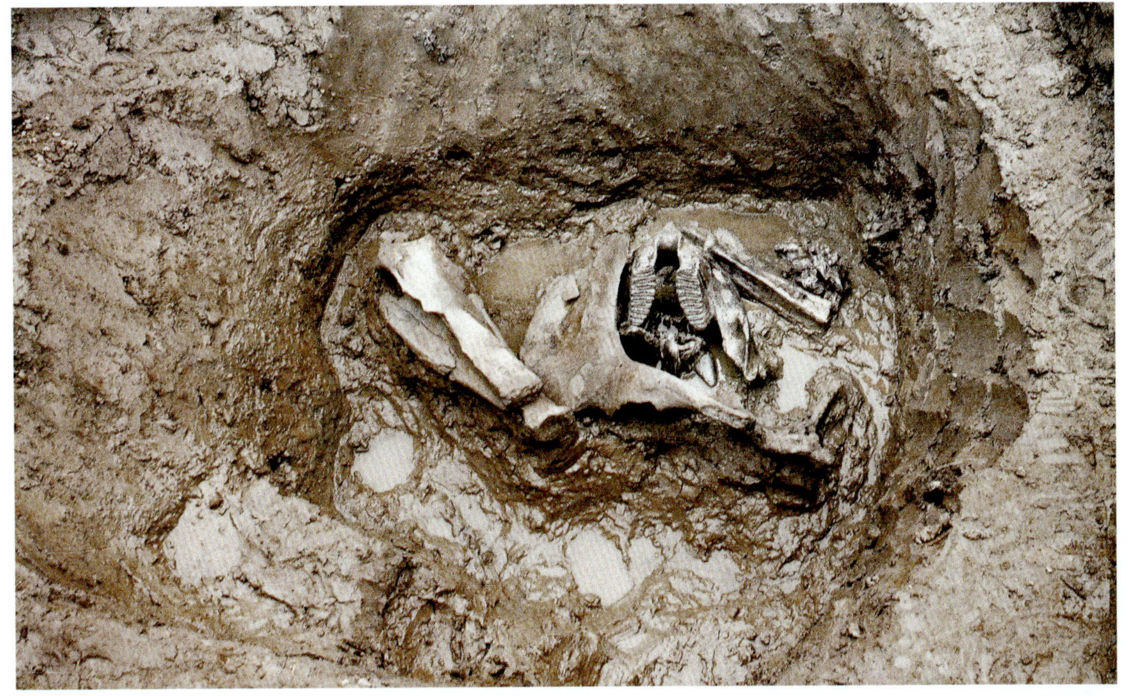

1. H9

2. H106

3. H9出土象下颌骨俯视

4. H9出土象下颌骨侧视

坑穴遗迹和出土象骨

1～7.彩陶片：1.T117③：11　2.T107③：8　3.T111②：3　4.T117③：12　5.T117③：18　6.T109②：12　7.T104③：37

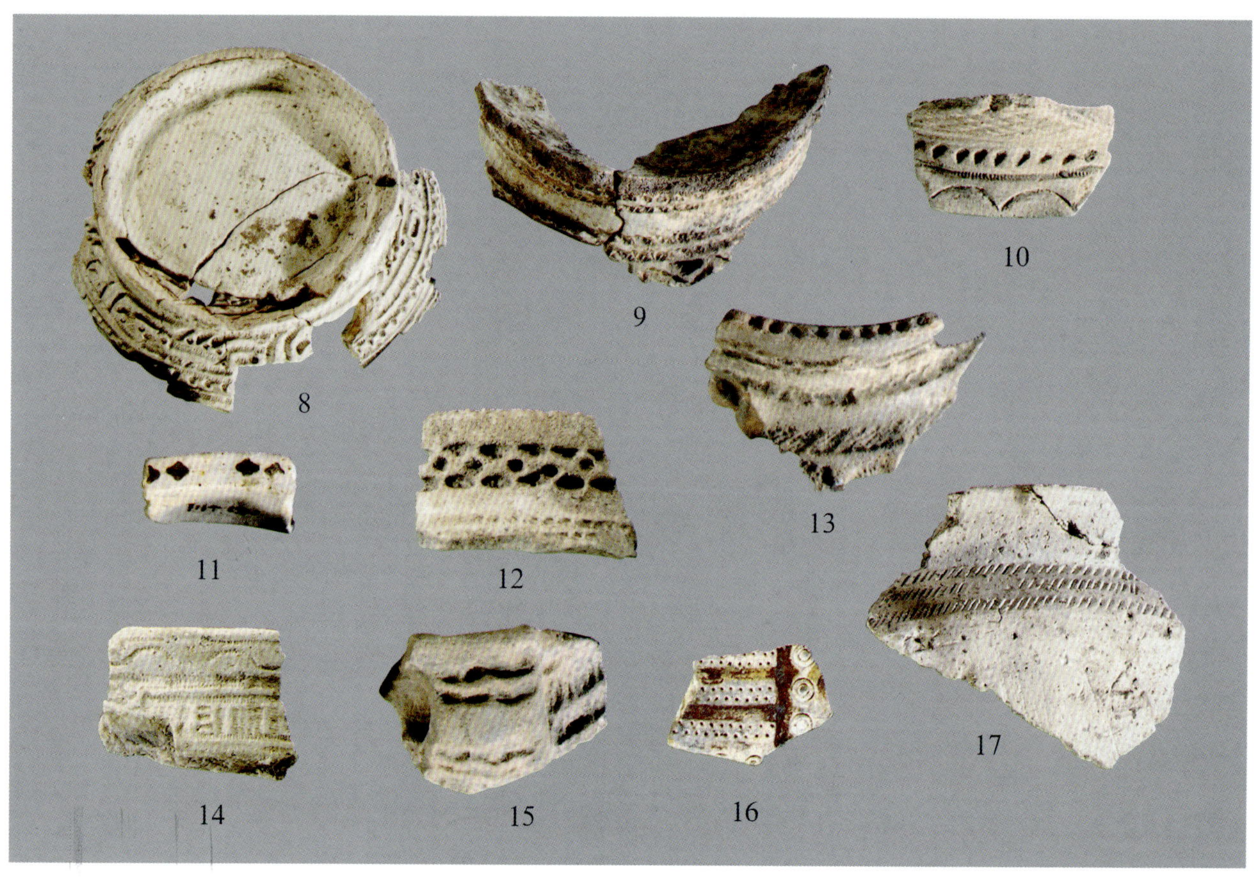

8～17.白陶、白衣陶：8.盘B型（H5：1）　9.盘B型（T22②：6）　10.碗圈足（T22②：8）　11.大口尊B型（T114③：15）　12.白衣小口矮领罐B型（T14③：7）　13.白衣小口矮领罐B型（T22②:11）　14.白衣小口矮领罐B型（T22②:12）　15.白衣双耳罐C型（T22②:9）　16.棕彩白陶片（T114②：8）　17.大口尊B型（T4②：6）

文化层和坑穴出土陶器（片）

1.豆圈足（T104②:21） 2.小口高领罐（或壶）（T111②:1） 3.敞口斜弧腹钵B型（T105②：9）
4.小弧敛口钵B型（T6②：6） 5.碗A型（T110②：14） 6.单耳罐B型（T116③：16）
7.瓮C型（T117②：19） 8.折敛口钵A型（T105③：17） 9.折敛口钵A型（T15③：20）
10.单耳罐A型（T105④：21） 11.鼎C型（T105②：3） 12.大弧敛口钵（T15③：35）

13

14

15

13.鼎A型（T6②:1） 14.大口斜沿罐A型（T104②:4） 15.鼎A型（T110②:11）（盖T111②：2）

文化层出土陶器（片）

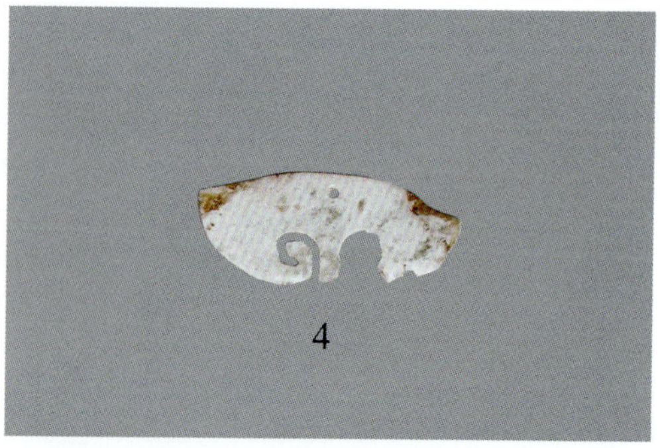

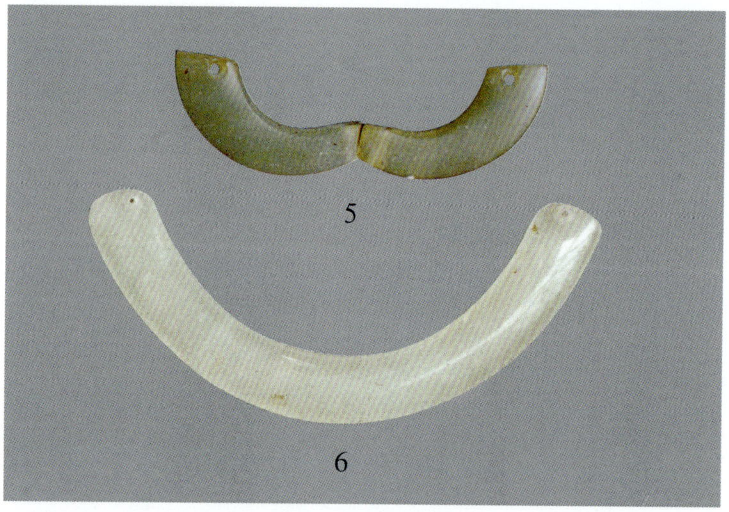

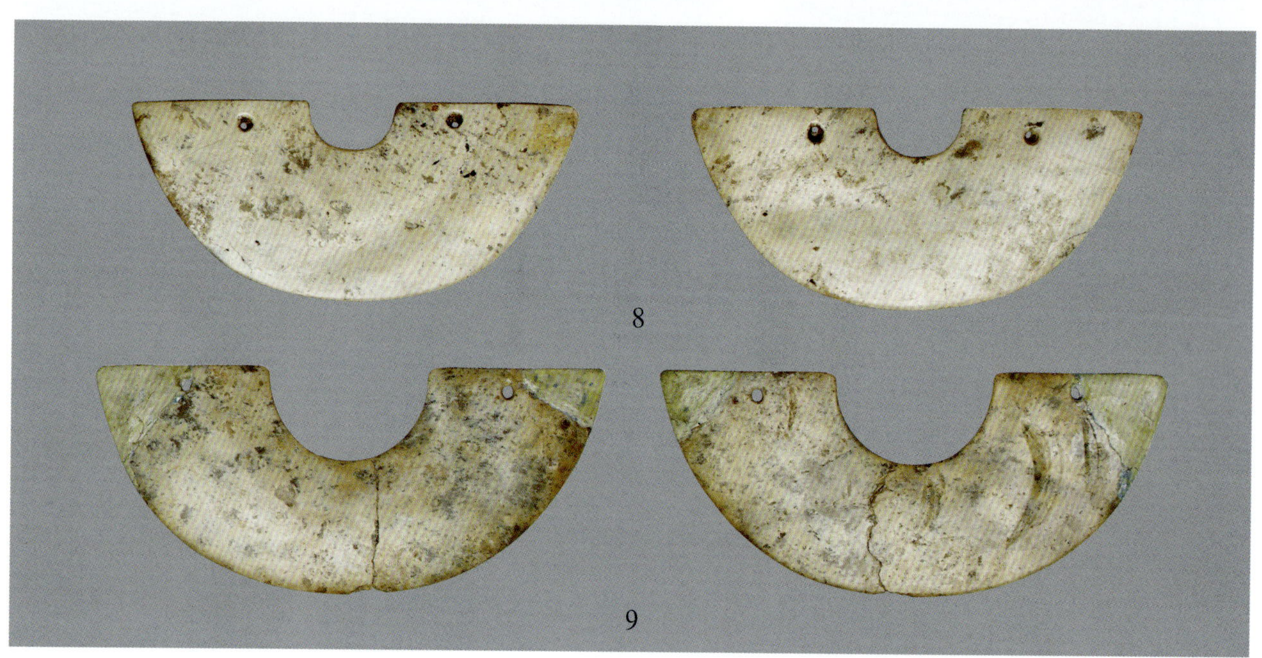

1.玦（T109①：3） 2. 玦（T109①：2） 3.玦（T5②：1） 4.佩（T2①：5） 5.璜（T14②：3）
6.璜（T109①：1） 7.石镯（T14①：2） 8.璜（HS：046） 9.璜（HS：030）

地层和采集玉（石）玦、璜、佩、镯

M48

黄鳝嘴文化墓

1.M232

2.M236

3.M202

黄鳝嘴文化墓

1.垂棱钵形豆Ⅰ式（M139：4）

2.垂棱钵形豆Ⅵ式（M50：6）

黄鳝嘴文化墓随葬陶豆（之一）

1.垂棱钵形豆Ⅰ式（M49：11）

2.高把皿形豆A型Ⅱ式（M232：12）

3.弧敛口钵形豆B型Ⅵ式（M27：10）

4.弧敛钵形豆B型Ⅲ式（M16：2）

黄鳝嘴文化墓随葬陶豆（之二）

1.折敛口钵形豆A型Ⅶ式（M39：1）

2.弧敛口钵形豆A型Ⅴ式（M33：3）

3.弧敛口钵形豆A型Ⅵ式（M117：9）

4.弧敛口钵形豆A型Ⅵ式（M203：7）

黄鳝嘴文化墓随葬陶豆（之三）

1.盆形豆B型Ⅰ式（M35：5）

2.盆形豆C型Ⅰ式（M49：10）

3.盆A型Ⅰ式（M196：9）

4.钵B型Ⅰ式（M116：2）

黄鳝嘴文化墓随葬陶盆形豆、盆、钵

1.A型Ⅰ式（M50：8）

2.A型Ⅱ式（M45：1）

3.A型Ⅲ式（M124：2）

4.B型Ⅰ式（M38：17）

5.B型Ⅰ式（M40：5）

6.B型Ⅱ式（M232：3）

黄鳝嘴文化墓随葬陶碗

1.碗C型（M166：2）

2.竹节筒形圈足杯Ⅰ式（M203：6）

3.单耳杯A型（M48：35）

4.碗B型Ⅲ式（M237：4）

黄鳝嘴文化墓随葬陶碗、杯

1. A型（M144：1）

2. A型（M142：5）

3. B型（M22：5）

4. C型（M236：6）

黄鳝嘴文化墓随葬陶碗形杯

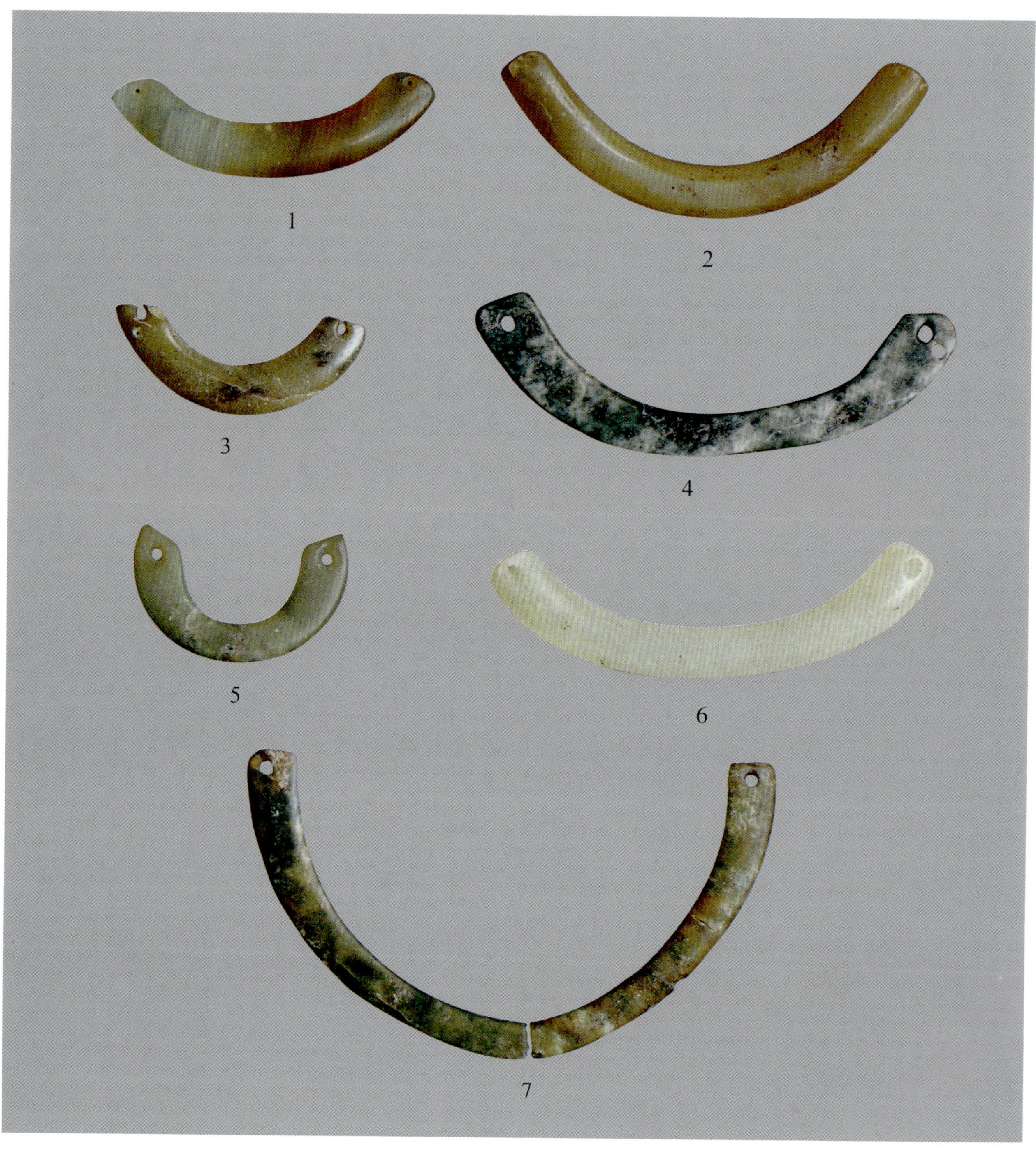

1. Ⅰ式(M7：6)　2. Ⅱ式(M122：1)　3. Ⅰ式(M124：1)　4. Ⅱ式(M142：2)
5. Ⅲ式(M117：3)　6. Ⅱ式(M49：2)　7. Ⅳ式(M49：3)

黄鳝嘴文化墓随葬玉（石）璜

1.M157

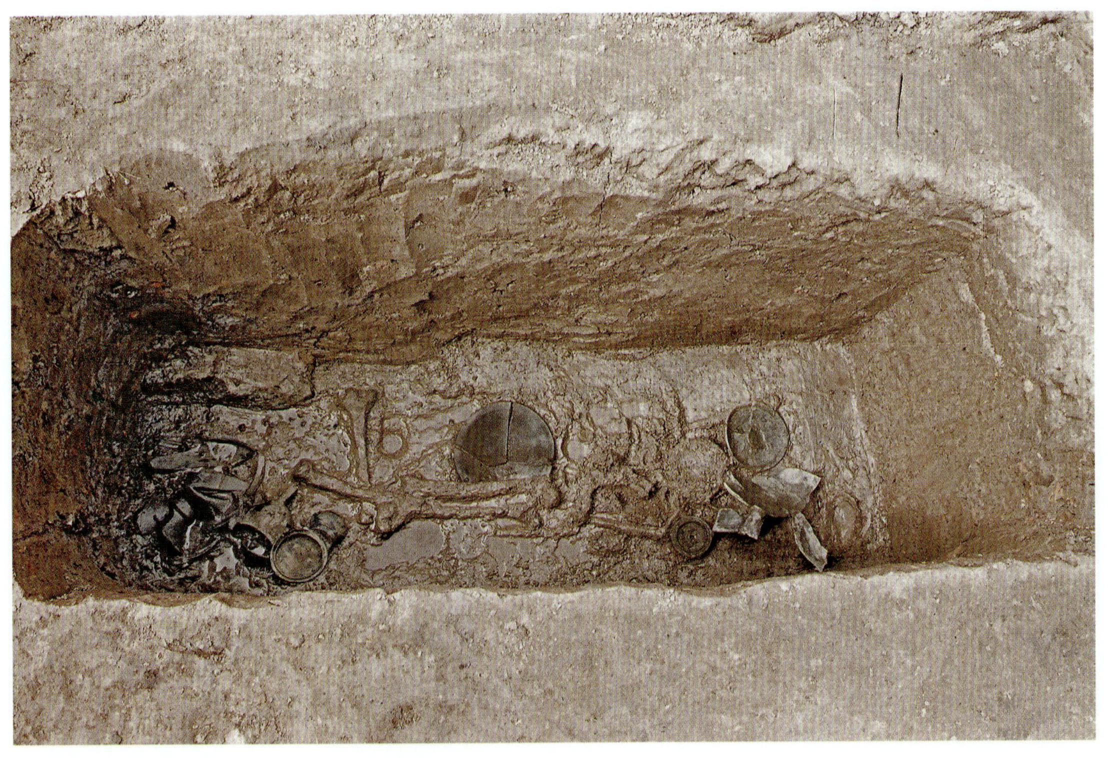

2.M159

薛家岗文化墓

1.M123 全景

2.M123 人架坑

薛家岗文化墓

1. M170

2. M193

薛家岗文化墓

1. M218

2. M221

3. M227

4. M231

薛家岗文化墓

1.釜形鼎Ⅲ式（M185：4）

2.釜形鼎Ⅱ式（M31：8）

3.盆形鼎B型Ⅲ式(M194：3)

4.盆形鼎A型Ⅰ式（M108：7）

薛家岗文化墓随葬陶鼎

1.A型（M225：5）

2.B型Ⅱ式（M170：6）

3.B型Ⅱ式（M218：5）

4.B型Ⅳ式（M231：6）

薛家岗文化墓随葬陶鬶

1.弧敛口钵形豆Ⅰ式（M125：3）

2.折敛口钵形豆D型Ⅲ式（M227：7）

3.折敛口钵形豆D型Ⅶ式（M107：5）

4.折敛口钵形豆C型Ⅰ式（M155：1）

薛家岗文化墓随葬陶豆

1.罐形鼎Ⅱ式（M175：2）

2.盆形鼎B型Ⅰ式（M157：5）

3.折敛口钵形豆A型Ⅴ式（M115：4）

4.折敛口钵形豆A型Ⅴ式（M157：4）

薛家岗文化墓随葬陶鼎、豆

1.钵A型Ⅵ式（M123：8）

2.三足罐Ⅱ式（M213：1）

3.平底壶B型Ⅱ式（M123：9）

4.三足壶Ⅱ式（M197：9）

薛家岗文化墓随葬陶钵、罐、壶

1. A型Ⅲ式M31：2
2. A型Ⅱ式(M123：5)
3. B型Ⅱ式(M20：1)
4. B型Ⅰ式(M113：1)
5. C型Ⅲ式(M107：1)
6. C型Ⅳ式(M206：1)

薛家岗文化墓随葬石钺

1. Ⅱ式(M135：1)　2. Ⅱ式(M193：1)

3. Ⅴ式(M36：2)　4. Ⅳ式(M164：1)

5. Ⅴ式(M150：3)　6. Ⅲ式(M108：3)

薛家岗文化墓随葬穿孔石斧

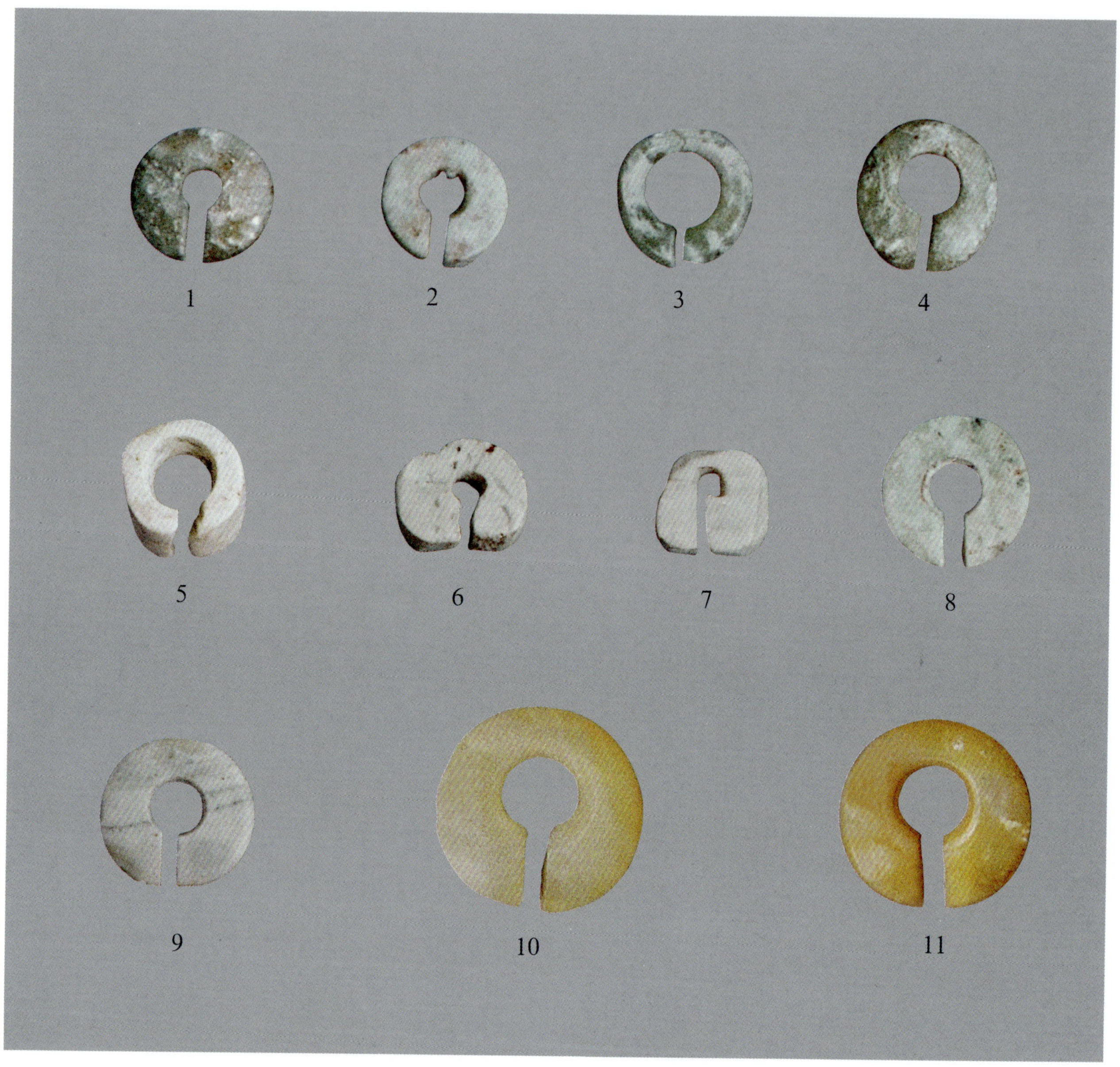

1. Ⅰ式(M28∶7)　2. Ⅰ式(M28∶8)　3. Ⅰ式(M102∶1)　4. Ⅰ式(M199∶2)
5. Ⅵ式(M112∶2)　6. Ⅰ式(M112∶4)　7. Ⅶ式(M112∶3)　8. Ⅱ式(M218∶1)
9. Ⅱ式(M112∶1)　10. Ⅲ式(M231∶11)　11. Ⅲ式(M231∶10)

薛家岗文化墓随葬玉（石）玦

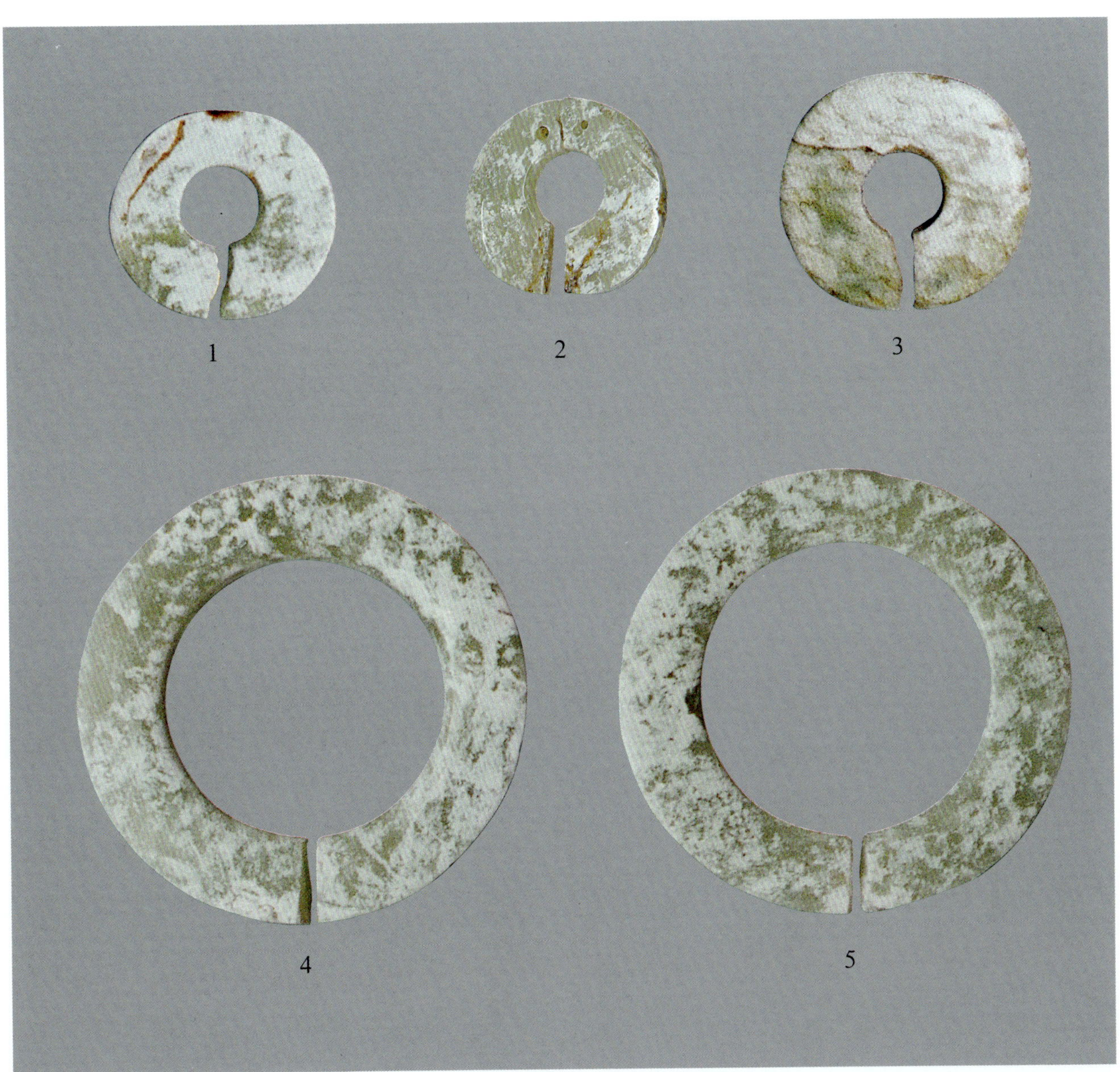

1. Ⅳ式(M162：9)　2. Ⅳ式(M162：10)　3. Ⅲ式(M231：1)
4. Ⅴ式(M123：1)　5. Ⅴ式(M123：2)

薛家岗文化墓随葬玉（石）玦

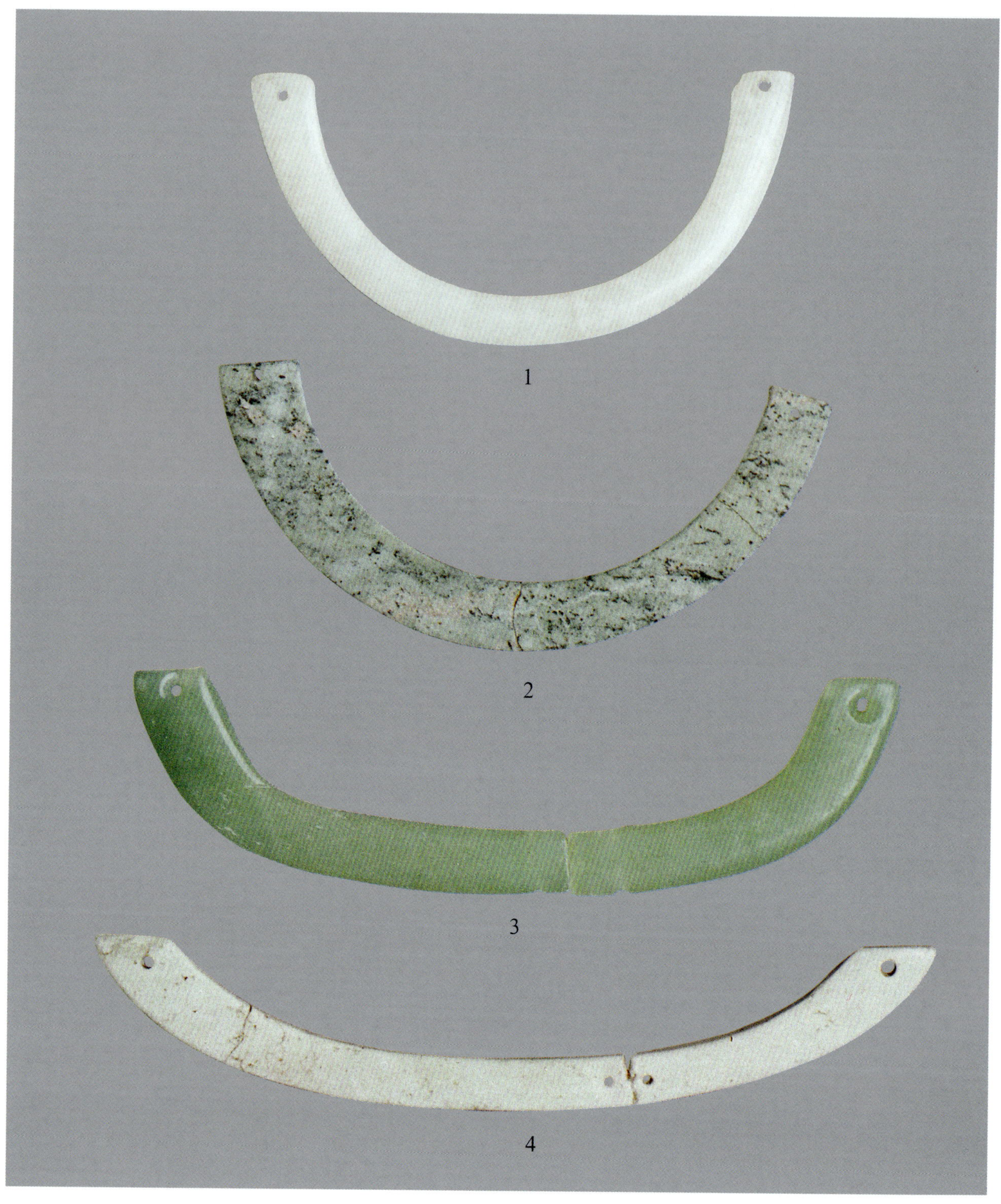

1.Ⅴ式(M160：2)　2.Ⅴ式(M21：1)　3.Ⅲ式(M123：3)　4.Ⅱ式(M156：1)

薛家岗文化墓随葬玉（石）璜

1

2

3

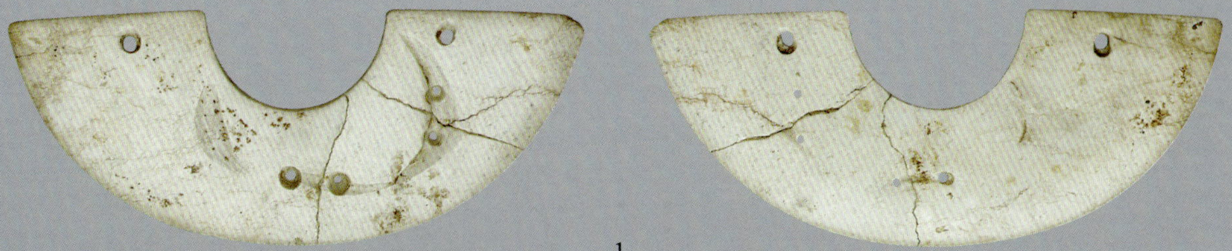

1.Ⅶ式(M225：1)　2.Ⅶ式(M227：2)　3.Ⅶ式(M9：1)

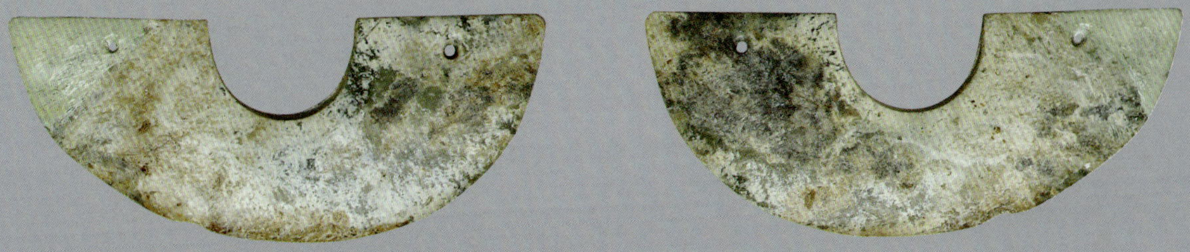

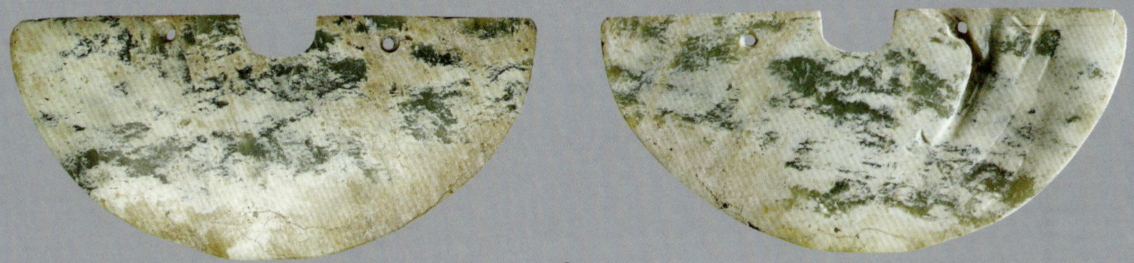

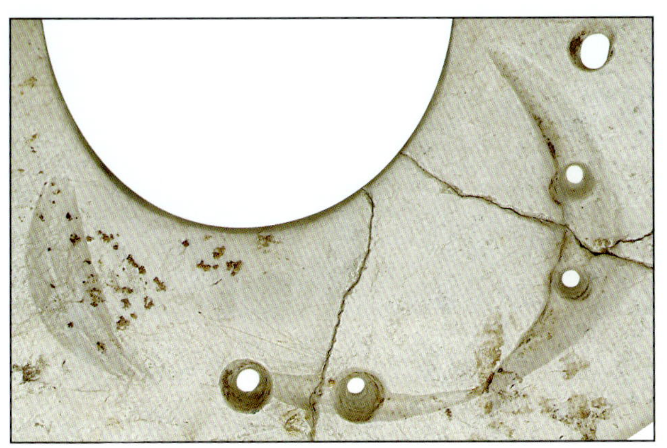

4.M225：1加工痕迹放大

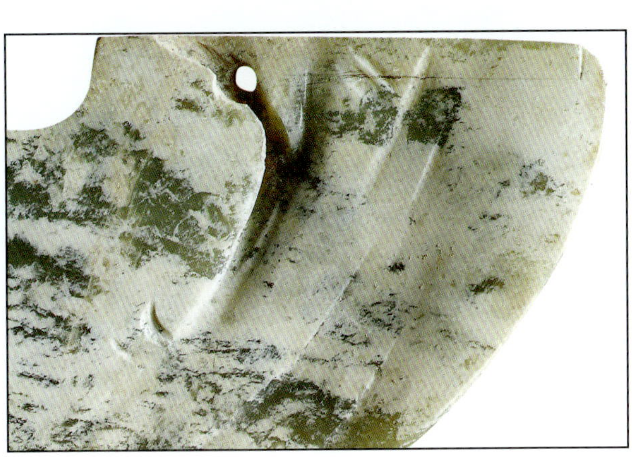

5.M9：1加工痕迹放大

薛家岗文化墓随葬玉（石）璜

1.玉（石）镯(M108：1)　2.玉（石）镯(M216：1)　3.玉（石）镯(M112：5)
4.玉（石）镯(M216：2)　5.陶镯(M227：8)　6.陶镯(M143：1)

薛家岗文化墓随葬玉（石）镯、陶镯

1.塞墩遗址外貌

2.T113、114内墓群

3.T110内墓群

塞墩遗址外貌及墓群局部

图版二

1.登梯俯照大墓M170

2.对M48进行绘图和记录

3.细雨中搭棚绘图

田野发掘工作照

1.H3　2.H6

3.H8　4.H109

坑穴遗迹

1.A型（H105：3）

2.A型（T106③：15）

3.A型（T106③：12）

4.A型（T109②：8）

5.A型 （T109②：4）

6.A型（T106②：9）

文化层和坑穴出土陶鼎

1.C型（T103②：5）

2.C型（T106②：16）

3.D型（T117②：9）

4.A型（T6②：1）

5.A型（T110②：11）（盖T111②：2）

文化层出土陶鼎

1.盆C型（T4②：2）

2.盆D型（H1：1）

3.三足盆（T104②：13）

4.小弧敛口钵B型（T102③：6）

5.单耳罐A型（T114③：7）

6.单耳罐C型（T106②：6）

文化层和坑穴出土陶盆、钵、单耳罐

1.圈足罐（H105：1）

2.圈足罐（T15③：13）

3.圈足罐（H105：2）

4.圈足罐（T15③：4）

5.双耳罐A型（T11②：4）

6.盘片（T22②：6）

7.盘片（H5：1）

文化层和坑穴出土陶双耳罐、圈足罐、盘

1. A型（T104②：4）

2. A型（T15③：5）

3. A型（T11②：2）

4. A型（H9：1）

5. B型（T107②：1）

6. A型（T109②：5）

7. A型（T13②：2）

文化层和坑穴出土陶大口斜沿罐

1.大口斜沿罐B型（H102：2）

2.大口斜沿罐B型（T107②：3）

3.大口矮领罐（H9：2）

4.小口矮领罐A型（T104②：7）

5.缸A型（H103：1）

6.缸B型（T112③：5）

文化层和坑穴出土陶罐、缸

1.斧B型Ⅱ式（T7②：5） 2.斧B型Ⅳ式 （T7②：4） 3.锛C型Ⅷ式 （T7②：1） 4.锛B型（T7②：3） 5~7. 有段石锛：5.Ⅴ式（T106②：8） 6.Ⅳ式（T110③：13） 7.Ⅲ式（T115③：1） 8.锛C型Ⅳ式（T114③：4） 9.锛C型Ⅳ式（T31②：1） 10.穿孔石斧Ⅰ式（T112③：6） 11.锤（H9：8） 12.砺石（T117②：20）

文化层和坑穴出土石器

1.穿孔石斧（HS：049） 2.凿（HS：014） 3.凿（T6①：4） 4.凿（T112①：4） 5.锛（T106①：1）
6.有段石锛（T105①：1） 7.锛（HS：010） 8.有段石锛（HS：029） 9.有段石锛（HS：013）
10.有段石锛（HS：08） 11.双孔石刀（T1①：1） 12.凿（HS：039） 13.镞（HS：03）

耕土层和采集石器

1.M22

2.M35

3.M38

4.M39

黄鳝嘴文化墓

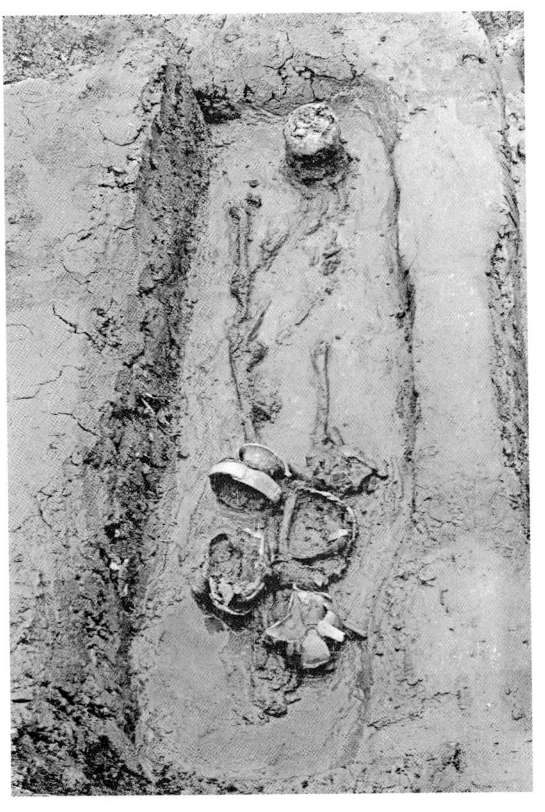

1.M40

2.M43

3.M45

4.M49

黄鳝嘴文化墓

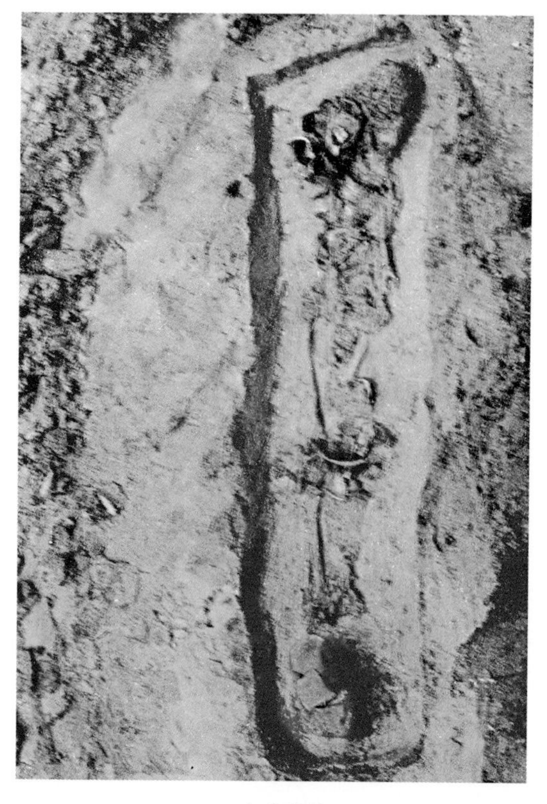

1.M50

2.M117

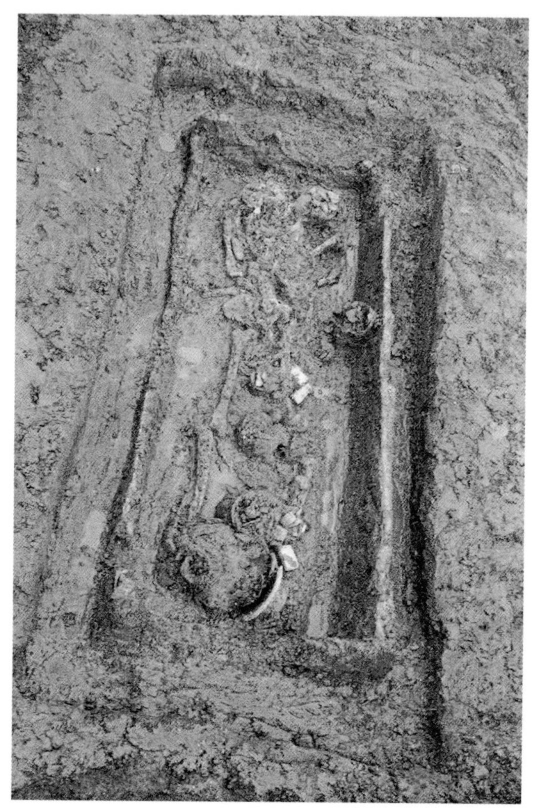

3.M120

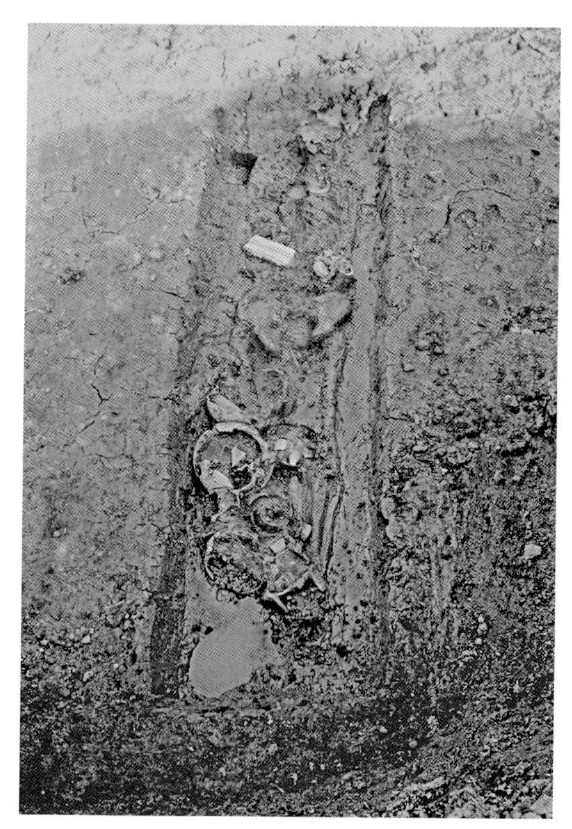

4.M122

黄鳝嘴文化墓

1.M124　2.M139　3.M144　4.M146

黄鳝嘴文化墓

1.M149

2.M166

3.M168

4.M173

黄鳝嘴文化墓

1.M177

2.M190

3.M192

4.M192 人架坑

黄鳝嘴文化墓

1.M196

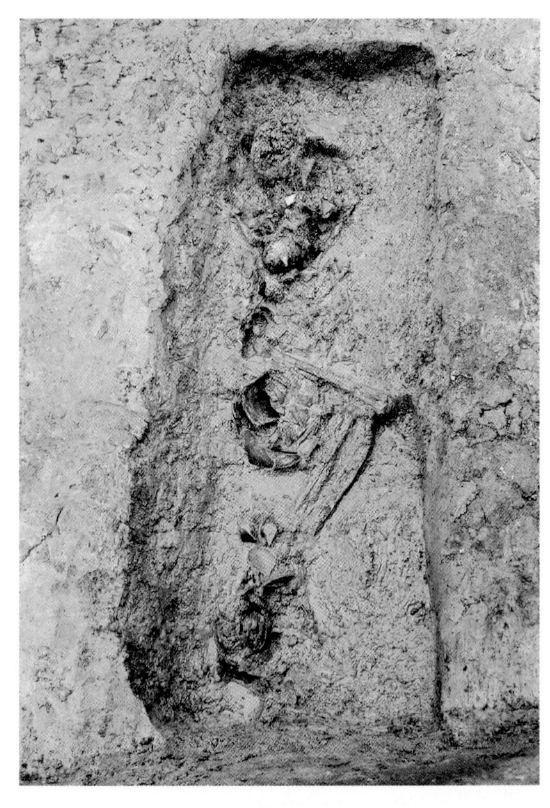

2.M203

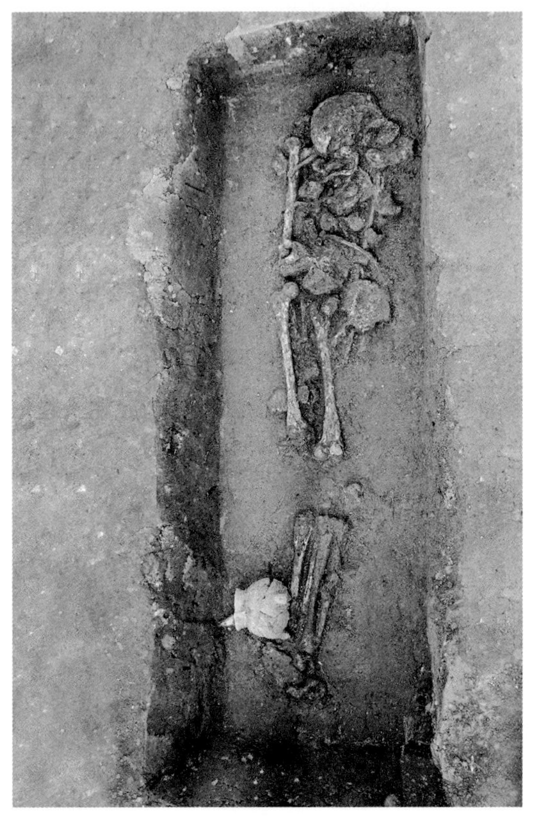

3.M214

4.M233

黄鳝嘴文化墓

1. A型Ⅰ式（M50：3）

2. A型Ⅱ式（M203：2）

3. A型Ⅱ式（M38：11）

4. A型Ⅲ式（M35：6）

5. A型Ⅲ式（M214：1）

6. A型Ⅳ式（M196：3）

黄鳝嘴文化墓随葬陶罐形鼎（之一）

1. A型Ⅳ式（M149：2）

2. A型Ⅳ式（M192：7）

3. A型Ⅳ式（M4：1）

4. A型Ⅴ式（M122：8）

5. A型Ⅴ式（M124：5）

6. A型Ⅴ式（M33：7）

黄鳝嘴文化墓随葬陶罐形鼎（之二）

1.B型Ⅰ式（M139：3）(A)

2.B型Ⅰ式（M139：3）(B)

3.B型Ⅰ式（M35：7）(A)

4.B型Ⅰ式（M35：7）(B)

5.B型Ⅰ式（M238：1）(A)

6.B型Ⅰ式（M238：1）(B)

黄鳝嘴文化墓随葬陶罐形鼎（之三）

1.B型Ⅰ式（M144：2）

2.B型Ⅰ式（M232：4）

3.B型Ⅱ式（M43：2）

4.B型Ⅱ式（M122：11）

5.B型Ⅱ式（M203：3）

6.B型Ⅱ式（M117：10）

黄鳝嘴文化墓随葬陶罐形鼎（之四）

1. B型Ⅲ式（M177∶6）

2. B型Ⅲ式（M153∶3）

3. B型Ⅲ式（M163∶1）

4. B型Ⅳ式（M182∶5）

5. B型Ⅴ式（M147∶1）

6. C型Ⅰ式（M139∶2）

黄鳝嘴文化墓随葬陶罐形鼎（之五）

1.C型Ⅰ式（M161：3）(A)

2.C型Ⅰ式（M161：3）(B)

3.C型Ⅰ式（M168：5）

4.C型Ⅱ式（M190：4）

5.C型Ⅲ式（M120：11）

6.C型Ⅲ式（M27：11）

黄鳝嘴文化墓随葬陶罐形鼎（之六）

1.盆形鼎（M39：3）

2.盆形鼎（M121：1）

3.釜形鼎（M26：10）

4.罐形鼎C型Ⅳ式（M27：6）

黄鳝嘴文化墓随葬陶鼎

1. I式（M49：11）

2. I式（M35：2）

3. I式（M139：4）

4. I式（M43：4）

黄鳝嘴文化墓随葬陶垂棱钵形豆（之一）

1. Ⅱ式（M38：9）

2. Ⅱ式（M233：4）

3. Ⅲ式（M124：9）

黄鳝嘴文化墓随葬陶垂棱钵形豆（之二）

1. Ⅳ式（M168：3）

2. Ⅴ式（M4：3）

3. Ⅵ式（M50：6）

4. Ⅵ式（M166：3）

黄鳝嘴文化墓随葬陶垂棱钵形豆（之三）

1. A型Ⅱ式（M232：12）

2. A型Ⅲ式（M49：8）

3. A型Ⅴ式（M22：3）

4. B型Ⅱ式（M144： 3）

黄鳝嘴文化墓随葬陶高把皿形豆（之一）

1.A型Ⅰ式（M232：8）　2.A型Ⅲ式（M232：7）　3.A型Ⅳ式（M38：5）

4.B型Ⅲ式（M126：1）　5.B型Ⅰ式（M124：11）　6.A型Ⅱ式（M144：4）

黄鳝嘴文化墓随葬陶高把皿形豆（之二）

1.A型Ⅰ式（M40：1）

2.A型Ⅰ式（M43：1）

3.A型Ⅰ式（M203：9）

4.A型Ⅱ式（M50：2）

5.A型Ⅱ式（M43：5）

6.A型Ⅲ式（M122：10）

黄鳝嘴文化墓随葬陶弧敛口钵形豆（之一）

1.A型Ⅳ式（M117：12）

2.A型Ⅴ式（M33：3）

3.A型Ⅵ式（M33：1）

4.A型Ⅵ式（M117：9）

5.A型Ⅵ式（M203：7）

黄鳝嘴文化墓随葬陶弧敛口钵形豆（之二）

1. B型Ⅰ式（M38：10）

2. B型Ⅰ式（M16：3）

3. B型Ⅱ式（M146：2）

4. B型Ⅲ式（M16：2）

黄鳝嘴文化墓随葬陶弧敛口钵形豆（之三）

1. B型Ⅳ式（M7：5）

2. B型Ⅴ式（M192：8）

3. B型Ⅵ式（M27：10）

4. B型Ⅵ式（M34：4）

黄鳝嘴文化墓随葬陶弧敛口钵形豆（之四）

1. A型Ⅰ式（M196：4）

2. A型Ⅱ式（M142：3）

3. A型Ⅲ式（M22：4）

4. A型Ⅳ式（M146：3）

黄鳝嘴文化墓随葬陶折敛口钵形豆（之一）

1.A型Ⅴ式（M153：12）

2.A型Ⅶ式（M39：1）

3.A型Ⅶ式（M26：6）

4.B型Ⅰ式（M33：8）

黄鳝嘴文化墓随葬陶折敛口钵形豆（之二）

1. B型Ⅰ式（M196：6）

2. B型Ⅱ式（M121：6）

3. C型Ⅰ式（M182：2）

4. C型Ⅱ式（M237：1）

5. C型Ⅱ式（M177：4）

6. C型Ⅱ式（M190：5）

黄鳝嘴文化墓随葬陶折敛口钵形豆（之三）

1. C型Ⅲ式（M121：2）

2. C型Ⅳ式（M201：3）

3. D型Ⅲ式（M163：2）

4. D型Ⅲ式（M202：8）

5. D型Ⅰ式（M236：8）

6. D型Ⅱ式（M27：9）

黄鳝嘴文化墓随葬陶折敛口钵形豆（之四）

1. A型Ⅰ式（M232：6）

2. B型Ⅲ式（M48：13）

3. A型Ⅰ式（M203：1）

4. B型Ⅰ式（M33：4）

黄鳝嘴文化墓随葬陶盆形豆（之一）

1. B型Ⅲ式（M153：6）

2. B型Ⅴ式（M45：5）

3. C型Ⅰ式（M49：10）

4. C型Ⅴ式（M153：1）

黄鳝嘴文化墓随葬陶盆形豆（之二）

1.C型Ⅱ式（M192：3）

2.C型Ⅲ式（M26：11）

3.A型Ⅱ式（M2：3）

4.A型Ⅱ式（M24：2）

5.C型Ⅳ式（M2：2）

6.C型Ⅲ式（M48：33）

7.B型Ⅳ式（M34：3）

黄鳝嘴文化墓随葬陶盆形豆（之三）

1. Ⅰ式（M27：1）

2. Ⅰ式（M2：7）

3. Ⅰ式（M121：10）

4. Ⅰ式（M24：4）

黄鳝嘴文化墓随葬陶盘（之一）

1.Ⅲ式（M48：36）

2.Ⅳ式（M177：2）

3.Ⅴ式（M120：16）

4.Ⅱ式（M26：7）

5.Ⅶ式（M27：7）

黄鳝嘴文化墓随葬陶盘（之二）

1.A型Ⅰ式（M196：9）

2.A型Ⅱ式（M124：8）

3.A型Ⅲ式（M4：4）

4.A型Ⅲ式（M49：7）

5.A型Ⅲ式（M23：1）

6.A型Ⅳ式（M232：1）

黄鳝嘴文化墓随葬陶盆（之一）

1. B型Ⅱ式（M144：5）

2. B型Ⅲ式（M38：13）

3. B型Ⅳ式（M237：2）

4. B型Ⅲ式（M192：5）

黄鳝嘴文化墓随葬陶盆（之二）

1. A型Ⅰ式（M203：5）

2. A型Ⅱ式（M177：5）

3. B型Ⅱ式（M45：6）

4. B型Ⅰ式（M116：2）

5. C型（M4：2）

黄鳝嘴文化墓随葬陶钵

1.A型Ⅰ式（M50：8）

2.A型Ⅱ式（M45：1）

3.A型Ⅲ式（M124：2）

4.B型Ⅰ式（M38：17）

5.B型Ⅱ式（M122：6）

6.B型Ⅱ式（M232：10）

黄鳝嘴文化墓随葬陶碗（之一）

1. B型Ⅲ式（M237：4）

2. B型Ⅲ式（M196：10）

3. B型Ⅲ式（M7：1）

4. C型（M4：6）

5. C型（M166：2）

6. D型（M45：3）

黄鳝嘴文化墓随葬陶碗（之二）

1. Ⅰ式（M35：1）

2. Ⅰ式（M196：5）

3. Ⅱ式（M161：2）

4. Ⅳ式（M233：3）

5. Ⅰ式（M203：6）

6. Ⅱ式（M139：1）

7. Ⅲ式（M124：6）

黄鳝嘴文化墓随葬陶竹节筒形圈足杯

1. Ⅰ式（M38：15）

2. Ⅰ式（M196：2）

3. Ⅱ式（M166：1）

4. Ⅲ式（M168：1）

5. Ⅲ式（M4：7）

6. Ⅳ式（M232：9）

黄鳝嘴文化墓随葬陶鼓腹圈足杯

1.A型（M142：5）

2.A型（M144：1）

3.A型（M49：4）

4.B型（M22：5）

5.C型（M236：6）

黄鳝嘴文化墓随葬陶碗形杯

1.鼓腹圈足杯Ⅰ式（M122：9）

2.鼓腹圈足杯Ⅳ式（M117：11）

3.三曲凹弧腹杯（M49：9）

4.三足杯Ⅱ式（M153：7）

5.三足杯Ⅰ式（M38：6）

6.三足杯Ⅲ式（M120：17）

黄鳝嘴文化墓随葬陶杯

1. A型（M48：35）

2. A型（M126：2）

3. B型（M198：3）

4. C型Ⅰ式（M121：5）

5. C型Ⅱ式（M26：8）

6. C型Ⅲ式（M27：5）

黄鳝嘴文化墓随葬陶单耳杯

1.单耳杯C型Ⅱ式（M27：8）

2.单耳杯D型（M202：2）

3.筒形圈足杯Ⅰ式（M190：3）

4.筒形圈足杯Ⅰ式（M34：2）

5.筒形圈足杯Ⅱ式（M202：10）

6.筒形圈足杯Ⅱ式（M173：2）

7.筒形圈足杯Ⅱ式（M2：5）

黄鳝嘴文化墓随葬陶单耳杯、筒形圈足杯

1.A型Ⅰ式（M43：7）

2.A型Ⅱ式（M203：4）

3.A型Ⅲ式（M177：3）

4.B型Ⅰ式（M166：6）

5.B型Ⅱ式（M124：7）

6.B型Ⅲ式（M196：7）

黄鳝嘴文化墓随葬陶单耳罐（之一）

1.B型Ⅲ式（M237：3）

2.B型Ⅳ式（M117：13）

3.B型Ⅳ式（M23：4）

4.B型Ⅳ式（M153：4）

5.B型Ⅳ式（M48：12）

6.B型Ⅴ式（M120：6）

黄鳝嘴文化墓随葬陶单耳罐（之二）

1.B型Ⅵ式（M202：7）

2.C型Ⅱ式（M182：3）

3.C型Ⅲ式（M192：6）

4.C型Ⅳ式（M190：2）

5.C型Ⅰ式（M35：4）

黄鳝嘴文化墓随葬陶单耳罐（之三）

1.A型Ⅰ式（M236：7）

2.A型Ⅱ式（M45：4）

3.B型Ⅰ式（M163：4）

4.B型Ⅲ式（M39：6）

5.C型（M49：12）

6.D型（M129：1）

黄鳝嘴文化墓随葬陶大口斜沿罐

1.弇口矮领罐Ⅱ式（M201：1）

2.弇口矮领罐Ⅲ式（M48：32）

3.大口斜沿罐B型Ⅱ式（M34：1）

4.小口矮领罐A型（M120：14）

黄鳝嘴文化墓随葬陶罐

1.三足罐B型（M168：2）

2.三足罐C型（M146：1）

3.三足罐A型（M166：5）

4.大口尊（M48：15）

黄鳝嘴文化墓随葬陶三足罐、大口尊

1.穿孔石斧（M117：4）
2.穿孔石斧（M120：9）

3.斧B型Ⅲ式（M48：30）
4.斧B型Ⅱ式（M48：6）

5.斧C型Ⅰ式（M38：16）
6.斧C型Ⅱ式（M48：19）

7.斧A型Ⅱ式（M120：12）
8.斧A型Ⅰ式（M48：11）

9.锛A型（M48：8）

黄鳝嘴文化墓随葬穿孔石斧、斧、锛

1.锛B型Ⅱ式（M38：4）
2.锛B型Ⅰ式（M120：13）
3.锛C型Ⅳ式（M48：31）
4.锛B型Ⅲ式（M48：22）

5.锛C型Ⅰ式（M233：1）
6.锛C型Ⅱ式（M48：17）
7.锛C型Ⅲ式（M48：27）
8.锛C型Ⅳ式（M48：24）

9.锛C型Ⅴ式（M142：7）
10.锛C型Ⅵ式（M120：8）

11.有段石锛（M142：6）
12.有段石锛（M38：3）

黄鳝嘴文化墓随葬石锛、有段石锛

1.凿B型Ⅰ式（M48：23）
2.凿B型Ⅲ式（M48：21）
3.凿C型Ⅱ式（M48：26）

4.凿C型Ⅰ式（M48：20）
5.凿C型Ⅰ式（M48：9）
6.凿B型Ⅲ式（M48：10）
7.凿B型Ⅱ式（M48：25）
8.三孔石刀（M48：3）

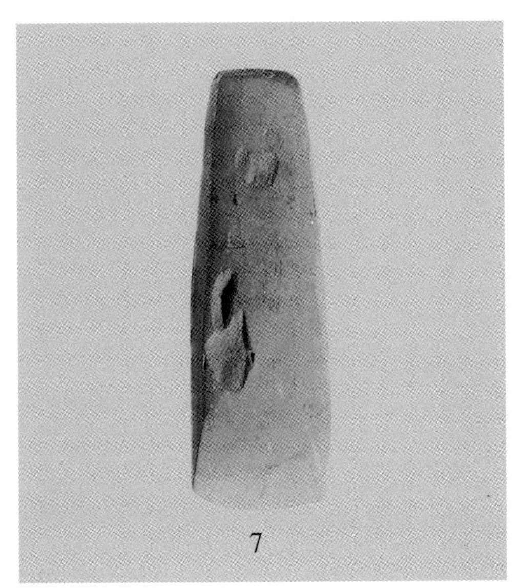

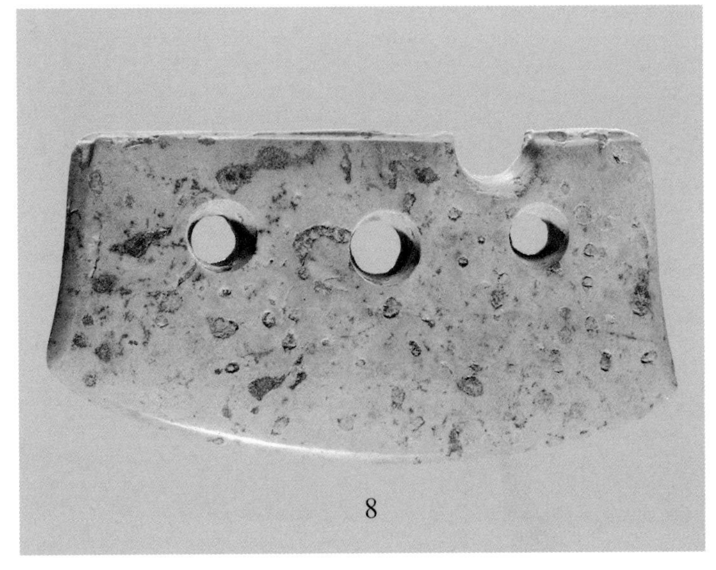

黄鳝嘴文化墓随葬石凿、三孔石刀

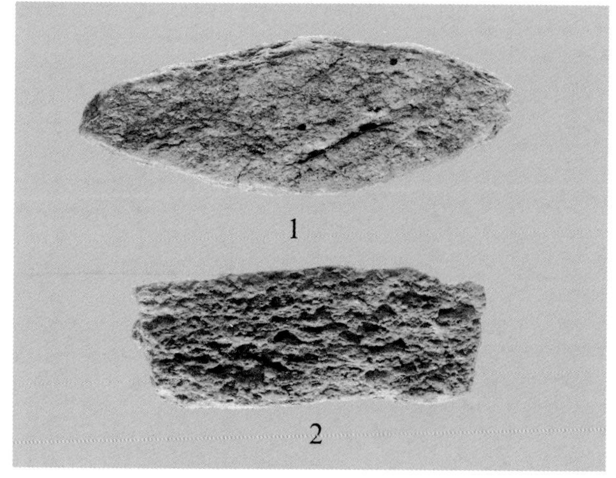

1.搓磨石Ⅰ式（M153：5）
2.搓磨石Ⅲ式（M190：1）

3.搓磨石Ⅰ式（M48：5）
4.搓磨石Ⅲ式（M48：40）

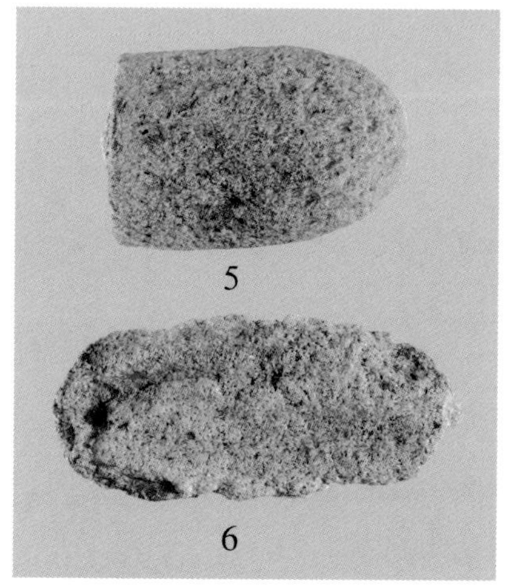

5.搓磨石Ⅱ式（M120：2）
6.搓磨石Ⅱ式（M190：1）

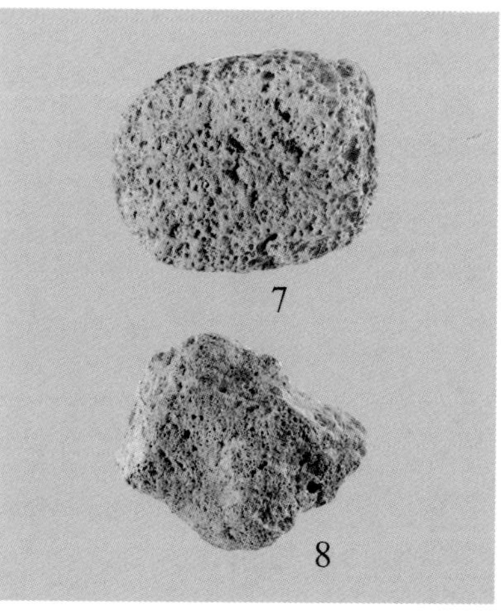

7.搓磨石Ⅳ式（M39：4）
8.搓磨石Ⅳ式（M173：4）

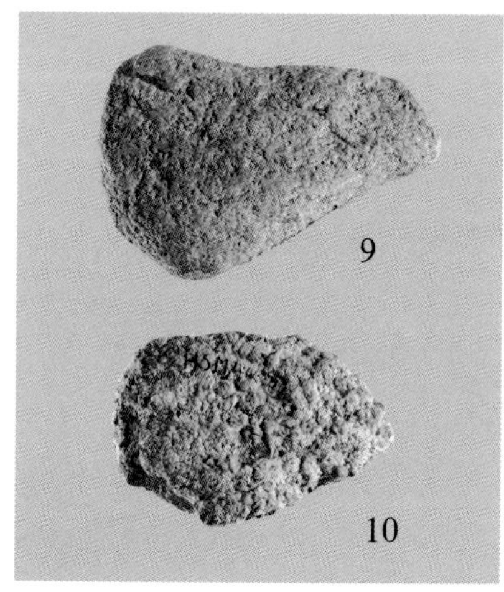

9.搓磨石Ⅳ式（M120：15）
10.搓磨石Ⅳ式（M40：2）

11.搓磨石Ⅱ式（M2：1）
12.搓磨石Ⅲ式（M196：13）

13.砺石（M34：5）

黄鳝嘴文化墓随葬搓磨石、砺石

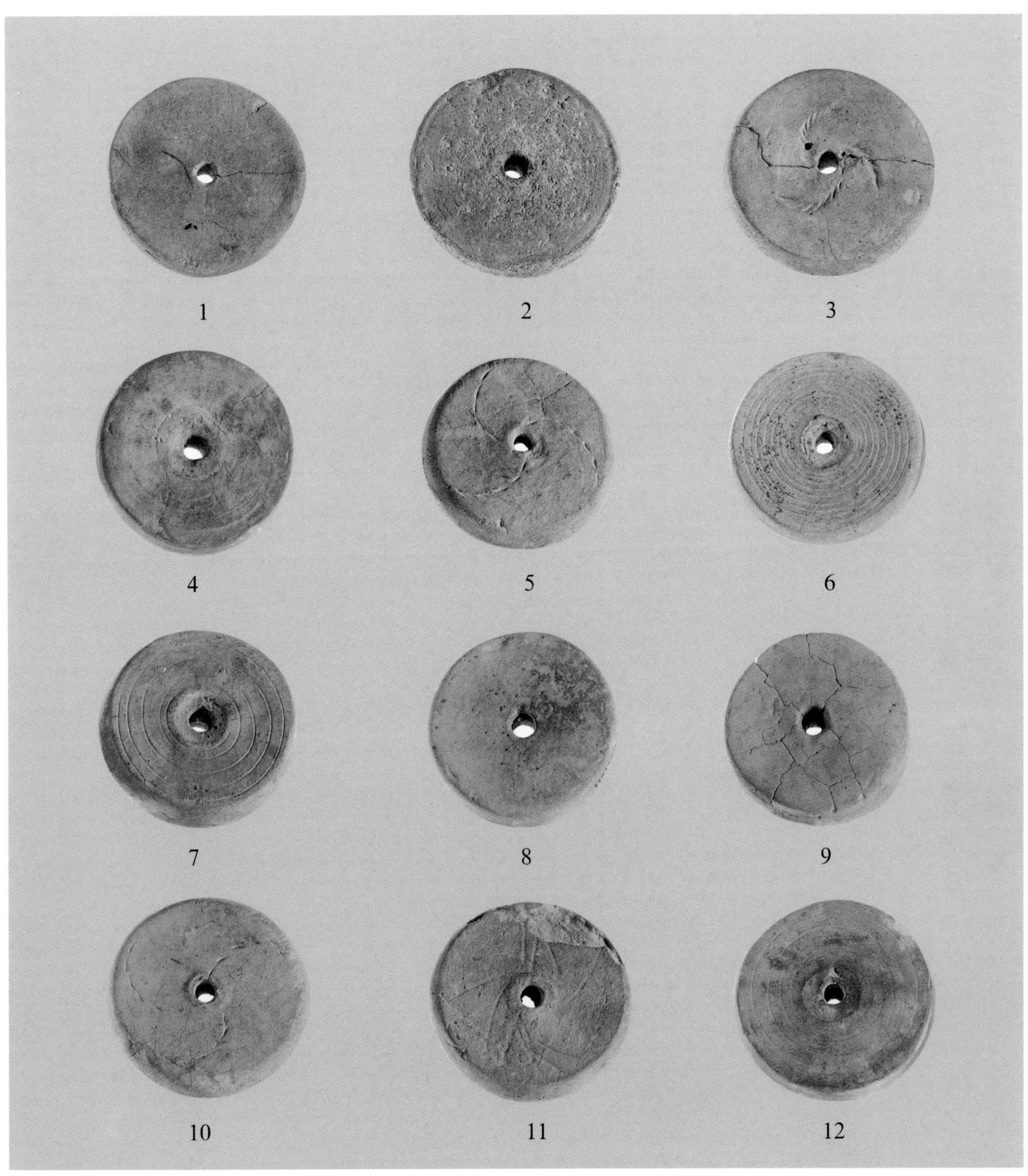

1.A型Ⅰ式（M26：5） 2.A型Ⅱ式（M49：13） 3.A型Ⅲ式（M7：4） 4.A型Ⅲ式（M39：8）
5.A型Ⅳ式（M49：14） 6.A型Ⅳ式（M153：2） 7.A型Ⅳ式（M153：8） 8.B型Ⅰ式（M45：2）
9.B型Ⅰ式（M122：2） 10.B型Ⅲ式（M49：15） 11.B型Ⅳ式（M7：3） 12.B型Ⅳ式（M202：4）

黄鳝嘴文化墓随葬陶纺轮

1.M5

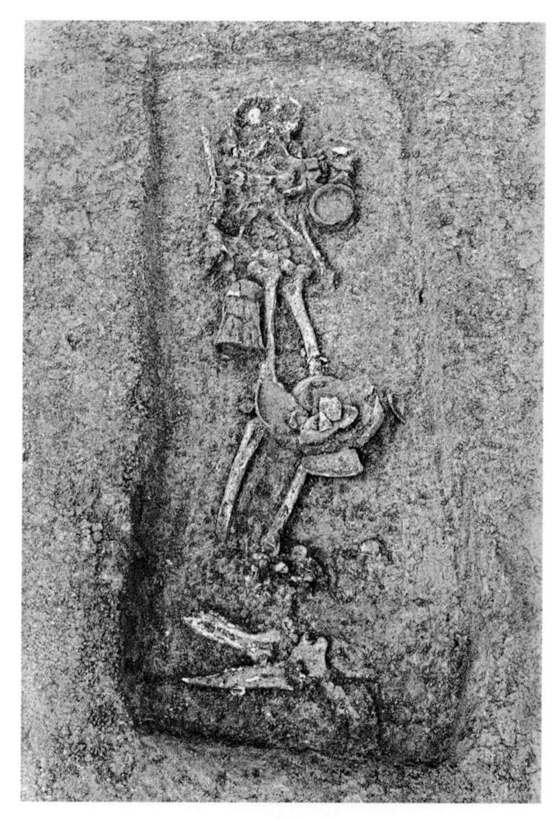

2.M13

3.M29

4.M103

薛家岗文化墓

1.M108

2.M110

3.M111

4.M112

薛家岗文化墓

1.M113

2.M114

3.M115

4.M127

薛家岗文化墓

1.M135

2.M140

3.M151

4.M155

薛家岗文化墓

1.M159

2.M160

3.M162

4.M165

薛家岗文化墓

1.M170

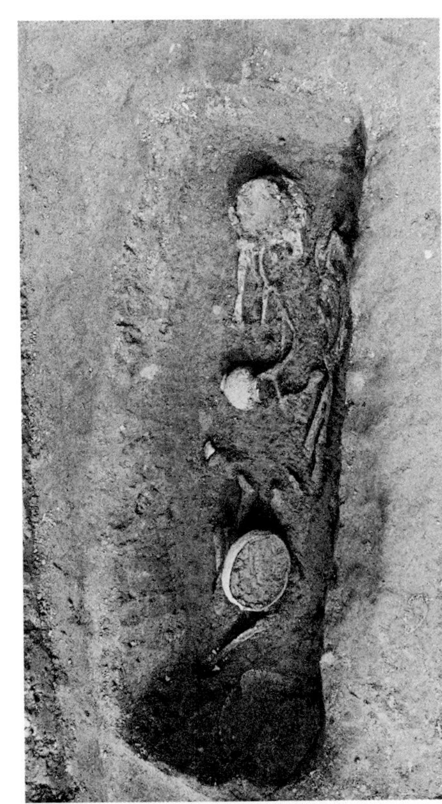

2.M171

薛家岗文化墓

3.M178

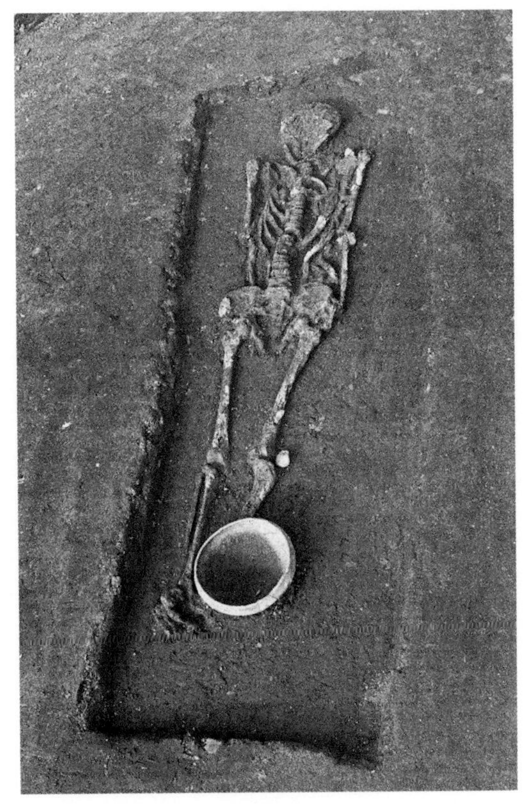

4.M180

1.M183

2.M184

3.M185

4.M187

薛家岗文化墓

2.M194

薛家岗文化墓

1.M191

3.M195

4.M197

1.M208

2.M209

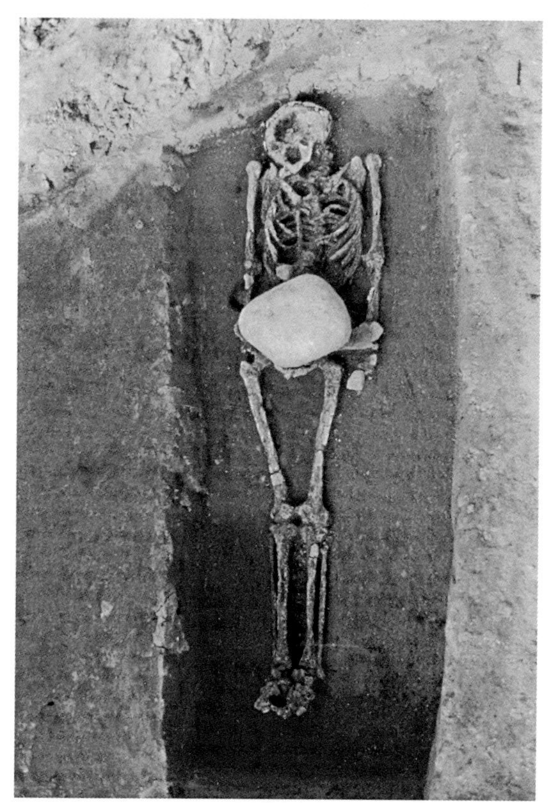

3.M211

4.M213

薛家岗文化墓

1.M216

2.M216 局部

3.M217

4.M222

薛家岗文化墓

1.Ⅱ式（M209：5）

2.Ⅰ式（M28：4）

3.Ⅱ式（M213：3）

4.Ⅱ式（M175：2）

5.Ⅵ式（M111：2）

6.Ⅲ式（M227：3）

薛家岗文化墓随葬陶罐形鼎（之二）

1.A型Ⅰ式（M228：3）

2.A型Ⅱ式（M212：4）

3.B型Ⅰ式（M5：3）

4.B型Ⅱ式（M19：2）

薛家岗文化墓随葬陶盆形鼎（之一）

1.A型Ⅰ式（M197：1）

2.A型Ⅰ式（M108：7）

3.B型Ⅰ式（M157：5）

4.B型Ⅲ式（M194：3）

5.B型Ⅳ式（M148：8）

6.B型Ⅴ式（M162：1）

薛家岗文化墓随葬陶盆形鼎（之二）

1. Ⅰ式（M221：3）

2. Ⅱ式（M1：6）

3. Ⅱ式（M31：8）

4. Ⅳ式（M178：3）

5. Ⅲ式（M185：4）

6. Ⅲ式（M207：3）

薛家岗文化墓随葬陶釜形鼎

1.A型（M225：5）

2.B型Ⅱ式（M218：5）

3.B型Ⅰ式（M113：2）

4.B型Ⅱ式（M170：6）

薛家岗文化墓随葬陶鬶（之一）

1.B型Ⅲ式（M217：4）

2.B型Ⅳ式（M231：6）

3.B型Ⅵ式（M148：7）

4.B型Ⅴ式（M197：3）

薛家岗文化墓随葬陶鬶（之二）

1.B型Ⅵ式（M209：7）

2.B型Ⅶ式（M123：10）

3.B型Ⅶ式（M123：12）

4.B型Ⅷ式（M29：3）

薛家岗文化墓随葬陶鬶（之三）

1.A型Ⅰ式（M140：3）

2.A型Ⅱ式（M231：5）

3.A型Ⅱ式（M148：6）

4.A型Ⅱ式（M193：3）

薛家岗文化墓随葬陶折敛口钵形豆（之一）

1. A型Ⅲ式（M111：1）

2. A型Ⅳ式（M170：1）

3. A型Ⅳ式（M225：6）

4. A型Ⅴ式（M157：4）

薛家岗文化墓随葬陶折敛口钵形豆（之二）

1. A型V式（M115：4）

2. A型V式（M118：3）

3. A型Ⅵ式（M108：5）

4. A型Ⅵ式（M197：2）

薛家岗文化墓随葬陶折敛口钵形豆（之三）

1.B型Ⅰ式（M19：3）

2.B型Ⅰ式（M5：1）

3.B型Ⅱ式（M29：6）

4.B型Ⅲ式（M156：3）

薛家岗文化墓随葬陶折敛口钵形豆（之四）

1.B型Ⅳ式（M155：2）

2.B型Ⅳ式（M154：5）

3.B型Ⅴ式（M209：6）

4.B型Ⅴ式（M29：9）

薛家岗文化墓随葬陶折敛口钵形豆（之五）

1. C型Ⅰ式（M155：1）

2. C型Ⅱ式（M156：4）

3. D型Ⅰ式（M17：1）

4. D型Ⅶ式（M107：5）

薛家岗文化墓随葬陶折敛口钵形豆（之六）

1.D型Ⅱ式（M221：2）

2.D型Ⅲ式（M165：3）

3.D型Ⅳ式（M151：4）

4.D型Ⅳ式（M213：2）

5.D型Ⅳ式（M218：6）

6.D型Ⅴ式（M13：3）

薛家岗文化墓随葬陶折敛口钵形豆（之七）

1.D型Ⅵ式（M28：5）

2.D型Ⅵ式（M31：6）

3.D型Ⅷ式（M112：7）

4.D型Ⅸ式（M179：4）

5.D型Ⅸ式（M187：2）

6.D型Ⅹ式（M102：2）

薛家岗文化墓随葬陶折敛口钵形豆（之八）

1.盆形豆Ⅰ式（M15：2）

2.盆形豆Ⅲ式（M29：12）

3.盆形豆Ⅳ式（M154：4）

4.盆形豆Ⅴ式（M148：3）

5.盘形豆Ⅰ式（M159：2）

6.盘形豆Ⅰ式（M162：2）

薛家岗文化墓随葬陶盆形豆、盘形豆

1.弧敛口钵形豆Ⅰ式（M125：3）

2.弧敛口钵形豆Ⅲ式（M123：13）

3.盆形豆Ⅱ式（M162：7）

4.盘形豆Ⅱ式（M148：5）

薛家岗文化墓随葬陶豆

1.釜（M227：4）

2.甑（M197：7）

3.盘（M209：1）

4.盘（M31：4）

5.盆A型Ⅱ式（M159：3）

6.盆B型Ⅰ式（M17：6）

薛家岗文化墓随葬陶釜、甑、盘、盆

1.A型Ⅳ式（M225：3）

2.A型Ⅴ式（M29：5）

3.A型Ⅵ式（M123：8）

4.A型Ⅵ式（M197：8）

5.B型Ⅰ式（M217：7）

6.B型Ⅱ式（M108：6）

薛家岗文化墓随葬陶钵（之二）

1.C型Ⅰ式（M180：1）

2.C型Ⅱ式（M123：19）

3.D型（M230：4）

4.E型（M151：6）

薛家岗文化墓随葬陶钵（之三）

1.觯Ⅰ式（M225：8）

2.觯Ⅰ式（M134：4）

3.觯Ⅰ式（M112：8）

4.觯Ⅱ式（M20：2）

5.碗（M197：11）

薛家岗文化墓随葬陶碗、觯

1.A型Ⅰ式（M193：2）

2.B型Ⅰ式（M8：1）

3.A型Ⅲ式（M13：2）

4.B型Ⅱ式（M208：4）

薛家岗文化墓随葬陶觚形杯（之一）

1. A型Ⅰ式（M114：1）

2. A型Ⅰ式（M231：3）

3. A型Ⅱ式（M148：4）

4. A型Ⅲ式（M164：2）

5. A型Ⅲ式（M197：10）

薛家岗文化墓随葬陶觚形杯（之二）

1. Ⅲ式（M1：5）

2. Ⅲ式（M18：1）

3. Ⅳ式（M157：3）

4. Ⅱ式（M31：5）

5. Ⅰ式（M109：2）

薛家岗文化墓随葬陶杯

1.大口斜沿罐（M158：2）

2.大口矮领罐Ⅰ式（M25：3）

3.大口矮领罐Ⅱ式（M157：6）

4.大口矮领罐Ⅲ式（M29：8）

薛家岗文化墓随葬陶大口斜沿罐、大口矮领罐

1. Ⅰ式（M162：3）
2. Ⅰ式（M212：1）
3. Ⅰ式（M223：2）
4. Ⅱ式（M179：2）
5. Ⅱ式（M175：1）
6. Ⅲ式（M183：1）

薛家岗文化墓随葬陶小口矮领罐

1. Ⅰ式（M231：4）

2. Ⅱ式（M191：1）

3. Ⅲ式（M17：4）

4. Ⅳ式（M218：7）

薛家岗文化墓随葬陶圈足罐（之一）

1. Ⅱ式（M151：5）

2. Ⅲ式（M103：2）

3. Ⅴ式（M205：1）

4. Ⅵ式（M171：1）

5. Ⅵ式（M225：4）

6. Ⅷ式（M123：17）

薛家岗文化墓随葬陶圈足罐（之二）

1.三足罐Ⅰ式（M197：4）

2.三足罐Ⅱ式（M227：5）

3.三足罐Ⅱ式（M213：1）

4. 圈足罐Ⅶ式（M188：1）

薛家岗文化墓随葬陶圈足罐、三足罐

1. A型Ⅰ式（M194：5）

2. A型Ⅰ式（M218：3）

3. A型Ⅱ式（M167：4）

4. A型Ⅲ式（M167：3）

5. A型Ⅲ式（M140：2）

6. A型Ⅲ式（M125：2）

薛家岗文化墓随葬陶平底壶（之一）

1.A型Ⅳ式（M197：12）

2.A型Ⅴ式（M128：2）

3.A型Ⅵ式（M154：2）

4.A型Ⅶ式（M28：3）

5.B型Ⅱ式（M123：11）

6.B型Ⅱ式（M123：9）

薛家岗文化墓随葬陶平底壶（之二）

1. Ⅱ式（M17：2）

2. Ⅲ式（M1：4）

3. Ⅴ式（M185：3）

4. Ⅸ式（M217：10）

薛家岗文化墓随葬陶圈足壶（之一）

1. Ⅱ式（M208：3）

2. Ⅲ式（M18：2）

3. Ⅳ式（M30：2）

4. Ⅵ式（M215：1）

5. Ⅶ式（M225：7）

6. Ⅷ式（M159：4）

薛家岗文化墓随葬陶圈足壶（之二）

1. Ⅰ式（M159：1）

2. Ⅱ式（M197：9）

3. Ⅲ式（M19：1）

4. Ⅳ式（M160：3）

薛家岗文化墓随葬陶三足壶

1.圜底壶Ⅰ式（M199：1）

2.平底壶B型Ⅱ式（M29：7）

3.平底壶B型Ⅲ式（M195：1）

4.圈足壶Ⅷ式（M170：3）

5.器盖Ⅲ式（M9：4）

6.器盖Ⅳ式（M159：5）

薛家岗文化墓随葬陶壶、器盖

1.A型Ⅱ式（M123：5）（A）

2.A型Ⅱ式（M123：5）（B）

3.A型Ⅰ式（M118：1）

4.A型Ⅲ式（M31：2）

5.A型Ⅰ式（M210：1）

6.C型Ⅰ式（M231：2）

薛家岗文化墓随葬石钺（之一）

1.B型Ⅰ式（M143：2）

2.B型Ⅲ式（M178：1）

3.C型Ⅲ式（M184：1）

4.C型Ⅲ式（M107：1）

5.C型Ⅱ式（M181：1）

6.C型Ⅳ式（M206：1）

薛家岗文化墓随葬石钺（之二）

1.B型Ⅰ式（M3：1）

2.B型Ⅰ式（M151：1）

3.B型Ⅰ式（M113：1）

4.B型Ⅱ式（M20：1）

薛家岗文化墓随葬石钺（之三）

1. Ⅰ式（M104：1）　2. Ⅱ式（M135：1）　3. Ⅱ式（M193：1）

4. Ⅳ式（M164：1）　5. Ⅴ式（M36：2）　6. Ⅴ式（M25：2）

7. Ⅴ式（M150：3）　8. Ⅲ式（M108：3）　9. Ⅳ式（M189：1）

薛家岗文化墓随葬穿孔石斧

1.B型Ⅰ式（M170：2） 2.B型Ⅱ式（M193：5）

3.A型（M228：1）

4.B型Ⅳ式（M213：4） 5.C型Ⅷ式（M1：3）

6.C型Ⅳ式（M134：3） 7.C型Ⅳ式（M171：2）

8.B型Ⅲ式（M25：1） 9.B型Ⅱ式（M36：1）

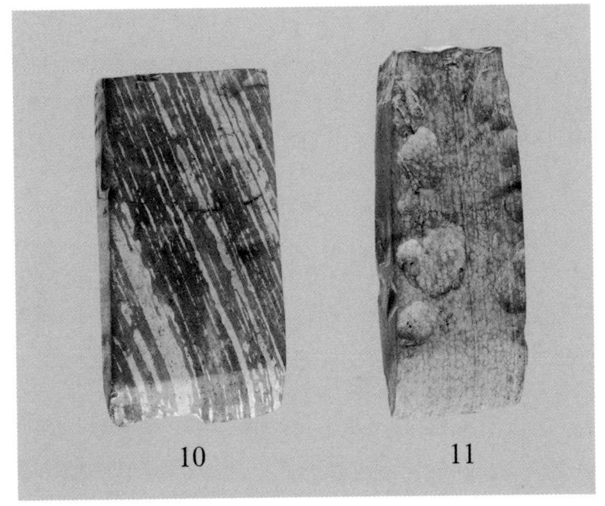

10.B型Ⅱ式（M212：5） 11.B型Ⅲ式（M15：7）

薛家岗文化墓随葬石锛

1.锛C型Ⅰ式（M223：5） 2.锛C型Ⅱ式（M20：3）

3.锛C型Ⅴ式（M217：3） 4.锛C型Ⅴ式（M221：1）

5.锛C型Ⅱ式（M9：3） 6.锛C型Ⅲ式（M222：1）

7.锛C型Ⅵ式（M230：2） 8.锛C型Ⅵ式（M151：2）

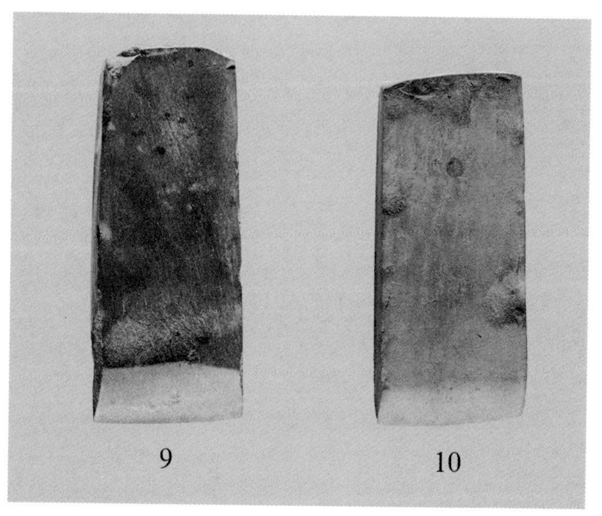

9.锛C型Ⅶ式(M123：20) 10.锛C型Ⅶ式(M123：6)

11.锛C型Ⅷ式(M3：2) 12.有段石锛（M157：9）

薛家岗文化墓随葬石锛、有段石锛

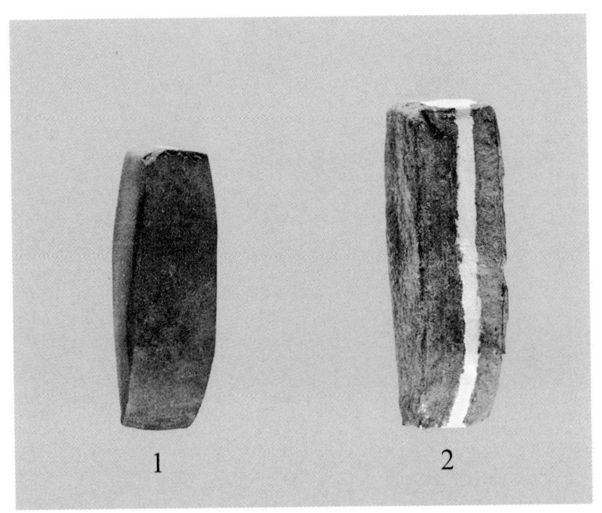

1.凿C型Ⅳ式（M5：4）　2.凿C型Ⅲ式（M148：1）

3.凿B型Ⅰ式（M8：2）　4.凿B型Ⅱ式（M15：1）

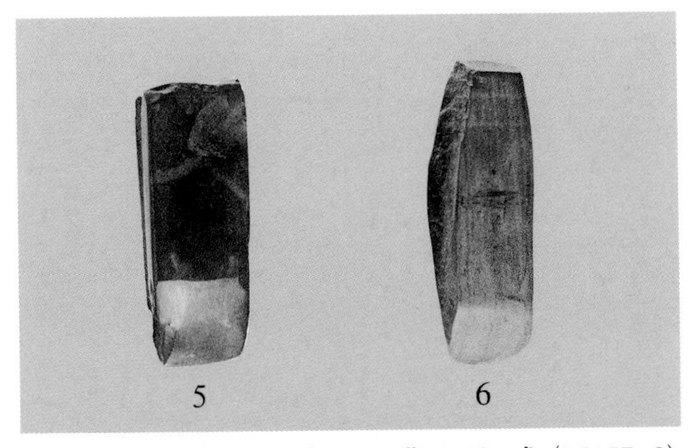

5.凿C型Ⅰ式（M217：1）　6.凿C型Ⅱ式（M157：8）

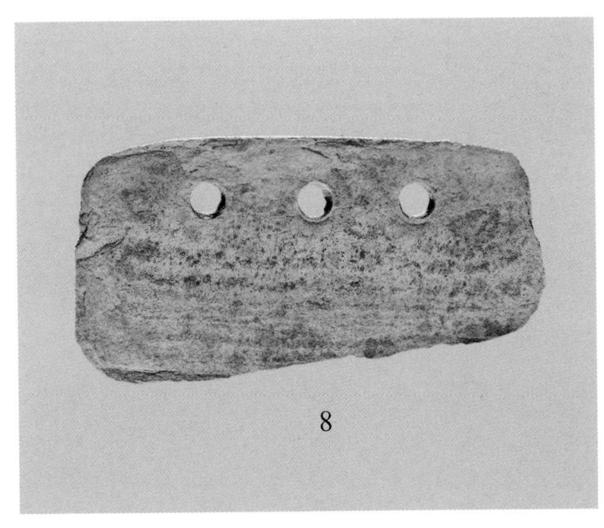

8.多孔石刀（M134：2）

7.凿A型（M31：1）

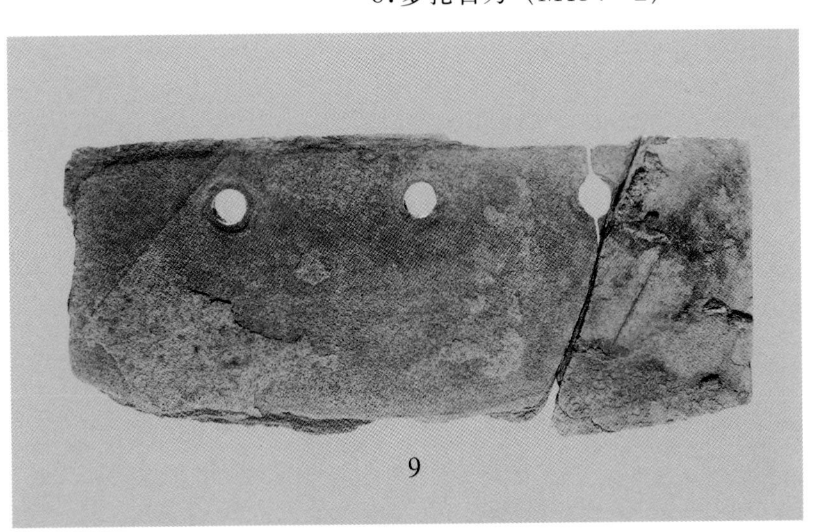

9.多孔石刀（M9：2）

薛家岗文化墓随葬石凿、多孔石刀

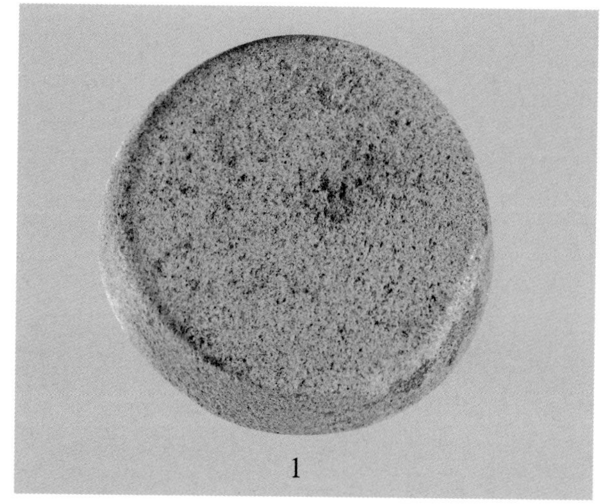
1.圆石砧（M28：6）

2.砺石（M148：10）

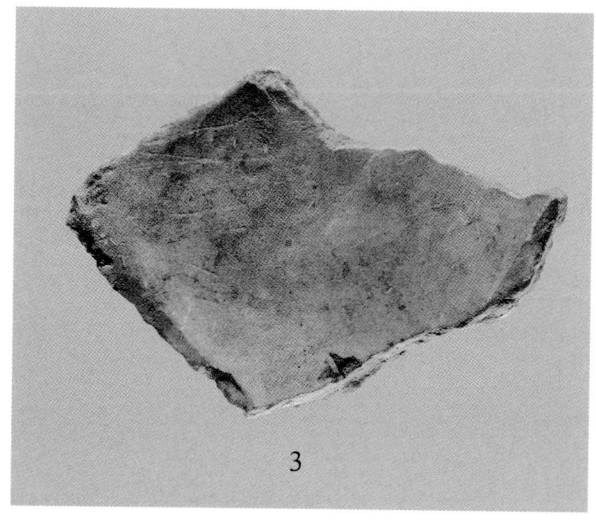
3.砺石（M137：2）

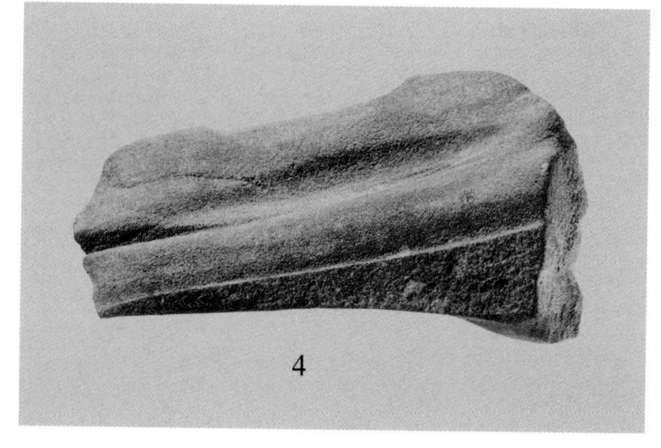
4.砺石（M107：3）

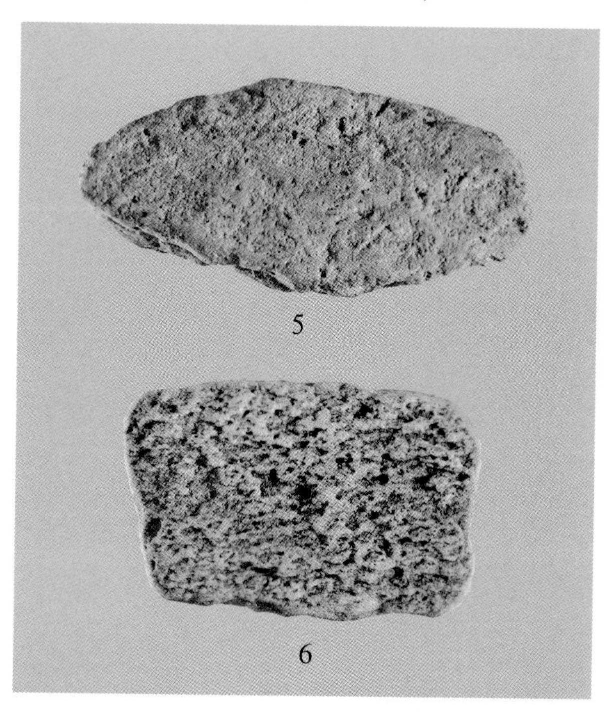
5.搓磨石Ⅰ式（M176:1） 6.搓磨石Ⅲ式（M138:6）

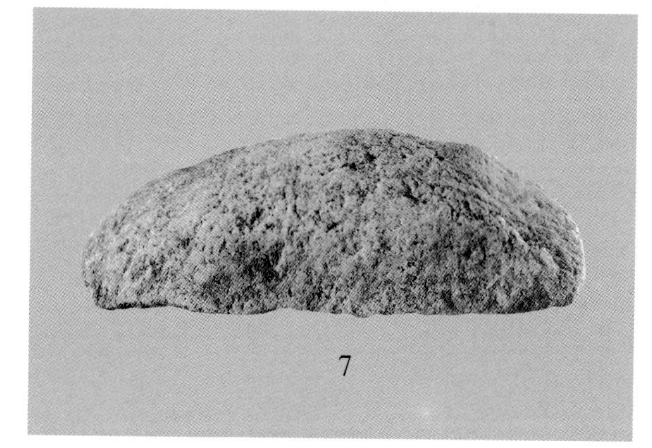
7.搓磨石Ⅱ式（M6：2）

薛家岗文化墓随葬圆石砧、砺石、搓磨石

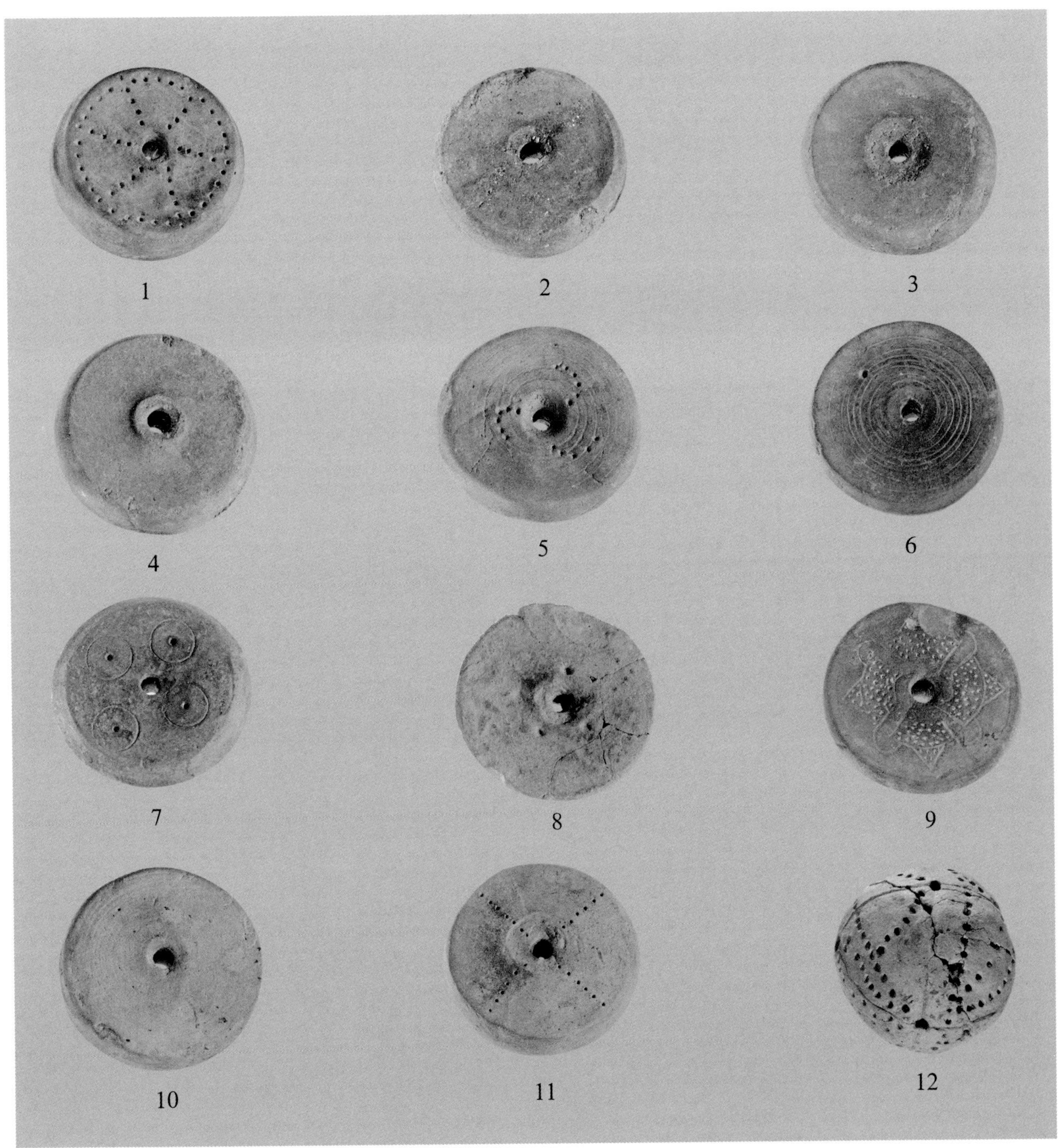

1.A型Ⅱ式（M197：6） 2.A型Ⅱ式（M141：4） 3.A型Ⅲ式（M115：2）
4.A型Ⅲ式（M112：6） 5.A型Ⅳ式（M162：8） 6.A型Ⅳ式（M138：5）
7.A型Ⅴ式（M227：9） 8.B型Ⅱ式（M155：4） 9.B型Ⅱ式（M30：3）
10.B型Ⅲ式（M29：4） 11.B型Ⅲ式（M209：2） 12.空心陶球（M175：3）

薛家岗文化墓随葬陶纺轮、陶球

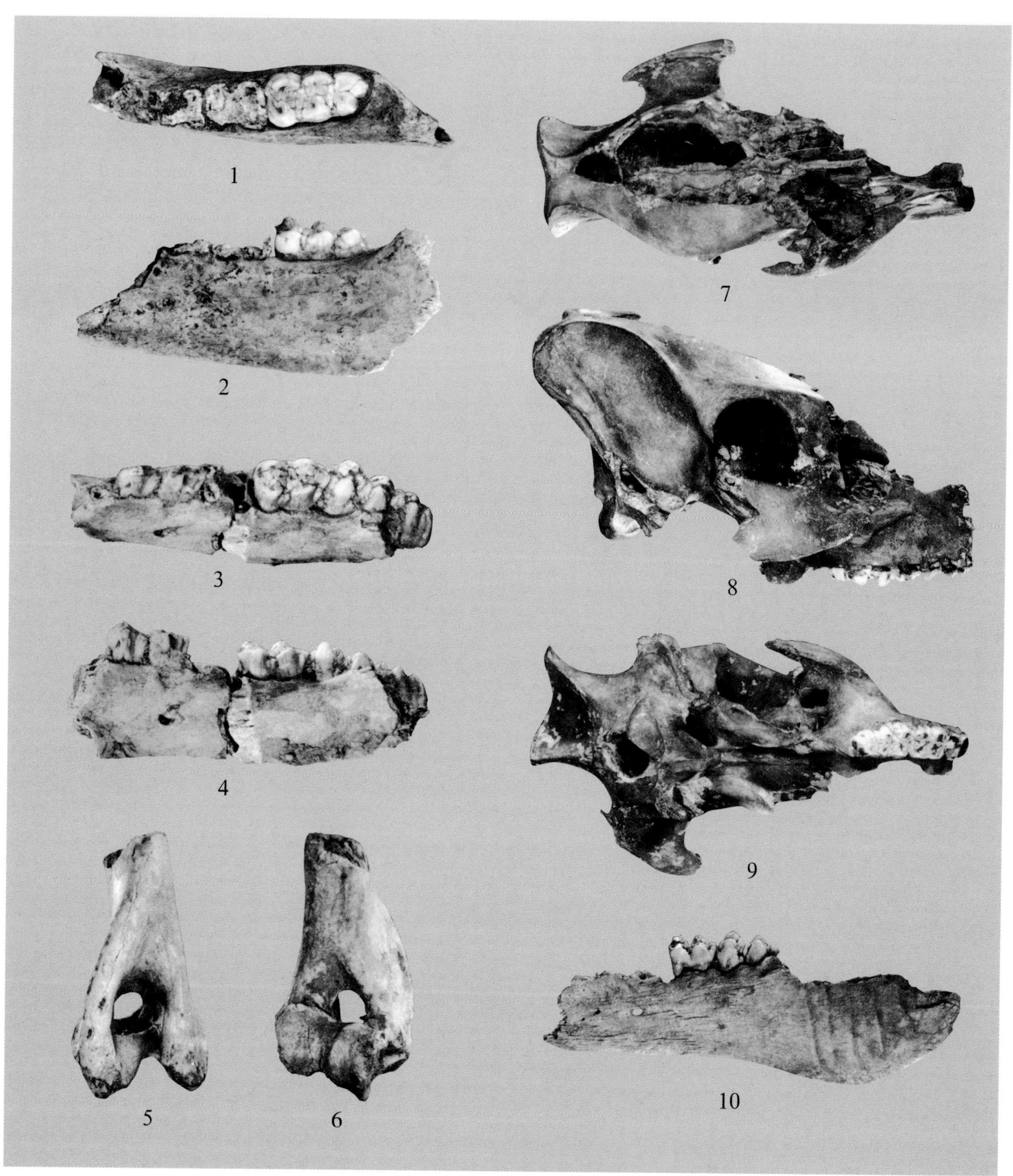

1、2．标本T15③：256　右下颌骨，咬合面、舌面
3、4．标本M2：444　左下颌骨，咬合面、唇面
5、6．标本T13②：80　左肱骨远端，后视、前视
7、8、9．标本H9：339　头骨，顶视、侧视、颚视
10．标本T15③：254　左下颌骨唇面

塞墩遗址出土家猪骨骼

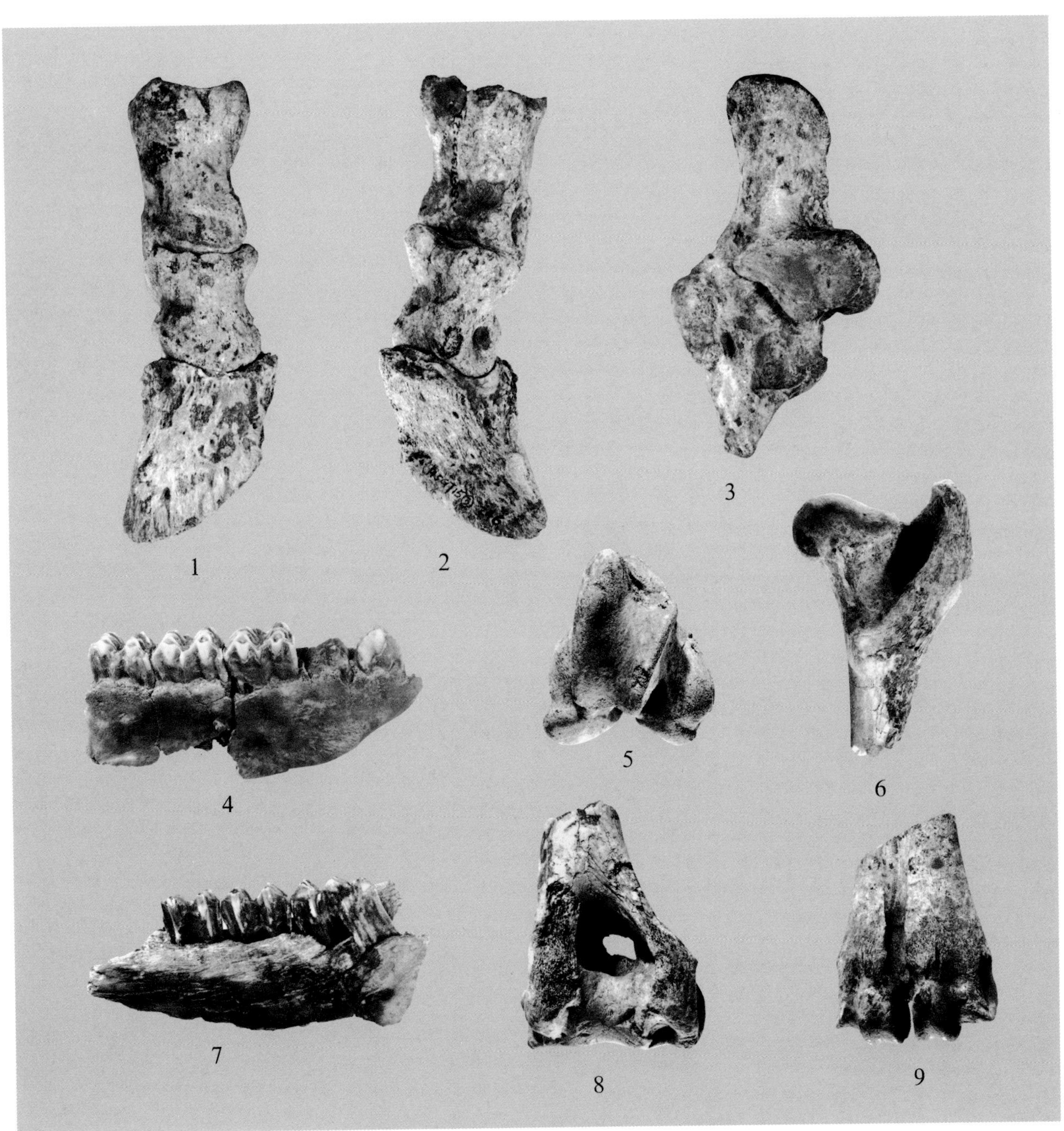

1、2．标本15③：246　趾骨1～3节，前视、后视
3．标本T13②：16　左跟骨
4．标本T113④：390　右下颌骨唇面视
5．标本T13③：420　右侧股骨远端前面视
6．标本T15③：243　右侧股骨近端侧面视
7．标本H9：336　左下颌骨
8．标本T15②：158　左侧肱骨远端后面视
9．标本T13②：29　右掌骨远端前面视

塞墩遗址出土水牛骨骼

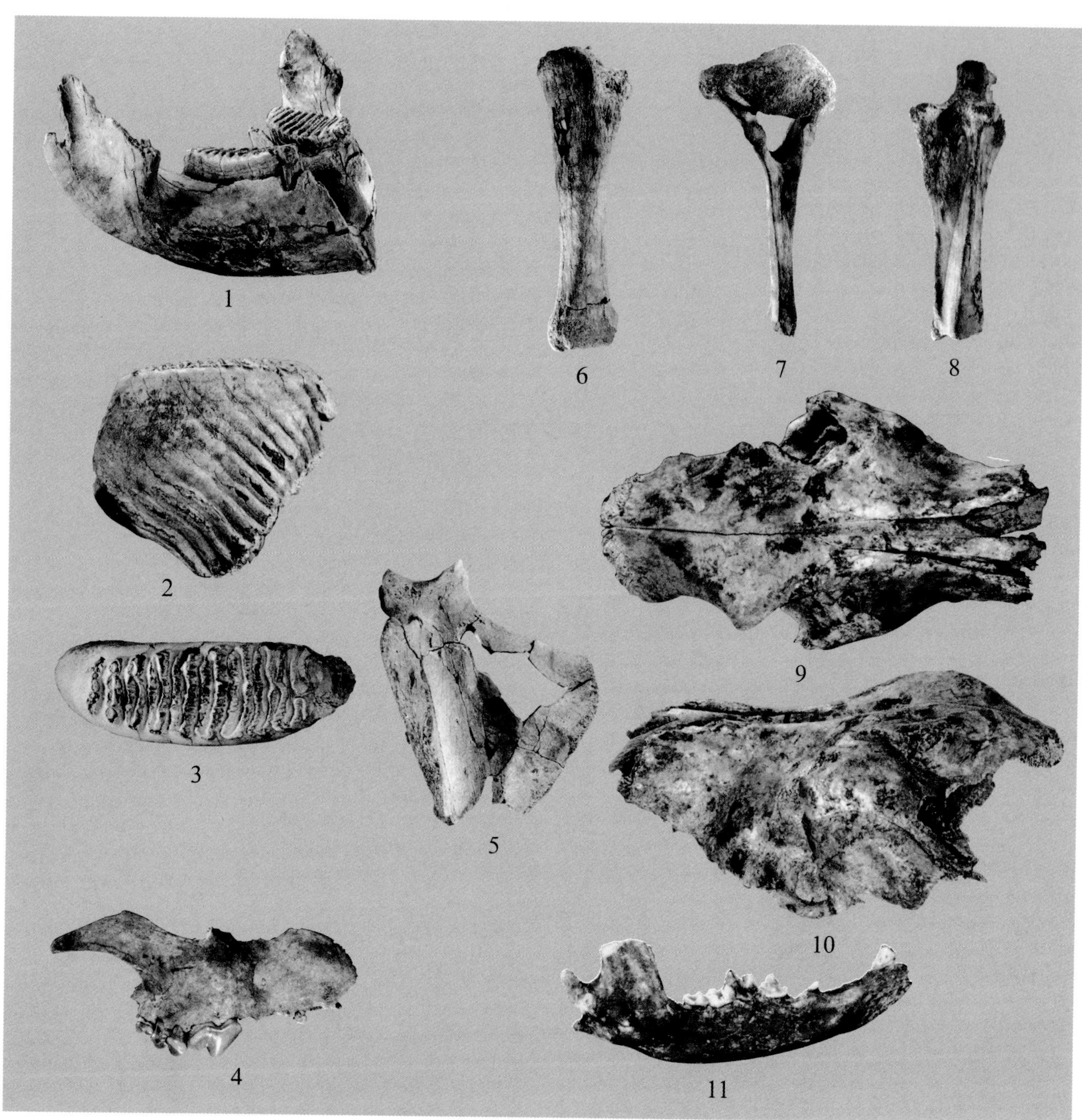

1．标本H9：346　亚洲象下颌骨右侧俯视
2、3．标本T15②：219　亚洲象下第二臼齿，舌面、咬合面
4．标本H9：329　狗右上颌骨唇面
5．标本T13②：133　亚洲象右侧肩胛骨外侧面视
6．标本H9：332　亚洲象右胫骨内侧视
7．标本T15③：308　亚洲象右桡骨近端
8．标本H9：331　亚洲象左尺骨近端外侧视
9、10．标本T13②：55　狗头骨，顶视、侧视
11．标本T15③：273　狗左下颌骨唇面

塞墩遗址出土亚洲象、狗骨骼

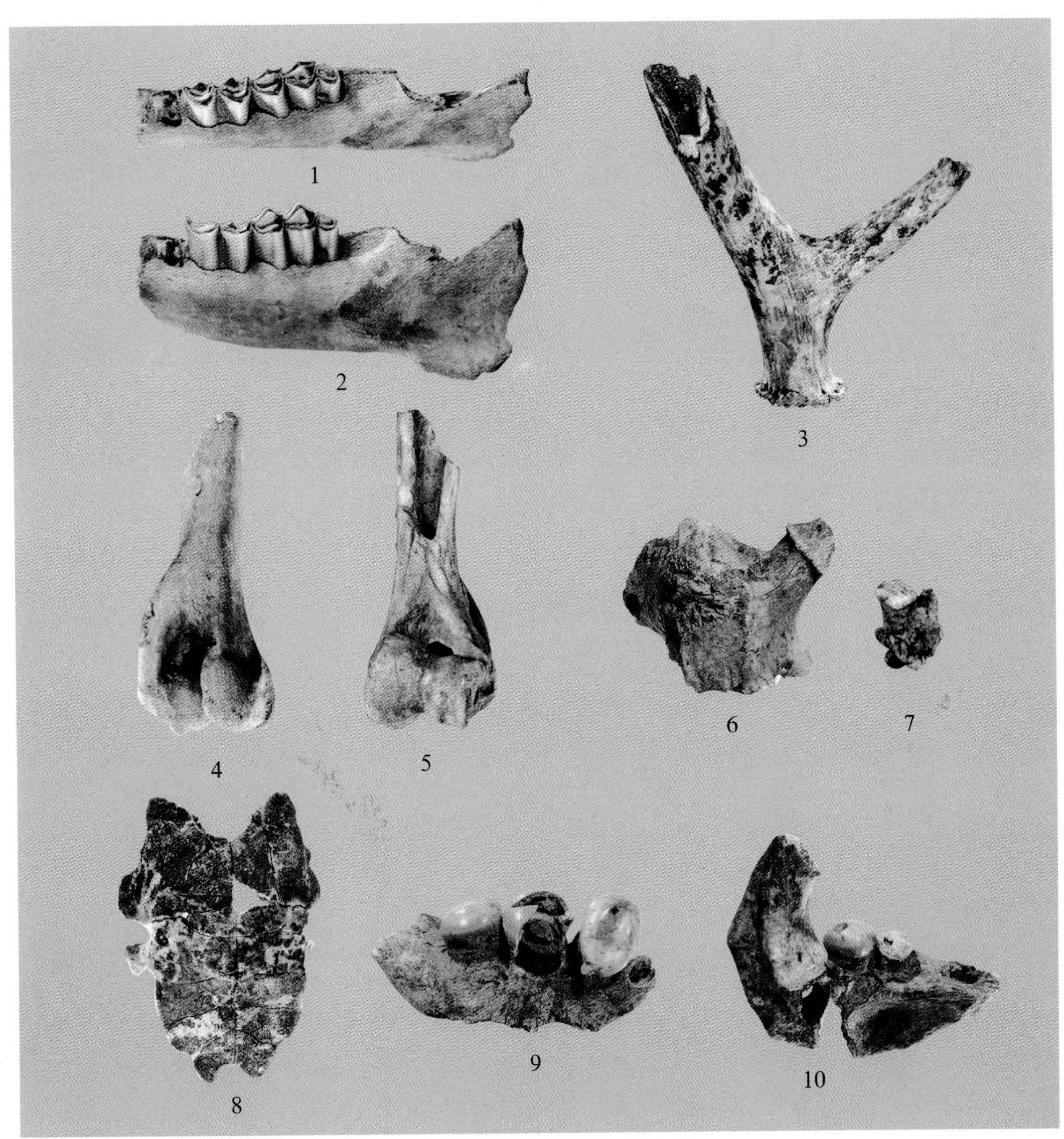

1、2．标本T15③：297　梅花鹿左下颌骨，咬合面、唇面视
3．标本T23②：415　梅花鹿左角侧面视
4、5．标本T15②：192　梅花鹿左肱骨远端，后面视、前面视
6．标本T13②：93　梅花鹿头骨前面视
7．标本T15③：326　鲤鱼喉齿
8．标本T13②：129　乌龟腹板 腹面视
9．标本H9：327　青鱼喉齿前面视
10．标本T15③：325　青鱼喉齿前面视

塞墩遗址出土梅花鹿、龟、鱼骨骼

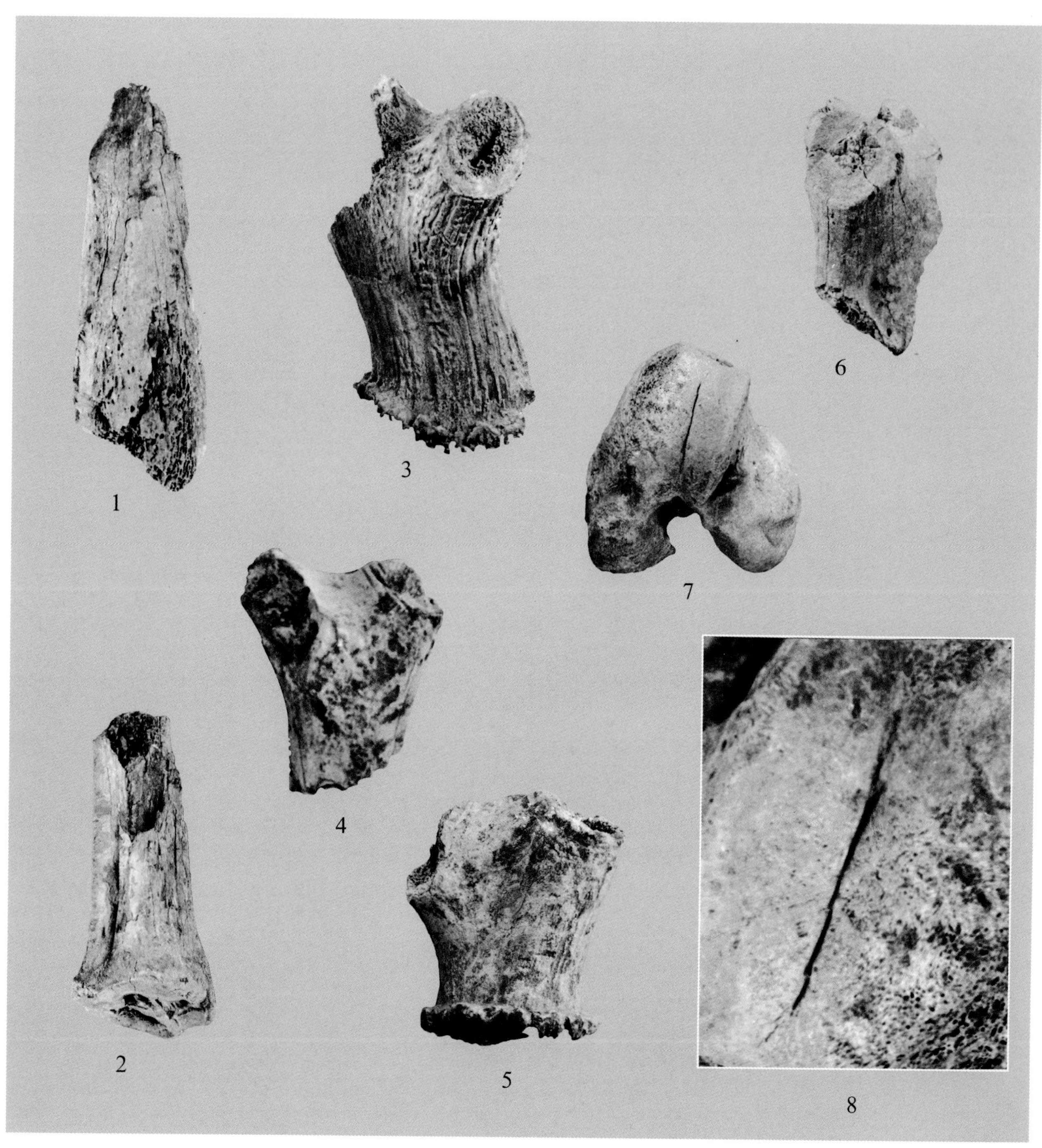

1．标本T13②：126　锤击法修理的骨片
2．标本T13②：19　任意性砸击牛骨痕迹断口
3．标本T15③：276　梅花鹿角被锯切的痕迹
4．标本T15③：278　锯折法加工鹿角的痕迹
5．标本T15③：275　砍锯法加工鹿角的痕迹
6．标本T13②：84　梅花鹿角被锯切的痕迹
7、8．标本T13②：53　水牛股骨远端残留的劈裂痕迹及其放大

塞墩遗址出土兽骨上的人工痕迹